교회를 집어삼키는 음부의 권세
(종교 다원주의와 동성애)

김도수 저

크리스챤 디스커버리

교회를 집어삼키는 음부의 권세
(종교 다원주의와 동성애)

김도수 저

머 리 말

본서는 종교개혁 이후 성장을 거듭하던 교회가 20세기 중반에 들어오면서 갑자기 붕괴하는 이유를 성경을 통하여 밝히고 교회가 나갈 방향을 제시하는 것을 목적으로 합니다. 교회가 붕괴하는 이유는 음부의 권세와 영적 전쟁에서 패하였기 때문입니다. 따라서 우리는 생명의 본질과 실체, 음부의 권세, 죄의 본질과 실체를 밝힘으로 교회가 영적 전쟁에서 승리할 수 있는 길을 제시하려고 하였습니다. 음부의 권세를 잡은 악한 영들은 사단(마귀), 미혹하게 하는 영 및 귀신들로 구분합니다. 이러한 음부의 권세가 교회를 미혹하여 무너뜨리고 있습니다. 음부의 권세를 알고 교회의 본질을 아는 것은 영적 전쟁을 승리로 이끄는 길입니다.

교회는 구약성경을 통하여 계시된 광야교회와 신약성경을 통하여 계시된 그리스도의 교회로 구분합니다. 광야교회는 칭의 언약과 율법을 통하여 장차 오실 그리스도 위에 세워진 교회이고, 그리스도의 교회는 복음을 통하여 하나님 아들의 피에 의한 속죄와 구원 위에 세운 교회입니다. 광야교회는 율법으로 자신의 죄를 깨닫고 칭의 언약에 따라서 장차 오실 그리스도를 믿음으로 의롭다 함을 받은 자들의 모임입니다. 그리스도의 교회는 과거에 육신으로 임하신 하나님의 아들 예수 그리스도의 피에 의한 속죄와 구원을 믿으므로 거듭난 자들의 모임입니다. 광야교회의 사명은 장차 오실 그리스도의 길을 준비하는 것이고, 그리스도 교회의 사명은 다시 오실 예수의 길을 준비하는 것입니다.

우리는 창조질서, 생명의 본질과 실체, 죄의 본질과 실체, 교회의 본질과 사명, 음부의 권세의 실체와 역사, 교회의 타락과 붕괴과정 등을 분석함으로 그리스도의 교회가 나아갈 방향을 제시하려고 하였습니다. 교회는 피와 물로 임하신 하나님의 아들 예수 그리스도에 대한 믿음과 성령으로 세상을 이길 수 있습니다. 이것이 영적 전쟁을 승리로 이끄는 교회의 무기입니다. 그러나 교회는 세상에 속한 것들을 사랑하고 종교다원주의와 동성애를 받아드림으로 음부의 권세 앞에서 분열할 뿐만 아니라 스스로 무장을 해제하고 있습니다. 종교다원주의와 동성애에 빠진 교회는 스스로 붕괴의 구덩이로 들어가고 있습니다. 그 결과 종말이 다가올수록 믿는 자의 수는 감소할 것입니다.

음부의 권세가 종교다원주의와 동성애, 세상에 속한 것들, 그리고 육체의 쾌락으로 하나님의 교회를 미혹하고 있습니다. 이제 교회가 음부의 권세를 이기려면, 사도 시대의 초대교회로 돌아가야 합니다. 사도들처럼 맡겨진 십자가를 짊어지고 복음을 순종함으로 음부의 권세와의 영적 전쟁을 승리로 이끌어야 합니다. 교회가 한 마음으로 단결하여 육체의 정욕을 못 박은 십자가를 지고 음부의 권세를 향하여 진군할 때 영적 전쟁에서 승리함으로 하나님의 영광을 나타낼 것입니다. 하나님께서 작정하신 때에 예수께서 반드시 다시 오실 것입니다. 교회는 음부의 권세 앞에서 단결하여 영적 전쟁에서 승리함으로 하나님의 영광을 나타내고 다시 오실 예수를 맞이하여야 합니다.

   이 책이 종교다원주의와 동성애로부터 교회를 보호하는데 조금이나마 보탬이 되기를 바랍니다. 본서가 나오기까지 많은 조언을 주신 뒤나미스선교회 여러 목사님에게 감사를 드립니다. 본서의 포함된 모든 오류와 잘못은 오직 저자의 책임임을 밝혀 둡니다. 독자 여러분의 많은 비판과 격려를 부탁드립니다.

주후 2025년 5월

저자 김 도 수

목 차

서론 ··· 14
제1부 생명과 죄와 사망의 본질 ····································· 23
  1.1 생명의 본질과 실체 ··· 24
    1. 하나님의 형상과 생명의 본질 ····························· 28
      (1) 창조질서와 하나님의 형상
      (2) 하나님의 형상과 생명
      (3) 이해를 위한 질문
    2. 하나님의 말씀과 생명의 본질 ····························· 31
      (1) 목숨과 생명
      (2) 생명의 본질과 실체
      (3) 이해를 위한 질문
    3. 죄와 사망의 본질 ··· 38
      (1) 아담의 타락과 죄의 본질
      (2) 죄의 실체와 사단의 권세
      (3) 죄와 사망의 본질
      (4) 이해를 위한 질문

  1.2 흑암과 음부의 권세 ··· 59
    1. 흑암과 음부 ··· 59
      (1) 천사의 타락과 우주의 창조질서
      (2) 하나님의 영광과 흑암
      (3) 낙원과 음부
      (4) 이해를 위한 질문
    2. 흑암과 음부의 권세 ··· 63
      (1) 흑암의 권세
      (2) 음부의 권세
      (3) 마귀의 권세와 사람의 인격
      (4) 이해를 위한 질문

  1.3 요약 및 결론 ·· 73

제2부 광야교회와 믿음 ··· 75
  2.1 광야교회의 탄생과 본질 ··· 76
    1. 광야교회의 탄생 ··· 76

  (1) 아브라함과 광야교회의 탄생
  (2) 아브라함의 믿음과 장차 오실 그리스도의 언약
  (3) 광야교회와 장자의 명분
  (4) 이해를 위한 질문
 2 출애굽을 통하여 계시된 광야교회 ················· 86
  (1) 애굽과 세상의 모형
  (2) 출애굽과 어린양의 피
  (3) 이해를 위한 질문
 3. 광야교회의 본질 ································· 93
  (1) 광야교회와 홍해
  (2) 광야교회와 광야 생활
  (3) 율법과 광야교회
  (4) 성막의 제사와 광야교회
  (5) 제사장과 광야교회
  (6) 이해를 위한 질문
2.2 광야교회의 믿음과 안식 ···························· 109
 1. 광야교회의 믿음 ································ 109
  (1) 광야교회와 믿음의 본질
  (2) 광야교회를 통하여 계시된 장차 오실 그리스도의 사역
  (3) 광야교회와 목숨을 초월하는 믿음
  (4) 광야교회의 소망
  (5) 이해를 위한 질문
 2. 광야교회의 생명과 안식 ·························· 126
  (1) 광야교회와 생명의 기업
  (2) 창조사역과 하나님의 안식
  (3) 광야교회와 안식
  (4) 이해를 위한 질문
2.3 요약 및 결론 ····································· 138

제3부 광야교회의 붕괴와 음부의 권세 ················· 141
 3.1. 영적 전쟁과 마귀의 궤계 ························ 142
  1. 마귀의 권세와 미혹 ··························· 142
   (1) 마귀의 미혹과 불신앙
   (2) 음부의 권세: 미혹과 박해
   (3) 이해를 위한 질문

2. 광야 생활과 교회의 타락 ·· 148
      (1) 불신앙: 시험과 원망
      (2) 불신앙과 우상숭배
      (3) 이해를 위한 질문
   3. 가나안땅의 정복과 이방인 ·· 155
      (1) 가나안 정복과 불신앙
      (2) 이방인의 미혹과 우상숭배
      (3) 이해를 위한 질문
  3.2 광야교회지도자들의 타락 ·· 162
   1. 제사장의 타락 ·· 162
      (1) 제사장의 타락과 광야교회의 붕괴
      (2) 율법을 잘못 가르친 제사장들
      (3) 이해를 위한 질문
   2. 왕들과 선지자들의 타락 ·· 169
      (1) 하나님의 백성을 도적질한 왕들
      (2) 우상을 숭배한 왕들
      (3) 선지자들의 타락
      (4) 이해를 위한 질문
  3.3 언약을 알지 못하는 광야교회 ·· 178
   1. 언약을 버린 광야교회 ·· 178
      (1) 생명의 본질을 망각한 교회
      (2) 안식일과 십일조 언약을 버린 광야교회
      (3) 이해를 위한 질문
   2. 광야교회와 영적 전쟁 ·· 185
      (1) 장차 오실 그리스도 밖으로 나간 교회
      (2) 영적 전쟁과 통곡의 벽
      (3) 이해를 위한 질문
  3.4 요약 및 결론 ·· 193

제4부 그리스도 교회의 본질과 사명 192
  4.1 광야교회의 종료와 그리스도 교회의 시작 ······················ 197
   1. 광야교회와 세례 요한 ·· 197
      (1) 막을 내리는 광야교회
      (2) 광야교회와 세례 요한
      (3) 이해를 위한 질문

    2. 하나님 아들의 탄생과 교회의 태동 ·· 204
        (1) 칭의 언약과 그리스도의 계보
        (2) 예수의 탄생과 교회의 태동
        (3) 이해를 위한 질문
    3. 마귀의 시험과 육체의 정욕 ·· 211
        (1) 예수의 금식과 마귀의 시험
        (2) 마귀의 시험과 육체의 정욕
        (3) 세례와 육체의 정욕
        (4) 이해를 위한 질문
4.2 하나님의 아들과 그리스도의 교회 ·· 222
    1. 하나님의 아들과 영적인 세계 ··· 222
        (1) 보이는 세계와 보이지 아니하는 세계
        (2) 하나님의 아들과 영적인 세계
        (3) 택함을 받은 자들과 하나님 나라의 계시
        (3) 이해를 위한 질문
    2. 하나님의 나라와 복음의 선포 ··· 231
        (1) 마귀의 심판과 복음의 선포
        (2) 하나님의 나라의 임재
            가) 모형으로 임한 하나님의 나라
            나) 실상으로 임한 하나님의 나라
        (3) 이해를 위한 질문
    3. 하나님의 아들과 율법의 완성 ··· 242
        (1) 하나님의 아들과 율법
        (2) 정죄하는 기능과 율법의 완성
        (3) 이해를 위한 질문
    4. 하나님의 아들의 증거 ·· 250
        (1) 교회의 반석인 하나님의 아들
        (2) 하나님의 아들과 부활
        (3) 사도들과 믿는 자들의 증거
        (4) 이해를 위한 질문
4.3 그리스도 교회 믿음의 본질과 사명 ·· 262
    1. 그리스도의 교회와 믿음의 본질 ··· 262
        (1) 믿음의 대상
        (2) 그리스도의 교회와 십자가를 지는 믿음
        (3) 사랑으로 역사하는 믿음

        (4) 이해를 위한 질문
    2. 그리스도의 교회와 하나님의 나라 ················· 274
        (1) 하나님의 나라의 성격과 영적 전쟁
        (2) 하나님의 나라와 영적 전쟁
        (3) 하나님의 나라와 씨 뿌리는 비유
        (4) 하나님의 나라와 혼인 잔치의 비유
        (5) 이해를 위한 질문
    3. 그리스도 교회의 정체성 ················· 291
        (1) 그리스도의 지체로서 교회
        (2) 하나님의 성전으로서 교회
        (3) 그리스도의 보좌로서 교회
        (4) 이해를 위한 질문
    4. 그리스도 교회의 사명 ················· 306
        (1) 그리스도 교회와 예배
        (2) 그리스도의 교회와 하나님의 영광
        (3) 복음을 증거함으로 하나님의 자녀를 해산하는 교회
        (4) 그리스도 교회의 소망과 사명
        (5) 이해를 위한 질문
  4.4 요약 및 결론 ················· 322

제5부 교회의 붕괴와 음부의 권세 ················· **326**
  5.1. 교회지도자들의 타락 ················· 327
    1. 하나님과 생명을 알지 못하는 교회지도자들 ················· 327
        (1) 하나님과 예수 그리스도를 알지 못하는 교회지도자들
        (2) 생명의 본질을 알지 못하는 교회지도자들
        (3) 죄의 본질을 알지 못하는 교회지도자들
        (4) 이해를 위한 질문
    2. 신학자들의 타락과 종교다원주의 ················· 340
        (1) 신학자들의 타락
        (2) 학문이란 미명으로 진리를 파괴하는 신학자들
        (3) 종교다원주의와 적그리스도
        (4) 하나님의 뜻과 성경의 해석
        (5) 이해를 위한 질문
    3. 목회자들의 타락 ················· 355
        (1) 목회자들과 적그리스도

            (2) 목회자들과 거짓 선지자들
            (3) 목회자들과 거짓 그리스도
               가) 아담의 타락과 거짓 그리스도
               나) 거짓 그리스도와 목회자
            (4) 이해를 위한 질문
      4. 국가권력의 타락 ·· 372
            (1) 공산주의 국가와 이방종교 국가
            (2) 자유민주주의 국가와 종교다원주의
            (3) 이해를 위한 질문
   5.2 십자가를 지지 아니하는 교회 ·· 391
      1. 십자가를 통하여 계시된 하나님의 뜻을 알지 못하는 교회 ············ 391
            (1) 세상에 속한 것과 마귀의 궤계
            (2) 돈을 사랑하는 교회
            (3) 십자가를 통하여 계시된 하나님의 뜻을 알지 못하는 교회
            (4) 이해를 위한 질문
      2. 십자가를 지지 아니하는 교회 ·· 393
            (1) 소망을 잃어버리고 죽음을 무서워하는 교회
            (2) 광야를 두려워하는 교회
            (3) 이해를 위한 질문
      3. 생명과 사망의 충돌 ·· 393
            (1) 진리와 자유를 알지 못하는 교회
            (2) 현재가 과거를 지배하지 못하는 교회
            (3) 이해를 위한 질문
      4. 우상을 숭배하는 교회 ·· 409
            (1) 우상을 용납하는 교회
            (2) 산당과 놋뱀을 용납하는 교회
            (3) 이해를 위한 질문
   5.3 교회를 집어삼키는 음부의 권세 ·· 418
      1. 음부의 권세의 권세를 알지 못하는 교회 ·· 418
            (1) 악한 영들의 존재와 정체를 알지 못하는 교회
            (2) 귀신의 역사를 알지 못하는 교회
            (3) 이해를 위한 질문
      2. 사망권세 마귀를 알지 못하는 교회 ·· 428
            (1) 죽은 자들을 알지 못하는 교회
            (2) 최초의 살인자인 마귀를 알지 못하는 교회

(3) 이해를 위한 질문
　3. 무너지는 성전 ·· 436
　　　(1) 가족을 버리는 교회
　　　(2) 무너지는 성전
　　　(3) 이해를 위한 질문
　4. 음부의 권세 앞에서 분열하는 교회 ································ 444
　　　(1) 믿음을 버리고 신념을 따르는 교회
　　　(2) 하나님의 뜻 안에서 믿음과 신념의 구별
　　　(3) 분열하는 교회
　　　(4) 이해를 위한 질문
　5. 음부의 권세에게 삼킨 교회 ·· 457
　　　(1) 하나님의 형상과 마귀의 형상을 알지 못하는 교회
　　　(2) 반인반수를 알지 못하는 교회
　　　(3) 이해를 위한 질문
5.4 그리스도를 다시 십자가에 못 박는 교회 ·························· 464
　1. 그리스도의 피에 의한 속죄의 범위 ································ 464
　　　(1) 그리스도를 죽인 자들
　　　(2) 예수의 피에 의한 속죄의 범위
　　　(3) 이해를 위한 질문
　2. 그리스도를 다시 십자가에 못 박는 교회 ······················ 472
　　　(1) 예수의 피로 속죄 받지 못하는 죄
　　　(2) 그리스도를 다시 십자가에 못 박는 교회
　　　(3) 음부의 권세와 트로이 목마
　　　(4) 이해를 위한 질문
　3. 영적인 십자군 전쟁 ·· 483
　　　(1) 그리스도를 못 박은 십자가를 멘 마귀의 군사
　　　(2) 정욕을 못 박은 십자가를 멘 그리스도의 군사
　　　(3) 영적인 십자군 전쟁
　　　　가) 과거 경험으로부터 나오는 탐심과의 전쟁
　　　　나) 불신자들의 미혹과의 전쟁
　　　　다) 교만과의 전쟁
　　　(4) 이해를 위한 질문
5.5 요약 및 결론 ·· 501

서 론

1. 본서는 두 가지를 전제로 한다. 첫째는 구약성경을 통하여 계시된 광야교회이고, 둘째는 신약성경을 통하여 계시된 그리스도의 교회이다. 전자는 아브라함으로부터 시작하여 세상 양심과 율법을 통하여 자기의 죄를 깨닫고 장차 오실 그리스도를 믿음으로 의롭다 함을 받은 자들의 회중을 말한다. 후자는 하나님의 아들 예수 그리스도의 피에 의한 속죄와 구원을 믿음으로 거듭난 자들의 회중이다. 광야교회는 장차 오실 그리스도의 길을 준비하기 위하여 이방인의 미혹과 피를 흘리며 치열하게 싸웠다. 그리스도의 교회는 다시 오실 예수의 길을 준비하기 위하여 자기의 십자가를 지고 음부의 권세와 싸우며 복음을 전파하고 있다.

광야교회와 그리스도 교회를 전제로 하여 교회의 본질과 사명을 살펴보자. 첫째, 구약성경은 만물을 창조한 하나님으로부터 시작하여 여호와의 크고 두려운 날이 임하기 전에 선지자 엘리야가 온다는 예언으로 끝을 맺는다. 여호와의 크고 두려운 날이란 하나님의 아들 예수 그리스도께서 율법과 세상 양심에 의하여 정죄 받아 십자가에 못 박혀 죽는 날이다. 피조물이 창조주를 정죄하여 죽인 날은 인류 역사상 가장 무서운 날이다. 구약성경은 창조사역으로부터 시작하여 하나님의 아들이 오신다는 것으로 끝난다. 이것은 구약성경이 장차 육신으로 임하실 그리스도의 길을 준비하는 하나님의 말씀임을 의미한다.

하나님께서 사람을 자기의 형상으로 창조하신 것은 하나님의 아들이 사람의 육신을 통하여 오신다는 예언이다. 사람은 하나님의 아들이 육신으로 오실 길을 준비하는 피조물로 창조되었다. 아담이 타락함으로 하나님의 아들이 육신으로 오실 길이 막혔다. 막힌 길을 열기 위하여 하나님은 원하는 자를 택하여 믿음을 주시고 그 믿음을 의롭다고 하셨다. 믿음으로 의롭다 함을 받고 장차 오실 그리스도의 길을 준비한 자들의 회중을 광야교회라고 한다. 교회는 아브라함으로부터 시작한다.

음부의 권세는 이방인을 통하여 광야교회를 음행과 우상숭배로 미혹함으로 장차 오실 그리스도의 길을 막으려고 하였다. 광야교회는 장차 오실 그리스도의 길을 준비하기 위하여 음부의 권세와 목숨을 거는 싸움으로 믿음을 지키려는 자들과 믿음을 버리고 마귀의 미혹에 빠져서 우상을 숭배함으로 그 길을 차단하려는 자들로 분열하였다. 믿음으로 의롭다 함을 받은 자들과 믿음을 버린 자들 사이에 싸움으로 광야교회가 붕괴하는 과정이 구약성경을 통하여 계시되었다.

둘째, 신약성경은 아브라함과 다윗의 후손으로 오신 하나님 아들의 탄생으로부터 시작하여 예수께서 다시 오실 것이라는 예언의 말씀으로 끝난다. 선지자들의 예언대로 하나님의 아들이 육신으로 오셔서 십자가에 죽음으로 인류의 죄를 대속하시고 마귀를 심판하셨다. 하나님은 예수를 죽은 자 가운데서 살리셨다. 예수께서 인류 구원의 사역을 사도들과 믿는 자들에게 맡기시고 승천하여 하늘 보좌에 앉으셨다. 예수께서 복음의 전도를 위하여 믿는 자들에게 성령을 보내주신다.

예수의 피에 의한 속죄와 구원을 믿음으로 탄생한 그리스도의 교회는 성령의 권능으로 복음을 증거하는 사명을 부여받았다. 그리스도의 교회가 복음을 증거함으로 마귀의 지배 아래 있는 죄인을 구원하는 것은 다시 오실 예수의 길을 준비하는 것이다. 예수께서 다시 오실 때 성도들은 부활하여 영광 가운데서 그를 맞이할 것이다. 만약 다시 오실 예수를 맞이할 자가 없으면, 그의 피에 의한 속죄는 무가치한 것이 될 것이다. 따라서 음부의 권세는 교회를 미혹하여 타락하게 함으로 복음증거를 막으려고 한다. 음부의 권세는 적그리스도, 거짓 선지자, 거짓 그리스도 및 세상 학문을 통하여 교회를 미혹한다. 20세기 중반 이후 교회에 들어온 종교다원주의와 동성애가 교회를 급속히 붕괴시키고 있다.

2. 본서의 내용은 크게 세 부분으로 구분할 수 있다. 첫째, 창조사역을 통하여 생명의 본질과 실체, 사단과 아담의 타락을 통하여 죄의 본질과 실체를 밝히는 것이다. 빛이 창조되기 전에 타락하여 흑암에 갇힌 사단, 그를 따르는 자들의 정체 및 죄의 본질을 밝히는 것이다. 둘째, 구약교회인 광야교회의 본질과 타락 원인을 규명하는 것이다. 셋째, 신약교회인 그리스도 교회의 본질과 타락의 원인 밝히는 것이다. 교회의 타락 과정에서 음부의 권세가 어떻게 교회를 미혹하느냐 하는 것을 밝힘으로 악한 영들의 미혹을 이길 지혜와 지식을 얻는 것이 우리의 목적이다.

사단은 타락한 천사이다. 하나님의 이름을 찬양하는 천사가 하나님의 아들을 위하여 예비된 보좌에 올라 불의와 불법으로 만물을 지배하려고 하였다. 하나님은 타락한 천사들을 영원한 결박으로 흑암, 곧 음부에 가두셨다. 하늘에서 타락한 사단은 그의 속성대로 아담을 미혹하여 범죄하게 한 뒤에 모든 죄인을 지배하고 있다. 택함을 받은 자들은 믿음으로 마귀의 지배에서 벗어나 의롭다 함을 받는다. 믿음으로 마귀의 지배에서 벗어난 자들의 모임을 교회라고 부른다. 따라서 모든 인류는 음부의 권세인 마귀의 지배를 받는 자들과 믿음으로 의롭다 함을 받고 하나님의 말씀에 따라서 통치를 받는 자들로 구분한다.

우리는 교회를 구약교회와 신약교회로 구분하였다. 아브라함으로부터 시작하는 구약교회를 광야교회, 사도들로부터 시작하는 신약교회를 그리스도의 교회라고 한다. 광야교회는 율법으로 자신의 죄를 깨닫고 칭의 언약으로 장차 오실 그리스도를 믿음으로 의롭다 함을 받은 자들의 모임이라고 말할 수 있다. 그리스도의 교회는 과거에 육신으로 임하신 하나님의 아들 예수 그리스도를 믿음으로 세상에서 나온 자들의 모임이라고 말할 수 있다. 광야교회는 장차 세워질 그리스도 교회의 모형과 그림자이다. 그리스도의 교회는 광야교회를 모형으로 하여 예수의 피에 의한 속죄와 구원 위에 세워진다. 예수의 피에 의한 속죄와 구원은 교회가 세워지는 영원한 반석이다.

인류의 역사는 음부의 권세 아래 있는 죄인들과 하나님의 통치 아래 있는 교회가 충돌하는 영적 전쟁의 과정을 보여준다. 마귀는 수단과 방법을 가리지 아니하고 교회를 미혹하고 핍박함으로 교회로 믿음을 버리게 하고 스스로 무너지게 한다. 하나님은 그리스도의 교회로 하여금 말씀과 성령의 감동으로 마귀의 미혹을 이기게 하신다. 하나님은 광야교회로 하여금 칭의 언약과 율법으로 마귀의 미혹을 이기게 하셨다. 이를 위하여 하나님은 제사장, 선지자, 왕을 택하여 기름을 부으시고 그들에게 광야교회를 이끌어가게 하셨다.

광야교회에서 제사장들은 그들의 사명을 잃어버리고 백성들에게 율법을 가르치지 아니하였다. 선지자들은 하나님의 말씀을 버리고 돈을 위하여 거짓을 예언하였다. 왕은 율법을 버리고 자기의 생각대로 백성을 통치하였다. 그 결과 이스라엘 백성은 그들의 죄를 깨닫지 못하고 장차 오실 그리스도를 버림으로 우상숭배에 빠졌다. 하나님께서 택하여 음부의 권세에서 불러내신 자들이 하나님의 언약을 버리고 우상을 숭배함으로 마귀의 자식이 되었다. 따라서 하나님은 그들을 심판하심으로 이방인들의 종이 되게 하셨다. 우상숭배로 하나님께 버림을 받은 이스라엘 백성은 바벨론에게 멸망한 이후부터 1948년 나라를 다시 세울 때까지 약 2,600년 동안 전 세계를 떠도는 방랑자가 되었다.

이스라엘에 우상숭배의 광풍이 몰아칠 때, 하나님의 은혜로 우상을 멀리한 자들이 있었다. 그들은 남은 자들이다. 그들은 율법으로 그들의 죄를 깨닫고 장차 오실 그리스도를 믿음으로 의롭다 함을 받았다. 그들은 장차 그리스도께서 오시면 그들의 죄를 용서하실 것을 믿었다. 그들 가운데 마리아가 택함을 받아 하나님의 아들을 잉태하였다. 예수의 공생애가 시작되기 전에 마지막 선지자인 세례 요한은 천국, 곧 하나님의 아들이 임하셨으므로 회개하고 그를 맞이하라고 선포하였다. 이로써 광야교회의 사명은 끝났다. 예수께서 세례 요한에게 세례를 받고 성령으로 마귀에 시험을 받으신 뒤에 천국 복음을 전파하심으로 그리스도의 교회가 태동하였다.

마귀는 하나님의 아들이 태어나자 헤롯을 통하여 죽이려고 하였으나 실패하였다. 예수께서 세례를 받으신 뒤에 40일 동안 광야에서 금식하셨을 때에, 마귀는 육체의 정욕으로 하나님의 아들을 시험하여 범죄하게 하려고 하였다. 그러나 마귀는 하나님의 아들을 시험함으로 자신의 죄를 드러냈다. 하나님의 아들을 시험하는 것은 하나님을 대적하는 죄이다. 이로써 마귀는 심판을 받고 죄인을 지배하는 그의 모든 권세를 박탈당하였다. 이때로부터 마귀의 지배 아래 있는 귀신이 예수 이름으로 쫓겨나기 시작하였다. 예수 이름으로 귀신이 쫓겨나는 것은 마귀의 나라가 무너지는 것이다. 마귀는 자신의 나라가 붕괴하는 것을 좌시하지 못하고 가룟 유다를 미혹하여 예수를 대제사장에게 넘겨주게 하였고 자기의 지배 아래 있는 자들을 통하여 예수를 십자가에 못 박았다. 마귀는 육신으로 임하신 하나님의 아들을 죽임으로 자기의 계획이 성공한 것으로 착각하였다. 그러나 마귀는 하나님의 아들을 죽임으로 하늘에서 하나님을 대적하였다는 객관적인 증거를 드러내었다.

하나님은 예수를 죽은 자 가운데서 살리시고 하늘로 올리셨다. 부활하신 예수는 하늘 보좌에 앉으신 뒤에 믿는 자들에게 성령을 보내주시고 그들에게 성령으로 복음을 증거하게 하신다. 오순절에 성령을 받은 자들이 목숨을 걸고 예수의 부활을 증거하였다. 예수는 하나님의 아들이므로 그의 이름을 믿음으로 구원을 얻는 복음이 폭발적으로 전파되기 시작하였다. 마귀는 예수만 죽이면 모든 것이 종료될 것으로 알고 있었다. 그러나 사도들과 믿는 자들이 예수 이름으로 귀신을 쫓아내며 이적과 기사를 행함으로 복음을 증거하자, 마귀는 복음의 증거를 막기 위하여 유대인들과 이방인을 통하여 그들을 핍박하고 죽이기 시작하였다.

사도들은 죽음을 무서워 아니하고 복음을 증거하였다. 이에 마귀는 믿는 자들의 생각을 바꿈으로 교회로 스스로 무너지게 하려고 한다. 이러한 마귀의 계략에 따라서 나타난 것이 적그리스도, 거짓 선지자, 거짓 그리스도 및 이단이다. 적그리스도란 육신으로 임하신 하나님의 아들을 부인하는 자이다. 거짓 선지자란 교회를 세상에 속한 것과 율법의 행위로 돌아가게 하려는 자이다. 거짓 그리스도란 교회에서 자신을 높여서 그리스도의 자리에 앉는 자이다. 이들은 믿음으로 구원을 얻은 뒤에 마귀의 미혹을 받아 타락한 자들이다. 초대교회는 이러한 마귀의 미혹을 이겨내고 복음을 증거함으로 그리스도의 교회를 반석 위에 올려놓으려고 하였다.

마귀는 목숨을 걸고 복음을 전하는 사도들과 믿는 자들을 미혹할 수 없었다. 따라서 마귀는 유대인들과 로마제국을 통하여 사도들과 믿는 자들을 핍박하고 죽였다. 그러나 성령의 권능으로 복음은 불길처럼 전파되었다. 그 이유는 믿는 자들이 성령의 감동으로 하나님의 아들 예수 그리스도를 알았을 뿐만 아니라 성령의 권능으로 나타나는 표적이 하나님의 아들 예수를 객관적으로 증거하였기 때문이다. 이제 마귀는 계략을 바꾸었다. 그것이 테오도시우스 황제에 의하여 주후 380년 기독교의 국교화로 나타났다. 기독교의 국교화로 인하여 성령의 권능에 의한 복음의 전도는 자취를 감추고 로마 가톨릭이란 이방 종교가 탄생하였다. 일부 신학자들과 목회자들은 기독교의 국교화로 기독교가 전 유럽에 전파되었다고 말하지만, 이것은 구원에 이르는 믿음의 본질을 알지 못하기 때문이다.

구원에 이르는 믿음이란 성령의 감동으로 예수 이름을 믿는 것이다. 그러나 기독교의 국교화 이후 로마제국의 점령지역은 국법으로 예수 이름을 믿었다. 국법에 따라서 강제로 예수 이름을 믿는 것은 구원에 이르는 믿음이 아니다. 이뿐만 아니라 사제들은 토착어가 아닌 라틴어로 설교하였으므로 청중은 설교 내용을 전혀 알지 못하였다. 예수를 믿는다고 고백하는 자들은 하나님과 예수 그리스도에 대하여 아무것도 알지 못하였다. 이를 해결하기 위하여 로마 가톨릭과 동방정교는 성상(聖像)과 성화(聖畫)로써 하나님과 그리스도를 알게 하려고 하였다. 이것은 우상숭배로 이어졌다. 로마 가톨릭은 마리아를 성모라고 지칭하면서 신격화하여 오늘에 이르고 있다. 그들은 마리아를 은혜의 중보자로 추대하고 있다.

주후 476년 서로마제국이 멸망한 이후 르네상스(Renaissance)까지 시대를 중세 봉건시대 또는 중세 암흑시대라고 한다. 이 기간에 교황은 로마 가톨릭의 수장으로서 천국열쇠를 가지고 왕과 영주와 백성을 지배하였다. 모든 권력과 돈이 교황에게 집중되었고 그는 그리스도의 위치에 올라 불법으로 권력을 행사하였다. 로마 가톨릭의 사례는 국가권력과 연합한 교회의 타락을 모형으로 보여준다. 마귀는 국가권력과 돈을 통하여 교회를 미혹하였고, 교회는 권력과 돈을 사랑하여 스스로 무너졌다. 로마 가톨릭 시대에 그리스도의 교회는 거의 존재를 감추었지만, 종교개혁을 통하여 교회는 다시 그 모습을 드러내기 시작하였다.

중세 암흑시대를 신본주의(God-Oriented)시대라고 부른다. 14세기와 16세기까지 일어난 르네상스는 신본주의를 벗어나 인본주의를 추구하는 시대였다. 시대적인 사조를 반영하여 로마 가톨릭에 대항하는 종교개혁이 1517년 마르틴 루터(Martin Luther)에 의하여, 1519년 울리히 츠빙글리(Vlrich Zwingli)에 의하여, 그 후에 장 칼뱅(Jean Calvin)에 의하여 일어났다. 로마 가톨릭은 믿음보다는 율법의 행위에 의한 구원을 강조하는 반면, 종교개혁자들은 오직 믿음으로 구원을 얻는 복음을 주장하였다. 특히 장 칼뱅에 의하여 종교개혁은 이론적으로 꽃을 피웠다. 종교개혁을 통하여 로마 가톨릭에 대항하는 개신교가 탄생하였다. 중세 암흑시대에 성경해석의 자유는 없었고, 오직 교황만이 성경을 해석할 수 있었다. 그러나 종교개혁으로 교회는 성경해석을 제한하는 족쇄를 벗어던지게 되었다.

르네상스 이후 나타난 계몽주의, 낭만주의, 모더니즘 및 포스트모더니즘을 거치면서 신학자들을 중심으로 성경의 무오성을 훼손하고 하나님의 뜻을 대적하는 다양한 가설이 제기되었다. 계몽주의 시대에 이신론(理神論, Deism), 곧 '하나님은 만물을 창조하셨지만, 만물을 통치하지 않으신다'라는 가설이 제기되었다. 계몽주의 시대와 낭만주의 시대에 슐라이어마허(Friedrich Daniel Ernst Schleiermacher)의 자유주의 신학, 만물의 창조를 부정하는 찰스 다윈(Charles Robert Darwin)의 진화론, 성경의 무오성을 부정하는 성서비평학 및 기독교를 전면적으로 부인하는 공산주의가 등장하였다. 그리고 20세기 중반 이후 선교사들을 중심으로 하여 종교다원주의가 제기되었다.

제1차 산업혁명과 자본주의 경제체제가 맞물리면서 분배의 양극화로 인하여 자본가 집단과 노동자 집단이 심각한 사회문제로 등장하였다. 이 문제를 해결하려는 시도로 1848년에 칼 하인리히 마르크스(Karl Heinrich Marx)와 프리드리히 엥겔스(Friedrich Engels)의 '공산당 선언'이 출판되었다. 이 선언에 따라서 1917년에 러시아에서 볼셰비키 혁명이 일어났다. 이로 인한 공산주의 국가의 탄생은 기독교의 뿌리째 흔들고 있다. 유물사관에 입각한 공산주의는 성도의 소망인 천국은 없다고 주장한다. 기독교는 가난한 노동자들에게 천국이 있다고 거짓말함으로 그들에게 가난의 고통을 잊게 한다. 따라서 공산혁명이 성공하여 노동자들의 소득이 증가하면 기독교는 필요치 아니하게 된다. 이러한 이유로 공산주의 국가는 기독교를 말살하는 정책을 시행하고 있다.

18세기 중엽부터 19세기 초반까지 영국에서 시작된 산업혁명은 대량생산을 가능하게 함으로 자본이 크게 축적되었다. 특히 애덤 스미스(Adam Smith)에 의하여 제기된 자본주의 경제체제는 산업혁명과 맞물리면서 자본의 축적을 불러왔다. 이 시대에 자본을 축적한 자본가들이 성공의 표본으로 부각하기 시작하였다. 이것이 교회에 영향을 미치기 시작하였다. 대형교회가 탄생하면서, 큰 예배당과 많은 교인이 목회 성공의 척도가 되었다. 돈을 많이 벌고 세상에서 명예를 얻는 것이 구원의 증거로 인식되면서 교회는 배금주의에 빠지기 시작하였다. 목회자들은 하나님의 전능하신 능력으로 재물을 얻고 명예를 얻는 것이 복이라고 설교함으로 교회를 세상에 속한 것으로 이끌어가고 있다.

공산주의 국가의 탄생, 과학기술의 발달과 경제성장으로 인한 배금주의 사상, 종교다원주의와 동성애 등이 교회를 뿌리째 흔들고 있다. 서유럽과 북미 국가들이 종교다원주의와 동성애를 합법화함으로 예수의 피에 의한 구원을 전하는 교회는 사라지고 있다. 교회는 이방 종교처럼 세상에 속한 것을 구하는 사교 집단으로 전락하고 있다. 목회자들은 교회를 믿음이 아닌 신념으로 이끌어가고 있다. 성도들은 하나님의 약속이 없는 것, 곧 세상에 속한 것들이 이루어지기를 간절히 바라고 기도하고 있다. 성도들의 긍정적인 생각은 믿음이 아니라 신념이다. 곧 성도들은 하나님 말씀의 성취를 소망하는 믿음을 버리고 자기의 생각이 이루어질 것을 바라는 신념으로 살아가고 있다. 교회라는 이름은 있으나 예수의 피에 의한 구원과 믿음으로 무장한 교회는 자취를 감추고 있다.

현대사회는 절대적인 기준이 없으며 모든 것을 상대적이고 다원적인 관점에서 보는 포스트모더니즘 시대이다. 현대사회는 합리적인 사고와 인문사회과학의 결과를 부인한다. 곧 포스트모더니즘은 전통적인 윤리와 도덕, 인문사회과학의 합리적인 연구결과를 부인하고 상대성과 다양성을 특징으로 한다. 따라서 포스트모더니즘이 지배하는 현대사회는 혼돈의 시대이다. 포스트모더니즘 아래서 가정, 학교, 직장, 사회, 경제 및 문화의 모든 질서가 무너지고 돈과 개인주의를 바탕으로 새로운 질서가 형성되고 있다. 새로운 질서란 시간과 공간 및 장소에 따라서 다양하게 변화하는 무질서이다. 이 무질서가 가정과 사회와 교회를 파괴하고 있다. 이에 편승하여 급진적인 진보정당의 출현으로 정치권은 상대성과 다양성을 부채질하고 있다. 포스트모더니즘 사상 아래서 교회는 믿음을 잃어버리고 무너지고 있다.

중세 봉건시대에 마귀는 교황에게 권력과 돈을 주었다. 교황은 그리스도의 자리에 올라 사도들로부터 물려받은 교회를 우상의 집단으로 만들었다. 종교개혁 이후 마귀는 신학자들에게 하나님의 뜻을 대적하고 그리스도의 동정녀 탄생을 부정하는 가설을 심어주었다. 그 결과 교회는 믿음을 버리고 세상에 속한 것들을 얻으려는 신념을 따르고 있다. 예수의 피에 의한 구원과 부활의 소망을 가진 교회는 점차 자취를 감추고 있다. 교회는 음부 권세의 정체와 그 궤계를 알지 못함으로 스스로 붕괴의 길을 걷고 있다.

3. 본서는 다섯 부문으로 구성되었다. 제1부에서는 생명과 죄의 본질을, 제2부에서는 광야교회의 믿음의 본질을, 제3부에서는 광야교회의 붕괴와 음부의 권세를, 제4부에서는 그리스도 교회의 본질과 사명을, 제5부에서는 그리스도 교회의 붕괴와 음부의 권세를 논의하였다.

제1부에서 우리는 생명의 본질을 하나님의 속성에서, 죄의 본질을 타락한 천사의 속성에서 찾아야 한다는 것을 전제로 하여 생명과 죄에 대하여 살펴보았다. 하나님께서 사람을 자기의 형상으로 창조하셨다. 사람은 하나님의 외모와 속성을 닮은 존재로 창조되었으나 아담의 범죄로 그 형상을 잃어버렸다. 아담은 타락함으로 의로움과 거룩함을 상실하였다. 아담을 미혹한 사단은 타락한 천사로서 영원한 결박으로 흑암, 곧 음부에 갇혔다. 아담이 타락한 뒤에 사단은 모든 인류를 지배하는 권세를 가진 마귀가 되었다. 마귀가 활동하는 모든 공간과 장소를 음부 또는 흑암이라고 한다. 우리는 하나님의 형상을 통하여 생명의 본질을, 사단의 속성과 아담의 타락을 통하여 죄의 본질을 구명하려고 하였다.

제2부에서는 우리는 아브라함으로부터 시작하는 광야교회의 본질, 믿음과 사명, 생명과 안식을 살펴보았다. 아담의 타락으로 장차 오실 그리스도의 길이 막혔다. 하나님은 그 길을 열기 위하여 믿음으로 의롭다 함을 받는 칭의 언약과 죄를 깨닫게 하는 율법을 주셨다. 하나님은 이스라엘의 자손을 택하여 자기의 백성으로 부르시고 그들을 애굽에서 인도하여 내신 뒤에 그들을 통하여 광야교회의 본질을 보여주셨다. 광야교회의 본질은 율법으로 죄를 깨닫고 장차 오실 그리스도를 믿음으로 의롭다 함을 받은 자의 모임이다. 그들은 성전에서 드린 제사를 통하여 장차 오실 그리스도 안에 생명이 있음을 모형으로 보여주었다. 광야교회는 장차 오실 그리스도의 길을 준비하며 그의 오심을 믿고 소망함으로 마귀의 미혹을 극복할 수 있었다.

제3부에서는 우리는 마귀의 미혹으로 광야교회가 타락하는 과정을 살펴보았다. 이스라엘 백성의 광야 생활은 교회와 마귀의 사이에 벌어지는 영적 전쟁을 모형으로 보여준다. 특히 그들은 마귀에게 미혹을 받아 하나님의 능력을 알지 못하고 애굽으로 돌아가려고 하였으며 우상을 숭배함으로 사망에 이르는 죄를 범하였다. 이스라엘의 역사는 율법을 알지 못함으로 세상으로 돌아간 뒤에 우상을 숭배한 것이 교회 붕괴의 원인이었음을 보여준다. 특히 교회의 지도자인 제사장, 선지자, 왕들은 타락하여 하나님의 백성을 우상의 자식으로 만들었다. 우상숭배로 이방인에게 무릎을 꿇은 이스라엘은 역사 속으로 사라졌고 성전은 파괴되었다. 마귀의 지배를 받던 유대인들은 육신으로 임하신 하나님의 아들을 십자가에 못 박았다. 지금 유대

인들은 무너진 성전의 터의 벽을 붙들고 통곡하고 있다.

제4부에서 우리는 광야교회가 막을 내리고 예수의 피 위에 세워진 교회의 본질과 사명과 정체성을 살펴보았다. 마지막 선지자인 세례 요한의 사역으로 광야교회는 막을 내리고, 예수의 피 위에 하나님의 교회가 세워졌다. 그리스도의 교회는 율법으로 자신의 죄를 깨닫고 예수 이름을 믿음으로 예수의 피에 의하여 구원을 얻은 자들의 모임이다. 그리스도의 교회는 탐심을 못 박은 십자가를 지고 복음을 순종하는 자들의 회중이다. 동시에 교회는 하나님의 성전이며 그리스도의 지체이다. 교회의 사명은 예배를 통하여 하나님을 만나며 복음을 증거함으로 다시 오실 예수의 길을 준비하는 것이다. 그리스도의 교회는 그리스도의 재림과 첫째 부활을 향하여 달려간다.

제5부에서는 십자가를 지지 아니함으로 복음을 순종하지 아니하는 교회가 스스로 무너지는 과정을 살펴보았다. 십자가를 지지 아니하는 교회는 복음을 순종하지 못하므로 하나님과 예수 그리스도를 알지 못하고 있다. 교회는 하나님과 예수 그리스도, 생명과 죄의 본질을 알지 못하고 있다. 특히 교회의 지도자인 신학자들은 하나님의 뜻을 대적하고 창조주 하나님과 그리스도의 동정녀 탄생을 부인하는 가설을 제시하고 있으며, 그들에게 영향을 받은 목회자들은 교회를 타락의 길로 인도하고 있다. 마귀는 교회의 지도자들을 미혹하여 교회를 붕괴시키고 있다. 종교다원주의와 동성애를 지지하는 교회의 지도자들로 인하여 서유럽의 교회는 거의 자취를 감추었으며 북미의 교회들도 역시 맥없이 무너지고 있다. 2013년 WCC 부산총회 이후 한국의 교회도 붕괴의 길을 가고 있다. 무너진 예루살렘의 성전 터의 벽을 붙들고 통곡하는 유대인들처럼, 우리도 무너진 교회의 터, 곧 예수의 피를 붙들고 통곡하는 시간이 올 것이다.

4. 현대의 전쟁은 정보 전쟁이다. 아무리 훈련된 병사와 최첨단 무기가 있더라도 상대방에 대한 정보가 없으면 전쟁을 승리로 이끌 수 없다. 축구와 야구를 비롯한 모든 운동경기 역시 상대방에 대한 정보가 중요하다. 신앙생활도 음부의 권세를 잡은 악한 영들에 대한 지식이 중요하다. 그러나 교회는 음부의 권세와 죄의 실체를 알지 못하므로 영적 전쟁에서 계속하여 패하고 있다. 교회는 음부와 흑암과 지옥을 알지 못한다. 교회는 음부와 지옥이 땅속이라고 막연히 착각하고 있다. 교회는 음부와 흑암이 우주임을 알지 못하고 음부의 권세가 멀리 있는 것으로 착각하고 있다. 음부의 권세가 교회를 머리부터 삼키고 있지만, 교회는 서서히 죽어가는 자신을 알지 못하고 있다.

교회는 사람의 육체 안에 있는 음부의 권세를 알지 못하고 있다. 마귀의 인격이 성도의 육체 안에 탐심, 곧 죄의 실체로 나타나고 있다. 마귀는 수많은 귀신을 통하여 성도의 육체 안에 탐심을 넣어주고 있다. 탐심은 돈과 명예와 권력과 육체의 쾌락을 사랑하는 생각이다. 이 탐심이 성도의 인격을 사로잡아 하나님을 대적하게 한다. 마귀는 가룟 유다의 마음속에 돈을 사랑하는 생각을 넣어주었고, 그는 그 생각에 사로잡혀 하나님의 아들을 대제사장에게 넘겨주었다. 사도 바울도 그의 육체 안에서 역사하는 탐심으로 괴로워하였다. 성도가 탐심에 빠지면 다시 오실 예수를 십자가에 못 박으려고 한다. 교회가 탐심을 알지 못하면 교만하여 스스로 의로운 체하다가 결국은 음부의 권세 아래 들어간다.

  교회가 탐심을 극복하려면 자기를 부인하고 각자에게 부여된 십자가를 져야 한다. 십자가를 지는 것은 죽음을 향하여 나가는 것이다. 곧 예수 이름을 믿는 것이 육체에 속한 것들에 대한 욕망을 버리고 죽음을 향하여 나가는 것이다. 그러나 교회가 살기 위하여 돈과 명예와 권력을 사랑하며 육체의 쾌락을 따라가면 반드시 붕괴의 길을 걷게 될 것이다. 로마 가톨릭의 수장인 교황은 권력과 돈을 사랑하고 있다. 돈과 명예를 사랑하는 목회자들이 또 다른 교황들이 되어 그리스도의 교회를 흔들고 있다. 현재 있는 것으로 만족하는 목회자는 자취를 감추고 있다.

  5. 본서에서 성경은 한글판 개역성경 및 개정개역성경(대한성서공회)을 인용하였다. 우리는 성경해석을 위하여 히브리어 성경(Biblia Hebraica Stuttgartensia Vierte verbessrte Aufrage, 1990 Verkreinerte Ausgabe)과 헬라어 성경(The Greek New Testament, Third Editio, United Bible Societies)을 인용하였다. 히브리어 사전은 The New Brown, Driver, and Briggs Hebrew and English Lexicon of the Old Testament(Houghton, Mifflin & Co., Boston and Oxford University Press, London, 1981)를 참고하였다. 히브리어의 문법적 분해는 John. J. Owens, Analytical Key of the Old Testament(Baker Book House Company, 1989)를 참조하였다. 영어 성경은 KJV, RSV 및 NIV를 참고하였다.

제1부 생명과 죄와 사망의 본질

1.1 생명의 본질과 실체
　1. 하나님의 형상과 생명의 본질
　2. 하나님의 말씀과 생명의 본질
　3. 죄와 사망의 본질

1.2 흑암과 음부의 권세
　1. 흑암과 음부
　2. 흑암과 음부의 권세

1.3 요약 및 결론

"하나님이 자기 형상 곧 하나님의 형상대로 사람을 창조하시되 남자와 여자를 창조하시고"(창 1:27).

"대저 생명의 원천이 주께 있사오니 주의 광명 중에 우리가 광명을 보리이다"(시 36:9).

"너희가 그것을 먹는 날에는 너희 눈이 밝아 하나님과 같이 되어 선악을 알줄을 하나님이 아심이니라"(창 3:5).

"네가 네 마음에 이르기를 내가 하늘에 올라 하나님의 뭇별 위에 나의 보좌를 높이리라 내가 북극 집회의 산 위에 좌정하리라"(사 14:13).

"또 자기 지위를 지키지 아니하고 자기 처소를 떠난 천사들을 큰 날의 심판까지 영원한 결박으로 흑암에 가두셨으며"(유 1:6).

"네 이웃의 집을 탐내지 말찌니라 네 이웃의 아내나 그의 남종이나 그의 여종이나 그의 소나 그의 나귀나 무릇 네 이웃의 소유를 탐내지 말찌니라"(출 20:17).

"만물보다 거짓되고 심히 부패한 것은 마음이라 누가 능히 이를 알리요마는"(렘 17:9).

1.1 생명의 본질과 실체
1. 하나님의 형상과 생명의 본질
(1) 창조질서와 하나님의 형상

   1) 현대신학은 창세기의 제1장부터 제11장까지의 말씀을 역사성이 없다는 이유로 설화(legend)로 취급함으로 창조사역과 아담의 타락을 부인하고 있다. 그들은 죄와 사망을 관념적인 개념으로 취급하므로 예수의 피에 의한 속죄와 구원을 부인하고 있다. 그 결과 많은 교인이 구원을 관념적으로 이해함으로 죄의 유혹에 빠지고 있다. 따라서 우리는 창조질서를 통하여 생명의 본질과 실체를, 사단과 아담의 타락을 통하여 죄의 본질과 실체를 밝히려고 노력하였다.

   2) 태초에 하나님은 말씀으로 만물을 창조하셨다. 하나님은 우주 안에 있는 모든 것을 지으시고 마지막으로 자기의 형상으로 사람을 만드셨다. 사람은 하나님의 형상으로 창조되었다. **"하나님이 자기 형상 곧 하나님의 형상대로 사람을 창조하시되 남자와 여자를 창조하시고"(창 1:27).**[1] 하나님은 사람에게 땅을 정복하고 모든 생물을 다스리는 권세를 주셨다. 하나님의 형상으로서 모든 생물을 다스리는 사람은 만물을 통치하시는 하나님을 모형으로 보여준다. 하나님의 형상이란 무엇을 의미하는가. 태초에 스스로 계신 하나님의 형상이 있었다는 것에 의문을 가질 수 있다. 형상이란 육체를 통하여 보여주는 가시적인 형상을 의미하기 때문이다. 신이란 육체가 없는 영적인 존재이다. 만물을 창조하신 하나님은 공간과 장소와 시간을 초월하여 스스로 계시는 분이다. 따라서 하나님은 육체를 입고 장소와 공간에 의하여 제약을 받으면 분이 아니다. 하나님께서 자기의 형상으로 사람을 창조하셨다는 것은 무엇인가를 살펴보자.

   3) 삼위일체 하나님 가운데 육신을 입으신 분은 성자이다. 태초에 성자는 말씀으로 하나님과 함께 계셨으며(요 1:1), 하나님은 성자의 형상으로 사람을 창조하셨다. **"하나님이 가라사대 우리의 형상을 따라 우리의 모양대로 우리가 사람을 만들고 그로 바다의 고기와 공중의 새와 육축과 온 땅과 땅에 기는 모든 것을 다스리게 하자 하시고"(창 1:26).**[2] 우리의 형상(Our image, Our likeness)이란 삼위일체 하나님의 형상이다. (창 1:27)에서 자기의 형상(His own image, His likeness)이란 3인칭 단수이다.[3] (창 1:26)의 말씀은 삼위일체 하나님의 형상으로 사람이 창조

---

1) "형상"으로 번역된 히브리어 첼렘(צֶלֶם)는 외모(likeness), 이미지(image) 및 그림자를 가리킨다(The New Brown, Driver, and Briggs Hebrew and English Lexicon of the Old Testament (Houghton, Mifflin & Co., Boston and Oxford University Press, London, 1981, 이하 BDB., p. 853).
2) "우리의 형상"으로 번역된 히브리어, 베찰메누(בְּצַלְמֵנוּ)에서 어미(נוּ)는 일인칭 복수 어미이다. John. J. Owens, Analytical Key of the Old Testament, vol. 1, Baker Book House Company, 1989, p. 5.
3) "자기의 형상"으로 번역된 히브리어, 베찰모(בְּצַלְמוֹ)에서 어미(וֹ)는 3인칭 단수 어미이다.

되었다는 것을 계시한다. (창 1:27)의 말씀은 삼위일체 하나님 가운데 한 분. 곧 성자의 형상으로 사람이 창조되었다는 것을 계시한다. **"하나님이 자기 형상 곧 하나님의 형상대로 사람을 창조하시되 남자와 여자를 창조하시고"**(창 1:27). "자기의 형상"이란 성자의 형상이다. 곧 성자는 삼위일체 하나님 형상이다. 성자는 사람을 통하여 자신의 형상을 보여주셨다.

3) 하나님의 형상이란 하나님의 실체를 의미한다. 하나님은 영이시므로 장소와 공간을 초월하여 스스로 계신 분이다. 하나님은 전지전능하시고 영원하시며, 의로우시고 거룩하시며, 선하시고 사랑이시다. 이것을 하나님의 속성이라고 한다. 하나님의 모든 속성을 합하여 하나님의 본질이라고 말한다. 하나님의 속성은 눈으로 볼 수 없다. 볼 수 없는 하나님의 본질이 보이는 실체로 나타날 것을 예언한 말씀이 (창 1:27)이다. 삼위일체 하나님의 형상이신 성자께서 장차 육신으로 임하셔서 하나님의 본질을 보여준다는 약속이 창조사역을 통하여 계시되었다. 곧 성자께서 장차 사람을 통하여 육신으로 임하셔서 하나님의 실체를 보여주실 것이다.4)

4) (창 1:27)에서 성자가 창조의 주체라고 말씀한다. 따라서 사도 바울은 성자께서 자기를 위하여 만물을 창조하셨다고 기록하였다. **"만물이 그에게 창조되되 하늘과 땅에서 보이는 것들과 보이지 않는 것들과 혹은 보좌들이나 주관들이나 정사들이나 권세들이나 만물이 다 그로 말미암고 그를 위하여 창조되었고"**(골 1:16). "그로 말미암고(through Him)," "그를 위하여(for Him)"란 성자께서 자기를 위하여 만물을 창조하셨다는 것을 의미한다. 만물은 성자를 위한 그릇으로 창조되었다. 성자는 하나님 아버지의 뜻대로 자기를 위하여 만물을 창조하셨다. 사람은 성자의 뜻대로 사용되는 질그릇이라고 성경은 말씀한다. **"토기장이가 진흙 한 덩이로 하나는 귀히 쓸 그릇을, 하나는 천히 쓸 그릇을 만드는 권이 없느냐"**(롬 9:21). 따라서 삼위일체 하나님 가운데 성자는 하나님의 형상이고 실체이며 창조의 주체라고 말할 수 있다.

5) (창 1:26,27)의 말씀은 만물이 창조되기 전, 곧 태초부터 하나님의 형상이 있었다는 것을 의미한다. **"그는 보이지 아니하시는 하나님의 형상이요 모든 창조물보다 먼저 나신 자니"**(골 1:15). 성자가 하나님의 형상이란 증거는 무엇인가. 사도 바울은 예수의 말씀과 사역, 죽음과 부활을 통하여 예수는 하나님의 아들이며 하나님의 형상이라고 고백하였다. 예수의 말씀은 만물을 통치하시는 하나님의 말씀이며 그의 사역은 전능하신 창조주의 사역이다. 말씀으로 죽은 자를 살리며 모든 병을

하나님께서 그의 형상을 따라서 사람을 창조하셨다.
4) 성자는 하나님의 실체라고 성경은 말씀한다. **"이는 하나님의 영광의 광채시요 그 본체의 형상이라 그 능력의 말씀으로 만물을 붙드시며 죄를 정결케 하는 일을 하시고 높은 곳에 계신 위엄의 우편에 앉으셨느니라"**(히 1:3). "본체"로 번역된 헬라어 휘포스타세오스($\dot{\upsilon}\pi o \sigma \tau \acute{\alpha} \sigma \epsilon \omega \varsigma$)란 본질 또는 실체를 의미한다.

고치고 귀신을 쫓아내는 것은 만물을 통치하는 하나님의 권세를 의미한다. 예수의 죽음은 죄인의 피를 덮는 하나님의 사랑이며 그의 부활은 하나님의 아들이란 객관적인 증거이다. 예수는 태초부터 계신 성자란 객관적인 증거가 그의 부활을 통하여 객관적으로 나타났다. **"성결의 영으로는 죽은 가운데서 부활하여 능력으로 하나님의 아들로 인정되셨으니 곧 우리 주 예수 그리스도시니라"**(롬 1:4).

6) (창 1:27)의 말씀은 성자가 하나님의 형상이며 장차 육신으로 임하셔서 하나님의 형상을 보여주신다는 약속이다. 곧 성자께서 육신으로 오신다는 약속이다. 성자께서 육신으로 오시지 아니하신다면, (창 1:26,27)의 말씀은 허튼 말이 될 것이다. 따라서 성자께서 육신으로 임하신다는 것을 전제로 하여, 하나님은 사람을 통하여 만물을 통치하시는 성자의 권세를 모형으로 보여주셨다. 하나님은 사람에게 땅을 정복하고 모든 동물을 다스리는 권세를 주셨다. **"하나님이 그들에게 복을 주시며 그들에게 이르시되 생육하고 번성하여 땅에 충만하라, 땅을 정복하라, 바다의 고기와 공중의 새와 땅에 움직이는 모든 생물을 다스리라 하시니라"**(창 1:28). "땅을 정복하라"란 문명을 건설하고 문화생활을 영위하는 것을 말한다. "모든 생물을 다스리다"란 만물을 통치하시는 성자의 권세를 모형으로 보여준다.

7) 사람이 땅을 정복하고 모든 생물을 다스리려면 인격이 있어야 한다. 사람의 인격은 지성과 감성과 의지로 해석한다. 사람은 지성이 있으므로 하나님의 말씀을 통하여 하나님의 뜻을 알고 이를 행할 수 있다. 사람은 감성이 있으므로 하나님의 말씀을 기뻐하고 문화생활을 할 수 있다. 사람은 의지가 있으므로 하나님의 말씀을 순종할 뜻을 정하고 이를 성취하기 위하여 어려움을 극복할 수 있다. 따라서 하나님께서 동물들에게 본능만을 주셨지만, 사람에게 인격과 본능을 주셨다. 모든 피조물 가운데 사람과 천사만이 인격을 받았다. 모든 동물은 본능에 따라서 기계적으로 생존하고 생식함으로 종을 이어가고 있다. 그러나 사람은 자기의 판단에 따라서 문명을 건설하고 문화생활을 즐기며 자녀를 생산하고 있다.

8) 사람이 (창 1:28)의 말씀을 순종하기 위하여 가정을 이루고 사회를 형성하려면 기본적인 질서를 유지하여야 한다. 그 질서가 양심이다. 모든 동물은 본능으로 그들의 질서를 유지하지만, 사람은 양심으로 질서를 유지하며 집단생활을 하고 있다. 사람의 양심은 하나님의 형상에 제약을 받는다. 사람이 하나님의 형상을 유지하고 있다는 것은 사람의 양심과 하나님의 양심이 일치한다는 것을 의미한다. 하나님께서 사람을 자기의 형상으로 창조하시고 이어서 땅을 정복하라는 명령을 주신 것은 이것을 뒷받침한다. 사람이 하나님의 형상을 유지하고 있을 때 하나님의 영광을 위하여 땅을 정복하여 문명을 건설할 수 있다.

9) 하나님의 형상으로서 문명을 건설하고 모든 생물을 다스리는 목적은 창조질서와 관련된다. 사람이 땅을 정복하고 생물을 다스리는 목적은 무엇인가. 사람을 위한 것인가, 아니면 하나님을 위한 것인가. 이에 대한 해답은 만물을 창조하신 하

나님의 뜻에서 찾아야 한다. 하나님은 자기의 영광을 위하여 만물을 창조하셨다.[5] **"무릇 내 이름으로 일컫는 자 곧 내가 내 영광을 위하여 창조한 자를 오게 하라 그들을 내가 지었고 만들었느니라"**(사 43:7). 하나님은 영광을 부족하여 영광을 받으시기 위하여 만물을 창조한 것은 아니다. 하나님은 전능하시므로 아무것도 부족한 것이 없는 분이다. 하나님은 자기의 영광을 나타내기 위하여 만물을 창조하셨다. 따라서 사람은 하나님의 영광을 나타내기 위하여 땅을 정복하고 동물을 다스려야 한다.

10) 만물은 하나님의 영광을 나타낸다고 다윗은 노래하였다. **"하늘이 하나님의 영광을 선포하고 궁창이 그 손으로 하신 일을 나타내는도다"**(시 19:1). "만물이 하나님의 영광을 선포하다"란 모든 피조물이 하나님의 전지전능하심을 보여준다는 것을 의미한다. 하나님은 전능하시므로 말씀으로 모든 만물을 창조하셨다. 하나님은 창조부터 종말까지 우주의 역사를 아시고 그 역사를 작정하셨다. **"네가 듣지 못하였느냐 이 일은 내가 태초부터 행하였고 상고부터 정한 바라 이제 내가 이루어 너로 견고한 성들을 멸하여 돌무더기가 되게 함이니라"**(왕하 19:25). 따라서 사도 바울은 만물이 하나님의 모든 신성을 나타낸다고 기록하였다. **"창세로부터 그의 보이지 아니하는 것들 곧 그의 영원하신 능력과 신성이 그 만드신 만물에 분명히 보여 알게 되나니 그러므로 저희가 핑계치 못할찌니라"**(롬 1:20).

11) 하나님의 형상으로 창조된 사람은 하나님의 영광을 나타내기 위하여 문명을 건설하고 모든 동물을 다스려야 하는 사명을 부여받았다. 모든 피조물 가운데서 사람만이 문명을 건설하고 문화생활을 하며 모든 동물을 다스리는 것은 사람에게 주어진 엄청난 특권이다. 이 특권에 상응하는 의무가 사람에게 부여되었다. 그것은 하나님의 형상을 유지함으로 장차 오실 성자, 곧 그리스도의 길을 준비하는 것이다. 만약 사람이 범죄하므로 하나님께 받은 생명을 잃어버린다면 하나님의 형상을 상실할 것이다. 창조질서를 대적한 죄인은 이에 대한 형벌을 받을 것이다. 따라서 하나님의 형상은 생명과 관련된다고 말할 수 있다.

(2) 하나님의 형상과 생명

1) 하나님은 자기의 영광을 위하여 자신의 형상으로 사람을 창조하셨다. 하나님의 형상이란 사람의 외모가 하나님의 외모를 닮은 것이고, 그 속성은 하나님의 속성을 닮은 것이다. 사람이 하나님의 형상을 유지할 때 하나님의 영광을 위하여 일할 수 있다. 사람이 범죄하면 사람의 외모는 변하지 않지만, 사람의 속성이 변화하므로 하나님의 형상을 잃어버린다. 사람이 하나님의 형상을 잃어버리면 하나님의 영광을 위하여 일할 수 없다.

---

[5] 졸저, 왜 우리는 예수 그리스도를 믿어야 하는가?, 개정증보판(크리스챤 디스커버리, 2023), 1.2.2.(1) 참조

2) 하나님의 형상이란 두 가지로 구분할 수 있다.[6] 첫째, 사람의 외모가 하나님의 외모를 닮은 것이다. 사람의 외모는 사람의 고유한 외모가 아니라 하나님의 외모다.[7] 하나님의 외모는 태초부터 계신 성자의 외모이다. 하나님은 사람을 통하여 성자의 외모를 보여주셨다. 사람이 하나님의 외모를 따라서 창조되었다는 증거가 하나님의 아들이 육신으로 임하심으로 증명되었다. 태초에 하나님과 함께 계신 말씀이 육신으로 임하셨다. **"말씀이 육신이 되어 우리 가운데 거하시매 우리가 그 영광을 보니 아버지의 독생자의 영광이요 은혜와 진리가 충만하더라"(요 1:14).** 이 말씀은 예수의 외모는 하나님의 외모이며, 사람은 그의 외모를 따라서 창조되었다는 것을 의미한다.

3) 지구상의 모든 인류의 외모는 각각 다르다. 이것은 사람의 외모는 하나님의 외모의 모형이나, 예수는 그 원형이라는 것을 의미한다. 모형과 그림자는 원형과 유사하지만 같을 수 없다. 온 인류의 외모가 각각 다른 것은 각 사람이 가지고 있는 하나님에 대한 지식이 각각 다르다는 것을 의미한다. 모든 사람이 가지고 있는 세상 지식이 각각 다르듯이 하나님에 대한 지식도 각각 다르다. 사람의 외모가 각각 다르다고 할지라도 사람으로서 공통점을 가지고 있다.

4) 사람이 하나님의 외모로 창조된 이유는 하나님의 아들이 사람의 육신을 통하여 오신다는 약속이다. 사람의 육신은 영원히 사는 존재가 아니라 시한부적인 존재이므로 사람은 결혼을 통하여 자녀를 출산하여야 한다.[8] 따라서 성경은 사람에게 생육하고 번성하라고 말씀한다(창 1:28). 성자가 오시는 길을 위하여 하나님께서 사람을 남자와 여자로 만드셨다. (창 1:27)의 말씀에서 남자와 여자란 동물적인 의미에서 수컷(male)과 암컷(female)을 의미한다.[9] 이것은 본능에 따라서 생육하고 번성하는 것을 의미한다. 남자와 여자가 결혼함으로 한 몸을 이루어 자녀를 낳는 것이 창조질서이다. 하나님은 남자의 갈빗대를 취하여 여자를 만드심으로 남자와 여자가 한 몸이 되게 하셨다. **"여호와 하나님이 아담을 깊이 잠들게 하시니 잠들매 그가 그 갈빗대 하나를 취하고 살로 대신 채우시고 여호와 하나님이 아담에게서 취하신 그 갈빗대로 여자를 만드시고 그를 아담에게로 이끌어 오시니"(창**

---

6) 졸저, 상게서, 1.2.2. (2) 참조.
7) 모든 생물은 고유한 외모를 가지고 있다. 그러나 사람은 고유한 외모가 없으며 하나님의 외모를 닮았다.
8) 사람의 육체는 영원히 사는 존재로 창조되었으나 아담의 타락으로 인하여 죽게 되었다는 가설이 제기되었다(Louis Berkhof, Systematic Theology, 권수경·이상원 역, 조직신학, 상(크리스챤 다이제스트, 2,000), p. 441. 그러나 사람의 육체는 죽어서 흙으로 돌아가는 시한부적인 존재로 창조되었다. **"한번 죽는 것은 사람에게 정하신 것이요 그 후에는 심판이 있으리니"(히 9:27).**
9) "남자"로 번역된 히브리어, 자카르(זָכָר)는 수컷을 의미한다(BDB., p. 271). "여자"로 번역된 히브리어, 네케바(נְקֵבָה)는 암컷을 의미한다(BDB., p. 666). 동물처럼 남자와 여자가 생리적으로 구분된다. 따라서 동성애자들의 주장은 창조질서를 대적하는 것이다.

2:21,22). "이러므로 남자가 부모를 떠나 그 아내와 연합하여 둘이 한 몸을 이룰찌로다"(창 2:24).

5) 남자와 여자가 결혼함으로 한 몸이 되고 자녀를 생산하는 것은 성자께서 육신으로 오시는 길을 준비하는 창조질서이다. 성자께서 언제, 누구의 육체를 통하여 오실 것인가 하는 것은 하나님의 뜻에 속한 것이므로 아무도 그것을 알지 못한다. 따라서 사람은 생육하고 번성함으로 장차 오실 성자의 길을 준비하여야 한다. 남자와 여자가 결혼하여 생육하고 번성하는 것이 창조질서이다. 창조질서는 장차 오실 성자의 길을 준비하는 것이므로 이를 대적하는 자는 죽임을 당하였다. 대표적인 것이 동성애와 피임이다. 하나님은 동성애에 빠진 소돔과 고모라 성을 유황불로 심판하셨고 자녀의 생산을 거부한 오난을 죽이셨다(창 38:9,10).

6) 둘째, 하나님의 형상이란 사람이 하나님의 속성을 닮는 것이다. 하나님의 속성은 하나님만이 가진 고유한 속성과 사람도 함께 가질 수 있는 공유적 속성으로 구분한다. 전지전능하심, 영원하심, 편재하심, 스스로 계심 및 온전하심 등은 하나님만이 가지고 계신 속성이다. 그러나 거룩하심, 의로우심, 선하심 및 사랑 등은 하나님과 사람이 공유할 수 있는 속성이다. 사람은 하나님의 말씀을 순종함으로 하나님의 공유적인 속성을 닮고 하나님의 형상을 나타낼 수 있다.

7) 하나님의 비공유적 속성이 사람의 육체에 체화(體化, embodied)되어있다. 인체는 과학적으로 모순이 전혀 없는 완전한 구조를 이루고 있다. 이것은 하나님의 전지전능하심을 보여준다. 하나님은 전지전능하심으로 사람의 육체를 완전하게 창조하셨다. 사람의 육체는 시한부적인 존재이지만 그 영은 영원히 사는 존재로서 하나님의 영원하심을 보여준다. 하나님의 전지전능하심이 사람의 육체에 체화되어있지만, 사람은 전지전능하지 못하다. 사람은 지성으로 모든 것을 알 수 없다. 사람은 육체를 통하여 하나님의 전지전능하심을 보여주며, 말과 행동을 통하여 하나님의 공유적 속성을 보여준다.

8) 하나님의 공유적 속성은 창조질서 및 하나님의 형상과 관련된다. 사람이 하나님의 형상으로서 땅을 정복하려면 하나님의 공유적인 속성을 닮아야 한다. 사람이 하나님의 공유적인 속성을 닮아야 창조질서에 따라서 하나님의 영광을 위하여 땅을 정복하고 모든 생물을 다스릴 수 있기 때문이다. 하나님은 자기의 영광을 나타내기 위하여 만물을 창조하셨으므로, 사람은 하나님의 영광을 위하여 땅을 정복하여야 한다. 사람이 땅을 정복하여 건설한 문명이 하나님의 전지전능하심을 나타내고 동시에 하나님의 영광을 나타내야 한다.

9) 하나님께서 엿새 동안 우주 안에 있는 모든 것들을 지으시고 일곱째 날에 안식하시고 그날을 복 주시고 거룩하게 하셨다. **"하나님이 일곱째 날을 복 주사 거룩하게 하셨으니 이는 하나님이 그 창조하시며 만드시던 모든 일을 마치시고 이날에 안식하셨음이더라"**(창 2:3). 일곱째 날을 거룩하게 하셨다는 것은 사람이 시간 속

에서 땅을 정복하여 건설한 문명이 하나님의 영광을 나타낼 수 있도록 거룩하여야 한다는 것을 의미한다. 거룩함이 하나님의 영광을 나타낸다면 하나님의 형상이 거룩함과 관련된다고 말할 수 있다. 곧 하나님은 사람을 거룩하게 창조하셨고, 사람은 거룩함으로 하나님의 형상을 나타낸다고 말할 수 있다.

10) 사람이 창조시에 받은 거룩함은 저장되지 아니한다. 만약 거룩함이 저장된다면 하나님은 아담에게 선악과 계명을 주시지 아니하셨을 것이다. 사람이 육체를 위하여 계속하여 음식물을 섭취하여야 하는 것처럼, 사람은 계속하여 하나님의 말씀을 순종함으로 거룩함을 유지할 수 있다. 하나님의 거룩함이 말씀을 통하여 계시되기 때문이다. 사람이 하나님의 말씀을 순종하려면 믿어야 한다. 믿음이 없는 순종은 외식이기 때문이다. 곧 순종은 믿음을 전제로 한다. 하나님은 믿는 자를 의롭다고 선언하신다. 곧 거룩함은 의롭다 함에서 나온다고 말할 수 있다. 거룩함과 의로움은 분리할 수 없다. 따라서 의로움과 거룩함이 하나님의 형상이라고 말할 수 있다.

11) 하나님은 자기의 속성을 따라서 사람을 의롭고 거룩하게 창조하셨다. 따라서 사람은 땅을 정복하여 하나님의 영광을 나타내는 문명을 건설하고 문화생활을 즐길 수 있게 되었다. 동시에 이것은 장차 육신으로 임하실 성자의 길을 준비하는 것이다. 이런 의미에서 사람에게 부여된 임무는 막중하다고 말할 수 있다. 따라서 하나님은 사람에게 많은 특권을 주셨고 동시에 이에 대응하는 책임과 의무를 부여하셨다. 그 의무는 하나님의 말씀을 순종함으로 장차 오실 하나님 아들의 길을 준비하는 것이며, 그 책임은 의무를 이행하지 아니한 것에 대한 형벌이다.

(3) 이해를 위한 질문
1) 창조질서와 하나님의 형상
 a. 삼위일체 하나님 가운데 성자께서 하나님의 형상을 보여주신 이유는 무엇인가(골 1:15).
 b. 하나님의 형상이란 구체적으로 무엇을 의미하는가.
 c. 사람이 하나님의 형상으로 창조된 이유는 무엇인가(창 1:26,27).
 d. 사람이 땅을 정복하고 모든 생물을 다스리는 것이 장차 오실 성자의 권세를 보여 주는 이유는 무엇인가(창 1:28).
 e. 하나님께서 그의 영광을 위하여 만물을 창조하셨다. 사람은 어떻게 하나님의 영광을 위하여 일할 수 있는가(사 43:7).
2) 하나님의 형상과 생명
 a. 하나님께서 사람의 외모를 자기의 외모를 따라서 창조하신 이유는 무엇인가.
 b. 하나님께서 사람을 남성과 여성으로 창조하시고 번성하고 생육하고 번성하게 하신 이유는 무엇인가(창 1:28).
 c. 하나님께서 법으로 동성애와 피임을 금지하지 아니하셨지만, 이것을 자행한

자들을 용서하지 아니하시고 형벌하신 이유는 무엇인가.
d. 하나님께서 사람을 거룩하고 의롭게 창조하신 이유는 무엇인가.

2. 하나님의 말씀과 생명의 본질
(1) 목숨과 생명
1) 성경은 목숨과 생명을 구분한다. 우리가 일반적으로 착각하는 것은 목숨과 생명을 혼동하는 것이다. 목숨이란 육체의 호흡으로서 육체가 살아있는 것을, 생명이란 영이 살아있는 것이다. 흙으로 창조된 육체는 시한부적인 존재로서 호흡이 끊어지면 죽어서 흙으로 돌아간다. 그러나 영은 영원한 존재이므로 육체의 죽음으로 그 존재가 없어지지 아니한다. 따라서 사람의 영이 의로움과 거룩함을 유지함으로 하나님의 형상을 나타내는 것을 생명이라고 말할 수 있다. 영의 사망이란 영이 죄로 인하여 불의하고 더럽게 되므로 영의 모든 기능을 상실한 것을 의미한다.[10]

2) 하나님은 사람의 육체를 흙으로 창조하시고 생기를 그 코에 생기를 불어넣음으로써 생령이 되게 하셨다. **"여호와 하나님이 흙으로 사람을 지으시고 생기를 그 코에 불어 넣으시니 사람이 생령이 된지라"(창 2:7).** 생기란 생명의 호흡을 의미한다.[11] 하나님께서 사람의 육체를 흙으로 만드시고 그의 코에 생기를 불어넣자, 사람은 호흡하는 존재, 곧 생령이 되었다.[12] 생령(a living soul)이란 살아있는 혼을 의미한다. 사람의 혼은 본능과 인격으로 구분할 수 있다. 하나님께서 사람에게 생명의 호흡을 불어넣으시자 사람의 육체는 본능과 인격에 의하여 움직이는 살아있는 존재가 되었다.

3) 하나님께서 모든 동물을 흙으로 창조하시고 그들의 코에 생기를 불어넣지 아니하시고 사람에게만 불어넣으셨다. 그 이유를 살펴보자. 모든 동물은 육체와 혼(본능)으로 구성되었다. 동물은 인격이 없지만, 본능에 따라서 생존하고 번식한다. 하나님께서 사람을 흙으로 창조하셨다는 것은 동물처럼 사람의 육체와 본능을 만드셨다는 것을 의미한다. 사람이 육체와 본능만을 가진 존재로 창조되었을 때 호흡하지 못하였다. 그러나 하나님께서 생기를 불어넣으셨을 때, 사람은 비로소 호흡하는 생령이 되었다. 하나님께서 사람의 육체와 본능을 만드시고 그 코에 인격과 결합한 영, 곧 영혼을 불어넣으셨다고 말할 수 있다.

4) 하나님께서 인격을 사람의 코에 불어 넣으신 이유는 인격이 우주에서 창조되지 아니하였다는 것을 의미한다. 동물처럼 사람의 육체와 본능은 우주에서 창조되

---

[10] 졸저, 상게서 2.3.2.(2) 참조
[11] "생기"로 번역된 히브리어 니쉬마트(נשמת)는 호흡을, 하임(חיים)은 생명을 의미한다. "생기"란 생명의 호흡을 의미한다.
[12] "생령"으로 번역된 히브리어 네페쉬(נפש)는 혼(soul)을, 하야'(חיה)는 살아있는 것(living)을 의미한다. 곧 생기란 살아있는 혼이다.

었지만, 사람의 인격은 우주 밖에서 창조되었으므로, 하나님은 사람의 코에 영과 결합한 인격을 불어넣으셨다고 해석할 수 있다. 하나님께서 사람의 육체를 흙으로 창조하시고 그의 코에 영과 인격을 불어넣으셨을 때, 비로소 사람은 살아 움직이는 존재가 되었다. 인격이 육체 또는 영과 결합하였을 때 비로소 그 존재를 드러내기 때문이다. 예컨대, 천사는 육체가 없는 영적인 존재이다. 천사의 인격은 그의 영과 결합하여 그 존재를 나타낸다. 따라서 천사는 스스로 판단하여 행동한다.

5) 사람은 하늘에서 천사처럼 육체가 없는 영적 존재로 창조되었을 것이다. 하늘에서 창조된 사람은 그 영과 인격이 결합한 완전한 피조물이다. 하늘에서 하나님은 영적인 존재로 사람과 천사를, 우주에서 흙으로 사람의 육체와 본능을 창조하셨다. 하나님은 사람의 코에 영과 인격을 불어넣으셨다. 그때부터 사람의 인격은 영과 분리되어 육체와 결합하였다. 사람의 인격은 하늘에서 창조되었으므로, 사람의 육체가 죽으면 육체와 본능은 흙으로 돌아가고, 인격은 육체와 분리되어 영과 결합한 뒤에 하늘로 돌아간다. 사람의 육체는 흙으로 돌아가고 사람의 영은 하늘로 돌아간다고 성경은 말씀한다. **"흙은 여전히 땅으로 돌아가고 신은 그 주신 하나님께로 돌아가기 전에 기억하라"(전 12:7).** "신"이란 사람의 영(spirit)을 의미한다.[13] (전 12:7)의 말씀에 의하면, 사람의 영과 인격이 하늘에서 창조되었다는 것을 의미한다.[14] 따라서 육체가 죽으면 육체와 함께 본능은 흙으로 돌아가고, 인격은 영과 결합하여 하늘로 돌아간다. 이러한 관점에서 볼 때, 생령이란 살아있는 영과 혼이라고 해석할 수 있을 것이다.

6) 인격은 영과 함께 하늘에서 창조되었지만, 흙으로 창조된 육체 안에 들어왔을 때 영과 분리되어 육체와 결합하였다. 본능과 인격을 합하여 사람의 혼이라고 해석할 때, 사람의 육체가 살아있을 동안 혼은 육체와 결합한다. 따라서 사람은 살아있는 동안 육체는 혼에 의하여 지배를 받는다. 사람은 본능에 따라서 생육하고 자녀를 낳아 종족을 이어간다. 사람은 인격으로 땅을 정복하여 문명을 건설하고 문화생활을 한다. 동시에 사람은 혼을 통하여 육체의 감각을 느낄 수 있다. 사람은 혼(인격)으로 육체의 고통, 기쁨, 피곤함 및 배고픔 등을 느낀다. 그러나 영과 인격이 분리되었으므로 사람은 인격으로 영의 존재와 그 상태를 알지 못한다.

7) 육체는 우주 안에서 흙으로 창조되었으므로 흙에서 생산되는 곡식과 과일과 채소를 섭취함으로 살아간다. 이에 비하여 사람의 영은 하늘에서 창조되었으므로 하늘에서 오는 양식으로 살아야 한다. 영의 양식은 무엇인가. 이것을 알려면 영의 생명이 무엇인가를 살펴보아야 한다. 상술한 바와 같이 사람의 영의 생명은 의로움과 거룩함이다. 하나님은 사람의 영을 의롭고 거룩하게 창조하셨다. 사람이 살아가면서 거룩함과 의로움을 유지하느냐 아니냐의 여부를 기준으로, 하나님은 생명이냐 사망이

---

13) "신"으로 번역된 히브리어 루아흐(רוּחַ)는 호흡, 바람 또는 영(spirit)이란 의미이다.
14) 졸저, 상게서, 1.2.3.(2) 참조

냐를 판단하신다. **"의와 공의가 주의 보좌의 기초라 인자함과 진실함이 주를 앞서 행하나이다"**(시 89:14). "보좌의 기초"란 만물의 통치기준 또는 토대를 의미한다.

8) 의에 의한 통치란 믿는 자들을 의롭다고 선언하는 것이다. 사람이 하나님을 믿으면 의롭다 함을 받는다. **"아브람이 여호와를 믿으니 여호와께서 이를 그의 의로 여기시고"**(창 15:6). 공의에 의한 통치란 하나님의 말씀을 순종하느냐 아니냐의 여부로 사람의 행위가 거룩하냐 아니면 더러우냐의 여부를 판단하는 것을 의미한다. 사람이 하나님의 말씀을 순종하면 거룩하게 된다. **"그리하면 너희가 나의 모든 계명을 기억하고 준행하여 너희의 하나님 앞에 거룩하리라"**(민 15:40). 불의하고 더러운 자로 심판을 받으면 생명을 상실한 것이며 사망에 이르렀다고 한다. 따라서 사람 생명의 본질은 의로움과 거룩함이다.

9) 사람이 사망에 이르렀다는 것은 육체가 살아있으나 그 영이 죄로 인하여 불의하고 더럽게 되었다는 것이다. 하늘에서 사람의 영은 하나님의 형상에 따라서 의롭고 거룩하게 창조되었으므로, 죄로 인하여 불의하고 더럽게 된 영은 하늘로 돌아갈 수 없다. 이것이 사망이다. 죄로 인하여 사람의 영이 불의하고 더럽게 되었지만, 인격은 영과 분리되어 육체와 결합한다. 따라서 사람은 인격으로 영의 존재와 그 상태를 알지 못한다. 그 결과 사람은 사망을 육체의 죽음으로 착각하므로 하나님의 뜻을 벗어나 믿음을 버리고 세상에 속한 것으로 만족하며 살아가고 있다.

10) 하늘에서 하나님은 사람의 영을 창조하신 뒤에 우주에서 자기의 형상을 따라서 사람의 육체를 흙으로 창조하셨다. 하나님께서 사람의 영을 육체에 불어넣으셨으므로, 사람은 살아있는 존재가 되었다. 이것은 사람의 육체와 영이 분리되면 육체가 죽는다는 것을 의미한다. 사람의 육체가 시한부적인 존재이며 그 영은 영원히 사는 존재임을 전제로 하면, 육체는 영의 모형이며 그림자라고 말할 수 있다.15) 영은 사람의 실체이며 육체는 영을 담고 있는 그릇이다. 따라서 사람의 영이 의롭고 거룩하면 그 육체도 의롭고 거룩하다.16) 사람의 영이 불의하고 더러우면 그 육체 역시 불의하고 더럽게 된다. 사람이 하나님의 형상으로 창조되었다는 것은 사람

---

15) 누에가 애벌레로, 고치 안의 번데기로, 그리고 나방으로 살아가듯이 구원을 받은 영은 흙으로 창조된 육체를 입고 우주에서, 그 육체를 벗고 인격과 영이 결합한 영혼으로 낙원에서, 영혼이 신령한 몸을 입고 부활하여 아버지의 집에서 살아간다. 구원을 받지 못한 사람의 영은 흙으로 창조된 육체를 입고 우주에서, 그 육체를 벗고 인격과 영이 결합한 영혼으로 음부에서, 영혼이 신령한 몸을 입고 부활하여 지옥에서 형벌을 받는다.
16) 예수 그리스도께서 바리새인들과 서기관들을 책망하셨다. 그들의 영은 죄로 인하여 불의하고 더럽게 되었지만, 그들은 율법을 온전히 순종함으로 육체로 의롭다 함을 받으려고 하였다. 예수 그리스도께서 그들에게 먼저 그들의 영을 깨끗하게 하라고 말씀하셨다. **"소경된 바리새인아 너는 먼저 안을 깨끗이 하라 그리하면 겉도 깨끗하리라"**(마23:26). "안"이란 영을 의미한다.

의 육체는 성자의 외모를 따라서 창조되었고 그 영은 의롭고 거룩하게 지음을 받았다는 것을 의미한다.

11) 육체가 살아있는 것과 영이 살아있는 것을 구분한다. 육체의 살아있는 것은 호흡하는 것이며 영이 살아있는 것은 의로움과 거룩함을 유지하는 것이다. 사람의 육체는 하나님의 아들이 외모를 따라서 창조되었으며, 사람의 영은 그의 속성을 따라서 의롭고 거룩하게 창조되었다. 육체는 흙으로 창조되었으므로 흙에서 생산된 음식으로 살아간다. 그러나 사람의 영은 하늘에서 창조되었으므로 하늘로부터 오는 하나님의 말씀을 순종함으로 의로움과 거룩함을 유지하여야 한다. 따라서 육체가 살아있는 목숨과 영이 살아있는 생명은 구분한다.

(2) 생명의 본질과 실체

1) 사람의 영의 생명은 의로움과 거룩함이다. 따라서 의로움과 거룩함은 생명의 본질(essence)이라고 말할 수 있다. 의로움과 거룩함은 하나님의 속성이므로, 사람은 하나님의 말씀을 순종함으로 그 생명을 유지할 수 있다. 따라서 하나님의 말씀은 생명의 실체(substance)라고 말할 수 있다. 사람은 생명의 실체인 하나님의 말씀을 믿고 순종함으로 생명의 본질인 의로움과 거룩함을 얻을 수 있다. 사람이 생명을 얻는 다른 방법은 없다. 사람이 자기의 양심에 따라서 윤리와 도덕을 지켰다고 하더라도 생명을 얻는 것은 아니다. 오직 사람의 생명은 하나님의 말씀 안에 있다.

2) 하나님은 사람을 살아있는 존재로 창조하신 뒤에 육체의 양식과 영의 양식을 주셨다. 하나님은 사람에게 곡식과 과일을 육체의 양식으로 주셨고 땅을 정복함으로 문화생활을 하게 하셨다(창 1:28,29). 사람은 계속하여 음식을 섭취함으로 목숨을 유지할 수 있다. 하나님은 아담에게 선악과 계명을 영의 양식으로 주셨다. **"여호와 하나님이 그 사람에게 명하여 가라사대 동산 각종 나무의 실과는 네가 임의로 먹되 선악을 알게 하는 나무의 실과는 먹지 말라 네가 먹는 날에는 정녕 죽으리라 하시니라"**(창 2:16,17). 이 계명 안에 하나님의 의로움과 거룩함이 체화되어있으므로, 아담이 믿음으로 그 계명을 순종하면 그의 영은 생명을 유지할 수 있다. 그러나 그가 이 계명을 불순종하면 그의 영은 불의하고 더럽게 된다. 이것이 영의 사망이다.

3) "네가 먹는 날에는 정녕 죽으리라"란 아담이 선악과 계명을 위반함으로 사망에 이르면 그리스도께서 죽을 것이라는 의미를 내포하고 있다. "정녕 죽으리라"로 번역된 히브리어는 강조하는 의미로 번역되었다.[17] "죽는다"란 동사가 두 번 반복되었

---

17) 히브리어 동사의 강조형은 피엘형이다. 여기서는 동사를 두 번 반복하는 것으로 사용되었다. "죽으리라"로 번역된 히브리어, '무트(מוּת)'란 완료형으로 '선악과를 먹은 아담이 죽었다'란 의미이고, '타무트(תָּמוּת)'란 미완료형으로 미래에 예수께서 죽을 것을 의미한다. (John. J. Owens, Ibid., vol. 1, p. 9). 아담이 선악을 알게 하는 살과를 먹으면 그

다. 하나는 완료형으로 과거시제를, 하나는 미완료형으로 미래의 사건을 의미한다. 아담은 선악과 계명을 범하면 그 계명에 따라서 과거에 그의 영혼이 죽는다. 그다음 이 계명에 따라서 미래에 그리스도께서 죽을 것이다. 이런 의미에서 "죽는다"란 동사가 두 번 반복되었다. 사람이 선악을 알게 하는 실과를 먹으면 그의 육체가 죽는 것이 아니라 그 영이 거룩함과 의로움을 잃어버림으로 사망에 이르게 된다. 영에 관한 계명을 불순종하는 것은 영을 사망에 이르게 하는 죄이다. 선악과 계명은 목숨과 무관하며 영의 죽음과 관련된다. 그리스도께서 사람의 육체의 죽음을 대신하여 죽은 것이 아니라 죄로 인하여 죽은 영혼을 위하여 죽으셨다.

4) 하나님께서 사람을 살아있는 영으로 창조하신 뒤에 선악과 계명을 주신 이유를 살펴보자. 첫째, 사람의 생명은 저장되지 아니한다. 이것을 모형으로 보여주는 것이 사람의 육체와 음식이다. 사람의 육체는 계속하여 음식을 섭취하여야 그 목숨을 유지할 수 있다. 음식을 통하여 섭취한 영양소가 육체 안에 영원히 저장되지 아니한다. 육체는 영의 모형이며 그림자이다. 육체가 계속하여 음식을 섭취하는 것처럼, 사람의 영은 계속하여 하나님의 말씀을 순종함으로 생명의 양식을 얻을 수 있다. 육체가 계속하여 음식을 섭취하지 않으면 죽음에 이르는 것같이, 영도 계속하여 말씀을 순종하지 않으면 사망에 이르게 될 것이다. 따라서 생명의 속성인 의로움과 거룩함은 저장되지 아니한다고 말할 수 있다.[18]

5) 둘째, 사람의 영이 하나님의 말씀으로 생명을 얻을 수 있다면, 사람의 생명은 오직 하나님의 말씀 안에 있다. 하나님의 말씀 안에 사람의 생명이 있으므로, 하나님은 생명의 원천이다. "**대저 생명의 원천이 주께 있사오니 주의 광명 중에 우리가 광명을 보리이다**"(시 36:9). 따라서 성경은 하나님의 말씀은 생수의 근원이라고 말씀한다. "**내 백성이 두 가지 악을 행하였나니 곧 생수의 근원되는 나를 버린 것과 스스로 웅덩이를 판 것인데 그것은 물을 저축지 못할 터진 웅덩이니라**"(렘 2:13). 다윗은 하나님의 말씀을 생명 싸개라고 고백하였다. "**사람이 일어나서 내 주를 쫓아 내 주의 생명을 찾을찌라도 내 주의 생명은 내 주의 하나님 여호와와 함께 생명 싸개 속에 싸였을 것이요 내 주의 원수들의 생명은 물매로 던지듯 여호와께서 그것을 던지시리이다**"(삼상 25:29). "생명 싸개"란 하나님의 말씀이 사람의 생명을 싸서 보호하는 보자기임을 의미한다. "하나님은 생명의 원천, 하나님은 생명의 원천, 하나님은 생명 싸개"란 하나님의 말씀이 생명의 실체임을 의미한다. 하나님 안에 있는 생명이 그의 말씀을 통하여 계시되므로 그 말씀은 생명의 실체라고 말할 수 있다.

6) 하나님의 말씀이 생명의 실체이므로, 믿는 자들은 그 말씀 안에 들어감으로

의 영이 죽는다. 먹은 것과 죽음은 과거시제이다. 이에 반하여 '타무트'란 미완료형으로 미래에 일어날 사건을 의미한다. 곧, 미래에 그리스도께서 죽을 것이다.

18) 졸저, 상게서, 1.1.2.(1) 참조

그 말씀에 따라서 죄로부터 보호받을 수 있다.[19] 하나님의 말씀은 보자기처럼 믿는 자를 싸서 사람을 죄로부터 보호한다. 하나님의 말씀만이 생명의 실체이므로, 사람은 하나님의 말씀 외에 세상의 윤리와 도덕, 철학과 학문, 이방종교와 선행을 통하여 생명을 얻을 수 없다. 하나님의 말씀을 기초로 하지 아니하는 이방 종교인은 생명을 얻기 위하여 세상을 떠나서 수양함으로 생명을 얻으려고 하지만, 이것으로 생명을 얻지 못한다. 세상은 돈과 명예와 권력에 생명이 있는 것으로 착각하고 이것들을 얻기 위하여 목숨을 걸고 시간과 노력을 투자하지만, 그것들로부터 얻는 것은 썩어서 흙으로 돌아가는 것뿐이다.

7) 셋째, 음식이 육체 안에 들어와서 소화되었을 때 비로소 그 음식이 육체의 양식이 되듯이, 하나님의 말씀이 사람의 영에 들어와야 한다. 입으로 들어온 음식이 소화되어 육체에 양식이 되듯이, 하나님의 말씀은 믿음과 순종을 통하여 사람의 영 안에 들어온다. 하나님의 말씀을 듣기만 하면 그 말씀은 사람의 영에 들어오지 아니한다. 많은 사람이 성탄절을 통하여 그리스도의 동정녀 탄생을 알고 있지만 믿지 아니한다. 머리로 아는 단순한 지식과 믿음 및 순종으로 아는 것은 구분한다. 이와 같이 하나님의 말씀을 순종할 때 비로소 그 말씀이 사람의 영에 들어와서 영의 양식이 된다. 따라서 성경은 하나님의 말씀을 순종하는 것은 말씀을 먹는 것이라고 말씀한다. **"내게 이르시되 인자야 내가 네게 주는 이 두루마리로 네 배에 넣으며 네 창자에 채우라 하시기에 내가 먹으니 그것이 내 입에서 달기가 꿀 같더라"(겔 3:3).**

8) 넷째, 사람이 하나님의 말씀을 순종하였을 때, 그 말씀은 영에 들어왔다는 증거가 나타나야 한다. 사람이 음식을 섭취한 뒤에 일정한 시간이 지나면 다시 음식을 섭취하려는 공복감을 느낀다. 이처럼 순종한 하나님의 말씀이 영 안에 들어오면 그 말씀을 계속하여 순종하려는 생각이 솟아난다. 사도 바울은 그 생각을 영의 생각이라고 기록하였다. **"육신의 생각은 사망이요 영의 생각은 생명과 평안이니라"(롬 8:6).** "영의 생각"이란 계속하여 하나님의 말씀은 순종함으로 생명을 유지하려는 생각이다. 사람이 영의 생각에 따라서 하나님의 말씀을 계속하여 순종하면 생명과 평안을 얻을 수 있다.

9) 다섯째, 생명의 말씀에 대하여 살펴보자. 하나님의 말씀은 크게 육체에 관한 말씀과 영에 관한 말씀으로 구분할 수 있다. 하나님의 말씀은 첫 언약인 율법과 새 언약인 복음으로 구분한다. 율법은 육체에 관한 언약으로 이를 순종하면 육체가

---

19) 누에고치 안에 있는 번데기는 비단실로 짠 고치 안에서 보호를 받고 있다. 누에는 뽕잎을 먹고 그 입에서 나오는 비단실로 고치를 만들어 자신을 보호한다. 이와 같이 성도들은 순종한 하나님을 믿고 입으로 주님이라고 시인함으로 자신을 보호하는 생명싸개를 만든다고 말할 수 있을 것이다. 사람은 자신의 말로 의롭다 함을 받음으로 죄로부터 보호함을 받고 심판을 받을 것이다. **"네 말로 의롭다 함을 받고 네 말로 정죄함을 받으리라"(마 12:37).**

거룩하게 된다. "**이런 것은 먹고 마시는 것과 여러 가지 씻는 것과 함께 육체의 예법만 되어 개혁할 때까지 맡겨 둔 것이니라**"(히 9:10). "육체의 예법"이란 육체에 관련된 법을 의미한다. 율법은 불순종한 육체만을 정죄하고 순종한 육체만을 거룩하다고 선언한다.[20] 율법의 핵심인 십계명을 온전히 순종하면 육체가 거룩하게 되지만 영은 거룩하게 되지 못한다. 율법을 불순종하면 율법은 그 사람의 육체를 정죄하지만, 영을 정죄하지 못한다. 따라서 율법에 따라서 드리는 제사는 죄인의 육체만을 거룩하게 한다. "**염소와 황소의 피와 및 암송아지의 재로 부정한 자에게 뿌려 그 육체를 정결케 하여 거룩케 하거든**"(히 9:13).

10) 하나님께서 모세를 통하여 이스라엘 백성에게 율법을 주셨다. 사람은 육신의 연약함으로 율법을 온전히 순종할 수 없다. 따라서 율법은 사람에게 생명을 주는 법이 아니라 죄를 깨닫게 하는 언약이다(롬 3:20). 곧 율법은 육체의 죄를 깨닫게 하는 언약으로서 육체를 저주한다. 육체의 저주는 칼과 온역과 기근으로 임한다. 율법의 저주는 육체의 죄를 깨닫게 한다. 율법은 죄를 깨닫게 하여 이스라엘 백성을 장차 오실 그리스도께로 인도하였다. "**믿음이 오기 전에 우리가 율법 아래 매인 바 되고 계시될 믿음의 때까지 갇혔느니라 이같이 율법이 우리를 그리스도에게로 인도하는 몽학선생이 되어 우리로 하여금 믿음으로 말미암아 의롭다 함을 얻게 하려 함이니라**"(갈 3:23,24). 율법은 육체에 관한 언약으로서 모든 사람을 정죄하여 장차 오실 그리스도 안에 생명이 있다는 것을 알게 하고 죄인을 그리스도께로 인도한다.

11) 새 언약인 진리는 예수 그리스도의 말씀이다. 진리는 사람의 영에 관한 언약으로서 생명을 주는 말씀이다. "**살리는 것은 영이니 육은 무익하니라 내가 너희에게 이른 말이 영이요 생명이라**"(요 6:63). "너희에게 이른 말이 영이요 생명이라"이란 예수 그리스도의 말씀은 영에 생명을 주는 언약임을 의미한다. 사람이 진리를 순종하면 진리가 그 사람의 영을 의롭고 거룩하게 한다. 진리는 생명의 말씀이므로 아담 안에서 죄로 인하여 죽은 영을 살린다. 아담 안에서 죽은 영이 진리의 말씀을 순종함으로써 죄를 벗고 거듭난다. "**그가 그 조물 중에 우리로 한 첫 열매가 되게 하시려고 자기의 뜻을 좇아 진리의 말씀으로 우리를 낳으셨느니라**"(약 1:18).

12) 하나님은 사람을 자기의 형상으로 창조하시고 땅을 정복하고 모든 생물을 다스리게 하셨다. 사람이 하나님의 영광을 위하여 문명을 건설하고 문화생활을 하는 것은 하나님의 형상을 유지하는 것을 전제로 한다. 곧 사람이 거룩함과 의로움을 유지하여야만 하나님의 영광을 나타낼 수 있다. 의로움과 거룩함은 생명의 본질로서 하나님의 말씀을 통하여 계시된다. 생명의 본질은 하나님의 속성으로서 영원히 저장되지 아니하므로, 사람은 계속하여 하나님의 말씀을 순종함으로 생명을 유

---

20) 졸저, 전게서, 3.1.2.(2) 참조

지하여야 한다. 하나님의 말씀 안에 의로움과 거룩함이 있으므로, 그 말씀은 생명의 원천이며 생명의 실체이다. 율법을 통하여 생명의 실체가 모형으로, 복음을 통하여 실상으로 나타났다.

(3) 이해를 위한 질문
1) 목숨과 생명
  a. 하나님께서 사람의 육체를 흙으로 창조하시고 그의 생기를 그의 코에 불어넣은 이유는 무엇인가(창 2:7).
  b. 사람이 생령이 되었다는 것은 무엇인가.
  c. 사람의 영과 인격이 하늘에서 창조되었다는 증거는 무엇인가(전 12:7).
  d. 사람의 목숨과 생명은 어떻게 다른가.

2) 생명의 본질과 실체
  a. 하나님께서 의와 공의로 세상을 통치하신다면 생명의 본질은 무엇인가.
  b. 사람의 생명이 하나님의 말씀을 통하여 계시되는 이유는 무엇인가.
  d. 하나님이 생명의 원천이신 이유는 무엇인가(시 36:9).
  d. 사람의 생명이 저장되지 아니하는 이유는 무엇인가.
  e. 율법이 모형으로 생명의 실체를 보여주는 이유는 무엇인가.

3. 죄와 사망의 본질
(1) 아담의 타락과 죄의 본질
  1) 하나님은 생명의 원천이므로 사람의 영은 하나님의 말씀을 순종함으로 그 생명을 유지할 수 있다. 사람의 생명의 본질인 의로움과 거룩함은 하나님의 말씀을 통하여 계시되므로, 사람은 그 말씀을 계속하여 순종함으로 그 생명을 유지할 수 있다. 하나님은 아담에게 생명의 양식으로 선악과 계명을 주셨다. 선악과 계명은 하나님의 주권을 인정하는 것이다. 선악을 아는 것은 선과 악을 분별하는 것을 포함하여 경험으로 아는 것이다. 선을 경험한 결과는 생명이며 악을 경험한 결과는 사망이기 때문이다.[21] 사람이 자기의 의지로 생명과 사망을 결정하는 것은 하나님의 주권을 침해하는 것이다. 자기의 의지로 생명과 사망을 결정하는 것은 하나님의 주권을 침해하는 것으로 죄의 본질이라고 말할 수 있다.

  2) 선과 악의 기준은 하나님의 말씀이며 사람의 생각은 아니다. 사람의 생각은 수시로 변화하지만, 하나님의 말씀은 영원히 변하지 아니하기 때문이다. 변화하는 것은 기준이 될 수 없다. 하나님의 말씀을 대적함으로 악을 안 결과는 사망이며, 순종함으로 선을 안 결과는 생명이다. 악을 알기 위하여 하나님의 말씀을 불순종한

---

[21] 졸저, 2.2.1.(2) 참조

결과는 사망이다. 선을 알기 위하여 말씀을 순종한 결과는 생명이다. 말씀을 순종하는 것은 생명을, 말씀을 불순종하는 것은 사망을 선택하는 것이다. 사람은 자기의 의지로 생명과 사망을 선택할 수 없다. 생명의 본질인 의로움과 거룩함은 하나님께 속한 것이기 때문이다. 하나님은 의로움과 불의함, 거룩함과 더러움을 결정할 수 있지만, 사람은 자기의 의지로 이것을 결정할 수 없다. 따라서 사람이 자기의 의지로 생명과 사망을 결정하는 것은 사망에 이르는 죄이다.

3) 하나님은 선과 악을 결정하는 권세를 아들에게 주셨다. 예수는 자기의 의지로 생명과 사망을 결정하신다. **"아버지께서 나를 사랑하시는 것은 내가 다시 목숨을 얻기 위하여 목숨을 버림이라 이를 내게서 빼앗는 자가 있는 것이 아니라 내가 스스로 버리노라 나는 버릴 권세도 있고 다시 얻을 권세도 있으니 이 계명은 내 아버지에게서 받았노라 하시니라"** (요 10:17,18). 하나님의 아들만이 자기의 의지로 생명과 사망을 결정할 수 있으므로, 사람이 자기의 의지로 생명과 사망을 결정하는 것은 아들의 주권을 침해하는 것이다. 아담이 선악과 계명을 대적하였을 때, 하나님은 자기의 주권을 침해한 아담을 책망하셨다. **"여호와 하나님이 가라사대 보라 이 사람이 선악을 아는 일에 우리 중 하나 같이 되었으니 그가 그 손을 들어 생명나무 실과도 따먹고 영생할까 하노라 하시고"** (창 3:22). "우리 중 하나"란 삼위일체 하나님 가운데 성자를 의미한다.

4) 아담이 선악과 계명을 받았을 때, 사단은 뱀을 이용하여 하와를 미혹하였다. **"너희가 그것을 먹는 날에는 너희 눈이 밝아 하나님과 같이 되어 선악을 알줄을 하나님이 아심이니라"** (창 3:5). "하나님과 같이 되어"란 자기의 의지로 생명과 사망을 결정함으로 하나님의 반열까지 올라갈 수 있다는 것을 의미한다. 아담이 타락한 이후 인류는 자기의 의지로 생명과 사망을 결정하고 있다. 사람은 살기 위하여 생명을 선택하여야 하지만 자기의 의지로 하나님의 말씀을 순종하거나 불순종하는 것을 선택함으로 하나님의 주권을 침해하고 있다.[22] 따라서 자기의 의지로 생명과 사망을 결정함으로 하나님 아들의 주권을 침해하는 것이 죄의 본질이라고 말할 수 있다.

5) 아담이 타락하는 과정을 살펴보자. 사단은 뱀을 이용하여 하와를 미혹하였다. 뱀은 하와의 마음속에 정욕을 넣어주었다. **"여자가 그 나무를 본즉 먹음직도 하고 보암직도 하고 지혜롭게 할 만큼 탐스럽기도 한 나무인지라 여자가 그 실과를 따먹고 자기와 함께한 남편에게도 주매 그도 먹은지라"** (창 3:6). "먹음직도 하고 보암직도 하고 지혜롭게 할 만큼 탐스럽기도 하다"란 정욕이라고 성경은 말씀한다. **"이는 세상에 있는 모든 것이 육신의 정욕과 안목의 정욕과 이생의 자랑이니 다 아버지께로 좇아 온 것이 아니요 세상으로 좇아 온 것이라"** (요일 2:16). "먹음직

---

[22] 최근 종교다원주의를 지지하는 목회자들이 이방종교에도 구원이 있다고 함으로 하나님의 주권을 침해하고 있다. 이것은 원죄의 영향을 받았기 때문이다.

도 하고"란 "육체의 정욕"으로, "보암직도 하고"란 "안목의 정욕"으로, "지혜롭게 할 만큼 탐스럽다"란 "이생의 자랑"으로 해석할 수 있다. 하와가 사단의 미혹을 받고 선악을 알게 하는 실과를 보았을 때, 그 실과는 육체의 정욕을 만족시킬 수 있을 만큼 좋게 보였다. 하와의 생각은 사단으로부터 나온 악한 생각이다.

6) 하와가 뱀에게 미혹을 받았을 때, 그녀의 마음속에는 두 가지 생각이 있었다. 첫째, 하나님의 말씀을 순종하려는 영의 생각이다(롬 8:6). 다른 하나는 사단의 미혹에 따라서 하나님의 말씀을 대적하려는 육신의 생각이다. 하와는 하나님의 말씀을 거절하고 사단의 미혹을 따르려고 결정하였다. 하와는 하나님의 말씀을 거절하고 스스로 사단의 생각을 따르려고 함으로 사단의 종이 되려고 하였다. 하와가 스스로 사단의 종이 되려고 하였으므로, 하나님은 그녀의 결정을 그대로 수용하셨다. **"여호와 하나님이 뱀에게 이르시되 네가 이렇게 하였으니 네가 모든 육축과 들의 모든 짐승보다 더욱 저주를 받아 배로 다니고 종신토록 흙을 먹을지니라"** (창 3:14). "종신토록 흙을 먹을지니라"란 흙으로 창조된 육체를 지배하는 것을 의미한다. "종신토록"이란 하나님의 아들에 의하여 마귀가 심판을 받을 때까지를 의미한다. 뱀은 육식동물로 흙을 먹지 못한다. 따라서 흙을 먹는다는 것을 흙으로 창조된 모든 것들을 지배하는 것을 의미한다.

7) 아담은 하나님의 종으로 충성할 것이냐 아니면 하나님을 버리고 뱀을 새로운 주인으로 맞이할 것이냐를 선택하여야 한다. 사단의 미혹은 아담에게 하나님의 계명으로부터 자유를 얻으라는 것이다. 선악을 알게 하는 실과를 먹으면 하나님의 계명으로부터 자유를 얻을 것이다. '하나님의 간섭으로부터 자유하라.' 이것이 사단의 미혹이다. 하나님의 계명으로부터 자유하려고 한 아담은 도리어 사단의 종이 되었다. **"저희에게 자유를 준다 하여도 자기는 멸망의 종들이니 누구든지 진 자는 이긴 자의 종이 됨이니라"** (벧후 2:19). "저희에게 자유를 주다"라고 미혹한 자는 사단이다. "누구든지 진 자"란 사단의 미혹에 빠진 아담을 말한다. "이긴 자"란 아담을 미혹하여 타락하게 한 사단이다. 아담은 사단과의 영적 전쟁에서 패하여 사단의 종이 되었다.

8) 아담은 직접 선악과 계명을 받았으므로 그 계명에 있어서 인류를 대표한다. 따라서 하와가 타락한 책임은 아담에게 귀속된다. 하와에 이어서 아담도 선악과 계명을 대적하였다. 이로써 아담의 후손인 온 인류는 사단의 종이 되었다. 아담이 타락하기 전에 그는 하나님의 종이었으나 타락한 뒤로부터 하나님의 통치에서 벗어나 사단의 종이 되었다. 사단의 속성은 불의하고 더러우므로 그의 지배를 받는 아담의 영은 불의하고 더럽게 되었다. 이것이 타락한 아담의 영혼의 죽음이다. 사단은 하나님을 대적하는 하나님의 원수이므로,[23] 그의 지배 아래 있는 아담은 스스

---

23) BDB. pp. 966.

로 선을 행할 능력을 상실하였다.

9) 아담은 타락하기 전에 자유의지를 가지고 있었다. 자유의지란 하나님의 말씀을 순종함에 외부의 일체 간섭을 받지 아니하는 의지이다. 사단은 아담의 자유의지에 간섭할 수 없었으므로 범죄하도록 그를 미혹하였다. 아담이 사단에게 미혹을 받을 때, 하나님께서 아담의 의지에 간섭하지 아니하셨다. 그러나 타락한 뒤에 아담의 인격은 사단에게 예속됨으로 자유의지를 잃어버렸다. 타락한 후에 아담은 사단의 지배 아래 있었으므로 사단의 생각에 따라서 하나님을 대적하게 되었다. 아담의 범죄 이후 온 인류는 사단의 종으로서 자유의지를 상실하였다. 아담이 사단의 종이 되었다는 것은 사단의 생각 앞에서 그의 인격(자유의지)이 없다는 것을 의미한다. 타락한 이후에 아담은 사단의 생각에 따라서 꼭두각시처럼 행동하였다.[24]

10) 가나안땅에 정착한 이스라엘 백성과 이방인의 관계는 아담과 사단의 관계를 모형으로 보여준다.[25] 이스라엘 백성은 하나님의 영광을 위하여 일하는 하나님의 백성이지만, 이방인은 우상을 숭배하는 사단의 종이다. 이스라엘 백성의 양심과 이방인의 양심은 서로 다르며 그들의 문화 역시 다르므로, 하나님은 그들의 혼인을 금하셨다(신 7:3,4). 이방인은 그들의 딸로 이스라엘 백성을 미혹하였고, 백성은 그들의 미혹에 빠져 이방여자를 아내로 맞이하였다. 이방여자는 이스라엘 백성을 미혹하여 우상을 숭배하게 하였다. 이스라엘 백성은 그들의 아내의 미혹에 빠져 우상을 숭배하였다. **"그들의 딸들을 취하여 아내를 삼으며 자기 딸들을 그들의 아들에게 주며 또 그들의 신들을 섬겼더라"**(삿 3:6).

11) 이스라엘 백성이 이방여자를 아내로 취하고 우상을 숭배함으로 하나님을 버렸다. 하나님을 버린 그들은 이방인과의 전쟁에서 하나님의 도움을 받지 못하고 패하여 이방인의 노예가 되었다. 이스라엘의 백성이 죄를 회개하고 하나님께 돌아왔을 때, 하나님은 그들을 이방인의 손에서 구원하셨다. 이스라엘의 역사는 이러한 과정이 반복되다가 결국 앗수르와 바벨론에 의하여 나라가 완전히 멸망한 것을 보여준다. 아담이 사단의 미혹에 빠져서 하나님을 대적함으로 사단의 종이 되어 선을 행할 능력을 완전히 상실하였다. 이스라엘 백성의 역사는 이것을 모형으로 보여준다. 이스라엘 백성은 택하심을 받은 하나님의 백성으로 아담의 모형이고, 이방인은 음부 권세의 지배 아래 있는 자로서 아담을 미혹한 뱀의 모형이다.

11) 아담의 타락으로 세상에 들어온 죄의 본질은 자기의 의지로 생명과 사망을 결정함으로 하나님 아들의 주권을 침해하는 것이다. 곧 생명과 사망에 있어서 하나님의 주권을 인정하지 않고 사람의 주권이라고 주장하는 것이다. 이것은 하나님께

---

[24] 사람의 의지는 자유의지와 일반의지로 구분한다. 전자는 하나님의 말씀을 순종할 때 일체 외부의 간섭을 받지 아니하는 의지이다. 후자는 세상일을 함에 있어서 최선의 방안을 모색하는 자유를 말한다. 졸저, 상게서 2.1.1.(1) 참조
[25] 졸저, 상게서, 3.2.2.(1) 참조

대한 반역이다. 생명의 본질은 의로움과 거룩함이므로, 사망의 본질은 불의함과 더러움이라고 말할 수 있다. 생명이란 하나님의 계명을 순종하므로 하나님의 종이 되는 것이며, 사망이란 하나님의 계명을 불순종함으로 사단의 종이 되는 것이다. 사람이 사단의 지배를 받는다는 것은 죄인이며 생명을 잃어버렸다는 것을 의미한다. 사단의 지배 아래 있는 모든 자는 불의하고 더럽다.

(2) 죄의 실체와 사단의 권세

1) 아담이 타락한 뒤에 사단의 종이 되었다. 사단이 어떻게 아담을 지배하는가를 살펴보자. 사단은 칼과 채찍으로 아담을 지배하는 것이 아니라 육신의 생각, 곧 탐심을 통하여 아담의 인격을 지배한다. 사단은 아담의 마음속에 하나님의 말씀을 대적하려는 생각을 넣어준다. 그 생각은 사단의 인격으로서 사람의 인격을 지배한다. 사단이 아담의 마음속에 탐심을 넣어주려면 길이 있어야 한다. 그 길은 육체에 새겨진 죄의 흔적이다. 아담이 선악과 계명을 대적하였을 때 그의 육체에 죄의 흔적이 새겨졌다.

2) 아담의 죄가 육체와 인격과 영에 흔적으로 새겨지는 과정을 살펴보자.[26] 사단이 하와를 미혹하였을 때, 그녀의 인격이 타락하는 과정을 살펴보자. 창조시에 하와는 하나님의 말씀을 통하여 하나님의 뜻을 아는 지성을 받았다. 하와는 지성으로 선악을 알게 하는 실과를 먹지 아니하는 것이 생명을 얻는 것임을 알았다. 그러나 그녀가 사단의 미혹을 받고 선악을 아는 나무의 실과를 보았을 때 그 실과를 먹어도 사망에 이르지 아니할 것이라고 오해하였다. 그녀는 그 실과를 먹는 것이 하나님과 같이 되는 것임을 알았다. 이것은 하와의 지성의 타락이다. 타락하지 아니한 지성은 하나님의 말씀이 반드시 성취된다는 것을 아는 것이다. 그러나 타락한 지성은 하나님 말씀의 성취를 부인하고 사단의 미혹을 수용하는 것이다. 지성의 타락은 감성의 타락으로 이어졌다.

3) 하와는 하나님의 말씀을 순종함으로 하나님을 기쁘게 하는 감성을 받았다. 하와가 하나님의 말씀을 순종하는 것이 하나님을 기쁘게 하는 것이다. 하나님의 기쁨이 하와의 영의 기쁨으로 이어진다. 이것이 타락하지 아니한 하와의 감성이다. 그러나 하와는 사단의 미혹을 받은 뒤에 선악을 알게 하는 실과를 먹음으로 육체를 즐겁게 하려고 하였다. "먹음직도 하고 보암직도 하고 지혜롭게 할 만큼 탐스럽게 하다"란 그 실과가 육체를 즐겁게 한다는 것이다. 하와는 선악과를 먹지 아니함으로 하나님을 기쁘게 하는 사명을 잊어버리고 그 실과를 먹음으로 육체를 즐겁게 하려고 하였다. 하와는 하나님의 기쁨을 버리고 자신의 육체의 즐거움을 택하였다. 지성의 타락은 감성의 타락으로 이어졌다.

---

[26] 졸저, 상게서, 2.3.2 참조

4) 지성과 감성의 타락은 자유의지의 타락으로 이어졌다. 자유의지의 타락을 이해하려면 생각과 마음을 구별하여야 한다. 어떤 일을 하려면 모든 가능성을 열어두고 여러 가지 방안을 모색한다. 이것이 생각이다. 여러 가지 생각 가운데 최선의 방안을 선택하는 것은 의지의 활동이다. 의지가 최선의 방안을 선택하여 이를 실행하려고 결정하였을 때 그 결심을 마음이라고 한다. 마음은 생각과 의지가 결합한 상태이다.27) 하와가 사단의 미혹을 받았을 때, 그녀에게 두 가지 생각이 있었다. 첫째, 하나님의 말씀을 순종함으로 죽지 아니하려는 영의 생각이다. 둘째, 사단의 미혹에 따라서 선악을 알게 하는 실과를 먹고 하나님과 같이 되므로 육체를 즐겁게 하려는 육신의 생각이다. 하와의 자유의지는 후자를 택하였다. 그녀는 선악을 알게 하는 실과를 먹으려고 결심하였다. 이것이 자유의지의 타락이며 그녀의 타락한 마음이다.

5) 자유의지의 타락은 육체의 타락으로 이어졌다. 하와가 선악을 알게 하는 실과를 먹으려고 결심하였을 때, 하나님은 그녀의 결정에 간섭하지 아니하셨다. 하나님께서 그녀의 마음을 아시고 그녀에게 경고하셨다면, 그녀는 그 실과를 먹지 못하였을 것이다. 하나님은 하와의 자유의지의 결정을 허락하고 침묵하셨다. 하와가 하나님의 계명을 대적하고 그 후에 그 마음을 돌이켰다면 범죄하지 아니하였을 것이다. 하와의 죄는 단순한 생각으로 끝났을 것이다. 그러나 하와는 자유의지의 결정에 따라서 선악을 알게 하는 실과를 먹고 이를 아담에게 먹으라고 주었다. 보이지 아니하는 악한 생각이 보이는 육체의 행위로 나타났다. 그 결과 아담과 하와의 영은 의로움과 거룩함을 상실함으로 사망에 이르게 되었다.

6) 거룩하고 의롭게 창조된 아담의 인격이 타락하였을 때, 그의 인격은 불의하고 더럽게 되었다. 죄로 인하여 불의하고 더럽게 된 인격은 스스로 의롭고 거룩함을 회복할 수 없다.28) 이것은 타락한 인격에 죄의 흔적을 새겨졌다는 것을 의미한다. 육체와 영도 마찬가지이다. 죄로 인하여 불의하고 더럽게 된 육체와 영은 스스로 의롭고 거룩하게 될 수 없다. 이것은 육체와 영에 죄의 흔적이 새겨졌다는 것을 의미한다. (창 3:6)의 말씀은 육체의 정욕을 의미하므로, 정욕이 죄의 실체가 되어 인격과 육체에 흔적으로 새겨졌다고 말할 수 있다. 정욕이란 생명과 사망을 결정하는 하나님의 주권을 대적하는 것이다. 따라서 아담이 타락한 이후 육체의 정욕이 육체의 속성이 되어 모든 인류에게 유전되고 있다.29)

---

27) 졸저, 상게서, 2.1.1.(2) 참조
28) 하나님만이 생명과 사망을 결정하실 수 있다. 사람이 범죄함으로 불의하고 더럽게 되면, 하나님은 그의 주권으로 그 죄인을 의롭고 거룩하게 하실 수 있다.
29) 영혼의 창조설과 유전설이 대립하고 있다. 창조설에 의하면 하나님은 사람의 영혼을 거룩하게 창조하신 뒤에 아담의 죄를 인류에게 전가하신다고 한다. 유전설에 의하면 아담의 죄로 인한 죄의 흔적이 아담으로부터 모든 인류에게 유전된다고 한다. 졸저, 2.3.1.(1) 참조

7) 육체의 정욕이란 육체의 욕망을 만족시키려는 것이다. 육체의 욕망은 본능으로 죄가 아니다. 아담이 에덴동산의 과실을 먹으려는 욕망은 죄가 아니다. 그러나 그 욕망이 하나님의 말씀을 대적하면 죄다. 아담이 하와 잠자리를 같이 하려는 욕망은 죄가 아니다. 그러나 그 욕망이 하나님의 말씀을 대적하면 죄다. 하나님의 말씀을 대적하려는 욕망으로부터 나오는 생각을 탐심이라고 성경은 말씀한다. **"네 이웃의 집을 탐내지 말찌니라 네 이웃의 아내나 그의 남종이나 그의 여종이나 그의 소나 그의 나귀나 무릇 네 이웃의 소유를 탐내지 말찌니라"**(출 20:17). 탐심이란 타락한 아담으로부터 받은 육체의 정욕으로부터 나오는 생각이다.

8) 육체의 정욕이란 사단의 악한 생각을 반영한다. 하늘에서 하나님과 같이 되려고 함으로 타락한 사단의 악한 생각이 아담을 통하여 보이는 행동으로 나타났기 때문이다. 그렇다면 아담의 육체와 인격에 새겨진 죄의 흔적은 사단의 생각이 농축된 것이다. 사단의 생각은 사단의 인격이므로, 아담의 육체와 인격에 새겨진 죄의 흔적은 사단의 인격이다. 아담이 타락한 이후 그의 육체와 인격에 사단의 악한 생각이 죄의 흔적으로 새겨지므로, 그는 사단의 생각에 따라서 계속하여 범죄하게 되었다. 곧 아담은 범죄하므로 사단의 종이 되었다.

9) 죄가 흔적을 남길 수 있는가를 살펴보자. 믿음으로 의롭다 함을 받으면 의의 흔적이 새겨진다고 성경은 말씀한다. 사도 바울은 그의 몸에 예수의 흔적이 새겨졌다고 기록하였다. **"이 후로는 누구든지 나를 괴롭게 말라 내가 내 몸에 예수의 흔적을 가졌노라"**(갈 6:17).30) 육체의 눈으로 성도의 몸에 새겨진 예수의 흔적을 볼 수 없지만, 육체가 없는 귀신은 이것을 볼 수 있다. 귀신은 바울과 그 일행의 몸에 새겨진 예수의 흔적을 보았다. **"바울과 우리를 좇아와서 소리 질러 가로되 이 사람들은 지극히 높은 하나님의 종으로 구원의 길을 너희에게 전하는 자라 하며"**(행 16:17). 사도 베드로의 몸에 새겨진 예수의 흔적으로 인하여 많은 이적과 기사가 나타났다. 귀신들이 베드로의 몸에 새겨진 예수의 흔적을 보고 두려워하며 사람의 몸에서 나갔다. **"심지어 병든 사람을 메고 거리에 나가 침대와 요 위에 뉘이고 베드로가 지날 때에 혹 그 그림자라도 뉘게 덮일까 바라고 예루살렘 근읍 허다한 사람들도 모여 병든 사람과 더러운 귀신에게 괴로움 받는 사람을 데리고 와서 다 나음을 얻으니라"**(행 5:15,16).

10) 하나님은 사람의 육체에 새겨진 죄의 흔적과 예수의 흔적으로 불의한 자와 의인을 구별하신다. 사단의 지배 아래 있는 모든 죄인은 그들의 이마와 오른손에 죄의 흔적, 곧 짐승의 이름을 표로 가지고 있다. **"저가 모든 자 곧 작은 자나 큰 자나 부자나 빈궁한 자나 자유한 자나 종들로 그 오른손에나 이마에 표를 받게 하고 누구든지 이 표를 가진 자 외에는 매매를 못하게 하니 이 표는 곧 짐승의 이름**

---

30) "흔적"으로 번역된 헬라어 스티그마타(στίγματα)란 영적인 문신(tattoo)이다.

이나 그 이름의 수라"(계 13:16,17). 죄인의 오른손과 이마에 새겨진 짐승의 이름은 영적인 표로서 문신이다. 사단의 지배 아래 있는 죄인에게 영적인 문신이 있다.31) 반대로 믿음으로 구원을 얻은 자들의 이마와 오른손에 예수의 흔적, 곧 어린양의 이름과 하나님의 이름을 새긴 표를 가지고 있다. "또 내가 보니 보라 어린양이 시온산에 섰고 그와 함께 십사만 사천이 섰는데 그 이마에 어린양의 이름과 그 아버지의 이름을 쓴 것이 있도다"(계 14:1).

11) 죄인이 자기의 소유임을 인을 치려고, 사단은 죄인의 이마와 오른손에 자기의 이름을 새긴다. 아담이 타락하였을 때 사단은 그의 육체와 혼과 영에 죄의 흔적을 새김으로 자신의 소유임을 인을 쳤다. 아담의 타락으로 죄가 세상에 들어왔고 온 인류는 사단의 종이 되었다. 아담이 범죄하므로 사단의 종이 된 이후부터 타락한 천사는 죄의 권세로 인류를 지배하는 마귀가 되었다. 타락한 천사는 하나님을 대적하는 불법한 자로서 사단이라고 한다. 타락한 천사는 사망의 권세로 죄인을 지배하는 자로서 마귀라고 한다. 사단은 하나님의 말씀을 대적하는 불법자이며, 마귀는 죄인을 지배하는 권세자이다.

12) 사람이 사단의 인격인 죄의 흔적을 가지고 있다는 증거는 하나님의 말씀을 대적하는 죄로 나타난다. 그러나 말과 행위로 나타난 죄는 과거의 시간 속에 감추어지고 그 죄는 흔적으로 남는다. 그 죄의 흔적으로부터 탐심이 나온다. 과거의 죄와 그 흔적은 눈으로 볼 수 없지만, 탐심은 항상 마음속에서 역사한다. 사람은 탐심에 따라서 범죄한다. 곧 탐심은 과거에 범한 모든 죄를 현재화하여 보여주며 동시에 보이지 아니하는 미래의 죄를 형상화하여 보여준다. 따라서 탐심은 죄의 실체라고 말할 수 있다. 모든 사람은 죄의 실체인 탐심, 곧 음부의 권세를 그 마음에 가지고 있으며, 마귀는 탐심을 통하여 죄인을 지배하고 믿는 자를 미혹한다.

(3) 죄와 사망의 본질

1) 우리는 아담의 타락과 죄의 흔적을 살펴보았다. 이것을 토대로 죄와 사망의 본질을 검토하여 보자. 죄와 사망의 본질을 알아야 예수의 피에 의한 속죄와 구원을 이해할 수 있기 때문이다. 선과 악의 기준은 사람의 양심이 아니라 하나님의 말씀이다. 의로움과 거룩함이 하나님의 말씀으로 계시되기 때문이다. 영의 생명이 의와 거룩함이라고 정의하면, 사망이란 영이 의와 거룩함을 상실하고 불의하고 더럽게 된 것을 의미한다. 이것이 생명의 본질이며 사망의 본질이라고 말할 수 있을 것이다.

2) 아담은 범죄하므로 마귀의 종이 되어 계속하여 하나님을 대적하였다. 아담이 마귀의 종이 되었다는 것은 마귀가 아담의 인격을 지배한다는 것을 의미한다. 마귀

---

31) 예수 그리스도께서 바리새인들과 서기관을 독사의 자식이라고 말씀하셨다(마23:33). 이것은 그들의 이마와 오른손에 독사의 모습이 새겨졌다는 것을 의미한다.

가 아담의 인격을 지배하려면 그의 인격이 아담의 육체 안에 들어와야 한다. 마귀의 인격이 들어오는 통로가 육체의 정욕, 곧 죄의 흔적이다. 마귀는 육체에 새겨진 죄의 흔적을 통하여 그의 지배 아래 있는 자들에게 하나님의 말씀을 대적하려는 탐심을 넣어준다. 하와가 하나님의 말씀을 믿지 아니하고 사단의 미혹에 빠진 후에 선악을 알게 하는 실과를 보았을 때, 그녀의 육체에 육신의 생각이 들어왔다. 사단은 하와의 불신앙을 통하여 그녀의 육체에 육신의 생각, 곧 탐심을 넣어주었다(창 3:6).

3) 아담의 육체에 새겨진 죄의 흔적은 사단의 악한 생각인 하나님에 대한 불신앙을 반영하므로, 마귀는 일정한 여건이 조성되면 육체의 정욕을 통하여 탐심을 넣어준다. 그 여건이란 외부로부터 온다. 하와는 불신앙의 눈으로 선악을 알게 하는 실과를 보았다. 사람이 눈으로 보고 귀로 듣고 손으로 만지는 것은 탐심이 들어오는 통로이다. 소돔 사람들은 육신을 입은 천사를 보았을 때, 마귀는 그들의 마음속에 동성애를 즐기려는 탐심을 넣었다. 다윗이 밧세바의 나신을 보았을 때, 마귀는 그의 마음속에 음욕을 넣어주었다. 마귀가 사람의 마음속에 육신의 생각을 넣어주면, 사람은 그 생각에 노예가 되어 하나님을 대적한다. 마귀가 가룟 유다의 마음에 예수를 팔려는 생각을 넣어주었다(요 13:2). 가룟 유다는 그 생각에 사로잡혀 예수를 대제사장에게 넘겨주었다.

4) 마귀가 넣어준 탐심은 사람의 인격을 지배한다. 사람의 인격에 죄의 흔적이 새겨졌으므로, 그 흔적으로부터 나오는 탐심이 사람의 의지를 사로잡아 하나님을 대적하게 한다. 따라서 사람은 그의 의지가 마귀에 예속되어 범죄한다. **"죄를 짓는 자는 마귀에게 속하나니 마귀는 처음부터 범죄함이니라 하나님의 아들이 나타나신 것은 마귀의 일을 멸하려 하심이니라"**(요일 3:8). 가인은 그의 의지가 마귀에게 예속되어 아벨을 죽였다. **"가인 같이하지 말라 저는 악한 자에게 속하여 그 아우를 죽였으니 어찐 연고로 죽였느뇨 자기의 행위는 악하고 그 아우의 행위는 의로움이니라"**(요일 3:12).

5) 마귀는 과거의 경험과 지식을 통하여 사람에게 탐심을 넣어준다. 사람은 누구나 탐심을 가지고 있다. 돈과 명예와 권력과 육체의 쾌락을 사랑하는 생각이 사람을 범죄의 도가니로 몰아넣고 있다. 사람은 탐심으로부터 자유할 수 없다. 사도 바울은 그의 육체 안에 탐심이 항상 있다고 고백하였다. **"이제는 이것을 행하는 자가 내가 아니요 내 속에 거하는 죄니라 내 속 곧 내 육신에 선한 것이 거하지 아니하는 줄을 아노니 원함은 내게 있으나 선을 행하는 것은 없노라"**(롬 7:17,18). "내 속에 거하는 죄니라"란 육체 안에 있는 탐심이다.[32] 죄가 바울의 육체를 집으로 삼아 살아가고 있다. 곧 바울의 육체 안에 있는 탐심이 그 육체를 자기의 집으로

---

32) "거하다"라고 번역된 헬라어 오이쿠사(οἰκοῦσαα)란 집에서 살림을 차리고 사는 것을 의미한다.

삼아 그 속에서 살아가고 있다. 죄가 살고 있다는 것은 탐심이 바울의 생각을 지배한다는 것을 의미한다. 이것은 죄가 마귀의 인격이라는 것을 의미한다. 인격만이 사람의 의지를 지배할 수 있기 때문이다. 바울은 바리새인으로 지낼 때는 탐심을 알지 못하였다. 그러나 그는 사도로 부르심을 받은 뒤에 율법을 통하여 탐심이 죄임을 알았다. "그런즉 우리가 무슨 말 하리요 율법이 죄냐 그럴 수 없느니라 율법으로 말미암지 않고는 내가 죄를 알지 못하였으니 곧 율법이 탐내지 말라 하지 아니하였더면 내가 탐심을 알지 못하였으리라"(롬 7:7).

6) 율법은 탐심을 정죄한다. 탐심은 육체 안에 항상 있으므로, 바울은 그의 육체 안에 죄가 항상 있다고 고백하였다. 이어서 그는 탐심이 육체의 정욕으로부터 나와서 사람으로 하나님을 대적하게 한다고 기록하였다. **"우리가 육신에 있을 때에는 율법으로 말미암는 죄의 정욕이 우리 지체 중에 역사하여 우리로 사망을 위하여 열매를 맺게 하였더니"**(롬 7:5). 마귀는 죄의 흔적, 곧 육체의 정욕을 통하여 탐심을 넣어주고, 탐심은 사람의 인격을 사로잡아 사람으로 범죄하게 한다. **"내 지체 속에서 한 다른 법이 내 마음의 법과 싸워 내 지체 속에 있는 죄의 법 아래로 나를 사로잡아 오는 것을 보는도다"**(롬 7:23). "내 지체 속에서 한 다른 법"이란 탐심을 의미한다. 그 탐심이 바울의 의지를 사로잡았다.

7) 탐심은 율법에 따라서 정죄 받는 죄이며 사람의 인격을 사로잡는다. 곧 죄는 마귀의 인격이므로 사람의 인격을 지배한다고 말할 수 있다. **"예수께서 대답하시되 진실로 진실로 너희에게 이르노니 죄를 범하는 자마다 죄의 종이라"**(요 8:34). "죄의 종"이란 마귀의 인격이 사람의 인격을 지배하는 것을 의미한다. 인격만이 인격을 지배할 수 있기 때문이다. 성경은 죄가 사람의 인격을 지배하는 왕이라고 말씀한다. **"이는 죄가 사망 안에서 왕노릇 한 것 같이 은혜도 또한 의로 말미암아 왕노릇 하여 우리 주 예수 그리스도로 말미암아 영생에 이르게 하려 함이니라"**(롬 5:21). "죄가 사망 안에서 왕노릇한다"란 영이 죄로 인하여 생명을 상실함으로 사망에 이르면 죄, 곧 탐심이 사람의 인격을 지배한다는 것을 의미한다. 죄는 마귀의 인격이므로 죄인을 지배한다. 그러나 마귀는 믿음으로 구원을 얻은 자를 지배하지 못하지만 범죄하도록 미혹한다.

8) 마귀의 지배를 받아 사람의 육체 안에서 탐욕을 넣어주는 더러운 영들이 귀신이다. 마귀는 단수이므로 동시에 수많은 죄인의 인격을 지배할 수 없다. 마귀의 지배 아래 있는 수많은 귀신이 사람의 생각을 통제한다. 사람의 육체는 귀신이 살아가는 집이다. **"더러운 귀신이 사람에게서 나갔을 때에 물 없는 곳으로 다니며 쉬기를 구하되 얻지 못하고 이에 가로되 내가 나온 내 집으로 돌아가리라 하고 와 보니 그 집이 비고 소제되고 수리되었거늘"**(마 12:43,44). 귀신은 사람의 육체를 집으로 삼아 살림을 차리고 있다. 사람의 육체는 귀신의 집이므로, 귀신이 사람의 육체를 떠나면 쉴 곳이 없다. 귀신은 마귀의 악한 생각대로 사람의 인격을 지배하

여 사람으로 하나님의 말씀을 대적하게 한다.

  9) 마귀는 사람의 육체 밖에서 역사하는 것이 아니라 사람의 육체 안에서 역사한다. 육체의 정욕으로부터 나오는 탐심은 마귀의 인격이다. 따라서 탐심이 사람의 의지를 사로잡아 사람으로 하나님의 말씀을 대적하게 한다. 마귀의 인격이 사람의 생각과 마음과 육체를 지배하는 권세는 아담의 타락으로 인하여 마귀에게 주어진 것이므로, 아담 안에서 온 인류는 마귀에게 예속되어 죄를 범하고 있다. 죄란 마귀의 인격이며 아담 안에서 모든 사람은 그 육체 안에 마귀의 인격을 가지고 있다. 마귀는 사람의 육체 밖에 있는 것이 아니라 그 안에 있다. 이것이 죄의 실체라고 말할 수 있다.

  10) 이상의 논의를 바탕으로 할 때, 생명의 본질이란 성령으로 말씀을 순종함으로 사람의 영이 의로움과 거룩함을 얻는 것이며, 사망의 본질이란 마귀의 지배 아래서 하나님의 말씀을 대적하므로 사람의 영이 불의하고 더럽게 된 것이다. 따라서 온 인류는 하나님의 말씀을 순종함으로 하나님의 형상을 나타내는 자들과 마귀의 지배 아래서 하나님의 말씀을 대적함으로 마귀의 속성을 나타내는 자들로 구분할 수 있다. "이러므로 하나님의 자녀들과 마귀의 자녀들이 나타나나니 무릇 의를 행치 아니하는 자나 또는 그 형제를 사랑치 아니하는 자는 하나님께 속하지 아니하니라"(요일 3:10).

(4) 이해를 위한 질문
1) **아담의 타락과 죄의 본질**
  a. 하나님께서 아담에게 선악과 계명을 주신 이유는 무엇인가.
  b. 선과 악을 안다는 것은 무엇인가.
  c. 선악을 아는 것이 하나님의 주권에 속한 이유는 무엇인가.
  d. 뱀이 종신토록 흙을 먹는다는 것은 무엇인가(창 3:14).
  e. 아담이 선악과 계명을 대적함으로 성자의 주권을 침해한 이유는 무엇인가(창 3,22, 요 10:17,18).

2) **죄의 실체와 사단의 권세**
  a. 아담이 범죄하였을 때 그의 죄가 그의 육체와 인격에 죄의 흔적을 남기는 이유는 무엇인가.
  b. 죄인의 이마와 오른손에 새겨진 흔적은 무엇인가(계 13:16).
  c. 아담의 육체 새겨진 죄의 흔적이 사단의 악한 생각을 반영하는 이유는 무엇인가.
  d. 육체의 정욕이 육체의 속성이 된 이유는 무엇인가.

3) **죄와 사망의 본질**
  a. 마귀는 어떻게 죄인의 인격을 지배하는가(요 13:2).

b. 사람의 마음속에 항상 죄가 거하는 이유는 무엇인가(롬 7:17,18).
   c. 탐욕이 마귀의 인격인 이유는 무엇인가.
   d. 죄가 사람의 인격을 지배하는 이유는 무엇인가(롬 5:21, 요 8:34).
   e. 죄인의 이마와 오른손에 있는 짐승의 이름은 구체적으로 무엇을 의미하는가 (계 13:16,17).

1.2 흑암과 음부의 권세
1. 흑암과 음부
(1) 천사의 타락과 우주의 창조질서

  1) 성경은 우주의 창조과정을 말씀하고 있지만, 하늘의 창조과정에 대하여 침묵하고 있다. 그 이유는 무엇인가. 우주는 하나님의 아들이 육신으로 임하셔서 아버지의 뜻을 성취하신 장소와 공간이며 동시에 성경은 아들의 사역을 계시하기 때문이다. 하나님 아들의 사역은 속죄와 심판으로 요약할 수 있다. 속죄와 심판은 죄를 전제로 한다. 죄가 타락한 천사로부터 시작되었으므로, 우주의 창조질서는 타락한 천사의 심판과 관련하여 고찰하여야 한다. 따라서 우리는 천사의 타락과 관련하여 우주의 창조질서를 논의하였다.

  2) 태초에 하나님께서 하늘과 우주를 창조하셨다(창 1:1). 하늘은 영계로, 우주는 물질계로 창조되었다. 모든 영적인 피조물은 하늘에서, 모든 물질적인 피조물은 우주에서 창조되었다. 천사는 육체가 없는 영적인 피조물로서 하늘에서 창조되었다. 하나님께서 우주 안에 모든 것들을 창조하실 때, 천사들이 하나님의 창조사역을 찬양하였다(욥 38:7). 따라서 첫째 날 빛이 창조되기 전에 천사들이 창조되었다고 추정할 수 있다. 우주 안에서 하나님 아들의 사역이 속죄와 심판과 관련되므로, 천사의 타락은 빛이 창조되기 이전 사건이었을 것이다. 태초에 전능하신 하나님은 천사들이 타락할 것을 아시고 그들을 심판하고 동시에 그 심판을 위하여 고난을 받을 사람의 죄를 대속하기 위한 공간과 장소로서 우주를 흑암으로 창조하셨다고 말할 수 있을 것이다.

  3) 천사의 타락을 요약하여 보자.[33] 하나님의 이름을 찬양하는 직분을 맡은 천사의 장이 자기의 직분을 망각하고 하늘 보좌에 올라 만물을 불의와 불법으로 지배하려고 하였다. **"네가 네 마음에 이르기를 내가 하늘에 올라 하나님의 뭇별 위에 나의 보좌를 높이리라 내가 북극 집회의 산 위에 좌정하리라 가장 높은 구름에 올라 지극히 높은 자와 비기리라 하도다"** (사 14:13,14). "네 마음에 이르다"란 타락한 천사가 하나님의 보좌에 오르려고 결심한 것을 의미한다. "북극 집회의 산"이란 하나님의 보좌를 비유적으로 가리키는 말씀이다. "지극히 높은 자와 비기리라"란

---
33) 졸저, 상게서, 2.1.1.(2) 참조

하나님과 같이 되겠다는 것이다. 이것은 피조물인 천사가 하나님의 주권에 도전하여 보좌에 오르려는 것으로 반역이다. 따라서 하나님께서 타락한 천사들을 심판하기 위하여 음부에 가두셨다. **"그러나 이제 네가 음부 곧 구덩이의 맨 밑에 빠치우리로다"** (사 14:15). 하나님은 타락한 천사가 악한 마음을 행동으로 옮기기 전에 음부에 가두셨다.

3) 타락한 천사들은 교만함으로 타락하였다고 성경은 말씀한다. 하나님의 이름을 찬양하는 천사들은 아름답게 창조되었고 그들을 위하여 각종 악기가 준비되었다. 그들의 아름다움이 그들을 교만하게 하였다. **"네가 지음을 받던 날로부터 네 모든 길에 완전하더니 마침내 불의가 드러났도다 네가 아름다우므로 마음이 교만하였으며 네가 영화로우므로 네 지혜를 더럽혔음이여 내가 너를 땅에 던져 열왕 앞에 두어 그들의 구경거리가 되게 하였도다"** (겔 28:16,17). "불의가 드러났도다"란 창조주 하나님을 믿지 아니하는 천사의 악한 마음이 드러난 것을 말한다. 타락한 천사가 하나님을 믿지 아니한 이유는 마음이 교만하였기 때문이다. 타락한 천사는 교만하여 자신의 위치를 하나님의 반열까지 끌어올렸다.

4) 천사들의 타락한 시기에 대하여 살펴보자. 사단은 뱀을 이용하여 아담과 하와를 미혹하였다. 뱀은 하와에게 선악을 알게 하는 실과를 먹으면 하나님과 같이 될 것이라고 미혹했다(창 3:5). 사단은 자신의 타락한 동기와 똑같이 아담을 미혹하여 타락하게 하였으므로 아담의 타락 이전에 타락하여 우주 안에 갇혔다고 말할 수 있을 것이다. (사 14:15)는 타락한 천사들이 음부에 갇혔다고 말씀한다. 사도 유다는 타락한 천사들이 흑암에 갇혔다고 기록하였다. **"또 자기 지위를 지키지 아니하고 자기 처소를 떠난 천사들을 큰 날의 심판까지 영원한 결박으로 흑암에 가두셨으며"** (유 1:6). 베드로는 흑암을 지옥이라고 기록하였다. **"하나님이 범죄한 천사들을 용서치 아니하시고 지옥에 던져 어두운 구덩이에 두어 심판 때까지 지키게 하셨으며"** (벧후 2:4).

5) 하늘에서 타락한 천사들이 심판받기 위하여 흑암에 감금되었다면, 그들은 첫째 날 빛이 창조되기 전에 우주에 갇혔을 것이다. 우주는 처음에 흑암으로 창조되었기 때문이다. **"땅이 혼돈하고 공허하며 흑암이 깊음 위에 있고 하나님의 신은 수면에 운행하시니라"** (창 1:2). "하나님의 신은 수면에 운행하시니라"란 우주의 벽이 물이라는 것을 의미한다. 우주는 커다란 물방울이고 흑암이며 그 내부에는 어떠한 형체도 없었다. 흑암이란 영적으로 하나님의 영광이 없는 것을 의미한다. "하나님이 천사들을 큰 날의 심판까지 영원한 결박으로 흑암에 가두셨다"란 타락한 천사들이 결박된 이후 심판을 받을 때까지 우주는 흑암이란 것을 의미한다. 이것은 첫째 날 빛이 창조되었지만, 우주는 영적으로 여전히 흑암이라는 것을 의미한다.

6) 흑암을 이해하려면 하나님의 영광을 이해하여야 한다. 영광이란 하나님을 통하여 비취는 영적인 빛을 의미한다. 일반적으로 흑암은 태양 빛이 없는 것으로 착

각하고 있지만, 흑암은 하나님 영광의 빛이 없는 것이다. 첫째 날 창조된 빛은 물질의 빛이지만 영적인 빛은 아니다. 흑암이란 영적으로 하나님의 영광이 없는 것을 의미한다. 하나님의 영광을 살펴보자. 태초에 우주와 함께 창조된 하늘에 태양과 달은 없지만, 하나님 영광의 빛이 비취고 있다. **"그 성은 해나 달의 비췸이 쓸 데 없으니 이는 하나님의 영광이 비취고 어린양이 그 등이 되심이라"** (계21:23). "하나님의 영광이 비취다"란 하나님의 영광은 영적인 빛임을 의미한다. 하늘은 영계로, 우주는 물질계로 창조되었다. 하늘에는 영적인 빛이, 우주에는 물질의 빛이 비취고 있다. 따라서 우주가 흑암으로 창조되었다는 것은 하나님 영광의 빛이 없다는 것을 의미한다.

7) 하나님의 영광은 하늘 보좌와 관련된다. 하나님은 아들을 위하여 하늘을 창조하시고 그곳에 아들을 위한 보좌를 두셨다. **"아들에 관하여는 하나님이여 주의 보좌가 영영하며 주의 나라의 홀은 공평한 홀이니이다"** (히 1:8). "주의 보좌"란 하나님의 존재를 나타내므로, 하나님은 그 보좌에 자신의 영광을 두셨다.[34] 하늘에는 보좌로부터 나오는 영광이 온 하늘을 비취고 있다. 하늘에는 태양과 달의 회전이 없으므로 낮과 밤이 없다. 그러나 하늘과 우주는 물을 벽으로 하여 서로 분리되어 있으므로 하나님의 영광이 없는 흑암이다. 하나님의 신이 수면 위를 운행한다는 것은 우주와 하늘의 경계선이 물임을 의미한다. 하나님은 타락한 천사들을 하늘의 영광과 분리하여 흑암인 우주 안에 가두셨다.

8) 하나님은 자기의 이름과 말씀을 통하여 자신의 영광을 나타내신다. 하나님은 이름과 말씀으로 자신의 존재를 나타내신다. 하나님은 아들을 위하여 보좌를 예비하시고 그곳에 아들의 이름을 두셨다. 그 보좌를 통하여 하나님의 말씀이 나온다. 따라서 하나님의 영광이 그 보좌로부터 나와서 온 하늘을 비취고 있다. 곧 하나님의 영광은 하나님의 이름 및 말씀과 관련된다고 말할 수 있다. 성전은 하나님의 이름과 영광의 관계를 모형으로 보여준다. 하나님은 예루살렘의 성전에 그의 이름을 두셨다. **"저에게 이르시되 네가 내 앞에서 기도하며 간구함을 내가 들었은즉 내가 너의 건축한 이 전을 거룩하게 구별하여 나의 이름을 영영히 그곳에 두며 나의 눈과 나의 마음이 항상 거기 있으리니"** (왕상 9:3). 성전에 십계명을 새긴 돌판과 하나님의 이름이 있으므로 하나님의 영광이 구름으로 임하였다. **"제사장이 그 구름으로 인하여 능히 서서 섬기지 못하였으니 이는 여호와의 영광이 여호와의 전에 가득함이었더라"** (왕상 8:11). "구름"이란 하나님의 영광을 모형으로 보여준다.

9) 하나님의 이름과 말씀이 없는 것을 흑암이라고 말할 수 있다. 태초에 창조된

---

[34] 하나님이 계신다는 것은 하나님의 영광이 임하였다는 것이므로, 하나님의 영광은 하나님의 존재 양식이다. G. Kittel, "δόξα," in Theological Dictionary of New Testament, ed. Gerhard Kittel and Gerhard Friedrich, 번역위원회 역, 신약성경 신학사전(요단출판사 1986), p. 202.

우주는 하나님의 보좌와 분리되었으므로 하나님의 영광이 비취지 아니하는 흑암이었다. (창 1:2)에서 말씀하는 흑암이란 하나님의 영광이 없는 것을 의미한다. 창조를 명하신 하나님의 말씀이 흑암에 임하였다. 그 말씀으로 우주 안에 있는 모든 것들이 창조되었다. 하나님의 전지전능하심이 모든 피조물에 체화(embodied, 體化)되었으므로, 만물은 하나님의 신성을 보여준다. **"창세로부터 그의 보이지 아니하는 것들 곧 그의 영원하신 능력과 신성이 그 만드신 만물에 분명히 보여 알게 되나니 그러므로 저희가 핑계치 못할찌니라"**(롬 1:20). 하나님의 속성이 만물에 체화되었으므로 만물은 하나님의 영광을 나타내고 있다.

10) 우주 안에 있는 만물을 통하여 비취는 하나님의 영광은 하늘에서 비취는 하나님 영광의 모형이다. 하늘 보좌에는 하나님의 이름과 말씀이 있다. 따라서 보좌로부터 나오는 영광의 빛은 실상(reality)이다. 그러나 우주 안에 하나님의 말씀이 없으나 창조를 명하신 하나님의 속성이 만물에 체화되어있다. 하늘에서 하나님의 말씀을 통하여 직접 비취는 영광의 빛은 실상이며, 우주에서 하나님의 속성이 체화된 만물로부터 비취는 영광의 빛은 모형과 그림자이다. 이것은 마치 태양과 달의 관계와 같다. 태양 빛이 비취는 시간을 낮이라고 하며 그 빛을 반사하는 달 빛이 비취는 시간을 밤이라고 한다. 보좌로부터 나오는 하나님의 영광이 비취는 하늘은 낮과 같고, 하나님의 영광을 반사하는 만물을 통하여 하나님의 영광이 모형으로 비취는 우주는 밤과 같다. 우주 안에서 만물을 통하여 하나님의 영광이 희미하게 비취고 있다.

11) 마지막으로 하나님께서 사람을 자신의 형상으로 창조하셨다. 사람은 생명을 가진 피조물로 창조되었고 그에게 선악과 계명이 주어졌다. 그 계명은 생명의 말씀이므로 생명의 빛이다(요 1:3). 아담이 선악과 계명을 순종하고 있었을 때, 그로부터 하나님의 영광이 비취고 있었다. 하늘 보좌에서 비취는 하나님의 영광이 아담을 통하여 비취고 있었다. 그러나 아담이 타락함으로 생명을 잃어버리자, 그로부터 비취던 생명의 빛, 곧 하나님의 영광은 사라졌다. 아담이 타락한 이후 우주 안에는 만물을 통하여 모형으로 비취는 하나님의 영광만이 희미하게 비취고 있다. 곧 우주는 하나님의 영광이 없는 흑암이다.

12) 성경의 말씀을 통하여 하나님 영광의 실상과 모형을 살펴보자. 여호와의 사자가 하나님의 말씀을 가지고 호렙산 떨기나무에 임하였을 때 하나님의 영광이 모형으로 임하였다. **"여호와의 사자가 떨기나무 불꽃 가운데서 그에게 나타나시니라 그가 보니 떨기나무에 불이 붙었으나 사라지지 아니하는지라"**(출 3:2). 여호와의 사자가 가지고 온 하나님의 말씀은 생명의 말씀이 아니므로 그를 통하여 임한 하나님의 영광은 모형과 그림자이다. 시내산에서 천사가 율법을 가지고 임하였을 때, 하나님의 영광이 구름과 연기와 불로 임하였다. **"시내산에 연기가 자욱하니 여호와께서 불 가운데서 거기 강림하심이라 그 연기가 옹기점 연기 같이 떠오르고 온 산

이 크게 진동하며"(출 19:18). 율법은 생명의 말씀인 복음의 모형과 그림자이다. 따라서 율법을 통하여 나타난 영광은 복음을 통하여 나타날 영광을 모형과 그림자로 보여준다.35)

13) 하늘은 하나님 영광의 빛이 항상 비취는 낮과 같고, 우주는 하나님의 속성이 체화된 만물을 통하여 하나님의 영광이 희미하게 비취는 밤과 같다. 우주가 흑암이라고 하는 것은 생명의 말씀을 통하여 비취는 영광이 없다는 것을 말한다. 하나님은 타락한 천사를 심판하기 위하여 영원한 결박으로 우주, 곧 흑암에 가두셨다. 하나님은 자기의 형상으로 사람을 창조하시고 사람에게 사단을 심판하기 위하여 오실 아들의 길을 준비하게 하셨다.

(2) 하나님의 영광과 흑암

1) 흑암과 음부는 영적으로 동일한 공간과 장소이다. 처음에 흑암으로 창조된 우주는 타락한 천사들이 영원한 결박으로 갇힌 곳이다. 하늘에서 타락한 천사들은 음부에 갇혔다고 성경은 말씀한다(사 14:15). 따라서 타락한 천사들이 활동하는 모든 장소와 공간을 흑암 또는 음부라고 말할 수 있다. 아담이 타락한 이후 마귀는 흑암과 음부를 지배하고 있다. 흑암은 하나님의 영광과 대응하는 개념이고, 음부는 낙원과 대응되는 개념이다.

2) 흑암이란 하나님의 말씀을 통하여 비취는 영광이 없는 것을 의미한다. 사람은 하나님의 형상으로 창조되었으므로 하나님의 말씀을 순종함으로 영광을 나타내는 것이 창조질서이다. 우주 안에서 오직 사람만이 하나님의 말씀을 순종함으로 하나님의 영광을 나타낼 수 있다. 사람을 제외한 만물은 그들에게 체화된 하나님의 전지전능하심을 통하여 하나님의 영광을 그림자로 나타내지만, 사람은 적극적으로 하나님의 말씀을 순종하여 생명을 유지함으로 그 생명을 통하여 하나님의 영광을 나타낼 수 있다. 사람은 영과 인격을 통하여 하나님의 형상을 닮을 수 있다. 하나님께서 말씀을 통하여 그의 영광을 나타내시는 것처럼, 사람도 하나님의 말씀을 순종함으로 하나님의 영광을 나타낼 수 있다.

3) 사람의 육체는 흙으로 창조되었으므로 그 육체에 체화된 하나님의 전지전능하심을 통하여 하나님의 영광을 모형으로 나타내고 있다(롬 1:20). 그러나 사람은 영은 하늘에서 창조되었으므로, 하나님의 말씀을 통하여 그의 영광을 실상으로 나타낼 수 있다. 사람이 하나님의 말씀을 순종하면 그 영은 하나님의 영광을 나타낸다. 사람의 영은 하나님의 영광을 나타내는 등불이기 때문이다. "**사람의 영혼은 여호와의 등불이라 사람의 깊은 속을 살피느니라**"(잠 20:27). 하나님께서 사람을 자

---

35) 율법은 복음의 모형과 그림자이다. "**율법은 장차 오는 좋은 일의 그림자요 참 형상이 아니므로 해마다 늘 드리는바 같은 제사로는 나아오는 자들을 언제든지 온전케 할 수 없느니라**"(히 10:1). "장차 오는 좋은 일"란 복음을 의미한다.

기의 형상으로 창조하시고 주신 말씀은 육체와 영에 관한 계명으로 구분할 수 있다. (창 1:28)의 말씀은 육체에 관한 계명이므로, 사람은 이 말씀을 순종함으로 하나님의 영광을 모형으로 나타낼 수 있다. 그러나 (창 2:16,17)의 말씀은 영에 관한 계명이므로, 사람은 이 말씀을 순종함으로 하나님의 영광을 실상으로 나타낼 수 있다. 따라서 사람은 하나님의 뜻대로 땅을 정복하여 문명을 건설하고 문화생활을 함으로 하나님의 영광을 모형으로 나타낸다. 이에 반하여 아담은 선악과 계명을 순종하여 생명을 유지함으로 하나님의 영광을 실상으로 나타낼 수 있었다.

    4) 아담이 선악과 계명을 대적한 이후, 그의 영은 생명을 잃어버렸고 하나님의 말씀과 분리되었다. 아담이 선악과 계명을 불순종한 이후 하나님은 그에게 생명을 얻는 말씀을 주지 아니하셨다. 아담의 타락으로 그의 영에 죄의 흔적이 새겨졌고 하나님의 등불은 꺼졌다. 아담이 타락한 이후 만물을 통하여 하나님의 영광이 희미하게 그림자로 비취고 있으나, 사람의 생명을 통하여 실상으로 비취는 영광은 사라졌다. 따라서 우주는 생명의 빛이 없는 흑암이 되었다. 예수 그리스도께서 육신으로 임하시기 전까지 우주는 하나님의 영광이 없는 흑암이었다. 예수께서 육신으로 임하셨을 때 그를 통하여 하나님의 영광이 실상으로 온 우주에 비취기 시작하였다. **"말씀이 육신이 되어 우리 가운데 거하시매 우리가 그 영광을 보니 아버지의 독생자의 영광이요 은혜와 진리가 충만하더라"(요 1:14)**. 예수 그리스도는 하늘 보좌의 주인이므로, 그가 우주 안에 오심으로 그 보좌가 하늘에서 우주로 옮겨졌다.

    5) 하나님의 영광을 나타내는 생명이란 사람의 영이 하나님의 말씀으로 의로움과 거룩함을 유지하는 것이다. 반면에 흑암이란 범죄로 사람의 영이 불의하고 더럽게 된 것이다. 곧 흑암이란 사망을 의미한다. 사망과 흑암을 영적으로 같은 의미이다. **"사람이 흑암과 사망의 그늘에 앉으며 곤고와 쇠사슬에 매임은"(시 107:10). "흑암과 사망의 그늘에서 인도하여 내시고 그 얽은 줄을 끊으셨도다"(시 107:14)**. "흑암과 사망의 그늘"이란 사망과 흑암이 같다는 것을 의미한다. 흑암 가운데 있다는 것은 그의 영이 죄로 인하여 사망에 이르렀다는 것이다. 예수 그리스도께서 그의 피로 인류의 죄를 대속하기 전에 온 인류의 영은 죄로 인하여 사망에 이르렀으므로 그가 육신으로 임하셨을 때, 세상은 흑암과 사망으로 가득하였다고 성경은 말씀한다. **"흑암에 앉은 백성이 큰 빛을 보았고 사망의 땅과 그늘에 앉은 자들에게 빛이 비취었도다 하였느니라"(마 4:16)**.

    6) 흑암과 칭의 언약과 율법의 관계를 살펴보자. 율법은 모든 사람이 죄로 인하여 사망에 이름으로 흑암 속에서 살고 있다는 것을 알게 한다. 칭의 언약은 흑암 속에 살아가는 자들에게 믿음으로 흑암에서 벗어날 수 있다는 것을 알게 한다. 율법이 오기 전에 세상 양심이 율법 역할을 하였다. 세상 양심에 가책을 받는 것은 자신이 죄로 인하여 흑암 속에 있다는 것을 알게 한다. 세상 양심에 의하여 죄의 저주 아래 있다는 것을 알고 있는 아브라함이 믿음으로 말씀을 순종하여 하란을

떠나서 가나안땅으로 나갔을 때, 하나님은 그의 믿음을 의로 여기셨다. **"아브람이 여호와를 믿으니 여호와께서 이를 그의 의로 여기시고"**(창 15:6). 이 말씀은 아브라함이 장차 오실 그리스도 안에서 흑암에서 벗어난다는 것이다.

7) 아브라함이 받은 칭의 언약은 육체에 관한 언약이다. 따라서 아브라함은 믿음으로 그의 자범죄만을 용서받았다.36) 만약 그가 믿음으로 그의 자범죄와 원죄까지 용서받았다면 그리스도께서 피를 흘리실 필요가 없었다. 칭의 언약이란 사람이 하나님을 믿음으로 의롭다 함을 받고 양심과 율법에 따라서 정죄 받은 죄를 용서받는 것이다. **"그 불법을 사하심을 받고 그 죄를 가리우심을 받는 자는 복이 있고 주께서 그 죄를 인정치 아니하실 사람은 복이 있도다 함과 같으니라"**(롬 4:7,8). "그 불법과 그 죄"란 아담으로부터 받은 원죄가 아니라 각 개인이 범한 죄이다. 아브라함은 믿음으로 의롭다 함을 받으므로, 그의 육체는 의롭고 거룩하게 되었으나 원죄를 용서받지 못하였다. 따라서 그는 원죄를 사하기 위하여 오실 그리스도를 믿고 사모하였다. **"너희 조상 아브라함은 나의 때 볼 것을 즐거워하다가 보고 기뻐하였느니라"**(요 8:56).

8) 하나님은 모세를 통하여 이스라엘 백성에게 율법을 주셨다. 율법은 사람에게 생명을 주는 언약이 아니라 죄를 깨닫게 하는 계명이다. **"그러므로 율법의 행위로 그의 앞에 의롭다 하심을 얻을 육체가 없나니 율법으로는 죄를 깨달음이니라"**(롬 3:20). 사람이 율법을 온전히 순종할 수 없는 이유는 육신의 연약 때문이다. 사람의 마음속에는 사람의 의지로 통제할 수 없는 탐심이 자리를 잡고 있다. 율법은 탐심을 정죄함으로 모든 사람을 하나님의 심판 아래 가둔다(출 20:17). 바리새인들과 서기관들이 율법의 행위로 자신을 의롭다고 믿고 있었으나, 예수 그리스도께서 그들의 마음속에 있는 탐심을 정죄하셨다. **"뱀들아 독사의 새끼들아 너희가 어떻게 지옥의 판결을 피하겠느냐"**(마 23:33).

9) 모세와 다윗은 율법 아래 있었다. 모세는 온유하여 하나님의 사환으로 충성하였고, 다윗은 하나님의 마음에 합한 자가 되었다. 그들은 믿음으로 의롭다 함을 받았으나 원죄를 용서받지 못하였으므로 장차 오실 그리스도를 믿고 사모하였다. 모세는 믿음으로 장차 오실 그리스도를 위하여 광야에서 고난을 받았다. **"그리스도를 위하여 받는 능욕을 애굽의 모든 보화보다 더 큰 재물로 여겼으니 이는 상 주심을 바라봄이라"**(히 11:26). 다윗은 율법으로 자신의 죄를 깨닫고 믿음으로 그 죄를 사하실 하나님의 은혜를 사모하였다. **"무수한 재앙이 나를 둘러 싸고 나의 죄악이 내게 미치므로 우러러 볼 수도 없으며 죄가 나의 머리털보다 많으므로 내 마음이 사라졌음이니이다 여호와여 은총을 베푸사 나를 구원하소서 여호와여 속히 나를 도우소서"**(시 40: 12,13). 다윗이 죄를 회개하면서 부른 여호와 하나님은 장차 오

---

36) 졸저, 상게서, 3.1.1.(3) 참조

실 그리스도의 모형이다. "가라사대 그러면 다윗이 성령에 감동하여 어찌 그리스도를 주라 칭하여 말하되"(마 22:43).

10) 구약시대에 믿음으로 의롭다 함을 받은 자들은 세상 양심과 율법으로 자신의 죄를 깨닫고 장차 오실 그리스도를 믿음으로 그들의 자범죄를 용서받았다. 하나님은 그들의 믿음을 보시고 그들의 자범죄를 죄로 여기지 아니하셨다. "주께서 그 죄를 인정치 아니하시다"(롬 4:8)란 하나님께서 믿음으로 의롭다 함을 받은 자들의 죄를 형벌하지 아니하셨다는 것을 의미한다. 따라서 믿음으로 의롭다 함을 받은 자들은 그들의 육체가 의롭고 거룩하다고 인정을 받은 것으로 해석할 수 있다. 그러나 그들의 영은 여전히 아담으로부터 받은 원죄로 인하여 불의하고 더럽게 되었으므로 하나님의 영광을 나타내지 못하였다.

11) 우주는 첫째 날 창조된 빛이 있고 만물을 통하여 하나님의 영광이 그림자로 비취고 있지만 흑암이다. 사람을 비롯한 동물들은 태양 빛을 빛으로 인식함으로 우주를 흑암이라고 생각하지 못한다. 그러나 육체가 없는 천사는 물질로 창조된 태양 빛을 빛으로 인식하지 못하므로 타락한 천사들에게 우주란 흑암이다. 사람은 육체를 입었으므로 태양 빛을 볼 수 있으나 영적인 빛인 하나님의 영광을 볼 수 없다. 천사는 육체가 없으므로 태양 빛을 볼 수 없으나 하나님의 영광을 볼 수 있다. 따라서 우주는 타락한 천사들을 가두는 커다란 흑암이라고 말할 수 있다.

12) 예수 그리스도를 통하여 비취는 하나님의 영광은 영적인 빛이므로, 사람은 그 영광을 보지 못하였다. 물질로 창조된 사람의 눈은 영적인 빛을 보지 못한다. 그러나 육체가 없는 마귀와 귀신들은 예수 그리스도를 통하여 비취는 하나님의 영광을 볼 수 있다. 마귀는 예수를 통하여 타락하기 전에 하늘에서 보았던 하나님의 영광을 보았으므로 그를 시험하였다(마 4:3). 마귀뿐만 아니라 귀신들도 예수를 통하여 비취는 하나님의 영광을 보았다. **"나사렛 예수여 우리가 당신과 무슨 상관이 있나이까 우리를 멸하러 왔나이까 나는 당신이 누구인줄 아노니 하나님의 거룩한 자니이다"** (막 1:24).

13) 아담이 타락한 이후 온 인류는 생명을 잃어버리고 사망에 이르게 되었다. 아담이 타락하기 전에 그의 영, 곧 하나님의 등불을 통하여 비취던 하나님의 영광은 사라졌다. 우주는 하나님 영광의 빛이 없는 흑암이다. 아담 안에서 모든 사람은 하나님 영광의 빛을 잃어버린 흑암 속에 있다. 곧 죄는 하나님의 영광이 없는 흑암이다. 마귀는 아담 안에서 하나님 영광의 빛을 잃어버린 자들을 지배하는 흑암의 권세자이다. 아담은 범죄하므로 하나님의 형상을 잃어버렸다. 아담은 범죄하므로 하나님의 형상을 잃어버리고 뱀, 곧 말하는 짐승이 되었다.[37] 사람의 영이 죄로 인

---

37) 뱀이 아담을 미혹하였다. 이처럼 믿는 자들을 미혹하는 자는 영적으로 말하는 뱀이다. 서기관들과 바리새인들은 율법의 행위로 의롭다 함을 받을 수 있다고 함으로 교회를 미혹하였으므로, 예수께서 그들을 독사라고 선언하셨다(마 23:33).

하여 죽었으므로 사람은 이성이 없는 짐승과 같이 되었다(행 10:12).

(3) 낙원과 음부

1) 하나님은 타락한 천사들을 용서하지 아니하시고 음부에 가두셨다. 따라서 음부란 타락한 천사들이 활동하는 공간과 장소라고 말할 수 있다. 일반적으로 음부를 지하의 세계라고 알고 있으나 음부는 지하, 무덤, 지상을 포함하는 장소와 공간으로 해석할 수 있다. 마귀는 음부의 권세를 잡은 자이며 교회를 미혹하는 자이다. 따라서 성도들이 살아가는 모든 공간과 장소가 음부이다. 한편 음부는 죄인이 죽은 뒤에 그의 영혼이 들어가는 곳으로서 낙원과 대응되는 개념이다. 성도들은 죽은 뒤에 그들의 영혼은 낙원으로 들어간다.

2) 천사가 하나님의 보좌에 오르려고 작정하였을 때 하나님은 영원한 결박으로 그 천사를 음부에 가두셨다. **"그러나 이제 네가 음부 곧 구덩이의 맨 밑에 빠치우리로다"** (사 14:15). 음부는 구덩이 맨 밑이다. 구덩이가 하늘을 기준으로 한 것이냐 땅을 기준으로 한 것이냐에 따라서 그 위치가 달라진다. 사탄이 하늘에서 타락하였다면 음부는 하늘 아래 있는 구덩이다. 사탄이 지구에서 타락하였다면 음부는 땅속에 있는 구덩이다. 성경은 타락한 천사가 하늘에서 땅으로 던져졌다고 말씀한다(겔 28:17). 따라서 음부는 하늘을 기준으로 하여 구덩이 맨 밑이라고 해석할 수 있다.

3) 음부로 번역된 히브리어는 스올(שְׁאוֹל)이고 헬라어는 하데스(ᾅδης)이다.[38] 히브리어 성경을 가장 권위 있게 번역한 것으로 인정되는 KJV는 '스올'을 무덤, 지옥 및 구덩이로 번역하고 있다.[39] 성경에서 말씀하는 음부에 대하여 살펴보자. 음부를 지배하는 자가 있다. **"하나님은 나를 영접하시리니 이러므로 내 영혼을 음부의 권세에서 구속하시리로다(셀라)"** (시 49:15). **"누가 살아서 죽음을 보지 아니하고 그 영혼을 음부의 권세에서 건지리이까(셀라)"** (시 89:48). 음부의 권세를 잡은 자가 누구냐에 대하여 직접적인 성경의 계시는 없다. (마 16:18)의 말씀을 통하여 음부의 권세를 잡은 자를 추정할 수 있다. **"또 내가 네게 이르노니 너는 베드로라 내가 이 반석 위에 내 교회를 세우리니 음부의 권세가 이기지 못하리라"** (마 16:18). "음부의 권세"란 음부의 문(門)을 의미한다. 음부의 문을 점령한 자가 음부의 권세를 잡은 자이다. 음부의 권세를 잡은 자가 교회를 미혹하고 있다. 마귀는 교회를 미혹하는 자이다. 따라서 음부의 권세를 잡은 자란 마귀를 의미한다고 말할 수 있다.

---

38) 개역개정성경에서는 히브리어 "스올"(שְׁאוֹל)을 "스올"로, 헬라어 "하데스"(ᾅδης)를 "음부"로 번역하였다. 개역개정성경은 동일한 의미를 가진 음부를 스올과 음부로 다르게 번역하므로 독자로 혼동하게 하고 있다. 그러나 개역성경에서는 스올과 하데스를 동일하게 음부로 번역하고 있다.

39) Harris, R. Laird, "שְׁאוֹל" ed., R. Laird Harris, Gleason L. Archer, Bruce K. Waltke, op. cit., p. 1115.

4) 마귀는 공중의 권세를 잡은 자이다. "**그 때에 너희가 그 가운데서 행하여 이 세상 풍속을 좇고 공중의 권세 잡은 자를 따랐으니 곧 지금 불순종의 아들들 가운데서 역사하는 영이라**" (엡 2:2). "공중의 권세를 잡은 자"란 대기권을 지배하는 자를 의미한다.40) "불순종의 아들들 가운데서 역사하는 영"이란 죄인을 지배하는 마귀를 의미한다. 따라서 성경은 마귀를 세상 임금이고 말씀한다. "**이제 이 세상의 심판이 이르렀으니 이 세상 임금이 쫓겨나리라**" (요 12:31). 마귀는 세상의 권세와 모든 영광을 가진 자이다. "**가로되 이 모든 권세와 그 영광을 내가 네게 주리라 이것은 내게 넘겨준 것이므로 나의 원하는 자에게 주노라**" (눅 4:6). 마귀는 죄인을 통하여 세상의 문명과 문화를 지배하는 자이다. 마귀가 음부의 권세를 잡았다면, 마귀가 활동하는 모든 영역을 음부라고 말할 수 있다. 곧 대기권, 세상, 지하 전체를 음부라고 말할 수 있다.

5) 마귀가 활동하는 모든 장소와 공간이 음부이다. 마귀는 교회를 미혹하고 있다 (마 16:18). 교회는 성도들의 모임이므로 성도들이 살아가는 모든 공간과 장소를 음부라고 말할 수 있다. 사람은 마귀에 속하여 범죄하고 있다고 성경은 말씀한다. "**죄를 짓는 자는 마귀에게 속하나니 마귀는 처음부터 범죄함이니라 하나님의 아들이 나타나신 것은 마귀의 일을 멸하려 하심이니라**" (요일 3:8). 따라서 사람이 살아가는 모든 장소와 공간을 음부라고 말할 수 있다. (엡 2:2)에서 마귀는 대기권의 권세를 잡은 자라고 말씀하고 있으므로 대기권 전체를 음부라고 말할 수 있다. 음부에서 교회는 하나님의 말씀을 순종함으로 하나님의 영광을 나타내며 마귀를 대적하고 있다. "**그런즉 너희는 하나님께 순복할찌어다 마귀를 대적하라 그리하면 너희를 피하리라**" (약 4:7). 이 말씀은 마귀가 활동 모든 영역이 음부임을 의미한다.

6) 음부는 의인과 악인을 구별하지 아니하고 죽은 자들의 시체가 들어가는 곳이다. 구약성경에서 음부란 죽은 자들의 시체가 들어가는 곳이라고 말씀한다. 광야에서 모세와 아론을 대적한 무리가 산채로 음부(지하)로 들어갔다. "**그들과 그 모든 소속이 산채로 음부에 빠지며 땅이 그 위에 합하니 그들이 총회 중에서 망하니라**" (민 16:33). 욥기에서는 음부를 무덤으로 기록하였다. "**내 소망이 음부로 내 집을 삼음에 있어서 침상을 흑암에 베풀고 무덤더러 너는 내 아비라, 구더기더러 너는 내 어미, 내 자매라 할찐대 나의 소망이 어디 있으며 나의 소망을 누가 보겠느냐 흙 속에서 쉴 때에는 소망이 음부 문으로 내려갈 뿐이니라**" (욥 17:13~16). "**가뭄과 더위가 눈 녹은 물을 곧 말리나니 음부가 범죄자에게도 그와 같은 것인즉 태가 그를 잊어버리고 구더기가 그를 달게 먹을 것이라 그는 기억함을 다시 얻지 못하나니 불의가 나무처럼 꺾이리라**" (욥 24:19,20). "구더기가 달게 먹는 곳"은 무덤이다. 죄인이 죽어서 음부(지하)로 들어간다는 것은 그의 시체가 무덤으로 들어가

---

40) "공중"으로 번역된 헬라어 아에로스(ἀέρος)는 공기(air)가 있는 공간과 장소를 의미한다. 곧 공중이란 대기권을 말한다.

는 것을 말한다. (민 16:33)에서 음부란 모세를 대적한 자들이 산 채로 들어간 땅 속을 말한다. (욥 24:19,20)에서 말씀하는 음부도 역시 시체가 묻힌 지하를 의미한다. 예수 그리스도께서도 죽은 뒤에 그의 시체는 음부로 들어갔다. **"미리 보는 고로 그리스도의 부활하심을 말하되 저가 음부에 버림이 되지 않고 육신이 썩음을 당하지 아니하시리라 하더니"**(행 2:31).

7) 성경은 사람이 음부에서 살아가고 있다고 말씀하고 있다. 욥은 자신이 음부에 살고 있다고 고백하였다. **"주는 나를 음부에 감추시며 주의 진노가 쉴 때까지 나를 숨기시고 나를 위하여 기한을 정하시고 나를 기억하옵소서"**(욥 14:13). 욥은 지상을 포함하여 사람이 살아가고 있는 세상을 음부라고 말하였다. 곧 주께서 살아있는 욥을 감추신 곳이 음부이다. 시편 기자는 자신이 음부에서 살고 있다고 기록하였다. **"양 같이 저희를 음부에 두기로 작정되었으니 사망이 저희 목자일 것이라 정직한 자가 아침에 저희를 다스리니 저희 아름다움이 음부에서 소멸하여 그 거처조차 없어지려니와"**(시 49:14). "정직한 자가 아침에 저희를 다스리다"란 음부에서 사람이 살아가고 있다는 것을 의미한다. 호세아 선지자는 자신이 음부에 살고 있다고 기록하였다. **"내가 저희를 음부의 권세에서 속량하며 사망에서 구속하리니 사망아 네 재앙이 어디 있느냐 음부야 네 멸망이 어디 있느냐 뉘우침이 내 목전에 숨으리라"**(호 13:14). "음부의 권세"란 마귀를 의미한다. 마귀는 음부에서 활동하고 있다. 호세아는 마귀가 활동하는 세상에서 살고 있었다.

8) 죄인이 죽은 뒤에 그 영혼은 음부로 들어간다고 성경은 말씀한다. **"이에 그 거지가 죽어 천사들에게 받들려 아브라함의 품에 들어가고 부자도 죽어 장사되매 저가 음부에서 고통 중에 눈을 들어 멀리 아브라함과 그의 품에 있는 나사로를 보고"**(눅 16:23). 부자는 죽은 뒤에 그의 영혼이 음부로 들어갔다. 그가 들어간 곳이 지하인지, 지상인지 분명치 아니하지만 분명한 것은 죽은 죄인의 영혼이 우주를 벗어나지 못한다는 것이다. 죽은 자의 영혼이 장소와 공간을 초월하여 이동한다면 지하로 내려간 죽은 자의 영혼이 지상으로 올라올 수도 있을 것이다. 사울이 신접한 여자를 통하여 죽은 자의 영혼을 지하에서 불러올렸다. **"왕이 그에게 이르되 두려워 말라 네가 무엇을 보았느냐 여인이 사울에게 이르되 내가 신이 땅에서 올라오는 것을 보았나이다"**(삼상 28:13).

9) 신접한 여자가 불러올린 영혼이 사무엘의 죽은 영혼이냐 아니냐에 대하여 살펴보자. 신접한 여자가 죽은 자의 영혼을 땅에서 불러올렸을 때, 사울은 그가 사무엘인줄 알고 그에게 절하였다(삼상 28:14). 만약 그 영혼이 사무엘이라면 사무엘은 죄인으로 죽어서 음부로 내려갔다고 말할 수 있다. 그 영혼은 장차 전쟁에서 죽을 사울의 영혼과 함께 음부에 있을 것이라고 말하였다. **"여호와께서 이스라엘을 너와 함께 블레셋 사람의 손에 붙이시리니 내일 너와 네 아들들이 나와 함께 있으리라 여호와께서 또 이스라엘 군대를 블레셋 사람의 손에 붙이시리라"**(삼상 28:19). 사

무엘이 선지자로서 죽은 뒤에 그 영혼이 아브라함의 품으로 올라갔다면, 신접한 여자가 불러올린 영혼은 사무엘을 빙자한 죄인의 영혼이라고 말할 수 있다. 신접한 자란 죽은 자들의 영혼을 불어내는 자를 의미하기 때문이다. **"진언자나 신접자나 박수나 초혼자를 너의 중에 용납하지 말라"** (신 18:11). 신접한 자란 죽어서 음부로 들어간 죄인의 영혼을 불러내어 사람의 길흉화복을 묻는 자이다.41)

10) 믿음으로 의롭다 함을 받은 거지 나사로는 죽은 뒤에 그의 영혼은 아브라함의 품으로 들어갔다(눅 16:23). 아브라함의 품이란 낙원을 가리키는 것으로 해석할 수 있다. 거지 나사로와 부자의 비유는 율법 아래 있는 자들에 대한 비유이다. **"아브라함이 가로되 저희에게 모세와 선지자들이 있으니 그들에게 들을찌니라"** (눅 16:29). "저희에게 모세와 선지자들이 있으니 그들에게 들을찌니라"란 모세의 율법을 통하여 자신의 죄를 깨닫고 선지자의 예언을 통하여 장차 오실 그리스도를 믿음으로 의롭다 함을 받은 것을 의미한다. 이것은 구약시대에 믿음으로 의롭다 함을 받고 죽은 자들은 아브라함의 품으로 들어간다는 것을 말한다. 예수의 피로 구원을 얻은 자들은 낙원으로 들어간다. **"예수께서 이르시되 내가 진실로 네게 이르노니 오늘 네가 나와 함께 낙원에 있으리라 하시니라"** (눅 23:43). 따라서 아브라함의 품과 낙원은 음부에 대응하는 개념이라고 말할 수 있다.

11) 성경은 지하, 지표면, 지상, 대기권 및 궁창을 포함하는 모든 공간과 장소를 음부라고 말씀하고 있다. 하늘에서 타락한 천사들은 음부에 갇혀있다. 음부의 권세를 잡은 자를 마귀라고 하면 마귀가 활동하는 모든 공간과 장소를 음부라고 말할 수 있다. 마귀가 음부의 문을 점령하고 있으므로 죄인은 음부를 벗어날 수 없다. 마귀는 음부에서 왕노릇하고 있다. 죄인이 음부의 문을 벗어나려면 마귀의 권세를 제압하여야 한다. 그러나 이것은 불가능하다. 하나님께서 음부를 지배하는 권세를 마귀에게 주셨기 때문이다(롬 13:1). 음부에서 육체를 벗은 죄인들의 영혼들은 음부의 권세자 마귀의 지배를 받고 있다.

12) 성경은 지옥과 흑암을 동일한 장소라고 말씀하고 있다. 하나님께서 타락한 천사들을 심판하기 위하여 영원한 결박으로 흑암, 곧 지옥에 가두셨다. 사도 유다는 타락한 천사들이 갇힌 장소를 흑암이라고 기록하였다(유 1:6). 사도 베드로는 타락한 천사들이 갇힌 장소를 흑암, 곧 지옥으로 기록하였다. **"하나님이 죄를 범한 천사들을 용서치 아니하시고 지옥에 던져 어두운 구덩이에 두어 심판 때까지 지키**

---

41) "초혼자"란 "죽은 자들을 불러내어 그에게 묻는 자를 말한다. H. Schlier, "δαίμων." ed. Gerhard Kittel and Gerhard Friedrich, op. cit. p. 155. NIV는 (신 18:11)의 "초혼자"를 "who consult the dead"로, KJV에서는 이를 "a necromancer"로 번역하고 있다. (신 18:11)에서 "초혼자"로 번역된 히브리어, 다라쉬 (דרש)란 '찾다(seek), 묻다, 상담하다(consult)'란 뜻이며(BDB., p. 205), 함메팀(מתים)는 '그 죽은 자들(the deads, BDB.,P. 559)'을 말한다. 곧 "초혼자 또는 신접한 자"란 죽은 자의 영혼을 불러내어 사람의 길흉화복을 묻는 자이다.

게 하셨으며"(벧후 2:4). "지옥에 던져 어두운 구덩이에"란 지옥이 어두운 구덩이임을 의미한다. 지옥은 하늘에서 보면 어두운 구덩이다. (벧후 2:4)에서 "어두움"으로, (유 1:6)에서 "흑암"으로 번역된 헬라어는 조포스(ζόφος)이다. 이것은 지옥과 흑암이 동일한 공간과 장소라는 것을 의미한다. 베드로가 흑암을 지옥으로 표현한 것은 주의 날에 흑암이 불에 타서 지옥이 된다는 것을 의미한다. 음부와 흑암은 미래에 나타날 지옥을 의미한다고 말할 수 있다.

13) 예수 그리스도께서 강림하기 직전부터 우주는 불타기 시작할 것이다. "**그 때에 그 환난 후 해가 어두워지며 달이 빛을 내지 아니하며 별들이 하늘에서 떨어지며 하늘에 있는 권능들이 흔들리리라**"(막 13:24,25). 별들이 불타서 떨어질 것이다. 예수 그리스도께서 강림하신 뒤에 우주는 불살라 없어질 것이다. "**그러나 주의 날이 도적 같이 오리니 그 날에는 하늘이 큰 소리로 떠나가고 체질이 뜨거운 불에 풀어지고 땅과 그중에 있는 모든 일이 드러나리로다**"(벧후 3:10). "주의 날"이란 그리스도 재림의 날을 의미한다. "체질"이란 물질을 구성하는 원소(element)를 의미한다. "**하나님의 날이 임하기를 바라보고 간절히 사모하라 그날에 하늘이 불에 타서 풀어지고 체질이 뜨거운 불에 녹아지려니와**"(벧후 3:12).

14) 우주 안에 있는 모든 원소가 불탄 뒤에 커다란 불덩이가 남을 것이다. 우주 전체가 불타고 난 뒤에 우주는 불못이 될 것이다. 가연성 물질이 불에 타면 부피가 축소된다. 이와 같이 우주 안에 있는 모든 것이 불에 타면 공간은 없어지고, 우주는 축소되어 하나의 커다란 불덩이가 될 것이다. 이 불덩이는 영원히 꺼지지 아니하는 지옥이 될 것이다. 태양은 이것을 모형으로 보여준다고 말할 수 있을 것이다. 태양은 그 자체가 불이므로 꺼지지 아니한다. 지구의 중심부는 그 자체가 불이다. 이와 같이 우주 전체가 불타면 그 자체가 불덩어리다. 우주 안에 있는 모든 것이 불탄 뒤에 우주는 축소되어 커다란 불못이 될 것이다. 우주의 공간은 없어지고 우주 전체가 하나의 불덩어리가 될 것이다.

15) 지구는 천국과 지옥의 모형을 보여준다고 말할 수 있다. 지상은 사람이 살아갈 수 있는 완전한 조건을 갖추고 있다. 바다와 육지, 동물과 식물, 강과 산, 계절에 따라 변하는 자연, 인류가 건설한 모든 문명은 천국의 아름다움을 모형으로 보여주고 있다. 지구의 중심부에 끓고 있는 마그마는 지옥을 모형으로 보여주고 있다. 곧 지상은 사람이 살아갈 수 있는 완전한 조건을 갖추고 있다. 반면에 지구의 중심부는 불덩이로서 죄인들이 형벌을 받을 완전한 조건을 갖추고 있다. 지구는 우주 종말 이후에 있을 하늘과 지옥의 관계를 모형으로 보여준다고 말할 수 있다.

16) 우주는 타락한 천사들과 죄인을 심판하는 장소로 창조되었다. 우주는 영적으로 모든 죄인이 머물러 있는 음부이며 동시에 하나님의 영광이 없는 흑암이다. 그리스도께서 다시 오시면 음부 안에서 타락한 천사들과 믿지 아니하는 사람들에 대한 최후의 심판이 있을 것이다. 첫째 부활에 참여하지 못한 모든 자는 최후의 심

판이 끝나면 마지막으로 부활할 것이며, 음부는 불타서 커다란 불못이 될 것이다.42) 음부가 불타서 불못이 되면 그곳에 있는 모든 자는 불못으로 들어갈 것이다. 이것이 영원한 형벌이다. 따라서 교회가 불신자들이 죽은 뒤에 그들의 영혼이 지옥으로 들어간다는 것은 음부로 들어가는 것을 의미한다. 음부는 장차 나타날 지옥이라고 말할 수 있다.

(4) 이해를 위한 질문
1) 천사의 타락과 우주의 창조질서
  a. 우주는 흑암으로 창조되었다(창 1:2). 흑암이란 무엇인가.
  b. 천사들이 타락한 이유는 무엇인가(겔 28:17).
  c. 하나님께서 범죄한 천사들을 영원한 결박으로 흑암에 가두신 이유는 무엇인가(유 1:6).
  d. 타락한 천사들이 갇힌 흑암에서 만물이 창조된 이유는 무엇인가(사 43:7).

2) 하나님의 영광과 흑암
  a. 첫째 날 빛이 창조되었지만, 우주가 흑암인 이유는 무엇인가.
  b. 만물을 통하여 하나님의 영광이 그림자로 비취는 이유는 무엇인가(롬 1:20).
  c. 칭의 언약과 율법을 통하여 비취는 하나님의 영광이 그림자인 이유는 무엇인가(히 8:5, 10:1).
  d. 영적으로 사망이 흑암인 이유는 무엇인가(시 107:10).
  e. 첫째 날 창조된 빛이 비취고 있지만 타락한 천사에게 우주가 흑암인 이유는 무엇인가.

3) 낙원과 음부
  a. 타락한 천사들이 갇힌 곳을 음부라고 한다. 마귀가 활동하는 모든 공간과 장소를 음부라고 말할 수 있다. 그렇다면 구체적으로 음부란 어디인가.
  b. 음부의 권세란 무엇을 의미하는가(마 16:18).
  c. 마귀가 세상 임금인 이유는 무엇인가(요 12:31).
  d. 초혼자가 죄인의 죽은 영혼을 불러내어 사람의 길흉화복을 묻는다면, 죽은 자의 영혼이 들어가는 것은 어디인가(삼상 28:13).
  e. 죄인이 죽은 뒤에 그의 영혼이 들어가는 음부란 어디를 의미하는가(눅 16:23).
  f. 주의 날에 우주는 불탄 뒤에 커다란 불못이 될 것이다. 이것을 지옥이라고 한다. 그렇다면 우리가 살아가는 지구는 어떻게 될 것인가.

---
42) 졸저, 7.3.2.(1) 참조

2. 흑암과 음부의 권세
(1) 흑암의 권세

1) 하나님은 자기의 영광을 나타내기 위하여 사람을 자기의 형상으로 창조하셨으므로, 마귀가 지배하는 흑암이란 하나님의 영광을 나타내지 못하는 죄인을 의미한다고 말할 수 있다. 마귀는 하나님의 말씀이 없는 자들의 인격과 육체를 지배하는 흑암의 권세자이다. 따라서 마귀는 하나님의 말씀을 받은 자들을 지배하지 못하고 그들을 미혹하여 범죄하게 하여 흑암의 세계로 끌어드린다. 흑암의 권세는 세 가지로 나타난다. 첫째, 마귀는 흑암 속에 있는 자들로 하나님의 말씀을 불순종하게 함으로 하나님의 영광으로 나아가지 못하게 한다. 둘째, 마귀는 하나님의 영광 가운데 있는 자들을 흑암 가운데로 끌어드린다. 셋째, 마귀는 하나님의 영광 가운데 있는 자들이 흑암 속으로 들어오지 않으면 그들을 핍박하거나 그들의 목숨을 빼앗는다.

2) 첫째 마귀가 죄로 인하여 사망에 이른 자들을 흑암 속에 묶어두려는 사역을 살펴보자. 아담의 타락 이후에 사람은 하나님께 속한 자들과 흑암의 권세 마귀에게 속한 자들로 구분된다. 전자는 성령의 감동으로 창조사역, 칭의 언약, 율법을 통하여 계시된 하나님의 뜻을 알고 장차 오실 그리스도를 믿음으로 의롭다 함을 받은 자들이다.[43] 이스라엘 백성이 애굽에서 종노릇할 때, 하나님은 그들을 자기의 백성으로 택하시고 애굽에서 광야로 인도하여 내려고 하셨다. 애굽은 흑암의 권세자 마귀에게 속하여 범죄하는 세상을 모형으로 보여준다.[44] 애굽의 바로는 흑암의 권세자 마귀를, 애굽인들은 마귀의 지배를 받아 역사하는 악한 영들을 그림자로 보여준다. 이스라엘 백성은 흑암의 권세자 마귀에게 고통을 당하는 인류를 의미한다.

3) 애굽에서 이스라엘 백성은 바로의 지배 아래서 애굽의 우상을 섬겼다. **"그들이 내게 패역하여 내 말을 즐겨 듣지 아니하고 그 눈을 드는바 가증한 것을 각기 버리지 아니하며 애굽의 우상들을 떠나지 아니하므로 내가 말하기를 내가 애굽 땅에서 나의 분을 그들의 위에 쏟으며 노를 그들에게 이루리라 하였었노라"** (겔 20:8). 애굽에서 그들은 흑암의 권세 아래서 우상을 숭배하는 죄의 종이었다. 그들이 애굽에서 광야로 나오는 것은 흑암의 권세에서 벗어나 하나님께 돌아오는 것이다. 그들이 광야로 나오면 바로의 지배에서 벗어나 하나님을 섬길 수 있다. **"여호와께서 모세에게 이르시되 바로에게 들어가서 그에게 이르라 히브리 사람의 하나**

---

[43] 졸저, "모형으로 계시된 그리스도와 믿음"(크리스챤 디스커버리, 2023), 1.1.2.(3) 참조 (이하 졸저, 상게서(2)로 표시)

[44] "애굽"으로 번역된 히브리어, 미츠라임(מצרים)는 쌍수(雙數)어미를 가지고 있다. 히브리어에서 "아임"은 쌍수 어미이다. 눈(에나임), 귀(오즈나임), 날개(케나파임), 손(야다임) 및 발(라그라임) 등의 단어는 동일한 것이 두 개로 존재하므로 쌍수 어미로 표시한다. 히브리어에서 애굽이란 동일한 것이 쌍으로 존재한다는 것을 의미한다. 곧 눈에 보이는 물질 세계의 애굽과 영적 세계의 애굽이다.

님 여호와께서 말씀하시기를 내 백성을 보내라 그들이 나를 섬길 것이니라"(출 9:1).

4) 이스라엘 백성이 애굽에서 광야로 나와서 하나님을 섬기는 것은 애굽의 우상을 버리고 하나님의 말씀을 순종하는 것이다. 우상숭배를 버리고 하나님의 말씀을 순종하는 것은 흑암의 권세에서 벗어나 하나님께 돌아오는 것이다. 모세가 바로에게 '하나님의 백성을 광야로 보내라'란 하나님의 말씀을 전하였지만, 바로는 마음이 강퍅하여 그들을 보내지 아니하고 그들을 더 가혹하게 핍박하였다. **"바로의 마음이 강퍅하여 이스라엘 자손을 보내지 아니하였으니 여호와께서 모세에게 말씀하심과 같더라"**(출 9:35). "바로의 마음이 강퍅하다"란 흑암의 권세자 마귀는 심판을 받기 전까지 자기의 지배 아래 있는 자들로 하나님의 말씀을 순종하지 못하게 한다는 것을 의미한다.

5) 바로의 마음이 강퍅하게 된 것은 하나님의 허락이다. **"여호와께서 모세에게 이르시되 네가 애굽으로 돌아가거든 내가 네 손에 준 이적을 바로 앞에서 다 행하라 그러나 내가 그의 마음을 강퍅케 한즉 그가 백성을 놓지 아니하리니"**(출 4:21). 그 이유를 살펴보자. 천사와 사람이 하나님을 대적하려고 악한 마음을 품으면, 하나님은 그들의 범죄를 막으시지 아니하시고 그들에게 유혹을 역사하신다. 하나님의 이름을 찬양하는 직분을 맡은 천사들이 악한 마음을 품었을 때 하나님은 그들의 죄를 막지 아니하셨다. 아담과 하와가 범죄하려고 하였을 때 하나님은 침묵하셨다. 다윗이 간음하려고 하였을 때 하나님은 침묵하셨다. 하나님은 사람의 범죄에 대하여 관여하지 아니하시고 오히려 유혹을 역사하신다. **"이러므로 하나님이 유혹을 저의 가운데 역사하게 하사 거짓 것을 믿게 하심은"**(살후 2:11).

6) "하나님께서 유혹을 역사하시다"란 사람의 마음을 강퍅하게 하는 것을 의미한다. 바로가 이스라엘 백성을 보내지 아니할 것을 아신 하나님은 바로의 마음을 강퍅하게 하셨다. 바로의 마음은 흑암의 권세자 마귀의 강퍅함을 모형으로 보여준다. 마귀는 자기의 지배 아래 있는 자들이 자신의 권세에서 벗어나 하나님의 영광으로 나가려는 것을 결코 용납하지 아니한다. 애굽에서 나온 이스라엘 백성을 추격하는 애굽의 군대처럼, 마귀는 집요하게 자기의 지배권을 지키려고 한다.

7) 둘째, 마귀는 하나님의 영광 가운데 있는 자들을 흑암의 세계로 끌어들이려고 한다. 이스라엘의 역사는 이것을 모형으로 보여준다. 그들이 광야를 통과하여 가나안땅에 정착하였을 때, 온 땅은 흑암이었지만, 그들을 통하여 하나님의 영광이 모형으로 비취고 있었다. 마귀는 이방인을 통하여 그들을 미혹하여 범죄하게 함으로 그들을 흑암의 세계로 끌어드렸다. 마귀는 이방여자를 이용하여 이스라엘 백성을 미혹하였다. 이스라엘 백성은 하나님의 말씀을 버리고 이방여자를 아내로 취하였다. 하나님은 미리 이것을 아시고 이스라엘 백성에게 이방인과의 혼인을 금하셨다. **"또 그들과 혼인하지 말찌니 네 딸을 그 아들에게 주지 말 것이요 그 딸로 네 며**

느리를 삼지 말 것은 그가 네 아들을 유혹하여 그로 여호와를 떠나고 다른 신들을 섬기게 하므로 여호와께서 너희에게 진노하사 갑자기 너희를 멸하실 것임이니라" (신 7:3,4).

8) 이스라엘 백성은 율법을 통하여 그들의 죄를 깨닫고 장차 오실 그리스도를 믿고 의롭다 함을 받았다. 그들은 믿음으로 하나님의 영광 가운데 있는 자들이고, 이방인은 우상을 숭배하므로 흑암 가운데서 마귀의 지배를 받는 자들이다. 결혼이란 남자와 여자가 한 몸이 되는 것이므로 이스라엘 백성이 이방인과 결혼함으로 한 몸이 되었을 때, 그들의 육체를 통하여 모형으로 나타나던 하나님의 영광은 사라졌다. 그들은 하나님의 영광을 잃어버리고 흑암의 세계로 들어가서 마귀의 지배를 받게 되었다. 곧 이스라엘 백성은 이방여자를 아내로 취한 뒤에 우상을 섬기게 되었다. "**그들의 딸들을 취하여 아내를 삼으며 자기 딸들을 그들의 아들에게 주며 또 그들의 신들을 섬겼더라**" (삿 3:6). 하나님을 버리고 우상을 숭배하는 것은 마귀의 종이 되었다는 증거이다.

9) 결혼이란 남자와 여자가 잠자리를 같이함으로 한 몸이 되는 것이다. "**이러므로 남자가 부모를 떠나 그 아내와 연합하여 둘이 한 몸을 이룰찌로다**" (창 2:24). 하나님을 섬기는 이스라엘 백성의 육체에는 하나님의 형상이 새겨졌으나, 우상을 섬기는 이방여자의 육체에는 우상의 형상이 새겨졌다. 그들이 결혼함으로 한 몸이 되면, 이스라엘 백성의 육체에 새겨진 하나님의 형상은 사라지고 우상의 형상이 새겨진다. 따라서 이방여자를 아내로 취한 이스라엘 백성은 자연스럽게 우상숭배에 빠지게 되었다. 따라서 성경은 성도들에게 창기와 음행하지 말라고 경고한다. "**창기와 합하는 자는 저와 한 몸인 줄을 알지 못하느냐 일렀으되 둘이 한 육체가 된다 하셨나니**" (고전 6:16).

10) 하나님께서 이스라엘 백성을 택하여 자기의 백성으로 삼으시고 그들에게 하나님의 영광을 나타내는 율법을 주셨지만, 그들은 마귀의 미혹에 빠져서 이방여자를 아내로 취함으로 멸망하였다. 죄의 흔적을 가지고 있는 사람은 물질로 평안을 누리고 타인으로부터 높임을 받으며 육체의 쾌락을 즐기려고 한다. 이 모든 것을 위하여 사람은 돈과 권력과 명예를 얻으려고 한다. 따라서 흑암 권세자 마귀는 돈, 명예, 권력 및 육체의 쾌락으로 하나님의 영광을 나타내는 자들을 집요하게 미혹하여 흑암의 세계로 끌어드리려고 한다. 따라서 마귀는 굶주린 사자와 같다. "**근신하라 깨어라 너희 대적 마귀가 우는 사자 같이 두루 다니며 삼킬 자를 찾나니**" (벧전 5:8).

11) 셋째, 마귀는 하나님의 영광을 나타내는 자들을 핍박하고 죽인다. 마귀는 수단과 방법을 가리지 아니하고 하나님의 영광을 나타내는 자를 미혹하지만, 그의 뜻을 이루지 못하면 살인도 마다하지 아니한다. 아담은 범죄하므로 하나님의 영광을 잃어버렸으나, 아벨은 믿음으로 의롭다 함을 받았으므로 하나님의 영광을 모형으로

나타내고 있었다. 마귀는 가인을 통하여 아벨을 죽임으로 하나님의 영광이 비취지 못하게 하였다. **"가인 같이하지 말라 저는 악한 자에게 속하여 그 아우를 죽였으니 어찐 연고로 죽였느뇨 자기의 행위는 악하고 그 아우의 행위는 의로움이니라"(요일 3:12)**. 마귀는 살인자가 되어 믿는 자들을 죽음의 공포로 몰아넣음으로 하나님의 영광에서 벗어나게 하려고 한다. 이스라엘의 역사는 이것을 모형으로 보여주고 있다. 아합 시대에 이세벨은 믿는 자들을 죽였을 뿐만 아니라 엘리야 선지자를 죽이려고 하였다.

12) 마귀는 집요하게 자기의 세력을 확장하려고 한다. 마귀는 자신의 지배 아래 있는 자들이 하나님의 영광으로 나가려는 것을 철저하게 막고 있다. 마귀는 하나님의 영광 아래 있는 자들을 돈과 육체의 쾌락으로 미혹하여 흑암으로 끌어드린다. 마귀는 미혹을 받지 아니하는 자를 사망 권세로 위협한다. 율법으로 자신의 죄를 깨닫고 장차 오실 그리스도를 믿은 자만이 마귀의 궤계를 이길 수 있다. 히브리서 11장은 믿는 자들이 어떻게 마귀의 미혹과 위협을 이기고 믿음을 지킴으로 하나님의 영광을 나타내었는가를 웅변적으로 보여준다.

(2) 음부의 권세

1) 마귀는 음부의 권세를 잡은 자이다. 음부의 권세란 음부의 문을 점령하고 음부 안에 있는 자들을 문밖으로 나가지 못하게 하고 문밖에 있는 자들을 음부 안으로 끌어드리는 것을 말한다. 마귀는 음부 밖에 있는 자들을 미혹하여 음부의 문 안으로 끌어드린 뒤에 그 문을 걸어 잠근다. 따라서 음부로 들어간 자들은 다시는 음부의 문밖으로 나오지 못한다. 음부의 문은 사람의 육체 안에 있는 탐심이다. 마귀는 탐심을 통하여 사람을 음부로 끌어드린다. 오직 하나님만이 마귀가 점령하고 있는 음부의 문을 열 수 있다.

2) 아담이 타락한 뒤에 정욕이 육체의 속성이 되었다. 사단이 하와에게 불신앙의 생각을 넣어주었을 때 그녀는 사단의 미혹에 빠졌다. 사단의 미혹에 넘어간 하와가 선악을 알게 하는 실과를 보았을 때, 그 실과는 먹음직하고 보암직하고 지혜롭게 할 만큼 탐스럽게 보였다(창 3:6). 하와가 이 생각에 따라서 선악과 계명을 대적하였을 때 그 생각이 육체의 속성이 되었다. 육체의 욕망을 위하여 하나님의 말씀을 대적하려는 죄의 흔적이 육체의 정욕이다. 아담은 타락한 뒤에 육체의 정욕으로부터 나오는 탐심으로 하나님의 말씀을 대적하였다.

3) 아담의 타락으로 들어온 육체의 정욕은 돈과 권력과 명예와 쾌락을 사랑하는 것으로 발전한다. 돈은 세상에 속한 것을 얻을 수 있으므로 사람들은 돈을 사랑한다. 돈을 사랑하는 마음이 하나님의 말씀을 대적한다. **"한 사람이 두 주인을 섬기지 못할 것이니 혹 이를 미워하며 저를 사랑하거나 혹 이를 중히 여기며 저를 경히 여김이라 너희가 하나님과 재물을 겸하여 섬기지 못하느니라"(마 6:24)**. 사도 바울은

모든 죄가 돈을 사랑하는 마음으로부터 시작한다고 기록하였다. **"돈을 사랑함이 일만 악의 뿌리가 되나니 이것을 사모하는 자들이 미혹을 받아 믿음에서 떠나 많은 근심으로써 자기를 찔렀도다"(딤전 6:10).** "돈을 사랑함"이란 모든 물질로부터 자유를 얻으려는 것이다. 사람은 돈으로 원하는 모든 것을 얻을 수 있으므로 돈을 사랑한다.

  4) 권력을 사랑하는 마음이 육체의 정욕이 되었다. 전제군주 시대에 권력을 잡은 자는 국민이 생산한 부가가치의 분배권을 가지고 있었다. 곧 권력은 돈을 지배하기 때문에 사람들은 권력을 사랑한다. 따라서 권력을 사랑하는 마음이 하나님의 말씀을 대적한다.45) 역사적으로 이스라엘을 제외한 모든 전제주의 절대군주 국가는 토지를 국유화하였다. 중세 봉건주의가 무너지고 자유민주주의 국가가 세워짐에 따라서 자본가 집단이 국가의 부가가치의 분배권을 행사하게 되었다. 이에 대한 반작용으로 마르크스의 공산주의 사상이 들어왔다. 공산주의 국가는 자본가들이 소유한 생산수단을 국유화하고 소수의 공산혁명 주체가 국가의 부가가치의 분배권을 행사한다. 공산주의는 절대 왕조의 가문을 소수의 공산당원으로 교체한 제도이다. 돈을 버는 수단으로 권력을 잡으려는 마음이 하나님의 말씀을 대적한다.

  5) 명예를 사랑하는 마음이 육체의 정욕이 되었다. 명예란 자기의 노력으로 의롭다 함을 받았다고 믿게 하는 것이다. 그러나 성경은 사람에게 의로움이 없다고 말씀한다. **"기록한바 의인은 없나니 하나도 없으며"(롬 3:10).** 사람은 하나님을 믿고 말씀을 순종함으로 의롭다 함을 받아야 하지만 자신의 행위를 의롭다고 여김으로 하나님을 대적하고 있다. 자신의 행위를 의롭다고 여기는 마음이 하나님을 대적한다. 바리새인들과 서기관들은 율법의 행위로 자신을 의롭다고 믿고 있었다. 포스트모더니즘 사회에서 급진적인 진보 사상을 가진 자들은 자신의 행위를 의롭다(정의)고 함으로 하나님을 대적하고 있다.

  6) 육체의 쾌락을 사랑하는 마음이 정욕이 되었다. 육체의 쾌락이란 본능적인 것으로부터 얻는 쾌락을 극대화하는 것이다. 혀로 느끼는 것, 귀로 듣는 것, 눈으로 보는 것, 말초신경으로 느끼는 쾌락을 극대화하려는 마음이 하나님의 말씀을 대적하고 있다. 육체의 쾌락은 음행과 관련하여 이성에 의한 합리적 판단을 마비시키는 술과 마약으로 이어지고 있다. 이와 관련하여 소수자의 인권이란 명분으로 동성애를 합법화함으로 하나님을 대적하고 있다. 사람이 돈과 명예와 권력을 얻으려는 궁극적인 목적은 육체의 쾌락과 관련된다고 말할 수 있다.

---

45) 하나님께서 이스라엘 백성에게 왕을 허락하지 아니한 것은 자신이 그들을 직접 통치하시기 때문이다. "우리에게 왕을 주어 우리를 다스리게 하라 한 그것을 사무엘이 기뻐하지 아니하여 여호와께 기도하매 여호와께서 사무엘에게 이르시되 백성이 네게 한 말을 다 들으라 그들이 너를 버림이 아니요 나를 버려 자기들의 왕이 되지 못하게 함이니"(삼상 8:6,7).

7) 아담이 타락한 이후 사람들이 땅을 정복하여 얻은 문명과 문화는 하나님의 말씀을 대적하며 육체의 정욕을 자극하는 것들이다. 땅을 정복하여 문명을 건설하는 과정에서 사람들은 하나님을 대적하고 있다. 사람은 돈과 명예와 권력을 얻기 위하여 하나님을 대적하는 문명을 건설하고 있다. 그 문명의 이기(利器)를 즐기는 문화가 하나님의 말씀을 대적하고 있다. 육체의 정욕을 자극하여 하나님의 말씀을 대적하는 탐심이 솟아나게 하는 문화 속에서 사람들은 살아가고 있다. 마귀는 사람을 통하여 모든 문명과 문화를 지배하는 자이다. **"마귀가 또 예수를 이끌고 올라가서 순식간에 천하만국을 보이며 가로되 이 모든 권세와 그 영광을 내가 네게 주리라 이것은 내게 넘겨준 것이므로 나의 원하는 자에게 주노라"**(눅 4:6).

8) 사람은 육체의 정욕으로부터 나오는 탐심을 통하여 죄악의 세계로 들어간다. 마귀는 육체의 정욕을 통하여 사람의 마음속에 하나님의 말씀을 대적하려는 탐심을 넣어준다. 가인은 아담의 장자로서 아벨보다 높아지려는 명예욕을 가지고 있었다. 가인이 자기의 제사를 받지 않고 아벨의 제사를 받으시는 하나님을 보았을 때, 마귀는 가인에게 분한 마음을 넣어주었다. 가인은 분한 마음을 극복하지 못하고 마귀의 생각에 따라서 아벨을 죽였다. **"가인같이 하지 말라 저는 악한 자에게 속하여 그 아우를 죽였으니 어찐 연고로 죽였느뇨 자기의 행위는 악하고 그 아우의 행위는 의로움이니라"**(요일 3:12). 가인이 믿음으로 하나님의 말씀을 순종하여 죄의 소원을 다스렸다면 음부의 문밖으로 나올 수 있었을 것이다(창 4:7). 그러나 그는 마귀의 지배 아래 있었으므로 육체의 정욕에 따라서 아벨을 죽인 살인자가 되었다.

9) 아담이 타락한 이후 사람의 육체 안에 음부의 문이 있다. 마귀는 음부의 문을 여닫는 권세를 가지고 있다. 마귀는 평소에 음부의 문을 닫고 죄인들이 음부의 문 밖으로 나가지 못하게 한다. 그러나 마귀는 의롭다 함을 받은 자들을 미혹하여 범죄하게 한 뒤에 음부 안으로 끌어드린다. 마귀는 음부의 문을 점령하고 있으므로 한번 음부로 들어간 자들은 다시는 그 문을 열고 나오지 못한다.[46] 성경은 음부의 문을 점령한 자를 마귀라고 말씀한다(마 16:18).[47] 마귀는 음부의 문을 여닫는 권세를 가지고 있는 음부의 권세자이다. **"하나님은 나를 영접하시리니 이러므로 내 영혼을 음부의 권세에서 구속하시리로다(셀라)"**(시 49:15).

10) 사람은 자신의 능력으로 음부의 문을 열 수 없다. 오직 장차 오실 그리스도만이 자기의 피로써 음부의 문을 여시고 믿는 자들을 구원하신다. 장차 그리스도께서 오시면 음부의 권세를 심판하고 음부의 문을 점령하실 것이다. **"내가 네게 큰 복을 주고 네 씨로 크게 성하여 하늘의 별과 같고 바닷가의 모래와 같게 하리니**

---

46) 탐심에 따라서 범죄하면 할수록 죄의 흔적은 계속하여 커진다. 따라서 죄는 습관이 된다. 이것을 죄의 중독이라고 말할 수 있다. 사람은 죄에 중독되므로 음부의 문을 나올 수 없다. 알코올이나 마약의 중독은 죄의 중독을 모형으로 보여준다.
47) "문"으로 번역된 헬라어 퓔레(πύλη)란 대문, 입구, 현관 및 정문을 의미한다.

네 씨가 그 대적의 문을 얻으리라"(창 22:17).48) "대적의 문"이란 하나님의 원수인 마귀가 점령하고 있는 문이다. 곧 음부의 문이다. 장차 아브라함의 후손으로 오실 그리스도께서 음부의 문을 점령하심으로 그 문을 열고 믿는 자들을 음부에서 건져내실 것이다.

11) 마귀는 사람의 육체 안에서 정욕을 통하여 역사한다. 육체의 정욕으로부터 나오는 탐심은 음부로 들어가는 문이다. 아담 안에서 사람은 누구나 육체 안에 음부의 문, 곧 탐심을 가지고 있다. 믿음으로 의롭다 함을 받은 자들도 그 육체 안에 음부의 권세를 가지고 있다. 모든 죄인은 걸어 다니고 말하는 음부의 문이며 흑암의 권세이다. 음부의 문은 의롭다 함을 받은 자들을 삼키려고 입을 벌리고 있는 목구멍과 같다. 사도 바울은 음부의 문이 흑암의 세계로 들어가는 열린 목구멍이라고 기록하였다. **"저희 목구멍은 열린 무덤이요 그 혀로는 속임을 베풀며 그 입술에는 독사의 독이 있고 그 입에는 저주와 악독이 가득하고"(롬 3:13,14).**

(3) 마귀의 권세와 사람의 인격

1) 모든 죄는 생각으로부터 시작한다. 육체의 정욕으로부터 나오는 탐심이 사람의 의지를 사로잡으면 마귀의 인격이 말과 행위로 표출된다. 사람의 의지가 탐심을 행동으로 옮기려는 결정을 의사결정이라고 한다. 의사결정과정에서 중요한 역할을 하는 것이 지성과 감성이다. 지성은 탐심을 행동으로 옮기는 것이 이득이냐 아니냐를 결정하고, 감성은 이것이 육체를 즐겁게 할 것이냐 아니냐를 판단한다. 마귀는 사람의 지성을 지배하여 탐심과 하나님의 말씀을 혼동하게 한다. 마귀는 사람의 감성을 지배하여 탐심이 육체를 즐겁게 할 것이라는 판단을 내리게 한다. 지성과 감성의 결정이 사람의 의지로 탐심을 수용하게 함으로 사람을 음부의 문으로 몰아넣고 있다.

2) 믿음으로 의롭다 함을 받은 자들이라도 그들의 육체의 정욕을 가지고 있다. 마귀는 육체의 정욕을 통하여 끊임없이 불신앙의 생각을 넣어준다. 그러나 의롭다 함을 받은 자들이 믿음을 굳게 지키면 마귀의 미혹을 이길 수 있다. 마귀는 사람으로 불신앙의 생각을 가지도록 사람의 지성을 혼미하게 하여 하나님에 대하여 오해하게 한다. 하나님께서 아담에게 선악을 알게 하는 나무의 실과를 먹으면 반드시 죽으리라고 말씀하셨으나, 사단은 먹어도 죽지 아니한다고 아담을 미혹하였다(창 3:4). 이제 아담은 지성으로 하나님의 말씀이 사실이냐 거짓이냐를 판단하여야 한다. 사단은 아담의 지성을 혼미하게 하였다. 아담은 사단의 미혹을 받았을 때 그의 지성이 혼미하여 하나님의 주권과 자신의 정체성에 대하여 오해함으로 범죄하였다. 생명과 사망을 결정하는 것은 하나님만이 가진 권세이지만, 아담은 지성으로 자기

---

48) "문"으로 번역된 히브리어 쇠아르(שער)는 성문, 대문을 의미한다(BDB., p. 1044).

도 그 권세를 가질 수 있다고 오해하였다. 선악을 알게 하는 실과를 먹음으로 하나님과 같이 될 수 있다는 착각이 아담을 타락으로 인도하였다.

   3) 아담은 창조시에 하나님의 말씀과 만물을 통하여 하나님의 뜻을 알 수 있는 완전한 지성을 받았다. 아담은 만물을 창조하신 하나님의 전능하신 능력을 직접 체험하였다. 하나님은 모든 동물을 아담에게 나오게 하셨고 아담은 그 동물들에게 이름을 부여하였다. **"여호와 하나님이 흙으로 각종 들짐승과 공중의 각종 새를 지으시고 아담이 어떻게 이름을 짓나 보시려고 그것들을 그에게로 이끌어 이르시니 아담이 각 생물을 일컫는 바가 곧 그 이름이라"**(창 2:19). 모든 동물을 아담에게 이끄시는 하나님은 만물을 창조하신 전능한 분이다. 아담은 모든 동물에게 그들의 속성에 따라서 이에 합당한 이름을 부여하는 지혜와 지식을 받았다. 하나님께서 아담의 갈빗대로 여자를 창조하셨을 때 그는 하나님의 창조사역을 체험하였다. **"아담이 가로되 이는 내 뼈 중의 뼈요 살 중의 살이라 이것을 남자에게서 취하였은즉 여자라 칭하리라 하니라"**(창 2:23). 아담은 창조주 하나님을 아는 지혜와 지식을 받았지만, 사단의 미혹을 받았을 때 그의 지성은 혼미하여짐으로 하나님의 주권을 알지 못하였다.

   4) 마귀는 사람의 지성을 혼미하게 하여 하나님을 알지 못하게 할 뿐만 아니라 하나님의 말씀을 받은 자들로 하나님에 대하여 오해하게 한다. 곧 마귀는 사람으로 하나님의 말씀을 듣지 못하게 하고 하나님의 영광을 보지 못하게 한다. **"그 중에 이 세상 신이 믿지 아니하는 자들의 마음을 혼미케 하여 그리스도의 영광의 복음의 광채가 비취지 못하게 함이니 그리스도는 하나님의 형상이니라"**(고후 4:4). "마음을 혼미케 하다"란 마음의 눈을 멀게 하는 것을 말한다. 마음의 눈이 멀어서 선과 악을 구별하지 못하는 것은 죄로 인하여 지성이 어두워진 것을 의미한다. 대표적인 자들이 바리새인들과 서기관들이다. 그들은 마귀에게 속하여 마음의 눈이 어두워졌으므로 율법으로 그들의 죄를 알지 못하였다.

   5) 하나님에 대하여 오해한다는 것은 선과 악을 분별하지 못하는 것을 의미한다. 선과 악의 기준은 하나님의 말씀이며 사람의 양심은 아니다. 사람의 양심도 역시 선과 악의 기준이지만, 그 양심은 주관적이며 통일성이 없다. 사람의 양심은 개개인에 따라서 다르며 개인의 양심은 시간과 장소에 따라서 변화하기 때문이다. 오직 하나님의 말씀만이 선과 악의 기준으로서 객관성과 통일성을 가지고 있다. 마귀는 선과 악의 기준을 없이함으로 사람으로 선과 악을 알지 못하게 한다. 하나님의 말씀은 선의 기준이다(창 2:16,17). 반면에 사단의 미혹은 악의 기준이다. **"너희가 그것을 먹는 날에는 너희 눈이 밝아 하나님과 같이 되어 선악을 알줄을 하나님이 아심이니라"**(창 3:5). 아담은 사단의 미혹을 받아 그의 지성이 혼미하여짐으로 선과 악을 분별하지 못하였다.

   6) 사단의 미혹으로 아담의 지성이 혼미하게 되었을 때, 그의 감성도 타락하였

다. 타락하지 아니한 아담의 감성은 하나님의 말씀을 기뻐하고 하나님의 영광을 위하여 문명을 건설하고 문화생활을 즐기는 것이다. 하와가 혼미한 지성으로 인하여 하나님의 말씀을 통하여 계시된 하나님의 뜻을 알지 못하였을 때, 선악을 알게 하는 나무의 열매는 그녀의 육체를 즐겁게 할 수 있게 보였다. **"여자가 그 나무를 본즉 먹음직도 하고 보암직도 하고 지혜롭게 할만큼 탐스럽기도 한 나무인지라 여자가 그 실과를 따먹고 자기와 함께한 남편에게도 주매 그도 먹은지라"**(창 3:6). 사단의 미혹으로 혼미하게 된 지성은 감성의 타락으로 이어졌다. 감성의 타락은 사람의 의지로 하나님의 말씀을 대적하게 한다.

7) 마귀가 육체의 정욕을 통하여 넣어주는 탐심은 사람의 지성을 혼미하게 하여 감성과 의지를 타락시킨다. 사람의 의지가 탐심을 행동으로 옮기려고 결정하면 그 생각이 악한 마음으로 굳어진다. 마귀는 사람의 악한 마음이 흔들리지 아니하도록 계속하여 사람을 미혹한다. 마치 낚시에 걸린 물고기가 스스로 낚시로부터 빠져나오지 못하는 것과 같이, 탐심을 행동으로 옮기려는 마음으로 굳어지면 그 마음은 변하지 아니한다.49) 따라서 성경은 만물 가운데 사람의 마음이 가장 부패한 것이라고 말씀한다. **"만물보다 거짓되고 심히 부패한 것은 마음이라 누가 능히 이를 알리요마는**(렘 17:9).

8) 사람의 악한 마음이 말과 행위로 표출되지 않으면 그 사람의 언행은 타인에게 영향을 주지 아니한다. 가인은 아벨에 대하여 악한 마음을 품고 있었다. 그 마음이 말과 행위로 표출되지 아니하였다면, 가인은 아벨을 죽이지 아니하였을 것이다. 따라서 하나님은 가인에게 악한 마음을 다스리라고 말씀하셨다(창 4:7). 마귀는 자신의 악한 생각을 사람을 통하여 말과 행위로 표출되게 함으로 사람을 지배하는 자신의 권세를 증명하려고 한다. 따라서 마귀는 가인으로 아벨을 죽이게 하였다. 따라서 성경은 악한 마음이 반드시 말과 행위로 표출된다고 말씀한다. **"또 가라사대 사람에게서 나오는 그것이 사람을 더럽게 하느니라 속에서 곧 사람의 마음에서 나오는 것은 악한 생각 곧 음란과 도적질과 살인과 간음과 탐욕과 악독과 속임과 음탕과 흘기는 눈과 훼방과 교만과 광패니"**(막 7:20~22).

10) 모든 죄가 탐심으로부터 시작한다는 것은 마귀의 인격이 사람의 생각으로 구체화하여 나타난다는 것을 의미한다. 하나님을 대적하는 마귀의 악한 생각이 돈과 명예와 권력과 쾌락을 사랑하는 생각으로 구체화하여 나타난다. 십계명은 이것을 보여준다. 십계명 제1계명부터 제9계명까지는 말과 행위를 정죄하는 계명이다. 제10계명은 생각을 정죄하는 계명이다. 탐심을 정죄하는 계명이 마지막에 계시된 것은, 말과 행위로 범하는 죄가 생각으로 범하는 죄에서 나온다는 것을 의미한다.50) 아담이 마음으로 믿지 아니한 죄가 그의 후손을 통하여 율법을 범하는 다양

---

49) 마귀는 탐심을 미끼로 하는 낚시를 던지고 있다. 사람이 탐심을 수용하면 마귀의 낚시에 걸린다.

한 죄로 구체화하여 나타나고 있다. 보이지 아니하는 마귀의 생각이 사람의 탐심으로 구체화하고, 이 탐심이 다양한 행위의 죄로 나타나고 있다.

    10) 모든 죄는 생각으로부터 시작한다. 의롭다 함을 받은 사람의 마음속에는 하나님의 말씀을 순종하려는 영의 생각과 대적하려는 육신의 생각, 곧 탐심이 공존한다. 전자는 하나님의 인격이고 후자는 마귀의 인격이다. 아담이 사단의 미혹을 받았을 때, 그의 마음속에는 하나님의 말씀을 순종하려는 영의 생각과 불순종하려는 육신의 생각이 공존하였다. 사단은 아담의 의지로 전자를 거절하고 후자를 수용하도록 미혹하였다. 아담은 혼미한 지성으로 하나님의 말씀을 통하여 계시된 하나님의 뜻을 알지 못하고 육신의 생각을 수용함으로 범죄하였다. 지금도 동일한 방법으로 마귀는 믿는 자들을 미혹하여 음부의 문 안으로 끌어드리려고 한다.

(4) 이해를 위한 질문
1) 흑암의 권세
  a. 마귀가 흑암의 권세자인 이유는 무엇인가(요일 3:8).
  b. 마귀가 의롭다 함을 받은 자들을 미혹하여 흑암의 세계로 끌어드리는 이유는 무엇인가.
  c. 마귀의 마음이 강퍅한 이유는 무엇인가(출 4:21),
  d. 마귀는 무엇으로 의롭다 함을 받은 자들을 미혹하는가(딤전 6:10).
  e. 마귀가 의롭다 함을 받은 자들을 핍박하는 이유는 무엇인가(요 15:20).

(2) 음부의 권세
  a. 아담의 타락으로 들어온 정욕이 육체의 속성이 된 이유는 무엇인가(요일 2:16).
  b. 육체의 정욕이 돈과 명예와 권력과 육체의 쾌락과 관련되는 이유는 무엇인가.
  c. 탐심이 사람의 의지를 지배하는 이유는 무엇인가(요 8:34).
  d. 육체의 정욕이 음부로 들어가는 문인 이유는 무엇인가(마 16:18).
  e. 마귀가 음부의 문을 점령하고 있는 이유는 무엇인가.

(3) 마귀의 권세와 사람의 인격
  a. 마귀는 믿지 아니하는 사람의 지성을 어떻게 미혹하는가(고후 4:4).
  b. 사람이 하나님의 뜻을 오해하는 이유는 무엇인가.
  c. 지성의 혼미가 감성의 타락으로 이어지는 이유는 무엇인가(창 3:6).
  d. 사람의 악한 마음으로부터 나오는 것은 무엇인가(막 7:20).

---

50) 창조사역은 사람이 마지막으로 창조됨으로 끝난다. 이것은 모든 피조물 가운데 사람이 가장 중요하다는 것을 의미한다. 십계명은 탐심으로 마지막으로 끝난다. 이것은 모든 죄 가운데 탐심이 죄의 중심이라는 것을 의미한다. 마귀는 보이지 아니하는 탐심을 통하여 사람을 지배하지만, 하나님은 보이지 아니하는 창조질서와 말씀을 통하여 만물과 사람을 통치하신다.

1.3 요약 및 결론

1. 제1부에서는 생명의 본질과 그 실체, 죄의 본질과 그 실체, 죄와 사망의 권세에 대하여 살펴보았다. 1.1에서는 창조질서와 하나님의 말씀과 관련하여 생명의 본질과 사망의 본질, 죄의 본질과 그 실체를 논의하였다. 1.2에서는 아담의 타락으로 들어온 죄와 사망의 세력을 잡은 마귀의 권세와 그 권세가 탐심으로 나타나는 이유에 대하여 살펴보았다.

창세전에 하나님은 아들을 육신으로 보내실 뜻을 작정하시고 아들을 위하여 만물을 창조하셨다. 아들이 육신으로 임하시는 길을 준비하기 위하여, 하나님은 사람을 자기의 형상으로 창조하셨다. 사람은 땅을 정복하고 모든 살아있는 것들을 다스림으로 장차 육신으로 오실 아들의 권세를 보여주고 있다. 하나님은 장차 오실 아들의 길을 준비한 사람에게 하늘에서 영원히 살 수 있게 하셨다. 이를 위하여 하나님은 사람의 영과 인격을 하늘에서 창조하시고 사람의 육체를 우주에서 창조하셨다. 사람이 수명이 다하여 육체를 벗으면 그의 영혼은 하늘로 올라간다.

하나님의 형상으로 창조된 사람의 외모는 하나님의 외모이며, 그의 속성은 하나님의 속성인 의로움과 거룩함이다. 사람이 의로움과 거룩함을 유지하였을 때 육체가 죽은 뒤에 그의 영혼은 하늘로 올라갈 수 있다. 따라서 의로움과 거룩함은 사람 생명의 본질이라고 말할 수 있다. 하나님은 말씀으로 의로움과 거룩함을 계시하시므로, 그 말씀은 생명의 실체이다. 하나님은 사람에게 그 생명을 유지하는 언약, 곧 선악과 계명을 주셨다. 아담은 선악과 계명을 순종하여 하나님의 형상을 유지하고 하나님 아들의 길을 준비하는 사명을 부여받았다. 그러나 아담은 사단의 미혹을 받아 선악과 계명을 대적함으로 하나님의 형상을 잃어버렸다.

선악과 계명은 생명과 사망을 결정하는 주권이 하나님께 있다는 것을 계시한다. 그 계명을 순종하는 것은 하나님의 주권을 인정하는 것이다. 그러나 아담은 사단의 미혹을 받아 자기의 의지로 생명과 사망을 결정하려고 함으로 타락하였다. 이것이 죄의 본질이다. 아담의 죄는 육체와 인격과 영에 그 흔적을 남겼다. 그 흔적으로부터 동일한 죄를 범하려는 탐심이 솟아나 사람의 의지를 사로잡는다. 곧 탐심은 과거 시간 속에 숨겨진 죄와 미래에 범할 죄를 실상으로 보여주는 죄의 실체이다.

아담은 스스로 하나님의 종 됨을 거절하고 사단의 종이 되려고 하였으므로, 하나님은 아담을 사단의 손에 붙이셨다. 아담의 타락으로 인류는 마귀의 지배 아래서 하나님을 대적하고 있다. 마귀는 탐심을 통하여 아담으로부터 죄의 흔적을 받은 사람을 지배한다. 마귀는 죄의 흔적을 통하여 탐심을 넣어주면, 그 탐심이 사람의 의지를 사로잡아 사람으로 범죄하게 한다. 곧 사람의 마음속에 있는 탐심은 마귀의 지배 아래로 들어가는 음부의 문이다.

2. 우주는 하나님의 영광이 없는 흑암으로 창조되었다(창 1:2). 흑암은 천사의 타락과 관련된다. 하나님의 이름을 찬양하는 직분을 맡은 천사가 교만하여 하나님

의 아들을 위하여 예비된 하늘 보좌에 올라 만물을 불의와 불법으로 지배하려고 하였다. 하나님은 그 천사의 악한 생각을 아시고 그와 그를 따르는 무리를 영원한 결박으로 흑암, 곧 음부에 가두셨다. 이 흑암이 하나님의 영광이 없는 우주이다. 타락한 천사들은 첫째 날 빛이 창조되기 전에 타락하여 우주에 갇혔다. 하나님은 육 일간의 창조사역을 통하여 우주 안에 있는 만물을 창조하셨다.

하나님은 사람에게 흑암을 통치하는 권세를 주셨다. 사람은 창조주 하나님을 대신하여 장차 오실 하나님의 아들을 위하여 땅을 정복하고 모든 생물을 다스리는 권세를 받았다. 아담은 타락하기 전에 맡은 직분을 수행함으로 하나님의 영광을 나타냈다. 그러나 아담은 타락한 뒤에 마귀의 뜻에 따라서 땅을 정복하고 모든 생물을 지배함으로 하나님 아들의 길을 차단하였다. 마귀는 사람의 행동을 지배함으로 땅에 있는 모든 것 위에 군림하는 자이다. 곧 사람은 타락함으로 마귀의 뜻에 따라서 땅을 정복하고 모든 생물을 다스리고 있다. 따라서 마귀는 음부와 흑암의 권세이다. 마귀는 불의와 불법으로 사람을 지배함으로 하나님의 아들이 오실 길을 차단하려고 하였다.

제2부 광야교회와 믿음

2.1 광야교회의 탄생과 본질
   1. 광야교회의 탄생
   2 출애굽을 통하여 계시된 광야교회
   3. 광야교회의 본질

2.2 광야교회의 믿음과 안식
   1. 광야교회의 믿음
   2. 광야교회의 생명과 안식

2.3 요약 및 결론

"아브람에게 이르시되 너는 너의 본토 친척 아비 집을 떠나 내가 네게 지시할 땅으로 가라"(창 12:1).

"아브람이 여호와를 믿으니 여호와께서 이를 그의 의로 여기시고"(창 15:6).

'내가 네게 큰 복을 주고 네 씨로 크게 성하여 하늘의 별과 같고 바닷가의 모래와 같게 하리니 네 씨가 그 대적의 문을 얻으리라 또 네 씨로 말미암아 천하 만민이 복을 얻으리니 이는 네가 나의 말을 준행하였음이니라 하셨다 하니라"(창 22:17,18).

"여호와께서 모세에게 이르시되 바로에게 들어가서 그에게 이르라 히브리 사람의 하나님 여호와께서 말씀하시기를 내 백성을 보내라 그들이 나를 섬길 것이니라"(출 9:1).

"너희 조상 아브라함은 나의 때 볼 것을 즐거워하다가 보고 기뻐하였느니라"(요 8:56).

"가라사대 그러면 다윗이 성령에 감동하여 어찌 그리스도를 주라 칭하여 말하되"(마 22:43).

"너는 기억하라 네가 애굽 땅에서 종이 되었더니 너의 하나님 여호와가 강한 손과 편 팔로 너를 거기서 인도하여 내었나니 그러므로 너의 하나님 여호와가 너를 명하여 안식일을 지키라 하느니라"(신 5:15).

2.1 광야교회의 탄생과 본질

1. 광야교회의 탄생

(1) 아브라함과 광야교회의 탄생

1) 교회란 하나님의 부름을 받아 세상에서 나와서 하나님의 나라에 들어온 자들의 모임을 말한다. 아담이 타락한 이후 모든 사람은 음부의 권세 마귀 아래서 하나님을 대적하고 있다. 하나님은 그들 가운데 원하는 자를 택하여 믿음을 주시고 세상에서 불러내신다. 하나님의 은혜로 세상에서 나온 자들의 모임이 교회이며, 교회는 하나님의 말씀이 통치하는 영역이다. 교회는 아브라함으로부터 시작한다. 하나님은 아브라함을 택하여 하란에서 불러내시고 가나안땅으로 인도하셨다. 아브라함은 비옥한 땅을 버리고 하나님의 말씀에 따라 광야를 통과하여 가나안땅으로 들어갔다. 아브라함으로부터 시작하는 교회를 성경은 광야교회라고 말씀한다. **"시내산에서 말하던 그 천사와 및 우리 조상들과 함께 광야교회에 있었고 또 생명의 도를 받아 우리에게 주던 자가 이 사람이라"** (행 7:38).

2) 성경에서 말씀하는 교회의 본질을 살펴보자. 교회는 하나님의 아들 예수 그리스도를 믿는 믿음 위에 세워진다. **"또 내가 네게 이르노니 너는 베드로라 내가 이 반석 위에 내 교회를 세우리니 음부의 권세가 이기지 못하리라"** (마 16:18). "이 반석 위"란 예수는 하나님의 아들이며 그리스도라고 믿고 고백하는 것을 의미한다. **"시몬 베드로가 대답하여 가로되 주는 그리스도시요 살아계신 하나님의 아들이시니이다"** (마 16:16). 곧 교회란 예수 이름을 믿음으로 예수의 피로써 구원을 얻은 자들의 회중이다. **"고린도에 있는 하나님의 교회 곧 그리스도 예수 안에서 거룩하여지고 성도라 부르심을 입은 자들과 또 각처에서 우리의 주 곧 저희와 우리의 주 되신 예수 그리스도의 이름을 부르는 모든 자들에게"** (고전 1:2).

3) 하나님은 그리스도 예수 안에서 택하신 자들을 세상에서 불러내신다. 죄로부터 구원이란 사람의 의지와 노력으로 얻는 것이 아니라 하나님께서 택하여 부르셔야 한다. 하나님의 의지와 무관하게 아담의 타락으로 인하여 모든 사람이 죄인이 되었다. 곧 하나님은 사람의 죄에 대한 책임이 없다. 따라서 죄인을 구원하는 것은 하나님의 주권에 속한 것이며 사람의 의지에 속한 것은 아니다. 성경은 하나님의 부르심을 받은 자만이 구원을 얻을 수 있다고 기록하였다. **"또 미리 정하신 그들을 또한 부르시고 부르신 그들을 또한 의롭다 하시고 의롭다 하신 그들을 또한 영화롭게 하셨느니라"** (롬 8:30). "미리 정하신 그들"이란 창세전에 택함을 받은 자를 말한다. 예수께서 아버지의 뜻에 따라서 원하는 자들을 택하여 제자로 부르셨다. **"또 산에 오르사 자기의 원하는 자들을 부르시니 나아온지라"** (막 3:13). 따라서 교회란 하나님의 택하심을 받아 예수 그리스도 안에서 그의 피로 구원을 받은 자들의 모임이라고 말할 수 있다.51) 믿음으로 세상에서 나와서 하나님의 나라, 곧 그리스도 예수 안에 있는 자들의 모임이 교회이다.

4) 교회가 하나님의 택하심과 부르심을 받아 세상에서 나온 자들의 회중이라는 것을 전제로 교회의 탄생을 살펴보자. 하나님께서 아브라함을 택하여 부르셨다. **"여호와께서 아브람에게 이르시되 너는 너의 본토 친척 아비 집을 떠나 내가 네게 지시할 땅으로 가라"**(창 12:1). "너의 본토 친척 아비 집을 떠나라"란 세상을 떠나는 것을 말한다. 아브라함의 고향인 하란은 우상숭배가 만연하던 곳으로서 세상을 모형으로 보여준다. 아브라함의 아비 데라는 하란에서 우상을 섬겼다. **"여호수아가 모든 백성에게 이르되 이스라엘 하나님 여호와의 말씀에 옛적에 너희 조상들 곧 아브라함의 아비, 나홀의 아비 데라가 강 저편에 거하여 다른 신들을 섬겼으나"**(수 24:2). 아브라함이 하란을 떠나서 지시함을 받은 땅으로 나아갔다. 이것은 그가 세상을 떠나서 하나님께 돌아온 것을 모형으로 보여준다.

5) 아브라함이 하나님을 믿음으로 하란의 비옥한 토지를 버리고 지시함을 받은 땅으로 나아갔으므로, 하나님은 그의 믿음을 의로 여기셨다. **"아브람이 여호와를 믿으니 여호와께서 이를 그의 의로 여기시고"**(창 15:6). 아브라함과 함께 믿음으로 하란을 떠난 그의 가족과 그의 하인들 역시 모두 의롭다 함을 받았다. 그들은 아브라함을 통하여 믿음으로 하나님의 말씀을 순종하였기 때문이다. 따라서 아브라함과 함께 하란에서 나온 모든 사람의 회중을 교회라고 말할 수 있을 것이다. 아브라함이 하란을 떠난 것은 하란의 문명 및 문화와 단절된 것이다.

6) 하란의 생활은 가옥에서 정착하며 사는 것이었다. 그러나 하란을 떠나온 뒤에 아브라함의 생활은 장막에서 생활하는 것이다. 장막에서 생활하는 것은 가나안땅에 정착하는 것이 아니라 다른 곳, 곧 영원한 본향을 향하여 이동하는 것을 의미한다. 아브라함은 그의 본향을 향하여 나아가기 위하여 장막에서 살았다고 성경은 말씀한다. **"믿음으로 저가 외방에 있는 것 같이 약속하신 땅에 우거하여 동일한 약속을 유업으로 함께 받은 이삭과 야곱으로 더불어 장막에 거하였으니 이는 하나님의 경영하시고 지으실 터가 있는 성을 바랐음이니라"**(히 11:9,10). "하나님의 경영하시고 지으실 터"란 아브라함의 고향인 하란이 아니라 하늘에 있는 본향이다. 아브라함은 하란으로 다시 돌아가려고 이동하면서 장막에서 산 것이 아니라 하늘에 있는 본향을 그리워하며 나그네처럼 살았다. **"저희가 나온바 본향을 생각하였더면 돌아갈 기회가 있었으려니와 저희가 이제는 더 나은 본향을 사모하니 곧 하늘에 있는 것이라 그러므로 하나님이 저희 하나님이라 일컬음 받으심을 부끄러워 아니하시고 저희를 위하여 한 성을 예비하셨느니라"**(히 11:15,16).

7) 아브라함은 하란이 아닌 하늘에 있는 본향을 사모한 것은 창조질서와 관련된다. 사람의 영과 인격은 하늘에서 창조되었으므로 육체와 영이 분리되면 영은 인격과 결합하여 하늘로 돌아가야 한다. 사람의 영혼은 하늘에서 왔으므로 육체를 입고

---

51) K. L. Schmidt, "ἐκκλησία," ed., Gerhard Kittel and Gerhard Friedrich, op. cit., pp. 455~460.

이 땅에서 사는 것은 나그네와 같은 삶이다. 아브라함이 하란을 떠나 장막에서 살아간 것은 이 땅에서 그의 삶이 나그네의 삶이라는 것을 모형으로 보여준다. 하란에서 아브라함은 하늘에 있는 본향을 잃어버리고 땅에서 정착하여 육체만을 위하여 살았다. 그러나 그는 하나님의 부르심을 받아 가나안땅으로 들어온 뒤부터 그의 삶은 하늘에 있는 본향을 향하여 나가는 것이다.

8) 하란에서 정착하여 사는 것은 땅에 속한 것에 소망을 두고 사는 것이다. 아브라함은 하란에서 돈과 명예와 권력을 위하여 살았을 것이다. 하란은 우상숭배가 만연한 곳이므로 죄로 인한 저주로 가뭄과 홍수가 빈번하였을 것이다. 아브라함은 그곳에서 자연재해와 싸우며 자신과 가족을 위하여 일하였을 것이다. 하나님께서 그를 부르셨을 때 그는 죄의 저주로부터 자유하는 복을 소망하며 하란을 떠나서 지시함을 받은 땅으로 나아갔다. 복이란 기름진 땅을 소유하는 것이 아닌 하나님의 말씀을 순종하는 것이다. "내가 너로 큰 민족을 이루고 네게 복을 주어 네 이름을 창대케 하리니 너는 복의 근원이 될찌라" (창 12:2).

9) 하나님은 아브라함에게 너를 위하여 하란의 비옥한 땅을 버리고 가나안땅으로 나가라고 말씀하셨다. 한글 개역성경은 (창 12:1)에서 "너는 너의 본토 친척 아비 집을 떠나 내가 네게 지시할 땅으로 가라"라고 번역하고 있다. 그러나 히브리어 성경은 "너는 너를 위하여 너의 본토"라고 말씀한다.52) 아브라함이 하란의 비옥한 땅을 버리는 것은 자기 자신을 위한 것이다. 아브라함이 하란을 떠나면, 하나님은 그에게 복을 주신다는 것이다. "네게 복을 주다"란 죄와 저주를 없이한다는 것이다. 이 복이 아브라함의 후손을 통하여 천하 만민에게 임할 것이다(창 22:18). 장차 아브라함의 후손으로 오실 그리스도 안에서 천하 만민이 죄와 저주로부터 자유하는 복을 받을 것이다. "네 이름을 창대케 하다"란 아브라함이 장차 오실 그리스도의 조상이 되므로 그의 이름이 높임을 받는다는 것이다. 이 약속이 의롭다 함을 받는 언약으로 나타났다(창 15:6).

10) 아브라함이 하란을 떠나서 하늘에 있는 본향을 향하여 나아가는 나그네처럼 산 것은 하란의 문명 및 문화와 완전히 단절한 것이다. 아브라함이 하나님의 부르심을 받아 하란에서 나온 것은 세상에서 나와 하나님께 돌아온 교회를 모형으로 보여준다. 교회는 하나님의 부르심을 받은 아브라함이 하란에서 나와서 가나안땅으로 들어간 것으로부터 시작한다. 하나님은 하란에서 나온 아브라함을 의롭다고 하심으로 세상과 분리된 교회의 본질을 모형으로 보여주셨다.

---

52) 한글개역성경은 "레크 레카(קֶ?-קֶ?)"의 번역을 생략하였다. "레크 레카(קֶ?-קֶ?)"는 "너를 위하여 가라"로 번역된다. "레크(קֶ?)"는 할라크(קקק)의 명령형이다. 할라크는 가다, 오다(go, come)로 번역된다. "레카(קֶ?)"는 전치사 for(?)와 이인칭 단수 you(ק)로서 "너를 위하여"로 번역할 수 있다. John. J. Owens, Analytical Key of the Old Testament(Baker Book House Company, 1989). p. 45.

(2) 아브라함의 믿음과 장차 오실 그리스도의 언약

1) 하란을 떠나서 장막에서 나그네처럼 산 아브라함이 받은 복은 의롭다 함을 받은 것이다. 아브라함은 믿음으로 그의 육체와 인격이 의롭다 함을 받았지만, 그의 영은 원죄의 흔적을 가지고 있었다.[53] 원죄는 아담으로부터 받은 죄로서 예수의 피로써 대속할 수 있기 때문이다. 율법과 세상 양심에 의하여 정죄 받는 자범죄는 육체와 인격만을 정죄한다. 따라서 아브라함은 믿음으로 그의 자범죄만을 용서받았다고 말할 수 있다. 곧 아담이 타락한 이후 그리스도까지 믿음으로 의롭다 함을 받은 자들은 그들이 범한 자범죄만을 용서받았다. 자범죄는 육체와 인격을 정죄하므로, 그들은 믿음으로 육체와 인격이 의롭다 함을 받았다고 말할 수 있다. 장차 오실 그리스도를 믿음으로 의롭다 함을 받은 것은 교회가 받을 영적인 복을 모형으로 보여준다.

2) 비록 아브라함의 육체의 삶은 나그네와 같은 것이었지만 그는 의롭다 함을 받았으므로 죄의 저주에서 벗어났다. 아브라함은 복을 받았으나 기근으로 애굽으로 내려갔고 그곳에서 사라를 바로에게 넘겨주는 아픔을 당하였으며 조카 롯을 위하여 목숨을 걸고 싸워야 하였다. 그의 아내 사라는 아들을 낳지 못하므로, 그는 하갈을 취하여 이스마엘을 낳았다. 이것이 가정불화의 원인이 되었다. 하나님께서 그에게 가나안땅을 기업으로 주신다고 약속하셨으나, 그는 죽은 사라를 매장할 땅이 없어서 돈으로 장지를 사야만 하였으며 주변 사람들의 눈치를 보고 생활하였다. 이것은 아브라함이 받은 복이 영적인 복이라는 것을 보여준다.

3) 아브라함이 받은 복은 무엇인가. 하나님께서 그에게 가나안땅과 아들을 주신다고 약속하셨다. 이 때문에 아브라함의 복이 육체에 관한 것으로 해석할 수 있지만, 그의 복은 영적인 복을 모형과 그림자로 보여준다. 그 이유를 살펴보자. 가나안땅은 세초부터 거룩하게 구별된 땅이다. **"네 하나님 여호와께서 권고하시는 땅이라 세초부터 세말까지 네 하나님 여호와의 눈이 항상 그 위에 있느니라"**(신 11:12). 하나님은 이 땅을 아브라함과 그의 후손에게 주신다고 약속하셨다. **"내가 너와 네 후손에게 너의 우거하는 이 땅 곧 가나안 일경으로 주어 영원한 기업이 되게 하고 나는 그들의 하나님이 되리라"**(창 17:8). "네 후손"이란 예수 이름을 믿음으로 의롭다 함을 받은 모든 자를 의미한다. **"그런즉 믿음으로 말미암은 자들은 아브라함의 아들인줄 알찌어다"**(갈 3:7). 그러나 예수 이름을 믿음으로 의롭다 함을 받은 이방인들도 영적으로 아브라함의 후손이나 가나안땅을 유업으로 받는 것은 아니다. 따라서 (창 17:8)의 말씀은 믿음으로 의롭다 함을 받은 자들이 첫째 부활에 참여한 뒤에 유업으로 받을 아버지의 집을 가리킨다고 말할 수 있다.[54]

4) 하나님은 아브라함에게 가나안땅을 통하여 천국을 모형으로 보여주셨다. 이어

---

53) 졸저, 상게서, 3.1.1.(3) 참조
54) 졸저, 상게서, 7.4.3.(1) 참조

서 하나님은 아브라함에게 장차 그리스도 예수 안에서 태어날 믿음의 후손을 모형으로 보여주셨다. 아브라함은 하갈을 통하여 이스마엘을, 사라를 통하여 이삭을 낳았다. 아브라함이 하갈을 취하여 이스마엘을 낳은 뒤에, 하나님은 그에게 열국의 아비가 되는 언약을 주셨다. **"내가 너와 내 언약을 세우니 너는 열국의 아비가 될찌라"** (창 17:4). "열국"이란 혈통을 초월하는 많은 민족과 나라를 의미한다. 따라서 이 말씀은 하갈이 아닌 다른 여자를 통하여 이스마엘과 별도의 다른 아들을 주신다는 것이다. 곧 사라를 통하여 아들을 주신다는 약속이다. 하나님은 아브라함에게 사라를 통하여 아들을 주시겠다고 약속하셨다. **"내가 그에게 복을 주어 그로 네게 아들을 낳아주게 하며 내가 그에게 복을 주어 그로 열국의 어미가 되게 하리니 민족의 열왕이 그에게서 나리라"** (창 17:16).

  5) 아브라함은 86세에 이스마엘을, 100세에 이삭을 낳았다. 하나님은 아브라함에게 이스마엘과 이삭을 통하여 율법 안에서 받을 복과 복음 안에서 받을 복을 비유로 보여주셨다. 이스마엘은 율법 아래 있는 자들을, 이삭은 복음 아래 있는 자들을 비유로 보여준다. 하나님의 약속과 믿음이 없이 아브라함은 젊은 하갈을 취하여 생리적으로 이스마엘을 낳았다. 이스마엘은 하나님의 은혜와 무관하게 태어났다. 이에 반하여 이삭은 하나님의 약속과 아브라함의 믿음을 통하여 태어났다. 이것은 율법 아래 있는 자들과 복음 아래 있는 자들에 대한 비유이다. 율법을 통하여 자신의 죄를 깨닫고 장차 오실 그리스도를 믿음으로 의롭다 함을 받은 자들은 하나님의 종으로, 복음을 통하여 예수 이름을 믿음으로 의롭다 함을 받은 자는 하나님의 자녀로 구원을 받는다.

  6) 아브라함은 팔십육 세에 하갈을 취하여 이스마엘을 낳았고 백 세에 사라를 통하여 이삭을 낳았다. 아브라함은 이스마엘을 낳고 14년이 지난 뒤에 이삭을 낳았다.[55] 14년이란 기간은 모세로부터 그리스도께서 오시기까지 약 1,400년의 기간을 모형으로 보여준다. 이스마엘은 율법 아래서 자신의 죄를 깨닫고 장차 오실 그리스도를 믿음으로 의롭다 함을 받은 자들을 모형으로 보여준다. 이삭은 복음 아래서 하나님의 아들을 믿음으로 의롭다 함을 받은 자들을 모형으로 보여준다. 사도 바울은 이들의 관계를 이렇게 기록하였다. **"계집종에게서는 육체를 따라 났고 자유하는 여자에게서는 약속으로 말미암았느니라 이것은 비유니 이 여자들은 두 언약이라 하나는 시내산으로부터 종을 낳은 자니 곧 하가라"** (갈 4:23,24).

---

55) 출애굽의 연대는 성경의 말씀을 근거로 하여 추정할 수 있다. 솔로몬은 출애굽 이후 480년에 성전 건축을 시작하였다. **"이스라엘 자손이 애굽 땅에서 나온지 사백팔십 년이요 솔로몬이 이스라엘 왕이 된지 사년 시브월 곧 이월에 솔로몬이 여호와를 위하여 전 건축하기를 시작하였더라"** (왕상 6:1). 솔로몬이 주전 961년경에 성전 건축을 시작하였으므로, 출애굽은 대략 주전 1,441년경으로 추정할 수 있다. 따라서 율법이 온 이후 약 1,400년 후에 복음이 주어졌다고 말할 수 있을 것이다. Roland K. Harrison, op. cit., p. 396.

7) 이스마엘과 이삭은 한 아버지인 아브라함의 씨로 태어났다. 이스마엘은 종인 하갈을 통하여 태어났다. 종을 통하여 태어난 이스마엘은 종으로서 아브라함으로부터 유업을 받지 못하고 쫓겨났다. **"그가 아브라함에게 이르되 이 여종과 그 아들을 내어쫓으라 이 종의 아들은 내 아들 이삭과 함께 기업을 얻지 못하리라 하매"**(창 21:10). **"아브라함이 아침에 일찍이 일어나 떡과 물 한 가죽부대를 취하여 하갈의 어깨에 메워 주고 그 자식을 이끌고 가게 하매 하갈이 나가서 브엘세바 들에서 방황하더니"**(창 21:14). 이스마엘은 율법 아래 있는 자들을 비유로 보여준다. 율법은 천사를 통하여 주신 하나님의 말씀이다. **"그런즉 율법은 무엇이냐 범법함을 인하여 더한 것이라 천사들로 말미암아 중보의 손을 빌어 베푸신 것인데 약속하신 자손이 오시기까지 있을 것이라"**(갈 3:19). 아브라함이 종인 하갈을 통하여 낳은 이스마엘은 종인 것처럼, 종인 천사를 통하여 주신 율법 아래 있는 자들은 종의 신분으로 의롭다 함을 받는다.

8) 이삭은 자유하는 여자를 통하여 태어났으며 아브라함의 아들로서 상속을 받았다. 이삭은 생리적으로는 태어날 수 없었으나 하나님의 언약과 아브라함의 믿음을 통하여 태어났다. 이것은 복음 아래서 예수 이름을 믿음으로 거듭난 자들을 비유로 보여준다. 육신으로 임하신 그리스도 예수 안에서 믿음으로 의롭다 함을 받은 자들은 하나님의 자녀로서 하늘나라를 상속으로 받을 자이다. 그러나 율법 아래서 장차 오실 그리스도를 믿음으로 의롭다 함을 받은 자들은 종의 신분으로 하늘나라를 상속으로 받지 못한다. 사도 바울은 율법과 복음의 관계를 이렇게 기록하였다. **"그러나 성경이 무엇을 말하느뇨 계집종과 그 아들을 내어 쫓으라 계집종의 아들이 자유하는 여자의 아들로 더불어 유업을 얻지 못하리라 하였느니라 그런즉 형제들아 우리는 계집종의 자녀가 아니요 자유하는 여자의 자녀니라"**(갈 4:30,31).

9) 하나님께서 아브라함에게 약속하신 복은 육체적인 것이 아니라 영적인 복이다. 영적인 복은 장차 오실 그리스도 안에서 성취될 것이다. 하나님은 이것을 보여주기 위하여 아브라함에게 이삭을 번제로 드리라고 명령하셨다. **"여호와께서 가라사대 네 아들 네 사랑하는 독자 이삭을 데리고 모리아 땅으로 가서 내가 네게 지시하는 한 산 거기서 그를 번제로 드리라"**(창 22:2). 아브라함은 하나님의 명령을 순종하여 독자 이삭을 번제로 드렸다. 하나님은 아브라함의 믿음을 보시고 어린양을 준비하시고 그에게 약속하신 모든 복이 영적이며 장차 오실 그리스도 안에서 받을 것이라고 말씀하셨다. **"내가 네게 큰 복을 주고 네 씨로 크게 성하여 하늘의 별과 같고 바닷가의 모래와 같게 하리니 네 씨가 그 대적의 문을 얻으리라 또 네 씨로 말미암아 천하 만민이 복을 얻으리니 이는 네가 나의 말을 준행하였음이니라 하셨다 하니라"**(창 22:17,18). "대적의 문을 얻다"란 장차 오실 그리스도께서 음부의 문을 점령한다는 것이다.

10) (창 12:2,3)에서 말씀하는 복이란 장차 오실 그리스도 안에서 성취될 복이며,

아브라함은 그 언약을 믿고 하란을 떠나 가나안땅에 들어가서 나그네처럼 장막에서 살았다. 아브라함은 장차 오실 그리스도 안에서 받는 복을 믿고 하란을 떠났으므로, 아브라함과 그의 가족 및 그의 하인들을 통하여 세워진 교회는 장차 오실 그리스도 위에 세워진 교회라고 말할 수 있다. 아브라함의 믿음을 통하여 탄생한 교회는 (마 16:18)에서 말씀하는 그리스도 교회의 모형과 그림자이다.

(3) 광야교회와 장자의 명분

1) 장차 오실 그리스도 안에서 받을 영적인 복은 장자의 명분과 관련된다. 장자의 명분은 교회의 소망과 관련된다. 아브라함이 하란을 떠나서 가나안땅으로 들어간 뒤에 바라는 것은 장차 오실 그리스도 안에서 복을 받는 것이다. 곧 그리스도께서 오셔야 아브라함은 하나님께서 약속하신 복을 받을 것이다. 따라서 아브라함은 자기의 후손으로 장차 오실 그리스도를 믿고 그의 오심을 사모하였다. **"너희 조상 아브라함은 나의 때 볼 것을 즐거워하다가 보고 기뻐하였느니라"(요 8:56)**. 이것이 광야교회의 소망이다. 이 소망은 장자의 명분과 관련된다.

2) 먼저 장자의 명분에 대하여 살펴보자. 장자는 형제들의 죄에 대한 책임을 짊어지고 저주 아래 들어가는 것으로 출애굽을 통하여 계시되었다. 하나님은 애굽을 심판하실 때 애굽의 모든 초태생을 심판하셨다. 유월절 날 밤에 하나님은 애굽의 모든 초태생을 죽이셨다. **"밤중에 여호와께서 애굽 땅에서 모든 처음 난 것 곧 위에 앉은 바로의 장자로부터 옥에 갇힌 사람의 장자까지와 생축의 처음 난 것을 다 치시매 그 밤에 바로와 그 모든 신하와 모든 애굽 사람이 일어나고 애굽에 큰 호곡이 있었으니 이는 그 나라에 사망치 아니한 집이 하나도 없었음이었더라"(출 12:29,30)**. 애굽은 이스라엘을 박해하고 그들을 광야로 보내지 아니한 죄로 심판을 받았다. 애굽의 모든 사람이 범죄하였으나, 그들의 장자들이 형제들의 죄를 짊어지고 죽임을 당하였다. 애굽에서 이스라엘 자손은 우상을 숭배하는 죄를 범하였고 그들의 장자들이 형제들의 죄에 대한 책임을 짊어졌지만, 어린양의 피로 그들의 죄를 대속하였으므로 그들은 목숨을 건질 수 있었다. 이것은 장자가 형제들의 죄에 대한 책임을 짊어진다는 것을 모형으로 보여준다.

3) 인류의 장자로서 형제들의 자범죄를 짊어지려면 먼저 믿음으로 의롭다 함을 받아야 한다. 의롭다 함을 받은 자만이 불의한 자의 죄를 짊어질 수 있기 때문이다. 아브라함은 의롭다 함을 받기 전에 하나님은 그의 믿음을 보시고 멜기세덱을 통하여 그에게 장자의 명분을 주신다고 약속하셨다. **"그가 아브람에게 축복하여 가로되 천지의 주재시요 지극히 높으신 하나님이여 아브람에게 복을 주옵소서 너희 대적을 네 손에 붙이신 지극히 높으신 하나님을 찬송할찌로다 하매 아브람이 그 얻은 것에서 십분 일을 멜기세덱에게 주었더라"(창 14:19,20)**. 아브라함이 받을 복이 의롭다 하심으로 나타났다(창 15:6).

4) 아브라함은 믿음으로 의롭다 함을 얻고 장자의 명분을 받았으므로 인류의 자범죄와 저주를 짊어졌다. 따라서 아브라함은 장차 인류의 죄와 저주를 짊어지실 그리스도의 모형이다. 이러한 이유로 하나님은 아브라함을 모든 환난과 위험으로부터 보호하셨다. 아브라함이 애굽으로 내려갔을 때 하나님은 그를 바로의 위협으로부터 건져내셨다. 아브라함이 포로로 잡혀간 조카 롯을 위하여 전쟁할 때, 하나님은 그를 가나안 왕들의 칼로부터 보호하셨다. 하나님은 가나안 족속으로부터 아브라함과 그의 가족 그리고 그의 소유를 보호하셨다. 이 모든 것이 의롭다 함을 받은 아브라함이 받은 복이다.56)

5) 아브라함이 받은 장자의 명분이 이삭에게로 이어졌다. 장자인 이스마엘은 육체를 따라서 태어났고 차자인 이삭은 언약과 믿음으로 태어났으므로, 장자의 명분이 이삭에게로 돌아갔다. 아브라함이 하나님의 말씀을 순종하여 이삭을 번제로 드릴 때, 이삭은 그 계명을 순종하여 자신의 목숨을 하나님께 드렸다. 이 믿음을 보신 하나님은 이삭에게 장자의 명분을 주셨다. 아브라함은 이삭을 번제로 드릴 때 그의 머리에 안수하였다. 번제를 드리는 자는 번제물의 머리에 안수한다. **"그가 번제물의 머리에 안수할찌니 그리하면 열납되어 그를 위하여 속죄가 될 것이라"**(레 1:4). 아브라함이 이삭의 머리에 안수할 때, 그가 받은 복이 이삭에게 옮겨졌다. 곧 아브라함이 받은 언약이 이삭에게로 이어졌다. 믿음으로 의롭다 함을 받는 언약, 가나안땅을 유업으로 받는 언약, 장차 오실 그리스도의 언약이 아브라함에서 이삭에게로 이어졌다. 이삭이 받은 언약이 후손으로 이어지려면 아내를 얻어야 한다. 장자의 명분이 후손으로 이어져야 하기 때문이다. 하나님은 장자의 명분을 위하여 이삭의 아내를 예비하셨다. **"주인이 내게 이르되 나의 섬기는 여호와께서 그 사자를 너와 함께 보내어 네게 평탄한 길을 주시리니 너는 내 족속 중 내 아비 집에서 내 아들을 위하여 아내를 택할 것이니라"**(창 24:40). 하나님의 택함을 받은 리브가가 낳을 후손을 통하여 장차 그리스도께서 육신으로 오실 것이다. **"리브가에게 축복하여 가로되 우리 누이여 너는 천만인의 어미가 될찌어다 네 씨로 그 원수의 성문을 얻게 할찌어다"**(창 24:60).

6) 하나님은 아브라함의 믿음을 의롭다 하심으로 그에게 장자의 명분이 있음을 인을 치셨다. 그 장자의 명분이 이삭에게로 이어지려면 하나님의 인치심이 있어야 한다. 하나님은 리브가를 통하여 장차 이삭이 낳을 아들에게 장자의 명분이 있다는 것을 말씀하신 뒤에 이삭에게 장자의 명분을 확증하셨다. **"이 땅에 유하면 내가 너와 함께 있어 네게 복을 주고 내가 이 모든 땅을 너와 네 자손에게 주리라 내가 네 아비 아브라함에게 맹세한 것을 이루어 네 자손을 하늘의 별과 같이 번성케 하

---

56) 아브라함이 하란을 떠난 뒤에 육체적으로 많은 고난과 핍박을 당하였다. 이것은 믿음으로 의롭다 함을 받은 자들의 영이 생명을 유지하기 위하여 많은 어려움을 당할 것을 모형으로 보여준다고 말할 수 있다.

며 이 모든 땅을 네 자손에게 주리니 네 자손을 인하여 천하 만민이 복을 받으리라"(창 26:3,4). "네 자손을 인하여 천하 만민이 복을 받으리라"란 장자의 명분이 이삭에게 있음을 선언한 말씀이다. 장자의 명분이 아브라함으로부터 이삭에게로 이어졌다.

7) 장자의 명분은 조상으로부터 받은 언약을 후손에게 물려주는 권리를 포함한다. 멜기세덱이 아브라함을 축복함으로 그에게 장자의 명분이 있음을 확증한 것처럼, 이삭도 야곱을 축복함으로 장자의 명분이 그에게 있음을 확인하였다. 안수하며 축복하는 기도는 축복받는 자가 축복하는 자의 복에 참여하는 것이다. 이삭이 야곱을 위하여 기도하였으므로, 야곱은 이삭이 받은 복에 참여하였다. 이삭은 야곱을 위하여 장자의 명분을 확증하는 기도를 하였다. "그가 가까이 가서 그에게 입맞추니 아비가 그 옷의 향취를 맡고 그에게 축복하여 가로되 내 아들의 향취는 여호와의 복 주신 밭의 향취로다 하나님은 하늘의 이슬과 땅의 기름짐이며 풍성한 곡식과 포도주로 네게 주시기를 원하노라 만민이 너를 섬기고 열국이 네게 굴복하리니 네가 형제들의 주가 되고 네 어미의 아들들이 네게 굴복하며 네게 저주하는 자는 저주를 받고 네게 축복하는 자는 복을 받기를 원하노라"(창 27:27~29). "만민이 너를 섬기고 열국이 네게 굴복하리니 네가 형제들의 주가 된다"란 야곱이 장자의 명분을 소유하였다는 것이며 그의 후손을 통하여 그리스도께서 오신다는 것을 의미한다. 만민으로부터 섬김을 받고 열국을 다스리시는 분은 그리스도이다. 이로써 야곱에게 장자의 명분이 확정되었다.

8) 야곱은 장자의 명분을 받았으므로 인류의 죄를 짊어지고 저주 아래 들어가게 되었다. 그 저주는 아버지의 집을 떠나서 하란으로 가는 것이다. 하란은 세상을, 가나안땅은 하나님의 나라를 모형으로 보여준다. 따라서 야곱이 가나안땅에서 하란으로 내려가는 것은 죄를 지고 세상으로 들어가서 세상 임금에게 종노릇하는 것을 모형으로 보여준다.57) 하란으로 내려가는 야곱에게 하나님의 위로가 임하였다. 하나님께서 야곱의 믿음을 의롭다고 하시고 그에게 장자의 명분이 있음을 선언하셨다. 그리고 하나님은 하란에서 야곱을 지키고 인도하실 것을 약속하셨다. 야곱은 꿈에 하나님 약속의 말씀을 들었다. "또 본즉 여호와께서 그 위에 서서 가라사대 나는 여호와니 너의 조부 아브라함의 하나님이요 이삭의 하나님이라 너 누운 땅을 내가 너와 네 자손에게 주리니 네 자손이 땅의 티끌 같이 되어서 동서 남북에 편만할찌며 땅의 모든 족속이 너와 네 자손을 인하여 복을 얻으리라 내가 너와 함께 있어 네가 어디로 가든지 너를 지키며 너를 이끌어 이 땅으로 돌아오게 할찌라 내가 네게 허락한 것을 다 이루기까지 너를 떠나지 아니하리라 하신지라"(창

---

57) 야곱은 과거를 회상하며 자신의 일생이 험악하였다고 고백하였다(창 47:9). 장자의 명분으로서의 복은 장차 오실 그리스도의 길을 준비하는 것이지만 세상으로부터 환난과 박해를 받는다.

28:13~15). "나는 여호와니 너의 조부 아브라함의 하나님이요 이삭의 하나님이라"란 하나님은 아브라함과 이삭의 믿음을 의롭다고 여기시고 그들에게 장자의 명분을 주신 분임을 밝히는 것이다. "땅의 모든 족속이 너와 네 자손을 인하여 복을 얻으리라"란 천하 만민이 장차 오실 그리스도로 인하여 생명과 복을 얻는다는 것이다. 동시에 이 말씀은 야곱에게 장자의 명분의 인을 치는 것이다.

9) 야곱으로부터 장자의 명분이 요셉에게로 이어졌다. 요셉은 야곱의 열한 번째 아들로 태어났으나 장자의 명분을 받았다. 하나님께서 요셉을 택하여 그에게 장자의 명분을 주셨다. 하나님은 꿈을 통하여 요셉에게 장자의 명분을 보여주셨다. **"우리가 밭에서 곡식을 묶더니 내 단은 일어서고 당신들의 단은 내 단을 둘러서서 절하더이다"**(창 37:7). "요셉이 다시 꿈을 꾸고 그 형들에게 고하여 가로되 내가 또 꿈을 꾼즉 해와 달과 열한 별이 내게 절하더이다 하니라"(창 37:9). 르우벤은 야곱의 장자로 태어났으나 범죄하였으므로 장자의 명분이 요셉에게로 돌아갔다. **"이스라엘의 장자 르우벤의 아들들은 이러하니라 (르우벤은 장자라도 그 아비의 침상을 더럽게 하였으므로 장자의 명분이 이스라엘의 아들 요셉의 자손에게로 돌아갔으나 족보에는 장자의 명분대로 기록할 것이 아니니라"**(대상 5:1). 요셉은 장자의 명분을 소유하였으므로, 야곱은 그에게 채색옷을 입혔다(창 37:3). 장자의 명분을 소유한 요셉은 형제들의 죄를 짊어지고 애굽 사람의 종으로 팔려갔다. **"때에 미디안 사람 상고들이 지나는지라 그들이 요셉을 구덩이에서 끌어올리고 은 이십 개에 그를 이스마엘 사람들에게 팔매 그 상고들이 요셉을 데리고 애굽으로 갔더라"**(창 37:28).

10) 아브라함으로부터 요셉까지 이어지는 장자의 명분은 하나님의 주권에 속한 것이다. 하나님께서 원하는 자를 택하여 장자의 명분을 주셨다. 장자의 명분은 형제들의 죄를 짊어지는 것을 의미한다. 장자의 명분은 인류의 죄를 짊어지고 가는 하나님의 어린양이신 그리스도를 예표로 한다. 아브라함은 인류의 죄를 위하여 독생자를 번제로 드리는 하나님의 사랑을 모형으로 보여주었다. 이삭은 인류의 죄를 위하여 스스로 번제물이 되신 그리스도를 모형으로 보여주었다. 야곱은 인류의 죄를 짊어지기 위하여 아버지 집을 떠나서 세상에 임하신 그리스도를 모형으로 보여주었다. 요셉은 인류의 죄를 짊어지고 죄인의 모습으로 팔리신 그리스도를 모형으로 보여주었다. 아브라함으로부터 시작하는 광야교회는 장자의 명분을 통하여 장차 오실 그리스도의 형상을 모형으로 보여준다.

11) 아브라함으로부터 시작하는 구약시대의 교회는 하나님의 택하심과 부르심을 받고 믿음으로 세상에서 나온 자들의 모임이다. 광야교회는 믿음으로 의롭다 함을 받고 형제들의 죄를 짊어진 자들의 회중이다. 광야교회를 이끌어가는 자들은 장자의 명분을 받고 장차 오실 그리스도를 소망하며 하나님의 말씀을 순종하였다. 그들은 인류의 장자로서 짊어진 죄를 깨닫고 그 죄를 대속하실 그리스도의 오심을 소

망하며 세상에서 오는 고난을 극복하였다. 이 교회가 애굽에서 광야로 나온 이스라엘 자손으로 이어졌다. 하나님은 원하는 자들을 택하여 광야교회의 지도자로 세우셨다. 제사장, 선지자, 왕은 광야교회를 이끌어가는 지도자들이다.

(4) 이해를 위한 질문
1) 아브라함과 광야교회의 탄생
    a. 하나님께서 택하여 세상에서 불러내신 자들의 모임을 교회라고 한다. 교회가 예수의 피 위에 세워지는 이유는 무엇인가(마 16:18).
    b. 교회가 아브라함으로부터 시작하는 이유는 무엇인가(창 12:1).
    c. 아브라함의 고향이 세상을 모형으로 보여주는 이유는 무엇인가(수 24:2).
    d. 아브라함이 하란을 떠나서 가나안땅에 들어온 이후 장막에서 생활한 이유는 무엇인가(히 11:15,16).
2) 아브라함의 믿음과 장차 오실 그리스도의 언약
    a. 아브라함이 받은 복을 영적으로 해석하여야 하는 이유는 무엇인가.
    b. 가나안땅은 무엇을 예표로 하는가.
    c. 아브라함이 열국의 아비가 된다는 것은 무엇인가(갈 3:7).
    d. 아브라함이 받은 복이 장차 오실 그리스도 안에서 성취되는 이유는 무엇인가 (창 22:17,18).
    e. 아브라함이 이삭을 번제로 드린 믿음은 무엇인가(히 11:19).
3) 광야교회와 장자의 명분
    a. 장자의 명분이란 무엇인가.
    b. 장자의 명분이 아브라함으로부터 시작하는 이유는 무엇인가(창 15:6).
    c. 이삭이 장자의 명분을 받은 믿음은 무엇인가(창 22:2).
    d. 야곱이 장자의 명분을 사모한 이유는 무엇인가(창 28:15,16).
    e. 장자의 명분을 가진 자들을 통하여 나타난 그리스도의 모형은 무엇인가.
    f. 아브라함으로부터 시작하는 광야교회가 장차 오실 그리스도를 소망한 이유는 무엇인가.

2 출애굽을 통하여 계시된 광야교회
(1) 애굽과 세상의 모형
1) 요셉이 애굽의 총리가 된 뒤에 야곱과 그의 형제들을 애굽으로 인도하여 고센 땅에서 살게 하였다. 이스라엘과 그의 자손들이 애굽으로 들어가서 약 400년 동안 애굽인에게 종노릇할 것이라고 하나님은 아브라함에게 예언하셨다(창 15:13). 이 예언의 말씀대로 그들은 애굽에 들어가서 종으로 애굽인들을 섬겼다. 이것은 아담의 타락으로부터 그리스도까지 약 4,000년 동안 모든 사람이 음부의 권세 마귀의 지배

아래서 종노릇하는 것을 모형으로 보여준다. 동시에 교회가 세상으로부터 핍박을 받는 것을 그림자로 보여준다.

2) 요셉에 의하여 애굽으로 들어간 이스라엘의 자손은 아브라함으로부터 시작하는 교회의 본질을 잘 보여주고 있다. 믿음으로 의롭다 함을 받고 장자의 명분을 소유한 요셉은 교회를 이끌어가는 지도자이다. 요셉은 하나님의 은혜로 옥에서 나와서 애굽의 총리가 되었으나 자신에게 누명을 씌운 보디발의 아내에게 선악 간의 어떠한 말도 하지 아니하고 용서하였다. 하나님께서 죄인의 누명을 쓰고 옥에 갇히는 고난을 인내한 요셉을 애굽의 총리가 되게 하셨다. 애굽의 바로는 요셉을 총리로 세우고 국가의 모든 일을 그에게 위임하였다. **"너는 내 집을 치리하라 내 백성이 다 네 명을 복종하리니 나는 너보다 높음이 보좌 뿐이니라 바로가 또 요셉에게 이르되 내가 너로 애굽 온 땅을 총리하게 하노라 하고"**(창 41:40,41). 애굽 사람의 종으로 팔려간 요셉이 애굽의 총리가 됨으로써 기근으로부터 이스라엘을 구원할 길이 마련되었다. 가나안땅에 가뭄으로 기근이 심하였으므로 양식을 구하기 위하여 요셉의 형제들이 애굽으로 내려갔다. 요셉은 자신을 애굽으로 보내신 분이 하나님이심을 알고 형제를 맞이하였다. **"요셉이 형들에게 이르되 내게로 가까이 오소서 그들이 가까이 가니 가로되 나는 당신들의 아우 요셉이니 당신들이 애굽에 판자라 당신들이 나를 이곳에 팔았으므로 근심하지 마소서 한탄하지 마소서 하나님이 생명을 구원하시려고 나를 당신들 앞서 보내셨나이다"**(창 45:4,5).

3) 요셉은 형제들의 모든 죄를 짊어지고 애굽 사람의 종으로 팔려감으로 장차 오실 그리스도의 모형을 보여주었다. 요셉에 의하여 애굽으로 들어간 이스라엘의 자손은 고센에 정착한 이후에 점차 교회의 본질을 잃어버리고 세상으로 돌아갔다. 그 이유는 첫째, 나그네처럼 하늘의 본향을 향하여 나아가는 장막의 생활을 버리고 가옥을 건축하고 정착하여 살아간 것이다. 둘째, 요셉의 뒤를 이어 장자의 명분을 가진 자가 나타나지 아니한 것이다. 셋째, 그들에게 제사장의 직분을 받은 자가 없었다.

4) 첫째, 하나님께서 아브라함과 그의 후손에게 가나안땅을 기업으로 주신다고 약속하셨다. 그러나 그 땅은 하늘에 있는 본향을 모형으로 보여주는 것이므로 아브라함과 이삭과 야곱은 나그네처럼 장막에서 살았다. 요셉의 인도함을 받아 애굽에 들어간 이스라엘 자손은 그곳에서 정착할 것이 아니라 요셉이 죽은 뒤에 가나안땅으로 돌아와서 나그네처럼 살아야만 하였다. 그러나 그들은 하나님의 약속을 잊어버리고 요셉이 죽은 뒤에도 애굽의 비옥한 곳, 곧 고센 땅에서 정착하여 살았다. 요셉이 죽은 뒤에 애굽의 바로는 이스라엘 자손을 노예로 박해하며 강제노역을 시켰다. **"감독들을 그들 위에 세우고 그들에게 무거운 짐을 지워 괴롭게 하여 그들로 바로를 위하여 국고성 비돔과 라암셋을 건축하게 하니라"**(출 1:11).

5) 둘째, 요셉은 장자의 명분을 가지고 이스라엘 자손을 하나님께로 인도하였다.

요셉은 애굽의 총리였으므로 그가 살아있을 동안 바로는 이스라엘 자손의 통치를 요셉에게 위임하였다. 요셉은 죄로 인한 저주를 복으로 바꾸시는 하나님의 인자하심을 믿고 이스라엘 자손을 하나님께로 인도하였다. 요셉은 애굽의 총리로서 이스라엘 자손 위에 군림하지 아니하고 장자의 심정으로 형제들을 사랑하였다. 그러나 요셉이 죽은 뒤에 장자의 명분을 가진 자는 나타나지 아니하였다. 이것은 이스라엘 자손들 가운데 장자의 명분을 사모한 자가 없었다는 것과 하나님의 택하신 자도 없었다는 것을 의미한다. 아브라함으로부터 시작하는 교회는 점차 그 본질을 잃어버리게 되었다.

6) 셋째, 이스라엘 회중을 인도할 제사장이 없었다. 장자의 명분은 형제의 죄를 짊어진 자로서 동시에 제사장의 직분을 맡았다. 아브라함은 제사장의 직분을 맡았으므로 하나님께서 그에게 독자 이삭을 번제로 드리라고 명령하셨다(창 22:2). 이삭은 친히 번제의 제물이었을 뿐 아니라 제사장으로서 하나님을 위하여 제단을 쌓았다. **"이삭이 그곳에 단을 쌓아 여호와의 이름을 부르고 거기 장막을 쳤더니 그 종들이 거기서도 우물을 팠더라"(창 26: 25).** 단을 쌓고 장막을 쳤다는 것은 제단을 가운데 두고 그 주위에 장막을 쳤다는 것이다. 곧 하나님께 드리는 제사가 생활의 중심이었다. 야곱도 하나님의 말씀에 따라서 단을 쌓고 번제를 드렸다. **"하나님이 야곱에게 이르시되 일어나 벧엘로 올라가서 거기 거하며 네가 네 형 에서의 낯을 피하여 도망하던 때에 네게 나타났던 하나님께 거기서 단을 쌓으라 하신지라"(창 35:1).** 그러나 이스라엘 자손이 애굽에 들어간 이후 하나님께 드리는 제사는 끝났다. 애굽에는 태양신을 숭배하는 제사장이 있었으므로, 요셉은 단을 쌓고 하나님께 번제를 드리지 못하였다.

7) 위에서 열거한 여러 가지 이유와 별도로, 이스라엘 자손들이 애굽의 고센 땅에 정착한 뒤에 애굽의 보호를 받으며 물질적으로 풍요를 누리고 현실에 안주하게 되므로 자신들이 하나님 앞에 죄인이라는 신분을 망각하였다. 이것이 장차 오실 그리스도를 소망하는 믿음을 버리고 애굽의 우상을 섬기는 계기가 되었다.[58] 사람이 자신의 죄를 알지 못하면 자연히 현실에 안주하고 우상숭배에 빠진다. 요셉이 죽은 뒤에 이스라엘 자손은 그들의 조상으로부터 내려오는 언약과 믿음을 버리고 우상을 숭배함으로 하나님의 이름을 더럽혔다(겔 20:8). 애굽의 우상을 숭배하는 이스라엘 자손은 하나님의 도우심을 받지 못하여 애굽의 종으로 핍박을 받게 되었다.

8) 하나님의 택하심을 받은 이스라엘 자손을 핍박하고 억압하는 애굽의 바로는 세상 임금인 마귀를 예표로 보여준다. 따라서 위에서 논의한 바와 같이 애굽은 영

---

58) 애굽은 태양신 아몬-레(Amon-Re)를 섬겼다. J. A. Wilson, "Egypt," ed., G. A. Buttrick, The Interpreter's Dictionary of the Bible Vol. 2 (Abindon Press, 1982), pp. 56~62.

적으로 마귀의 지배 아래 있는 세상을 모형으로 보여준다. 애굽의 바로는 이스라엘 자손에게 국고성을 건축하게 하였다(출 1:11). 하나님의 백성으로 택함을 받은 이스라엘 자손이 하나님을 버리고 우상을 섬기며 세상 임금인 애굽의 바로를 위하여 일하였으므로, 아브라함으로부터 시작하는 교회는 붕괴하여 자취를 감추고 명맥만 유지하고 있었다. 일부 소수의 사람만이 믿음을 지켰고 하나님을 경외하였다. 애굽의 바로는 이스라엘의 신생아 가운데 남자들을 죽이라고 명령하였으나 하나님을 경외하는 산파들은 남자아이를 살렸다. **"그러나 산파들이 하나님을 두려워하여 애굽 왕의 명을 어기고 남자를 살린지라"**(출 1:17). 애굽의 바로의 학정 아래서 믿음을 지킨 자들이 고통을 당하며 부르짖는 소리가 하늘에 상달하였다. 하나님께서 그들의 소리를 들으시고 모세를 택하여 그들을 애굽에서 인도하여 내셨다.

9) 애굽의 바로가 이스라엘 자손을 칼과 채찍으로 지배한 것은 세상 임금인 마귀가 아담 안에서 불의와 불법으로 인류를 지배하는 것을 모형으로 보여준다. 욥과 사단의 관계는 아담 안에서 마귀가 인류를 지배하는 권세를 모형으로 보여준다. 사단은 욥의 자녀를 죽였고 그의 모든 재산을 약탈하였으며 그의 가정을 파괴하였다. 사단은 욥의 육체에 질병을 가져다주었으며 그를 노숙자로 만들었다. 욥의 친구들도 욥을 불의한 자로 정죄하였다. 마지막으로 욥에게 남은 것은 입술뿐이었다. 이것은 죄인을 지배하는 마귀의 권세를 모형으로 보여준다. 욥이 자신의 능력으로 사단의 지배에서 벗어날 수 없었다. 이와 같이 이스라엘 자손은 자신의 능력으로 애굽의 바로의 지배에서 벗어날 수 없었다.

10) 하나님은 아브라함에게 약속하신 언약을 기억하시고 모세를 이스라엘 자손의 지도자로 택하여 그들을 애굽에서 인도하여 내셨다. 하나님은 아브라함과 그의 후손에게 가나안땅을 기업으로 주신다고 약속하셨다. 그 말씀이 성취되려면 이스라엘 자손이 애굽의 바로의 지배에서 벗어나야 한다. 애굽의 바로의 지배에서 벗어나서 광야로 나온 이스라엘 백성은 믿음으로 세상에서 나와서 하나님께 돌아온 교회를 모형으로 보여준다. 애굽에서 광야로 나온 이스라엘 자손의 회중은 아브라함으로부터 시작하는 교회의 본질이다.

(2) 출애굽과 어린양의 피

1) 이스라엘 자손이 애굽에서 고통을 당하며 부르짖는 것은 아담 안에서 인류가 마귀의 지배에서 죄와 저주로 인하여 신음하는 것을 모형으로 보여준다. 이스라엘 자손이 애굽의 바로의 지배에서 벗어나려고 하는 것은 인류가 죄로부터 자유하려는 것을 모형으로 보여준다. 하나님께서 이스라엘 자손을 애굽에서 광야로 인도하여 내려면 이에 합당한 명분이 있어야 한다. 따라서 하나님은 그들을 그의 아들이라고 선언하셨다. 애굽의 바로가 하나님의 아들을 지배하는 것은 불법이다. 따라서 바로는 하나님의 말씀에 따라서 그들을 광야로 보내야 한다. 그러나 바로는 마음이

강퍅하여 하나님의 말씀을 거절하였다.

2) 하나님은 모세를 택하여 이스라엘 자손의 지도자로 세우시고 그를 바로에게 보내셨다. 하나님은 자신의 정체성을 밝히셨다. 하나님은 아브라함과 이삭과 야곱의 하나님이다. **"또 이르시되 나는 네 조상의 하나님이니 아브라함의 하나님, 이삭의 하나님, 야곱의 하나님이니라 모세가 하나님 뵈옵기를 두려워하여 얼굴을 가리우매"** (출 3:6). 아브라함과 이삭과 야곱의 하나님이란 그들을 택하여 부르시고 그들의 믿음을 의롭다 하신 분을 의미한다. 하나님은 아브라함에게 주신 언약을 기억하고 있으며 반드시 이를 지키실 것을 모세에게 약속하셨다. **"내가 아브라함과 이삭과 야곱에게 주기로 맹세한 땅으로 너희를 인도하고 그 땅을 너희에게 주어 기업을 삼게 하리라 나는 여호와로라 하셨다 하라"** (출 6:8).

3) 애굽이 오랫동안 이스라엘 자손을 노예로 삼아왔으므로, 하나님께서 그들을 애굽에서 인도하여 내려면 명분이 있어야 한다. 따라서 하나님은 그들을 자신의 장자라고 선언하셨다. **"너는 바로에게 이르기를 여호와의 말씀에 이스라엘은 내 아들 내 장자라"** (출 4:22). 이스라엘이 하나님의 장자라고 하면 그들을 노예로 학대하는 애굽은 하나님을 대적하는 것이다. 하나님은 이적과 기사를 통하여 만물을 창조하신 전능한 능력을 보이셨다. 하나님께서 만물을 창조하신 분이므로 바로는 당연히 그의 말씀을 순종하여야 한다. 애굽의 바로는 전능하신 이적과 기사를 통하여 창조주 하나님을 알았으나 마음이 강퍅하여 이스라엘 자손을 보내지 아니하였다.

4) 이스라엘 자손이 하나님의 장자가 되려면 하나님의 속성을 닮아야 한다. 하나님은 거룩하시므로 그들도 역시 거룩하여야 한다. 그들이 아브라함을 통하여 계시된 믿음을 버리고 애굽의 우상을 숭배하였으므로, 그들의 육체는 불의하고 더럽게 되었다. 하나님께서 그들을 사랑하셔서 그의 장자로 삼으셨다면 그들의 죄를 대속하여야 한다. 사람의 죄는 거룩한 피 흘림이 없으면 거룩하게 될 수 없다. **"율법을 좇아 거의 모든 물건이 피로써 정결케 되나니 피 흘림이 없은즉 사함이 없느니라"** (히 9:22). 거룩한 피에 의한 속죄가 하나님의 법이다. 하나님께서 바로에게 내 장자를 보내라고 명령하시려면 이제 그들이 거룩하다는 것을 보이셔야 한다.

5) 하나님은 애굽의 바로에게 창조주 하나님의 전능하신 능력을 보이신 뒤에 이스라엘 자손에게 아버지로서의 사랑을 보이셨다. 하나님의 사랑은 유월절 어린양의 피로 나타났다. 유월절 날 밤에 이스라엘 자손들은 어린양을 잡아 그 피를 문설주와 인방에 바르고 그 고기와 뼈를 먹었다. **"그 피로 양을 먹을 집 문 좌우 설주와 인방에 바르고 그 밤에 그 고기를 불에 구워 무교병과 쓴 나물과 아울러 먹되"** (출 12:7,8). 하나님은 어린양의 피로써 이스라엘 자손의 모든 죄를 대속하시고 그들을 애굽에서 인도하여 내셨다. 그러나 하나님의 장자를 핍박한 죄로 애굽의 모든 초태생은 죽임을 당하였다.

6) 하나님은 애굽의 모든 죄를 심판하시고 이스라엘 자손을 애굽에서 인도하여

내시려고 작정하였다. 하나님께서 애굽을 심판하시려면 누구나 수긍할 수 있게 공의를 보이셔야 한다. 곧 하나님은 애굽과 이스라엘 자손의 모든 죄를 동일한 기준으로 심판하셔야 한다. 애굽은 하나님을 모르는 자들이므로 그들의 우상숭배는 죄가 아니나 하나님의 백성을 핍박한 것은 죄다. 이스라엘 자손은 아브라함의 믿음을 통하여 계시된 하나님에 대한 지식을 가지고 있었으므로 우상숭배는 죄이다. 따라서 하나님께서 공의로 애굽을 심판하시려면 이스라엘 자손도 동시에 심판하셔야 한다. 하나님은 이스라엘 자손의 모든 죄를 그들의 장자에게 옮겨놓은 뒤에 그 죄를 어린양의 피로써 대속하셨다.

7) 하나님은 유월절 어린양의 피로써 이스라엘 자손의 모든 죄를 대속하시고 그들의 장자를 살리셨다. 그러나 하나님은 애굽의 모든 초태생을 심판하셨다. 애굽에서 태어난 사람과 짐승의 모든 초태생은 죽임을 당하였다. **"밤중에 여호와께서 애굽 땅에서 모든 처음 난 것 곧 위에 앉은 바로의 장자로부터 옥에 갇힌 사람의 장자까지와 생축의 처음 난 것을 다 치시매 그 밤에 바로와 그 모든 신하와 모든 애굽 사람이 일어나고 애굽에 큰 호곡이 있었으니 이는 그 나라에 사망치 아니한 집이 하나도 없었음이었더라"** (출12:29,30). 바로는 애굽의 모든 초태생이 죽는 것을 본 뒤에 이스라엘 자손을 광야로 보냈다. 이스라엘 자손이 애굽에서 광야로 나온 것은 그들이 하나님의 백성이란 증거이다. 하나님은 광야로 나올 이스라엘 자손을 자기의 백성이라고 말씀하셨다. **"여호와께서 모세에게 이르시되 바로에게 들어가서 그에게 이르라 히브리 사람의 하나님 여호와께서 말씀하시기를 내 백성을 보라 그들이 나를 섬길 것이니라"** (출 9:1).

8) 유월절 어린양의 피는 속죄와 심판의 의미한다. 그 피를 문설주와 인방에 바른 집 안에 있는 모든 자의 죄가 그 피로 깨끗하게 되었다는 증거이고, 그렇지 아니한 집 안에 있는 사람들은 모두 심판을 받았다는 증거이다. 하나님은 유월절 어린양의 피를 기준으로 구원하실 자와 심판하실 자를 구별하셨다. 하나님은 자기의 이름을 알리기 위하여 행한 많은 이적과 기사가 아니라 어린양의 피를 통하여 이스라엘 자손을 애굽에서 인도하여 내셨다. 어린양이 이스라엘 자손의 죄를 대신하여 죽었으므로 그들은 죄를 용서받고 애굽에서 광야로 나올 수 있었다.

9) 이스라엘 자손은 하나님의 백성으로서 하나님을 섬겨야 한다. 그들은 바로의 지배 아래 있으므로 하나님을 섬기려면 애굽의 바로의 지배에서 벗어나야 한다. 따라서 하나님은 바로에게 내 백성을 광야로 보내라고 말씀하셨다. 아브라함이 우상숭배가 만연한 하란을 떠나 가나안땅을 향하여 나아갔듯이, 이스라엘 자손이 하나님을 섬기려면 바로의 지배 아래 있는 애굽을 떠나야 한다. 이것은 믿음으로 세상에서 나온 자만이 하나님을 섬길 수 있다는 것을 의미한다. 세상에 속한 자들은 하나님을 섬길 수 없다. 출애굽은 교회의 본질을 잘 보여주고 있다.

10) 하나님의 백성이란 하나님의 법 아래에 있다는 것을 의미한다. 백성이란 나라

를 전제로 한 개념이다. 하나님은 통치자이시며, 이스라엘 자손은 하나님의 명령을 순종하여야 하는 하나님의 백성이다. 이스라엘 백성의 출애굽은 이 땅에서 하나님의 통치를 받는 하나님의 나라가 탄생하였음을 선포하는 것이다. 우주 안에서 하나님의 나라란 장소와 공간을 의미하는 것이 아니라 하나님의 말씀이 통치하는 영역이다. 애굽에서 나온 이스라엘 백성이 하나님의 말씀을 순종하면 그들 한 사람 한 사람이 하나님의 나라이며 그들 전체가 모여 거대한 하나님의 나라를 형성한다.

11) 아브라함으로부터 시작하는 교회는 그의 본질을 희미하게 보여준다. 그러나 출애굽을 통하여 보여주는 교회는 그 본질을 보다 분명하게 계시하고 있다. 애굽은 세상의 모형이다. 애굽의 바로는 세상을 지배하는 마귀의 모형이다. 이스라엘 자손은 마귀의 지배 아래서 종노릇하는 인류를 모형으로 보여준다. 이스라엘 자손이 유월절 어린양의 피로써 그들의 죄를 대속 받고 애굽에서 나온 것은 예수의 피에 의한 인류의 구원을 모형으로 보여준다. 따라서 애굽에서 나온 이스라엘 자손의 회중은 장차 오실 그리스도의 피 위에 세워질 그리스도의 교회를 모형과 그림자로 보여준다.

(3) 이해를 위한 질문
1) 애굽과 세상의 모형
  a. 하나님께서 이스라엘 자손을 애굽으로 인도하여 들어가게 하신 이유는 무엇인가.
  b. 이스라엘 자손이 애굽에서 하나님을 버린 이유는 무엇인가.
  c. 애굽에서 핍박을 당하는 이스라엘 자손은 아담 안에서 마귀의 지배 아래서 고통을 당하는 인류를 모형으로 보여주는 이유는 무엇인가.

2) 출애굽과 어린양의 피
  a. 하나님께서 모세에게 아브라함과 이삭과 야곱의 하나님으로 자신을 나타내신 이유는 무엇인가(출 3:6).
  b. 하나님께서 이스라엘 자손을 자기의 장자로 택하신 이유는 무엇인가(출 4:22).
  c. 하나님께서 모세를 통하여 많은 이적과 기사를 행하셨으나, 바로가 이스라엘 자손을 보내지 아니한 이유는 무엇인가.
  d. 유월절 어린양의 피와 이스라엘 자손의 관계는 무엇인가(출 12:13).
  e. 하나님께서 애굽의 모든 초태생을 심판하신 이유는 무엇인가(출 12:29).
  f. 하나님의 백성이란 무엇을 의미하는가(출 19:6).

3. 광야교회의 본질
(1) 광야교회와 홍해

1) 아브라함이 요단강을 건너서 벧엘로 들어간 것과 같이, 이스라엘 백성은 애굽에서 나와 홍해를 건너 광야로 나왔다. 홍해는 애굽과 광야 사이를 완전히 차단하는 장벽이다. 그들이 홍해를 건넘으로 애굽의 바로의 지배를 완전히 벗어났다. 이스라엘 백성이 홍해를 통과한 것은 세례를 모형으로 보여준다. 이스라엘 백성을 추격하는 애굽의 군대는 믿는 자들을 유혹하여 세상으로 돌아가게 하려는 육체의 정욕으로부터 나오는 탐심을 모형으로 보여준다.

2) 이스라엘 백성이 애굽에서 나와 바로의 권세에서 벗어나려면 홍해 바다를 건너야 한다. 바로는 이스라엘 백성을 보낸 뒤에 이것을 후회하고 군대를 보내어 그들을 사로잡게 하였다. 애굽의 모든 초태생이 죽은 것은 과거의 사건이고, 이스라엘 백성을 보내므로 잃어버린 노동력은 현재 및 미래의 사건이다. 과거의 사건으로 현재와 미래의 경제적 손실을 잃어버리는 것은 어리석은 일이라고 생각한 바로는 군대를 보내어 이스라엘 백성을 사로잡게 하였다. 이스라엘 백성의 뒤에 애굽의 군대가 추격하고 있고 그들의 앞은 홍해가 가로막고 있다. 그들이 살려면 홍해바다를 건너야 한다.

3) 하나님은 이스라엘 백성을 위하여 홍해를 가르셨다. 모세가 하나님의 말씀에 따라서 지팡이를 바다로 향하여 내밀자 하나님은 바람으로 바다를 가르셨다(출 14:21,22). 이스라엘 백성은 갈라진 홍해를 통과하여 광야로 나왔지만, 그들을 추격하던 애굽의 군대는 홍해를 건너지 못하고 모두 익사하였다. "**물이 다시 흘러 병거들과 기병들을 덮되 그들의 뒤를 쫓아 바다에 들어간 바로의 군대를 다 덮고 하나도 남기지 아니하였더라 그러나 이스라엘 자손은 바다 가운데 육지로 행하였고 물이 좌우에 벽이 되었었더라**"(출 14:28,29). 이스라엘을 추격하던 애굽의 군대가 바다에 빠져 죽었으므로 이스라엘은 바로의 권세로부터 완전히 벗어날 수 있었다.

4) 이스라엘이 애굽에서 나와서 홍해를 건너고 구름 아래를 통과한 것은 믿는 자들이 받는 세례를 모형으로 보여준다. 사도 바울은 이렇게 기록하였다. "**형제들아 너희가 알지 못하기를 내가 원치 아니하노니 우리 조상들이 다 구름 아래 있고 바다 가운데로 지나며 모세에게 속하여 다 구름과 바다에서 세례를 받고**"(고전 10:1,2). "구름"이란 광야에서 이스라엘 백성을 인도한 구름을 의미한다. 광야에서 구름은 강한 태양 빛으로부터 이스라엘 백성을 보호하고 그들을 가나안땅으로 인도하였다. 그들이 구름의 인도를 받아 가나안땅을 향하여 나아간 것은 홍해를 건넘으로 애굽의 바로의 지배에서 벗어났다는 것을 잊지 말라는 것이다. 구름은 물을 모형으로 보여주기 때문이다. 그들이 구름 아래 있는 것은 물속을 통과하는 것을 모형으로 보여준다.

5) 홍해바다에서 익사한 애굽의 군대가 영적으로 무엇을 예표로 하느냐에 대한

해답을 제시하는 것이 노아 시대의 홍수에 의한 심판이다. 성경은 홍수에 의한 심판을 세례의 모형이라고 말씀한다. "**그들은 전에 노아의 날 방주 예비할 동안 하나님이 오래 참고 기다리실 때에 순종치 아니하던 자들이라 방주에서 물로 말미암아 구원을 얻은 자가 몇 명뿐이니 겨우 여덟 명이라 물은 예수 그리스도의 부활하심으로 말미암아 이제 너희를 구원하는 표니 곧 세례라 육체의 더러운 것을 제하여 버림이 아니요 오직 선한 양심이 하나님을 향하여 찾아가는 것이라**" (벧전 3:20,21). 세례란 육체의 죄를 씻는 것이 아니다. 죄는 오직 예수의 피로써만이 거룩하게 할 수 있다. 세례를 받음으로 육체의 정욕을 십자가에 못 박은 자만이 선한 양심을 가질 수 있고 하나님의 말씀을 순종할 수 있다.

6) 노아 시대에 하나님께서 물로 세상을 심판하신 이유는 사람들의 생각이 악하였기 때문이다. "**여호와께서 사람의 죄악이 세상에 관영함과 그 마음의 생각의 모든 계획이 항상 악할 뿐임을 보시고 땅위에 사람 지으셨음을 한탄하사 마음에 근심하시고 가라사대 나의 창조한 사람을 내가 지면에서 쓸어버리되 사람으로부터 육축과 기는 것과 공중의 새까지 그리하리니 이는 내가 그것을 지었음을 한탄함이니라 하시니라**" (창 6:5~7). "마음의 생각의 모든 계획이 항상 악하다"란 육신의 생각이 악하다는 것을 의미한다. "계획"으로 번역된 히브리어 야차르(יָצַר)는 악한 생각을 행동으로 옮기려고 할 때 그 결과를 상상하는 것이다.59) 하나님의 뜻을 대적하려는 악한 생각이 있는 모든 자가 홍수로 인하여 죽임을 당하였다. 곧 악한 생각과 강퍅한 마음이 홍수로 인하여 죽는 것을 세례라고 말할 수 있다.

7) 홍해 바다에서 죽은 애굽의 군사들과 노아 시대에 홍수로 인하여 죽은 자들은 정욕과 탐심을 의미한다고 말할 수 있다. 따라서 사도 바울은 세례가 예수 그리스도의 죽음과 부활에 연합하는 표라고 해석하였다. "**만일 우리가 그의 죽으심을 본받아 연합한 자가 되었으면 또한 그의 부활을 본받아 연합한 자가 되리라 우리가 알거니와 우리 옛사람이 예수와 함께 십자가에 못 박힌 것은 죄의 몸이 멸하여 다시는 우리가 죄에게 종노릇하지 아니하려 함이니**" (롬 6:5,6). 예수 그리스도의 죽음과 연합하는 것은 믿는 자들의 옛사람이 죽음을 의미한다. "옛사람"이란 정욕과 욕심을 말한다. "**그리스도 예수의 사람들은 육체와 함께 그 정과 욕심을 십자가에 못 박았느니라**" (갈 5:24). "정"으로 번역된 헬라어 에피뒤미아이스($\epsilon\pi\iota\theta\upsilon\mu\iota\alpha\iota\varsigma$)는 (요일 2:16)에서 정욕으로 번역되고 있다. 육체의 정욕을 행동으로 옮기려는 욕망이 탐심이다. (갈 5:24)에서 정과 욕심은 (갈 5:19~21)에서 말씀하는 죄를 의미한다고 해석할 수 있다.60)

---

59) BDB., p. 428. 사람들은 악한 생각을 행동으로 옮김으로써 나타날 것들을 상상한다. 이것을 백일몽이라고 한다.
60) H. Seesemann, "$\pi\alpha\theta\eta\mu\alpha$." ed., Gerhard Kittel and Gerhard Friedrich, op. cit., pp. 896, 897.

8) 이스라엘 백성은 홍해를 건넘으로 애굽과 단절되었으므로 애굽의 바로의 지배 아래서 종노릇하던 모든 삶을 청산하고 하나님을 섬겨야 한다. 이스라엘 백성은 애굽의 바로의 종이 아니라 하나님의 백성으로서 하나님의 법을 순종하여야 하는 하나님의 종이다. 이것은 교회가 하나님의 택하심을 받아 세상에서 나와서 세례를 받음으로 하나님께로 돌아왔다는 것을 의미한다.[61] 교회는 세상 임금인 마귀의 지배로부터 완전히 분리된 자들의 회중을 말한다. 이것을 모형으로 보여주는 것이 홍해를 건넌 이스라엘 백성의 회중이다.

9) 아브라함이 하란을 떠나서 가나안땅으로 들어온 이후 그와 그의 후손들은 처음에 가졌던 믿음을 버리지 아니하였다. 아브라함은 믿음으로 독자 이삭을 번제로 드렸고 이삭은 믿음으로 번제물이 되어 자신을 하나님께 드렸다. 야곱은 믿음으로 죽음을 무릅쓰고 장자의 명분을 사모하였다. 요셉은 장자의 명분을 위하여 애굽 사람의 종으로 팔려갔으며 믿음으로 형제들의 죄를 용서하였다. 이와 같이 애굽에서 나온 이스라엘 백성에게 요구되는 믿음은 유월절 어린양의 피로써 애굽에서 나왔으며 홍해를 건넘으로 애굽의 바로의 지배에서 완전히 벗어났다는 것을 인정하는 것이다.

10) 광야교회는 유월절 어린양의 피로써 속죄받고 애굽에서 나와서 홍해를 건넘으로 바로의 권세에서 완전히 벗어난 자들의 회중을 말한다. 이스라엘 백성이 애굽의 바로의 지배에서 벗어났다는 것은 애굽의 모든 문화와 생활을 청산하였다는 것이다. 그들은 애굽에서 먹고 마시던 것을 버리고 만나를 먹고 반석에서 나오는 물을 마셔야 한다. 그들은 애굽에서 집을 짓고 정착하여 사는 것을 버리고 장막을 치고 이동하며 살아야 한다. 그들은 애굽의 우상을 버리고 하나님을 섬겨야 한다. 그들은 바로를 위하여 국고성을 건축하던 일을 단절하고 하나님의 영광을 위하여 일하여야 한다.

(2) 광야교회와 광야 생활

1) 애굽에서 홍해를 건너서 광야로 나온 이스라엘 자손의 삶은 광야교회의 본질을 모형으로 보여준다. 광야는 애굽과 완전히 분리된 곳으로 먹을 양식과 마실 물을 구할 수 없으며 독사와 전갈이 목숨을 위협하는 위험한 지역이다. 낮에는 이글거리는 태양 빛을 피할 수 있는 그늘이 있어야 하며 밤에는 추위를 이길 수 있는 불이 있어야 한다. 광야는 이방인의 칼에 맞서 싸워야 하는 전쟁터이다. 광야는 길이 없으므

---

[61] 애굽의 군대와 홍해 사이에 있는 이스라엘 백성은 두 가운데 하나를 선택하여야 한다. 애굽의 군대의 포로가 되어 애굽으로 끌려가 종노릇할 것이냐, 아니면 홍해를 건넘으로 바로의 핍박으로부터 자유할 것이냐. 이것은 오늘 성도들에게 주는 교훈이다. 예수의 피로 구원을 받은 뒤에 세상으로 돌아가 마귀에게 종노릇할 것이냐, 아니면 정욕을 십자가에 못 박고 죄로부터 자유할 것이냐. 선택은 성도의 몫이다.

로 가나안땅으로 가는 길을 인도하는 자가 있어야 한다. 이것은 광야교회가 해결하여야 할 과제이다. 이 모든 것은 사람의 능력으로 해결할 수 없으므로, 광야란 사람의 능력으로 통과할 수 없는 곳이다.

 2) 이스라엘 자손이 애굽에서 광야로 나온 것은 애굽의 모든 생활 방식을 단절하는 것을 의미한다. 애굽에서 그들의 삶은 육체만을 위한 것이었으나, 광야에서 삶은 영적인 삶을 모형으로 보여준다. 따라서 이스라엘 자손의 광야 생활은 광야교회의 본질을 잘 보여준다. 첫째, 광야는 애굽과 완전히 단절되었다. 애굽에서 그들은 땅에서 생산되는 음식을 먹었지만, 광야에서 그들은 하늘로부터 내려오는 만나로 살아야 한다. 그들은 애굽에서 급하게 나왔으므로 먹을 양식과 마실 물을 준비하지 못하였다. 그들은 약간의 가루 반죽을 가지고 나와서 무교병을 만들어 먹었다. 가루 반죽이 떨어지자, 그들은 먹을 양식을 위하여 하나님께 기도하였다. 하나님은 그들의 기도를 들으시고 그들에게 만나를 양식으로 주셨다. **"이스라엘 족속이 그 이름을 만나라 하였으며 깟씨 같고도 희고 맛은 꿀 섞은 과자 같았더라"** (출 16:31). 만나에는 사람에게 필요한 모든 영양소가 들어있으므로, 그들은 40년 동안 만나를 먹고 광야를 통과하였다. 만나는 사람의 영이 하나님의 말씀을 순종함으로 그 생명을 유지할 수 있다는 것을 모형으로 보여준다.

 3) 둘째, 애굽에서 이스라엘 자손은 나일강의 물을 마셨으나, 광야에서는 반석에서 나오는 물을 마셨다. 광야에서 이스라엘 자손은 강에서 흐르는 물이나 고여 있는 오아시스의 물이 아니라 반석에서 나오는 물을 마셨다. 그 이유는 무엇인가. 강물이나 오아시스의 물은 자연이 만들어낸 것이다. 그들이 이러한 물을 마실 수 있었다면 그의 능력으로 광야를 통과하였다고 말하였을 것이다. 하나님은 그들의 입을 막기 위하여 반석을 깨뜨리고 그들에게 물을 주셨다. 광야에서 그들이 갈증으로 고통을 당하였을 때, 하나님은 모세에게 반석을 치라고 명령하셨다. **"내가 거기서 호렙산 반석 위에 너를 대하여 서리니 너는 반석을 치라 그것에서 물이 나리니 백성이 마시리라 모세가 이스라엘 장로들의 목전에서 그대로 행하니라"** (출 17:6). "반석"은 그리스도의 육체를 의미한다. **"다 같은 신령한 음료를 마셨으니 이는 저희를 따르는 신령한 반석으로부터 마셨으매 그 반석은 곧 그리스도시라"** (고전 10:4).

 4) "반석에서 나온 물"이란 영적으로 믿는 자들이 받을 성령을 의미한다. **"나를 믿는 자는 성경에 이름과 같이 그 배에서 생수의 강이 흘러나리라 하시니 이는 그를 믿는 자의 받을 성령을 가리켜 말씀하신 것이라 (예수께서 아직 영광을 받지 못하신 고로 성령이 아직 저희에게 계시지 아니하시더라)"** (요 7:38,39). 반석이 깨지면서 물이 나온 것처럼, 예수 그리스도의 육체가 찢어진 뒤에 그 육체를 통하여 성령께서 믿는 자들에게 임하신다. 그리스도께서 부활하신 뒤에 아버지께 성령을 받아서 믿는 자들에게 보내주신다. **"하나님이 오른손으로 예수를 높이시매 그가 약

속하신 성령을 아버지께 받아서 너희 보고 듣는 이것을 부어 주셨느니라"(행 2:33).

5) 셋째, 광야에서 하나님은 이스라엘 자손을 구름과 불기둥으로 인도하셨다. 애굽에서 이스라엘 자손은 바로의 명령에 따라서 국고성을 건축하였다. 애굽에서 바로의 법이 그들의 생활을 인도하였다. 그러나 광야에서 하나님은 구름과 불기둥으로 그들을 보호하고 인도하셨다. 광야에서 낮에는 뜨거운 태양열로 활동할 수 없으며, 반면에 밤에는 추위에 떨어야 한다. 하나님은 낮에는 구름으로 태양 빛을 가려 주셨으며 밤에는 불기둥으로 추위를 막아주셨다. 하나님은 구름으로 이스라엘 백성을 가나안땅을 향하여 인도하셨다. 구름이 이스라엘 백성 앞에서 가나안땅을 향하여 나아갔다. **"구름이 성막에서 떠오르는 때에는 이스라엘 자손이 곧 진행하였고 구름이 머무는 곳에 이스라엘 자손이 진을 쳤으니"(민 9:17).** 광야에서 이스라엘 백성을 보호하고 인도한 구름과 불기둥은 믿는 자들을 인도하는 성령과 예수의 말씀을 의미한다.62) 믿는 자를 천국으로 인도하는 것은 그리스도의 말씀이다. 성령은 믿는 자들을 감동하여 예수의 말씀을 순종하게 한다. 곧 믿는 자들은 성령으로 예수의 말씀을 순종하므로 세상을 통과하여 천국(낙원)으로 들어간다.

6) 넷째, 애굽에서 바로는 군대로 외적의 침입으로부터 이스라엘 자손을 보호하였다. 이스라엘 자손은 노예로서 무상으로 노동력을 제공하는 애굽의 재산이었기 때문에 바로는 그들을 보호하였다. 이처럼 하나님은 장차 오실 그리스도의 길을 준비할 이스라엘 백성이 광야를 통과하여 가나안땅을 나아가는 것을 막는 이방인으로부터 그들을 보호하셨다. 광야에서 아말렉은 가나안땅을 향하여 나아가는 이스라엘 백성을 대적하였다. 모세와 아론은 산 정상에서 기도하였고, 여호수아는 이스라엘 백성을 위하여 전쟁을 지휘하였다. 모세와 아론은 쉬지 아니하고 기도하였고, 이스라엘 백성은 하나님의 은혜로 전쟁에서 승리하였다(출 17:11~13). 이스라엘 자손들은 하나님의 은혜로 아말렉을 비롯하여 아모리인의 왕 시온과 바산 왕 옥을 진멸하였다(민 21:34,35).

7) 광야에서 이스라엘 자손과 이방인들과의 전쟁은 영적 전쟁을 모형으로 보여준다. 마귀는 이방인들을 이용하여 이스라엘 자손이 가나안땅으로 들어가는 것을 막으려고 하였으나 실패하였다. 이스라엘 백성은 그들의 능력으로 전쟁에서 승리하지 못하고, 하나님의 은혜로 승전하였다. 이것은 그들이 하나님의 은혜로 광야를 통과할 수 있다는 것을 모형으로 보여준다. 광야를 통과하여 가나안땅을 향하여 나아가는 이스라엘 자손을 막은 이방인들은 성도를 미혹하여 범죄하게 하려는 악한 영들을 모형으로 보여준다. 이스라엘 자손과 이방인 간의 전쟁에서 승패는 하나님의 손에 달려있다. 이것은 믿는 자들의 영적인 싸움을 모형으로 보여준다. 이방인

---

62) 구름이 이스라엘 백성을 인도한 것은 세례를 받음으로 육체의 정욕을 십자가에 못 박은 자만이 하나님의 말씀과 성령으로 인도함을 받을 수 있다는 것을 의미한다.

들은 가나안땅을 향하여 나아가는 이스라엘 백성의 앞길을 막은 것처럼, 악한 영들은 천국을 향하여 나가는 믿는 자들의 앞길을 막고 있다. "**우리의 씨름은 혈과 육에 대한 것이 아니요 정사와 권세와 이 어두움의 세상 주관자들과 하늘에 있는 악의 영들에게 대함이라**" (엡 6:12). "정사와 권세와 이 어두움의 세상 주관자들과 하늘에 있는 악의 영들"이란 마귀와 그의 지배를 받는 모든 악한 영들을 의미한다.

8) 다섯째, 광야는 정착하여 사는 곳이 아니라 가나안땅을 향하여 쉬지 아니하고 나가는 곳이다. 이스라엘 자손은 하나님의 은혜로 메마른 광야를 통과하여 가나안땅으로 들어갔다. 하나님께서 아브라함과 이삭과 야곱에게 가나안땅을 주신다고 약속하셨다. "**그날에 여호와께서 아브람으로 더불어 언약을 세워 가라사대 내가 이 땅을 애굽강에서부터 그 큰 강 유브라데까지 네 자손에게 주노니**" (창 15:18). 이스라엘 자손의 소망은 광야를 안전하게 통과하여 가나안땅에 들어가 정착하는 것이다. 그들이 그 땅에 들어가려면 하나님의 뜻을 알아야 한다. 하나님의 뜻은 그들이 자신을 낮추어 자기의 말을 순종하게 하는 것이다. "**네 하나님 여호와께서 이 사십 년 동안에 너로 광야의 길을 걷게 하신 것을 기억하라 이는 너를 낮추시며 너를 시험하사 네 마음이 어떠한지 그 명령을 지키는지 아니 지키는지 알려하심이라**" (신 8:2). 이스라엘 자손의 광야 생활은 그리스도의 교회가 세상을 통과하여 천국을 향하여 나가는 것을 모형으로 보여준다.

9) 430년 동안 애굽의 생활이 이스라엘 백성의 문화가 되었다. 그들이 애굽에서 광야로 나왔으나 그들의 문화가 곧 바뀌는 것은 아니다. 따라서 그들은 끊임없이 애굽의 생활을 그리워함으로 하나님을 대적하였다. 그들이 가나안땅을 정탐한 뒤에 하나님의 전능하심을 믿지 아니하고 하나님을 원망하였다. 이로 인하여 하나님은 40년 동안 그들로 광야에서 방황하게 하셨다. 40년 동안의 고난을 통하여 그들은 애굽의 모든 문화를 잃어버렸다. 애굽의 문화를 잃어버리지 못한 자들은 광야에서 죽었다. 남은 자만 가나안땅으로 들어갈 수 있었다. 이것은 그리스도의 교회가 세례를 통하여 옛사람을 십자가에 못 박은 자만이 천국으로 들어갈 수 있다는 것을 모형으로 보여준다.

10) 애굽에서 홍해를 건너 광야로 나온 이스라엘 백성의 생활은 광야교회의 본질을 보여준다. 교회는 세례를 받음으로 세상의 문화와 완전히 단절되어야 한다. 교회는 애굽에서 먹던 모든 것을 버리고 하늘에서 내려오는 만나, 곧 하나님의 말씀으로 살아야 한다. 교회는 강물이나 오아시스의 물이 아니라 반석에서 나오는 물을 마셔야 한다. 교회는 구름과 불기둥으로 인도받아 가나안땅을 향하여 나가야 한다. 교회는 광야에서 정착하여 살지 아니하고 장막에 거하며 나그네처럼 가나안땅에 소망을 두어야 한다. 교회는 하나님의 말씀과 기도로 이방인과의 전쟁에서 승리하여야 한다. 교회는 자신의 능력으로 살아가지 못하고 온전히 하나님의 은혜로 살아야 한다. 이 모든 것이 광야교회 본질이다.

(3) 율법과 광야교회

1) 애굽에서 광야로 나온 이스라엘 백성이 하나님의 뜻에 따라서 광야를 통과하여 가나안땅에 들어가려면 출애굽 당시에 가졌던 믿음을 간직하여야 한다. 이스라엘이 믿음으로 유월절 어린양의 피를 문 인방과 설주에 발랐을 때, 하나님은 그들의 믿음을 의롭다고 여기시고 그들의 죄를 용서하셨다. 광야로 나온 이스라엘 백성은 믿음으로 의롭다 함을 유지하여야 광야를 통과하여 가나안땅에 들어갈 수 있다. 그들이 믿음을 유지하려면 애굽의 삶을 완전히 청산하여야 한다. 이것은 애굽의 삶이 죄임을 앎으로 가능하다. 따라서 하나님은 그들에게 율법을 주셨다. 율법은 그들의 애굽의 삶이 죄임을 알게 하는 언약이다. 애굽에서 그들은 하나님을 버렸지만, 우상이 죄를 알지 못하였다. 죄를 알게 하는 말씀이 율법이다.

2) 사람에게 양심을 주신 뒤에 율법을 주신 이유는 사람의 양심이 사람의 행위를 심판하는 기준으로서 객관성과 통일성이 없기 때문이다. 사람의 양심은 장소와 공간에 따라서 다양하게 나타나며 시간이 흐르면 변화한다. 사람의 양심은 사간에 따라서 변화한다. 사람의 양심은 주관적이고 객관성이 없다. 곧 사람의 양심은 사람의 행위를 판단하는 기준으로 한계를 가지고 있다. 따라서 하나님은 율법을 주시기 전에 사람의 양심에 의하여 가책을 받는 죄를 형벌하지 아니하셨다. **"죄가 율법 있기 전에도 세상에 있었으나 율법이 없을 때에는 죄를 죄로 여기지 아니하느니라"**(롬 5:13). "죄를 죄로 여기지 아니하다"란 죄를 형벌하지 아니하는 것을 의미한다. 심판과 형벌은 다르다. 전자는 범죄한 자를 죄인이라고 선언하는 것이며, 후자는 그 죄인으로 심판을 받은 자를 형벌하는 것이다. 모든 죄인은 마지막에 지옥에서 형벌을 받을 것이다.

3) 율법이 오기 전에 사람은 양심에 의하여 정죄를 받았다. 하나님은 양심에 의하여 정죄 받은 죄에 대하여 형벌하지 아니하셨지만, 창조질서를 위반하는 죄, 장차 오실 그리스도의 길을 차단하려는 죄, 의롭다 하심을 받은 자를 대적하는 죄를 형벌하셨다.[63] 소돔과 고모라 사람들은 동성애에 빠짐으로 창조질서를 위반하였다. 그들은 사람의 형상으로 나타난 천사들과 동성애를 즐기려고 하였다. **"롯을 부르고 그에게 이르되 이 저녁에 네게 온 사람이 어디 있느냐 이끌어내라 우리가 그들을 상관하리라"**(창 19:5). 하나님은 그들의 죄를 용서하지 아니하시고 그들을 유황불로 형벌하셨다. **"소돔과 고모라와 그 이웃 도시들도 저희와 같은 모양으로 간음을 행하며 다른 색을 따라 가다가 영원한 불의 형벌을 받음으로 거울이 되었느니라"**(유 1:7).

---

[63] 아담이 타락하므로 그리스도의 길이 막혔으나, 하나님은 아벨을 통하여 그 길을 열어놓으셨다. 그러나 가인은 아벨을 죽임으로 그 길을 다시 차단하였다. 따라서 하나님은 의롭다 하심을 받은 자들을 보호하신다. 의롭다 하심을 받은 자를 대적하는 것은 장차 오실 그리스도를 대적하는 것으로 심판을 받았다.

4) 그리스도께서 사람의 육체를 통하여 오시려면 남자와 여자가 결혼하여 자녀를 생산하여야 한다. 사람의 육체는 영원히 살지 못하므로 결혼을 통하여 자녀를 생산함으로 장차 오실 그리스도의 길을 준비하여야 한다. 동성애는 창조질서를 대적하며 동시에 장차 오실 그리스도의 길을 차단하는 죄이다. 피임도 동일한 죄이다. 따라서 하나님은 자녀의 생산을 거절한 오난을 죽이셨다. "**오난이 그 씨가 자기 것이 되지 않을줄 알므로 형수에게 들어갔을 때에 형에게 아들을 얻게 아니하려고 땅에 설정하매 그 일이 여호와 목전에 악하므로 여호와께서 그도 죽이시니**" (창 38:9,10).

5) 의를 행하는 노아는 불의한 자들로부터 마음의 상처를 받았다. 노아 당시에 사람들의 모든 생각과 계획이 악하였기 때문이다. "**때에 온 땅이 하나님 앞에 패괴하여 강포가 땅에 충만한지라 하나님이 보신즉 땅이 패괴하였으니 이는 땅에서 모든 혈육 있는 자의 행위가 패괴함이었더라**"(창 6:11,12). 사람들의 강포로 인하여 노아의 심령이 상하였다. 하나님은 의롭다 하심을 받은 자의 마음을 상하게 하는 사람들을 형벌하셨다. "**이 의인이 저희 중에 거하여 날마다 저 불법한 행실을 보고 들음으로 그 의로운 심령을 상하니라**" (벧후 2:8). 믿음으로 의롭다 하심을 받은 자를 대적하는 것은 장차 오실 그리스도의 길을 차단하려는 것이므로 심판을 받았다. "**이르시기를 나의 기름 부은 자를 만지지 말며 나의 선지자를 상하지 말라 하셨도다**"(시 105:15).

6) 광야교회는 아브라함의 칭의 언약과 율법 안에 있는 자들의 회중이다. 믿음으로 의롭다 함을 받는 것은 칭의 언약에 의한 것이므로, 광야교회는 그 언약에 따라서 믿음으로 의롭다 함을 받았다고 말할 수 있다. 칭의 언약은 죄를 전제로 하므로 광야교회가 믿음을 유지하려면 자신의 죄를 깨달아 알아야 한다. 따라서 하나님은 이스라엘 백성에게 율법을 주셨다. 율법은 사람의 양심과 달리 모든 사람의 행위를 객관적이며 통일적으로 판단하는 언약으로서 사람의 생각과 마음을 판단한다. 따라서 하나님은 이스라엘 자손을 위하여 율법을 주셨다. "**모세가 여호와께 부르짖었더니 여호와께서 그에게 한 나무를 지시하시니 그가 물에 던지매 물이 달아졌더라 거기서 여호와께서 그들을 위하여 법도와 율례를 정하시고 그들을 시험하실째**"(출 15:25).

7) 율법은 사람의 언행뿐만 아니라 마음과 생각까지 판단한다. 십계명의 제1계명으로부터 제9계명까지의 말씀은 사람의 말과 행위를 판단한다. 제10계명은 사람의 마음과 생각을 판단한다. "**네 이웃의 집을 탐내지 말찌니라 네 이웃의 아내나 그의 남종이나 그의 여종이나 그의 소나 그의 나귀나 무릇 네 이웃의 소유를 탐내지 말찌니라**"(출 20:17). "탐내지 말라"란 모든 탐심이 죄임을 의미한다. 탐심은 육체의 정욕에서 나오는 육신의 생각으로서 모든 사람이 가지고 있는 악한 생각이다. 탐심은 하나님을 믿음으로 의롭다 함을 받음과 무관하게 모든 사람이 가지고 있으므로,

율법은 모든 사람을 죄인으로 정죄하여 죄를 깨닫게 한다. "**그러므로 율법의 행위로 그의 앞에 의롭다 하심을 얻을 육체가 없나니 율법으로는 죄를 깨달음이니라**" (롬 3:20).

8) 이스라엘 백성이 광야를 통과하여 가나안땅에 들어가려면 율법으로 자신의 죄를 깨닫고 그들을 애굽에서 인도하여 내신 하나님을 믿어야 한다. 그렇지 아니하고 자신의 행위를 의롭다고 여기고 애굽의 삶을 사모하면 하나님을 잃어버릴 수 있다. 곧, 율법으로 자신의 죄를 깨닫는 자만이 그 죄를 용서하실 하나님을 믿음으로 의롭다 함을 받을 수 있다. 따라서 하나님은 율법의 심판이 무서운 것임을 알리기 위하여 불 가운데서 율법을 주셨다. "**시내산에 연기가 자욱하니 여호와께서 불 가운데서 거기 강림하심이라 그 연기가 옹기점 연기 같이 떠오르고 온 산이 크게 진동하며**" (출 19:18). 불은 율법의 무서운 심판을 모형으로 보여준다.

9) 하나님께서 지키지 못할 율법을 이스라엘 백성에게 주신 이유는 그들이 자신의 능력으로 광야를 통과하여 가나안땅에 들어갈 수 없다는 것을 알게 하기 위함이다. 광야는 사람의 능력으로 통과할 수 없는 곳이며 하나님의 은혜로 통과할 수 있다. 율법은 이스라엘 백성을 칭의 언약으로 인도하여 믿음으로 광야를 통과할 수 있다는 것을 알게 한다. 따라서 자신의 죄를 깨닫지 못한 자들은 믿음을 버렸으므로 광야에서 죽임을 당하고 가나안땅에 들어가지 못하였다. "**이로 보건대 저희가 믿지 아니하므로 능히 들어가지 못한 것이라**" (히 3:19). 곧 광야교회는 율법으로 자신의 죄를 깨닫고 믿음으로 가나안땅을 향하여 나가는 자들의 회중이라고 말할 수 있다.

10) 사람은 누구나 교육과 경험으로 얻은 지식을 통하여 세상을 본다. 따라서 사람들이 가지고 있는 세상에 대한 관점은 주관적이다. 그러나 율법은 세상과 자기를 보는 객관적인 기준이다. 하나님은 자기의 백성에게 율법을 주신 뜻은 먼저 율법으로 자신을 보고 다음에 세상을 보라는 것이다. 율법으로 자신을 보면 자기 마음속에 있는 탐심이 보인다. 율법으로 세상을 보면 모든 유형의 죄가 보인다. 바리새인들과 서기관들은 율법으로 자신의 죄를 보지 못하고 세상의 죄만 보았다. 따라서 그들은 세상과 다른 자신들의 행위를 의롭다고 믿고 있다. 광야교회는 율법으로 자신의 죄를 보고 장차 오실 그리스도를 믿는 자들의 모임이다.

(4) 성막의 제사와 광야교회

1) 애굽에서 광야로 나온 이스라엘 백성의 사명은 하나님을 섬기는 것이다(출 9:1). 하나님은 자기의 이름으로 자신의 존재를 계시하시므로, 하나님을 섬기는 것은 그의 이름을 거룩하게 여기는 것이다. 하나님의 이름을 거룩하게 여기는 것은 그의 계명을 순종하는 것이다. 하나님은 그의 이름으로 모든 계명을 선포하시기 때문이다. 하나님은 여호와의 이름으로 율법을 선포하셨다. 따라서 이스라엘 백성이

율법을 온전히 순종함으로 하나님을 섬겨야 한다. 그러나 그들은 육신이 연약하여 율법을 온전히 순종할 수 없었다. 이것을 보완하는 것이 성막의 제사이다.

2) 하나님께서 이스라엘 백성에게 율법을 주신 뒤에 성막의 규례를 주셨다. 성막은 하나님께서 이스라엘 백성 가운데 계신다는 증거를 보여준다. 성막은 하나님이 거하시는 집이다.[64] 하나님은 성막에 자신의 이름을 두심으로 자신의 존재를 나타내셨다(왕상 9:3). 성막에 하나님의 이름이 있다는 것은 하나님께서 성막에 계신다는 증거이다. 따라서 모세가 성막을 세웠을 때, 시내산에 임한 하나님의 영광이 구름으로 성막에 임하였다. **"그 후에 구름이 회막에 덮이고 여호와의 영광이 성막에 충만하매"**(출 40:34).

3) 성막은 문, 뜰, 성소 및 지성소로 구분한다. 성막의 동편에 문이 있으며, 그 안은 뜰, 성소 및 지성소가 있다. 성소의 뜰에 번제단과 물두멍이 있다. 성소에 불을 밝히는 등대, 향을 피우는 향로 및 떡을 진설하는 떡상이 있다. 지성소에 십계명을 새긴 돌판을 담은 속죄소가 있다. 하나님은 그의 이름을 지성소에 두셨다. 지성소에는 하나님의 말씀과 하나님의 이름과 하나님의 마음이 있다. 광야에서 이스라엘 백성은 성막을 중심으로 하여 사방에 장막을 세웠으므로, 성막은 그들의 장막 중앙에 있었다. 따라서 성막은 하나님께서 이스라엘 가운데 하나님이 계신다는 증거이다.

4) 이스라엘 백성이 율법을 범하면 지성소에 있는 하나님의 이름이 더러워졌다. 죄로 인하여 하나님의 이름이 더럽혀지면 그 이름이 있는 지성소도 더럽혀졌다. 이스라엘 백성이 범죄하였을 때 성소와 하나님의 이름이 더럽혀졌다. **"나도 그 사람에게 진노하여 그를 그 백성 중에서 끊으리니 이는 그가 그 자식을 몰렉에게 주어서 내 성소를 더럽히고 내 성호를 욕되게 하였음이라"**(레 20:3). 이스라엘 백성은 율법을 범함으로 하나님의 이름과 성소를 더럽힌 책임을 지고 죽임을 당하여야 한다. 사람은 육신이 연약하여 율법을 온전히 순종할 수 없으므로 율법대로 심판을 받으면, 이스라엘 백성은 한 사람도 살아남지 못할 것이다. 이것을 보완하기 위한 하나님의 사랑이 성막의 제사로 나타났다.

5) 성막의 제사는 율법에 따라서 정죄 받은 죄와 거룩하게 구별된 예물의 피를 전제로 한다. 하나님은 소와 염소와 양을 거룩하게 구별하시고 이스라엘 백성의 죄를 속하기 위하여 제물의 피를 뿌리게 하셨다. 죄인은 소와 염소와 양의 머리에 안수하여 자신의 죄를 그들의 머리에 옮겨놓아야 한다. 그 후에 제사장은 그 제물을 죽여서 그 피를 번제단, 성소 및 지성소에 뿌려서 죄를 없이하였다. 제물의 피가 뿌려지면 이스라엘 백성의 죄로 인하여 더럽혀진 하나님의 이름과 성소가 거룩

---

[64] "성막"으로 번역된 히브리어 미쉬칸(משכן)는 하나님이 거하는 장소(dwell)를 의미한다. BDB, p. 1015.

하게 된다. 율법을 범한 죄가 제물의 피로 깨끗하게 되었으므로, 그들은 목숨을 건질 수 있었다.

6) 율법에 따라서 정죄 받는 죄는 두 가지로 구분할 수 있다. 첫째, 이스라엘 백성이 고의로 범하는 죄이다. 이 죄는 의도적으로 범한 죄이다. 우상숭배, 음행, 시험 및 원망 등은 의도적으로 범하는 죄로서 성막의 제사로 사함을 받지 못하고 죄인의 죽음으로 그 죗값을 씻었다. 의도적으로 율법을 불순종한 자들은 성막의 제사로 속죄를 받지 못하고 모두 광야에서 죽임을 당하고 가나안땅에 들어가지 못하였다. 가나안땅에 들어가지 못하고 죽은 자들의 죄는 율법을 범하는 죄 가운데 속죄를 받을 수 없는 죄를 보여준다. 그 죄는 하나님에 대한 믿음을 버린 죄이다. 믿음을 버린 죄는 성막의 제사로 사함을 받지 못한다. 믿음을 버린 죄로 인하여 더럽혀진 하나님의 이름은 소와 염소와 양의 피로 거룩하게 되지 못한다.

7) 둘째, 백성이 무의식적으로 부지중에 범하는 죄이다. 이 죄는 육신이 연약하여 부득이 범하는 죄이다. 마음속에 있는 탐심, 곤충이나 짐승의 사체를 만진 죄, 부모를 장사함으로 그들의 시체를 만진 죄, 과실로 사람을 죽인 죄 등은 이에 속한다. 과실로 살인한 죄를 제외한 모든 죄는 성막의 제사로 사함을 받을 수 있다. 그러나 과실로 살인한 자는 도피성으로 도망하여 그 목숨을 건질 수 있다. **"너희를 위하여 성읍을 도피성으로 정하여 그릇 살인한 자로 그리로 피하게 하라"** (민 35:11). 고의로 범죄한 자는 죽음으로 그 죗값을 씻어야 하며, 부지중에 범죄한 자는 성막의 제사로 그 죄를 씻어야 한다. 이와 같이 이스라엘 백성 가운데 모든 죄를 없이하는 것이 그들을 애굽에서 인도하여 내신 하나님의 뜻이다.

8) 이스라엘 백성은 율법을 온전히 순종함으로 하나님을 섬겨야 한다. 그러나 그들은 육신이 연약하여 율법을 온전히 순종할 수 없으므로 하나님을 섬길 수 없었다. 이스라엘 백성이 하나님을 온전히 섬기려면 성막에서 그들의 죄를 속하는 제사를 드려야 한다. 이스라엘 백성은 율법을 온전히 순종할 수 없지만 성막의 제사를 통하여 하나님을 섬겼다. 곧 그들은 율법을 순종하는 행위와 율법에 따라서 정죄 받는 죄를 속하는 제사를 통하여 하나님을 온전히 섬길 수 있었다. 따라서 성막의 제사는 하나님을 섬기는 일을 완성하는 것이라고 말할 수 있다. 성막은 하나님이 계신 곳이며 하나님을 섬기는 거룩한 장소이다.

9) 율법과 성막의 제사를 통하여 계시된 광야교회의 본질은 이스라엘 백성이 자신의 죄를 깨닫고 그 죄를 용서하실 하나님의 은혜를 믿고 사모하는 것이다. 자신의 육체 안에 음부의 권세, 곧 탐심이 역사한다는 것을 알고 겸손히 하나님의 은혜를 사모하는 자만이 광야를 통과할 수 있었다. 성막에서 드려진 소와 염소와 양의 피는 장차 오실 그리스도의 피를 모형으로 보여준다. 성막에서 제사장은 율법에 따라서 정죄 받는 죄를 속하기 위하여 소와 염소와 양의 피를 뿌림으로 장차 그리스도께서 오시면 인류의 죄를 대속하기 위하여 피를 흘리실 것을 예표로 보여주었

다. 곧 애굽에서 나온 이스라엘 백성의 회중은 율법으로 죄를 깨닫고 장차 오실 그리스도를 믿는 믿음 위에 세워진 교회라고 말할 수 있다.

10) 하나님은 유월절 어린양의 피로써 이스라엘 백성의 죄를 대속하시고 그들을 광야로 인도하여 내셨지만, 그들이 율법을 온전히 순종할 수 없다는 것을 아셨다. 하나님은 그들의 죄를 없이하기 위하여 성막과 제사의 규례를 주셨다. 그들은 율법에 따라서 정죄 받는 죄를 대속하는 성막의 제사를 통하여 하나님을 온전히 섬길 수 있었다. 성막은 제사를, 제사는 예물의 피를 뿌리는 것을, 그 피는 율법에 따라서 정죄 받는 죄를, 죄는 사람의 육신이 연약함을 전제로 한다. 율법은 이스라엘 백성을 정죄하여 죄를 깨닫게 한 뒤에 그들을 성막의 제사로 인도함으로 장차 육신으로 임하실 그리스도의 사역을 모형으로 보여주었다.

(5) 제사장과 광야교회

1) 하나님께서 자기의 백성인 이스라엘 자손에게 요구하신 것은 거룩함이다. 하나님은 거룩하시므로 그의 백성도 당연히 거룩하여야 한다. 이스라엘 백성이 거룩하려면 하나님의 율법을 온전히 순종하여야 한다. 그러나 사람은 육신이 연약하므로 율법을 온전히 순종함으로 자신을 거룩하게 할 수 없다. 따라서 하나님은 성막의 제사를 통하여 그들의 죄를 대속하심으로 죄로 인하여 더럽혀진 그들을 거룩하게 하셨다. 제사장은 성막의 제사를 주관하는 자로서 소와 염소와 양의 피로써 이스라엘 자손의 죄를 정결하게 함으로 하나님을 섬기는 직분을 맡았다. 동시에 제사장은 백성에게 율법을 가르치고 율법으로 그들을 재판할 직분도 받았다.

2) 출애굽시에 하나님은 애굽의 모든 장자를 죽이고 이스라엘 백성의 장자를 살리셨다. 애굽의 장자와 이스라엘의 장자가 모두 심판을 받아 죽는 것이 하나님의 공의이다. 그들은 모두 애굽에서 우상을 숭배한 죄인들이기 때문이다. 그러나 하나님은 유월절 어린양의 피로써 그들의 죄를 대속하고 이스라엘의 장자를 살리셨다. 이스라엘의 장자들도 애굽인의 장자와 함께 죽임을 당하여야 하지만 하나님의 은혜로 목숨을 건졌으므로, 그들의 목숨은 하나님의 것이다. 그들은 하나님께 목숨을 빚지고 있다. 따라서 하나님께서 이스라엘의 장자를 자기의 소유로 삼으셨다. **"너는 무릇 초태생과 네게 있는 생축의 초태생을 다 구별하여 여호와께 돌리라 수컷은 여호와의 것이니라"**(출 13:12). "여호와의 것이다"란 하나님께 바쳐진 것을 의미한다.

3) 이스라엘 자손 가운데 모든 장자를 구별하는 것은 쉬운 일이 아니므로, 하나님은 이스라엘의 장자를 대신하여 레위인을 택하셨다. 애굽에서 나온 이스라엘 자손의 인구를 조사할 때 하나님은 그들의 장자 대신 레위인을 택하여 자기의 소유로 삼으셨다. **"이러므로 내가 이스라엘 자손 중 모든 처음 난 자의 대신으로 레위인을 취하였느니라"**(민 8:18). 이스라엘의 장자를 대신하여 하나님의 소유가 된

레위인은 성막에서 하나님을 섬기는 일을 맡았다. **"레위 지파로 나아와 제사장 아론 앞에 서서 그에게 시종하게 하라 그들이 회막 앞에서 아론의 직무와 온 회중의 직무를 위하여 회막에서 시무하되 곧 회막의 모든 기구를 수직하며 이스라엘 자손의 직무를 위하여 장막에서 시무할찌니"**(민 3:6~8). 하나님은 레위인 가운데서 아론과 그의 후손을 택하여 제사장의 직분을 맡기셨다. **"이는 아론의 아들들의 이름이며 그들은 기름을 발리우고 거룩히 구별되어 제사장 직분을 위임받은 제사장들이라"**(민 3:3).

4) 제사장의 직분은 백성의 죄를 소와 염소와 양의 머리에 옮겨놓는 것이다(레 16:21). 이스라엘 백성이 제사장 앞에서 그들의 죄를 고백하면 그 죄가 제사장에게로 옮겨지고, 제사장은 소와 염소와 양의 머리에 안수하여 그 죄를 제물의 머리에 옮겨놓았다. 이스라엘 백성의 죄를 짊어진 제물은 백성을 대신하여 피를 흘리며 죽었다. 곧 제사장의 직분은 백성의 죄를 짊어지는 것이다. 제사장은 이스라엘 백성의 죄를 짊어진 뒤에 그 죄를 소와 염소와 양의 머리에 옮겨놓고 그것들을 죽여서 그 죄로 인하여 더럽혀진 하나님의 이름과 성소를 거룩하게 하였다. 제사장이 이스라엘 백성의 죄를 짊어지려면 믿음으로 의롭다 하심을 받아야 한다. 제사장이 믿음으로 의롭다 함을 받았다는 것을 인치는 의식이 기름 부음이다. 하나님께서 아론과 그의 후손에게 기름을 부어 제사장으로 삼으셨다. **"이는 아론의 아들들의 이름이며 그들은 기름을 발리우고 거룩히 구별되어 제사장 직분을 위임받은 제사장들이라"**(민 3:3).

5) 하나님은 이스라엘 백성을 택하여 제사장의 나라로 삼으셨다. **"너희가 내게 대하여 제사장 나라가 되며 거룩한 백성이 되리라 너는 이 말을 이스라엘 자손에게 고할찌니라"**(출 19:6). 제사장이 백성의 죄를 짊어지는 것처럼, 제사장의 나라란 인류의 죄를 짊어지는 것이다. 이스라엘 백성은 인류의 죄를 짊어지기 위하여 유월절 어린양의 피로써 그들의 죄를 대속하고 광야로 나왔다. 그들의 죄가 어린양의 피로써 정결하게 되었으므로, 하나님은 그들에게 인류의 죄를 옮겨놓으신 뒤에 그들이 제사장의 나라가 되었다고 선언하셨다(출 19:6). 이스라엘 백성이 인류의 제사장으로서 직분을 받았으므로, 그들이 짊어진 죄가 무엇인가 하는 것을 알아야 한다. 그 죄를 알게 하는 법이 율법이다. 따라서 하나님께서 그들에게 율법을 주셨다. 율법은 인류의 죄를 짊어진 이스라엘 백성의 죄를 깨닫게 한다(롬 3:20).

6) 성막에서 제사장이 율법에 따라서 정죄 받는 죄를 속하기 위하여 제사하려면 율법과 제사의 규례를 숙지하여야 한다. 동시에 이스라엘 백성이 율법을 순종하려면 율법의 모든 말씀을 알아야 한다. 이스라엘 백성이 율법을 알아야 이를 순종할 수 있으므로, 제사장은 백성에게 율법을 가르치고 죄인을 재판할 직분을 받았다. 모세는 제사장으로서 율법을 받고 이를 백성에게 가르쳤다. **"모세가 와서 여호와의 모든 말씀과 그 모든 율례를 백성에게 고하매 그들이 한 소리로 응답하여 가로되**

여호와의 명하신 모든 말씀을 우리가 준행하리이다"(출 24:3). 모세의 뒤를 이은 아론과 그의 후손 제사장들은 백성에게 율법을 가르쳐야 하는 직분을 받았다.

7) 율법 책이 성소에 있었으므로, 제사장만이 율법 책에 접근할 수 있었다. 따라서 하나님은 제사장에게 율법을 가르치는 직분을 주셨다. **"또 여호와가 모세로 명한 모든 규례를 이스라엘 자손에게 가르치리라"**(레 10:11). 제사장은 레위인에게 율법을 가르치고 그들은 백성의 모든 성인 남자들에게 율법을 가르쳤다. 이스라엘 자손의 성인 남자들은 제사장과 레위인에게 배운 율법을 그들의 자녀에게 가르치고 이를 문설주와 문에 기록하였다. **"네 자녀에게 부지런히 가르치며 집에 앉았을 때에든지 길에 행할 때에든지 누웠을 때에든지 일어날 때에든지 이 말씀을 강론할 것이며 너는 또 그것을 네 손목에 매어 기호를 삼으며 네 미간에 붙여 표를 삼고 또 네 집 문설주와 바깥 문에 기록할찌니라"**(신 6:7~9). 이스라엘 자손은 율법을 숙지하고 이를 순종하여야 한다. **"모세가 이 모든 말씀을 온 이스라엘에게 말하기를 마치고 그들에게 이르되 내가 오늘날 너희에게 증거한 모든 말을 너희 마음에 두고 너희 자녀에게 명하여 이 율법의 모든 말씀을 지켜 행하게 하라"**(신 32:45,46).

8) 제사장에게 율법으로 이스라엘 백성을 다스리는 권세가 부여되었다. 이를 위하여 하나님은 제사장에게 율법으로 이스라엘을 심판하는 권세를 주셨다. 제사장은 항상 판결의 흉패를 붙이고 성소에 들어감으로 의와 공의로 이스라엘을 재판하여야 하는 증표로 삼았다. **"아론이 성소에 들어갈 때에는 이스라엘 아들들의 이름을 기록한 이 판결 흉패를 가슴에 붙여 여호와 앞에 영원한 기념을 삼을 것이니라 너는 우림과 둠밈을 판결 흉패 안에 넣어 아론으로 여호와 앞에 들어 갈 때에 그 가슴 위에 있게 하라 아론이 여호와 앞에서 이스라엘 자손의 판결을 항상 그 가슴 위에 둘찌니라"**(출2 8:29,30). "영원한 기념"이란 율법으로 이스라엘 백성을 심판하는 권세가 제사장에게만 있음을 의미한다. 이는 판사가 법복을 입고 법정에 들어가는 것과 같다.

9) 제사장은 율법으로 이스라엘을 재판하였다. 율법의 구체적인 규정이 없으므로 이스라엘 백성을 재판하지 못할 때, 제사장은 성소에서 하나님의 말씀을 듣고 그대로 재판하였다. **"곧 그들이 네게 가르치는 법률의 뜻대로, 그들이 네게 고하는 판결대로 행할 것이요 그들이 네게 보이는 판결을 어기어서 좌로나 우로나 치우치지 말 것이니라"**(신 17:11). 모세는 하나님의 말씀대로 이스라엘 백성을 재판하였다. 이스라엘 백성이 안식일을 범하였을 때, 모세는 하나님의 말씀대로 그들을 재판하였다. **"어떻게 처치할는지 지시하심을 받지 못한 고로 가두었더니 여호와께서 모세에게 이르시되 그 사람을 반드시 죽일찌니 온 회중이 진 밖에서 돌로 그를 칠찌니라 온 회중이 곧 그를 진 밖으로 끌어내고 돌로 그를 쳐 죽여서 여호와께서 모세에게 명하신대로 하니라"**(민 15:34~36).

10) 제사장이 율법을 불순종하는 자를 재판하려면 반드시 2명 이상의 증인이 있

어야 한다. "너는 그 악을 행한 남자나 여자를 네 성문으로 끌어내고 돌로 그 남자나 여자를 쳐 죽이되 죽일 자를 두 사람이나 세 사람의 증거로 죽일 것이요 한 사람의 증거로는 죽이지 말 것이며"(신 17:5,6). 이 말씀은 재판의 공정성을 확보하려는 규정이다. 율법에 따른 재판의 결과는 돌로 치는 공개처형으로 이루어졌다. 공개처형은 타인에 대한 경고이다. 우상을 숭배하거나 음행하면 반드시 죽는다는 것을 알리기 위하여 공개처형이 이루어졌다. 죄인에 대한 공개처형은 재판의 공정성을 확보하고 이스라엘 백성 가운데 악을 없이하며 동시에 동일한 죄를 예방하는 효과가 있다. "이런 자를 죽임에는 증인이 먼저 그에게 손을 댄 후에 뭇 백성이 손을 댈찌니라 너는 이와 같이 하여 너의 중에 악을 제할찌니라"(신 17:7).

11) 이스라엘 백성이 제사장의 판결에 불복한다면 제사장은 그들을 통치할 수 없다. 따라서 하나님은 제사장의 판결에 불복하는 자를 반드시 죽이라고 말씀하셨다. "사람이 만일 천자히 하고 네 하나님 여호와 앞에 서서 섬기는 제사장이나 재판장을 듣지 아니하거든 그 사람을 죽여 이스라엘 중에서 악을 제하여 버리라"(신 17:12). 하나님은 제사장의 판결에 권위를 부여하기 위하여 그들의 판결을 그대로 수용하셨다. 설령 제사장의 판결이 부당하다고 할지라도 하나님은 그 판결을 그대로 수용하셨다. 대표적인 판결이 예수 그리스도를 재판한 대제사장 가야바의 판결이다. 대제사장 가야바의 판결은 인류 역사상 가장 잘못된 것이었지만, 하나님은 그 판결을 그대로 수용하심으로 아들의 죽음을 허락하셨다.

12) 이스라엘 백성에게 제사장과 레위인의 역할은 매우 중요하다. 그들은 율법의 전문적인 지식을 가지고 의와 공의로 하나님의 백성을 이끌어가는 핵심 집단이다. 그들은 성막에서 제사를 주관하며 백성에게 율법을 가르치고 율법으로 죄인을 재판하였다. 이러한 일은 율법의 연구와 교육을 요구하였다. 따라서 그들은 생업에 종사할 시간이 없었다. 이러한 이유로 하나님은 그들에게 징병의 의무를 면제하고 가나안땅을 배분할 때에 그들에게 땅을 기업으로 주시지 아니하셨다. "여호와께서 또 아론에게 이르시되 너는 이스라엘 자손의 땅의 기업도 없겠고 그들 중에 아무 분깃도 없을 것이나 나는 이스라엘 자손 중에 네 분깃이요 네 기업이니라"(민 18:20). "나는 이스라엘 자손 중에 네 분깃이요"란 이스라엘의 십일조는 레위인의 몫이란 것을 의미한다. "내가 이스라엘의 십일조를 레위 자손에게 기업으로 다 주어서 그들의 하는 일 곧 회막에서 하는 일을 갚나니"(민 18:21). 레위인은 이스라엘 백성으로부터 받은 십일조 가운데 십분의 일을 하나님께 드려서 제사장의 몫이 되게 하였다. "너희는 이스라엘 자손에게서 받는 모든 것의 십일조 중에서 여호와께 거제로 드리고 여호와께 드린 그 거제물은 제사장 아론에게로 돌리되"(민 18:28). 성막에서 드린 예물 가운데 불사르지 아니한 것들은 제사장의 몫으로 돌아갔다. "지성물 중에 불사르지 않은 것은 네 것이라 그들이 내게 드리는 모든 예물의 모든 소제와 속죄제와 속건제물은 다 지극히 거룩한즉 너와 네 아들들에게 돌

리리니"(민 18:9). 이스라엘이 하나님께 드린 첫 소득은 제사장에게 돌아갔다. "**그들이 여호와께 드리는 첫 소산 곧 제일 좋은 기름과 제일 좋은 포도주와 곡식을 네게 주었은즉 그들이 여호와께 드리는 그 땅 처음 익은 모든 열매는 네 것이니 네 집에 정결한 자마다 먹을 것이라**"(민 18:13).

13) 제사장과 레위인은 이스라엘 백성의 신앙생활에 있어서 중추적인 역할을 하였다. 제사장과 레위인이 백성에게 율법을 가르치고 율법으로 그들을 재판하려면 백성 가운데로 들어가야 한다. 이스라엘 백성이 가나안땅을 분배받을 때, 제사장과 레위인이 다른 지파와 분리되어 한 곳에 모여 산다면 그들의 직분을 감당할 수 없을 것이다. 따라서 하나님께서 레위인에게는 땅을 기업으로 주시지 아니하셨다. 이스라엘 백성은 가나안땅을 정복한 뒤에 지파별로 제비를 뽑아 땅을 분배받았다. 그러나 레위 지파는 땅을 기업으로 받지 못하였고 이스라엘 각 지파 가운데 도피성을 포함하여 48개 성읍을 생활의 터전으로 받았다. 레위인들은 농사와 목축을 위한 땅을 받지 못하고 단지 집을 지을 수 있는 땅을 받았다. 레위인들은 생업에 종사할 땅이 없었으므로, 하나님께서 그들에게 이스라엘 백성이 드리는 십일조를 기업으로 주셨다. 이로써 레위인이 이스라엘 백성 가운데 흩어져 목축이나 농사일을 하지 아니하고 오직 율법을 가르치고 백성을 재판하며 살아갈 수 있게 되었다. 따라서 제사장들과 레위인들은 광야교회를 이끌어가는 집단이다. 특히 제사장은 광야교회의 지도자로서 백성에게 율법을 가르치고 제사를 주관함으로 백성으로 하나님을 온전히 섬기게 할 막중한 책임을 맡았다. 모세는 이스라엘 백성의 지도자이며 동시에 제사장으로서 광야교회를 이끌어가는 본을 보였다.

14) 유월절 어린양의 피와 출애굽, 홍해를 건넘과 광야 생활, 성막과 제사 및 제사장의 사역을 통하여 광야교회의 본질이 계시되었다. 광야교회는 유월절 어린양의 피로써 속죄받고 애굽에서 나온 이스라엘 백성의 회중을 의미한다. 그들은 애굽의 모든 문화와 생활을 단절하고 하나님의 은혜로 광야를 통과하였다. 그들은 율법으로 자신의 죄를 깨닫고 성막에서 제사하며 장차 오실 그리스도를 사모하는 믿음으로 가나안땅을 향하여 나아갔다. 이것이 광야교회 믿음의 본질이다.

(6) 이해를 위한 질문
1) 광야교회와 홍해
  a. 이스라엘 백성이 홍해를 건너고 구름 아래를 통과한 것이 세례의 모형을 보여주는 이유는 무엇인가(고전 10:2).
  b. 이스라엘 백성을 추격하는 애굽의 군대가 육체의 정욕을 모형으로 보여주는 이유는 무엇인가.
  c. 이스라엘 백성이 홍해를 건넘으로 애굽의 바로의 권세로부터 자유한 이유는 무엇인가.

2) 광야교회와 광야 생활
   a. 만나가 하나님의 말씀을 모형으로 보여주는 이유는 무엇인가(요 6:49,50).
   b. 반석에서 나온 물은 무엇을 모형으로 보여주는가(요 7:39).
   c. 이스라엘 백성과 아말렉과의 전쟁은 무엇을 의미하는가(엡 6:12).
   d. 이스라엘 백성을 인도한 구름과 불기둥은 무엇을 의미하는가.
   e. 이스라엘 백성이 장막에서 생활한 이유는 무엇인가.
3) 율법과 광야교회
   a. 하나님께서 자기 백성에게 율법을 주신 이유는 무엇인가(롬 3:20).
   b. 사람이 율법을 온전히 순종할 수 없는 이유는 무엇인가(출 20:17).
   c. 사람의 양심이 심판의 기준으로 객관성이 없는 이유는 무엇인가.
   d. 율법이 오기 전에 하나님께서 사람의 죄를 형벌하지 아니하신 이유는 무엇인가(롬 5:13).
4) 성막과 광야교회
   a. 하나님께서 이스라엘 백성에게 성막을 세우게 하신 이유는 무엇인가.
   b. 하나님께서 성막에 자기의 이름을 두신 이유는 무엇인가.
   c. 성막의 제사로 속죄받을 수 있는 죄는 무엇인가.
   d. 성막이 하나님의 존재를 나타내는 이유는 무엇인가(시 11:4).
5) 제사장과 광야교회
   a. 이스라엘의 장자가 하나님의 소유인 이유는 무엇인가(출 13:12).
   b. 레위인과 아론의 후손 제사장들이 성막에서 제사하며 하나님을 섬기는 일에 전심하여야 하는 이유는 무엇인가.
   c. 제사장이 이스라엘 백성의 죄를 위하여 소와 염소와 양의 피를 뿌린 이유는 무엇인가.
   d. 제사장이 레위인과 백성에게 율법을 가르쳐야 하는 이유는 무엇인가(레 10:11).
   e. 가나안땅을 배분할 때 레위인과 제사장이 제외된 이유는 무엇인가.

2.2 광야교회의 믿음과 안식
1. 광야교회의 믿음
(1) 광야교회와 믿음의 본질

1) 아브라함으로부터 시작하는 광야교회는 출애굽과 광야 생활을 통하여 그 본질을 분명하게 계시하였다. 광야교회의 믿음은 아브라함과 모세를 통하여 계시되었다. 칭의 언약에 따라서 믿음으로 의롭다 함을 받은 자들의 회중을 광야교회라고 할 때, 칭의 언약은 양심과 율법으로 자신의 죄를 깨닫고 장차 오실 그리스도의 피에 의한 속죄를 믿는 것을 내용으로 한다. 따라서 광야교회의 믿음의 본질은 율법으로 죄를 깨닫고 장차 오실 그리스도를 믿는 것이라고 말할 수 있다.[65]

2) 하나님께서 아브라함의 믿음을 의롭다고 여기신 이유는 그가 복을 주시는 전능하신 하나님을 믿음으로 하란을 떠나서 가나안땅으로 나아간 것이다. 복을 주시는 하나님은 만물을 창조하고 만물을 통치하시는 하나님이다. 하나님만이 시간 속에서 일어나는 모든 일을 통치하심으로 복과 저주를 결정하신다. 하나님께서 죄인에게 복을 주시려면 그 죄를 없이하여야 한다. 이것은 거룩한 피로써 가능하다. **"무릇 사람의 피를 흘리면 사람이 그 피를 흘릴 것이니 이는 하나님이 자기 형상대로 사람을 지었음이니라"(창 9:6).** "사람이 피를 흘리다"란 죄를 범하였다는 것을 의미한다. "사람이 피를 흘릴 것이다"란 그 죄인이 피를 흘려서 죽여야 한다는 것을 의미한다.

3) 첫째, 죄에 대하여 살펴보자. 사람이 범한 죄란 사람의 양심과 율법에 따라서 정죄 받는 죄를 의미한다. 다른 의미로서 죄인이란 세상에 속하여 마귀의 지배 아래서 살아가는 자들을 의미한다. 세상이란 아담으로부터 받은 육체의 정욕에 따라서 살아가는 자들의 회중이라고 성경은 말씀한다. **"이는 세상에 있는 모든 것이 육신의 정욕과 안목의 정욕과 이생의 자랑이니 다 아버지께로 좇아 온 것이 아니요 세상으로 좇아 온 것이라"(요일 2:16).** 정욕은 육체의 속성으로 모든 사람이 가지고 있으며 이에서 나오는 탐심이 하나님을 대적한다. 율법이 오기 전에 사람은 양심에 의하여 가책을 받았다. 죄를 깨닫게 하는 법으로서 이방인에게는 양심이, 이스라엘 자손에게는 율법이 주어졌다.

4) 사람이 죄인이냐 아니냐를 판단하는 기준은 그가 속한 집단이 무엇이냐 하는 것이다. 하란과 애굽은 세상을 예표로 한다. 아브라함이 하란에 있을 때 죄인이었다. 마찬가지로 애굽에 있던 이스라엘 백성은 죄인이었다. 아브라함과 그의 후손이 의롭다 함을 받으려면 하란과 애굽에서 나와야 한다. 사람이 세상에서 나오려면 하나님의 부르심과 믿음이 있어야 한다. 하나님께서 아브라함을 하란에서 부르셨을 때 아브라함은 믿음으로 하란에서 나왔다. 이스라엘 백성도 부르심을 받아 믿음으로 애굽에서 나왔다. 믿음은 의지의 선택이 아니라 하나님의 은혜로 임한 성령의 감동으로부터 온다.66)

5) 둘째, 아브라함이 믿은 하나님에 대하여 살펴보자. 아브라함은 복을 주시는 하나님을 믿었다. 아브라함에게 자신을 나타내신 하나님은 만물을 창조하신 전능하신 하나님이다. **"아브람의 구십 구세 때에 여호와께서 아브람에게 나타나서 그에게 이르시되 나는 전능한 하나님이라 너는 내 앞에서 행하여 완전하라"(창 17:1).** "너는 내 앞에서 행하여 완전하라"란 전능하신 하나님을 의심치 말고 믿고 그 말씀을 순종하라는 것이다. 전능하신 하나님은 말씀으로 만물을 창조하신 하나님이다. 히브리서 기자는 조상들이 말씀으로 만물을 창조한 하나님을 믿었다고 기록하

---

65) 칭의 언약의 조건에 대하여, 졸저, 상게서, 3.1.1.(2) 참조
66) 졸저, 상게서 5.1.1 참조

였다. "믿음으로 모든 세계가 하나님의 말씀으로 지어진 줄을 우리가 아나니 보이는 것은 나타난 것으로 말미암아 된 것이 아니니라"(히 11:3). 하나님의 모든 뜻이 그의 말씀으로 형상화되어 보이는 세계로 나타났다. 이것은 하나님의 모든 말씀이 전능하며 반드시 성취된다는 것을 의미한다.

6) 하나님께서 아브라함에게 복을 주시려면 그의 죄를 대속하여야 한다. 아브라함은 이삭을 번제로 드린 뒤에 그의 후손으로 오실 그리스도의 언약을 받았다. 이삭을 번제로 드리라고 명령하신 것은 장차 인류의 죄를 대속하기 위하여 하나님의 독생자가 번제로 드려진다는 약속이다. 그 약속에 따라서 장차 오실 그리스도의 언약이 계시되었다(창 22:17,18). 장차 아브라함의 후손으로 오실 그리스도께서 대적의 문을 얻으며 천하 만민에게 복을 주실 것이다. 복을 준다는 것은 천하 만민의 죄를 대속한다는 것이다. 대적의 문을 얻는다는 것은 음부의 권세를 잡은 마귀를 심판한 뒤에 음부의 문을 열고 그 속에서 죄와 저주 아래 있는 자들을 구원한다는 것이다.

7) 아브라함이 믿은 하나님은 만물을 창조하시고 통치하시는 전능하신 하나님께서 그의 후손으로 오셔서 인류의 죄를 대속하실 그리스도이다. 아브라함은 그의 후손으로 오실 그리스도를 사모하고 믿었다고 성경은 말씀한다. "너희 조상 아브라함은 나의 때 볼 것을 즐거워하다가 보고 기뻐하였느니라"(요 8:56). 이 믿음이 아브라함으로부터 이삭에게로, 이삭으로부터 야곱에게로, 야곱으로부터 열두 형제에게로 이어졌다. 따라서 아브라함으로부터 시작하는 광야교회는 장차 오실 그리스도를 사모하고 믿는 믿음 위에 세워졌다고 말할 수 있다.

8) 칭의 언약의 조건이 출애굽과 모세를 통하여 분명하게 계시되었다. 이스라엘 백성이 애굽에서 종노릇하는 것은 죄의 저주 아래서 고통을 당하는 인류를 모형으로 보여준다. 그들이 유월절 어린양의 피로써 애굽에서 나온 것은 장차 오실 그리스도의 피로써 인류의 죄를 대속할 것을 모형으로 보여준다. 인류는 전능하신 하나님의 능력으로 행하는 이적과 기사로써 죄로부터 자유하는 것이 아니라 장차 오실 그리스도의 피로써 자유할 것이다. 하나님은 모세를 통하여 만물을 창조하신 전능하신 능력을 보이셨으나, 바로는 마음이 강퍅하여 이스라엘 백성을 보내지 아니하였다. 하나님께서 유월절 어린양의 피로써 이스라엘 백성의 죄를 대속하고 애굽의 초태생을 심판하셨을 때, 바로는 비로소 이스라엘 백성을 보냈다. 이것은 만물을 창조하신 하나님에 대한 믿음으로 죄를 용서받는 것이 아니라는 것을 의미한다. 죄를 용서받는 믿음은 창조주 하나님을 넘어서 장차 오실 그리스도를 믿는 것이다. 아브라함이 만물을 창조하신 하나님과 장차 오실 그리스도를 믿은 것처럼, 모세는 창조주 하나님을 넘어서 장차 오실 그리스도를 믿었다.[67]

---

67) 바리새인들과 서기관들은 만물을 창조하신 전능하신 하나님을 믿었으나 인류의 죄를 대속하신 예수 그리스도를 믿지 아니하였음으로 구원을 받지 못하였다.

9) 모세는 유월절 어린양의 피로 속죄를 체험한 뒤에 애굽에서 이스라엘 백성을 인도하여 광야를 통과하는 것이 장차 오실 그리스도를 위한 것임을 알았다. 광야에서 모세는 장차 오실 그리스도를 위하여 고난을 받았다고 성경은 말씀한다. **"그리스도를 위하여 받는 능욕을 애굽의 모든 보화보다 더 큰 재물로 여겼으니 이는 상주심을 바라봄이라"** (히 11:26). 아브라함과 모세를 통하여 계시된 믿음의 대상은 장차 오실 그리스도이다. 따라서 광야교회는 장차 오실 그리스도의 피 위에 세워졌다고 말할 수 있다. 곧 광야교회는 십자가에서 흘린 예수의 피 위에 세워진 그리스도의 교회를 모형으로 보여준다.

10) 아브라함과 모세의 믿음이 다윗으로 이어졌다. 다윗은 이스라엘의 주권자로 기름 부음을 받았지만, 율법으로 자신의 죄를 깨닫고 자기의 죄를 용서하실 그리스도를 사모하였다. **"무수한 재앙이 나를 둘러싸고 나의 죄악이 내게 미치므로 우러러 볼 수도 없으며 죄가 나의 머리털보다 많으므로 내 마음이 사라졌음이니이다 여호와여 은총을 베푸사 나를 구원하소서 여호와여 속히 나를 도우소서"** (시 40:12,13). 다윗은 율법으로 자신의 죄가 그의 머리털보다 많은 것을 깨닫고 절망하였다. 그러나 다윗은 그의 죄를 용서하실 여호와 하나님의 은혜를 믿고 사모하였다. "여호와 하나님"이란 장차 오실 그리스도를 가리킨다고 성경은 말씀한다. **"가라사대 그러면 다윗이 성령에 감동하여 어찌 그리스도를 주라 칭하여 말하되"** (마 22:43). 아브라함과 모세와 다윗이 장차 오실 그리스도를 믿음으로 의롭다 함을 받았으므로, 광야교회는 장차 오실 그리스도를 믿는 믿음 위에 세워졌다고 말할 수 있다.

11) 믿음으로 만물을 창조하신 하나님과 장차 오실 그리스도의 피에 의한 속죄를 믿음으로 의롭다 함을 받은 자들의 회중을 광야교회라고 말할 수 있다. 유월절 어린양의 피로써 죄를 용서받고 광야로 나온 이스라엘 백성의 회중은 장차 오실 그리스도를 믿는 반석 위에 세워진 교회이다. 그들은 세상 양심과 율법으로 자신의 죄를 깨닫고 그들의 죄를 용서하실 그리스도를 믿음으로 의롭다 함을 받았다. 구약성경을 통하여 계시된 여호와 하나님은 장차 오실 그리스도의 모형과 그림자이다.68)

(2) 광야교회를 통하여 계시된 장차 오실 그리스도의 사역

1) 애굽에서 나온 이스라엘 백성의 회중이 장차 오실 그리스도 위에 세워진 광야교회라고 할 때, 이를 통하여 계시된 그리스도는 누구인가를 살펴보자. 아브라함에게 계시된 하나님은 만물을 창조하신 전능하신 분이며 장차 그의 후손으로 오셔서 천하 만민에게 복을 주실 분이다. 출애굽을 통하여 계시된 하나님은 이스라엘

---

68) 졸저, 상게서, 제4부 보충적 설명 참조

백성을 애굽에서 인도하여 내신 분이며 어린양처럼 자기의 피로써 인류의 죄를 대속하실 분이다. 다윗을 통하여 계시된 하나님은 의와 공의로 만물을 통치하시며 장차 그의 후손으로 오셔서 영원한 성전을 건축하실 분이다.

2) 율법과 선지자들의 예언을 통하여 계시된 여호와 하나님은 장차 오실 그리스도의 모형이다. 장차 오실 그리스도의 모형이 이스라엘의 역사를 통하여 점차 분명하게 계시되었다. 출애굽과 광야 생활을 통하여 계시된 장차 오실 그리스도는 자기의 피로써 인류의 죄를 대속하고 믿는 자들을 세상에서 인도하여 내실 하나님이다. 광야 생활을 통하여 계시된 장차 오실 그리스도는 믿음으로 의롭다 함을 받은 자들에게 먹을 양식과 마실 물을 주고 죄를 깨닫게 하는 율법을 주신 하나님이다. 성막의 제사를 통하여 계시된 장차 오실 그리스도는 율법에 따라서 정죄 받는 죄를 대속하는 하나님이다. 출애굽과 광야 생활을 통하여 개략적으로 계시된 그리스도의 신성이 이스라엘의 역사를 통하여 구체적으로 계시되었다.

3) 이스라엘 백성이 가나안땅을 정복하는 과정에서 계시된 장차 오실 그리스도는 교회와 악한 영들 사이에 싸움을 주관하시는 하나님이다. 이스라엘 백성은 오직 하나님의 말씀을 순종함으로 가나안 주민과의 전쟁에서 승리하였다. 그들은 하나님의 말씀을 순종함으로 요단강을 마른 땅처럼 건넜고 여리고 성을 무너뜨렸다. 그들이 하나님의 말씀을 순종하여 전쟁에 임하였을 때, 하나님은 그들을 위하여 태양과 달을 멈추고 하늘에서 우박을 내리셨다. 이스라엘 백성과 가나안 거민 사이의 전쟁은 사람의 능력이 아닌 하나님의 뜻에 따라서 그 승패가 좌우된다는 것을 보여주었다. 이것은 교회의 영적 전쟁에 있어서 승패는 장차 오실 그리스도의 말씀과 그 말씀을 따라서 역사하는 성령의 권능에 의하여 좌우된다는 것을 모형으로 보여준다.

4) 사사시대는 교회와 악한 영들과의 영적 전쟁을 모형으로 보여준다. 이스라엘 백성이 가나안땅에 정착한 뒤에 출애굽과 가나안 정복을 경험한 모든 자는 죽었다. 남은 자들은 그들의 조상을 애굽에서 인도하여 내신 하나님을 알지 못하였다. 하나님을 알지 못하는 것은 하나님의 말씀을 순종하지 아니하는 것이다. 하나님을 알지 못하므로 그들은 우상을 숭배하였을 뿐만 아니라 이방인과의 영적 전쟁에서 패하여 이방인의 종이 되었다. **"그 세대 사람도 다 그 열조에게로 돌아갔고 그 후에 일어난 다른 세대는 여호와를 알지 못하며 여호와께서 이스라엘을 위하여 행하신 일도 알지 못하였더라 이스라엘 자손이 여호와의 목전에 악을 행하여 바알들을 섬기며"**(삿 2:10,11).

5) 이스라엘 백성이 하나님의 말씀을 버리고 이방여자를 취하여 아내로 삼고 이방신을 섬겼을 때 하나님은 그들을 버리셨다. 버림을 받은 이스라엘 백성은 이방인과의 전쟁에서 패하여 이방인의 노예가 되었다. 그들이 이방인의 박해 속에서 괴로워하며 우상을 떠나서 하나님께 돌아왔을 때, 하나님은 그들을 이방인의 손에서 건져내셨다. 곧 교회가 하나님을 버리면 세상으로 돌아가서 마귀의 지배 아래서 종노

릇하지만, 회개하며 하나님께 돌아오면 죄와 저주로부터 자유하는 것이 사사시대를 통하여 모형으로 계시되었다. 사사시대를 통하여 계시된 장차 오실 그리스도는 자기를 버린 자들을 심판하고 돌아오는 자들의 죄를 용서하시는 하나님이다.

6) 왕정시대를 통하여 계시된 장차 오실 그리스도는 택함을 받은 자기의 백성을 의와 공의로 통치하는 하나님이다. 하나님은 사울을 택하여 이스라엘의 주권자로 삼으셨다. 사울이 하나님의 말씀을 버리고 자기의 생각대로 백성을 다스리자. 하나님은 그의 왕권을 폐하시고 다윗을 왕으로 택하여 기름을 부으셨다. 하나님은 다윗을 통하여 장차 오실 그리스도의 모든 신성을 계시하셨다. 첫째, 율법으로 죄를 깨달음으로 장차 오실 그리스도를 맞이하는 것이다. 다윗은 성령의 감동하심으로 율법으로 자신의 죄를 깨달았다. 다윗은 이스라엘 백성의 왕이지만 왕권을 초월하여 자신의 죄를 하나님께 고백하고 자신을 죄인의 신분으로 낮추었다. **"무수한 재앙이 나를 둘러싸고 나의 죄악이 내게 미치므로 우러러 볼 수도 없으며 죄가 나의 머리털보다 많으므로 내 마음이 사라졌음이니이다"**(시 40:12). **"내가 죄악 중에 출생하였음이여 모친이 죄 중에 나를 잉태하였나이다"**(시 51:5).

7) 둘째, 다윗은 이스라엘의 왕으로서 나라의 부강을 구하지 아니하고 오직 자신의 죄를 용서하실 하나님의 은혜를 사모하였다. 그를 괴롭게 한 것은 그의 죄악으로 인하여 저주가 온 나라에 임한 것이다. 따라서 다윗은 그의 죄를 씻기 위하여 장차 오실 그리스도의 은혜를 사모하였다. **"하나님이여 주의 인자를 좇아 나를 긍휼히 여기시며 주의 많은 자비를 좇아 내 죄과를 도말하소서 나의 죄악을 말갛게 씻기시며 나의 죄를 깨끗이 제하소서"**(시 51:2). 다윗의 기도는 지도자의 죄로 인하여 저주가 교회에 임하는 것을 보여준다. 지도자의 믿음이 교회의 흥망성쇠를 결정한다.

8) 셋째, 다윗은 장차 오실 그리스도의 은혜가 그의 죽음과 부활을 통하여 임할 것을 알았다. 다윗은 장차 오실 그리스도께서 십자가에서 당하실 죽음의 고난을 시로써 기록하였다. 장차 오실 그리스도께서 십자가에서 물과 피를 쏟을 것이며 육체의 모든 힘이 말라 질그릇같이 되실 것이다. 개와 같은 죄인들이 그리스도의 손과 발에 못을 박을 것이다.69) **"나는 물같이 쏟아졌으며 내 모든 뼈는 어그러졌으며 내 마음은 촛밀 같아서 내 속에서 녹았으며 내 힘이 말라 질그릇 조각 같고 내 혀가 잇틀에 붙었나이다 주께서 또 나를 사망의 진토에 두셨나이다 개들이 나를 에워쌌으며 악한 무리가 나를 둘러 내 수족을 찔렀나이다"**(시22:14~16).

9) 넷째, 장차 오실 그리스도께서 죽은 자 가운데서 다시 살아나실 것이다. **"이는 내 영혼을 음부에 버리지 아니하시며 주의 거룩한 자로 썩지 않게 하실 것임이**

---

69) 개는 주인만을 위하여 본능적으로 행동한다. 개는 주인의 선악을 따지지 아니하고 오직 주인만을 위하여 행동한다. 죄인들은 개처럼 마귀만을 위하여 하나님의 아들을 십자가에 못 박았다.

니이다"(시 16:10). 다윗은 그리스도께서 항상 자신의 우편에 앉아계신 것을 알았다. 다윗은 장차 오실 그리스도의 죽음과 부활을 통하여 자신의 모든 죄악이 도말되는 생명의 길을 보고 기뻐하였다. 곧 다윗은 장차 오실 그리스도께서 자신의 생명이 되심을 알았다. "주께서 생명의 길로 내게 보이시리니 주의 앞에는 기쁨이 충만하고 주의 우편에는 영원한 즐거움이 있나이다"(시 16:11). "주의 우편에는 영원한 즐거움이 있다"란 하나님 아버지께 예수의 피에 의한 속죄와 부활이 영원한 즐거움이 된다는 것이다.

10) 다섯째, 장차 오실 그리스도께서 영원한 성전을 세우실 것이다. 다윗은 하나님의 은혜로 주변 국가를 정복한 뒤에 성전을 건축하려고 하였으나, 하나님은 이를 하락하지 아니하셨다. 다윗이 죽은 뒤에 그의 후손으로 태어나실 그리스도께서 성전을 건축하실 것이며 그의 나라를 영원히 다스리실 것이다. "네 수한이 차서 네 조상들과 함께 잘 때에 내가 네 몸에서 날 자식을 네 뒤에 세워 그 나라를 견고케 하리라 저는 내 이름을 위하여 집을 건축할 것이요 나는 그 나라 위를 영원히 견고케 하리라"(삼하 7:12,13). 솔로몬은 다윗의 사후에 태어난 자가 아니다. 다윗이 죽은 뒤에 그의 후손으로 태어날 자란 장차 오실 그리스도를 가리킨다. 그리스도께서 자기의 피로써 인류를 대속하시고 부활하신 뒤에 성령을 보내셔서 교회를 세우실 것이다. 이 교회는 그리스도의 지체로서 하나님의 성전이며, 그리스도께서 그의 교회를 다스리시며 견고하게 하실 것이다.

11) 이사야 선지자는 장차 오실 그리스도의 신성과 사역을 분명하게 예언하였다. 장차 다윗의 후손으로 오실 그리스도는 전능하신 하나님이며 평강의 왕이시다. 그는 공평과 정의로 만물을 통치하실 것이다. "이는 한 아기가 우리에게 났고 한 아들을 우리에게 주신바 되었는데 그 어깨에는 정사를 메었고 그 이름은 기묘자라, 모사라, 전능하신 하나님이라, 영존하시는 아버지라, 평강의 왕이라 할 것임이라 그 정사와 평강의 더함이 무궁하며 또 다윗의 위에 앉아서 그 나라를 굳게 세우고 지금 이후 영원토록 공평과 정의로 그것을 보존하실 것이라 만군의 여호와의 열심이 이를 이루시리라"(사 9:6,7). "한 아기가 우리에게 났다"란 장차 그리스도께서 사람의 형상으로 임하신다는 것이다. 그는 다윗의 후손으로 임하실 것이다. "이새의 줄기에서 한 싹이 나며 그 뿌리에서 한 가지가 나서 결실할 것이요 여호와의 신 곧 지혜와 총명의 신이요 모략과 재능의 신이요 지식과 여호와를 경외하는 신이 그 위에 강림하시리니"(사 11:1,2). 다윗의 후손으로 임하실 그리스도께서 인류의 죄와 허물을 짊어지고 죽을 것이다. "그가 찔림은 우리의 허물을 인함이요 그가 상함은 우리의 죄악을 인함이라 그가 징계를 받음으로 우리가 평화를 누리고 그가 채찍에 맞음으로 우리가 나음을 입었도다"(사 53:5).

12) 요엘 선지자와 말라기 선지자는 장차 오실 그리스도의 죽음이 인류 역사상 가장 무섭고 두려운 날이 될 것이라고 예언하였다. 그 이유는 그리스도께서 죽음으

로 아담의 타락 이후로 인류를 지배하는 마귀를 심판하고 인류의 죄를 대속하셨기 때문이다.[70] 그날은 피와 불과 연기로 임할 것이다. **"내가 이적을 하늘과 땅에 베풀리니 곧 피와 불과 연기 기둥이라 여호와의 크고 두려운 날이 이르기 전에 해가 어두워지고 달이 핏빛 같이 변하려니와"** (욜 2:30,31). "피"란 하나님의 피이며, "불과 연기"란 율법에 따라서 하나님의 아들이 심판을 받을 것을 의미한다. 말라기 선지자는 여호와의 크고 두려운 날이 임하기 전에 선지자 엘리야가 올 것이라고 예언하였다. **"보라 여호와의 크고 두려운 날이 이르기 전에 내가 선지 엘리야를 너희에게 보내리니"** (말 4:5). "선지 엘리야"란 그리스도의 앞에 와서 그의 길을 준비한 세례 요한이다.

13) 광야교회가 믿은 여호와 하나님은 장차 오실 그리스도의 모형이다. 광야교회는 만물을 창조하신 하나님께서 사람의 육신의 입으시고 다윗의 후손으로 오셔서 인류의 죄를 짊어지고 죽고 부활하실 것이며 세상 임금 마귀를 심판하실 것이다. 장차 오실 그리스도는 만물을 창조하신 하나님이고 죄인을 구원하실 구세주이시며 모든 인류를 의와 공의로 심판하실 통치자이다. 동시에 장차 오실 그리스도는 이 땅에 그의 나라를 세우실 것이며 그 나라는 영원할 것이다. 이것이 광야교회의 믿음이 되었다.

(3) 광야교회와 목숨을 초월하는 믿음

1) 광야교회는 하나님의 부르심을 받아 믿음으로 세상에서 나온 자들의 회중을 의미한다고 전제할 때, 세상에서 나왔다는 것은 정욕에 따라서 살아가는 육체를 위한 삶을 청산하고 영적인 삶을 사는 것이라고 해석할 수 있다. 이스라엘 백성이 애굽에서 바로를 위하여 일하였으나 광야로 나온 뒤부터 하나님의 영광을 위하여 일하였다. 사람이 세상에 속하여 사는 것은 육체만을 위하여 사는 것이다. 그러나 세상에서 나온 자들은 하나님의 나라와 자기의 영혼을 위하여 살아간다. 믿음으로 세상에서 나오는 것은 육체를 위한 삶을 청산한다는 것을 의미한다. 이것은 목숨을 초월하는 믿음을 가진 자만이 세상에서 나올 수 있다는 것을 말한다. 믿음으로 목숨을 걸고 세상에서 나오는 목적은 자신의 죄를 깨닫고 장차 오실 그리스도를 만나기 위함이다. 목숨을 거는 믿음으로 세상에서 나온 자들만이 장차 오실 그리스도를 만날 수 있었다.

2) 아브라함은 자신을 위하여 하란을 떠나서 지시함을 받은 땅으로 나아갔다. 하나님은 아브라함에게 너를 위하여 본토 아비 집을 떠나 내가 지시하는 땅으로 나가라고 말씀하셨다(창 12:1). 아담 안에서 아브라함이 죄인으로서 세상에 속하여 육체만을 위하여 살아가는 것은 그의 영혼에 아무런 이익이 되지 못하였다. 따라서 하

---

[70] 졸저, 상게서, 4.2.3.(1) 참조

나님은 그에게 네 영혼을 위하여 하란에서 떠나라고 말씀하셨다. 아브라함이 하란을 떠나려면 하란의 비옥한 토지를 포기하여야 한다. 아브라함이 하란을 떠나서 하나님의 말씀을 순종하는 것은 육체를 위한 삶을 버리고 그의 영혼을 위하여 사는 것이라고 말할 수 있다.

3) 하란을 떠난 아브라함의 삶은 고난의 연속이었다. 그는 애굽의 바로에게 아내 사라를 넘겨주었고 조카 롯을 위하여 목숨을 걸고 싸워야만 하였다. 아브라함은 가나안땅에 들어간 뒤에 그 땅을 유업으로 받을 것이라는 약속을 받았지만, 사라의 시신을 장사할 땅도 얻지 못하고 장막을 치고 떠도는 생활을 하였다. 그가 하란을 떠나지 아니하였다면 육체적으로 평안하게 살았을 것이다. 그러나 그는 육체만을 위한 삶을 버리고 그의 영혼을 위한 삶을 택하였으므로 육체적으로 고난을 받았다. 아브라함이 이삭을 번제로 드린 것은 목숨을 초월한 믿음을 보여준다. 하나님은 아브라함에게 너를 위하여 모리아 땅으로 가서 이삭을 번제로 드리라고 말씀하셨다(창 22:2). 아브라함은 자신의 영혼을 위하여 자신의 목숨보다 더 귀한 독자를 하나님께 드리는 믿음을 보였다.

4) 하나님에 대한 믿음은 목숨을 초월하는 믿음이다. 아브라함은 목숨을 초월하는 믿음으로 장차 오실 그리스도를 만났다(창 22:17,18). 믿음으로 여호와 하나님을 통하여 계시된 그리스도를 만나려고 아브라함은 그의 목숨을 하나님께 드렸다. 이 믿음이 이삭에게로 이어졌다. 이삭은 스스로 번제물이 되어 자신을 하나님께 드렸다. 이삭의 믿음이 야곱에게로 이어졌다. 야곱은 아브라함으로부터 내려오는 모든 유산을 버리고 목숨을 아끼지 아니하는 믿음을 하나님께 보였다. 야곱은 죽음을 무릅쓰고 장자의 명분을 얻기 위하여 모든 수단과 방법을 가리지 아니하였다. 하나님은 야곱의 믿음으로 보시고 그에게 '이스라엘'이란 위대한 이름을 주셨다. 개인의 이름이 한 나라의 국호가 되었다. 그런 의미에서 야곱은 인류의 역사상 가장 큰 복을 받은 자 가운데 한 사람이라고 말할 수 있을 것이다.

5) 모세는 애굽의 왕자로서 육체를 위한 안락한 삶을 포기하고 자기의 영혼을 위하여 고난의 삶을 택하였다. 모세는 자기의 목숨을 초월하는 믿음으로 자기를 죽이려는 바로 앞으로 나갔다. 모세는 목숨을 아끼지 아니하고 이스라엘 백성을 애굽에서 광야로 인도하여 낸 뒤에 그들과 함께 고난을 받았다. 40년 동안 모세는 이스라엘 백성의 원망과 시험을 견디며 육체의 모든 쾌락을 버리고 장차 오실 그리스도를 바라보고 그의 영혼을 위하여 살았다. 애굽에서 광야로 나온 모세의 삶은 광야교회가 요구하는 믿음을 보여준다. 하나님의 말씀을 순종하기 위하여 자기의 목숨을 버리는 믿음이 장차 오실 그리스도를 만나는 믿음이다(히 11:26). 하나님께서 모세에게 죽음을 명령하셨을 때, 그는 자신의 사명이 끝난 것으로 알고 그의 목숨을 하나님께 드렸다. **"네 형 아론이 호르산에서 죽어 그 조상에게로 돌아간 것 같이 너도 올라가는 이 산에서 죽어 네 조상에게로 돌아가리니"** (신 32:50).

6) 여호수아는 그의 목숨을 초월하는 믿음으로 가나안땅을 정복하였다. 가나안 성읍은 견고하고 크며 그 거민은 네피림의 후손으로 대장부들이었다. 이스라엘 백성은 노예 출신이므로 군사적으로 잘 훈련된 가나안 거민을 정복할 수 없었다. 모세가 죽은 뒤에 여호수아에게 가나안땅을 정복하라는 사명이 부여되었다. 여호수아는 목숨을 걸고 하나님의 말씀을 순종하는 믿음으로 그 땅을 정복할 수 있다는 것을 알았다. 그는 하나님의 말씀을 순종하여 여리고 성을 돌았다. 전투 진영으로 군사들을 배치하지 아니하고 나팔을 불면서 여리고 성을 도는 것은 자살행위나 다름이 없었다. 만일 여리고 성의 거민이 그들을 공격하였다면 그들은 대항하지 못하고 몰살당하였을 것이다. 그러나 여호수아가 십자가를 지고 목숨을 거는 믿음으로 하나님의 말씀을 순종하였을 때 그 성은 스스로 무너졌다.71) 여호수아는 십자가를 지고 목숨을 거는 믿음으로 영적 전쟁을 승리로 이끄시는 그리스도를 만났다.

7) 사사시대는 이스라엘 백성과 이방인들의 전쟁을 통하여 교회와 음부의 권세를 잡은 마귀의 영적 전쟁을 모형으로 보여주었다. 이방인들은 이스라엘 백성을 미혹하여 범죄하게 함으로 세상으로 돌아가게 하려고 하였다. 이스라엘 백성이 범죄하므로 세상으로 돌아가자, 하나님은 그들을 이방인의 종이 되게 하셨다. 그들이 이방인의 박해 아래서 죄를 회개하며 하나님께 돌아왔을 때, 하나님은 원하는 자를 사사로 택하여 그들을 구원하여 내셨다. 사사들은 잘 훈련된 이방인의 군대와 싸워야만 하였다. 사사들은 자기의 목숨을 아끼지 아니하는 믿음으로 하나님의 말씀을 순종함으로 이방인과 전쟁에서 승리하였다. 삼손은 사사로 부르심으로 받았으나 육체의 정욕에 이끌리어 살다가 블레셋 사람의 포로가 되었다. 그는 목숨을 버리는 믿음으로 백성을 블레셋 사람의 손에서 구원하여 냈다.

8) 마지막 사사인 사무엘은 선지자와 제사장으로서 광야교회를 이끌어가는 지도자의 직분을 보여주었다. 제사장이 타락하였으므로 이스라엘 백성이 이방여자를 취하여 아내로 삼고 우상숭배를 하였을 때, 하나님은 제사장들과 레위자손을 버리고 원하는 자를 택하여 사사로 삼으셨다. 그러나 마지막에 하나님은 레위 지파의 사무엘을 택하여 사사와 제사장으로 삼으셨다. 사무엘은 목숨을 초월하는 믿음으로 이스라엘 백성을 이끌고 이방인과의 전쟁을 승리로 이끌었다. 사무엘이 제사장으로서 그 직분을 잘 감당하였지만, 이스라엘 백성은 제사장의 통치를 거부하고 왕을 구하였다. 하나님은 마지못하여 사울을 왕으로 세우셨다. 사울이 범죄하였을 때, 사무엘은 목숨을 아끼지 아니하고 그를 책망하였다(삼상 15:22,23). 율법으로 이스라엘 백

---

71) 이스라엘 백성은 하나님의 명령에 따라서 요단강을 통과한 뒤에 할례를 받았다(수 5:2,3). 요단강을 통과한 것은 탐심을 십자가에 못 박는 세례의 모형이다. 할례는 율법을 온전히 순종한다는 맹세이다. 그들이 영적으로 탐심을 못 박은 십자가를 지고 여리고 성을 돌았을 때, 난공불락인 성은 힘없이 무너졌다. 이것은 교회가 자기의 십자가를 짐으로 하나님의 은혜로 영적 전쟁에서 승리한다는 것을 모형으로 보여준다.

성의 죄를 심판하는 것은 제사장에게 주어진 책무이다.

9) 다윗은 목숨을 초월하는 믿음으로 자신을 구원하시는 하나님을 만났다. 다윗은 기름 부음을 받은 이스라엘의 왕으로서 전쟁의 승패를 결정하시는 하나님을 믿고 골리앗과 싸웠다. 골리앗은 당대 최고의 전사이므로 그를 상대로 싸운다는 것은 목숨을 거는 것이었다. 그러나 다윗은 목숨을 초월하는 믿음으로 전쟁을 승리로 이끌었다. "다윗이 블레셋 사람에게 이르되 너는 칼과 창과 단창으로 내게 오거니와 나는 만군의 여호와의 이름 곧 네가 모욕하는 이스라엘 군대의 하나님의 이름으로 네게 가노라"(삼상 17:45). 이 믿음이 다윗을 위대한 왕인 동시에 선지자로 인도하였다. 다윗은 왕으로 즉위한 뒤에도 그 왕권을 초월하는 믿음을 가졌다. 다윗은 자기의 죄를 책망하는 선지자 나단 앞에서 눈물로 자기의 죄를 회개하는 믿음을 보였다. 다윗은 목숨과 왕권을 초월하는 믿음으로 장차 오실 그리스도를 만났다(마 22:43).

10) 엘리야 선지자는 목숨을 초월하는 믿음으로 하나님의 말씀을 증거한 대표적인 선지자 중 한 사람이다. 아합 시절에 많은 선지자가 죽임을 당하였다. 엘리야는 목숨을 걸고 이방신의 선지자들과 마주하였다. 엘리야는 아합과 이스라엘 백성, 그리고 이방신의 선지자들 앞에서 목숨을 걸고 기도함으로 인류의 죄를 대속하기 위하여 영원한 제사를 드리실 그리스도를 만났다. "여호와여 내게 응답하옵소서 내게 응답하옵소서 이 백성으로 주 여호와는 하나님이신 것과 주는 저희의 마음으로 돌이키게 하시는 것을 알게 하옵소서 하매 이에 여호와의 불이 내려서 번제물과 나무와 돌과 흙을 태우고 또 도랑의 물을 핥은지라"(왕상 18:37,38).

11) 구약시대에 믿음의 선진들은 목숨을 초월하는 믿음으로 세상으로부터 오는 불같은 시험과 핍박을 이겨내고 장차 오실 그리스도를 만났다. 그들은 죽음을 무릅쓰는 믿음으로 자신들의 죄를 사하실 그리스도를 만났다고 성경은 기록하였다. "불의 세력을 멸하기도 하며 칼날을 피하기도 하며 연약한 가운데서 강하게 되기도 하며 전쟁에 용맹되어 이방 사람들의 진을 물리치기도 하며 여자들은 자기의 죽은 자를 부활로 받기도 하며 또 어떤 이들은 더 좋은 부활을 얻고자 하여 악형을 받되 구차히 면하지 아니하였으며 또 어떤 이들은 희롱과 채찍질 뿐 아니라 결박과 옥에 갇히는 시험도 받았으며 돌로 치는 것과 톱으로 켜는 것과 시험과 칼에 죽는 것을 당하고 양과 염소의 가죽을 입고 유리하여 궁핍과 환난과 학대를 받았으니 (이런 사람은 세상이 감당치 못하도다) 저희가 광야와 산중과 암혈과 토굴에 유리하였느니라"(히11:34~38). 그들은 장차 오실 그리스도께서 그들의 죄를 대속하실 증거를 받고 기뻐하였다. 그러나 그들은 구원을 받았다는 약속의 말씀을 받지 못하였다. "이 사람들이 다 믿음으로 말미암아 증거를 받았으나 약속을 받지 못하였으니"(히 11:39).

12) 하나님께서 광야교회에게 목숨을 초월하는 믿음을 요구하신 이유는 그의 말

씀은 피로써 세운 언약이기 때문이다.[72] 하나님은 아브라함에게 약속하신 말씀이 반드시 성취된다는 증거로 소와 염소와 양을 죽여 사체를 두 조작으로 쪼개라고 말씀하셨다. **"여호와께서 그에게 이르시되 나를 위하여 삼년 된 암소와 삼년 된 암염소와 삼년 된 수양과 산비둘기와 집비둘기 새끼를 취할찌니라 아브람이 그 모든 것을 취하여 그 중간을 쪼개고 그 쪼갠 것을 마주 대하여 놓고 그 새는 쪼개지 아니하였으며"** (창 15:9,10). 하나님 언약의 성취가 소와 염소와 양의 피로써 보증되었다. 따라서 아브라함이 하나님의 언약을 지키지 않으면 소와 염소와 양처럼 그 몸을 두 조각으로 쪼개질 것이다. 곧 하나님의 언약을 순종하려면 목숨을 걸어야 한다는 것을 의미한다. 칭의 언약은 소의 피로 세운 약속이다.

13) 율법도 소의 피로 세운 언약이다. 모세가 율법의 모든 말씀을 이스라엘 백성에게 선포하였을 때, 그들은 모두 율법을 순종하겠다고 하나님께 맹세하였다. **"모세가 와서 여호와의 모든 말씀과 그 모든 율례를 백성에게 고하매 그들이 한 소리로 응답하여 가로되 여호와의 명하신 모든 말씀을 우리가 준행하리이다"** (출 24:3). 하나님께서 모세를 통하여 율법을 선포하시고 이스라엘 백성이 이를 순종하겠다고 맹세하였으므로, 하나님과 그들 사이에 언약이 유효하게 성립되었다. 하나님은 이것을 보증하기 위하여 소로 번제와 화목제를 드리게 하고 그 피를 뿌리게 하셨다. **"모세가 그 피를 취하여 백성에게 뿌려 가로되 이는 여호와께서 이 모든 말씀에 대하여 너희와 세우신 언약의 피니라"** (출 24:8). 그들은 율법을 온전히 순종하면 하나님께서 그들에게 약속하신 복을 반드시 주실 것이다. 그러나 그들이 율법을 불순종하면 그들의 육체는 소처럼 두 조각으로 쪼개질 것이다. 곧 이스라엘 백성이 율법을 순종하려면 그들의 목숨을 걸어야 한다. 성경은 이렇게 말씀한다. **"너는 마음을 다하고 성품을 다하고 힘을 다하여 네 하나님 여호와를 사랑하라"** (신 6:5). 마음과 성품과 힘을 다하는 것은 목숨을 거는 것이다.

14) 하나님은 칼과 피를 놓고 그의 언약을 세우셨다. 이스라엘 백성이 하나님의 언약을 지키지 않으면 하나님은 그들의 육체를 칼로 쪼개실 것이다. 따라서 그들은 살기 위하여 목숨을 걸고 하나님의 언약을 지켜야 한다. 곧 하나님께서 광야교회에게 요구하신 믿음은 목숨을 거는 믿음이다. 하나님의 언약을 순종하기 위하여 목숨을 건 자. 곧 탐심을 못 박은 십자가를 진 자만이 장차 오실 그리스도를 믿을 수 있었다.

---

72) 졸저, 상게서(2), 1.1.1.(2) 참조

(4) 광야교회의 소망
  1) 광야교회는 양심과 율법으로 자신의 죄를 깨닫고 장차 오실 그리스도를 믿음으로 의롭다 함을 받은 자들의 모임이라고 말할 수 있다. 그들이 믿음으로 의롭다 함을 받았으나 그들의 모든 죄를 용서받은 것은 아니다. 오직 거룩한 예수의 피만이 사람의 죄를 씻기 때문이다. 그들은 항상 죄를 깨닫고 성전에서 제사를 드렸지만, 그 제사가 죄를 없이하지 못하였으므로 그들은 항상 죄의식에 사로잡혀있었다. 따라서 그들의 소망은 그리스도의 오심이었다. 만약 그리스도께서 오시지 아니한다면 그들의 믿음은 헛된 것이 될 것이기 때문이다.
  2) 믿음과 소망은 분리할 수 없다. 믿음이란 속죄에 대한 하나님의 약속을 믿는 것이고, 소망이란 믿음의 성취를 바라는 것이다. 따라서 믿음과 소망은 하나님 약속의 말씀을 전제로 한다. 죄로 인하여 저주 아래 있는 것을 깨달을 자에게 소망은 그 죄를 용서하실 하나님의 은혜가 임하는 것이다. 속죄에 대한 하나님의 약속이 임하였을 때, 그 말씀이 죄인에게 믿음이 되었다. 인류의 죄를 대속하실 그리스도께서 오시기 전에 하나님의 언약을 믿은 자들에게 소망이란 그리스도의 오심이다. 이것이 광야교회의 믿음과 소망이다.
  3) 이스라엘 백성이 율법으로 자신의 죄를 깨달았을 때, 그들은 장차 오실 그리스도에 대한 믿음과 소망으로 광야 생활의 어려움을 극복하고 가나안 거민을 정복할 수 있었다. 이 믿음과 소망이 아브라함으로부터 시작하였다. 아브라함의 믿음은 죄로 인하여 저주로부터 시작한다. 하나님께서 아브라함에게 복을 주신다고 약속하셨을 때, 그는 말씀을 순종하여 하란을 떠났다. 죄로 인하여 저주 아래 있는 자에게 복을 주신다는 것은 그의 죄를 용서하신다는 것을 전제로 한다. 아브라함은 하나님께서 자기의 죄를 용서하실 약속을 믿고 그 성취를 사모하였다. 하나님은 아브라함에게 그의 후손으로 오실 분이 그의 죄를 용서하실 것이라는 언약을 주셨다(창 22:17,18). 아브라함은 장차 그의 후손으로 오실 그리스도께서 그의 죄를 용서하실 것을 믿고 그의 오심을 소망하였다. 이러한 아브라함의 믿음과 소망이 그를 믿는 자들의 조상이 되게 하였다. 아브라함의 믿음과 소망이 이삭과 야곱과 요셉에게로 이어졌다.
  4) 아브라함의 믿음이 모세에게 이어졌다. 모세는 애굽에서 종노릇하는 이스라엘 백성을 통하여 자신을 비롯한 모든 백성이 죄의 저주 아래 있음을 알았다. 하나님께서 유월절 어린양의 피로써 이스라엘 백성의 죄를 대속하고 그들을 애굽에서 광야로 인도하여 내셨을 때, 모세는 장차 오실 그리스도께서 그의 모든 죄를 용서하실 것을 알았다. 장차 오실 그리스도에 의한 속죄가 모세의 믿음이 되었다. 모세는 그리스도의 오심을 사모하고 기다리는 소망으로 이스라엘 백성을 인도하여 광야를 통과하였다. 모세는 그리스도께서 오시면 자기의 죄를 용서하고 자기의 행위에 따라서 상을 주실 것을 믿고 소망하였다(히 11:26). 모세는 장차 오실 그리스도에 대

한 믿음과 소망으로 광야의 위험한 환경, 그리고 이스라엘 백성의 시험과 원망을 극복할 수 있었다. 모세의 믿음과 소망이 여호수아에게 전하여졌다. 여호수아는 장차 오실 그리스도에 대한 믿음과 소망으로 가나안 거민을 정복하였다.

5) 사무엘을 끝으로 왕정이 시작되었다. 사울은 이스라엘의 초대 왕으로 기름 부음을 받았지만, 율법으로 자기의 죄를 깨닫지 못하였으므로 그의 왕권이 다윗에게 돌아갔다. 다윗은 이스라엘의 왕으로서 권력과 명예와 부와 육체의 쾌락을 한 손에 잡고 있었으나, 이것들로 만족하지 아니하고 그리스도의 오심을 믿고 소망하였다. 다윗은 성막의 제사가 자기의 죄를 없이하지 못하는 것을 알았다. **"주께서 나의 귀를 통하여 들리시기를 제사와 예물을 기뻐 아니하시며 번제와 속죄제를 요구치 아니하신지라"**(시 40:6). 다윗은 자기의 죄를 용서받지 못한다면 자기의 왕권이 그에게 아무런 도움이 되지 못한다는 것을 알고 장차 오실 그리스도에 의한 속죄를 사모하였다. **"여호와여 은총을 베푸사 나를 구원하소서 여호와여 속히 나를 도우소서"**(시 40:13). 다윗은 그의 왕권보다 장차 오실 그리스도의 구속을 더 사랑하고 사모하였다. 그는 이렇게 노래하였다. **"그리하시면 내가 주의 찬송을 다 전할 것이요 딸 같은 시온의 문에서 주의 구원을 기뻐하리이다"**(시 9:14). **"나는 오직 주의 인자하심을 의뢰하였사오니 내 마음은 주의 구원을 기뻐하리이다"**(시 13:5).

6) 구약시대에 선지자를 대표하는 엘리야는 장차 오실 그리스도께서 인류의 죄를 위하여 영원한 제사를 드리시고 세상 임금을 심판하실 것이며 믿는 자들에게 성령을 부어 주실 것을 체험으로 알았다. 갈멜산에서 엘리야는 아합과 이스라엘 백성과 이방신의 선지자들 앞에서 하나님께 번제를 드렸다. **"이에 여호와의 불이 내려서 번제물과 나무와 돌과 흙을 태우고 또 도랑의 물을 핥은지라"**(왕상 18:38). "여호와의 불이 하늘에서 내려서"란 장차 율법이 그리스도 예수를 심판할 것을 모형으로 보여준다.73) 엘리야가 드린 번제는 그리스도께서 인류의 죄를 대속하실 제사를 모형으로 보여준다. 엘리야는 번제를 드린 뒤에 모든 이방신의 선지자들을 죽였다(왕상 18:40). 이것은 그리스도께서 십자가에 죽음으로 마귀를 심판하고 그의 모든 권세를 박탈하실 것을 모형으로 보여준다.74) 그 후에 엘리야가 비를 위하여 기도하였을 때 하나님은 많은 비를 내리셨다(왕상 18:45). 그 비는 그리스도께서 승천하신 뒤에 믿는 자들에게 보내실 성령을 모형으로 보여준다.

7) 엘리야는 장차 오실 그리스도께서 인류의 죄를 대속하실 영원한 제사를 모형으로 보았다. 엘리야는 장차 오실 그리스도께서 세상 임금인 마귀를 심판하실 것을 그림자로 보았다. 엘리야는 믿는 자들에게 성령을 보내주실 것을 모형으로 보았다.

---

73) 불은 율법에 따른 공의의 심판을 모형으로 보여준다. "그러므로 만군의 하나님 여호와가 이같이 말하노라 그들이 이 말을 하였은즉 볼찌어다 내가 네 입에 있는 나의 말로 불이 되게 하고 이 백성으로 나무가 되게 하리니 그 불이 그들을 사르리라"(렘 5:14)
74) 졸저, 상게서, 4.4.2.(2) 참조

이제 그는 그리스도의 오심을 바라는 소망과 기쁨으로 충만하였다. 엘리야는 더 바랄 것이 없으므로, 이세벨에게 쫓겨 광야로 들어간 뒤에 죽기를 구하였다. "**스스로 광야로 들어가 하룻길쯤 행하고 한 로뎀나무 아래 앉아서 죽기를 구하여 가로되 여호와여 넉넉하오니 지금 내 생명을 취하옵소서 나는 내 열조보다 낫지 못하니이다 하고**"(왕상 19:4). 이로써 엘리야의 사명이 끝난 것을 아신 하나님은 그의 역을 대신할 선지자로 엘리사를 택하여 부르셨다(왕상 19:19,20).

8) 솔로몬의 우상숭배로 이스라엘은 북이스라엘과 남유다로 분단되었다. 북이스라엘의 초대 왕인 여로보암이 하나님의 형상으로 우상을 만들어 섬긴 이후 나라는 우상숭배에서 벗어나지 못하였다. 남유다도 북 왕국의 영향을 받아 우상을 숭배하자, 선지자들은 이스라엘의 멸망과 장차 오실 그리스도에 대하여 예언하였다. 예레미야는 남 왕국이 바벨론에게 멸망할 것을 예언하였다. "**내가 또 이 성의 모든 부와 그 모든 소득과 그 모든 귀물과 유다 왕들의 모든 보물을 그 원수의 손에 붙이리니 그들이 그것을 탈취하여 바벨론으로 가져가리라**"(렘 20:5). 예레미야는 남 왕국이 멸망한 뒤에 다윗의 후손으로 그리스도께서 오셔서 나라의 왕권을 회복하실 것을 예언하였다. "**나 여호와가 말하노라 보라 때가 이르리니 내가 다윗에게 한 의로운 가지를 일으킬 것이라 그가 왕이 되어 지혜롭게 행사하며 세상에서 공평과 정의를 행할 것이며**"(렘 23:5). "**그날 그때에 내가 다윗에게 한 의로운 가지가 나게 하리니 그가 이 땅에 공평과 정의를 실행할 것이라**"(렘 33:15). 예레미야는 장차 오실 그리스도를 믿고 소망하는 기쁨으로 모진 박해와 고난을 이겨내고 불타는 심정으로 장차 오실 그리스도를 증거하였다. "**내가 다시는 여호와를 선포하지 아니하며 그 이름으로 말하지 아니하리라 하면 나의 중심이 불붙는 것 같아서 골수에 사무치니 답답하여 견딜 수 없나이다**"(렘 20:9).

9) 출애굽 이후 광야에서 제사장 모세를 중심으로 하는 광야교회는 사사시대에 간신히 그 명맥을 유지하다가 사무엘과 다윗 시대에 이르러 그 면모를 새롭게 하였다. 그러나 다윗 이후 광야교회는 붕괴하기 시작하여 남유다를 중심으로 그 명맥을 유지하였다. 남유다가 멸망한 뒤 70년이 되자, 예레미야의 예언대로 믿음으로 의롭다 함을 받은 유대인들이 바벨론에서 가나안땅으로 돌아왔다(렘 25:11). 바벨론에서 돌아온 유대인들은 파괴된 성전을 다시 세우고 제사장을 중심으로 하는 광야교회, 곧 제사장의 나라를 회복하였다.75) 제사장은 성전 제사를 회복하고 율법으로 유대인들을 다스렸다. 바벨론에서 가나안땅으로 돌아온 유대인을 중심으로 하나님의 뜻에 맞는 광야교회가 그 모습을 나타냈다. 이 광야교회는 율법으로 자신의 죄를 깨닫고 장차 오실 그리스도를 사모하는 믿음으로 의롭다 함을 받은 자의 모임이다.

---

75) 졸저, 상게서, 3.3.2.(1) 참조

10) 바벨론에서 가나안땅으로 돌아온 유대인을 중심으로 본래의 모습을 되찾았던 광야교회는 시간이 흐름에 따라 그 본질이 변하기 시작하였다. 광야교회의 구성원은 크게 두 분류로 구분할 수 있다. 첫째, 율법으로 자신의 죄를 깨닫고 장차 오실 그리스도의 구속을 사모하며 기다린 자들이다. 이들은 육신이 연약하여 율법을 온전히 순종할 수 없는 것을 알고 장차 오실 그리스도께서 그들의 죄를 대속하실 것을 믿고 그리스도의 오심을 사모하였다. 그들은 그리스도의 오시는 길을 준비하였고 그리스도께서 그들 가운데 마리아의 몸을 통하여 오셨다. 그들은 그리스도를 통하여 하나님의 구원하심을 보았다. **"시므온이 아기를 안고 하나님을 찬송하여 가로되 주재여 이제는 말씀하신대로 종을 평안히 놓아 주시는도다 내 눈이 주의 구원을 보았사오니"** (눅 2:28~30).

11) 둘째, 율법으로 자신의 죄를 깨닫지 못하고 이방인의 손으로부터 이스라엘을 구원할 정치적인 그리스도를 사모하며 기다린 자이다. 광야교회가 그리스도의 오심을 믿고 기다렸지만, 오실 그리스도의 사역에 대하여 오해하고 있다. 남유다가 바벨론에게 멸망한 뒤에 유대인들은 바사와 헬라와 로마의 지배를 받았다. 유대인들은 하나님의 백성으로 택함을 받은 자신들이 멸망한 이유가 이방여자의 미혹에 빠져서 우상을 숭배하였기 때문임을 깨달았다. 그들이 이방인의 지배에서 벗어나려면, 선지자들의 예언대로 다윗의 자손으로 그리스도께서 오셔야 한다고 믿었다. 이방인의 지배가 계속되자 유대인들의 소망은 오직 그리스도의 오심이었다. 따라서 유대인들은 그리스도를 맞이하려면 이스라엘 가운데 죄가 없어야 한다고 믿고 율법을 온전히 순종하려고 하였다. 이러한 시대적 배경 아래 바리새인, 서기관들, 사두개인들이 출현하였다. 그들은 율법의 행위로 자신들을 의롭다고 믿고 있으나, 자신들을 이방인의 손에서 구원할 그리스도의 오심을 간절히 고대하였다. 이것은 유대교의 탄생을 알리는 것이다.

12) 마지막 선지자인 세례 요한은 광야교회가 기다리며 바라던 그리스도께서 오셨다고 선포하였다. 세례 요한은 광야교회의 마지막 선지자로서 그리스도의 오심을 선포하였다. **"그 때에 세례 요한이 이르러 유대 광야에서 전파하여 가로되 회개하라 천국이 가까왔느니라 하였으니"** (마 3:1,2). 세례 요한이 유대 광야에서 선포한 것은 광야교회를 향한 선포이다. "회개하라"란 율법으로 죄를 깨달으라는 것이다. "천국이 가까왔느니라"란 온 이스라엘 백성이 사모하고 기다리던 그리스도께서 오셨다는 것이다. 세례 요한의 선포는 광야교회의 믿음과 소망을 요약하여 보여준다. 그 믿음은 율법으로 죄를 깨닫고 장차 그리스도께서 오시면 죄를 대속할 것을 믿는 것이다. 그 소망이란 그리스도의 오심을 바라고 기다리는 것이다. 율법으로 자기의 죄를 알지 못한 자들과 장차 오실 그리스도의 소망이 없는 자들은 의롭다 함을 받지 못하고 광야교회에서 배제되었다.

(5) 이해를 위한 질문

1) 광야교회의 믿음의 본질
  a. 아브라함으로부터 시작하는 광야교회의 믿음이 창조주로부터 시작하는 이유는 무엇인가(창 12:1~3).
  b. 광야교회의 믿음이 창조주 하나님부터 장차 오실 그리스도까지 확대된 이유는 무엇인가(창 22:17,18).
  c. 믿음이 자신의 죄를 깨닫는 것으로부터 시작하는 이유는 무엇인가.
  d. 하나님께서 믿는 자들의 죄를 용서하신다는 증거는 무엇으로 계시되었는가(출 12:13).

2) 광야교회를 통하여 계시된 장차 오실 그리스도의 사역
  a. 아브라함은 전능하신 하나님께서 장차 그의 후손으로 오셔서 천하 만민에게 복을 주실 것을 믿었다. 그 이유는 무엇인가(창 12:1,2, 22:17,18).
  b. 출애굽을 통하여 계시된 그리스도의 사역은 무엇인가(고전 5:7).
  c. 광야 생활을 통하여 계시된 그리스도의 사역은 무엇인가(고전 10:1~4).
  d. 다윗이 율법으로 자기의 죄를 깨달았지만, 소망으로 기뻐한 이유는 무엇인가 (시 16:11).
  e. 이사야 선지자를 통하여 계시된 그리스도의 사역은 무엇인가(사53:4~6).
  f. 그리스도께서 육신으로 임하신 날이 크고 두려운 여호와의 날인 이유는 무엇인가(욜 2:30,31).

3) 목숨을 초월하는 믿음
  a. 아브라함은 목숨을 초월하는 믿음으로 하나님의 말씀을 순종할 수 있었다. 그의 믿음은 무엇인가(창 22:2).
  b. 모세는 어떻게 하나님의 말씀을 순종하였는가(히 3:5).
  c. 이스라엘 백성은 목숨을 걸고 가나안 거민과의 전쟁을 승리로 이끌었다. 이스라엘 백성이 칼 보다 하나님의 말씀을 더 의지한 이유는 무엇인가(수 1:4,5).
  d. 선지자들이 하나님의 말씀을 증거하기 위하여 목숨을 아끼지 아니한 이유는 무엇인가.
  e. 하나님께서 피로써 언약을 세웠다는 것은 무엇을 의미하는가.

4) 광야교회의 소망
  a. 믿음이란 하나님의 이름을 믿는 것이고 소망이란 하나님의 말씀이 성취될 것을 바라고 기다리는 것이다. 광야교회의 믿음이란 무엇인가(요 8:56).
  b. 광야교회가 장차 오실 그리스도를 소망한 이유는 무엇인가(출 20:17).
  c. 광야에서 모세가 하나님께 충성한 이유는 무엇인가(히 11:26).
  d. 다윗이 왕권을 넘어서 그리스도의 오심을 소망한 이유는 무엇인가(시 40:13).
  e. 장차 오실 그리스도에 대한 소망이 없는 자들이 믿음을 버리고 타락한 이유

는 무엇인가(삿 2:10).

2. 광야교회의 생명과 안식
(1) 광야교회와 생명의 기업

1) 광야교회는 장차 오실 그리스도의 길을 준비함으로 아담 안에서 잃어버린 생명을 다시 찾을 길을 열었다. 광야교회가 없었으면 그리스도께서 오실 수 없었으며 이 땅에 생명은 없을 것이다. 곧 아브라함으로부터 마지막 선지자인 세례 요한까지 약 2,000년 동안 광야교회는 생명을 생산하기 위하여 열심히 일한 하나님의 기업이다. 하나님은 아브라함에게 장차 오실 그리스도의 길을 준비함으로 생명을 생산하여야 하는 사명을 주셨고, 아브라함은 그 사명을 기업으로 받았다. 아브라함이 받은 기업이 이삭과 야곱에게로 이어졌으며 이스라엘의 열두 아들에게 이어졌다.

2) 기업이 제품을 생산하는 과정을 살펴보자. 기업가는 일반적으로 토지를 매입하여 공장건물을 짓고 기계장치를 설치한다. 그 후에 기업가는 종업원을 고용하고 원재료를 투입하여 원하는 제품을 생산하여 시장에 출하한다. 이것은 광야교회가 생명을 생산하는 과정을 모형으로 보여준다. 하나님은 가나안땅을 택하여 아브라함과 그의 후손에게 기업으로 주셨다. 하나님은 생명을 생산하는 원재료로서 언약을 주셨다. 아브라함의 후손들이 가나안땅에 거하면서 그 언약을 믿고 순종하면 작정된 때에 생명을 생산할 것이다. 그리스도는 생명의 원천이므로 그의 탄생은 생명을 생산한 것이다.

3) 하나님은 아담 안에서 인류가 잃어버린 생명을 주시기 위하여 아들을 육신으로 보내실 것을 작정하셨다. 이를 위하여 하나님은 가나안땅과 아브라함과 그의 후손을 택하셨다. 하란에서 하나님은 아브라함에게 본토 친척 아비 집을 떠나서 지시할 땅으로 나가라고 말씀하셨다(창 12:1~3). 그 조건으로 하나님은 아브라함에게 복을 주신다고 약속하셨다. 복이란 장차 오실 그리스도 안에 있는 생명을 주신다는 것이다. 아브라함이 생명을 얻으려면 하란의 비옥한 토지를 버려야 한다. 이것은 아브라함의 생업(生業)이 바뀐다는 것을 의미한다. 하란에서 아브라함의 생업은 목축업이었다. 아브라함이 하란을 떠나는 것은 그의 생업이 목축업에서 하나님의 약속을 믿음으로 생명을 생산하는 것으로 바뀐 것을 의미한다.

4) 하나님은 아브라함에게 가나안땅을 주신다고 약속하셨다. **"내가 너와 네 후손에게 너의 우거하는 이 땅 곧 가나안 일경으로 주어 영원한 기업이 되게 하고 나는 그들의 하나님이 되리라"(창 17:8).** "영원한 기업"이란 아브라함과 그의 후손이 그 땅을 영원히 소유한다는 것이다.[76] 하나님의 약속에도 불구하고 아브라함은 그의 생전에 그 땅을 조금도 받지 못하셨다. **"그러나 여기서 발 붙일만큼도 유업을**

---

[76] "기업"으로 번역된 히브리어, 아훗자트(אֲחֻזַּת)는 소유, 상속할 권리를 의미한다(BDB., p.28).

주지 아니하시고 다만 이 땅을 아직 자식도 없는 저와 저의 씨에게 소유로 주신다고 약속하셨으며"(행 7:5). 아브라함은 그 땅을 받지 못하였으나 하나님의 약속이 반드시 성취된다는 것을 믿었다. 아브라함은 가나안땅을 받은 것이 아니라 하나님의 말씀을 기업으로 받았다. 하란을 떠나서 가나안땅으로 들어간 아브라함은 하나님의 약속을 믿고 순종하는 것을 주업(主業)으로, 목축업을 부업(副業)으로 삼았다. 아브라함은 육체를 위한 목축업은 일시적인 부업이며 영혼을 위하여 하나님의 약속을 믿고 순종하는 것이 주업임을 알았다.

5) 아브라함은 가나안땅을 유업으로 받으면 장차 그리스도께서 그 땅에서 태어나실 것을 믿었다. 그 땅은 생명을 탄생하는 약속의 땅이 될 것이다. 아브라함은 가나안땅을 주신다는 하나님의 약속을 그와 그의 후손의 영혼을 위한 영원한 기업으로 받았다. 아브라함의 후손이 가나안땅을 받고 하나님을 믿음으로 그의 말씀을 순종하면 생명이신 그리스도께서 그 땅에서 그의 후손을 통하여 오실 것이다.[77] 이 약속을 믿은 선지자들은 시온에서 생명을 얻는 구원이 나올 것이라고 예언하였다. "이스라엘의 구원이 시온에서 나오기를 원하도다 여호와께서 그 백성의 포로된 것을 돌이키실 때에 야곱이 즐거워하고 이스라엘이 기뻐하리로다"(시 14:7).

6) 아브라함은 목축업이 잘 되고 안되는 것을 온전히 하나님의 손에 맡기고 목숨을 다하여 하나님의 말씀을 순종하였다. 아브라함은 하란의 비옥한 토지를 버리고 롯을 위하여 목숨을 걸고 싸웠으며 그에게 물이 많은 지역을 양보하였다(창 13:10). 아브라함의 믿음이 이삭과 야곱에게 이어졌다. 이삭은 목축업을 부업으로 여겼으므로 자신이 판 우물을 그랄 목자들에게 양보하였다. 만약 우물이 하나님의 약속과 관련되었다면 이삭은 절대로 양보하지 아니하였을 것이다. 이삭은 하나님의 약속을 위하여 자신의 목숨을 번제의 예물로 드렸다(창 22:2). 야곱도 하나님의 약속을 그의 기업으로 믿었으므로 장자의 명분을 위하여 조상으로부터 내려오는 모든 상속재산을 부업으로 알고 포기하였다.

7) 모세는 애굽의 왕자의 지위를 버리고 이스라엘 백성을 애굽에서 인도하여 내는 일을 그의 영혼을 위한 일생의 사명으로 믿었다. 모세에게 있어서 애굽의 왕자로서의 생활은 육체를 위한 부업이며 이스라엘 백성을 애굽에서 인도하여 내는 일은 그의 영혼을 위한 주업이었다. 따라서 모세는 40세에 애굽의 왕자의 지위를 버리고 아브라함에게 주신 하나님의 말씀(창 15:13)을 성취할 수 있다고 믿고 이스라엘 백성을 애굽에서 구원하려 내려고 하였다(행 7:23~28). 모세는 자신의 능력으로

---

77) 사라가 죽었을 때, 아브라함은 가나안땅이 그와 그의 후손의 것임을 인을 치기 위하여 마므레 앞 막벨라 밭의 굴을 돈을 사서 사라의 시신을 장사하였다. "그 후에 아브라함이 그 아내 사라를 가나안땅 마므레 앞 막벨라 밭 굴에 장사하였더라 (마므레는 곧 헤브론이라)"(창 23:19). 그 후에 아브라함과 이삭과 야곱이 그곳에 묻혔다(창 25:9, 35:29, 50,13).

이스라엘 백성을 애굽에서 인도하여 내려고 하였으나, 하나님은 허락하지 아니하셨다. 이스라엘 백성을 애굽에서 인도하여 내는 일은 하나님의 말씀이 임하셔야 한다. 이것을 알지 못한 모세는 자신의 능력으로 그 일을 하려고 하였다.

8) 하나님은 호렙산 떨기나무에서 모세를 불러 출애굽의 사명을 주셨다. 모세는 그의 영혼을 위하여 영원한 생명을 사모하였으므로 광야에서 많은 어려움을 극복하였다. 모세는 아브라함의 후손들이 가나안땅을 기업으로 받는 것이 생명이신 그리스도의 길을 준비하는 것을 알았다. 하나님의 언약에 따라서 이스라엘 백성은 가나안땅에서 생명을 생산할 것이므로, 모세는 하나님의 인도하심을 받아 백성을 애굽에서 인도하여 내고 홍해를 건너 광야를 통과하여 가나안땅에 이르렀다. 모세는 이스라엘 백성을 이끌고 요단강을 건너는 것을 여호수아에게 맡기고 영원한 생명이 탄생할 땅을 바라보고 느보산에서 생애를 마감하였다. **"너는 여리고 맞은편 모압 땅에 있는 아바림산에 올라 느보산에 이르러 내가 이스라엘 자손에게 기업으로 주는 가나안땅을 바라보라 네 형 아론이 호르산에서 죽어 그 조상에게로 돌아간 것 같이 너도 올라가는 이 산에서 죽어 네 조상에게로 돌아가리니"** (신 32: 49,50).

9) 가나안땅은 생명을 생산할 거룩한 땅으로 택함을 받았으므로 우상을 숭배하는 자들이 그 땅에서 살아갈 수 없다(신 11:12). 가나안 거민이 우상숭배와 음행으로 그 땅을 더럽혔기 때문이다. 따라서 하나님은 그 거민을 멸하시고 그 땅도 스스로 그 거민을 토하여 낼 것이다. **"그 땅도 더러워졌으므로 내가 그 악을 인하여 벌하고 그 땅도 스스로 그 거민을 토하여내느니라"** (레 18:25). 모세가 죽은 뒤에 가나안땅을 정복할 사명이 여호수아에게 부여되었다. 여호수아는 하나님의 말씀을 믿고 강하고 담대하게 전쟁에 임하였다. **"내가 네게 명한 것이 아니냐 마음을 강하게 하고 담대히 하라 두려워 말며 놀라지 말라 네가 어디로 가든지 네 하나님 여호와가 너와 함께 하느니라 하시니라"** (수 1:9). 여호수아는 하나님의 은혜로 가나안땅을 정복한 뒤에 제비를 뽑아 열두 지파에게 그 땅을 분배하였다. 이로써 가나안땅에서 이스라엘 백성을 통하여 생명이신 그리스도의 탄생에 관한 모든 준비가 끝났다.

10) 이제 남은 것은 백성이 율법으로 자신의 죄를 깨닫고 장차 오실 그리스도를 믿고 그의 길을 준비하는 것이다. 이를 위하여 이스라엘이 음행과 우상숭배를 멀리하는 것이다. 만약 그들이 우상을 숭배함으로 그 땅을 더럽힌다면, 그 땅이 그들을 토하여낼 것이다. **"너희도 더럽히면 그 땅이 너희 있기 전 거민을 토함 같이 너희를 토할까 하노라"** (레 18:28). 이것을 알고 있던 여호수아는 죽음을 앞두고 장차 오실 그리스도를 위하여 이스라엘 백성에게 마지막 유언을 남겼다. **"그러므로 이제는 여호와를 경외하며 성실과 진정으로 그를 섬길 것이라 너희의 열조가 강 저편과 애굽에서 섬기던 신들을 제하여 버리고 여호와만 섬기라"** (수 24:14).

11) 아브라함으로부터 여호수아까지 이스라엘의 역사는 영원한 생명을 생산하기

위하여 가나안땅을 소유하는 일에 초점을 맞추고 있다. 여호수아 이후 이스라엘의 역사는 율법으로 죄를 깨닫고 장차 오실 그리스도를 믿음으로 영원한 생명을 생산하려는 광야교회와 교회를 음행과 우상숭배로 미혹하려는 이방인이 충돌하는 과정이다. 하나님은 장차 오실 그리스도를 위하여 제사장과 선지자와 왕을 세우시고 그들에게 사명을 주셨으나, 그들은 육체를 위한 일을 주업으로 여기고 생명의 탄생을 위한 영적인 일을 부업으로 여김으로 나라를 우상숭배와 음행의 도가니로 몰아넣었다. 음행과 우상숭배가 이스라엘을 집어삼키는 시대에도 하나님의 뜻을 알고 생명이신 그리스도의 오시는 길을 생업으로 알고 목숨을 걸고 일한 자들이 있었다.

12) 사사시대에 제사장들은 율법을 가르치고 백성을 재판하는 직분을 버리고 단순한 종교의식으로 제사하므로 성막의 제사를 더럽혔다. 제사는 율법에 따라서 정죄 받는 죄를 전제로 하지만, 제사장들은 죄를 알지 못하고 제사하였다. 하나님은 제사장들이 드리는 제사를 받지 아니하셨다. 제사장들은 레위자손이 드리는 십일조로 생활하고 백성 위에 군림하는 것으로 만족하였다. 제사장들은 자신의 본업이 무엇인지 알지 못함으로 타락하였다. 그러나 사무엘은 선지자와 제사장으로서 자신에게 주어진 사명을 알고 율법으로 백성의 죄를 책망하였으며 성막의 타락한 제사를 회복하였다.

13) 다윗은 이스라엘의 왕이자 선지자(행 2:30)로서 장차 오실 그리스도의 길을 준비하는 직분을 감당하였다. 다윗은 율법으로 자신의 죄를 깨닫고 장차 오실 그리스도의 길을 준비하는 일에 전력을 다하였다. 그는 왕권을 부업으로 알고 있었다. 다윗이 왕으로서 부족한 것이 없었으나 눈물로 밤을 지새우며 회개하며 기도한 것은 장차 그의 후손으로 태어나실 그리스도 안에 있는 생명을 사모하였기 때문이다. **"내가 탄식함으로 곤핍하여 밤마다 눈물로 내 침상을 띄우며 내 요를 적시나이다"** (시 6:6). 다윗이 장차 오실 그리스도를 위하여 자기의 모든 것을 바치기 위하여 눈물로 기도한 것을 하나님께서 들으셨다. **"여호와여 나의 기도를 들으시며 나의 부르짖음에 귀를 기울이소서 내가 눈물 흘릴 때에 잠잠하지 마옵소서 대저 나는 주께 객이 되고 거류자가 됨이 나의 모든 열조 같으니이다"** (시 39:12). **"나의 유리함을 주께서 계수하셨으니 나의 눈물을 주의 병에 담으소서 이것이 주의 책에 기록되지 아니하였나이까"** (시 56:8).

14) 다윗은 사사시대에 이방인의 미혹으로 나라가 우상숭배에 빠진 것을 알고 주변 국가를 정복함으로 나라를 반석 위에 굳건히 세우려고 하였다. 이스라엘 백성이 우상을 숭배하면 성경의 말씀대로 가나안땅이 백성을 토하여 낼 것이며 장차 오실 그리스도의 길을 막을 것이다. 따라서 다윗은 주변 국가를 정복하는 것이 장차 오실 그리스도를 위한 것임을 알고 하나님의 이름으로 목숨을 걸고 전쟁에 임하였다. 다윗의 마음을 아시는 하나님은 모든 전쟁에서 다윗에게 승리를 안겨주셨다. **"다메섹 아람에 수비대를 두매 아람 사람이 다윗의 종이 되어 조공을 바치니라**

다윗이 어디를 가든지 여호와께서 이기게 하시니라"(삼하 8:6). 다윗은 전리품으로 얻은 모든 금은보화를 자신의 영광을 위하여 사용하지 아니하고 하나님의 이름을 위한 성전의 건축을 위하여 드렸다(대상 28,29장).

  15) 솔로몬이 많은 이방여자를 취하여 나라를 우상숭배의 도가니로 몰아넣었다. 이로써 나라가 북이스라엘과 남유다로 갈라지게 되었다. 이후부터 이스라엘의 역사는 우상숭배와 싸우는 영적 전쟁이었다. 그 중심에 선지자와 제사장과 왕이 있었다. 왕이 우상을 숭배할 때 온 나라는 우상숭배로 몸살을 앓았다. 선지자들은 목숨을 걸고 백성에게 우상을 버리고 하나님께 돌아오라고 권고하였다. 북이스라엘에서는 엘리야와 엘리사 선지자가, 남유다에서는 이사야와 예레미야 선지자가 하나님의 말씀을 전한 대표적인 선지자들이다. 예레미야 선지자는 이스라엘의 죄를 자신의 죄로 여기고 불타는 심정으로 하나님의 말씀을 선포한 뒤에 순교한 것으로 전해지고 있다. 선지자들은 목숨을 걸고 하나님의 말씀을 선포하는 것이 장차 오실 그리스도가 그들의 영혼의 생명인 것을 알았다. 하나님의 말씀을 순종하는 것을 생업으로 아는 선지자들의 사역을 통하여 장차 오실 그리스도의 길이 열리게 되었다.

  16) 바벨론에서 가나안땅으로 돌아온 유대인들이 무너진 성전을 다시 세우고 제사장들이 율법으로 나라를 통치하였으므로, 전정한 광야교회의 본질이 회복되었다. 다윗의 후손 왕은 끊어졌고 이방인의 식민이었지만, 제사장이 자치권을 가지고 성전을 중심으로 남은 이스라엘 백성을 다스렸다.[78] 비록 바리새인들과 서기관들과 사두개인들처럼, 율법으로 자신의 죄를 알지 못함으로 하나님의 뜻을 대적하는 자들이 나타나서 광야교회를 좌지우지하였으나, 율법으로 자신의 죄를 깨닫고 장차 오실 그리스도의 구원을 사모하는 자들이 있었다. 하나님은 그들 가운데 마리아를 택하여 그리스도를 잉태하게 하셨고, 세례 요한은 마지막 선지자로서 그리스도의 길을 준비하였다. 예수께서 마리아의 몸을 통하여 태어나심으로 아브라함으로부터 시작된 광야교회의 사명은 끝났다.

  17) 그리스도 안에 있는 생명이 그의 말씀을 통하여 계시되었고 그의 말씀의 성취가 그의 피로 보증되었다. 생명의 말씀은 예수의 피로써 새우는 새 언약이다. **"저녁 먹은 후에 잔도 이와 같이 하여 가라사대 이 잔은 내 피로 세우는 새 언약이니 곧 너희를 위하여 붓는 것이라"**(눅 22:20). 비록 바리새인들과 서기관들과 사두개인들은 하나님의 뜻을 대적하였지만, 그리스도를 십자가에 못 박는 사역을 담당하였다. 그리스도께서 십자가에서 흘린 피 값이 유대인에게 돌아갔다. **"가로되 우리가 이 이름으로 사람을 가르치지 말라고 엄금하였으되 너희가 너희 교를 예루살렘에 가득하게 하니 이 사람의 피를 우리에게로 돌리고자 함이로다"**(행 5:28).

  18) 하나님은 가나안땅과 이스라엘 백성과 언약을 통하여 생명이신 그리스도를

---

78) 졸저, 상게서, 3.3.2 참조

육신으로 보내셨다. 이스라엘 백성은 칭의 언약과 그리스도의 언약(창 22:17,18)과 율법을 통하여 하나님의 뜻을 알고 생명이신 그리스도의 오실 길을 준비하기 위하여 목숨을 바쳤다. 이스라엘 백성은 그리스도의 오실 길을 위한 일을 일생의 과업으로 알고 그들의 영혼을 위하여 충성하였다. 이방인들은 이스라엘 백성을 위하여 토지와 목숨을 내놓았다. 아담의 타락으로 잃어버린 생명이 이스라엘 백성과 이방인의 피와 땀과 눈물을 통하여 예수의 피로 나타났다. 이에 대한 하나님의 은혜가 예수의 피에 의한 속죄와 구원으로 나타나고 있다.

(2) 창조사역과 하나님의 안식

1) 하나님은 육 일간 우주 안에 있는 모든 것들을 창조하시고 일곱째 날에 안식하셨다. 안식은 광야교회의 안식과 관련되므로 먼저 창조사역과 안식의 관계를 살펴보자. 하나님께서 자기의 영광을 나타내기 위하여 그리스도의 오시는 길을 준비하는 완전한 피조물로 만물을 창조하셨다. 만물은 사람의 생존을 위한 완전한 공간과 장소를 제공하는 피조물로 창조되었으며, 사람은 하나님의 영광을 위하여 일하고 그리스도의 길을 준비하는 완전한 피조물로 창조되었다(사 45:18). 따라서 하나님은 우주 안에 있는 모든 것들을 창조하신 후 이것들을 좋게 여기셨다. 우주 안에서 사람이 하나님의 영광을 위하여 일할 수 있는 모든 여건이 완전하게 마련되었다. 따라서 하나님께서 만물을 창조하신 후 일곱째 날에 안식하시고 그날을 거룩하게 하셨다. 이로써 사람이 창조질서, 곧 장차 오실 그리스도의 길을 준비함으로 하나님의 은혜 안에 들어가서 하나님의 안식에 참여할 수 있게 되었다.

2) 하나님은 우주 안에 있는 모든 것들을 지으시고 그것들을 좋다고 말씀하셨다. **"하나님이 지으신 그 모든 것을 보시니 보시기에 심히 좋았더라 저녁이 되고 아침이 되니 이는 여섯째 날이니라"** (창 1:31). "심히 좋았더라"란 만물이 하나님의 영광을 나타내는 완전한 도구로 창조되었다는 것을 의미한다.[79] 하나님께서 우주 안에 있는 모든 피조물을 좋게 여기시고 기뻐하신 이유는 그들이 하나님의 영광을 나타내는 완전한 피조물로 창조되었다는 것을 의미한다. 모든 피조물은 조금도 흠이 없는 완전한 존재이다. 하나님은 완전하시기 때문이다. 전지전능, 영원, 완전함, 의로움, 거룩함, 선함, 인자하심 및 사랑의 기준은 하나님의 속성이다. 하나님께서 창조물을 선하다고 말씀하신 것은 그의 영광을 위한 그릇으로 완전하며 흠이 조금도 없다는 것을 의미한다.

3) 하나님은 사람에게 땅을 정복하고 모든 생물을 다스리는 권세를 주셨다. 이것

---

[79] "좋다"로 번역된 히브리어, 토브(טוב)는 여러 가지의 의미를 내포하고 있다. 토브는 선함, 기쁨, 소망, 아름다움이란 의미이다. R. Laird Harris, Gleason L. Archer, Bruce K. Waltke, Theological Workbook of the Old Testament, 번역위원회 역, 구약원어신학사전(요단출판사, 1986). pp. 430,431.

은 사람이 우주 역사의 주인공이라는 것을 의미한다. 우주 안에 있는 모든 행성은 창조질서에 의하여 이동하고 있으며, 동물은 본능에 따라서 기계적으로 살아간다. 그러나 사람은 인격이 있으므로 그의 판단에 따라서 지상에 있는 모든 것들을 통치한다. 따라서 사람의 판단과 결정에 따라서 지상의 모든 것들의 역사가 좌우된다고 말할 수 있다. 곧 사람은 지상의 모든 생물의 역사의 주인공이며 하나님의 영광을 위하여 일하는 주인공이라고 말할 수 있다. 만물이 하나님의 뜻을 이루는 완전한 존재로 창조되었으므로, 하나님은 사람에게 자기의 일을 맡기시고 일곱째 날에 안식하셨다. **"하나님이 그가 하시던 일을 일곱째 날에 마치시니 그가 하시던 모든 일을 일곱째 날에 안식하시니라"** (창 2:2).

4) 하나님께서 안식하신 것은 창조사역으로 피곤하여 안식하신 것이 아니다. 하나님은 피곤하지 아니하시며 주무시지도 아니하신다(시 121:4). 그렇다면 하나님께서 창조사역을 마치시고 안식하신 이유는 무엇인가. 그 이유는 창조사역의 완전성에서 찾아야 할 것이다. 우주 안에 있는 만물이 하나님의 영광을 나타내는 완전 그릇이 아니라면 하나님은 안식하시지 못하였을 것이다. 곧 만물이 하나님의 영광을 나타낼 수 있는 완전한 그릇으로 창조되었으므로, 하나님께서 만물을 선하게 보시고 안식하셨다. 따라서 안식이란 하나님의 뜻과 모든 피조물의 질서가 완전하게 조화를 이룬 상태를 의미한다고 말할 수 있다. 곧 모든 피조물이 창조질서를 유지하고 있는 상태에서 하나님은 안식하셨다.

5) 만물이 하나님의 영광이며 실체인 그리스도의 오실 길을 준비하는 완전한 그릇으로 창조되었으므로 하나님께서 더 하실 일은 없다. 따라서 하나님은 일곱째 날에 안식하시고 그날을 거룩하게 하시고 복을 주셨다. **"하나님이 그 일곱째 날을 복되게 하사 거룩하게 하셨으니 이는 하나님이 그 창조하시며 만드시던 모든 일을 마치시고 그 날에 안식하셨음이니라"** (창 2:3). "복"이란 생명과 관련된다. "거룩함"이란 세상과 분리된 것을 의미한다. 이 말씀은 모든 피조물이 창조질서를 유지함으로 하나님의 영광을 나타낼 때 거룩하고 복을 받는다는 것을 의미한다. 사람을 제외한 모든 피조물은 창조질서에 따라서 기계적으로 움직이므로, (창 2:3)의 말씀은 사람의 사역과 직접 관련된다고 말할 수 있다.

6) 사람이 창조질서에 따라서 그리스도의 길을 준비하는 일을 온전히 수행한다면, 모든 피조물과 하나님의 뜻이 완전히 조화를 이루게 되므로 하나님의 안식은 계속될 것이다. 사람이 창조질서에 따라서 행동하는 것은 복을 받고 거룩하게 되는 것이며 하나님의 은혜 안에 들어가는 것이다. 따라서 하나님의 안식은 사람이 창조질서를 순종함으로 하나님의 은혜 아래 들어가는 것과 관련된다고 말할 수 있다. 그러나 사람이 창조질서를 대적함으로 장차 오실 그리스도의 길을 차단한다면, 하나님의 뜻은 무너지고 하나님과 사람 간의 조화는 깨어질 것이다. 이것은 하나님의 안식이 끝난다는 것을 의미한다. 따라서 안식이란 하나님의 뜻과 사람의 인격이 조

화를 이루며 양자가 일치하는 것으로 사람이 하나님의 은혜 아래 있다는 것을 의미한다. 곧 하나님의 안식이란 사람이 창조질서에 따라서 일함으로 하나님의 은혜 아래 있는 상태를 의미한다고 말할 수 있다.

7) 하나님께서 일곱째 날에 안식하시고 그날을 복 주시고 거룩하게 하셨으므로, 사람이 창조질서에 따라서 일한다면 복을 받고 거룩하게 될 것이다. 사람은 생명을 가진 존재로 창조되었으므로 하나님의 뜻을 순종하여 그 생명을 유지하면 하나님의 안식에 들어간다. 이러한 의미에서 아담의 타락은 하나님의 안식을 훼방하였다고 말할 수 있다.[80] 아담은 타락함으로 그의 육체와 영혼을 더럽혔고 저주 아래 놓이게 되었다. 이로써 장차 오실 그리스도의 길이 차단되었고 창조질서는 무너졌다. 그리스도는 죄로 인하여 더럽혀진 사람의 육체를 통하여 오실 수 없기 때문이다. 사단은 아담을 미혹하여 범죄하게 하므로 장차 오실 그리스도의 길을 차단하였지만, 하나님은 닫힌 길을 다시 열겠다고 약속하셨다. "**내가 너로 여자와 원수가 되게 하고 너의 후손도 여자의 후손과 원수가 되게 하리니 여자의 후손은 네 머리를 상하게 할 것이요 너는 그의 발꿈치를 상하게 할 것이니라 하시고**"(창 3:15). "뱀의 후손"이란 그리스도를 대적하는 모든 자를 의미한다. 그들은 사람의 외모를 가지고 있으나 영적으로 말하는 뱀이다. 말하는 뱀이 그리스도를 십자가에 못 박을 것이며 믿는 자들을 미혹하고 핍박할 것이다. "여자"란 믿음으로 의롭다 함을 받을 자를 의미한다. 아브라함과 그의 후손들은 믿음으로 의롭다 함을 받고 장차 오실 그리스도의 언약을 믿음으로 그리스도를 잉태한 여자가 되었다(창 22:17).

8) 하나님은 땅 위에 있는 모든 것을 거룩하게 창조하시고 복을 주셨다. 그러나 땅을 정복하고 모든 동물을 다스리는 사람이 죄로 인하여 더러워졌으므로, 하나님은 사람의 지배 아래 있는 모든 것을 저주하셨다. "**아담에게 이르시되 네가 네 아내의 말을 듣고 내가 너더러 먹지 말라한 나무 실과를 먹었은즉 땅은 너로 인하여 저주를 받고 너는 종신토록 수고하여야 그 소산을 먹으리라**"(창 3:17). "땅은 너로 인하여 저주를 받다"란 흙으로 창조된 모든 것이 저주를 받은 것을 의미한다. 곧 창조질서가 무너짐으로 장차 오실 그리스도의 길이 완전히 막혔다. 그리스도께서 죄로 인하여 더럽혀진 사람의 육체를 통하여 오실 수 없다. 이뿐만 아니라 죄로 인하여 더럽혀진 땅은 그리스도를 맞이할 수 없다. 따라서 하나님은 가나안땅을 거룩하게 구별하시고 그 땅이 그리스도를 맞이하게 하셨다(신 11:12).

9) 아담이 범죄하므로 하나님의 안식은 무너졌다. 이제 남은 일은 (창 3:15)의 약속대로 사람이 창조질서를 회복함으로 아담의 타락으로 닫힌 그리스도의 길을 다시 여는 것이다. 하나님은 원하는 자를 택하셔서 믿음을 주시고 그 믿음을 의롭다고 하심으로 장차 오실 그리스도의 길을 열기 시작하셨다. 아벨은 믿음으로 제사

---

[80] 졸저, 상게서, 2.2.2.(2) 참조

를 드림으로 하나님의 은혜 아래 들어갔다. 에녹은 믿음으로 장차 오실 그리스도의 길을 준비함으로 하나님을 기쁘시게 하였다. 믿음으로 노아는 방주를 건조함으로 장차 오실 그리스도 안에서 믿는 자들이 받을 세례를 모형과 그림자로 보여주었다. 믿음을 통하여 그리스도의 오실 길이 열리게 됨으로써 하나님의 안식이 회복되기 시작하였다.

(3) 광야교회와 안식
 1) 하나님은 아담의 타락으로 닫힌 그리스도의 오실 길을 여는 일을 아브라함과 그의 후손에게 맡기시고 그들이 맡은 사명을 완수함으로 자기의 안식에 들어오게 하셨다. 하나님은 장차 오실 그리스도의 길을 준비하는 그릇으로 만물을 완전하게 창조하시고 안식하신 것처럼, 아브라함과 그의 후손을 통하여 그리스도의 길을 준비하시고 그들이 자기의 안식, 곧 자기의 은혜 아래 들어오게 하셨다. 아브라함과 그의 후손이 믿음으로 의롭다 함을 받고 가나안땅을 유업으로 받으면, 장차 오실 그리스도를 위한 모든 준비가 끝난다. 따라서 이스라엘 백성이 가나안땅을 정복하여 그 땅에 정착하는 것은 하나님의 안식에 들어가는 것을 의미한다.
 2) 하나님은 아브라함을 택하여 하란을 떠나서 가나안땅으로 인도하셨다. 하나님은 그 땅을 그와 그의 후손에게 영원한 기업으로 주신다고 약속하셨다(창 17:8). 하나님께서 가나안땅을 거룩하게 구별하셨으므로 그리스도께서 아브라함의 후손을 통하여 오시려면, 그들이 가나안땅을 영원한 기업으로 받아야 한다. 아브라함이 가나안땅에 정착하였지만, 하나님은 그에게 그 땅을 소유로 주시지 아니하고 그 땅에서 나그네로 살게 하셨다. 아브라함과 이삭과 야곱은 장막에 거하며 장차 그 땅을 기업으로 받을 것을 믿고 소망하였다.
 3) 하나님은 아브라함에게 모리아 산에서 이삭을 번제로 드리라고 명령하셨다(창 22:2). 아브라함이 이삭을 번제로 드린 것은 장차 그리스도께서 인류의 죄를 위하여 영원한 제사를 드리실 것을 모형으로 보여준다. 아브라함이 번제를 드린 모리아 산에 하나님의 이름을 위하여 솔로몬은 성전을 건축하였다. 아브라함이 번제를 드린 뒤에 하나님은 아브라함에게 그리스도의 언약을 주셨다(창 22:17,18). 이것은 장차 그리스도께서 가나안땅에 육신으로 임하신다는 약속이다. 하나님의 약속이 아브라함과 이삭과 야곱에게 믿음과 소망이 되었다. 이스라엘 자손은 애굽에 들어간 뒤에도 하나님의 약속이 성취되기를 소망하였다. 하나님께서 약속하신 때가 오면 그들은 애굽에서 나와서 가나안땅으로 돌아갈 것을 믿었다. 따라서 야곱은 그의 시신을 가나안땅에 장사하라고 유언하였다. **"그가 그들에게 명하여 가로되 내가 내 열조에게로 돌아가리니 나를 헷 사람 에브론의 밭에 있는 굴에 우리 부여조와 함께 장사하라"(창 49:29).** 요셉도 자기의 시신을 가나안땅에 장사하라고 유언하였다. **"요셉이 또 이스라엘 자손에게 맹세시켜 이르기를 하나님이 정녕 너희를 권고**

하시리니 너희는 여기서 내 해골을 메고 올라가겠다 하라 하였더라"(창 50:25).

4) 이스라엘 자손이 가나안땅을 기업으로 받고 장차 오실 그리스도의 길을 준비하는 것은 창조질서에 순응하여 하나님의 은혜 안에 들어가는 것이다. 그들이 가나안땅을 버리고 애굽에 있으면 창조질서를 통하여 계시된 하나님의 뜻을 대적하는 것이며 하나님의 은혜도 받지 못한다. 따라서 이스라엘 자손이 애굽에 있을 때 바로의 학정 아래서 고난을 받은 것은 그들이 창조질서를 벗어났기 때문이다. 애굽은 세상을 예표로 하므로, 택함을 받은 자가 세상에 속하면 고난을 받는 것을 보여준다. 이스라엘 자손이 애굽에서 부르짖는 고통의 소리를 들으신 하나님은 그들을 애굽에서 인도하여 내셨다. "**하나님이 그 고통 소리를 들으시고 아브라함과 이삭과 야곱에게 세운 그 언약을 기억하사 (출 2:24).**

5) 하나님은 이스라엘 자손을 애굽에서 인도하여 내시고 그들이 가나안땅에 정착한다는 것을 조건으로 하여 그들에게 율법을 주셨다. 우주 안에 있는 모든 것을 창조하시고 안식하신 하나님은 비로소 율법을 통하여 이스라엘 자손에게 하나님의 안식에 들어오라고 말씀하셨다. "**안식일을 기억하여 거룩히 지키라 엿새 동안은 힘써 네 모든 일을 행할 것이나 제 칠일은 너의 하나님 여호와의 안식일인즉 너나 네 아들이나 네 딸이나 네 남종이나 네 여종이나 네 육축이나 네 문안에 유하는 객이라도 아무 일도 하지 말라**" (출 20:8~10). 이스라엘 자손이 하나님의 안식에 들어가는 첫 번째 조건은 하나님을 사랑하는 것이다. "**너는 마음을 다하고 성품을 다하고 힘을 다하여 네 하나님 여호와를 사랑하라**" (신 6:5). 십계명의 제1계명에서 제4계명까지는 하나님을 사랑하라는 계명이다. 만물을 창조하신 하나님을 믿고 하나님만을 섬기며 하나님의 이름을 거룩히 하는 것은 하나님의 안식에 들어가는 조건이다. 이것은 창조질서를 순종함으로 장차 오실 그리스도의 길을 준비하는 것을 의미한다.

6) 이스라엘 백성이 하나님의 안식에 들어가는 두 번째 조건은 형제를 내 몸같이 사랑하는 것이다. "**원수를 갚지 말며 동포를 원망하지 말며 이웃 사랑하기를 네 몸과 같이 하라 나는 여호와니라**" (레 19:18). 십계명 제5계명부터 제10계명까지는 이웃을 사랑하라는 계명이다. 이스라엘 자손은 모두 힘을 합하여 장차 오실 그리스도의 길을 준비하여야 하므로 미워하지 말고 서로 사랑하여야 한다. 이웃을 사랑하는 것은 이웃의 죄와 허물을 덮어주는 것이다. 이웃을 사랑하는 것은 이웃의 죄를 전제로 한다. 따라서 율법은 모든 사람이 창조주 하나님 앞에서 죄인이라고 선언한다. 십계명의 마지막 계명은 생각과 마음을 정죄함으로 모든 사람으로 자신의 죄를 알게 한다(출 20:17). 죄인은 다른 사람의 죄를 책망하거나 정죄할 수 없다. 오직 하나님만이 사람의 죄를 심판하실 수 있다.

7) 하나님께서 율법을 주신 목적은 이스라엘 백성을 구원하기 위한 것이 아니라 장차 오실 그리스도의 길을 준비하기 위한 것이다. 하나님은 이것을 알게 하려고

이스라엘 백성이 가나안땅에 들어가기 직전에 그들에게 안식일에 관한 규정을 구체화하셨다. "**너는 기억하라 네가 애굽 땅에서 종이 되었더니 너의 하나님 여호와가 강한 손과 편 팔로 너를 거기서 인도하여 내었나니 그러므로 너의 하나님 여호와가 너를 명하여 안식일을 지키라 하느니라**" (신 5:15). (출 20:10)의 말씀은 안식일이 창조주 하나님을 기억하는 날임을 밝히고 있으나, (신 5:15)의 말씀은 안식일이 이스라엘 백성을 애굽에서 인도하여 내신 하나님을 기억하는 날임을 밝히고 있다. 이스라엘 백성의 죄를 대속한 유월절 어린양은 장차 오실 그리스도의 예표이므로, 안식이란 창조주 하나님 앞에서 자신이 죄인임을 깨닫고 장차 오실 그리스도를 기억하라는 것이라고 해석할 수 있다. 곧 안식일은 장차 오실 그리스도의 길을 준비하며 사모하는 날이다.

8) 안식일의 계명이 계시하는 하나님의 뜻을 대적한 자들은 모두 광야에서 죽임을 당하였다. 하나님의 뜻은 애굽에서 나온 이스라엘 백성이 광야를 통과하여 가나안땅에 정착한 뒤에 율법을 순종함으로 장차 오실 그리스도의 길을 준비하고 하나님의 은혜 아래서 안식을 누리는 것이다. 하나님의 뜻을 대적하고 애굽으로 돌아가려고 한 자들은 모두 광야에서 죽임을 당하였다. 가나안땅을 정탐한 자들이 하나님을 원망하며 애굽으로 돌아가려고 하였다. "**어찌하여 여호와가 우리를 그 땅으로 인도하여 칼에 망하게 하려 하는고 우리 처자가 사로잡히리니 애굽으로 돌아가는 것이 낫지 아니하랴**" (민 14:3). 하나님을 원망하는 것은 아브라함과 그의 후손에게 주신 사명을 버리는 것이다. 따라서 하나님은 그들을 광야에서 멸하셨다. "**너희 자녀들은 너희의 패역한 죄를 지고 너희의 시체가 광야에서 소멸되기까지 사십 년을 광야에서 유리하는 자가 되리라**" (민 14:33).

9) 율법으로 자기의 죄를 깨닫고 장차 오실 그리스도를 믿고 그의 오심을 사모하는 자들만이 가나안땅에 들어갈 수 있었다.[81] 여호수아는 장차 오실 그리스도를 믿는 자들을 군사로 하여 가나안땅을 정복하였다. 여호수아와 이스라엘 백성은 오직 하나님의 말씀을 믿고 목숨을 걸고 전쟁에 임하여 전쟁을 승리로 이끌었다. 하나님은 그들의 승리를 위하여 최적의 여건을 조성하였다. 가나안땅을 정복함으로 장차 오실 그리스도의 길을 준비하여야 한다는 사명감과 믿음이 이스라엘을 승리로 이끌었다. 여호수아는 그 땅을 제비뽑아 각 지파에게 분배하였다. 가나안 거민은 장차 오실 그리스도를 위하여 목숨과 땅을 내어놓았다.

10) 이스라엘 백성이 율법을 받고 가나안땅에 정착함으로 장차 그리스도께서 오실 완전한 길이 준비되었다. 이제 남은 것은 그들이 율법으로 자신의 죄를 깨닫고 장차 오실 그리스도를 믿음으로 우상을 멀리하는 것이다. 이것이 이스라엘 백성을 향한 하나님의 뜻이므로, 그들은 이 뜻을 순종함으로 하나님의 은혜 아래서 안식을

---

81) 졸저, 상게서(2), 3.1.3.(2) 참조

누리고 그리스도의 길을 준비하여야 한다. 곧 이스라엘 백성은 믿음으로 안식에 들어갈 수 있었다. 따라서 다윗은 하나님의 은혜 안에서 누리는 안식을 이렇게 노래하였다. **"주께 힘을 얻고 그 마음에 시온의 대로가 있는 자는 복이 있나이다"** (시 84:5). "마음에 시온의 대로가 있다"란 마음에 장차 오실 그리스도를 위한 대로가 있는 자는 하나님의 은혜 아래 있다는 의미이다. 그러나 악인에게는 안식이 없다고 성경은 말씀한다. **"여호와께서 말씀하시되 악인에게는 평강이 없다 하셨느니라"** (사 48:22). 평강이란 육체의 고난과 무관하게 하나님의 은혜 아래서 안식을 누리는 것을 의미한다.

11) 하나님께서 가나안땅에 정착한 이스라엘 백성에게 안식을 주셨지만, 그들은 믿지 아니하므로 하나님의 안식에 들어가지 못하였다. 성경은 믿지 아니하는 자들이 하나님의 안식에 들어가지 못하였다고 말씀한다. **"또 하나님이 누구에게 맹세하사 그의 안식에 들어오지 못하리라 하셨느뇨 곧 순종치 아니하던 자에게가 아니냐 이로 보건대 저희가 믿지 아니하므로 능히 들어가지 못한 것이라"** (히 3:18,19). 가나안땅에 정착한 이스라엘 백성은 하나님을 알지 못하고 믿지 아니하므로 우상숭배에 빠지게 되었다. 우상숭배로 그들은 하나님의 은혜 아래서 안식을 누리지 못하고 이방인의 핍박 아래서 고통을 당하였다. 그들이 자신의 죄를 깨닫고 하나님께 돌아왔을 때, 하나님은 그들을 이방인의 손에서 구원하시고 그들에게 안식을 주셨다. 이스라엘의 역사는 이러한 과정의 반복이었다. 하나님의 뜻을 알지 못하는 이스라엘 백성은 우상숭배로 하나님의 은혜에서 벗어나 나라를 멸망의 구덩이로 몰아넣었다.

12) 남유다가 바벨론에게 포로가 된 뒤에 장차 오실 그리스도에 대한 믿음을 가진 자들은 가나안땅을 그리워하면서 눈물을 흘리며 노래하였다. **"우리가 바벨론의 여러 강변 거기 앉아서 시온을 기억하며 울었도다"** (시 137:1). 하나님은 그들의 믿음을 보시고 그들을 바벨론에서 가나안땅으로 돌아오게 하셨다. 그들은 무너진 성전을 건축하고 제사장을 중심으로 하는 광야교회의 본질을 회복하였다. 그들은 장차 오실 그리스도를 사모하는 믿음으로 그리스도의 길을 준비함으로 하나님의 안식에 들어가게 되었다. 그리스도께서 하나님의 은혜 아래서 안식을 누리는 자의 육체를 통하여 육신으로 임하셨다.

(4) 이해를 위한 질문
1) 광야교회와 생명의 기업
  a. 아브라함이 부르심을 받았을 때 하란의 비옥한 토지를 포기한 이유는 무엇인가(창 12:1).
  b. 아브라함이 사모한 영원한 기업이란 무엇인가(창 17:8).
  c. 모세가 애굽의 왕자의 지위를 버리고 사모한 기업은 무엇인가(히 11:26).

d. 이스라엘 백성이 가나안땅에 정착하여야 하는 이유는 무엇인가.
e. 이스라엘 백성이 가나안땅에 정착한 이후 그들의 사명은 무엇인가.
f. 이스라엘 백성은 가나안땅에서 하나님의 언약을 믿음으로 생명을 생산할 사명을 받았다. 그들이 하나님의 언약을 버렸지만, 하나님은 그들이 돌아오기를 기다리셨다. 그 이유는 무엇인가.

2) 창조사역과 하나님의 안식
a. 하나님께서 사람을 자기의 형상으로 창조하시고 이를 좋게 여기신 이유는 무엇인가(창 1:27).
b. 하나님께서 만물을 창조하시고 이것들을 좋게 보신 이유는 무엇인가(창 1:31).
c. 하나님께서 일곱째 날에 안식하신 이유는 무엇인가(창 2:1,2).
d. 왜 사람은 창조질서에 순응하여야 하는가.

3) 광야교회와 안식
a. 아담이 타락함으로 장차 오실 그리스도의 길을 차단한 이유는 무엇인가.
b. 하나님께서 아브라함과 그의 후손에게 가나안땅을 기업으로 주신다고 약속하신 이유는 무엇인가(창 17:8).
c. 율법이 안식일의 규례를 정한 이유는 무엇인가(출 20:8).
d. 안식일에 장차 오실 그리스도를 기억하여야 하는 이유는 무엇인가(신 5:15).
e. 이스라엘 백성이 가나안땅에 정착한 이후에 안식에 들어가는 조건은 무엇인가(히 3:19).

2.3 요약 및 결론

1. 제2부에서는 광야교회의 본질과 믿음에 대하여 고찰하였다. 2.1에서는 광야교회의 탄생과 본질을, 2.2에서는 광야교회의 믿음과 소명, 생명과 안식에 대하여 논의하였다. 광야교회는 장차 오실 그리스도 안에 있는 생명 위에 세워진 교회로서, 그리스도 교회의 모형과 그림자라는 것을 전제로 하여, 우리는 광야교회의 본질, 믿음, 사명, 생명, 및 안식에 대하여 논의하였다.

아담의 타락으로 장차 오실 하나님 아들의 길이 막히게 되었다. 따라서 하나님은 그 길을 위하여 아브라함에게 칭의 언약을 주셨다. 믿음으로 의롭다 함을 받으면 하나님의 아들은 그 육체를 통하여 육신으로 임하실 수 있기 때문이다. 하나님은 아브라함의 믿음을 시험하신 뒤에 그에게 장차 오실 그리스도의 언약을 주셨다. 장차 그리스도께서 믿음으로 의롭다 함을 받은 자의 육체를 통하여 임하실 것이다. 이것은 믿음으로 의롭다 함을 받은 자들이 장차 오실 그리스도를 잉태하였다는 것을 의미한다. 믿음으로 그리스도를 잉태한 자들의 모임을 세상과 구별하여 광야교회라고 한다.

애굽에서 나온 이스라엘 백성은 광야교회의 본질을 잘 보여준다. 그들은 유월절 어린양의 피로써 그들의 모든 자범죄를 용서받았다. 그들은 애굽의 바로의 권세로부터 자유하였다. 이것은 믿음으로 의롭다 함을 받은 자들이 음부의 권세로부터 자유하는 것의 모형이다. 그들은 홍해를 건넘으로 육체의 정욕을 십자가에 못 박고 애굽의 모든 문명 및 문화와 단절하였다. 광야에서 그들은 하늘로부터 내려오는 만나를 먹고 반석에서 나오는 물을 마시고 구름과 불기둥의 인도를 받으며 가나안땅으로 나아갔다.

출애굽시에 이스라엘 백성이 믿음으로 받은 의로움과 거룩함을 유지하려면 불의함과 더러움을 알아야 한다. 하나님은 이를 위하여 그들에게 율법을 주셨다. 율법은 의로움과 불의함, 거룩함과 더러움을 알게 하는 법이다. 율법은 하나님의 양심으로 의와 불의, 거룩함과 더러움, 선과 악의 기준이므로, 사람은 육신이 연약하여 율법을 온전히 순종할 수 없다. 사람이 율법을 불순종하면 그의 육체와 혼이 더러워진다. 사람의 육체가 연약함을 위하여, 하나님은 아론과 그의 후손을 택하여 제사장으로 삼으시고 그들에게 성막과 제사법을 주시고 셨다.

이스라엘 백성이 육신이 연약하여 율법을 범하였을 때, 제사장은 성막에서 그 죄를 속하기 위하여 소와 염소와 양의 피를 뿌리는 제사를 드렸다. 이스라엘 백성들은 율법과 성막의 제사를 통하여 하나님의 형상을 유지함으로 장차 오실 그리스도의 길을 준비할 수 있게 되었다. 제사장은 성막에서 백성의 죄를 속하는 제사를 주관하며 백성에게 율법을 가르치고 율법으로 백성을 재판하는 직분을 받았다. 따라서 제사장은 장차 오실 그리스도의 길을 준비하는 광야교회의 지도자가 되었다.

2. 아브라함은 믿음으로 의롭다 함을 받았으나 모든 죄로부터 구원을 받았다는 약속을 받지 못하였다. 따라서 아브라함은 믿음으로 의롭다 함을 받았지만, 구원을 받지 못하였으므로 장차 오실 그리스도 안에 있는 구원을 사모하였다. 장차 오실 그리스도가 그의 믿음이 되었다. 이 믿음이 아브라함에서 이삭에게로, 이삭에서 야곱에게로, 야곱에서 열두 형제에게로 이어졌다. 이것이 광야교회의 믿음이다.

하나님은 광야교회의 믿음을 견고하게 하려고 장차 오실 그리스도의 생애를 모형으로 보여주셨다. 장차 오실 그리스도께서 인류의 죄를 위하여 고난을 받으실 것과 부활하신 뒤에 의와 공의로 만물을 통치하실 것이 선지자를 통하여 모형으로 계시되었다. 이것이 광야교회의 믿음이 되었다. 율법을 통하여 죄를 깨달은 이스라엘 백성들은 그들의 죄를 대속하기 위하여 오실 그리스도가 그들의 소망이 되었다. 마귀는 이방인을 통하여 끊임없이 이스라엘 백성을 미혹할 것이므로, 하나님은 그들에게 목숨을 초월하는 믿음을 요구하셨다.

하나님은 장차 그리스도께서 오실 땅을 아브라함과 그의 후손에게 영원한 기업으로 주셨다. 그들이 그 땅에 정착하여 장차 오실 그리스도의 오실 길을 준비하는 것이 그들의 사명이다. 그들은 육체를 위한 생업을 버리고 하나님의 약속을 영원한 기업으로 여겼다. 출애굽 이전 그들의 소망을 가나안땅에 정착하는 것이다. 하나님은 그들의 믿음대로 그들에게 그 땅을 기업으로 주셨다. 그들은 그 땅에 정착한 뒤에 율법으로 그들의 죄를 깨닫고 장차 오실 그리스도를 믿음으로 하나님의 은혜 아래 들어갈 수 있었다. 이것은 하나님의 안식에 들어가는 것이다. 그들은 장차 오실 그리스도를 믿음으로 안식에 들어갈 수 있게 되었다.

제3부 광야교회의 붕괴와 음부의 권세

3.1. 영적 전쟁과 마귀의 궤계
   1. 마귀의 권세와 미혹
   2. 광야 생활과 교회의 타락
   3. 가나안땅의 정복과 이방인

3.2 광야교회지도자들의 타락
   1. 제사장의 타락
   2. 왕들과 선지자들의 타락

3.3 언약을 알지 못하는 광야교회
   1. 언약을 버린 광야교회
   2. 광야교회와 영적 전쟁

3.4 요약 및 결론

"노하심을 격동하여 광야에서 시험하던 때와 같이 너희 마음을 강퍅케 하지 말라 거기서 너희 열조가 나를 시험하여 증험하고 사십 년 동안에 나의 행사를 보았느니라"(히 3:8,9).

"그 세대 사람도 다 그 열조에게로 돌아갔고 그 후에 일어난 다른 세대는 여호와를 알지 못하며 여호와께서 이스라엘을 위하여 행하신 일도 알지 못하였더라 이스라엘 자손이 여호와의 목전에 악을 행하여 바알들을 섬기며"(삿 2:11).

"내 백성이 지식이 없으므로 망하는도다 네가 지식을 버렸으니 나도 너를 버려 내 제사장이 되지 못하게 할 것이요 네가 네 하나님의 율법을 잊었으니 나도 네 자녀들을 잊어버리리라"(호 4:6).

"내 장막이 훼파되고 나의 모든 줄이 끊어졌으며 내 자녀가 나를 떠나가고 있지 아니하니 내 장막을 세울 자와 내 장을 칠 자가 다시 없도다"(렘 10:20).

"내 백성이 두가지 악을 행하였나니 곧 생수의 근원되는 나를 버린 것과 스스로 웅덩이를 판 것인데 그것은 물을 저축지 못할 터진 웅덩이니라"(렘 2:13).

3.1. 영적 전쟁과 마귀의 궤계
1. 마귀의 권세와 미혹
(1) 마귀의 미혹과 불신앙

1) 사단은 빛이 창조되기 전에 타락하였다. 사단은 하늘에서 하나님의 아들을 위하여 예비된 보좌에 오르려는 악한 마음을 가짐으로 타락하였다. 하나님은 사단의 생각을 불의하게 여기시고 그를 비롯하여 그를 따르는 천사들을 심판하기 위하여 영원한 결박으로 흑암에 가두셨다. 하나님은 우주를 흑암으로 창조하시고 엿새 동안 우주 안에 있는 모든 것을 창조하셨다. 하나님은 마지막으로 사람을 자기의 형상으로 창조하시고 사람에게 땅에 있는 모든 것을 다스리는 권세를 주셨다. 하나님의 형상으로 지음을 받은 사람의 권세는 만물을 통치하는 아들의 권세를 모형으로 보여준다.

2) 하나님의 뜻은 사람을 통하여 아들을 육신으로 보내시는 것이다. 하나님은 아들에게 만물을 통치하는 권세를 주시고 타락한 천사들을 심판하는 권세를 주셨다. 이제 하나님의 아들은 사람의 몸을 통하여 육신으로 임하셔서 사단을 심판하셔야 한다. 따라서 하나님의 형상으로 창조된 사람은 그 형상을 유지함으로 장차 오실 성자의 길을 준비하여야 하는 막중한 사명을 부여받았다. 하나님은 그 사명에 대응하는 특권으로 사람에게 문명을 건설하고 문화생활을 할 수 있게 하셨다. 사람은 동물과 달리 인격이 있으므로 언어를 통하여 의사를 소통하고 얻은 지식을 문자로 저장함으로 학문을 발전시키고 문명을 건설하고 있다.

3) 이제 우주 안에는 두 세력이 충돌하고 있다. 하나님의 형상인 하나님의 아들이 오시는 길을 준비하는 사람과 하나님의 형상을 파괴하려는 사단이 영적으로 충돌하고 있었다. 하나님은 사람을 통하여 장차 오실 아들의 길을 준비하셨고, 사단은 수단과 방법을 가리지 아니하고 그 길을 차단하려고 하였다. 하나님은 사단과의 영적 싸움을 사람에게 맡기셨다. 하나님은 사람에게 사단과의 영적 싸움을 승리로 이끌 무기, 곧 말씀을 주셨다. 하나님의 말씀은 악한 영들을 대적하는 검이다(엡 6:17). 그 말씀이 선악과 계명으로 아담에게 임하였다(창 2:16,17). 선악과 계명은 생명과 사망을 결정하는 하나님의 주권을 인정하는 것이다. 하나님은 그 주권을 아들에게 주셨다(요 10:17,18). 사단은 하늘에서 하나님과 같이 되려고 함으로 하나님의 주권을 인정하지 아니하고 그 주권이 자기에게 있다고 착각하였다(사 14:14). 따라서 하나님은 아담에게 사단의 미혹을 이길 수 있는 무기로 선악과 계명을 주셨다.

4) 선악과 계명은 아담에게 믿음을 요구한다. 선악을 알게 하는 실과를 먹으면 반드시 죽는다는 것을 믿으면 사단의 미혹을 이길 수 있다. 하나님은 아담에게 믿음을 확고히 하기 위하여 아담의 갈빗대를 취하여 여자를 만드심으로 창조주의 전능하신 능력을 보이셨다. **"여호와 하나님이 아담에게서 취하신 그 갈빗대로 여자를**

만드시고 그를 아담에게로 이끌어 오시니"(창 2:22). 아담은 하나님의 전능하신 능력을 찬양하였다(창 2:23). 하나님께서 아담에게 전능하신 능력을 보이심으로 선악과 계명이 반드시 성취된다는 증거를 보이셨다. 이제 아담이 이것을 믿으면 사단의 미혹을 이기고 영적 전쟁에서 승리할 수 있다.

5) 아담이 하나님의 형상으로 지음을 받고 선악과 계명을 받았을 때, 사단은 하나님의 형상을 파괴하기 위하여 하와에게 접근하였다. 사단의 전략은 사람으로 하나님의 말씀을 믿지 못하게 하는 것이다. 하나님의 말씀을 믿지 않으면 자유와 동시에 육체의 쾌락을 얻을 수 있다고 사단은 미혹하였다. 사단의 유혹에 빠져 하나님의 말씀을 믿지 아니한 아담은 선악과 계명을 대적하였다. 아담의 불신앙은 창조질서를 파괴하는 무서운 결과를 가져왔다. 첫째, 아담은 만물을 창조하신 하나님을 부인하였다. 창조주 하나님만이 그의 의지로 생명과 사망을 결정하신다. 아담의 타락 이후, 사람은 자기의 의지로 생명과 사망을 결정하려고 한다. 둘째, 아담은 자신이 하나님의 형상으로 창조되었다는 것을 부인하였다. 셋째, 아담은 땅을 정복하고 모든 생물을 다스리는 권세가 있다는 것을 부인하였다. 따라서 아담은 뱀을 통제하지 아니하고 그의 말을 순종하였다. 넷째, 아담은 하나님의 형상으로서 장차 오실 그리스도의 길을 준비하여야 한다는 자신의 사명을 망각하였다.

6) 아담은 타락함으로 하나님의 형상으로서 자신에게 부여된 사명을 잃어버리고 창조질서를 완전히 뒤집어놓았다. 사람이 하나님의 형상을 유지할 때 창조질서에 의하여 계시된 하나님의 뜻을 위하여 일할 수 있다. 그러나 사람이 범죄함으로 하나님의 형상을 잃어버리면 하나님의 뜻을 위하여 아무 일도 할 수 없다. 이것은 타락한 사람이 동물과 같이 되었다는 것을 의미한다. 그 이유를 살펴보자. 사람은 하나님의 형상으로 창조된 피조물을 의미한다. 사람이 범죄함으로 하나님의 형상을 잃어버리면 사람이 아니다. 하나님의 형상을 잃어버린 사람은 창조질서에 의하여 계시된 하나님의 뜻을 성취하기 위하여 일하지 아니하고 동물처럼 생육과 생식만을 위하여 일한다. 따라서 아담이 타락한 뒤에 하나님은 아담의 후손을 뱀이라고 선언하셨다(창 3:15). 성경은 믿음으로 구원을 얻지 못한 모든 자를 각종 동물이라고 말씀한다. **"그 안에는 땅에 있는 각색 네 발 가진 짐승과 기는 것과 공중에 나는 것들이 있는데"(행 10:12).** 아담 안에 있는 모든 자의 행위는 각종 동물의 속성을 나타내고 있다.

7) 아담은 타락함으로 그의 모든 후손을 뱀의 속성을 가진 동물로 만들었다. 뱀은 아담을 미혹하는 사단의 도구로 사용되었다. 따라서 타락한 아담 안에서 모든 사람이 뱀이 되었다는 것은 사단의 종이 된 것을 의미한다. 장차 오실 그리스도의 길을 준비하는 그릇으로 창조된 사람이 타락함으로 그리스도의 길을 차단하려는 마귀의 종이 되었다. 마귀는 자기의 지배 아래 있는 자들을 통하여 장차 오실 그리스도의 길을 차단하기 위하여 모든 수단과 방법을 가리지 아니하였다. 이스라엘

의 역사는 이러한 마귀의 궤계를 잘 보여주고 있다. 이스라엘 백성이 하나님의 언약을 받았을 때, 마귀는 그들을 미혹하여 하나님을 버리고 우상을 숭배하게 하였다.

8) 마귀는 자기의 지배 아래 있는 자들을 음부 안에 가두기 위하여 사람을 육체의 쾌락에 빠지게 한다. (창 3:6)의 말씀은 선악을 알게 하는 나무의 실과가 육체를 즐겁게 한다는 것을 의미한다. 아담이 타락한 이후 인류는 육체의 쾌락을 좇아가는 동물이 되었다. 육체의 쾌락이란 입과 눈과 귀를 즐겁게 하고 본능적인 즐거움, 곧 성적 쾌락을 추구하는 것이다. 마귀는 육체의 쾌락으로 아담 안에 있는 자들을 자기의 지배에서 벗어나지 못하게 한다. 마귀는 사람에게 자기의 지배에서 벗어나면 육체의 쾌락이 없다고 미혹한다. 사람은 자기의 의지로 육체의 쾌락을 절제할 수 없으므로 마귀의 지배에서 벗어날 수 없다.

9) 사단은 아담에게 자유를 주겠다고 미혹하였다. 하나님의 지배에서 벗어나 하나님처럼 되어 자유를 누려라. 이것이 사단의 미혹이다. '사람은 하나님의 형상으로 창조되었으므로 하나님처럼 될 수 있다'라고 하는 것이 사단의 미혹이다. 아담은 하나님처럼 자기의 의지로 생명과 사망을 결정하려고 하였다. 곧 아담은 그의 생각이 선과 악의 기준이라고 착각하였다. 이것은 사람의 양심이 화인을 맞아 마비된 것을 의미한다. 아담으로부터 죄의 흔적을 물려받은 가인은 마귀에게 속하여 자신의 생명과 사망을 결정할 수 있다고 착각함으로 아벨을 죽였다. **"가인같이 하지 말라 저는 악한 자에게 속하여 그 아우를 죽였으니 어찐 연고로 죽였느뇨 자기의 행위는 악하고 그 아우의 행위는 의로움이니라"** (요일 3:12). 가인 이후부터 사람들은 자기 스스로 생명과 사망을 결정하려고 살인을 자행하고 있다(창 4:23). 이로 인하여 인류의 역사는 전쟁이란 미명으로 집단 살인을 자행하는 과정을 반복하고 있다.

10) 아담 안에서 인류는 하나님처럼 생각하고 행동한다. 사람은 자기의 생각이 하나님의 생각이라고 착각한다. 사람은 자기의 행동이 선이라고 생각하고 자신을 기준으로 타인의 행위를 정죄한다. 곧 사람은 자기중심적이다. 사람은 자기에게 이득이 되면 선이고 손해가 되면 악이다. 사람은 자기의 육체가 즐거우면 선이고 육체가 괴로우면 악이라고 생각한다. 사람은 타인의 입장을 고려하지 아니하고 모든 것을 판단한다. 따라서 사람은 자기의 생각대로 행동하지만 부끄러움을 모른다. 성경은 이렇게 말씀한다. **"사람들은 자기를 사랑하며 돈을 사랑하며 자긍하며 교만하며 훼방하며 부모를 거역하며 감사치 아니하며 거룩하지 아니하며 무정하며 원통함을 풀지 아니하며 참소하며 절제하지 못하며 사나우며 선한 것을 좋아 아니하며 배반하여 팔며 조급하며 자고하며 쾌락을 사랑하기를 하나님 사랑하는 것보다 더 하며"** (딤후 3:2~4).

11) 창조 이후 인류의 역사는 하나님의 말씀을 받은 자들과 악한 영들의 지배

아래 있는 자들과의 영적 전쟁이다. 우주는 타락한 천사들이 갇힌 음부이며, 사람은 그 속에서 하나님의 형상으로 창조되었다. 사람이 악한 영들과 싸움에서 승리하려면 그들을 대적하는 하나님의 말씀을 받아야 한다. 그 말씀이 선악과 계명이다. 아담은 그 계명을 순종함으로 악한 영들의 미혹을 이길 수 있었다. 사단은 뱀을 이용하여 불신으로 아담을 미혹하였다. 불신은 하나님의 모든 것을 부인하는 것으로 아담을 하나님의 반열까지 끌어올리는 것이다. 아담은 하나님의 말씀을 믿지 아니하고 선악과 계명을 대적함으로 영적 전쟁에서 패하여 땅을 다스리는 모든 권세를 잃어버렸다. 사단은 세상을 다스리는 임금이 되었지만, 아담은 하나님의 형상을 상실하고 사단의 지배 아래서 동물처럼 육체만을 위하여 살아가게 되었다.

(2) 음부의 권세: 미혹과 박해

1) 사단은 아담을 미혹하여 타락하게 한 뒤에 아담의 육체와 혼과 영에 죄의 흔적을 남겼다.[82] 이 죄의 흔적은 육체의 정욕과 불신앙의 씨로서 믿음으로 의롭다 함을 받은 자들을 미혹하는 마귀의 도구로 사용되고 있다. 아담 안에서 모든 사람은 영적인 불신앙의 씨를 가지고 태어난다. 모든 인류가 태어나면서부터 하나님의 존재를 부인하는 것은 아담 안에서 불신앙의 씨를 가지고 있기 때문이다. 불신앙은 아담 안에서 타락한 자들의 속성이다. 모든 동물이 하나님의 존재를 모르는 것처럼, 죄로 인하여 하나님의 형상을 잃어버린 자들은 불신앙의 씨를 가지고 있으므로 하나님의 존재를 알지 못한다.

2) 씨의 개념을 살펴보자. 하나님은 말씀으로 자신의 속성을 계시하신다. 따라서 하나님의 말씀은 하나님의 형상, 곧 생명의 씨다. 성경은 씨를 뿌리는 비유를 통하여 예수 그리스도께서 생명의 씨를 뿌린다고 말씀한다. "**예수께서 비유로 여러가지를 저희에게 말씀하여 가라사대 씨를 뿌리는 자가 뿌리러 나가서**"(마 13:3). 씨에서 싹이 나서 자라고 생명이란 열매를 맺는다. 하나님의 말씀을 믿고 순종함으로 그 말씀 안에 거하는 자는 생명의 씨를 가지고 있다고 성경은 말씀한다. "**하나님께로서 난 자마다 죄를 짓지 아니하나니 이는 하나님의 씨가 그의 속에 거함이요 저도 범죄치 못하는 것은 하나님께로서 났음이라**"(요일 3:9). "**너희가 거듭난 것이 썩어질 씨로 된 것이 아니요 썩지 아니할 씨로 된 것이니 하나님의 살아있고 항상 있는 말씀으로 되었느니라**"(벧전 1:23). "썩지 아니할 씨"란 생명의 씨를 의미한다.

---

[82] 마귀는 불신앙의 씨를 뿌린다. 이 씨는 가라지의 씨이다. 예수 그리스도께서 밭에 좋은 곡식의 씨를 뿌리신다. 이 씨는 하나님의 말씀이다. 마귀는 하나님의 말씀 위에 불신앙의 씨를 뿌린다. "예수께서 그들 앞에 또 비유를 베풀어 가라사대 천국은 좋은 씨를 제 밭에 뿌린 사람과 같으니 사람들이 잘 때에 그 원수가 와서 곡식 가운데 가라지를 덧뿌리고 갔더니"(마 13:24,25).

3) 마귀는 선악과 계명을 받은 아담에게 불신앙의 씨를 뿌렸다. 이 불신앙의 씨가 온 인류에게 유전되고 있다. 비록 믿음으로 의롭다 함을 받은 자들이라도 그들의 육체 안에 불신앙의 씨를 가지고 있다. 마귀는 불신앙의 씨를 통하여 의롭다 함을 받은 자들을 미혹한다. 의롭다 함을 받은 자들이 마귀의 미혹을 받아 불신앙의 눈으로 세상을 보았을 때 온갖 육체의 즐거움이 보인다. 따라서 율법은 이방인과 사귀지 말라고 말씀한다. 이스라엘 백성이 마귀의 미혹을 받아 불신앙의 눈으로 이방인을 보았을 때, 이방인들이 사는 세상 속에 있는 온갖 육체의 쾌락이 보였다. 불신앙은 육체의 쾌락으로 포장하고 있다.

4) 아담의 타락으로 육체에 새겨진 죄의 흔적은 육체의 정욕을 의미한다. (창 3:6)의 말씀은 사단의 미혹으로 아담의 마음속에 들어온 사단의 악한 생각이다. 아담이 사단의 미혹으로 범죄하였을 때, 곧 사단의 생각이 행동으로 나타나자 그 생각이 죄의 흔적으로 육체에 새겨졌다. 따라서 성경은 죄의 흔적을 죄인의 이마에 새겨진 짐승의 이름이라고 말씀한다(계 13:16,17). 하나님은 손과 이마에 짐승의 이름을 가진 자들이 동물이라고 말씀한다.83) 일정한 조건이 갖추어지면 육체의 정욕으로부터 사단의 인격이 탐심으로 나타난다. 일정한 조건이란 육체를 즐겁게 하는 것들을 눈으로 보고 귀로 듣는 것이다.

5) 마귀와 사람의 관계는 사람이 스스로 타락할 수 있느냐 아니냐에 의하여 결정된다. 사람은 하나님의 형상으로 창조되었으므로 스스로 타락할 수 없다. 만일 사람이 외부의 미혹 없이 스스로 타락할 수 있다면, 사람의 타락으로 장차 오실 그리스도의 길은 스스로 막히게 될 것이다. 따라서 하나님은 사람을 스스로 타락할 수 없게 창조하셨다고 말할 수 있다.84) 사람은 외부의 미혹을 받아야 타락할 수 있다. 아담의 타락으로 인류가 사망에 이르게 되었지만, 스스로 범죄할 수 없고 마귀의 미혹이 있어야 타락할 수 있다.85) 아담의 타락으로 인류가 마귀의 종이 되었지만, 마귀가 악한 생각을 넣어주어야 비로소 사람은 범죄할 수 있다.

6) 마귀는 가인에게 아벨을 죽이려는 생각을 넣어주었다(요일 3:12). 마귀의 역

---

83) '조지 오웰(George Orwell)의 동물농장'(1945)에서, 마귀가 권세를 잡은 음부는 동물농장으로 비유할 수 있을 것이다. 음부 안에 육체적으로 재산과 지위와 신분과 노소에 따라서 높고 낮음이 있을 수 있으나, 영적으로 모두가 하나님을 대적하는 죄인으로 평등하다. 모두가 마귀의 지배를 받는 노예로서 평등하다.
84) 졸저, 상게서, 2.2.2.(1) 참조
85) 그리스도께서 재림하기 전에 모든 악한 영들은 무저갱에 갇힐 것이다(계 20:2,3). 그리스도께서 오셔서 마지막 심판을 시작하기 직전에 땅에서 모든 죄가 그칠 것이다. 모든 죄가 그친 상태에서 마지막 심판이 끝나면, 무저갱에 갇힌 악한 영들이 나와서 사람을 미혹할 것이다. 악한 영들에게 미혹을 받은 사람들은 다시 범죄하고 전쟁을 일으킬 것이다. **"나와서 땅의 사방 백성 곧 곡과 마곡을 미혹하고 모아 싸움을 붙이리니 그 수가 바다 모래 같으리라"(계 20:8).** 이것은 사람은 악한 영들의 미혹을 받음으로 범죄할 수 있다는 것을 보여준다. 졸저, 상게서, 7.1.2.(3) 참조

사가 없으면 가인은 아벨을 죽이지 아니하였을 것이다. 아담의 타락으로 가인은 마귀의 종으로 태어났지만, 마귀의 뜻을 알고 스스로 범죄하는 것이 아니라 마귀로부터 지시를 받아야 한다. 마귀의 지시에 따라서 움직이는 것이 그의 종이다. 주인의 명령이 없으면 종은 움직이지 아니한다. 마귀는 가인의 마음속에 분한 생각을 넣어줌으로 가인으로 아벨을 죽이게 하였다. 이것이 주인과 종의 관계이다. 마귀가 가인의 마음속에 분한 생각을 넣어주었고, 가인의 인격이 마귀에게 예속되었으므로 그는 마귀의 생각에 따라서 아벨을 죽였다.

7) 마귀는 자신의 지배 아래 있는 자들을 통하여 믿음으로 의롭다 함을 받은 자들을 미혹하거나 박해한다. 마귀는 믿음으로 의롭다 함을 받은 자들을 미혹하여 범죄하게 한다. 마귀는 이방여자를 통하여 이스라엘 백성을 미혹하여 우상을 숭배하게 하였다. 마귀는 이스라엘 백성을 미혹하여 우상을 숭배하게 한 뒤에 그들을 종으로 핍박하였다. 이스라엘 자손이 애굽에서 바로의 지배 아래 있을 때, 마귀는 바로를 통하여 칼과 채찍으로 그들을 핍박하고 죽였다. 마귀는 믿음으로 의롭다 함을 받은 자들을 미혹하여 범죄하게 한다. 그러나 그들이 그 미혹을 극복하고 범죄하지 아니하면, 마귀는 자기의 지배 아래 있는 죄인을 통하여 그들을 핍박한다. 마귀의 지배 아래 있는 유대인들이 사도들과 믿는 자들을 미혹하고 핍박한 것은 마귀의 궤계를 잘 보여준다.

8) 마귀가 믿음으로 의롭다 함을 받은 자들을 미혹하는 과정을 살펴보자. 마귀는 사람의 육체의 정욕을 통하여 탐심을 넣어준다. 십계명은 이웃의 아내를 탐내지 말라고 말씀한다. 사람이 이웃의 아름다운 아내를 보았을 때, 마귀는 그 사람의 마음에 음욕을 넣어주고 사람으로 음욕에 이끌리어 그 여자와 잠자리를 같이 하는 것을 상상하게 한다. 그 사람은 그 상상이 실현되도록 여러 가지 가능성을 열어놓고 방안을 모색한다. 방안이 확정되면 그 사람은 자기의 결정을 실행에 옮긴다. 마귀의 인격인 탐심을 행동으로 옮기려는 모든 계획과 행동이 마귀의 궤계이다.

9) 사람이 이웃의 아내를 탐내는 생각을 품으면 마귀는 그 사람으로 탐심을 행동으로 옮겼을 때 얻는 육체의 쾌락을 상상하게 한다. 마귀는 그 사람으로 그 상상이 이루어지기를 간절히 사모하게 한다. 그 탐욕이 좌절되면 마귀는 그 사람으로 우울증에 빠지게 한다. 다윗의 아들 암논이 압살롬의 누이동생을 사모하는 마음을 행동으로 옮기지 못하자 우울증에 빠졌다. **"저가 암논에게 이르되 왕자여 어찌하여 나날이 이렇게 파리하여 가느뇨 내게 고하지 아니하겠느뇨 암논이 말하되 내가 아우 압살롬의 누이 다말을 연애함이니라"**(삼하 13:4). 현대 의학으로 치료할 수 없는 공황장애와 우울증 환자가 증가하고 있는 것은 마귀의 미혹으로부터 오는 것으로 판단된다.

10) 믿음으로 의롭다 함을 받은 자들도 육체의 정욕을 가지고 있다. 믿음으로 의롭다 함을 받더라도 아담의 타락으로 들어온 육체의 정욕은 육체의 속성으로서 없

어지지 아니한다. 사도 바울은 육체의 정욕으로부터 나오는 탐심으로 인하여 괴로워하였다. 탐심은 마귀의 인격으로서 율법에 따라서 정죄 받는 죄이므로, 바울은 자신의 육체 안에 죄가 항상 살고 있다고 고백하였다. **"내 속 곧 내 육신에 선한 것이 거하지 아니하는 줄을 아노니 원함은 내게 있으나 선을 행하는 것은 없노라" (롬 7:18).** 따라서 믿음으로 의롭다 함을 받은 자라도 항상 마귀의 미혹에 노출되어 있다고 말할 수 있다.

11) 사람의 육체 안에 있는 탐심은 음부로 들어가는 문이다. 사람의 육체 안에 입을 벌린 음부의 문이 사람을 미혹하고 있다. 사람이 불신앙의 눈으로 음부의 문 안에 있는 것을 바라보면 그 속에 각종 육체의 쾌락이 보인다. 의롭다 함을 받은 자들이 불신앙에 빠지면 자기도 모르게 음부의 문으로 들어간다. 음부의 문으로 들어가면 그 문은 닫히고 다시는 자기의 능력으로 음부에서 나오지 못한다. 마귀는 음부의 문을 점령하고 있기 때문이다. 오직 예수 그리스도께서 자기의 피로써 음부의 문을 여셨다.

(3) 이해를 위한 질문
1) 마귀의 미혹과 불신앙
   a. 아담의 타락 이후 인류의 역사가 하나님의 말씀을 받은 자들과 악한 영들과 영적 전쟁의 과정인 이유는 무엇인가(유 1:6).
   b. 사단이 하와의 마음속에 넣어준 생각은 무엇인가(창 3:4).
   c. 아담이 타락함으로 하나님의 형상을 상실한 결과가 동물의 형상을 나타내는 이유는 무엇인가(창 3:15).
   d. 아담 안에서 사람들이 하나님의 존재를 부인하는 이유는 무엇인가(창 3:5).
2) 음부의 권세: 미혹과 박해
   a. 아담이 선악과 계명을 불순종하였을 때 그에게 불신앙의 씨가 새겨진 이유는 무엇인가.
   b. 아담의 인격에 새겨진 불신앙의 씨가 인류에게 유전되는 이유는 무엇인가(롬 5:12).
   c. 마귀는 무엇을 통하여 사람의 마음에 악한 생각을 넣어주는가.
   d. 사람의 육체 안에 음부의 권세가 있는 이유는 무엇인가(롬 7:17).
   e. 음부의 권세는 무엇으로 사람을 미혹하는가(요일 2:16).

2. 광야 생활과 교회의 타락
(1) 불신앙: 시험과 원망
1) 광야교회가 타락한 원인은 음부의 권세, 곧 마귀의 유혹으로부터 시작한다. 이스라엘 자손은 믿음으로 의롭다 함을 받고 애굽에서 나왔다. 그들은 유월절 어린

양의 피로써 속죄를 받음과 동시에 의롭다 함을 받았으나 여전히 아담으로부터 받은 원죄의 흔적을 가지고 있었다. 그들은 육체와 인격이 의롭다 함을 받았으므로, 마귀는 그들을 지배할 수 없었다. 마귀는 사람의 인격, 곧 생각을 통하여 사람을 지배하기 때문이다. 이스라엘 자손이 애굽에서 광야로 나왔을 때 마귀는 그들을 불신앙으로 미혹하였다. 하나님은 이스라엘 자손을 위하여 광야에서 필요한 모든 것을 준비하셨지만, 그들은 하나님을 믿지 아니하였으므로 범죄하였다. 마귀에게 미혹을 받은 이스라엘 자손의 죄가 시험과 원망으로 나타났다.

2) 이스라엘 자손은 양식과 물을 준비하지 못하고 급하게 애굽에서 나왔다. 따라서 하나님은 그들을 위하여 하늘에서 내리는 만나와 반석에서 나오는 물을 준비하셨다. 그러나 그들은 만나로 만족하지 못하고 애굽에서 먹던 것들을 사모하며 하나님을 시험하고, 마실 물을 달라고 하나님을 원망하였다. 하나님께서 이스라엘 자손을 전능하신 능력으로 애굽에서 인도하여 내셨지만, 그들은 가나안땅을 정탐한 뒤에 하나님을 믿지 아니하고 하나님을 원망하였다. 시험과 원망은 하나님의 전능하심을 믿지 아니하는 것이다. 하나님을 믿지 아니하고 시험하고 원망한 자들은 광야에서 죽고 가나안땅에 들어가지 못하였다.

3) 시험(試驗, test)이란 하나님의 전능하심을 믿지 아니하는 것을 보여준다. 광야에서 하나님은 우리에게 물을 주실 능력이 있을까? 하나님은 우리에게 고기를 주실 능력이 있을까? 하나님은 우리를 가나안땅으로 인도하여 들어가게 하실 수 있을까? 이러한 불신앙이 이스라엘 자손으로 하나님을 시험하게 하였다.[86] 광야에서 하나님은 이스라엘 자손에게 육체의 양식으로 만나를 주셨다. 유월절 어린양의 피로써 속죄받고 의롭다 함을 얻은 자만이 만나를 먹을 수 있었다. 따라서 하나님께서 이방인들에게 만나를 주시지 아니하셨다. 만나는 장차 오실 그리스도께로부터 나오는 생명의 말씀을 모형으로 보여준다. 만나는 믿음으로 의롭다 함을 받은 자들의 영의 양식을 모형으로 보여준다. **"살리는 것은 영이니 육은 무익하니라 내가 너희에게 이른 말이 영이요 생명이라"** (요 6:63).[87]

4) 이스라엘 백성은 믿음으로 의롭다 함을 받은 자들의 생명의 양식인 만나를 거절하고 세상 사람들의 양식을 구하였다. 애굽에서 나온 자들은 하늘에서 내리는 만나로 살아야 한다. 그러나 광야교회는 세상으로부터 오는 양식을 사모하였다. 마귀는 이스라엘 자손의 마음에 만나를 먹으면 힘이 쇠약하여 광야를 통과할 수 없

---

86) 시험으로 번역된 히브리어, 나마(נסה)는 하나님을 향하여 하나님의 전능하심을 증명하라고 요구하는 것이다(BDB., p. 650). 시험은 하나님으로 범죄하게 미혹하는 것이다.
87) 그리스도의 말씀은 새 언약으로서 믿는 자들을 구원하는 생명의 말씀이다. 이 생명의 말씀에 율법, 윤리와 도덕, 구제와 선행, 및 세상 지식을 더하는 것은 생명의 말씀을 혼잡하게 하는 것이다(고후 2:17). 갈라디아 교회는 생명의 말씀에 율법을 더하려고 하였다. 그들은 복음으로 구원을 얻은 뒤에 율법의 행위로 돌아가려고 하였다. **"너희가 이같이 어리석으냐 성령으로 시작하였다가 이제는 육체로 마치겠느냐"** (갈 3:3).

으며 자녀를 생산할 수 없을 것이라는 생각을 넣어주었다. **"우리가 애굽에 있을 때에는 값없이 생선과 외와 수박과 부추와 파와 마늘들을 먹은 것이 생각나거늘 이제는 우리 정력이 쇠약하되 이 만나 외에는 보이는 것이 아무 것도 없도다 하니"** (민 11:5,6). 광야교회는 육체의 정욕을 만족시키는 양식을 구하였다. 애굽에서 이스라엘 자손이 먹던 양식은 바로의 권세 아래서 우상을 숭배하며 육체만을 위하여 일하던 우상의 법과 세상 양심을 모형으로 보여준다. 이스라엘 자손은 교회가 순종하여야 할 하나님의 말씀을 버리고 우상의 법으로 돌아가려고 하였다.

5) 광야교회는 애굽의 문명 및 문화와 단절되어 하나님의 은혜로 살아야 한다. 교회는 애굽에서 먹던 음식을 버리고 하늘에서 내려오는 만나로 살아야 한다. 이스라엘 자손이 만나를 버리고 애굽에서 먹던 음식을 사모하는 것은 애굽으로 돌아가려는 것이다. 유월절 어린양의 피로써 속죄받고 애굽에서 나와 홍해를 건넘으로 애굽의 모든 생활을 청산한 뒤에 애굽으로 돌아가려는 것은 하나님을 버리는 것이다. 하나님은 이스라엘 자손의 요구대로 고기를 주셨다. **"또 백성에게 이르기를 너희 몸을 거룩히 하여 내일 고기 먹기를 기다리라 너희가 울며 이르기를 누가 우리에게 고기를 주어 먹게 할꼬 애굽에 있을 때가 우리에게 재미있었다 하는 말이 여호와께 들렸으므로 여호와께서 너희에게 고기를 주어 먹게 하실 것이라"** (민 11:18). 하나님은 믿지 아니하고 애굽에서 먹던 고기를 사모하는 자들에게 재앙을 내리셨다. **"고기가 아직 잇사이에 있어 씹히기 전에 여호와께서 백성에게 대하여 진노하사 심히 큰 재앙으로 치셨으므로"** (민 11:33).

6) 이스라엘 자손을 애굽에서 광야로 인도하여 내신 하나님은 그들을 위하여 먹을 양식과 마실 물을 준비하셨다. 만약 그들이 양식과 물이 없어 죽는다면 그 책임은 하나님께 돌아갈 것이다. 광야에서 자기의 백성을 살릴 능력이 없는 하나님께서 그들을 광야로 인도하여 내셨기 때문이다. 하나님은 자기의 백성을 위하여 반석에서 나오는 물을 준비하셨으나, 이스라엘 자손은 목마름을 참지 못하고 하나님을 원망하였다. 마귀는 그들의 마음속에 광야에서 갈증으로 죽을 수 있다는 생각을 넣어주었다. **"거기서 백성이 물에 갈하매 그들이 모세를 대하여 원망하여 가로되 당신이 어찌하여 우리를 애굽에서 인도하여 내어서 우리와 우리 자녀와 우리 생축으로 목말라 죽게 하느냐"** (출 17:3). 하나님은 모세에게 반석을 쳐서 물이 나오게 하라고 말씀하셨다. **"내가 거기서 호렙산 반석 위에 너를 대하여 서리니 너는 반석을 치라 그것에서 물이 나리니 백성이 마시리라 모세가 이스라엘 장로들의 목전에서 그대로 행하니라"** (출 17:6).

7) 모세가 지팡이로 쳐서 깨뜨린 반석은 그리스도의 육체를 모형으로 보여준다. 사도 바울은 그 반석이 그리스도의 육체라고 해석하였다. **"다 같은 신령한 음료를 마셨으니 이는 저희를 따르는 신령한 반석으로부터 마셨으매 그 반석은 곧 그리스도시라"** (고전 10:4). 반석에서 나온 물은 믿는 자들이 받는 성령을 모형으로 보여

준다. 반석이 깨진 것은 그리스도의 육체가 찢어진 것을 의미한다. 그리스도의 육체가 십자가에서 찢어진 뒤에 그 육체를 통하여 성령께서 임하셨다. 예수께서 승천하신 뒤에 믿는 자들에게 성령을 보내주신다.[88] 이것은 찢어진 그리스도의 육체를 통하여 죄 사함을 받은 자만이 성령을 받을 수 있다는 것을 의미한다.

8) 이스라엘 자손의 족장들이 가나안땅을 정탐할 때 그곳의 장대한 거민을 보았다. 이스라엘 자손들은 애굽에서 노예로서 전쟁 훈련을 받지 못하였다. 그러나 가나안 거민은 장대하고 잘 훈련된 군대였다. 따라서 이스라엘 자손은 그들과의 전쟁에서 승리할 수 없다고 생각하였다. 그들은 가나안땅을 정탐한 뒤에 하나님을 원망하며 애굽으로 돌아가려고 하였다. 마귀는 하나님의 전능하심을 믿지 아니하는 그들의 마음속에 포로가 될 수 있다는 공포심을 불어넣었다. "**이스라엘 자손이 다 모세와 아론을 원망하며 온 회중이 그들에게 이르되 우리가 애굽 땅에서 죽었거나 이 광야에서 죽었더면 좋았을 것을 어찌하여 여호와가 우리를 그 땅으로 인도하여 칼에 망하게 하려 하는고 우리 처자가 사로잡히리니 애굽으로 돌아가는 것이 낫지 아니하랴**"(민 14:2,3). 하나님의 전능하심을 믿지 아니하고 하나님을 원망한 모든 자는 광야에서 죽었다. "**너희 자녀들은 너희의 패역한 죄를 지고 너희의 시체가 광야에서 소멸되기까지 사십 년을 광야에서 유리하는 자가 되리라**"(민 14:33).

9) 고라와 다단과 온이 무리를 규합하여 하나님의 주권에 도전하였다. 하나님은 모세를 택하여 이스라엘 자손의 지도자로 세우셨고 모세에게 그들을 인도할 말씀을 주셨다. 이에 불만을 품은 자들이 모세의 지위를 시기하여 하나님의 주권에 반기를 들었다. "**그들이 모여서 모세와 아론을 거스려 그들에게 이르되 너희가 분수에 지나도다 회중이 다 각각 거룩하고 여호와께서도 그들 중에 계시거늘 너희가 어찌하여 여호와의 총회 위에 스스로 높이느뇨**"(민 16:3). 하나님은 이스라엘 자손의 앞에서 그들을 생매장하셨다. "**땅이 그 입을 열어 그들과 그 가족과 고라에게 속한 모든 사람과 그 물건을 삼키매 그들과 그 모든 소속이 산채로 음부에 빠지며 땅이 그 위에 합하니 그들이 총회 중에서 망하니라**"(민 16:32,33).

10) 광야에서 이스라엘 자손이 하나님의 능력을 믿지 아니하고 하나님을 시험하고 원망하며 육체에 속한 것을 달라고 떼를 썼을 때, 하나님은 자신의 능력을 보이기 위하여 그들이 원하는 것을 주셨다. "**여호와께서 모세에게 이르시되 여호와의 손이 짧아졌느냐 네가 이제 내 말이 네게 응하는 여부를 보리라**"(민 11:23). 하나

---

[88] 이스라엘 백성이 므리바에서 마실 물이 없으므로 하나님을 원망하였다. 모세는 하나님의 말씀을 믿지 아니하고 지팡이로 반석을 침으로 가나안땅에 들어가지 못하였다. "**여호와께서 모세와 아론에게 이르시되 너희가 나를 믿지 아니하고 이스라엘 자손의 목전에 나의 거룩함을 나타내지 아니한고로 너희는 이 총회를 내가 그들에게 준 땅으로 인도하여 들이지 못하리라 하시니라**"(민 20:12). 반석을 두 번 친 것은 그리스도를 두 번 십자가에 못 박는 죄이다. 오순절 날 성령께서 임하신 뒤부터, 교회는 성령 받기를 간구하여야 한다.

님은 백성이 불신앙으로 구하는 것을 주신 뒤에 그들을 불의한 자로 정죄하고 멸하셨다. 광야에서 멸망한 이스라엘 자손의 죄는 현재 믿음으로 구원을 받은 자들에게 경고로 주신 말씀이다. **"저희에게 당한 이런 일이 거울이 되고 또한 말세를 만난 우리의 경계로 기록하였느니라"**(고전 10:11). 하나님은 믿는 자들에게 영혼의 양식으로 복음과 성령을 주셨다. 성도들이 복음과 성령의 인도를 싫어하고 세상에 속한 것들을 사랑하여 얻으려는 생각, 곧 탐심을 영혼의 양식으로 알고 이를 따라 가려고 한다면 하나님은 이를 허락하실 것이다. 그러나 그 결과는 사망으로 돌아올 것이다.

11) 광야에서 마귀는 이스라엘 자손에게 하나님의 능력에 대한 불신앙의 생각을 넣어주었고 육체에 속한 것으로 그들을 미혹하였다. 광야에서 먹고 마시는 것과 가나안 거민과의 전쟁을 통하여 마귀는 그들을 죽음의 공포로 몰아넣었다. 그들은 하나님을 믿지 아니하였음으로 마귀의 시험에 빠져서 하나님을 시험하고 원망하였다. 이스라엘 자손이 먹을 것과 마실 것으로 하나님을 시험하였을 때, 하나님은 그들의 요구대로 원하는 것을 주시고 그들을 멸하셨다(민 11:33). 이스라엘 자손은 시험과 원망을 통하여 하나님을 믿지 아니하는 증거를 행동으로 보임으로 광야에서 죽고 가나안땅에 들어가지 못하였다.

(2) 불신앙과 우상숭배

1) 광야에서 이스라엘 자손이 범한 가장 무서운 죄는 우상숭배이다. 우상숭배는 그들이 애굽에서 우상을 숭배하였다는 증거이며 하나님의 버린 것을 행동으로 보여주는 것이다. 그들은 애굽의 우상과 여호와 하나님을 구별하지 못하였으므로 광야에서 우상을 만들고 그 앞에서 기뻐하였다. 한 걸음 더 나아가 그들은 모압의 우상에게 절하고 이방여자들과 음행에 빠졌다. 하나님은 우상을 숭배한 자들을 용서하지 아니하시고 칼과 질병으로 멸하셨다. 이스라엘 자손이 우상을 숭배한 것은 하나님을 믿지 아니한다는 것을 스스로 고백한 것이다.

2) 여호와의 사자가 율법을 가지고 시내산에 임하였을 때 산은 구름과 연기와 불꽃으로 가득하였다(출 19:18). 하나님은 모세와 여호수아만을 산으로 올라오게 하시고 이스라엘 자손에게 산에 접근하지 말라고 명령하셨다. **"여호와께서 시내산 곧 그 산꼭대기에 강림하시고 그리로 모세를 부르시니 모세가 올라가매 여호와께서 모세에게 이르시되 내려가서 백성을 신칙하라 백성이 돌파하고 나 여호와께로 와서 보려고 하다가 많이 죽을까 하노라"**(출 19:20,21). 이스라엘 자손이 하나님을 믿지 아니하고 먹을 것과 마실 것으로 하나님을 시험하였기 때문이다. 모세는 시내산에 올라 율법을 받고 그 모든 말씀을 이스라엘 백성에게 선포하였다. 그들은 율법의 말씀을 듣고 율법을 순종하겠다고 맹세하였다(출 24:3).

3) 이스라엘 백성이 율법을 순종하겠다고 맹세하였으므로, 하나님은 율법을 기록

한 돌판을 주시기 위하여 모세를 부르셨다. 모세는 여호수아 함께 율법을 기록한 돌판을 받으려고 다시 산으로 올라갔다. "**여호와께서 모세에게 이르시되 너는 산에 올라 내게로 와서 거기 있으라 너로 그들을 가르치려고 내가 율법과 계명을 친히 기록한 돌판을 네게 주리라 모세가 그 종자 여호수아와 함께 일어나 하나님의 산으로 올라가며**"(출 24:12,13). 연기와 불꽃으로 가득한 산에는 먹을 양식과 마실 물이 없었으나 모세와 여호수아는 40일 동안 산에 있었다. "**모세는 구름 속으로 들어가서 산 위에 올랐으며 사십일 사십 야를 산에 있으니라**"(출 24:18). 산에서 그들은 40일 동안 먹지도 마시지 못하고 십계명을 새긴 돌판을 받았다.

4) 모세와 여호수아가 산으로 올라간 뒤에 40일이 지났다. 40일 동안 그들이 먹지도 마시지 못하더라도, 그들의 죽음과 삶은 하나님의 주권에 달렸다. 하나님께서 그들을 산으로 부르셨으므로 40일 동안 그들을 살리심으로 자신의 전능하신 능력을 보이셔야 한다. 하나님은 이스라엘 자손에게 이러한 믿음을 요구하셨다. 이 믿음을 가진 자는 배고픔과 갈증을 참고 광야를 통과하여 가나안땅에 들어갈 수 있기 때문이다. 모세와 여호수아가 40일 동안 산에 머무르게 하신 하나님의 뜻은 이스라엘 자손의 믿음을 단련하기 위한 것이다.

5) 하나님의 뜻을 대적하는 마귀는 이스라엘 자손에게 하나님의 능력을 의심하게 하는 생각을 심어주었다. 첫째. 마귀는 이스라엘 자손에게 모세와 여호수아가 죽었다는 생각을 넣어주었다. 둘째, 마귀는 그들에게 모세가 죽었으므로 광야에서 그들을 인도할 사람이 없다는 생각을 넣어주었다. 셋째, 마귀는 그들에게 광야에서 죽을 수 있다는 공포심을 넣어주었다. 넷째, 마귀는 그들에게 광야에서 그들을 인도할 신의 형상을 만들려는 생각을 넣어주었다. 마귀의 미혹에 빠진 자들은 하나님의 형상으로 우상을 만들었다. "**백성이 모세가 산에서 내려옴이 더딤을 보고 모여 아론에게 이르러 가로되 일어나라 우리를 인도할 신을 우리를 위하여 만들라 이 모세 곧 우리를 애굽 땅에서 인도하여 낸 사람은 어찌 되었는지 알지 못함이니라**"(출 32:1). 이스라엘 자손은 그들의 미래를 우상에게 맡기는 죄를 범하였다.

6) 아론은 모세를 통하여 우상을 만들지 말라는 율법의 말씀을 들었지만, 마귀의 미혹에 빠져서 백성의 요구대로 하나님의 형상으로 금송아지를 만들었다. 아론은 그 우상이 백성을 애굽에서 인도하여 내신 하나님이라고 말하였다. "**아론이 그들의 손에서 그 고리를 받아 부어서 각도로 새겨 송아지 형상을 만드니 그들이 말하되 이스라엘아 이는 너희를 애굽 땅에서 인도하여 낸 너희 신이로다 하는지라**"(출 32:4). 이스라엘 자손은 죽은 모세를 대신하여 그들을 인도할 우상을 만들고 우상 앞에서 먹고 마시고 뛰며 기뻐하였다(출 32:6). 이것을 보신 하나님은 모세에게 우상을 만들고 기뻐하는 모든 자를 진멸하시겠다고 말씀하셨다(출 32:10).

7) 모세는 이스라엘 자손의 죄를 자기의 죄로 여기는 마음으로 그들을 위하여 하나님께 기도하였다. 하나님께서 이스라엘 백성을 우상숭배로 인하여 멸하신다면, 모

세는 그들의 죽음에 대한 책임이 자기에게 있다고 생각하였다. 모세는 자신이 백성에게 율법을 잘못 가르친 결과로 그들이 우상을 만들었다고 믿었다. 따라서 모세는 백성의 죄를 위하여 하나님께 기도하였고 하나님은 그의 기도를 들으셨다(출 32:11~14). 모세는 율법을 새긴 돌판을 이스라엘 자손에게 주지 아니하고 건져서 깨뜨렸다(출 32:19). 우상을 숭배하는 자들은 음부의 권세 아래 있으므로 율법을 받을 수 없기 때문이다. 아론에게 우상을 만들라고 선동한 자들은 레위인들에게 죽임을 당하였다(출 32:28).

8) 이스라엘 자손이 모압 평지에서 우상의 제물에 참여하고 이방여자와 음행한 사건은 이스라엘 역사를 관통하는 우상숭배와 음행의 시작을 알리는 전주곡이다. 마귀는 이방인을 통하여 이스라엘 자손을 우상숭배와 음행으로 미혹하였다. 마귀는 발람에게 재물을 사랑하는 마음을 넣어주었고 그를 통하여 이스라엘 자손을 우상과 음행으로 미혹하게 하여 저주를 받게 하였다. 하나님께 율법을 직접 받은 모세조차 우상숭배와 음행, 곧 육체의 쾌락으로 무장한 마귀의 미혹을 막지 못하였다. 성경은 발람의 죄를 이렇게 말씀한다. **"그러나 네게 두어 가지 책망할 것이 있나니 거기 네게 발람의 교훈을 지키는 자들이 있도다 발람이 발락을 가르쳐 이스라엘 앞에 올무를 놓아 우상의 제물을 먹게 하였고 또 행음하게 하였느니라"** (계 2:14).

9) 이스라엘 자손이 우상의 제물에 참여하고 이방여자와 음행하는 과정을 살펴보자. 이스라엘 자손이 아모리 왕 시혼과 바산 왕 옥을 칼로 쳐서 정복하고 여리고 맞은편 모압 평지에 이르렀을 때, 모압 왕 발락은 그들을 두려워하여 선지자 발람에게 많은 예물을 주고 그들을 저주하게 하였다. 그러나 하나님은 발람의 입을 막으시고 그로 이스라엘의 자손을 축복하게 하셨다. 발람은 하나님의 지시하심에 따라서 그들을 축복하였다. **"내가 축복의 명을 받았으니 그가 하신 축복을 내가 돌이킬수 없도다"** (민 23:20). **"야곱을 해할 사술이 없고 이스라엘을 해할 복술이 없도다 이 때에 야곱과 이스라엘에 대하여 논할찐대 하나님의 행하신 일이 어찌 그리 크뇨 하리로다"** (민 23:23). 발락과 발람은 이스라엘 자손을 저주할 방법이 없다는 것을 알고 그들을 우상과 음행으로 미혹하려고 하였다.

10) 발람은 발락으로 우상에게 드리는 제사에 이스라엘 자손을 초대하게 하였다. 이스라엘 자손이 지나가는 길옆에서 모압은 제물의 고기를 굽는 냄새를 진동하게 하였다. 만나만을 먹던 백성들은 그 냄새에 미혹을 받아 우상의 제물에 참여하였다. 모압 사람들은 이방신에게 제사한 뒤에 여자들과 집단 성행위를 하였다. 이것이 이스라엘 백성을 음행으로 끌어드렸다. 그들은 우상의 제물에 참여한 뒤에 이방여자들과 음행하였다. **"이스라엘이 싯딤에 머물러 있더니 그 백성이 모압 여자들과 음행하기를 시작하니라 그 여자들이 그 신들에게 제사할 때에 백성을 청하매 백성이 먹고 그들의 신들에게 절하므로"** (민 25:1,2). 율법을 버리고 우상을 숭배하고 음행한 자들은 저주를 받아 염병으로 죽었다. **"그 염병으로 죽은 자가 이만사천 명이었더라"**

(민 25:9). 이 사건은 믿는 자들이 영의 양식인 복음을 버리고 세상에 속한 것, 곧 탐심을 사모하면 우상숭배와 음행에 빠진다는 것을 모형으로 보여준다.

11) 우상숭배는 하나님을 피조물의 반열까지 끌어내는 것으로 하나님의 영광을 동물의 형상으로 바꾸는 것이다. 우상에게 제사하는 것은 귀신에게 절하는 것으로 사단을 섬기는 것이다. **"대저 이방인의 제사하는 것은 귀신에게 하는 것이요 하나님께 제사하는 것이 아니니 나는 너희가 귀신과 교제하는 자 되기를 원치 아니하노라" (고전 10:20).** 사단은 귀신의 왕이므로 귀신에게 제사하는 것은 사단을 섬기는 것이다. 이스라엘 자손은 하나님의 백성으로 택함을 받았으므로 율법을 순종함으로 하나님을 섬겨야 함에도 마귀의 지배 아래 있는 이방인의 미혹을 받아 우상을 통하여 사단을 경배하였다. 그 결과 그들이 얻은 것은 음행을 통한 육체의 쾌락이다. 마귀는 육체의 쾌락으로 이스라엘 자손을 미혹하여 우상숭배에 빠지게 하였다. 우상숭배는 하나님을 믿지 아니하는 것을 행위로 보여주는 것이다.

(3) 이해를 위한 질문
1) 불신앙: 시험과 원망
   a. 광야에서 이스라엘 자손이 하나님을 시험한 이유는 무엇인가(출17:2).
   b. 하나님을 원망하는 것이 불신앙에 기인하는 이유는 무엇인가.
   c. 반석에서 나온 물이 성령을 모형으로 보여주는 이유는 무엇인가(요 7:38).
   d. 이스라엘 백성이 하나님을 원망하고 시험한 결과는 무엇인가(히 3:19).
2) 불신앙과 우상숭배
   a. 모세가 시내산으로 올라간 뒤에 이스라엘 자손이 우상을 만든 이유는 무엇인가(출 32:1).
   b. 모세가 십계명을 새긴 돌판을 깨뜨린 이유는 무엇인가(출32:19).
   c. 하나님께서 우상을 숭배하는 이스라엘 자손을 전부 진멸하려고 하셨을 때, 모세가 그들의 죄를 위하여 기도한 이유는 무엇인가(출 32:32).
   d. 거짓 선지자 발람이 이스라엘 자손을 우상과 음행으로 미혹한 이유는 무엇인가(민 23.20)
   e. 우상숭배가 음행과 관련되는 이유는 무엇인가(민 25:1,2).

3. 가나안땅의 정복과 이방인
(1) 가나안 정복과 불신앙
1) 창세전에 하나님은 육신으로 임하실 아들을 위하여 가나안땅을 택하셨다(신 11:12). 따라서 하나님은 아브라함과 이삭과 야곱에게 가나안땅을 영원한 기업으로 주신다고 약속하셨다. 광야를 통과한 이스라엘 백성이 이방인을 정복하고 그 땅에 정착하는 것이 하나님의 뜻이다. 이스라엘 백성이 가나안땅에 정착한 이후에 우상

을 숭배하는 거민이 계속하여 살아간다면, 그 땅은 우상으로 인하여 더러워질 것이다. 따라서 하나님은 이스라엘 백성에게 가나안땅의 모든 거민을 불쌍히 여기지 말고 멸하라고 말씀하셨다. 그러나 여호수아는 기브온 족속과 언약을 맺고 그들을 살려주었으므로 이스라엘 백성이 우상숭배에 빠지게 되었다.

2) 하나님께서 아브라함에게 가나안땅을 기업으로 주신다고 약속하셨으나 약 600년 뒤에 그의 후손에게 주셨다. 그 이유는 가나안 거민의 죄가 그 땅을 더럽힐 만큼 심각하지 아니하였기 때문이다. "네 자손은 사 대만에 이 땅으로 돌아오리니 이는 아모리 족속의 죄악이 아직 관영치 아니함이니라 하시더니"(창 15:16). 이스라엘 백성이 애굽에서 나왔을 때, 가나안 거민의 우상숭배로 인하여 그 땅은 더럽혀졌다. 거룩하게 구별된 가나안땅은 우상을 숭배하는 자들을 용납하지 못하고 그 땅의 거민을 토하였다. "그 땅도 더러워졌으므로 내가 그 악을 인하여 벌하고 그 땅도 스스로 그 거민을 토하여 내느니라"(레 18:25). "너희의 전에 있던 그 땅 거민이 이 모든 가증한 일을 행하였고 그 땅도 더러워졌느니라"(레 18:27).

3) 장차 그리스도께서 육신으로 임하실 가나안땅에 우상을 숭배하는 자들은 살아갈 수 없다. 그리스도께서 우상숭배가 만연한 땅에 임하실 수 없기 때문이다. 따라서 하나님은 이스라엘 자손에게 가나안땅에 거하는 모든 이방인을 죽이라고 명령하셨다. "네 하나님 여호와께서 그들을 네게 붙여 너로 치게 하시리니 그 때에 너는 그들을 진멸할 것이라 그들과 무슨 언약도 말 것이요 그들을 불쌍히 여기지도 말 것이며 또 그들과 혼인하지 말찌니 네 딸을 그 아들에게 주지 말 것이요 그 딸로 네 며느리를 삼지 말 것은 그가 네 아들을 유혹하여 그로 여호와를 떠나고 다른 신들을 섬기게 하므로 여호와께서 너희에게 진노하사 갑자기 너희를 멸하실 것임이니라"(신 7:2~4). 만약 가나안땅에 이스라엘 백성이 이방인들과 섞여서 살아간다면 우상숭배에 빠질 것이고 결국 멸망의 길을 걷게 될 것이다. 이런 의미에서 가나안땅의 정복 전쟁은 이스라엘의 역사를 좌우할 토대를 마련하는 중요한 획을 긋는 중요한 사건이다.

4) 이스라엘 백성이 하나님의 은혜로 여리고 성과 아이 성을 점령하는 것은 본 기브온 거민은 그들의 정체를 속이고 그들과 화친하려고 하였다. "그러므로 우리 장로들과 우리나라의 모든 거민이 우리에게 일러 가로되 너희는 여행할 양식을 손에 가지고 가서 그들을 맞아서 그들에게 이르기를 우리는 당신들의 종이니 청컨대 이제 우리와 약조하사이다 하라 하였나이다"(수 9:11). 기브온 거민의 제안을 받은 여호수아는 제사장과 상의하지 아니하고 하나님의 뜻이 무엇인지 구하지 아니하였다. 악한 영들이 그들을 미혹하여 하나님의 말씀을 잃어버리게 하고 그들을 교만하게 하였다. 여호수아는 전쟁의 승리에 도취하여 졸속으로 기브온 거민을 살려주기로 언약을 맺었다. "무리가 그들의 양식을 취하고 어떻게 할 것을 여호와께 묻지 아니하고 여호수아가 곧 그들과 화친하여 그들을 살리리라는 언약을 맺고 회중

족장들이 그들에게 맹세하였더라"(수 9:14,15).

5) 하나님의 뜻은 이스라엘 백성이 가나안 거민을 진멸하는 것이었다. 그러나 이스라엘 백성은 하나님의 뜻을 거역하고 가나안 거민과 언약을 맺었다. 이스라엘 백성은 우상을 숭배하는 이방인들과 함께 살려고 작정하였으므로, 하나님은 그들의 결정을 그대로 인정하셨다. 하나님은 이스라엘 백성으로 모든 이방인을 진멸하지 못하게 하셨다. 가나안땅이 각 지파에게 분배된 뒤에 이스라엘 백성은 이방인들과 함께 살게 되었다.[89] "그술 사람과 마아갓 사람은 이스라엘 자손이 쫓아 내지 아니하였으므로 그술과 마아갓이 오늘날까지 이스라엘 가운데 거하더라"(수13:13). "예루살렘 거민 여부스 사람을 유다 자손이 쫓아내지 못하였으므로 여부스 사람이 오늘날까지 유다 자손과 함께 예루살렘에 거하니라"(수15:63). "그들이 게셀에 거하는 가나안 사람을 쫓아내지 아니하였으므로 가나안 사람이 오늘날까지 에브라임 가운데 거하며 사역하는 종이 되니라"(수 16:10).

6) 가나안땅을 제비 뽑아 이스라엘의 각 지파에게 분배한 뒤에 여호수아는 이방인과 언약을 맺은 자신의 죄를 깨닫고 마지막으로 이스라엘 백성에게 우상을 숭배하지 말라고 권고하였다. 여호수아는 모압 평지에서 백성이 우상의 제물에 참여하고 이방 여자와 음행한 것을 알고 있기 때문이었다. 이방인들이 우상숭배와 음행으로 이스라엘 백성을 미혹할 것이므로, 여호수아는 백성에게 하나님만 섬길 것을 다짐받고자 하였다. 여호수아의 말을 듣고 백성은 여호와 하나님만을 섬기겠다고 맹세하였다. "만일 너희가 여호와를 버리고 이방 신들을 섬기면 너희에게 복을 내리신 후에라도 돌이켜 너희에게 화를 내리시고 너희를 멸하시리라 백성이 여호수아에게 말하되 아니니이다 우리가 정녕 여호와를 섬기겠나이다 여호수아가 백성에게 이르되 너희가 여호와를 택하고 그를 섬기리라 하였으니 스스로 증인이 되었느니라 그들이 가로되 우리가 증인이 되었나이다"(수 24:20~22).

7) 이스라엘 백성은 이방인을 종으로 지배함으로 이방인들의 우상숭배를 없이하고 그들을 하나님께로 인도할 수 있었다. 애굽에서 바로가 이스라엘 자손에게 우상숭배를 강요한 것처럼, 이스라엘 백성은 이방인들을 하나님께 돌아오게 할 수 있었다. 만약 이방인들이 우상을 버리고 하나님께 돌아와서 율법을 순종한다면 가나안땅은 거룩함을 유지할 것이며 장차 그리스도께서 그 땅에서 육신으로 임하실 것이다. 이것이 하나님의 뜻이다. 따라서 가나안땅을 이스라엘 자손에게 약속의 땅으로 주신 하나님의 뜻이 이루어지느냐 아니냐의 여부는 그들의 믿음에 달렸다. 그러나 하나님의 뜻과 달리 백성은 이방인들을 하나님께 인도하지 아니하였고 그들의 여자를 아내로 맞이하였다.

---

[89] 가나안땅을 정복한 이스라엘 자손은 믿음으로 의롭다 함을 받은 자들로서 영적으로 하나님의 형상을 닮은 자들이다. 그러나 이스라엘 자손과 화친을 맺은 이방인들은 영적으로 동물들이다. 영적으로 사람과 동물이 함께 섞여 살아가게 되었다.

8) 이스라엘 백성이 가나안땅에 정착하였으므로 아담의 타락으로 차단된 그리스도의 오실 길이 완전히 준비되었다. 이제 창조사역으로 계시된 하나님의 아들이 오시는 길은 이스라엘 백성의 믿음에 좌우하게 되었다. 그들이 율법으로 자신들의 죄를 깨닫고 성막에서 제사함으로 그들을 거룩하게 하면, 하나님께서 율법의 약속대로 그들에게 복을 주실 것이며 그들을 이방인의 손에서 구원하실 것이다. (신 28:1~14)에서 말씀하는 복이 율법과 제사를 통하여 자신을 거룩하게 하는 이스라엘 백성에게 임할 것이며, 장차 그리스도께서 그들의 후손으로 임하실 것이다.

9) 이스라엘 백성은 출애굽에서 하나님의 권능을 체험하였고 광야에서 율법에 따라서 엄격하게 단련을 받았다. 따라서 그들은 가나안땅을 분배받은 뒤에 우상을 숭배하지 아니하겠다고 하나님 앞에서 약속하였다(수 24:15,16). 그러나 출애굽과 광야생활, 및 가나안 거민과의 전쟁을 알지 못하는 세대가 태어난다면, 그들이 아브라함과 이삭과 야곱의 하나님을 알고 율법을 순종할 것이냐 하는 문제가 제기되었다. 따라서 하나님은 그들의 믿음을 단련하기로 작정하셨다. 하나님은 말씀으로 택한 자들을 단련시키신다. **"곧 여호와의 말씀이 응할 때까지라 그 말씀이 저를 단련하였도다"** (시 105:19).

10) 하나님은 이방인을 통하여 이스라엘 백성이 율법을 순종하느냐 아니하느냐 여부를 시험하셨다. 그들이 이방인의 미혹에 빠져서 우상을 숭배할 때, 하나님은 그들을 저주하셔서 그들로 죄를 깨닫게 함으로 그들의 믿음을 단련하시기로 작정하셨다. 시험을 통하여 단련된 믿음, 곧 순금과 같은 믿음을 소유한 자의 육체를 통하여 장차 그리스도께서 오실 것이기 때문이다. 성경은 이렇게 말씀한다. **"남겨두신 이 열국으로 이스라엘을 시험하사 여호와께서 모세로 그들의 열조에게 명하신 명령들을 청종하나 알고자 하셨더라"** (삿 3:4). 가나안땅에 정착한 이후 그리스도까지 역사는 이방인을 통하여 이스라엘 백성이 율법을 순종하느냐 아니냐의 여부를 시험하는 기간이라고 말할 수 있다. 이스라엘 백성은 시험을 받는 과정에서 많은 고난을 받고 피를 흘렸다. 그들은 죄의 저주 아래서 칼과 기근과 질병으로 고통을 받았다. 그들의 역사는 믿음으로 하나님의 은혜 아래서 평강을 누리는 시기와 불신앙으로 죄의 저주 아래서 고통을 당하는 시기가 연속적으로 교차하는 것이다. 따라서 그리스도께서 이스라엘 백성의 피와 눈물과 고난을 통하여 육신으로 임하셨다고 말할 수 있다.

(2) 이방인의 미혹과 우상숭배

1) 가나안땅에 정착한 뒤에 출애굽과 광야 생활을 체험한 자들은 여호수아와의 약속대로 우상을 멀리하고 하나님만 섬겼다. 그러나 그들이 죽은 뒤에 태어난 자들은 하나님을 알지 못하였으므로 이방인처럼 되었다. 이스라엘 백성은 율법으로 만물을 창조하신 하나님을 알고 율법을 순종함으로 하나님을 섬길 때 비로소 하나님의 백성이 될 수 있었다. 그러나 그들이 하나님을 알지 못하고 율법을 순종하지 아니한다면

하나님의 백성이 아니다. 제사장에게 율법을 배우지 못한 그들은 하나님을 알지 못하므로 이방인처럼 되었다. 이스라엘 백성이 이방인처럼 되었을 때 자연스럽게 이방인과 혼인하게 되었다. 이것이 그들의 우상숭배의 원인이 되었다.

  2) 여호수아가 죽은 뒤에 제비뽑아 가나안땅을 분배받은 각 지파는 그곳에 거하는 이방인을 몰아내는 전쟁을 계속하였다. 여호수아가 기브온 사람들과 언약을 맺었으므로 이스라엘 백성은 기브온 사람과 싸울 수 없었다. 그러나 기브온 사람을 제외한 다른 족속들을 몰아내는 것이 하나님의 뜻이었다. 그러나 제비를 뽑아 분배받은 땅에서 각 지파들은 그곳에 거하는 이방인들을 몰아내지 못하였다. 이스라엘 백성은 살려둔 이방인들에게 강제노역을 시켰다. **"이스라엘이 강성한 후에야 가나안 사람에게 사역을 시켰고 다 쫓아내지 아니하였더라"**(삿 1:28). 이것을 악하게 여기신 하나님은 천사를 보내셔서 이스라엘 백성을 책망하셨다. **"너희는 이 땅 거민과 언약을 세우지 말며 그들의 단을 헐라 하였거늘 너희가 내 목소리를 청종치 아니하였도다 그리함은 어찜이뇨 그러므로 내가 또 말하기를 내가 그들을 너희 앞에서 쫓아내지 아니하리니 그들이 너희 옆구리에 가시가 될 것이며 그들의 신들이 너희에게 올무가 되리라 하였노라"**(삿 2:2,3). 하나님의 말씀을 들은 이스라엘 백성은 그들의 잘못을 뉘우치고 소리를 높여 울었다. **"여호와의 사자가 이스라엘 모든 자손에게 이 말씀을 이르매 백성이 소리를 높여 운지라"**(삿 2:4).

  3) 여호수아가 살아있는 동안 이스라엘 백성은 하나님만을 섬겼다. 그들은 광야생활과 가나안땅의 정복을 체험하였고 심판의 두려움을 알았기 때문에 율법을 순종함으로 하나님을 섬겼다. **"백성이 여호수아의 사는 날 동안과 여호수아 뒤에 생존한 장로들 곧 여호와께서 이스라엘을 위하여 행하신 모든 큰 일을 본 자의 사는 날 동안에 여호와를 섬겼더라"**(삿 2:7). 여호수아의 죽음과 때를 같이하여 출애굽을 체험한 세대도 역시 죽어서 역사 속으로 돌아갔다. 하나님과 율법을 아는 세대는 모두 죽어서 그들의 열조에게 돌아갔다. 그 후에 가나안땅에서 태어난 세대는 하나님을 알지 못하였다. **"그 세대 사람도 다 그 열조에게로 돌아갔고 그 후에 일어난 다른 세대는 여호와를 알지 못하며 여호와께서 이스라엘을 위하여 행하신 일도 알지 못하였더라"**(삿 2:10). 그들은 그들의 부모 세대로부터 율법을 배우지 못하였고 하나님에 대하여 듣지 못하였기 때문이다.

  4) 하나님을 알지 못하는 이스라엘 백성은 자연히 이방인들과 교제하면서 그들과 혼인하게 되었다. 이스라엘 백성은 이방여자를 취하여 아내로 삼았다(삿 3:6). 하나님은 이스라엘 백성과 이방인의 결혼을 금하셨으므로, 그들의 성행위는 하나님 앞에서 음행이다. 이스라엘 백성은 하나님의 백성이며 이방인은 마귀의 종으로서 동물과 같은 존재이므로, 그들은 결혼을 통하여 하나님의 뜻에 합당하게 한 몸이 될 수 없었다. 그러나 이스라엘 백성은 이방여자를 취하여 아내로 삼았다. 이것은 영적으로 심각한 문제를 초래하였다. 이방여자는 우상을 숭배하는 자로서 그녀의 육체에는 우

상의 흔적이 새겨졌다. 이스라엘 백성이 이방여자와 잠자리를 같이하였을 때, 그들의 육체는 이방여자와 한 몸이 되어 그들의 육체에 하나님 형상의 흔적은 없어지고 우상의 흔적이 새겨지게 되었다.

5) 남자가 창기와 잠자리를 같이하면 그의 육체가 창기의 육체가 되는 것처럼(고전 6:15), 이스라엘 백성이 이방여자와 잠자리를 같이하면 그들의 육체는 이방여자의 육체와 같이 된다. 우상숭배로 이방여자의 육체에 새겨진 우상의 흔적이 이스라엘 백성의 육체에 그대로 옮겨졌다. 따라서 이스라엘 백성은 이방여자의 미혹에서 벗어날 수 없었다. 이스라엘 백성은 하나님을 버리고 우상을 숭배함으로 마귀의 종이 되었다. 그들이 마귀의 종이 되었다는 것은 마귀의 지배 아래 있는 이방인의 종이 되었다는 것을 의미한다. 그들의 음행은 우상숭배로 이어졌고 그들을 이방인의 종으로 몰아넣었다.

6) 영적인 측면에서 이스라엘 백성이 이방인의 종이 된 이유를 살펴보자. 하나님은 이스라엘 백성에게 이방인과 혼인하지 말라고 경고하셨다. 그러나 그들은 하나님의 말씀을 버리고 이방여자를 아내로 취하였다. 하나님은 이스라엘 백성에게 우상을 숭배하지 말라고 명령하셨다. 그러나 그들은 하나님의 말씀을 버리고 이방여자의 미혹에 빠져 우상을 숭배하였다. 그들은 스스로 이방인의 종이 되려고 하였다. 미혹을 받은 자는 미혹한 자의 종이 된다. 따라서 하나님은 이스라엘 백성을 이방인의 종이 되게 하셨다. 그러나 이스라엘 백성이 이방인의 핍박 속에서 그들의 죄를 깨닫고 하나님께 돌아왔을 때, 하나님은 이방인을 심판하시고 그들을 이방인의 손에서 구원하셨다.

7) 이방인들은 여자들을 통하여 이스라엘 백성을 미혹하여 우상을 숭배하게 한 뒤에 칼로 그들을 사로잡아 종으로 삼았다. 이것은 사단이 뱀을 통하여 아담을 미혹하여 타락하게 한 뒤에 그를 사로잡아 종으로 삼은 것을 모형으로 보여준다. 마귀의 권세 아래 있는 이방인은 아담을 미혹한 사단을 모형으로 보여준다. 이스라엘 백성을 미혹한 이방여자는 아담을 미혹한 뱀을 모형으로 보여준다. 이스라엘 백성이 죄를 깨닫고 하나님께로 돌아왔을 때 하나님께서 이방인을 심판하신 것은 장차 그리스도께서 사망의 권세를 잡은 마귀를 심판하실 것을 모형으로 보여준다(히 2:14).

8) 가나안땅에 정착한 이스라엘과 그 땅의 거민과의 싸움은 믿음으로 의롭다 함을 받은 자들과 세상에 속한 자들 사이에 벌어지는 영적 전쟁을 모형으로 보여준다. 마귀는 육체의 쾌락인 음행과 우상숭배로 무장하고 의롭다 함을 받은 자들을 미혹하였다. 의롭다 함을 받은 자들은 하나님, 곧 장차 오실 그리스도에 대한 믿음과 말씀으로 무장하고 마귀의 미혹을 대적하였다. 그러나 이스라엘 백성은 율법을 알지 못함으로 그들의 죄도 알지 못하였다. 이것은 장차 오실 그리스도에 대한 불신앙으로 이어졌다. 그들은 율법으로 자신의 죄를 알지 못하므로 장차 오실 그리스도에 대한 믿음을 버렸다. 그 결과 영적 전쟁에 임한 이스라엘 백성은 전쟁에서 패배하여 마귀의

종이 되었다. 그들이 이방인의 핍박에서 신음하며 하나님께로 돌아왔을 때, 하나님은 이방인과의 전쟁에서 그들에게 승리를 안겨주셨다.

9) 이스라엘 백성이 하나님의 은혜로 이방인의 지배에서 벗어나 사사의 통치를 받을 때 우상을 버리고 하나님을 섬겼다. 그들은 우상숭배, 이방인의 지배 및 하나님의 구원을 체험하였으므로 사사의 통치 아래서 하나님만 섬겼다. 그러나 사사가 죽은 뒤에 우상숭배와 이방인의 지배를 체험하지 못한 세대는 하나님을 알지 못하였으므로 다시 이방여자를 아내로 취하고 우상숭배에 빠지게 되었다. 하나님은 우상을 숭배하는 자들을 버리셨다. 그들은 다시 이방인의 종이 되어 저주 아래 들어갔다. 사사시대에 이러한 과정이 반복되었다. 이것은 마귀가 집요하게 택함을 받은 자들을 음행과 우상숭배로 미혹한다는 것을 보여준다.

10) 가나안땅에 정착한 이스라엘의 역사는 이방인들과 영적 전쟁이 연속되는 과정을 보여준다. 마귀의 지배 아래 있는 이방인들은 육체에 속한 것과 우상숭배로 무장하고 이스라엘 백성을 미혹하였다.[90] 그들은 이방인들의 미혹을 극복하지 못하고 결국 나라를 이방인의 손에 넘겨주고 전 세계로 흩어지게 되었다. 그러나 하나님은 장차 오실 그리스도를 위하여 율법으로 자기의 죄를 깨닫고 예루살렘의 무너진 성전을 사모하며 통곡하는 자들을 가나안땅으로 불러 모으셨다. 가나안땅으로 돌아온 자들은 아브라함으로부터 시작하는 진정한 광야교회를 재건하였다.[91] 제사장이 성전을 중심으로 율법으로 유대인들을 통치하는 광야교회 안에 우상숭배와 음행은 자취를 감추었다.

11) 바리새인들, 서기관들 및 사두개인들은 율법의 행위로 자신을 의롭다고 착각함으로 하나님을 버렸으나 가나안땅에서 우상숭배와 음행을 없이하는 공을 세웠다. 가나안땅에 우상숭배가 없어지고 율법이 유대인을 통치하는 성전국가가 세워진 뒤에 그리스도께서 육신으로 임하셨다. 아브라함과 이삭과 야곱에게 하신 하나님의 약속이 2,000년이 지난 뒤에 성취되었다. 마귀는 모든 수단과 방법을 통하여 그리스도의 길을 차단하려고 하였으나, 창세전에 예정된 하나님의 뜻이 아브라함의 후손을 통하여 성취되었다.

(3) 이해를 위한 질문
(1) 가나안 정복과 불신앙
    a. 하나님께서 아브라함의 생전에 가나안땅을 그에게 주시지 아니한 이유는 무엇인가(창 15:16).

---

90) 이방신인 바알과 아세라는 풍작을 가져다주는 풍요의 신으로 알려져 있다. 백성들은 하나님의 은혜를 구하지 아니하고 이방신에게 풍작을 구였다. 이것은 물질의 풍요와 관련된다. 곧 마귀는 물질과 음행으로 믿는 자들을 미혹한다.
91) 졸저, 상게서, 3.3.2.(1) 참조

    b. 하나님께서 이스라엘 백성에게 이방인을 멀리하라고 하신 이유는 무엇인가(신 7:2,3).
    c. 여호수아와 족장들이 기브온 사람들과 언약을 맺은 이유는 무엇인가.
    d. 왜 하나님은 이방인으로 백성을 시험하셨는가(삿 3:4).
    e. 가나안땅에 우상숭배가 없어야 하는 이유는 무엇인가(창 22:17,18).
2) 이방인의 미혹과 우상숭배
    a. 여호수아가 죽은 이후에도 이방인들을 몰아내는 전쟁이 계속되었다. 그러나 그들은 모든 이방인을 몰아내지 못하였다. 그 이유는 무엇인가(삿 3:1~3).
    b. 여호수아 시대에 백성이 우상을 멀리한 이유는 무엇인가(삿 2:7).
    c. 여호수아 이후 세대가 이방여자를 아내로 취한 이유는 무엇인가(삿 2:10).
    d. 이방여자들은 이스라엘 백성을 미혹하여 우상을 숭배하게 하였다. 왜 이스라엘 백성은 이방인의 미혹에 빠져서 우상을 숭배하였는가(고전 6:16).
    e. 사사시대에 이스라엘 백성이 우상숭배를 버리지 못한 이유는 무엇인가.
    f. 바벨론에서 가나안땅으로 돌아온 유대인들이 우상숭배를 끝낸 이유는 무엇인가(겔 36:25).

3.2 광야교회지도자들의 타락
1. 제사장의 타락
(1) 제사장의 타락과 광야교회의 붕괴
  1) 광야교회를 이끌어가는 제사장과 레위인들의 직분의 수행 여부에 따라서 교회의 흥망성쇠가 달렸다. 그들이 백성에게 율법을 가르치지 않으면 백성은 율법을 알지 못할 것이며 율법을 통하여 계시된 하나님도 역시 알지 못할 것이다. 제사장이 율법을 알지 못하면 율법으로 정죄 받는 죄를 대속하기 위하여 제사를 드리지 못할 것이다. 이것은 교회의 붕괴를 가져올 것이다. 이스라엘 백성이 가나안땅에 정착한 후에 이러한 우려가 현실로 나타났다. 제사장의 타락은 교회의 붕괴로 이어졌다. 그러나 사무엘처럼 제사장이 자기의 직분을 온전히 수행하였을 때 교회는 교회의 본질을 회복하기도 하였다.
  2) 이스라엘 백성이 이방인과 함께 살게 되었으므로 광야교회의 인도자인 제사장은 백성에게 율법을 가르침으로 그들로 이방인을 멀리하게 하여야 할 책임이 있었다. 백성이 율법을 통하여 계시된 창조주 하나님과 장차 오실 그리스도, 의로움 및 거룩함을 알면 우상을 멀리할 것이다. 율법을 통하여 자신의 죄를 깨닫고 장차 오실 그리스도를 믿고 사모하는 것이 광야교회의 본질이므로, 제사장은 힘을 다하여 백성에게 율법을 가르쳐야 한다. 하나님은 이를 위하여 제사장들에게 군대의 징집을 면제하고 이스라엘 백성의 십일조를 그들에게 주셨다. 많은 특권은 많은 의무를 요구한다.

3) 제사장은 하나님께 받은 특권을 당연한 것으로 여기고 맡은 의무를 행하지 아니하였다. 그들은 단지 성막에서 제사를 주관하는 것으로 그들의 책무를 다하는 것으로 착각하였다. 그들은 백성에게 율법을 가르치지 아니하였다. 백성은 율법을 배우지 못하였으므로 하나님을 알지 못하고 죄도 알지 못하였다. 출애굽 세대와 여호수아가 죽은 뒤에 백성은 하나님을 알지 못하였다. "**그 세대 사람도 다 그 열조에게로 돌아갔고 그 후에 일어난 다른 세대는 여호와를 알지 못하며 여호와께서 이스라엘을 위하여 행하신 일도 알지 못하였더라**"(삿 2:10). 백성은 율법을 알지 못하였으므로 자연스럽게 우상숭배와 음행에 빠지게 되었다. "**애굽 땅에서 그들을 인도하여 내신 그 열조의 하나님 여호와를 버리고 다른 신 곧 그 사방에 있는 백성의 신들을 좇아 그들에게 절하여 여호와를 진노하시게 하였으되 곧 그들이 여호와를 버리고 바알과 아스다롯을 섬겼으므로**"(삿 2:12,13).

4) 광야교회는 율법과 양심으로 자기의 죄를 깨닫고 장차 오실 그리스도를 믿는 믿음 위에 세워졌다. 따라서 제사장은 제사를 주관하는 시간 외에는 항상 율법을 연구하고 백성을 가르침으로 백성으로 죄를 깨닫게 하여야 한다. 그러나 제사장은 백성에게 율법을 가르치지 아니하였으므로, 그들이 하나님을 알지 못하고 그들의 죄도 깨닫지 못하였다. 이것은 광야교회의 근본을 흔드는 것이다. 성경은 백성이 하나님을 알지 못함으로 망한다고 기록하였다. "**내 백성이 지식이 없으므로 망하는도다 네가 지식을 버렸으니 나도 너를 버려 내 제사장이 되지 못하게 할 것이요 네가 네 하나님의 율법을 잊었으니 나도 네 자녀들을 잊어버리리라**"(호 4:6). "나도 너를 버려 내 제사장이 되지 못하게 할 것이요"란 백성이 하나님을 알지 못하는 책임이 제사장에게 돌아간다는 것을 의미한다.

5) 이스라엘 백성이 이방여자를 취하여 아내로 삼고 우상을 숭배하였을 때 저주를 받아 이방인의 종이 되었다. 백성이 이방인의 박해 속에서 고통을 당하며 하나님께 돌아왔을 때, 하나님은 타락한 제사장을 버리고 원하는 자를 택하여 사사(재판관)로 삼아 백성을 이방인의 손에서 구원하셨다. 백성이 이방인의 손에서 자유를 얻은 뒤에도 제사장은 백성에게 율법을 가르치지 아니하였다. 따라서 사사가 죽은 뒤에 이스라엘 백성은 다시 우상숭배에 빠졌다. 사사 시대에 이러한 일이 반복된 것은 제사장의 타락에 기인한 것이다. 이것은 교회를 인도하는 제사장의 역할의 중요성을 말해준다. 물론 제사장과 관련하여 사사도 역시 제사장에게 율법을 가르치도록 권고하지 아니한 책임이 있다.

6) 제사장의 타락은 제사의 타락으로 이어졌다. 성막의 제사는 율법에 따라서 정죄 받는 죄를 전제로 한다. 그러나 백성은 율법을 배우지 못하였으므로 죄를 알지 못하였다. 물론 제사장도 율법을 알지 못하므로 자기의 죄도 알지 못하였다. 그러나 제사 직분이 그들의 밥그릇이었으므로, 그들은 성막에서 율법의 규례에 따라서 제사를 드렸다. 따라서 모든 제사는 거룩한 피에 의한 속죄가 없는 단순한 종교의

식이 되었다. 이러한 제사는 백성의 죄로 인하여 더럽혀진 하나님의 이름과 성소를 거룩하게 하지 못하였다. 이스라엘 백성이 율법을 범하면 하나님의 이름과 성소가 더럽혀진다(레 20:3). 따라서 제사장은 하나님의 이름을 위하여 소와 염소와 양의 피로써 속죄의 제사를 드렸다.

7) 죄를 알지 못하고 종교의식으로 드리는 제사는 하나님의 이름과 성소를 거룩하게 하지 못하였다. 이스라엘 백성의 우상숭배로 하나님의 이름과 성소는 더럽혀진 채로 방치되었다. 지성소에 하나님의 이름이 있었다. 그러나 하나님은 백성의 죄로 더럽혀진 지성소에서 자기의 이름을 거두셨다. 성소에 하나님의 이름과 율법을 새긴 돌판이 있었다. 그러나 하나님이 이름이 없는 성소는 단순한 천막에 불과하였다. 따라서 성막에서 음행을 자행한 자들이 즉시 죽임을 당하지 아니하였다. 제사장 엘리의 아들들이 성막에서 수종을 드는 여자들과 음행을 하였지만, 즉시 죽임을 당하지 아니하였다(상상 2:22). 그러나 성막에 하나님의 이름이 있을 때 제사장이 죄를 범하면 즉시 죽임을 당하였다(레 10:1,2). 이것은 제사장의 타락으로 성소에 하나님의 이름이 없다는 것을 보여준다.

8) 제사장의 타락으로 백성은 율법을 알지 못하였고 성막의 제사는 의식적인 종교행사로 전락하였다. 율법과 성막은 이스라엘 자손이 하나님의 백성이란 증거이므로, 제사장의 타락으로 이스라엘과 하나님의 관계는 단절되었다. 이스라엘의 역사는 제사장의 타락으로 율법을 알지 못하는 백성이 하나님을 버린 결과로 인한 참혹한 심판을 보여준다. 제사장의 타락은 솔로몬의 우상숭배로 이어졌고, 솔로몬 이후 나라는 북 왕국과 남 왕국으로 분단되었다. 북 왕국의 여로보암은 율법을 아는 아론의 후손 제사장들을 대신하여 일반 백성을 제사장으로 세웠다. **"저가 또 산당들을 짓고 레위 자손 아닌 보통 백성으로 제사장을 삼고"**(왕상 12:31). **"레위 사람이 그 향리와 산업을 떠나 유다와 예루살렘에 이르렀으니 이는 여로보암과 그 아들들이 저희를 폐하여 여호와께 제사장의 직분을 행치 못하게 하고 여로보암이 여러 산당과 수염소 우상과 자기가 만든 송아지 우상을 위하여 스스로 제사장들을 세움이라"**(대하 11:14,15).

9) 북 왕국에는 율법을 아는 제사장이 없었고, 일반 백성이 제사장을 대신하여 산당에서 우상에게 제사하였다. 북 왕국은 율법을 알지 못하였으므로, 백성은 우상숭배에서 벗어나지 못하고 끝내 앗수르에게 멸망하였다. 남 왕국은 아론의 후손 제사장들이 백성에게 율법을 가르치며 율법으로 백성을 재판함으로 광야교회의 본질을 회복하기도 하였다. 여호사밧이 남 왕국을 통치할 때 제사장들에게 율법을 가르치게 하였고 율법으로 백성을 재판하게 하였다. 여호사밧은 제사장으로 백성에게 율법을 가르치게 하였다. **"저희가 여호와의 율법 책을 가지고 유다에서 가르치되 그 모든 성읍으로 순행하며 인민을 가르쳤더라"**(대하 17:9). 여호사밧은 제사장들에게 율법으로 백성을 재판하게 하였다. **"또 유다 온 나라 견고한 성에 재판관을**

세우되 성마다 있게 하고 재판관에게 이르되 너희는 행하는 바를 삼가하라 너희의 재판하는 것이 사람을 위함이 아니요 여호와를 위함이니 너희가 재판할 때에 여호와께서 너희와 함께하실지라"(대하 19:5,6).

10) 남 왕국의 제사장들도 그 직무를 다하지 아니하였다. 제사장은 왕의 명령이 없더라도 하나님께 받은 직분을 성실히 수행하여야 함에도 율법을 가르치는 일을 소홀히 하였다.[92] 일부 제사장들은 우상을 숭배하는 백성을 하나님께로 돌아오게 하려고 목숨을 걸고 그들의 직분에 충성을 다하기도 하였다. 그러나 제사장들은 백성에게 율법을 가르치는 일을 잊어버렸다. 그들은 성막에서 제사하는 것과 백성으로부터 받는 십일조로 만족하였다. 그 결과 남 왕국은 우상숭배에서 벗어나지 못하고 끝내 나라를 바벨론에게 넘겨주었다. 예루살렘 성전은 파괴되었고 백성은 포로로 끌려갔으며 남은 백성은 애굽으로 피신하였다.

(2) 율법을 잘못 가르친 제사장들

1) 이스라엘 백성이 가나안땅에 정착한 뒤에 제사장들은 백성에게 율법을 가르치지 아니함으로 온 나라를 우상숭배의 도가니로 몰아넣었다. 제사장들은 백성이 드리는 십일조를 기업으로 받고 백성 위에 어른으로 군림하였지만, 나라를 이방인의 손에 넘겨주었다. 바벨론에서 가나안땅으로 돌아온 유대인들은 성전을 재건하고 제사장을 지도자로 하는 성전국가를 건설하였다.[93] 제사장들은 유대인에게 율법을 가르치고 그들을 재판함으로 율법으로 교회를 인도하였다. 이로써 가나안땅에 우상숭배가 그치게 되었다. 그러나 이때부터 제사장들은 율법을 통하여 계시된 하나님의 뜻을 알지 못하고 자기들의 생각대로 율법을 가르쳤다. 곧 제사장들은 율법을 순종하여 의롭다 함을 받을 수 있다고 가르쳤다. 이것은 유대교의 탄생과 광야교회를 붕괴로 몰아넣는 계기가 되었다.

2) 바사제국의 고레스는 유대인의 귀환과 성전재건을 허용하였다(스 1:3,4). 바벨론에서 가나안땅으로 돌아온 유대인들은 파괴된 성전을 재건하였다. 바벨론에서 돌아온 제사장 에스라는 가나안땅에 남아있던 백성과 레위인들과 제사장들이 타락하여 이방여자를 아내로 삼은 것을 알았다. **"이 일 후에 방백들이 내게 나아와 가로되 이스라엘 백성과 제사장들과 레위 사람들이 이 땅 백성과 떠나지 아니하고 가나안 사람과 헷 사람과 브리스 사람과 여부스 사람과 암몬 사람과 모압 사람과 애굽 사람과 아모리 사람의 가증한 일을 행하여 그들의 딸을 취하여 아내와 며느리를 삼아 거룩한 자손으로 이방 족속과 서로 섞이게 하는데 방백들과 두목들이 이**

---

[92] 이것은 오늘날 그리스도의 교회의 타락을 모형으로 보여준다. 교회의 예배가 형식적인 종교행사가 되고 교회의 지도자들은 복음을 가르치지 않으면, 교회는 붕괴의 길을 걷게 될 것이다.
[93] 졸저, 상게서, 3.3.2.(1) 참조

죄에 더욱 으뜸이 되었다 하는지라"(스 9:1,2). 이스라엘 백성의 음행과 우상숭배로 나라가 멸망한 것을 알고 있는 에스라는 옷을 찢고 통곡하며 하나님께 기도하였다(스 9:5~15).

3) 에스라는 율법을 알지 못하는 백성이 이방여자를 취하여 아내로 삼은 것을 알고 율법 책에 기록한 말씀을 백성에게 전하였다. "칠월 일일에 제사장 에스라가 율법책을 가지고 남자, 여자 무릇 알아 들을만한 회중 앞에 이르러 수문 앞 광장에서 새벽부터 오정까지 남자, 여자 무릇 알아 들을만한 자의 앞에서 읽으매 뭇백성이 그 율법책에 귀를 기울였는데"(느 8:2,3). 에스라가 전하는 율법을 들은 이스라엘 백성은 통곡하며 그들의 죄를 회개하였다(스 10:1). 백성은 이방여자를 아내로 취한 죄를 회개하고 하나님의 말씀에 따라서 이방여자들과 그들의 소생들을 보내기로 맹세하였다. "곧 내 주의 교훈을 좇으며 우리 하나님의 명령을 떨며 준행하는 자의 의논을 좇아 이 모든 아내와 그 소생을 다 내어 보내기로 우리 하나님과 언약을 세우고 율법대로 행할 것이라"(스 10:3).

4) 제사장 에스라가 백성에게 율법을 가르치고 율법대로 그들을 인도한 것은 성전을 중심으로 제사장이 유대인의 공동체를 다스리는 성전국가의 탄생을 알리는 전주곡이었다. 이후부터 산헤드린 공회가 구성되고 제사장은 공회를 중심으로 유대 사회를 통치하였다. 유대는 바사국의 통치를 받는 식민지이었으나 내부적으로 어느 정도 자치권을 가지고 있었다.[94] 바사국은 치안을 담당하고 조세를 받는 것을 담당하고 유대 사회의 내부 일을 제사장과 공회에 위임하였다. 제사장은 공회와 함께 율법으로 유대 사회를 통치하였다. 제사장의 관심은 유대인으로 율법을 온전히 순종하게 함으로 장차 오실 그리스도의 길을 준비하는 것이다. 이를 위하여 제사장은 강력한 권력을 가져야 한다고 믿었다. 이것이 교회를 타락시키는 원인이 되었다.

5) 제사장이 왕처럼 강력한 권력으로 유대 사회를 통치하려면 자기 자신이 율법을 온전히 순종하였다는 증거를 보여야 한다고 오해하였다. 율법에 따라서 정죄 받은 죄인은 율법으로 백성을 재판할 수 없다고 판단한 제사장은 율법의 행위로 의롭다 함을 받을 수 있다고 가르쳤다. 제사장은 정치적인 목적을 위하여 율법을 잘못 가르쳤다. 율법으로 의롭다 함을 받을 수 있다는 제사장의 생각은 바리새인들과 서기관들을 탄생시켰다. 그들은 율법의 행위로 의롭다 함을 받았다고 믿고 있었다. 그들뿐만 아니라 사두개인들도 마찬가지로 율법의 행위로 자신을 의롭다고 믿고 있었다. 율법으로 의롭다 함을 얻었으면 인류의 죄를 대속하기 위하여 오실 그리스도는 그들에게 필요 없는 존재가 되었다(갈 2:21). 그들이 기다리는 그리스도는 인류의 죄를 짊어지실 그리스도가 아니라 이방인의 손에서 그들을 구원하실 정치적인 그리스도이다. 이로써 바벨론에서 가나안땅으로 돌아온 유대인들이 회복한 광야

---

[94] 졸저, 상게서, 3.3.2.(2) 참조

교회의 본질은 변화하고 유대교가 탄생하였다. 장차 오실 그리스도의 피 위에 세워진 교회는 명맥만 유지하게 되었다.

6) 제사장들은 율법으로 의롭다 함을 받을 수 있다고 가르치고, 사두개인들과 바리새인들과 서기관들은 율법으로 의롭다 함을 받았다고 믿고 있었으므로, 율법에 따라서 정죄 받는 죄를 속하는 거룩한 피에 의한 제사는 없어지고 종교행사로 드리는 제사만 남게 되었다. 이로써 성전은 하나님의 이름이 없는 단순한 건축물, 곧 명목상의 성전이 되었다. 명목상의 성전을 향하여 하나님의 이름이 있는 것처럼 믿고 무릎을 꿇고 기도하며 제사하는 것은 우상숭배와 다름이 없었다. 이사야 선지자는 이렇게 예언하였다. **"소를 잡아 드리는 것은 살인함과 다름이 없고 어린양으로 제사드리는 것은 개의 목을 꺾음과 다름이 없으며 드리는 예물은 돼지의 피와 다름이 없고 분향하는 것은 우상을 찬송함과 다름이 없이 하는 그들은 자기의 길을 택하며 그들의 마음은 가증한 것을 기뻐한즉"**(사 66:3).

7) 유대인들은 예루살렘 성전에 하나님의 이름이 있는 것으로 착각하고 절기에 예루살렘 성전에 모여서 제사하며 하나님의 얼굴을 사모하였지만, 하나님은 얼굴을 감추셨다. 유대인들은 성전에서 소와 염소와 양을 매매함으로 하나님의 집을 강도의 굴혈로 만들었으나 하나님께 죽임을 당하지 아니하였다. **"저희에게 이르시되 기록된바 내 집은 기도하는 집이 되리라 하였거늘 너희는 강도의 굴혈을 만들었도다 하시니라"**(눅 19:46). 이것은 당시에 예루살렘 성전이 단순한 건축물이 되었다는 것을 의미한다. 이 모든 것은 제사장들이 율법을 통하여 계시된 하나님의 뜻을 모르고 율법을 순종함으로 의롭다 함을 받을 수 있다고 가르쳤기 때문이다. 제사장들은 많은 특권을 받았으나 율법을 잘못 가르치므로 교회를 붕괴의 길로 몰아넣었다.

8) 유대인들은 사모하고 기다린 그리스도께서 오셨지만 그를 알아보지 못하고 십자가에 못 박아 죽었다. 유대인들은 그리스도를 통하여 만물을 창조하신 전능한 능력을 보았고 생명의 말씀을 들었지만, 율법의 행위로 자신을 의롭다고 믿고 있었다. 따라서 그들은 그들을 죄인으로 정죄하고 복음을 전파하는 그리스도를 믿지 아니하였다. 유대인들은 그리스도를 죽였으므로 율법과 성전의 역할은 끝났다. 따라서 하나님은 로마제국의 손으로 예루살렘 성전을 파괴하셨다. 아벨을 죽인 가인이 세상에서 유리하는 자가 된 것처럼, 유대인들은 그리스도를 죽인 뒤에 전 세계에 흩어져 유리하는 자들이 되었다.

9) 이스라엘이란 이름은 야곱의 이름으로 한 나라의 국호가 되었지만 참으로 무서운 이름이다. 이스라엘은 하나님의 사람을 이기는 자의 이름이다. **"그 사람이 가로되 네 이름을 다시는 야곱이라 부를 것이 아니요 이스라엘이라 부를 것이니 이는 네가 하나님과 사람으로 더불어 겨루어 이기었음이니라"**(창 32:28). 이스라엘 자손은 하나님의 백성으로 부르심으로 받았지만 애굽에 들어간 이후부터 지금까지 하나님을 대적하고 있다. 이스라엘 백성은 하나님의 말씀 앞에서 고개를 숙이지 아

니하는 백성, 곧 목이 곧은 자들이다. **"여호와께서 또 내게 일러 가라사대 내가 이 백성을 보았노라 보라 이는 목이 곧은 백성이니라"**(신 9:13). 그들의 역사는 이방인과 협력하여 하나님을 대적하는 우상숭배의 역사이다. 그들은 그들의 조상을 애굽에서 인도하여 내신 하나님의 아들을 죽이고 율법을 지키지 아니하며 생명의 말씀을 거절하였다. 지금도 그들은 하나님을 대적하고 있다. 유대의 랍비들은 율법의 행위로 자신들을 의롭다고 믿고 있으며 하나님께서 헐어버리신 성전을 건축하겠다고 한다. 그러나 예루살렘에 제3의 성전을 세우려는 그들의 꿈은 결코 이루어지지 아니할 것이다.[95]

10) 하나님께서 이스라엘 백성을 택하여 자기의 백성으로 삼으시고 그들에게 율법을 주시고 성전과 제사의 규례를 주셨지만, 그들은 끝내 하나님을 버렸다. 율법은 음부의 권세가 사람의 육체 안에서 역사한다는 것을 계시하고 있지만, 그들은 그들의 육체 속에서 역사하는 마귀의 궤계를 알지 못하였다. 마귀는 이방여자를 통하여 이스라엘 백성을 음행과 우상숭배로 유혹하였다. 마귀는 제사장을 유혹하여 백성에게 율법을 가르치지 못하게 하였다. 한 걸음 더 나아가 마귀는 제사장으로 율법의 행위로 의롭다 함을 받을 수 있다고 가르치게 하였다. 마귀는 바리새인들과 서기관으로 율법의 행위로 의롭다 함을 받았다고 믿게 하였다. 마귀의 미혹에 빠진 광야교회는 붕괴의 길을 걷게 되었다.

(3) 이해를 위한 질문
1) 제사장의 타락과 광야교회의 붕괴
  a. 제사장들이 백성에게 율법을 가르치지 아니한 결과는 무엇으로 나타났는가(삿 2:10).
  b. 하나님께서 이스라엘 백성에게 이방인과 혼인을 금하신 이유는 무엇인가(신 7:3,4).
  c. 이스라엘 백성이 이방여자를 아내로 취한 이유는 무엇인가(삿 3:5,6).
  d. 사사시대에 우상숭배가 반복된 이유는 무엇인가(호 4:6).
  e. 북 왕국이 남 왕국보다 빨리 멸망한 이유는 무엇인가(왕상 12:31).
2) 율법을 잘못 가르친 제사장들
  a. 바벨론 포로 귀환 이후 제사장 에스라가 유대인들에게 율법을 가르친 이유는 무엇인가(스 9:2).
  b. 제사장들과 레위인들이 이방여자를 아내로 취한 이유는 무엇인가(스 10:18).
  c. 사두개인들과 바리새인들과 서기관들이 율법의 행위로 자신을 의롭다고 착각

---

95) 유대교와 광야교회는 구분한다. 전자는 율법의 행위로 의롭다 함을 받을 수 있다고 믿는 것을 교리로 한다. 그들은 자신의 죄가 없음에도 불구하고 성전에서 제사하였다. 후자는 율법으로 자신의 죄를 깨닫고 장차 오실 그리스도를 믿는 자들의 회중이다.

　　　　한 이유는 무엇인가(눅 18:9).
　　d. 성전의 제사가 타락한 이유는 무엇인가(마 21:13).
　　e. 유대교가 등장한 배경은 무엇인가.

2. 왕들과 선지자들의 타락
(1) 하나님의 백성을 도적질한 왕들

1) 이스라엘 백성은 하나님의 백성으로 율법에 따라서 통치를 받아야 한다. 따라서 왕은 하나님을 대리하여 백성을 율법으로 다스려야 한다. 왕이 율법을 버리고 자기의 뜻대로 백성을 통치하면 하나님의 백성을 자기의 백성으로 만드는 것이다. 이스라엘 자손이 율법으로 다스림을 받을 때 비로소 하나님의 백성이 되었다.96) 그들이 율법을 버리면 하나님의 백성이 아니다. 그들이 율법을 순종하면 하나님의 백성이나, 불순종하면 하나님의 백성이 아니다. 사울은 초대 이스라엘의 왕으로 기름 부음을 받았지만, 율법을 버리고 자기의 생각으로 나라를 다스림으로 하나님의 백성을 자기의 백성으로 만들었다. 곧 그는 하나님의 백성을 자기의 것으로 도적질하였다. 사울은 이 죄로 버림을 받았다.

2) 사울은 자기에게 기름을 부어 왕으로 삼으신 하나님의 주권을 인정하여야 한다. 사울이 하나님의 주권을 인정하지 아니하는 것은 자기의 왕권을 부인하는 것이다. 사울의 왕권은 하나님의 주권에서 나왔기 때문이다. 이스라엘이 블레셋과 전쟁할 때, 사울은 사무엘, 곧 기름 부음을 받은 제사장을 대신하여 번제와 화목제를 드렸다. **"사울이 가로되 번제와 화목제물을 이리로 가져오라 하여 번제를 드렸더니"**(삼상 13:9). 사울이 하나님의 주권을 인정하지 아니하였으므로, 하나님도 사울의 왕권을 부인하셨다. **"사무엘이 사울에게 이르되 왕이 망령되이 행하였도다 왕이 왕의 하나님 여호와께서 왕에게 명하신 명령을 지키지 아니하였도다 그리하였더면 여호와께서 이스라엘 위에 왕의 나라를 영영히 세우셨을 것이어늘"**(삼상 13:13).

3) 이스라엘 백성이 광야를 통과하여 가나안땅을 향하여 나가고 있을 때 아말렉은 그들의 길을 막았다. 이스라엘 백성이 광야를 통과하여 가나안땅으로 들어가는 것이 하나님의 뜻이다. 하나님은 자기의 뜻을 대적한 아말렉의 죄를 기억하시고 사울에게 그들을 진멸하라고 명령하셨다(삼상 15:2,3). 사울은 하나님의 은혜로 전쟁에서 승리하였으나 아말렉의 가축 가운데 좋은 것을 멸하지 아니하고 전리품으로 가져왔으며 아말렉 왕 아각을 죽이지 아니하고 사로잡았다. **"아말렉 사람의 왕 아각을 사로잡고 칼날로 그 모든 백성을 진멸하였으되 사울과 백성이 아각과 그 양과 소의 가장 좋은 것 또는 기름진 것과 어린양과 모든 좋은 것을 남기고 진멸키를 즐겨 아니하고 가치 없고 낮은 것은 진멸하니라"**(삼상 15:8,9). 이것이 죄가

---

96) 국가의 정체성은 헌법에 따라서 결정된다. 자유민주주의 국가와 공산주의 국가는 그 헌법이 서로 다르다. 국가는 헌법에 따라서 통치될 때 국가의 정체성이 유지한다.

되었다. 하나님께서 멸하기로 작정하신 자를 불쌍히 여기고 멸하지 아니하는 것이 죄다.[97]

4) 하나님의 백성을 대적하는 것은 하나님을 대적하는 것이다. 하나님을 대적한 아말렉의 모든 소유는 악하므로, 하나님의 뜻은 이것을 진멸하는 것이다.[98] 그 이유를 살펴보자. 하나님의 뜻을 대적하는 이방인을 진멸하지 아니한 여호수아의 죄로 인하여, 이스라엘 백성은 가나안땅에 정착한 이후에 우상을 숭배하는 죄에 빠지게 되었다. 바울은 부르심을 받기 전에 믿는 자들을 박해함으로 그리스도를 핍박하였다. 그리스도의 지체인 교회를 박해하는 것은 그리스도를 핍박하는 것이다. **"대답하되 주여 뉘시오니이까 가라사대 나는 네가 핍박하는 예수라"**(행 9:5). 사도로 부르심을 받은 뒤에도 바울은 교회를 핍박한 죄로 인하여 자신을 낮추었다. **"나는 사도 중에 지극히 작은 자라 내가 하나님의 교회를 핍박하였으므로 사도라 칭함을 받기에 감당치 못할 자로라"**(고전 15:9).

5) 하나님의 대적을 멸하지 아니하는 것은 하나님의 원수를 용납하는 것으로 우상에게 절하는 것과 같다. 곧 사울은 그의 마음속에서 역사하는 악한 영들의 생각에 따라서 하나님의 말씀을 대적하였다. 악한 영들의 생각을 따르는 것은 우상을 숭배하는 것과 같다. 귀신은 우상을 통하여 경배를 받고 있기 때문이다(고전 10:20). 따라서 사울에게 하나님의 심판이 임하였다. **"사무엘이 가로되 여호와께서 번제와 다른 제사를 그 목소리 순종하는 것을 좋아하심 같이 좋아하시겠나이까 순종이 제사보다 낫고 듣는 것이 수양의 기름보다 나으니 이는 거역하는 것은 사술의 죄와 같고 완고한 것은 사신 우상에게 절하는 죄와 같음이라 왕이 여호와의 말씀을 버렸으므로 여호와께서도 왕을 버려 왕이 되지 못하게 하셨나이다"**(삼상 15:22,23).

6) 사울이 왕으로 기름 부음을 받았을 때 성령의 감동으로 예언하고 암몬 사람과의 전쟁에서 승리하였다. 기름 부음이란 세상으로부터 구별하여 거룩하다고 인을 치는 것이다. 하나님은 거룩하게 구별된 자에게 성령을 보내셔서 그를 감동하신다. 사울이 왕으로 기름 부음을 받은 뒤에 하나님의 영이 그에게 임하였으므로, 그는 예언하고 암몬 사람과의 전쟁을 승리로 이끌었다(삼상 11:6,11). 그러나 사울이 범죄한 뒤에 하나님의 신은 그를 떠났고 악신이 그를 괴롭게 하였다. **"여호와의 신이 사울에게서 떠나고 여호와의 부리신 악신이 그를 번뇌케 한지라"**(삼상 16:14). 사울에게 악신이 임하자, 그는 다윗을 죽이려고 하였다(삼상 18:11). 사울은 왕으로 기름 부음을 받은 다윗을 죽이려고 함으로 하나님의 주권을 대적하였다.

---

[97] 공산주의와 종교다원주의를 멀리하는 것이 하나님의 뜻이다. 이것을 지지하는 자들은 심판을 받을 것이다.

[98] 귀신은 마귀의 지배 아래서 하나님을 대적하는 더러운 영이다. 성도들이 귀신을 쫓아내는 것이 하나님의 뜻이다. **"믿는 자들에게는 이런 표적이 따르리니 곧 저희가 내 이름으로 귀신을 쫓아내며 새 방언을 말하며"**(막 16:17). 귀신의 정체가 무엇이냐 여부로 귀신을 쫓아내는 것을 이단시하는 것은 하나님을 대적하는 죄로 정죄를 받을 수 있다.

7) 사울은 자기에게 기름을 부으신 하나님의 주권보다 백성에 대한 자신의 명예를 더 귀하게 여겼다. 사울은 블레셋의 군대를 두려워하는 백성을 안심시키기 위하여 사무엘 제사장을 대신하여 번제를 드렸다(삼상 13:7,8). 사울은 백성의 눈을 두려워하여 하나님의 말씀을 대적하고 아말렉을 진멸하지 아니하였다. **"사울이 사무엘에게 이르되 내가 범죄하였나이다 내가 여호와의 명령과 당신의 말씀을 어긴 것은 내가 백성을 두려워하여 그 말을 청종하였음이니이다"**(삼상 15:24). 다윗이 골리앗을 죽인 뒤에 그의 명성이 높아지자, 사울은 다윗을 질투하여 죽이려고 하였다. **"사울이 이 말에 불쾌하여 심히 노하여 가로되 다윗에게는 만만을 돌리고 내게는 천천만 돌리니 그의 더 얻을 것이 나라 밖에 무엇이냐 하고"**(삼상 18:8). 사울은 정치적인 이유로 하나님의 주권을 침해하고 하나님의 원수를 멸하지 아니하였다.

8) 사무엘 시대에 본질을 회복하였던 광야교회는 사울의 범죄로 인하여 급속히 붕괴하여 그 명맥만 유지하였다. 광야교회가 붕괴하자 국력도 급속히 쇠퇴하기 시작하였다. 사울의 범죄로 하나님의 백성이 사울의 백성으로 전락하였다. 사울이 세상에 속한 것들을 얻으려고 하나님을 버리자, 하나님도 사울과 이스라엘을 버리셨다. 이스라엘은 블레셋과의 전쟁에서 크게 패하였고, 사울은 전쟁에서 패하여 자살하였고 그의 아들들도 전사하였다(삼상 31:4~6).

9) 하나님의 주권과 왕권이 충돌할 때 왕권을 포기하여야 한다. 그러나 사울은 자기의 왕권을 위하여 하나님의 주권을 침해하였다. 사울은 이스라엘의 주권자로 기름 부음을 받았지만, 하나님의 주권에 도전하고 하나님의 원수를 멸하지 아니하였으므로 그의 왕권은 박탈당하였다. 하나님은 사울을 대신하여 다윗을 이스라엘의 왕으로 기름을 부으셨으나, 사울은 하나님의 주권에 도전하여 다윗을 죽이려고 하였다. 사울은 하나님께 버림을 받고 국가의 운명을 하나님께 맡기지 아니하고 신접한 여자에게 묻는 죄까지 범하였다. 사울은 블레셋과의 전쟁에서 패하여 스스로 목숨을 끊었다. 사울은 이스라엘의 왕으로 기름 부음을 받았지만, 율법을 버리고 자기의 생각대로 나라를 통치함으로 하나님의 백성을 자기의 백성으로 도적질하였다. 그 죄로 사울의 모든 자녀까지 저주를 받았다.

10) 이스라엘 백성은 제사장의 나라이므로 하나님을 대리한 제사장에 의하여 율법으로 통치를 받아야 한다. 그러나 백성은 하나님의 통치를 거절하고 왕을 원하였다. 사울은 이스라엘의 초대왕으로 기름 부음을 받았지만, 율법을 버리고 자기의 생각대로 나라를 다스렸다. 사울의 행위는 장차 이스라엘의 왕들이 하나님을 버리고 자기의 생각으로 나라를 통치할 것을 모형으로 보여준다. 사울이 하나님을 버리자, 하나님의 백성은 사울의 백성이 되었다. 사울은 마귀에게 속하여 범죄하였기 때문에, 이스라엘 백성은 마귀의 자식이 되었다. 곧 왕이 타락하면 하나님의 백성은 마귀의 자식이 된다. 이스라엘의 역사를 통하여 다윗만이 의와 공의로 나라를 통치함으로 이스라엘 백성을 하나님의 백성으로 유지하였다. 이스라엘의 왕들은 율법을 버림으로

하나님의 백성을 우상의 자식으로 만들었다. 그 과정을 살펴보자.

(2) 우상을 숭배한 왕들
  1) 사울은 자신의 왕권을 위하여 하나님의 주권을 침해하였지만, 다른 왕들은 우상을 숭배함으로 교회를 말살하려고 하였으며 나라를 약소국가로 전락시켰다. 솔로몬은 다윗으로부터 강한 나라를 물려받았으며 하나님의 이름을 위하여 성전을 건축하였다. 그러나 그는 많은 이방여자를 아내로 취하였으므로 노년에 우상숭배에 빠지게 되었다. 북 왕국의 주권자로 세우심을 받은 여로보암은 정치적인 이유로 하나님의 형상으로 금송아지를 만들어 섬김으로 하나님의 나라를 우상의 소굴로 만들었다.
  2) 솔로몬은 다윗으로부터 의와 공의가 강같이 흐르는 나라를 물려받았다. 다윗은 솔로몬에게 하나님의 율법으로 나라를 다스리라고 유언하였다(왕상 2:3). 그러나 솔로몬은 다윗처럼 나라를 의와 공의로 다스릴 능력이 없었으므로 하나님께 지혜를 구하였다. **"누가 주의 이 많은 백성을 재판할 수 있사오리이까 지혜로운 마음을 종에게 주사 주의 백성을 재판하여 선악을 분별하게 하옵소서"**(왕상 3:9). 하나님은 솔로몬이 구하는 것을 기뻐하시고 그의 소원대로 지혜와 아울러 부귀를 주셨다(왕상 3:13). 솔로몬은 성령의 감동으로 지혜가 충만하여 하나님의 이름을 위하여 성전을 건축하고 나라를 의와 공의로 다스렸다. 주변 국가들이 솔로몬의 지혜를 들으려고 많은 예물을 가지고 왔다.
  3) 주변 국가들은 솔로몬과 좋은 관계를 유지하기 위하여 그들의 딸들을 솔로몬에게 아내와 후궁으로 주었다. 주변의 여러 나라와 혼인 관계를 통하여 국가 간의 유대를 긴밀하게 하려는 의도는 솔로몬으로 많은 이방여자들을 후궁으로 취하게 하였다. 하나님은 이스라엘 백성에게 이방인과 혼인을 금하셨으므로, 그들이 이방여자를 취하여 아내로 삼은 것은 음행이다. 이방여자는 우상을 숭배하는 자들이므로 그들과 잠자리를 같이한 솔로몬의 육체에 우상의 흔적이 새겨졌다. 따라서 솔로몬은 우상숭배에 빠지게 되었다. **"왕은 후비가 칠백 인이요 빈장이 삼백 인이라 왕비들이 왕의 마음을 돌이켰더라 솔로몬의 나이 늙을 때에 왕비들이 그 마음을 돌이켜 다른 신들을 좇게 하였으므로 왕의 마음이 그 부친 다윗의 마음과 같지 아니하여 그 하나님 여호와 앞에 온전치 못하였으니"**(왕상11:3,4).
  4) 솔로몬의 우상숭배로 하나님의 백성이 우상의 백성이 되었다. 다윗 시대에 의와 공의가 강같이 흐르던 나라는 우상이 지배하는 나라가 되었다. 광야교회는 붕괴하여 명맥만을 유지하게 되었다. 솔로몬이 많은 이방여자를 취한 이유는 하나님의 은혜를 자기의 것으로 착각한 교만이었다. 따라서 하나님은 나라를 북이스라엘과 남유다로 나라를 찢으셨다. 남 왕국은 유다 지파와 베냐민 지파를 중심으로 솔로몬의 아들 르호보암의 통치를 받았다. 북 왕국은 남 왕국의 두 지파를 제외한 열 지파를 중심으로 여로보암의 통치를 받았다. 남 왕국은 예루살렘을 포함한 남쪽을, 북 왕국

은 예루살렘을 제외한 북쪽을 각각 통치하였다. 이스라엘의 분단은 광야교회의 분열을 모형으로 보여준다. 곧 북 왕국과 남 왕국은 우상을 숭배함으로 세상으로 돌아간 교회와 성전을 중심으로 하나님을 섬기려는 교회를 모형으로 보여준다.

5) 북 왕국에는 제사 드릴 성전이 없으므로 백성은 율법의 규례에 따라서 하나님께 얼굴을 보이기 위하여 예루살렘 성전으로 올라가야만 하였다(신16:16). 절기를 맞이하여 백성이 예루살렘 성전으로 올라간다면, 그들은 다윗의 후손 르호보암이 다스리는 남 왕국만이 정통성을 가진 이스라엘 국가임을 알게 될 것이다. 이것은 여로보암의 왕권을 위협하게 될 것이다. 따라서 여로보암은 백성이 예루살렘 성전으로 올라가는 것을 막으려고 하나님의 형상으로 우상을 만들어 산당에 두고 백성으로 섬기게 하였다(왕상 12:27,28). 이것을 염려하신 하나님은 여로보암에게 다윗처럼 율법으로 나라를 의와 공의로 다스리면 나라가 강성할 것이라고 말씀하셨다. **"네가 만일 내가 명한 모든 일에 순종하고 내 길로 행하며 내 눈에 합당한 일을 하며 내 종 다윗의 행함 같이 내 율례와 명령을 지키면 내가 너와 함께 있어 내가 다윗을 위하여 세운 것 같이 너를 위하여 견고한 집을 세우고 이스라엘을 네게 주리라"(왕상 11:38).** 그러나 여로보암은 자기의 생각을 의지하고 하나님의 말씀을 버렸다.

6) 여로보암은 백성을 성전과 단절시켰다. 성전은 율법을 범한 백성을 하나님의 은혜 속으로 인도하는 곳이다. 이스라엘 백성은 율법을 범한 죄를 속하는 하나님의 은혜를 받기 위하여 성전으로 올라가야 한다. 그러나 북 왕국의 백성이 성전에 올라가지 못한 것은 하나님의 은혜에서 제외된 것이다. 하나님과 북 왕국의 백성은 분리되었고 그 사이에 우상이 들어왔다. 여로보암이 만든 우상이 백성과 하나님을 갈라 놓았다. 이로써 북 왕국은 멸망의 길로 접어들었다. 여로보암은 하나님의 형상으로 우상을 만들었으나, 아합은 한 걸음 더 나아가 이방신으로 하나님의 형상으로 만들어진 송아지를 대신하였다. 아합은 이방여자 이세벨을 아내로 맞이한 뒤에 바알신과 아세라신을 섬겼다(왕상 16:31~34).

8) 사사시대에 백성이 이방여자를 아내로 취함으로 우상숭배에 빠졌으나, 왕정시대에 그들은 정치적인 이유로 우상숭배를 끌어드렸다. 하나님의 백성으로 택함을 받은 이스라엘 백성은 육체의 쾌락과 정치적 권력을 위하여 하나님을 버리고 우상숭배에 빠졌다. 이로써 광야교회는 붕괴와 회복을 반복하였다. 나라가 우상숭배의 광풍 속에 빠졌을 때, 하나님은 은혜로 우상을 멀리한 자들도 있었다. 아합 시대에 칠천 명이 율법으로 자신의 죄를 깨닫고 장차 오실 그리스도를 믿음으로 광야교회의 명맥을 유지하였다. **"그러나 내가 이스라엘 가운데 칠천 인을 남기리니 다 무릎을 바알에게 꿇지 아니하고 다 그 입을 바알에게 맞추지 아니한 자니라"(왕상 19:18).** 성경은 이들을 남은 자라고 기록하였다. **"남은 자 곧 야곱의 남은 자가 능하신 하나님께로 돌아올 것이라"(사 10:21).** 우상숭배가 나라를 집어삼키고 있을 때 하나님의 은혜로 광야교회는 그 명맥을 이어갔다.

9) 이스라엘 백성과 하나님의 관계는 언약으로 맺어진 관계이다. 하나님은 이스라엘 백성의 하나님이고, 그들은 하나님의 백성이다. 하나님은 율법으로 백성을 다스리시며 그들은 율법을 순종함으로 하나님을 섬긴다. 그들은 율법을 반드시 순종한다는 맹세로 할례를 받았다. 성전은 이스라엘 백성 가운데 하나님이 계신다는 것을 증거한다. 율법은 하나님과 이스라엘 백성의 관계를 이어주는 언약이며, 성전은 하나님의 존재를 객관적으로 증거한다. 이스라엘 백성은 우상을 숭배함으로 하나님과 맺은 언약을 파기하였으므로 하나님의 백성이 아니다. 하나님과 이스라엘 백성의 관계가 단절되었으므로, 하나님은 예루살렘 성전을 파괴하셨다. 우상숭배로 성전이 파괴되었으나 하나님은 은혜로 우상을 멀리한 자들을 남겨놓으셨다.

10) 이스라엘의 역사는 택함을 받은 하나님의 백성과 이방인과의 전쟁을 통하여 영적 전쟁을 모형으로 보여준다. 칭의 언약과 율법으로 무장한 이스라엘 백성과 마귀의 지배 아래서 세상에 속한 것으로 무장한 이방인들이 가나안땅에서 충돌하였다. 이스라엘 백성은 율법으로 자신의 죄를 깨닫고 장차 오실 그리스도를 사모하는 믿음으로 이방인들을 대적하였다. 이방인들은 육체의 쾌락인 음행과 세상 권력으로 무장하고 이스라엘 백성을 미혹하였다. 백성은 육체의 쾌락 때문에, 왕들은 권력 때문에 이방인의 미혹에 빠져서 우상숭배를 벗어나지 못하였다. 마귀는 사람의 연약한 육체를 통하여 의롭다 함을 받은 자를 미혹한다.

(3) 선지자들의 타락

1) 이스라엘 백성이 가나안땅에 정착한 이후 우상숭배가 만연할 때 하나님은 원하는 자를 택하셔서 선지자로 기름을 부으셨다. 하나님께 부름을 받지 못하였으나 재물을 위하여 자칭 선지자라고 하면서 자기의 생각을 따라 예언한 거짓 선지자들이 있었다. 하나님께 선지자로 부름을 받았으나 목숨을 두려워하여 하나님의 말씀을 선포하지 아니한 자들이 있었다. 제사장과 왕들이 타락하였을 때, 이방인의 미혹과 우상숭배로부터 광야교회를 지키는 최후의 보루인 선지자들이 그들의 사명을 버림으로 이스라엘의 우상숭배를 부채질하였다.

2) 모세는 장차 복음을 선포하실 그리스도께서 오실 것을 예언하고 이스라엘 백성에게 그의 말씀을 들으라는 하나님의 말씀을 선포하였다. **"네 하나님 여호와께서 너의 중 네 형제 중에서 나와 같은 선지자 하나를 너를 위하여 일으키시리니 너희는 그를 들을찌니라"**(신 18:15). "나와 같은 선지자"란 장차 오실 그리스도를 의미한다(행 3:22). 모세는 이어서 거짓 선지자들이 나타날 것을 예언하였다. **"만일 선지자가 있어서 여호와의 이름으로 말한 일에 증험도 없고 성취함도 없으면 이는 여호와의 말씀하신 것이 아니요 그 선지자가 방자히 한 말이니 너는 그를 두려워 말찌니라"**(신 18:22). 선지자의 예언은 반드시 성취됨으로 하나님의 의로우심을 나타낸다. 만약 선지자의 예언이 성취되지 않으면 그 선지자는 하나님을 거짓말하

는 분으로 만드는 것이다. 따라서 거짓 선지자들은 죽임을 당하였다. "**내가 고하라고 명하지 아니한 말을 어떤 선지자가 만일 방자히 내 이름으로 고하든지 다른 신들의 이름으로 말하면 그 선지자는 죽임을 당하리라 하셨느니라**"(신 18:20).

3) 선지자는 하나님께 받은 말씀을 가감하지 아니하고 그대로 전하여야 한다. 만약 하나님의 말씀에서 자신에게 불리한 것을 빼고 유리한 것을 더하면 저주를 받는다. 구약성경에 계시된 모든 선지자의 말씀은 하나님의 말씀을 그대로 선포한 것이다. 그러나 하나님께 받은 말씀이 없지만 자기의 생각을 하나님의 말씀이라고 예언하는 거짓 선지자들이 있었다. 성경은 거짓 선지자들을 책망한다. "**인자야 너는 이스라엘의 예언하는 선지자를 쳐서 예언하되 자기 마음에서 나는 대로 예언하는 자에게 말하기를 너희는 여호와의 말씀을 들으라 주 여호와의 말씀에 본 것이 없이 자기 심령을 따라 예언하는 우매한 선지자에게 화가 있을찐저**"(겔 13:2,3). "자기 마음에서 나는 것"과 "자기 심령을 따르다"란 동일한 의미이다. 자기의 생각을 하나님의 말씀으로 착각하고 하나님의 말씀이라고 예언하는 거짓 선지자들에게 화가 있을 것이다. 거짓 선지자들은 자기의 예언이 성취되기를 간절히 바라지만 성취되지 아니하였다. "**여호와께서 말씀하셨다고 하는 자들이 허탄한 것과 거짓된 점괘를 보며 사람으로 그 말이 굳게 이루기를 바라게 하거니와 여호와가 보낸 자가 아니라**"(겔 13:6).

4) 선지자들은 율법으로 사람의 죄를 드러내고 장차 오실 그리스도를 증거하는 사명을 부여받았다. 그러나 거짓 선지자들은 하나님의 말씀으로 자기의 생각을 포장하여 장차 오실 그리스도의 생애가 아닌 다른 사람의 미래를 예언하였다. 곧 그들은 장래에 나타나지 아니할 사건을 보고 이를 통하여 허탄한 점괘를 예언하였다. 사람의 운명에 대하여 거짓 점괘를 말하는 자는 신접한 자이다. "**진언자나 신접자나 박수나 초혼자를 너의 중에 용납하지 말라**"(신 18:11). 초혼자란 죽은 자를 불러내어 그에게 사람의 길흉화복을 묻는 자를 말한다. 거짓 선지자들은 죽은 자들에게 들은 소리를 하나님의 말씀이라고 예언하였다.

5) 거짓 선지자들은 재물을 얻기 위하여 거짓된 점괘를 말하였을 뿐만 아니라 우상을 숭배하는 이스라엘 백성에게 심판이 임하지 아니할 것이라고 예언하였다. "**이들은 예루살렘에 대하여 예언하여 평강이 없으나 평강의 묵시를 본다 하는 이스라엘의 선지자들이니라 나 주 여호와의 말이니라 하셨다 하라**"(겔 13:16). 이스라엘 백성에게 평강을 예언한 이유는 재물을 얻으려고 하였기 때문이다. 하나님의 심판이 곧 임한다고 예언하면 거짓 선지자들에게 돈을 줄 자가 없기 때문이었다. "**너희가 두어 웅큼 보리와 두어 조각 떡을 위하여 나를 내 백성 가운데서 욕되게 하여 거짓말을 곧이듣는 내 백성에게 너희가 거짓말을 지어서 죽지 아니할 영혼을 죽이고 살지 못할 영혼을 살리는도다**"(겔 13:19). "두어 웅큼 보리와 두어 조각 떡"이란 거짓된 점괘를 말하고 얻는 보수를 말한다.

6) 왕들은 백성에게 심판을 예언하는 자들을 멀리하고 평강을 예언하는 자들을 가까이하였다. 이스라엘의 주권자들은 백성을 우상숭배의 도가니로 몰아넣음으로 백성을 에스겔 골짜기의 바른 뼈와 같이 되게 하였다. "**내가 또 이르노니 야곱의 두령들과 이스라엘 족속의 치리자들아 청컨대 들으라 공의는 너희의 알 것이 아니냐 너희가 선을 미워하고 악을 좋아하여 내 백성의 가죽을 벗기고 그 뼈에서 살을 뜯어 그들의 살을 먹으며 그 가죽을 벗기며 그 뼈를 꺾어 다지기를 남비와 솥 가운데 담을 고기처럼 하는도다**" (미 3:1~3). 왕들은 자기의 실정을 지적하고 하나님의 심판을 선포하는 선지자들을 멀리하고 거짓 선지자들을 가까이하였다. 왕들은 나라의 평강을 예언하는 선지자들에게 재물을 주었다. 거짓 선지자들은 왕으로부터 재물을 받으면 평강을 예언하였다. "**내 백성을 유혹하는 선지자는 이에 물면 평강을 외치나 그 입에 무엇을 채워 주지 아니하는 자에게는 전쟁을 준비하는도다 이런 선지자에 대하여 여호와께서 가라사대**" (미 3:5).

7) 예레미야는 우상을 숭배하는 남 왕국이 바벨론에 의하여 멸망할 것이라고 예언하셨다. "**보라 그가 구름 같이 올라 오나니 그 병거는 회리바람 같고 그 말들은 독수리보다 빠르도다 우리에게 화 있도다 우리는 멸망하도다 하리라**" (렘 4:13). 그러나 하나님의 말씀을 받지 아니한 거짓 선지자들이 복술과 허탄한 것으로 남 왕국이 멸망하지 아니할 것이라고 거짓으로 예언하였다. 하나님은 그 선지자들을 멸하셨다. "**여호와께서 내게 이르시되 선지자들이 내 이름으로 거짓 예언을 하도다 나는 그들을 보내지 아니하였고 그들에게 명하거나 이르지 아니하였거늘 그들이 거짓 계시와 복술과 허탄한 것과 자기 마음의 속임으로 너희에게 예언하도다 그러므로 내가 보내지 아니하였어도 내 이름으로 예언하여 이르기를 칼과 기근이 이 땅에 이르지 아니하리라 하는 선지자들에 대하여 나 여호와가 이같이 이르노라 그 선지자들은 칼과 기근에 멸망할 것이요**" (렘 14:14,15).

8) 예레미야 선지자는 하나님의 심판이 임할 것이라고 예언하였다. 남 왕국이 하나님의 뜻을 알고 바벨론에게 항복하고 바벨론 왕을 섬기면 목숨을 구할 수 있다고 예레미야는 예언하였다. "**너희는 그들을 듣지 말고 바벨론 왕을 섬기라 그리하면 살리라 어찌하여 이 성으로 황무지가 되게 하겠느냐**" (렘 27:17). 하나님은 거짓 선지자가 나타나 바벨론 왕을 섬기지 말라고 거짓으로 예언하여도 듣지 말라고 경고하셨다. "**너희는 너희 선지자나 너희 복술이나 너희 꿈꾸는 자나 너희 술사나 너희 요술객이 너희에게 이르기를 너희가 바벨론 왕을 섬기지 아니하리라 하여도 듣지 말라**" (렘 27:9). 이 말씀대로 거짓 선지자 하나냐가 나타나서 하나님께서 남유다가 바벨론을 심판하실 것이라고 백성을 선동하였다. "**만군의 여호와 이스라엘의 하나님이 이같이 말씀하여 가라사대 내가 바벨론 왕의 멍에를 꺾었느니라**" (렘 28:2). 거짓을 예언한 하나냐는 죽임을 당하였다(렘 28:17).

9) 선지자의 직분은 성문에서 적의 동태를 감시하는 파수꾼과 같다. 그 이유를

살펴보자. 가나안땅에 정착한 이스라엘 백성은 이방인들과 함께 살아가게 되므로 항상 마귀의 미혹에 노출되어있었다. 마귀는 이방인으로 이스라엘 백성에게 접근하여 백성을 미혹하게 하였다. 따라서 이방인들이 백성에게 접근하는 것은 성을 공격하는 적과 같다. 이방인의 접근으로 인한 미혹의 위험을 알리는 직분이 선지자들에게 부여되었다. 성문에서 파수꾼은 적의 움직임을 감시하고 적이 접근하면 나팔을 불어 위험을 알리는 자이다. 이처럼 이스라엘 백성이 이방인들에게 미혹을 받아 우상을 숭배하려고 할 때, 선지자들은 율법으로 그들의 행위를 정죄함으로 그들로 우상을 버리고 하나님께 돌아오게 하여야 한다.

10) 파수꾼이 맡은 직분을 소홀히 하면 이에 대하여 엄한 형벌을 받았다. 파수꾼이 적이 공격하는 것을 보고도 나팔을 불지 아니하므로 성이 점령당하면 그 책임이 파수꾼에게 돌아갔다. "**그러나 파숫군이 칼이 임함을 보고도 나팔을 불지 아니하여 백성에게 경고치 아니하므로 그 중에 한 사람이 그 임하는 칼에 제함을 당하면 그는 자기 죄악 중에서 제한바 되려니와 그 죄를 내가 파숫군의 손에서 찾으리라**"(겔 33:6). 따라서 선지자는 이스라엘 백성이 이방인에게 접근하면 율법으로 백성에게 경고하여야 한다. 그러나 일부 선지자들은 목숨을 두려워하여 우상을 숭배하는 백성에 대하여 입을 다물고 있었다. 성경은 우상을 숭배하는 자들의 핍박을 무서워하여 침묵하는 선지자들은 짖지 못하는 개라고 말씀한다. "**그 파숫군들은 소경이요 다 무지하며 벙어리개라 능히 짖지 못하며 다 꿈꾸는 자요 누운 자요 잠자기를 좋아하는 자니 이 개들은 탐욕이 심하여 족한 줄을 알지 못하는 자요 그들은 몰각한 목자들이라 다 자기 길로 돌이키며 어디 있는 자이든지 자기 이만 도모하며**"(사 56:10,11).

11) 광야교회와 음부의 권세 사이에 영적 전쟁에 있어서 선지자들은 최전선에서 적의 동태를 감시하는 막중한 사명을 하나님께 받았다. 제사장과 왕이 타락하였을 때, 선지자들은 목숨을 걸고 하나님의 말씀을 선포함으로 그들을 하나님께로 돌아오게 하여야 한다. 선지자들은 광야교회를 지키는 최후의 보루이다. 그러나 선지자들은 거짓을 예언하고 제사장들은 교회를 잘못 인도하였으므로, 이스라엘은 타락한 광야교회와 함께 멸망의 길로 들어서게 되었다. 성경은 이렇게 말씀한다. "**선지자들은 거짓을 예언하며 제사장들은 자기 권력으로 다스리며 내 백성은 그것을 좋게 여기니 그 결국에는 너희가 어찌하려느냐**"(렘 5:31). 제사장과 왕과 선지자들이 타락하였으므로 광야교회는 목자 없는 양의 무리처럼 되었다. 하나님과 맺은 언약은 파기되었고, 예루살렘 성전은 파괴되었으며, 다윗의 왕조는 막을 내렸고, 이스라엘이란 나라는 역사 속으로 사라졌으며, 이스라엘 백성을 전 세계에 흩어지게 되었다. "**대저 드라빔들은 허탄한 것을 말하며 복술자는 진실치 않은 것을 보고 거짓 꿈을 말한즉 그 위로함이 헛되므로 백성이 양 같이 유리하며 목자가 없으므로 곤고를 당하나니**"(슥 10:2).

(4) 이해를 위한 질문
1) 하나님의 백성을 도적질한 왕들
   a. 사울이 하나님의 백성을 자기 백성으로 만든 이유는 무엇인가(삼상 13:11,12).
   b. 왜 하나님의 대적을 멸하지 아니한 것이 죄인가.
   c. 사울에게 악한 영이 임한 이유는 무엇인가(삼상 16:14).
   d. 사울이 다윗을 죽이려는 이유는 무엇인가(삼상 18:8).

2) 우상을 숭배한 왕들
   a. 하나님의 은혜를 많이 받은 솔로몬이 이방여자들을 아내와 후궁으로 취한 이유는 무엇인가(왕상 11:1).
   b. 솔로몬이 우상을 숭배하지 않으면 안 된 이유는 무엇인가(고전 6:16).
   c. 여로보암이 하나님의 형상으로 우상을 만든 이유는 무엇인가(왕상 12,27).
   d. 북 왕국이 우상숭배에서 벗어나지 못한 이유는 무엇인가(대상 11:14,15).
   e. 남 왕국이 우상을 숭배함으로 나라를 이방인에게 넘겨주었고 성전은 파괴되었다. 예루살렘 성전이 파괴된 이유는 무엇인가(렘 31:32).

3) 선지자들의 타락
   a. 거짓 선지자들은 자기의 생각을 하나님의 말씀이라고 예언한 이유는 무엇인가(겔 13:19).
   b. 거짓 선지자들이 하나님의 심판이 없을 것이라고 예언한 이유는 무엇인가(렘 28:2).
   c. 선지자로 부르심을 받은 자들이 하나님의 말씀을 선포하지 아니하고 침묵한 이유는 무엇인가(사 56:10).
   d. 파수꾼의 사명은 무엇인가(겔 33:6).

3.3 언약을 알지 못하는 광야교회
1. 언약을 버린 광야교회
(1) 생명의 본질을 망각한 교회
  1) 광야교회는 칭의 언약과 율법을 기초로 하여 장차 오실 그리스도의 피 위에 세워진 교회이다. 칭의 언약은 믿음으로 의롭다 함을 받은 자의 육체를 통하여 장차 그리스도께서 오신다는 약속이다. 칭의 언약과 가나안땅을 유업으로 주신다는 언약은 장차 그리스도께서 그 땅에서 태어나신다는 약속이다. 율법은 아담 안에서 모든 사람이 죄로 인하여 생명을 잃어버린 것과 죄의 권세가 사람의 육체 속에 있다는 것을 알게 한다. 이스라엘 백성은 율법의 행위로 생명을 얻을 수 있다고 착각함으로 타락하였다. 율법은 행위로 구원을 얻는 행위언약이 아니라 죄를 알게 하는 정죄 언약이다. 따라서 율법을 받은 모세의 직분은 정죄의 직분이다(고후 3:9).
  2) 위에서 논의한 바와 같이 생명의 본질은 의와 거룩함이다. 하나님께서 자기의

형상을 따라서 사람을 창조하신 것은 사람을 의롭고 거룩하게 창조하셨다는 것을 의미한다. 의와 거룩함은 저장되지 아니하므로 사람은 계속하여 하나님의 말씀을 순종함으로 생명을 지켜야 한다. 하나님은 말씀을 통하여 의와 거룩함을 계시하시기 때문이다. 하나님은 선악과 계명을 통하여 자기 안에 있는 의로움과 거룩함을 계시하셨다. 그러나 아담은 그 계명을 대적함으로 의로움과 거룩함을 상실하였다. 아담의 목숨은 붙어있었지만, 의로움과 거룩함을 상실하였다. 죄란 하나님의 말씀을 대적함으로 생명을 잃어버린 것이다.

3) 아담의 죄란 하나님의 형상을 잃어버린 것이다. 아담의 외모는 하나님을 닮았지만, 그의 속성은 뱀을 닮았다. 따라서 성경은 아담의 후손이 뱀의 후손이라고 말씀한다(창 3:15). 사람이 죄로 인하여 하나님의 형상을 잃어버리면 사람이 아니라 말하며 생각하는 동물이 된다. 그리스도께서 동물의 육체를 통하여 오실 수 없으므로, 하나님은 동물의 형상을 벗고 하나님의 형상을 입게 하는 언약을 주셨다. 그 언약이 (창 3:15)의 말씀이다. "여자의 후손"이란 믿음으로 의롭다 함을 받고 하나님의 형상을 회복한 자의 육체를 통하여 오실 그리스도이다. "뱀의 후손"이란 아담 안에서 생명을 잃어버린 자의 후손으로 그리스도를 십자가에 못 박은 자들을 의미한다.

4) 하나님은 아담 안에서 잃어버린 생명이 장차 오실 그리스도 안에 있다는 것을 계시하셨다(창 3:15). 뱀의 머리를 상하게 하실 여자의 후손 안에 생명이 있다. 따라서 장차 그리스도께서 오시기 전까지 세상에는 생명이 없었다. 아벨로부터 이어지는 믿음은 장차 오실 그리스도 안에서 생명이 있다는 것을 믿는 것이다. 칭의 언약은 장차 오실 그리스도 안에 생명이 있다는 것을 계시하며 동시에 믿음으로 의롭다 함을 받음으로 그 생명을 얻을 수 있다는 것을 계시한다. 장차 오실 그리스도 안에 있는 생명이 모형과 그림자로 나타났다. 아직 나타나지 아니한 생명이 장차 오실 그리스도 안에 있기 때문이다. "여자의 후손은 네 머리를 상하게 할 것이요 너는 그의 발꿈치를 상하게 할 것이다"란 미래의 사건이며 그리스도의 죽으심으로 인류의 죄를 대속할 것을 모형과 그림자로 계시한 말씀이다. 따라서 (창 3:15)의 말씀을 믿음으로 의롭다 함을 얻는 것은 생명의 모형을 소유하는 것이다.

5) 아브라함은 장차 오실 그리스도를 믿음으로 의롭다 함을 받았다(창 15:6). 칭의 언약에 따라서 믿음으로 의롭다 함을 받는 것은 장차 오실 그리스도 안에 있는 생명의 모형을 소유하는 것이다. 아브라함은 믿음으로 의롭다 함을 받았지만, 아담으로부터 물려받은 죄를 가지고 있었다. 단지 아브라함은 믿음으로 그의 육체와 인격이 의롭다 함을 받았다. 칭의 언약에 따라서 의롭다 함을 받는 것은 자신의 자범죄를 용서받는 것이다(롬 4:6,7). 칭의 언약을 통하여 그리스도의 오실 길이 열리게 되었다. 따라서 하나님은 아브라함과 그의 후손에게 장차 오실 그리스도의 언약을 주셨다(창 22:17,18).

6) 이스라엘 자손이 애굽에 들어간 뒤에 믿음으로 의롭다 함을 얻는 언약을 잃어버리고 우상으로 의롭다 함을 받으려고 하였다. 이에 하나님은 그들을 애굽에서 인도하여 내신 뒤에 그들에게 죄를 깨닫게 하는 언약을 주셨다. 율법은 순종함으로 의롭다 함을 얻는 언약이 아니라 모든 사람을 정죄하여 하나님의 심판 아래 가두는 정죄 언약이다. 율법은 사람의 마음속에 항상 탐심이 역사한다는 것을 알게 한다(출 20:17). 탐심은 악한 영들이 인격으로 사람의 생각과 마음을 지배한다. 성경은 이렇게 말씀한다. **"그러나 죄가 기회를 타서 계명으로 말미암아 내 속에서 각양 탐심을 이루었나니 이는 법이 없으면 죄가 죽은 것임이니라"**(롬 3:20).

7) 율법은 정죄하는 언약임에도 이를 순종함으로 생명을 얻을 수 있다는 것으로 오해할 수 있는 말씀이 있다. 율법을 순종하는 자는 의롭다 함을 얻을 수 있다. **"우리가 그 명하신대로 이 모든 명령을 우리 하나님 여호와 앞에서 삼가 지키면 그것이 곧 우리의 의로움이니라 할찌니라"**(신 6:25). 이 말씀은 사람이 율법을 온전히 순종하면 그의 육체와 인격이 의롭다 함을 얻는다는 것을 의미한다. 그러나 사람은 육신이 연약하여 율법을 순종할 수 없으므로 의롭다 함을 받을 수 없다. 사람이 교육과 훈련을 통하여 순종할 수 있는 것은 십계명의 제1계명에서부터 제9계명의 말씀이다. 사람이 자기의 목숨을 걸고 최선을 다하면 탐심을 제외한 계명을 순종할 수 있다. 그러나 탐심이 육체 안에서 살아 역사하기 때문에 십계명을 온전히 순종하는 것은 불가능하다. **"우리가 육신에 있을 때에는 율법으로 말미암는 죄의 정욕이 우리 지체 중에 역사하여 우리로 사망을 위하여 열매를 맺게 하였더니"**(롬 7:5).

8) 사람이 최선을 다하여 율법을 순종하면 하나님께서 그에게 육체의 복을 주실 것이다. (신 28:1~14)의 말씀은 율법을 순종한 자들이 받을 육체의 복을 의미한다. 십계명의 제1계명부터 제9계명까지 모든 말씀을 잘 지키면 육체에 속한 모든 것이 잘 될 수 있다. 육체가 건강하고, 농사와 목축이 잘 되며, 자녀가 건강하게 성장하고 세상에서 성공하며, 이방인의 침공을 격퇴하고, 나라가 부강한 것은 육체에 속한 복이다. 율법은 육체에 관한 예법이므로 이를 순종하면 당연히 육체에 속한 것들이 잘 되었다. **"이런 것은 먹고 마시는 것과 여러 가지 씻는 것과 함께 육체의 예법만 되어 개혁할 때까지 맡겨 둔 것이니라"**(히 9:10).

9) 십계명의 제1계명부터 제9계명까지 말씀을 온전히 순종하므로 육체가 복을 받았다고 의롭다 함을 받은 것은 아니다. 사람이 최선을 다하여 율법을 순종한 것에 대하여, 하나님은 육체의 복으로 보상하신다. 가나안땅에 정착한 뒤에 이스라엘 백성은 육체의 복을 얻은 것이 생명을 얻은 것으로 착각하였다. 특히 제사장들과 왕들을 비롯한 지도자들은 백성의 십일조와 세금으로 풍족한 생활을 누리며 사는 것이 율법의 행위로 의롭다 함을 받은 것으로 착각하였다. 그들은 율법을 순종하지 아니하면서도 순종하는 것으로 오해하였으므로 자신들에게 재앙이 임하지 아니할

것이라고 믿고 있었다. "**그 두령은 뇌물을 위하여 재판하며 그 제사장은 삯을 위하여 교훈하며 그 선지자는 돈을 위하여 점치면서 오히려 여호와를 의뢰하여 이르기를 여호와께서 우리 중에 계시지 아니하냐 재앙이 우리에게 임하지 아니하리라 하는도다**"(미 3:11).

10) 솔로몬은 부와 영광을 누리는 것을 율법의 행위에 따라서 의롭다 함을 받은 것으로 착각하였다. 솔로몬은 나라가 부강하고 평화를 누리는 육체의 복을 의롭다 함을 받은 것으로 착각하였으므로 많은 이방여자를 아내와 후궁으로 취하였고 마침내 우상을 숭배하였다. 대부분의 이스라엘의 왕들은 왕궁에서 부족함이 없이 살아가는 것을 율법의 행위로 의롭다 함을 받은 것으로 착각하였다. 이스라엘의 왕들뿐만 아니라 제사장들, 사두개인들, 바리새인들, 서기관들도 풍족한 생활을 의롭다 함을 받은 것으로 착각하였다.

11) 율법과 선지자들의 예언대로 그리스도께서 오셨지만, 당시에 종교 지도자들은 율법의 행위로 의롭다 함을 받은 것으로 착각하였기 때문에 세상을 구원하는 하나님의 뜻을 대적하였다. 예수는 율법으로 자신의 죄를 깨닫는 죄인들을 불러서 구원하기 위하여 오셨다(막 2:17). 예수께서 율법의 행위로 의롭다 함을 받은 것으로 착각하는 자들은 독사의 자식이라고 선언하셨다. "**뱀들아 독사의 새끼들아 너희가 어떻게 지옥의 판결을 피하겠느냐**"(마 23:33). 율법의 행위로 의롭다 함을 받은 것으로 착각한 자들이 율법으로 하나님의 아들을 정죄하여 십자가에 못 박음으로써 (창 3:15)의 예언을 성취하였다.

12) 광야교회가 붕괴한 이유는 칭의 언약과 율법을 통하여 계시된 하나님의 뜻을 알지 못하였기 때문이다. 아담이 타락함으로 잃어버린 생명은 장차 오실 그리스도 안에 있으며, 율법과 양심으로 죄를 깨닫고 믿음으로 의롭다 함을 받은 것은 그 생명의 그림자를 소유하는 것이다. 그러나 이스라엘 백성은 율법의 행위로 의롭다 함을 받았다고 착각함으로 광야교회의 본질을 망각하였다. 그리스도께서 인류의 죄를 대속하신 이후 2,000년이 지나갔다. 그러나 유대인들은 율법의 행위로 의롭다 함을 받았다고 착각함으로 구원을 받지 못하고 있다. 그들은 지금도 하나님께서 헐어버린 성전을 세우려는 헛된 꿈을 버리지 못하고 있다.

(2) 안식일과 십일조 언약을 버린 광야교회

1) 안식일과 십일조의 계명은 이스라엘 백성이 하나님의 백성임을 객관적으로 증명하는 언약이다. 이방인들은 안식일에 세상일을 하지만, 이스라엘 백성은 이날을 거룩하게 지켰다. 이방인들은 국가에 세금을 바치지만, 이스라엘 백성은 국가를 위하여 세금을, 하나님을 위하여 십일조를 드렸다. 이스라엘 백성은 안식일을 주신 하나님의 뜻을 알지 못하고 세상일을 쉬는 것이 안식일을 거룩하게 지키는 것으로 착각함으로 안식일을 더럽게 하였다. 이스라엘 백성은 믿음으로 십일조를 드리지

아니함으로 하나님의 것을 도적질하였다.

2) 안식일은 세상일을 쉬면서 장차 오실 그리스도의 은혜를 사모하며 감사하는 날이다. 이스라엘 백성이 가나안땅에 정착하는 것은 안식에 들어가는 모형과 그림자이다. 장차 그리스도께서 가나안땅에서 아브라함의 후손으로 임하실 것이다. 따라서 이스라엘 백성이 가나안땅에 정착한 이후 장차 오실 그리스도의 길을 준비함으로 하나님의 안식에 들어갈 수 있다. 그들이 가나안땅에 정착한 뒤에 할 일은 율법으로 그들의 죄를 깨닫고 장차 오실 그리스도를 믿음으로 하나님의 은혜 아래 안식을 누리는 것이다. 안식일에 그들은 그들에게 은혜를 베푸신 하나님의 은혜를 감사하며 그날의 주인이신 그리스도의 오심을 사모하여야 한다. 이것이 안식일을 통하여 계시된 하나님의 뜻이다.

3) 안식이란 장차 오실 그리스도를 믿고 의롭다 함을 받음으로 하나님의 은혜 아래 들어가는 것이다. 의롭다 함을 받지 못한 불의한 자들은 하나님의 심판 아래 있으므로 평강을 얻지 못하였다. **"여호와께서 말씀하시되 악인에게는 평강이 없다 하셨느니라"** (사 48:22). "평강이 없다"란 안식이 없다는 것을 의미한다. 믿음으로 의롭다 함을 받지 못한 자들은 안식일에 세상일을 쉬었지만, 하나님의 은혜를 받지 못하였으므로 그들의 마음은 심판의 두려움으로 괴로워하였다. 따라서 장차 오실 그리스도를 믿고 하나님의 은혜 아래 평강을 누리는 자만이 안식일에 세상일을 쉬면서 안식할 수 있었다.

4) 이스라엘 백성이 우상을 숭배함으로 하나님의 진노 아래 있을 때는 안식에 들어갈 수 없었다. 그들은 비록 안식일에 세상일을 쉬었지만, 그들에게 안식은 없었다. 바벨론에서 가나안땅으로 돌아온 유대인들은 율법으로 그들의 죄를 깨닫고 장차 오실 그리스도를 믿음으로 하나님이 은혜 아래서 안식을 누렸다. 그러나 종교 지도자들이 율법의 행위로 의롭다 함을 받았다고 착각함으로 장차 오실 그리스도의 믿음을 버렸기 때문에 하나님의 은혜 아래 들어가지 못하였다. 그들은 하나님의 은혜 밖에 있었다. 곧 그들은 하나님의 안식에 들어가지 못하였다. 그러나 그들은 율법에 따라서 안식일 모든 일을 쉬었다. 이것은 자신을 속이는 외식이다.

5) 유대인들은 율법을 통하여 그들의 죄를 깨닫지 못함으로 하나님의 은혜 밖에 있었지만, 안식일에 모든 일을 쉬면서 하나님의 안식에 들어가려고 하였다. 그러나 그들은 안식일에 하나님의 안식에 들어가지 못하였다. 믿음으로 의롭다 함을 받고 하나님의 은혜 안에 들어간 자만이 안식일에 안식할 수 있기 때문이다. 안식일에 세상일을 쉬면서 장차 오실 그리스도를 사모하는 것이 안식일을 거룩하게 지키는 것이다. 그러나 종교 지도자들은 장차 오실 그리스도를 믿지 아니함으로 하나님 심판의 진노 아래 있었지만, 하나님의 안식에 들어가려고 하였다.

6) 안식일에 세상일을 쉬는 것은 율법으로 죄를 깨닫고 장차 오실 그리스도를 사모하기 위한 것이다. 그날에 그날의 주인인 그리스도를 사모하는 것은 그리스도

의 오실 길을 위하여 선한 일을 하는 것이다. 안식일에 예수께서 이것을 모범으로 보이셨다. 안식일에 병자를 고치는 것은 장차 오실 그리스도의 사역을 보여주는 것이므로 안식일을 범하는 것이 아니다. 그러나 종교 지도자들은 안식일에 병자를 고치시는 예수를 정죄함으로 자신의 죄를 드러냈다. **"이에 그 사람에게 이르시되 손을 내밀라 하시니 저가 내밀매 다른 손과 같이 회복되어 성하더라 바리새인들이 나가서 어떻게 하여 예수를 죽일꼬 의논하거늘"** (마 12:13,14).

7) 광야교회는 안식일을 통하여 계시된 하나님의 뜻을 알지 못함으로 안식일의 언약을 범하였다. 바벨론 포로 이전에 광야교회는 우상숭배로 인하여 하나님의 안식에 들어가지 못하였고, 바벨론에서 귀환한 이후 유대인들은 율법으로 자신의 죄를 깨닫지 못함으로 안식에 들어가지 못하였다. 특히 종교 지도자들은 안식에 들어간 것으로 착각하고 안식에 들어간 척하였다. 이뿐만 아니라 그들은 안식일에 하나님의 아들을 정죄하였다. 안식일의 계명을 범하는 종교 지도자들이 그날의 주인이신 그리스도를 정죄하였다. 이 모든 것은 안식일을 더럽히는 것이다.

8) 광야교회는 하나님의 십일조를 도적질하였다. 십일조는 믿음으로 세상에서 나와 하나님께 돌아왔다는 증표로 드리는 것이다.[99] 아브라함은 믿음으로 하란을 떠나서 가나안땅으로 들어왔다는 증표로 십일조를 드렸다. 야곱은 하나님의 은혜로 하란에서 아비의 집으로 돌아오면 십일조를 드리겠다고 서원하였다. **"내가 기둥으로 세운 이 돌이 하나님의 전이 될 것이요 하나님께서 내게 주신 모든 것에서 십분 일을 내가 반드시 하나님께 드리겠나이다 하였더라"** (창 28:22). 아브라함이 드린 십일조와 야곱이 서원한 십일조는 율법의 규례로 정하여졌다. **"땅의 십분 일 곧 땅의 곡식이나 나무의 과실이나 그 십분 일은 여호와의 것이니 여호와께 성물이라"** (레 27:30). 십일조는 하나님의 것이므로 이를 드리지 아니하는 것은 하나님의 것을 도적질하는 것이다.

9) 우상숭배로 인하여 광야교회가 십일조를 드리지 아니하였으므로 말라기 선지자는 교회가 하나님의 것을 도적질하였다고 책망하였다. **"사람이 어찌 하나님의 것을 도적질하겠느냐 그러나 너희는 나의 것을 도적질하고도 말하기를 우리가 어떻게 주의 것을 도적질하였나이까 하도다 이는 곧 십일조와 헌물이라"** (말 3:8). 십일조를 드리지 아니하는 것은 믿음으로 의롭다 함을 받았다는 것을 인정하지 아니하는 것이다. 따라서 십일조를 구별하여 드리지 아니하는 것은 하나님께 돌아오지 아니하였다는 것을 스스로 증거하는 것이다. 하나님께 돌아오지 아니한 자에게 저주가 임하였다. **"너희 곧 온 나라가 나의 것을 도적질하였으므로 너희가 저주를 받았느니라"** (말 3:9). 이 말씀을 알고 있던 종교 지도자들은 철저하게 소득의 십분의 일을 구분하여 하나님께 드렸고 십일조를 자신의 의로 삼았다. **"나는 이레에 두**

---

99) 졸저, 상게서, 5.2.1.(3) 참조

번씩 금식하고 또 소득의 십일조를 드리나이다 하고"(눅 18:12).

10) 십일조는 믿음으로 의롭다 함을 받은 자들이 하나님의 은혜 안에 들어간 것을 감사하여 하나님의 것을 구별하여 드리는 것이다. 하나님은 믿음으로 세상에서 나와서 하나님께 돌아온 자들의 십일조를 받으신다. 그러나 하나님은 믿지 아니하는 자들이 드린 십일조를 받지 아니하신다. 하나님은 재물이 부족하여 십일조를 받는 분이 아니다. 이것을 알지 못하는 종교 지도자들은 율법의 행위로 의롭다 함을 받은 것으로 착각하고 자신의 의를 보이기 위하여 십일조를 드렸다. 따라서 그리스도께서 그들의 행위를 책망하셨다. **"화 있을찐저 외식하는 서기관들과 바리새인들이여 너희가 박하와 회향과 근채의 십일조를 드리되 율법의 더 중한바 의와 인과 신은 버렸도다 그러나 이것도 행하고 저것도 버리지 말아야 할찌니라"**(마 23:23). "화 있을찌저"란 하나님께서 서기관들과 바리새인들의 십일조를 받지 아니하셨다는 것을 의미한다. "의와 인과 신은 버렸도다"란 믿음으로 의롭다 함을 받지 못하였다는 것을 의미한다. 그들은 믿음으로 십일조를 드리지 아니하고 자기의 의를 나타내려고 드렸다. 이것은 외식이며 불법이다.

11) 광야교회는 율법으로 죄를 깨닫지 못함으로 장차 오실 그리스도를 믿지 아니하였다. 교회는 안식일의 계명을 지키려고 그날에 세상일 쉬었지만, 하나님의 안식에 들어가지 못하였다. 교회는 십일조를 드렸지만, 하나님은 이를 받지 아니하셨다. 그들은 장차 오실 그리스도를 믿음으로 하나님의 안식에 들어가서 하나님께 십일조를 드릴 수 있었다. 그러나 광야교회는 믿지 아니함으로 안식일과 십일조의 계명을 대적하였다. 이것은 믿음을 버린 교회가 붕괴의 길을 걷고 있다는 것을 보여준다. 따라서 믿음으로 하지 아니하는 모든 것이 죄라고 성경은 말씀한다. **"의심하고 먹는 자는 정죄되었나니 이는 믿음으로 좇아하지 아니한 연고라 믿음으로 좇아하지 아니하는 모든 것이 죄니라"**(롬 14:23).

(3) 이해를 위한 질문
1) 생명의 본질을 망각한 교회
   a. 아담의 타락으로 잃어버린 생명이 장차 오실 그리스도 안에 있는 이유는 무엇인가(창 3:15).
   b. 믿음으로 의롭다 함을 받는 것이 생명의 모형을 소유하는 이유는 무엇인가(창 15:6).
   c. 율법을 순종함으로 얻는 육체의 복이 생명과 무관한 이유는 무엇인가(롬 3:20).
   d. 바리새인들과 서기관들이 율법의 행위로 의롭다 함을 받은 것으로 착각한 이유는 무엇인가.
2) 안식일과 십일조 언약을 버린 광야교회
   a. 장차 오실 그리스도를 믿음으로 안식에 들어가는 이유는 무엇인가(창 15:6).

b. 종교 지도자들이 안식일을 범한 이유는 무엇인가.
   c. 믿음으로 안식에 들어간 자들이 안식일에 장차 오실 그리스도를 사모한 이유는 무엇인가(시 40:12,13).
   d. 아브라함과 야곱이 십일조를 드린 이유는 무엇인가(창 28:22).
   e. 하나님께서 바리새인들과 서기관들의 십일조를 받지 아니하신 이유는 무엇인가(마 23:23).

2. 광야교회와 영적 전쟁
(1) 장차 오실 그리스도 밖으로 나간 교회
   1) 광야교회는 율법으로 자신의 죄를 깨닫고 장차 오실 그리스도를 믿는 자들의 모임이다. 곧 광야교회는 장차 오실 그리스도의 피 위에 세워졌다. 이것이 광야교회의 본질이다. 광야교회가 받은 사명은 장차 오실 그리스도의 길을 준비하는 것이다. 그 사명이 칭의 언약과 율법을 통하여 하나님의 뜻으로 계시되었다. 따라서 하나님의 뜻은 장차 오실 그리스도에 관하여 예언된 말씀을 통하여 알 수 있다. 그러나 이스라엘 백성은 장차 오실 그리스도 밖에서 하나님의 뜻을 알려고 하므로 하나님을 알지 못하였다. 광야교회가 하나님을 알지 못하므로 우상숭배에 빠지고 나라를 이방인들에게 넘겨주었다. 장차 오실 그리스도 밖으로 나가므로 하나님을 알지 못하는 교회는 스스로 무너졌다.

   2) 성경은 하나님의 뜻을 성취하는 아들에 관한 말씀이다. 창세전에 하나님께서 만물의 창조와 우주의 역사에 관한 뜻을 작정하시고 아들에게 그 뜻의 성취를 맡기셨다. 하나님 아버지께서 아들에게 자기의 뜻을 계시하는 말씀을 주셨다. 그 말씀은 태초에 하나님과 함께 계신 말씀이다. 그 말씀 안에 창조와 우주의 역사에 관한 하나님의 모든 뜻이 있다(요1:1). 하나님께서 그의 뜻을 계시하는 말씀을 아들에게 주셨고, 아들은 그 말씀에 따라서 만물을 창조하셨고 만물을 통치하신다. 성경은 아들이 아버지의 뜻을 성취하신 말씀과 사역을 기록한 책이다. 따라서 구약성경은 그리스도를 증거한다고 말씀한다. **"너희가 성경에서 영생을 얻는 줄 생각하고 성경을 상고하거니와 이 성경이 곧 내게 대하여 증거하는 것이로다"**(요 5:39). 예수께서 육신으로 계실 때 성경이란 구약성경이다.

   3) 성경은 그리스도를 증거하는 말씀이다. 구약성경은 장차 오실 그리스도의 생애를, 신약성경은 과거에 오신 그리스도께서 인류의 죄를 대속하시고 만물을 통치하는 것을 기록한 말씀이다. 구약성경의 모든 말씀은 장차 오실 그리스도의 생애와 관련된다. 곧 구약성경에서 하나님은 장차 오실 그리스도의 생애를 통하여 모형으로 계시되었다. 따라서 이스라엘 백성이 하나님을 알려면 장차 오실 그리스도 생애를 통하여 계시된 말씀 안에 들어가야 한다. 광야교회는 장차 오실 그리스도를 믿고 그를 계시하는 말씀 안에 들어감으로 하나님을 알았다. 아브라함과 이삭과 야곱

은 장차 오실 그리스도를 믿고 그 안에서 하나님의 뜻을 알았다. 모세 역시 장차 오실 그리스도를 믿고 그 안에서 하나님의 뜻을 알고 맡은 직분에 충성하였다. 따라서 성경은 이렇게 말씀한다. "**또 네가 어려서부터 성경을 알았나니 성경은 능히 너로 하여금 그리스도 예수 안에 있는 믿음으로 말미암아 구원에 이르는 지혜가 있게 하느니라**"(딤후 3:15). 사도 바울 당시에 성경이란 구약성경이다.

4) 믿음으로 의롭다 함을 받음으로써 장차 오실 그리스도 안으로 들어가려면 율법으로 자신의 죄를 깨닫고 그 죄를 대속하실 하나님의 은혜를 믿어야 한다. 죄를 대속하실 하나님의 은혜가 장차 오실 그리스도의 피로 나타날 것이다. 그러나 죄를 깨닫지 못하면 하나님의 은혜인 장차 오실 그리스도 안에 들어갈 수 없다. 곧 정죄언약인 율법을 알지 못하면 그리스도 밖에 머물게 된다. 율법을 통하여 죄를 깨닫는 것이 장차 오실 그리스도 안으로 들어가는 관문이다. 아무도 이 문을 통하지 못하면 장차 오실 그리스도 안에 들어갈 수 없다. 장차 오실 그리스도 안에서 하나님을 아는 지식을 얻지 못하면 그 지식을 기초로 한 믿음은 의롭다 함을 받는 믿음이 아니다.

5) 욥의 믿음은 장차 오실 그리스도 안에서 하나님을 아는 지식을 전제로 한다는 것을 보여준다. 사단의 참소로 욥은 가족과 재산과 건강을 잃어버리고 고통을 당하였다. 욥은 자기의 죄를 알지 못하고 자기의 의로움을 나타내기 위하여 하나님과 변론하기를 원하였다. "**참으로 나는 전능자에게 말씀하려 하며 하나님과 변론하려 하노라**"(욥 13:3). "**그가 나를 죽이시리니 내가 소망이 없노라 그러나 그의 앞에서 내 행위를 변백하리라**"(욥 13:15). 욥의 고백에도 하나님은 침묵하셨다. 욥이 계속하여 그의 의로움을 주장하자, 하나님은 그에게 "하나님의 창조사역을 아느냐"라고 질문하셨다. 하나님의 창조사역을 알지 못하면 구약성경 계시의 문을 열지 못한다. 따라서 하나님을 알지 못하고 믿는 것은 의롭다 함을 받는 믿음이 아니다. 욥이 하나님의 질문에 답변하지 못하였을 때, 하나님은 그를 불의하다고 심판하셨다. "**네가 내 심판을 폐하려느냐 스스로 의롭다 하려 하여 나를 불의하다 하느냐**"(욥 40:8). 욥은 자신의 죄를 깨닫지 못함으로 장차 오실 그리스도 안에 들어가지 못하였다. 욥은 장차 오실 그리스도 밖에서 하나님을 알려고 하였다. 장차 오실 그리스도 밖에서 욥이 아는 하나님에 대한 지식과 이를 전제로 하는 믿음은 의롭다 함을 얻는 믿음이 아니다. 따라서 욥은 하나님을 알지 못하는 자신의 죄를 깨닫고 회개하였다. "**무지한 말로 이치를 가리우는 자가 누구니이까 내가 스스로 깨달을 수 없는 일을 말하였고 스스로 알 수 없고 헤아리기 어려운 일을 말하였나이다**"(욥 42:3).

6) 다윗은 율법으로 자신의 죄를 알고 장차 오실 그리스도를 믿었으므로, 하나님은 다윗에게 자기에 대한 지식을 주셨다. 다윗은 장차 그리스도께서 많은 고난을 받을 것을 기록하였다. "**개들이 나를 에워쌌으며 악한 무리가 나를 둘러 내 수족을**

찔렀나이다 내가 내 모든 뼈를 셀 수 있나이다 저희가 나를 주목하여 보고 내 겉옷을 나누며 속옷을 제비 뽑나이다"(시 22:16~18). 다윗은 그리스도께서 죽은 자 가운데서 부활하실 것을 알았다. "이는 내 영혼을 음부에 버리지 아니하시며 주의 거룩한 자로 썩지 않게 하실 것임이니이다"(시 16:10). 다윗은 그리스도께서 영원한 성전을 세우실 것을 예언하였다(삼하 7:13). 다윗은 장차 그리스도께서 하나님의 모든 뜻을 성취하실 것이라고 예언하였다. "그 때에 내가 말하기를 내가 왔나이다 나를 가리켜 기록한 것이 두루마리 책에 있나이다"(시 40:7).

7) 선지자들은 율법으로 자신의 죄를 깨닫고 믿음으로 장차 오실 그리스도 안에 들어감으로 하나님의 뜻을 알고 예언하였다. 하나님은 믿음으로 장차 오실 그리스도 안에 들어온 선지자들에게 그리스도를 통하여 성취될 자기의 뜻을 계시하셨다. 장차 그리스도는 베들레헴에서 처녀의 몸에서 태어나실 것이다(미 5:2). 장차 그리스도께서 다윗의 후손으로 오셔서 모든 사람을 의와 공의로 통치하실 것이다(사 9:6,7). 장차 그리스도께서 인류의 죄를 담당하기 위하여 죽임을 당하실 것이다(사 53:4~7). 장차 그리스도께서 인류의 죄를 위하여 영원한 제사를 드리고 악한 영들을 심판하실 것이다(왕상 18:38~40). 장차 그리스도께서 믿는 자들에게 성령을 보내주실 것이다(욜 2:28,29).

8) 율법에 따라서 정죄 받은 죄인에게 자유는 없다. 죄인은 모든 권리를 박탈당한다. 오직 죄인에게 하나님의 명령만을 순종할 책임만 있을 뿐이다. 하나님은 죄인에게 모든 육체의 정욕을 절제하고 장차 오실 그리스도를 믿으라고 명령하셨다. 그러나 가나안땅에 정착한 이스라엘 자손은 육체의 정욕을 절제하지 못하고 이방 여자를 아내로 취하고 우상을 숭배하였다. 그들은 육체 안에서 역사하는 음부의 권세 마귀에게 미혹을 받아 장차 오실 그리스도 밖으로 나가므로 하나님을 알지 못하고 우상을 섬겼다. 그들은 이방인의 핍박 속에서 신음하며 그들의 죄를 깨달았을 때 장차 오실 그리스도 안으로 들어올 수 있다. 그들이 장차 오실 그리스도 안으로 들어왔을 때 하나님은 그들을 이방인의 손에서 건져내셨다.

9) 제사장들과 이스라엘의 왕들은 율법의 행위로 의롭다 함을 받았다고 착각함으로 장차 오실 그리스도 안에 들어오지 못하였다. 그들은 하나님을 아는 지혜와 지식을 가지고 있다고 믿고 있었지만, 실상은 하나님을 알지 못하였다. 광야교회의 지도자인 그들은 하나님을 알지 못하였으므로 그들의 생각대로 교회를 멸망의 길로 인도하였다. "죄악을 행하는 자는 다 무지하뇨 저희가 떡 먹듯이 내 백성을 먹으면서 여호와를 부르지 아니하는도다"(시 14:4). 하나님을 알지 못하는 지도자의 통치를 받는 백성 역시 지식과 지혜가 없으므로 하나님을 대적하였다. "내 백성은 나를 알지 못하는 우준한 자요 지각이 없는 미련한 자식이라 악을 행하기에는 지각이 있으나 선을 행하기에는 무지하도다"(렘 4:22). 시편의 기자는 하나님을 알지 못하는 자신이 짐승과 같다고 고백하였다. "내가 이같이 우매 무지하니 주의 앞

에 짐승이오나"(시 73:22).

10) 율법을 통하여 자신의 죄를 깨닫고 믿음으로 장차 오실 그리스도 안에 들어가면 하나님에 대한 지혜와 지식을 얻을 수 있다고 성경은 말씀한다. "**너희는 지켜 행하라 그리함은 열국 앞에 너희의 지혜요 너희의 지식이라 그들이 이 모든 규례를 듣고 이르기를 이 큰 나라 사람은 과연 지혜와 지식이 있는 백성이로다 하리라**"(신 4:6). 이 말씀을 잘못 이해한 바리새인들과 서기관들은 율법을 통하여 하나님을 아는 지식과 지혜를 가지고 있다고 오해하였다. 그들은 여호와 하나님을 경외함으로 하나님께 지혜와 지식을 받은 것으로 믿고 있었다. "**여호와를 경외하는 것이 지식의 근본이어늘 미련한 자는 지혜와 훈계를 멸시하느니라**"(잠 1:7). "**여호와를 경외하는 것이 지혜의 근본이요 거룩하신 자를 아는 것이 명철이니라**"(잠 9:10). 그러나 그들은 여호와 하나님이 장차 오실 그리스도의 모형임을 알지 못하였다. 그들은 주님이라고 부르는 여호와 하나님이 장차 오실 그리스도이심을 알지 못하였다. 따라서 그들은 장차 오실 그리스도 안에 들어가지 못함으로 하나님을 아는 지혜와 지식을 얻지 못하였다.

11) 바리새인들과 서기관들은 이스라엘을 로마제국의 손에서 구원하여 내실 정치적인 그리스도를 기다리고 있었다. 그들은 율법의 행위로 그들을 의롭다고 믿고 있었다. 그들은 그리스도의 오심을 사모하고 있었으나 자신을 율법의 행위로 의롭다 함을 받았다고 오해함으로 그리스도 안에 들어가지 못하였다. 따라서 성경은 그들이 하나님을 알지 못함으로 그리스도를 대적하고 죽일 것이며 한 걸음 더 나아가 믿는 자들을 죽이고 핍박할 것이라고 말씀하셨다. "**사람들이 너희를 출회할 뿐 아니라 때가 이르면 무릇 너희를 죽이는 자가 생각하기를 이것이 하나님을 섬기는 예라하리라 저희가 이런 일을 할 것은 아버지와 나를 알지 못함이라**"(요 16:3). 유대인들은 율법으로 하나님을 안다고 교만하였지만, 결국 하나님의 뜻을 대적하고 하나님의 아들을 십자가에 못을 박았다. 현재 유대인들도 율법으로 하나님을 알고 있다고 믿고 있지만, 하나님의 뜻을 알지 못하고 예수 그리스도를 배척하고 있다. 그들은 그리스도 밖에 있으므로 하나님을 알지 못한다.

12) 광야교회는 율법으로 죄를 깨닫고 장차 오실 그리스도를 믿는 믿음 위에 세워졌다. 장차 오실 그리스도는 광야교회가 세워질 반석이다. 그 반석 위에 세워지지 아니한 광야교회는 붕괴의 길을 걷게 되었다. 창조사역으로부터 시작하는 구약성경은 장차 오실 그리스도를 증거하고 있으므로 그리스도를 통하여 하나님을 알아야 한다. 장차 오실 그리스도를 통하지 아니하고 하나님을 알려고 하는 것은 부질없는 짓이다. 광야교회의 지도자들은 장차 오실 그리스도 밖에서 하나님을 알려고 하였으나 알지 못하고 타락함으로 교회를 붕괴의 길로 인도하였다. 바리새인들과 서기관들도 장차 오실 그리스도 밖에서 하나님을 알려고 하였으므로 타락하였다.

(2) 영적 전쟁과 통곡의 벽

1) 이스라엘 백성과 이방인의 관계는 영적 전쟁을 모형으로 보여준다. 이스라엘 백성이 이방인의 미혹에 빠져서 우상을 숭배한 것은 영적 전쟁에서 패한 것을 모형으로 보여준다. 이스라엘 백성이 율법으로 죄의 실체인 음부의 권세, 곧 탐심을 알지 못함으로 탐심에 이끌리어 이방여자를 아내로 취하였다. 이것이 우상숭배의 원인이 되어 이스라엘 백성과 하나님과 관계는 단절되었고, 나라는 이방인의 손에 넘어갔다. 예루살렘 성벽과 성전은 파괴되었고 이스라엘 백성은 가나안땅을 등지고 전 세계로 흩어졌다. 바벨론에서 돌아온 유대인들은 성전과 성벽을 건축하였지만, 로마제국은 그 성전을 다시 파괴하였고 지금은 성전의 터를 쌓았던 벽만 남아있다. 유대인들은 조상들의 죄로 무너진 성전 터의 벽을 붙들고 그리스도의 오심을 사모하며 통곡하고 있다. 그들은 조상들과 동일한 죄를 범하고 있다는 것을 알지 못하고 있다. 이것이 영적인 통곡의 벽이다.

2) 구약성경은 보이지 아니하는 하나님의 말씀이 보이는 우주의 역사를 주관하신다는 것을 모형으로 보여준다. 보이지 아니하는 하나님의 말씀이 만물을 창조하였고 만물을 통치하고 있다. 만물은 보이지 아니하는 창조질서에 의하여 움직이고 있다. 모든 동물은 보이지 아니하는 본능에 의하여 기계적으로 움직인다. 모든 식물도 창조질서에 의하여 기계적으로 살아가고 있다. 보이지 아니하는 하나님의 말씀과 창조질서가 만물을 지배하고 있다. 눈에 보이는 모든 것은 보이지 아니하는 것에 의하여 지배를 받는다. 보이지 아니하는 영적인 세계가 보이는 물질세계를 지배한다. 구약성경은 이것을 모형으로 보여준다.[100]

3) 하나님은 사람을 자기의 형상으로 창조하시고 사람을 통하여 일하신다. 우주 안에 있는 만물은 사람을 위하여 창조되었다. **"여호와는 하늘을 창조하신 하나님이시며 땅도 조성하시고 견고케 하시되 헛되이 창조치 아니하시고 사람으로 거하게 지으신 자시니라 그 말씀에 나는 여호와라 나 외에 다른 이가 없느니라"** (사 45:18). 사람은 그리스도 안에서 선한 일을 위하여 창조되었다. **"우리는 그의 만드신바라 그리스도 예수 안에서 선한 일을 위하여 지으심을 받은 자니 이 일은 하나님이 전에 예비하사 우리로 그 가운데서 행하게 하려 하심이니라"** (엡 2:10). 곧 만물은 사람을 위하여, 사람은 그리스도를 위하여 지으심을 받았다(골 1:16). 사람은 그리스도를 위하여 일하는 그릇으로 창조되었고 사람의 사명이 언약을 통하여 계시되었다.

4) 그리스도 이전까지 이스라엘 백성이 하나님의 말씀을 순종하는 것은 장차 오실 그리스도의 길을 준비하는 것이다. 구약성경을 통하여 계시된 하나님의 언약은 장차 오실 그리스도의 길을 준비하는 말씀이며, 그 말씀이 성령으로 믿는 자들 안

---

[100] 애덤 스미스는 국부론(1776년)에서 보이지 않는 손(invisible hand), 곧 가격에 의하여 생산, 소비 및 분배가 결정된다고 보았다. 하나님의 창조질서와 말씀은 보이지 아니하는 손처럼 만물을 통치한다.

에서 역사한다. 믿는 자들이 장차 오실 그리스도의 길을 위하여 일하는 것을 막는 자가 음부의 권세자 마귀이다. 사단은 타락한 천사로서 하나님의 말씀을 대적한다. 사단은 하나님의 말씀을 받지 못하였으므로 하나님의 말씀을 받은 사람을 통하여 하나님을 대적한다. 아담이 선악과 계명을 받았을 때, 사단은 아담을 미혹하여 하나님의 말씀을 대적하게 하였다. 아담은 사단의 생각대로 하나님의 말씀을 대적하였다. 곧 보이지 아니하는 사단의 생각이 사람의 육체 안에서 하나님의 말씀을 대적한다.

 5) 하나님의 말씀은 사람의 육체 안에서 역사하며, 사단의 생각도 사람의 육체 안에서 하나님을 대적한다. 사람의 육체는 하나님의 말씀과 사단의 악한 생각이 충돌하는 전쟁터이다. 하나님의 말씀은 사람의 행동을 통하여 그 인격을 나타낸다. 하나님은 아브라함에게 하란을 떠나라고 말씀하셨다(창 12:1). 아브라함의 인격이 그 말씀을 수용하여 행동으로 옮겼을 때, 하나님의 말씀은 아브라함의 행위를 통하여 그의 인격을 나타냈다. 아브라함이 하란을 떠나는 것은 하나님의 말씀이 아브라함을 통하여 일하신다는 증거이다. 하나님의 말씀 안에 그의 인격이 체화되었다. 하나님의 말씀이 아브라함의 생각과 의지를 통치함으로 그의 인격을 나타냈다. 하나님은 아브라함을 통하여 자신의 인격을 행동으로 나타내셨다.

 6) 마귀는 사람의 행동을 통하여 자신의 인격을 나타낸다. 광야에서 이스라엘 백성은 마귀에게 속하여 우상의 제물을 먹고 이방여자들과 음행하였다(민 25:1,2). 하나님은 율법을 통하여 이스라엘 백성에게 우상숭배와 음행을 금하셨다. 모압이 이스라엘 백성을 미혹하였을 때, 백성이 율법의 말씀을 순종하려고 결심하였으면 그 말씀이 그들의 인격을 통제하였을 것이며, 그들은 우상과 이방여자를 멀리하였을 것이다. 그러나 그들은 마귀에게 미혹을 받아 우상의 제물을 먹고 음행하기로 작정하였다. 마귀의 악한 생각이 백성의 인격을 사로잡아 그들로 우상의 제물을 먹고 이방여자들과 음행하게 하였다. 마귀는 이스라엘 백성을 통하여 자신의 악한 생각을 행동으로 나타냈다.

 7) 사람이 하나님의 말씀을 순종하면 하나님의 인격을 행동으로 나타내지만, 마귀의 생각을 따르면 마귀의 인격을 행동으로 나타낸다. 사람의 육체 안에서 하나님의 말씀과 마귀의 인격이 충돌하고 있다. 하나님의 말씀이 마귀의 인격을 통제하려면 그 말씀으로부터 하나님의 인격이 나타나야 한다. 사람의 육체 안에서 하나님의 말씀은 스스로 그의 인격을 나타내는 것은 아니다. 하나님의 말씀이 하나님의 인격을 나타내려면 성령이 역사하셔야 한다. 이스라엘 백성이 율법으로 그들의 죄를 깨닫고 장차 오실 그리스도를 믿었을 때, 성령께서 그들을 감동하셔서 그들의 육체 안에서 하나님의 인격을 나타내셨다. 이때 하나님의 인격은 마귀의 인격인 탐심을 통제함으로 그들로 말씀을 순종하게 하셨다. 그러나 그들이 믿음을 버렸을 때 마귀의 인격인 탐심이 그들의 생각을 사로잡아 우상을 숭배하게 하였다.

8) 사람의 육체 안에서 일어나는 영적 전쟁의 결과는 사람의 행동으로 나타난다. 이스라엘 백성이 율법을 순종하느냐 아니냐의 여부는 영적 전쟁의 승패에 의하여 좌우되었다. 이스라엘 백성이 우상을 숭배함으로 나라를 이방인에게 넘겨준 것은 영적 전쟁에서 패하였다는 것을 행동으로 보여준다. 이것은 이스라엘 백성이 율법으로 그들의 죄를 깨닫지 못하고 장차 오실 그리스도를 믿지 아니하였다는 것을 보여준다. 곧 믿음을 버린 이스라엘 백성은 영적 전쟁에 패하여 우상을 숭배함으로 나라를 멸망의 구덩이로 몰아넣었다. 예루살렘 성은 함락되고 성전은 파괴되었으며 성전 안에 있는 모든 금은 기명들은 전리품으로 약탈당하였다. 백성은 포로로 바벨론으로 끌려갔으며 남은 백성은 살기 위하여 가나안땅을 등지고 세계 각처로 흩어졌다.

9) 칭의 언약과 율법은 영적으로 예루살렘 성안에 있는 다윗의 보좌와 솔로몬 성전을 보호하는 성벽과 같다. 이스라엘 백성이 하나님의 언약을 버리고 우상을 숭배하였을 때 바벨론에 의하여 예루살렘 성벽은 무너지고 그 성안에 있는 성전과 다윗의 보좌는 파괴되었다. 성전과 다윗의 보좌를 보호하는 예루살렘 성벽은 광야교회를 지탱하는 칭의 언약과 율법을 모형으로 보여준다. 광야교회가 율법으로 그들의 죄를 깨닫고 장차 오실 그리스도를 믿음으로 의로움과 거룩함을 지켰을 때 성전과 다윗의 보좌는 하나님의 영광을 나타냈다. 그러나 교회가 칭의 언약과 율법을 버리고 우상을 숭배하였을 때, 이방인의 공격으로 성벽은 버티지 못하고 무너졌다. 성벽이 무너지자 성전과 왕궁은 파괴되었다.

10) 바벨론에서 돌아온 유대인들은 그들의 죄를 깨닫고 율법을 철저하게 순종하려고 하였다. 이방인과 결혼한 유대인들은 그들의 죄를 회개하고 이방여자와 이혼하였다. 그들의 믿음을 보신 하나님은 파괴된 성전과 성벽을 건축하게 하셨다. 하나님의 은혜로 에스라는 성전을 재건하였고, 느헤미야는 성전을 보호하기 위하여 성벽을 다시 건축하였다. 마귀는 이방인들을 통하여 성전과 성벽의 건축을 방해하였지만, 유대인들은 믿음과 하나님의 은혜로 힘을 다하여 성전과 성벽을 건축하였다. 성전은 장차 오실 그리스도 위에 세워질 하나님의 성전을 모형으로 보여준다. 건축된 성벽은 하나님의 성전을 보호할 그리스도의 말씀과 성령의 인도를 모형으로 보여준다.

11) 바벨론에서 가나안땅으로 돌아온 유대인들은 성전을 건축하고 제사를 회복하였으며 율법을 순종함으로 무너진 광야교회를 바로 세웠다. 그러나 율법으로 자기의 죄를 알지 못하는 종교 지도자들의 등장으로 교회는 타락의 길을 걷게 되었다. 율법과 선지자들이 예언한 그리스도께서 오셨지만, 그들은 그리스도를 알지 못하고 십자가에 못 박았다. 장차 오실 그리스도 위에 세워진 광야교회는 막을 내리고 과거에 오신 예수의 피 위에 세워진 그리스도의 교회가 세워졌다. 광야교회는 그리스도 교회의 모형과 그림자이다. 교회의 실상이 세워졌으므로 그림자인 광야교회는

역시 속으로 자취를 감추었다. 광야교회를 지탱하는 율법과 성전의 역할은 끝났으므로 예루살렘 성전은 로마의 손에 파괴되어 역사 속으로 자취를 감추었다.

    12) 유대인들은 율법으로 자신들의 죄를 깨닫지 못하고 이방인의 손에서 자신들을 구원하실 그리스도의 오심을 사모하였다. 그들이 소망하는 그리스도는 죄에서 인류를 구원하실 분이 아니라 이방인의 손에서 구원하실 분이다. 그리스도께서 율법과 선지자들의 예언대로 육신으로 오셨지만, 그들은 그리스도를 알지 못하고 지금까지도 기다리고 있다. 그들은 율법을 통하여 계시된 하나님의 뜻을 알지 못하고 육신으로 임하신 예수를 십자가에 못 박았지만, 그가 그리스도임을 알지 못하였다. 예수 그리스도를 알지 못한 이스라엘과 하나님의 관계는 단절되었고 예루살렘 성전은 파괴되었다. 유대인들은 남은 성전 터의 벽을 붙들고 그리스도의 오심을 소망하며 통곡하고 있다. 통곡의 벽은 영적으로 장차 오실 그리스도를 의미한다.

    13) 믿음으로 의롭다 함을 받은 자들이 음부의 권세인 탐심을 알지 못함으로 영적 전쟁에 패하여 세상으로 돌아가면, 그들의 심령에 통곡의 벽이 새겨질 것이다. 아브라함의 후손으로서 칭의 언약과 율법을 받은 자들이 자신의 죄를 알지 못하고 율법의 행위로 의롭다 함을 받은 것으로 착각한 모든 자는 음부에서 그들의 영혼에 새겨진 통곡의 벽을 붙들고 통곡하고 있을 것이다. 바리새인들, 서기관들, 사두개인들 및 제사장들은 율법의 행위로 의롭다 함을 받은 것으로 믿고 있었으나, 죽은 뒤에 그들의 영혼은 음부에서 통곡의 벽을 붙들고 오열할 것이다. 그들은 그들의 인생이 음부의 권세에 의하여 사기를 당하였다는 알고 통곡하지만, 구원의 기회는 영원히 사라졌다. 사람은 육체가 살아있을 동안에 믿음으로 의롭다 함을 받을 수 있기 때문이다.

(3) 이해를 위한 질문
1) 장차 오실 그리스도 밖으로 나간 교회
  a. 구약성경이 장차 오실 그리스도를 증거하는 이유는 무엇인가(요 5:39).
  b. 여호와 하나님은 장차 오실 그리스도의 모형인 이유는 무엇인가.
  c. 율법으로 자신의 죄를 깨닫는 자만이 장차 오실 그리스도 안으로 들어갈 수 있는 이유는 무엇인가(마 22:43).
  d. 장차 오실 그리스도를 통하여 하나님의 뜻을 알 수 있는 이유는 무엇인가.
  e. 바리새인들과 서기관들이 율법을 통하여 하나님을 안다고 믿고 있었지만 하나님을 알지 못한 이유는 무엇인가(요 16:3).

2) 영적 전쟁과 통곡의 벽
  a. 사람의 육체가 영적 전쟁터인 이유는 무엇인가(엡 6:12).
  b. 하나님의 말씀은 사람의 육체 안에서 어떻게 역사하는가(행 20:22).
  c. 마귀의 인격이 사람의 의지를 사로잡는 이유는 무엇인가(롬 7:23).

d. 영적 전쟁에서 패하였다는 것은 무엇인가.
   e. 유대인들이 그리스도를 알지 못한 이유는 무엇인가(마 13:15).
   f. 영적으로 통곡의 벽이 의미하는 것은 무엇인가.

3.4 요약 및 결론

   1. 제3부에서는 음부의 권세와 광야교회 사이에 벌어지는 영적 전쟁과 그 결과를 논의하였다. 3.1에서는 영적 전쟁과 마귀의 궤계, 3.2에서는 광야교회의 지도자들의 타락, 3.3에서는 하나님의 언약을 알지 못하는 광야교회의 타락에 대하여 논의하였다. 광야교회의 사명은 음부의 권세자 마귀와 영적 전쟁에서 승리함으로 장차 오실 그리스도의 길을 준비하는 것이다. 그러나 광야교회는 마귀의 미혹에 빠져 이방여자를 아내로 취하고 이방신을 섬김으로 스스로 타락하였다. 그 원인은 음부의 권세와 죄의 실체를 알지 못한 교회의 지도자들, 곧 제사장, 선지자, 왕들의 타락에 있다고 말할 수 있다.

   마귀는 불신앙으로 이스라엘 백성을 미혹하였다. 그들은 마귀에게 미혹을 받아 율법으로 그들의 죄를 깨닫지 못하였고 장차 오실 그리스도를 믿지 아니하였으므로 스스로 붕괴하였다. 그들이 마귀의 미혹을 극복하였을 때, 마귀는 그들을 핍박하여 믿음을 버리게 하였다. 마귀는 미혹과 핍박을 통하여 교회로 세상으로 돌아가게 하였다. 마귀는 먹을 것과 마실 것으로 그들을 미혹하였다. 그들은 만나를 싫어하고 애굽에서 먹던 음식을 사모하여 하나님을 원망하였다. 그들은 마실 물을 위하여 하나님을 시험하였다. 그들은 마귀에게 미혹을 받아 하나님의 형상으로 우상을 만들었다. 그들은 광야 생활을 싫어하여 애굽으로 돌아가려고 하였다.

   광야에서 마귀는 이방인을 통하여 이스라엘 백성을 위협하고 우상의 제물과 음행으로 미혹하였다. 마귀는 아말렉을 통하여 백성을 공격하여 가나안땅으로 나아가는 백성의 길을 차단하려고 하였다. 마귀는 가나안 거민을 통하여 백성을 위협함으로 백성을 애굽으로 돌아가게 하려고 하였다. 마귀는 장대한 가나안 거민을 모습을 본 백성으로 하나님을 원망하며 애굽으로 돌아가게 하려고 하였다. 마귀는 거짓 선지자 발람을 통하여 백성을 우상의 제물로 미혹하여 그들로 이방여자와 음행에 빠지게 하였다. 마귀는 백성을 미혹하여 하나님의 형상으로 우상을 만들게 하였다. 광야에서 마귀에게 미혹을 받아 범죄한 자들은 모두 죽고 가나안땅에 들어가지 못하였다.

   가나안 땅을 정복하는 과정에서 마귀는 재물로 이스라엘 백성을 미혹하였다. 여리고 성을 정복한 뒤에 아간은 마귀에게 미혹을 받아 하나님의 것을 도적질하였다. 그 결과 백성은 아이 성과의 전쟁에서 쓰라린 패배를 경험하였다. 여호수아는 승리에 도취하여 마귀의 미혹에 빠지므로 히위사람과 언약을 맺었다. 그 결과 백성들은 히위사람을 멸하지 못하였다. 이스라엘 백성은 가나안 거민의 일부를 살려주므로 이방인들과 함께 살아가게 되었다. 이것을 계기로 백성들은 마귀에게 미혹을 받아 이방여자를 아내로 취하고 우상을 숭배하였다. 백성들은 우상숭배에서 떠나지 못하였고 끝내 이방인들에게 나라를 넘겨주었다.

　2. 광야교회의 타락 원인은 율법으로 자기의 죄를 알지 못한 교회지도자들에게 있다. 제사장의 직분은 제사를 주관하고 백성에게 율법을 가르치며 율법으로 백성을 재판하는 것이다. 제사장들은 광야교회를 위한 많은 직분을 맡았으므로 생업을 위한 농사일을 할 수 없었다. 따라서 하나님은 그들에게 백성들의 십일조를 기업으로 주셨다. 그들은 제사를 주관하는 것과 십일조로 만족하고 레위인과 백성에게 율법을 가르치지 아니하였다. 율법의 교육을 받지 못한 백성은 하나님을 알지 못하였다. 그들은 율법에 따라서 정죄 받는 죄를 깨닫지 못함으로 이방여자를 아내로 취하고 우상을 숭배하였다. 하나님은 백성에게 선지자들을 통하여 우상숭배를 버리라고 말씀하셨으나, 그들은 하나님의 말씀을 듣지 아니하였다. 유대인들이 바벨론에서 가나안땅으로 돌아온 뒤에, 제사장은 율법의 행위로 의롭다 함을 받을 수 있다고 잘못 가르쳤다. 그 결과 바리새인들과 서기관들이 출현하였다. 이로써 광야교회 안에 유대교란 분파가 태어났다.

　사무엘을 마지막으로 사사시대는 끝나고 왕정시대가 막을 올렸다. 왕들은 율법으로 하나님의 백성을 다스림으로 의와 공의가 강같이 흐르는 나라를 만들 책임을 부여받았다. 다윗은 율법으로 나라를 다스림으로 백성을 하나님의 백성으로 유지하였다. 그러나 다른 왕들은 율법을 버리고 자기의 생각으로 나라를 다스림으로 하나님의 백성을 자기의 백성으로 도적질하였다. 이스라엘 백성이 율법에 따라서 통치를 받을 때 하나님의 백성이다. 그러나 왕의 생각대로 통치를 받으면 하나님의 백성이 아니다. 사울은 이스라엘의 초대왕으로 택함을 받았으나 율법을 버리고 자기의 생각대로 나라를 다스림으로 저주를 받았다.

　백성과 왕이 우상을 숭배할 때 하나님은 선지자들을 보내어 그들에게 우상을 버리고 돌아오라고 권고하셨다. 그러나 그들은 하나님의 말씀을 듣지 아니하고 선지자들을 핍박하고 죽였다. 세상으로부터 오는 핍박을 두려워한 선지자들은 하나님의 말씀을 버리고 자기의 생각대로 거짓 예언을 하였다. 하나님은 우상을 숭배하는 백성에게 심판을 예언하는 말씀을 선지자들에게 주셨지만, 그들은 목숨을 두려워하여 죄와 심판을 선포하지 아니하고 평강을 예언하였다. 이것이 이스라엘의 타락을 부채질하였다. 광야교회지도자들의 타락이 광야교회를 붕괴의 구덩이로 몰아넣는 원인이 되었다.

　3. 이스라엘 백성은 칭의 언약과 율법을 기초로 장차 오실 그리스도의 피 위에 세워진 교회이다. 광야교회는 율법을 통하여 자신의 죄를 깨닫고 장차 오실 그리스도를 믿음으로 칭의 언약에 따라서 의롭다 함을 받은 자들이다. 그 결과 교회는 장차 오실 그리스도 안에 있는 생명을 모형과 그림자로 소유하였다. 그러나 교회는

제사장으로부터 율법을 배우지 못하였으므로 율법과 칭의 언약을 알지 못하고 장차 오실 그리스도에 대한 믿음도 버렸다. 따라서 교회는 안식에 들어가지 못하고 십일조도 드리지 아니하였다.

광야교회가 믿음으로 의롭다 하심을 얻으므로 장차 오실 그리스도 안에 있을 때, 하나님의 뜻 알 수 있었다. 그러나 교회는 그리스도의 밖으로 나감으로 하나님을 알지 못하였다. 바리새인들과 서기관들은 율법의 교육을 받고 칭의 언약을 알고 있었지만, 율법으로 그들의 죄를 알지 못함으로 장차 오실 그리스도 안에 들어가지 못하였다. 따라서 그들을 장차 오실 그리스도 안에서 계시된 하나님을 알지 못하고 하나님의 아들을 십자가에 못 박는 죄를 범하였다. 그들은 예수를 십자가에 못 박는 것이 하나님을 섬기는 것으로 착각하였다.

광야교회가 타락한 이유는 음부의 권세와 악한 영들의 실체를 알지 못하였기 때문이다. 마귀는 불신앙으로 교회를 미혹하여 세상으로 돌아가게 하려고 한다. 마귀는 제사장으로 백성에게 율법을 가르치지 못하게 하였다. 마귀는 선지자들로 헛된 것을 예언하게 하였다. 마귀는 왕들을 우상으로 인도하였다. 마귀는 바리새인들과 서기관들로 율법으로 죄를 깨닫지 못하게 하였다. 사람이 질병으로 죽는 것처럼, 마귀의 미혹에 빠진 광야교회는 스스로 붕괴하였다. 그 결과 이스라엘은 이방인들에게 나라를 넘겨주었다. 예루살렘 성전은 파괴되어 일부 벽만 남아있다. 마귀의 미혹에 빠져서 나라를 이방인의 손에 넘겨주고 성전을 파괴한 자들의 심령에 통곡의 벽이 새겨졌을 것이다, 그들은 음부에서 그 벽을 부여잡고 통곡하고 있을 것이다. 바리새인들과 서기관들처럼, 지금도 율법으로 자신의 죄를 깨닫지 못하는 유대의 랍비들은 예루살렘의 성전의 벽을 붙들고 그리스도의 오심을 소망하며 통곡하고 있다. 이것은 장차 그리스도의 교회가 타락하여 통곡의 벽을 붙들고 통곡할 것을 모형으로 보여준다.

제4부 그리스도 교회의 본질과 사명

4.1 광야교회의 종료와 그리스도 교회의 시작
  1. 광야교회와 세례 요한
  2. 하나님 아들의 탄생과 교회의 태동
  3. 마귀의 시험과 육체의 정욕

4.2 하나님의 아들과 그리스도의 교회
  1. 하나님의 아들과 율법의 완성
  2. 하나님의 아들의 증거
  3. 하나님의 아들과 율법의 완성
  4. 하나님의 아들의 증거

4.3 그리스도 교회 믿음의 본질과 사명
  1. 그리스도의 교회와 믿음의 본질
  2. 그리스도의 교회와 하나님의 나라
  3. 그리스도 교회의 정체성
  4. 그리스도 교회의 사명

4.4 요약 및 결론

"저가 큰 자가 되고 지극히 높으신 이의 아들이라 일컬을 것이요 주 하나님께서 그 조상 다윗의 위를 저에게 주시리니"(눅 1:32).

"그때에 세례 요한이 이르러 유대 광야에서 전파하여 가로되 회개하라 천국이 가까왔느니라 하였으니"(마 3:2).

"하늘로서 소리가 나기를 너는 내 사랑하는 아들이라 내가 너를 기뻐하노라 하시니라 성령이 곧 예수를 광야로 몰아내신지라"(막1:11,12).

"내가 율법이나 선지자나 폐하러 온 줄로 생각지 말라 폐하러 온 것이 아니요 완전케 하려 함이로라"(마 5:17).

"영접하는 자 곧 그 이름을 믿는 자들에게는 하나님의 자녀가 되는 권세를 주셨으니"(요 1:12).

"예수께서 대답하시되 진실로 진실로 네게 이르노니 사람이 물과 성령으로 나지 아니하면 하나님 나라에 들어갈 수 없느니라"(요 3:5).

4.1 광야교회의 종료와 그리스도 교회의 시작
1. 광야교회와 세례 요한
(1) 막을 내리는 광야교회

1) 그리스도의 탄생으로 광야교회는 막을 내리게 되었다. 마지막 선지자 세례 요한은 광야에서 회개의 세례를 선포함으로 광야교회의 사명이 끝났음을 선언하였다. 예수께서 광야교회의 사명이 세례 요한으로 끝났음을 인치고 하나님의 교회가 반석 위에 세워질 것이라고 선포하셨다. 세례 요한은 회개의 세례를 선포한 뒤에 예수께 세례를 줌으로 인류의 죄를 그의 머리에 옮겨놓았다. 이로써 선지자와 제사장의 모든 사명이 끝났으므로, 예수께서 예루살렘 성전을 헐라고 명령하셨다.

2) 광야교회는 종교 지도자들의 타락으로 거의 붕괴하여 호흡만 붙어있었다. 종교 지도자들은 율법의 행위로 의롭다 함을 받은 것으로 착각하였다. 그들이 율법의 행위로 의롭다 함을 받았다면, 그들에게 율법에 따라서 정죄 받은 죄를 대속하실 그리스도는 필요 없는 존재이다. 따라서 그들은 인류의 죄를 대속하실 그리스도가 아닌 정치적인 그리스도를 기다리고 있었다. 그들은 로마제국의 지배로부터 자유하게 하실 그리스도를 기다리고 있었다. 이로 인하여 광야교회는 그 본질을 상실하였고 택함을 받은 소수의 사람으로 그 명맥만 유지하고 있었다. 이 사람들 가운데 마리아를 통하여 그리스도께서 탄생하셨다.

3) 광야교회에서 선지자의 사명은 장차 오실 그리스도의 길을 준비하고 그의 생애와 사역을 예언하는 것이다. 그들이 예언한 그리스도께서 오시면, 선지자는 그리스도께서 오셨다고 선포함으로 광야교회의 사명을 끝내야 한다. 그리스도께서 공생애를 시작하기 직전에 그의 길을 예비할 선지자가 올 것이라고 말라기 선지자는 예언하였다. **"보라 여호와의 크고 두려운 날이 이르기 전에 내가 선지 엘리야를 너희에게 보내리니"** (말 4:5). "여호와의 크고 두려운 날"이란 그리스도의 죽음을 의미한다. 인류 역사상 가장 무서운 날은 피조물이 창조주를 십자가에 못 박아 죽이는 날이다.101) 그리스도 앞에 엘리야의 심정을 가진 선지자가 와서 그리스도의 길을 준비할 것이다. 하나님은 세례 요한을 보내어 그 사명을 담당하게 하셨다. 세례 요한은 그리스도 앞에 와서 그리스도께서 오셨음을 선포하였다. 이어서 그는 그리스도를 맞이하기 위하여 회개하라고 선포하였다. 율법을 통하여 자신의 죄를 아는 자만이 그리스도를 영접할 수 있기 때문이다.

4) 세례 요한은 광야에서 회개의 세례를 선포하였다. **"그때에 세례 요한이 이르러 유대 광야에서 전파하여 가로되 회개하라 천국이 가까왔느니라 하였으니"** (마 3:1,2). "회개하라"란 율법으로 네 죄를 깨달으라는 것을 의미한다. "천국이 가까왔

---

101) 인생에서 가장 두렵고 무서운 날은 보이지 아니하는 아주 작은 미생물에 의하여 죽임을 당하는 날이다.

느니라"란 하늘나라의 왕이신 그리스도께서 오셨다는 것이다. 하늘나라의 통치자인 그리스도는 만물의 창조주이시며 주관자이다. 따라서 당시에 자타가 인정하는 죄인들, 곧 광야교회의 명맥을 유지하던 자들은 세례 요한에게 나와서 죄를 고백하고 세례를 받았다. 그러나 율법의 행위로 의롭다 함을 받은 것으로 착각한 종교 지도자들은 세례 요한을 통하여 주시는 하나님의 말씀을 거절하였다.

5) 세례 요한은 바리새인들과 사두개인들을 향하여 독사의 자식들이라고 선언하였다. "**요한이 많은 바리새인과 사두개인이 세례 베푸는데 오는 것을 보고 이르되 독사의 자식들아 누가 너희를 가르쳐 임박한 진노를 피하라 하더냐**"(마 3:7). "독사의 자식"이란 독사의 피, 곧 독사의 속성을 가지고 있다는 것을 말한다. 독사는 사람을 죽이는 독을 가지고 있다. 그 독은 율법의 행위로 의롭다 함을 받을 수 있다는 생각이다.102) 바리새인들은 율법의 행위로 의롭다 함을 받았으므로 스스로 세상으로부터 분리된 거룩한 자들이라고 믿고 있었다. 사두개인들은 제사장들의 집단으로 당시에 정치 지도자들이며 스스로 율법의 행위로 의롭다 함을 받았다고 믿고 있었다. 그러나 세례 요한은 바리새인과 사두개인을 정죄함으로써 율법 앞에서 모든 사람은 구원을 받아야 하는 죄인이라고 선포하였다.

6) 세례 요한은 율법으로 자신의 죄를 깨닫고 회개함으로 그리스도를 맞이하는 자만이 아브라함의 자손이라고 선포하였다. "**속으로 아브라함이 우리 조상이라고 생각지 말라 내가 너희에게 이르노니 하나님이 능히 이 돌들로도 아브라함의 자손이 되게 하시리라**"(마 3:9). 아브라함의 자손이란 혈통을 초월하여 믿음으로 의롭다 함을 받은 자들을 말한다(갈 3:7). 아브라함은 열국의 아비가 되는 언약을 받았다. "**내가 너와 내 언약을 세우니 너는 열국의 아비가 될찌라**"(창 17:4). "열국"이란 혈통을 초월하여 믿음으로 의롭다 함을 받은 모든 자를 의미한다. 따라서 세례 요한은 바리새인과 사두개인을 아브라함의 자손이 아니라고 선포하였다. "이 돌들로도 아브라함의 자손이 되게 하시리라"란 이방인이 믿음으로 의롭다 함을 받음으로 아브라함의 후손이 된다는 것이다.

7) 모든 유대인이 회개하고 세례를 받는 것은 그리스도의 길을 평탄케 하는 것이다. 죄로 인하여 절망하던 세리와 창기들이 그들의 죄를 회개하고 그리스도의 구원을 기다리면 낮은 골짜기가 높아질 것이다. 그들은 스스로 낮추는 자들이다. 자신을 의롭다고 하던 바리새인들과 사두개인들이 그들의 죄를 회개하고 그리스도의 구원을 기다리면 모든 높은 산들이 낮아질 것이다. 그들은 스스로 높이는 자들이다. 이것은 선지자 이사야의 예언을 성취하는 것이다. "**골짜기마다 돋우어지며 산마다, 작은 산마다 낮아지며 고르지 않은 곳이 평탄케 되며 험한 곳이 평지가 될**

---

102) 율법의 행위로 의롭다 함을 받았다고 착각하는 생각이 광야교회를 죽음으로 몰아넣었다. 그 생각은 마치 거의 모든 동물을 죽이는 독사의 독과 같다. 그 독은 마침내 하나님의 아들을 십자가에 못 박았다.

것이요"(사 40:4). 모든 유대인이 자기의 죄를 회개함으로 그리스도를 맞이할 준비를 하는 것이 주의 길을 예비하는 것이며 첩경을 평탄케 하는 것이다. **"저는 선지자 이사야로 말씀하신 자라 일렀으되 광야에 외치는 자의 소리가 있어 가로되 너희는 주의 길을 예비하라 그의 첩경을 평탄케 하라 하였느니라"**(마 3:3).

8) 세례 요한은 회개의 세례를 선포한 후에 자기 뒤에 오실 그리스도의 사역을 예언하였다. **"나는 너희로 회개케 하기 위하여 물로 세례를 주거니와 내 뒤에 오시는 이는 나보다 능력이 많으시니 나는 그의 신을 들기도 감당치 못하겠노라 그는 성령과 불로 너희에게 세례를 주실 것이요"**(마 3:11). "성령과 불로 너희에게 세례를 주실 것이요"란 믿는 자들에게 성령을 보내주신다는 것이다. 그리스도 이전까지 누구도 성령을 받지 못하였다.103) 오순절 날 비로소 성령께서 사도들과 믿는 자들에게 임하셨기 때문이다. 그리스도께서 불과 성령으로 세례를 주신다는 것은 그의 피로써 인류의 죄를 대속할 것을 전제로 한 말씀이다. 선지자 요엘은 장차 오실 그리스도께서 천하 만민에게 성령을 보내주실 것을 예언하였다. **"그 후에 내가 내 신을 만민에게 부어 주리니 너희 자녀들이 장래 일을 말할 것이며 너희 늙은이는 꿈을 꾸며 너희 젊은이는 이상을 볼 것이며"**(욜 2:28).

9) 세례 요한은 그리스도께서 믿는 자들에게 성령을 주신 뒤에 만물을 심판하기 위하여 다시 오실 것을 예언하였다. 세례 요한은 다시 오실 그리스도께서 타작마당처럼 믿는 자들을 알곡과 쭉정이로 구별하실 것이다. **"손에 키를 들고 자기의 타작마당을 정하게 하사 알곡은 모아 곡간에 들이고 쭉정이는 꺼지지 않는 불에 태우시리라"**(마 3:12). "자기의 타작마당"이란 예수 이름을 믿는다고 고백하는 자들을 염소와 양으로 구분하는 심판의 보좌를 의미한다. **"모든 민족을 그 앞에 모으고 각각 분별하기를 목자가 양과 염소를 분별하는 것같이 하여 양은 그 오른편에, 염소는 왼편에 두리라"**(마 25:32,33). "염소"란 쭉정이를, "양"은 알곡을 의미한다.

10) 우상숭배를 책망하던 선지자들처럼, 세례 요한은 율법으로 유대인들을 정죄하고 그들에게 죄를 회개하라고 선포하였다. 유대인들이 회개하여야 하는 이유는 그리스도께서 오셨기 때문이었다. 세례 요한을 제외한 구약시대의 선지자들은 아무도 그리스도를 보지 못하였고 그의 말씀도 듣지 못하였다. 그들은 그리스도를 보려고 하였으나 보지 못하였고 그의 말씀을 들으려고 하였으나 듣지 못하였다. 오직 세례 요한만이 그리스도를 보았고 그의 말씀을 들었다. 세례 요한은 구약성경의 모든 예언을 요약하여 결론을 내렸다. 첫째, 아담 안에서 모든 사람은 율법에 따라서 정죄 받은 죄인으로 그들의 죄를 회개하여야 한다. 둘째, 그리스도께서 육신으로 임하셨다. 그의 이름은 예수이다.

11) 아브라함과 모세와 다윗이 생전에 그리스도를 보려고 하였으나 보지 못하였

---

103) 졸저, 5.1.1.(2) 참조

다. 그러나 세례 요한은 직접 그리스도를 보았고 그의 말씀을 들었으므로 모든 선지자 가운데 가장 큰 자이다. 따라서 성경은 이렇게 말씀한다. **"내가 진실로 너희에게 말하노니 여자가 낳은 자 중에 세례 요한보다 큰이가 일어남이 없도다 그러나 천국에서는 극히 작은 자라도 저보다 크니라"** (마 11:11). "여자가 낳은 자"란 넓은 의미에서 모든 인류를 지칭하는 것으로 볼 수 있다. 그러나 좁은 의미로 그리스도 이전에 하나님을 믿음으로 의롭다 하심을 받은 자를 의미한다고 말할 수 있다. "여자가 낳은 자" 가운데서 천국에 들어갈 수 있는 자는 믿음으로 의롭다 하심을 받은 자이다. 따라서 이를 좁은 의미로 해석하는 것이 타당할 것이다. 여자가 낳은 자 중에 세례 요한이 가장 크다는 것은 선지자들 가운데 그만이 직접 그리스도를 보고 그리스도에게 세례를 주었기 때문이다.

(2) 광야교회와 세례 요한

1) 세례 요한이 인류의 죄를 그리스도께 옮겨놓았으므로, 광야교회는 그 사명을 다하고 역사 속으로 사라졌다. 광야교회는 율법으로 자신의 죄를 깨닫고 장차 오실 그리스도를 믿는 자들의 모임이다. 그들이 장차 오실 그리스도를 믿은 이유는 그리스도께서 그들의 죄를 짊어지실 것이기 때문이다. 성전에서 제사장이 드린 제사는 장차 오실 그리스도께서 자기의 피로써 인류의 죄를 대속하실 것을 모형으로 보여준다. 제사장은 이스라엘 백성의 죄를 소와 염소와 양의 머리로 옮겨놓고 제물을 죽여서 그들의 피로써 백성의 죄를 씻었다. 이 예언이 장차 오실 그리스도를 통하여 그대로 성취되어야 한다. 세례 요한은 제사장의 아들로서 인류의 죄를 그리스도께 옮겨놓았다.

2) 속죄일에 대제사장은 수송아지와 염소의 피를 가지고 지성소에 들어가서 자기와 백성의 죄를 대속하는 제사를 드렸다. 대제사장은 지성소에서 나온 뒤에 아사셀을 위하여 제비를 뽑은 염소의 머리에 안수하여 이스라엘 백성의 모든 죄와 허물을 그 염소의 머리에 옮겨놓고 그 염소를 광야로 보냈다. **"아론은 두 손으로 산 염소의 머리에 안수하여 이스라엘 자손의 모든 불의와 그 범한 모든 죄를 고하고 그 죄를 염소의 머리에 두어 미리 정한 사람에게 맡겨 광야로 보낼찌니"** (레 16:21). 아사셀을 위한 염소는 이스라엘 백성의 죄와 허물을 짊어지고 광야로 나가서 죽임을 당하고 다시 돌아오지 아니하였다. 이것은 장차 오실 그리스도께서 인류의 죄와 허물을 짊어지고 죽음을 향하여 나가실 것을 모형으로 보여준다.

3) 속죄일에 드리는 제사는 장차 오실 그리스도의 속죄 사역을 모형으로 보여준다. 그리스도께서 인류의 죄를 짊어지려면 아론의 후손 대제사장이 그리스도의 머리에 안수하여야 한다. 이 직분이 세례 요한에게 주어졌다. 당시에 대제사장이 있었음에도 하나님께서 세례 요한을 택하신 이유는 성전의 제사와 제사장의 타락이다. 바벨론에서 가나안땅으로 돌아온 유대인들은 성전을 재건하고 제사장을 중심으

로 하는 성전국가를 건설하였다. 그들이 이방인의 식민지에서 벗어나려면 선지자들이 예언한 그리스도께서 오셔야 할 것을 믿고 그리스도를 맞이하기 위하여 율법을 철저하게 순종하려고 하였다. 이것이 그들로 율법의 행위로 의롭다 함을 받은 것으로 착각하게 하는 계기가 되었다.

4) 성전의 제사는 율법에 따라서 정죄 받은 죄를 속하기 위하여 드려야 한다. 죄가 없으면 제사도 없다. 성전의 제사는 율법에 따라서 정죄 받은 죄를 속하기 위하여 드리는 것이므로, 율법의 행위로 의롭다 함을 받은 자들에게 제사는 필요가 없었다. 죄가 없는 자가 소와 염소와 양을 죽여 그 피를 뿌리는 제사는 살인과 다름이 없다고 성경은 말씀한다(사 66:3). 그러나 제사장은 죄가 없는 바리새인들과 서기관들을 위하여 소와 염소와 양의 피를 성소에 뿌렸다. 이로 인하여 성전의 제사는 하나님의 뜻을 벗어난 종교적인 행사, 곧 이방종교의 제사로 전락하였다. 그 책임이 제사장에게로 돌아갔다. 따라서 하나님은 기존의 제사장을 폐하시고 세례 요한에게 속죄일의 제사를 통하여 계시된 예언을 성취하는 사명을 맡기셨다. 세례 요한은 제사장의 아들로서 제사장의 직분을 수행할 수 있었다. 세례 요한은 모태로부터 거룩하게 구별되어 성령의 충만함을 받았다.

5) 세례 요한이 광야에서 회개의 세례를 선포하자, 많은 유대인이 그들의 죄를 고백하고 세례를 받았다. 모태로부터 거룩하게 구별된 제사장 앞에서 회개한 죄는 제사장에게로 옮겨졌다. 속죄일에 이스라엘 백성이 금식하며 회개한 죄가 대제사장에게로 옮겨진 것과 같다. 속죄일에 이스라엘 백성은 성전에 모여 금식하며 회개하였다. **"칠월 십일에는 너희가 성회로 모일 것이요 마음을 괴롭게 하고 아무 노동도 하지 말 것이며"** (민 29:7). "마음을 괴롭게 하다"란 금식하며 회개하는 것을 의미한다.104) 지성소에서 대제사장이 그의 죄를 속하는 소의 피로 제사를 드림으로 거룩하게 되었고, 이스라엘 백성이 회개한 모든 죄와 허물이 대제사장에로 옮겨졌다. 이 예언의 말씀대로 유대인들이 회개한 죄가 세례 요한에게 옮겨졌다. 세례 요한이 바리새인과 사두개인을 정죄하였을 때 그들의 죄도 요한에게 옮겨졌다.

6) 세례 요한에게 인류의 죄가 옮겨진 것을 보신 예수께서 요한에게 세례를 받으셨다. 예수께서 세례 요한에게 세례를 받으시려고 오셨다. 세례 요한이 예수의 말씀을 거절하자, 예수께서 세례 요한에게 세례를 명하셨다. **"예수께서 대답하여 가라사대 이제 허락하라 우리가 이와 같이 하여 모든 의를 이루는 것이 합당하니라 하신대 이에 요한이 허락하는지라"** (마 3:15). "모든 의(righteousness)를 이루다"란 구약성경을 통하여 계시된 선지자들의 모든 예언을 성취하는 것이다. 하나님께서 선지자들을 통하여 약속하신 모든 예언이 성취되려면 예수께서 세례를 받으셔

---

104) "괴롭게 하다"로 번역된 히브리어, 아나(ענה)는 금식함으로 스스로 고통을 받는 것을 의미한다(BDB., 776).

야 한다. 예수께 세례를 베풀기 위하여 세례 요한이 그의 머리에 손을 얹는 순간, 인류의 모든 죄가 예수께 옮겨졌다. 예수께서 세례를 받은 것은 인류의 죄를 짊어지고 죽으신다는 맹세이다. "**나는 받을 세례가 있으니 그 이루기까지 나의 답답함이 어떠하겠느냐**"(눅 12:50).

7) 세례 요한은 예수께 세례를 준 다음, '예수는 세상 죄를 지고 가는 하나님의 어린양'이라고 선언하였다. "**이튿날 요한이 예수께서 자기에게 나아오심을 보고 가로되 보라 세상 죄를 지고 가는 하나님의 어린양이로다**"(요 1:29). 성전에서 많은 제사장이 이스라엘 백성의 죄와 허물을 옮겨놓은 소와 염소와 양은 장차 오실 그리스도의 모형이다. 이 예언대로 그리스도께서 육신으로 임하셔서 인류의 모든 죄를 짊어지셨다. 세례 요한은 인류의 죄를 짊어지신 예수가 그리스도임을 선포함으로 마지막 선지자로서의 사명을 완수하였다. 이로써 광야교회의 사명이 종료되었다. 세례 요한은 옥에 갇혀 생을 마감하고 모든 선지자의 사역은 막을 내렸다.

8) 예수께서 하나님의 의를 위하여 세상 죄를 짊어지고 죽는다는 맹세로 세례를 받으시자, 하나님은 예수께 성령을 부으셨다. "**예수께서 세례를 받으시고 곧 물에서 올라 오실째 하늘이 열리고 하나님의 성령이 비둘기같이 내려 자기 위에 임하심을 보시더니**"(마 3:16). 예수께서 인류의 죄를 짊어지고 죽는 것은 창세전에 예정된 하나님의 뜻이다. 하나님의 아들 예수는 사람처럼 육신을 입으셨으므로 하나님의 뜻을 행하려면 성령의 인도를 받으셔야 한다. 따라서 하나님은 예수께 성령을 부어주셨다. 예수께서 성령에 이끌리어 십자가에 못 박히셨다고 성경은 말씀한다. "**하물며 영원하신 성령으로 말미암아 흠 없는 자기를 하나님께 드린 예수의 피가 어찌 너희 양심으로 죽은 행실에서 깨끗하게 하고 살아계신 하나님을 섬기게 못하겠느뇨**"(히 9:14).

9) 하나님은 예수께 성령을 보내주신 뒤에 그는 내 사랑하는 아들이라고 선포하셨다. "**하늘로서 소리가 있어 말씀하시되 이는 내 사랑하는 아들이요 내 기뻐하는 자라 하시니라**"(마 3:17). "하나님의 아들"이란 생리적인 관점에서 아들이 아니라 하나님의 뜻과 사역과 속성을 전부 나타냈다는 의미로서 아들을 의미한다.105) 부모의 DNA가 자녀에게 그대로 유전된다. 하나님의 DNA는 그의 속성이다. 하나님의 모든 속성이 예수 안에 있다. 곧 하나님의 모든 속성이 예수의 속성과 그대로 일치한다. 따라서 예수의 말씀과 하나님의 말씀, 예수의 사역과 하나님의 사역, 예수의 뜻과 하나님의 뜻이 같다. 따라서 예수의 말씀을 듣는 것은 하나님의 말씀을 듣는 것이고, 예수를 보는 것은 하나님을 보는 것이다. 곧 하나님은 아들을 통하여

---

105) 공산주의는 마르크스와 엥겔스의 "공산당 선언"으로부터 시작되었다. 공산주의 정권을 수립한 레닌, 마오쩌둥, 김일성은 사상적으로 마르크스의 아들이다.

그의 모든 것을 나타내셨다. 하나님은 자기의 모든 것을 아들에게 주셨고, 아들은 하나님의 모든 것을 숨김없이 계시하셨다. 이러한 의미에서 예수는 하나님의 아들이다.106) 하나님의 아들이 오셨으므로 광야교회는 그 사망이 끝났다. 곧 (마 3:17)의 말씀은 광야교회가 그 막을 내렸다는 것을 선포하신 하나님의 말씀이다. 이후부터 그리스도의 교회가 시작되었다.

10) 예수께서 광야교회의 사명이 끝났다고 선포하셨다. **"저희가 떠나매 예수께서 무리에게 요한에 대하여 말씀하시되 너희가 무엇을 보려고 광야에 나갔더냐 바람에 흔들리는 갈대냐. 그러면 너희가 무엇을 보려고 나갔더냐 부드러운 옷 입은 사람이냐 부드러운 옷을 입은 자들은 왕궁에 있느니라"** (마 11:7,8). "너희가 무엇을 보려고 광야에 나갔더냐"란 '너희가 이스라엘 역사 곧 광야교회를 통하여 무엇을 보려고 하느냐'란 의미이다. "바람에 흔들리는 갈대"란 하나님과 우상숭배 사이에서 갈피를 잡지 못하던 백성을 의미한다. "부드러운 옷 입은 사람"이란 재물이 풍족한 것을 의롭다 함을 받은 증거로 착각하는 종교 지도자들을 의미한다. 이 말씀은 이러한 자들 때문에 광야교회가 붕괴의 길을 걸어온 것을 책망하는 말씀이다.

11) 로마제국의 지배 아래 있던 유대인들은 선지자 예언의 말씀을 믿고 그 말씀의 성취를 소망하고 있었다. 그들의 소망은 그리스도의 오심이다. 그들은 선지자를 하나님의 사람으로 알고 선지자의 말씀을 하나님의 말씀으로 믿고 있었다. 이에 대하여 예수께서 '자신은 선지자 보다 나은 자'라고 말씀하셨다. **"그러면 너희가 어찌하여 나갔더냐 선지자를 보려더냐 옳다 내가 너희에게 이르노니 선지자보다도 나은 자니라"** (마 11:9). "선지자보다 나은 자"란 선지자를 택하여 부르시고 그에게 말씀을 주신 하나님을 의미한다. 예수께서 마지막 선지자인 세례 요한에 대하여 증거하셨다. **"기록된바 보라 내가 내 사자를 네 앞에 보내노니 저가 네 길을 네 앞에 예비하리라 하신 것이 이 사람에 대한 말씀이니라"** (마 11:10). 세례 요한은 마지막 선지자이므로, 그로 인하여 율법과 모든 선지자의 예언이 끝났다. 곧 광야교회의 사명은 끝났다. **"모든 선지자와 및 율법의 예언한 것이 요한까지니"** (마 11:13).

12) 세례 요한이 회개의 세례를 선포하고 예수께 세례를 줌으로 광야교회의 사명은 끝났다. 이로써 광야교회는 역사 속으로 그 자취를 감추고 그리스도의 교회가 탄생하였다. 광야교회는 장차 오실 그리스도 교회의 모형과 그림자이다. 따라서 그리스도의 교회가 탄생하면 모형과 그림자인 광야교회는 막을 내리게 된다. 광야교회의 사역을 통하여 그리스도의 교회가 탄생하였다. 세례 요한은 마지막 선지자로서 광야교회를 마감하고 그리스도 교회의 시작을 위한 초석을 깔았다.

---

106) 졸저, 상게서, 4.1.1.(3) 참조

(3) 이해를 위한 질문
1) 막을 내리는 광야교회
   a. 광야에서 세례 요한이 회개의 세례를 선포한 이유는 무엇인가(마 3:2).
   b. 천국이 예수를 가리키는 이유는 무엇인가.
   c. 세례 요한이 바리새인과 사두개인을 독사의 자식이라고 선포한 이유는 무엇인가(마 3:7).
   d. 불과 성령으로 세례를 주는 것은 무엇을 전제로 한 말씀인가(마 3:11).
   e. 타작마당은 언제를 가리키는가(마 3:12).
   f. 세례 요한이 마지막 선지자인 이유는 무엇인가(마 3:3).

2) 광야교회와 세례 요한
   a. 속죄일에 이스라엘 백성이 몸을 괴롭게 한 이유는 무엇인가(민 27:7).
   b. 대제사장이 염소의 머리에 안수하였을 때 이스라엘 백성의 죄와 허물이 염소의 머리로 옮겨진 이유는 무엇인가(레 16:21).
   c. 세례 요한이 예수께 세례를 준 이유는 무엇인가(마 3:15).
   d. 예수께서 세상 죄를 지고 가는 하나님의 어린양이 되심으로 광야교회가 막을 내린 이유는 무엇인가(요 1:29).
   e. 예수께서 하나님의 아들이란 증거는 무엇인가(마 3:17).
   f. 모든 선지자 가운데 세례 요한이 가장 큰 이유는 무엇인가(마 13:17).

2. 하나님 아들의 탄생과 교회의 태동
(1) 칭의 언약과 그리스도의 계보
   1) 칭의 언약은 장차 오실 그리스도의 길을 준비한 자들의 자격을 요구한다. 하나님은 자기의 형상으로 사람을 창조하심으로 장차 그리스도께서 사람의 육신을 통하여 오실 것이라고 약속하셨다. 그리스도께서 오시려면 사람이 믿음으로 하나님의 향상을 나타내야 한다. 만약 사람이 믿음을 버림으로 하나님의 형상을 잃어버린다면 그 사람은 그리스도의 족보에서 제외될 것이다. 아브라함으로부터 시작하는 그리스도의 족보는 칭의 언약에 따라서 믿음으로 의롭다 함을 받은 자들로서 하나님의 형상을 나타낸 자들을 통하여 계승되고 있다.

   2) 성자께서 자기의 형상으로 사람을 창조하셨다(창 1:27). 성자께서 자기의 형상으로 창조된 사람의 육신을 통하여 임하실 것이다. 사람은 하나님의 형상을 유지하려면 믿음으로 하나님의 말씀을 순종하여야 한다. 아담이 선악과 계명을 불순종함으로 하나님의 형상을 상실한 이후, 하나님은 성자의 오실 길을 위하여 칭의 언약을 주셨다. 칭의 언약은 믿음으로 의롭다 함을 받음으로 아담 안에서 잃어버린 하나님의 형상을 회복하게 하는 말씀이다. 따라서 신약성경은 믿음으로 의롭다 함

을 받은 아브라함과 그의 후손을 통하여 오시는 그리스도의 계보로부터 시작한다.

3) 아브라함과 이삭과 야곱은 구약성경에서 계시된 믿음을 대표로 한다. 아브라함은 믿음으로 하란의 비옥한 토지를 버리고 지시하심을 받은 땅으로 나갔으며 독자 이삭을 번제로 드렸다. 이삭은 믿음으로 번제물이 되어 자신을 하나님께 드렸다. 야곱은 장자의 명분을 위하여 목숨을 아끼지 아니하였으며 아브라함으로부터 내려오는 모든 물질적인 유산을 포기하였다. 의롭다 함을 받음으로 하나님의 형상을 유지하기 위하여 육체에 속한 모든 것을 포기하는 믿음이 아브라함과 이삭과 야곱을 그리스도의 조상으로 이끌었다. 따라서 하나님은 아브라함과 이삭과 야곱의 하나님이라고 성경은 말씀한다. **"또 이르시되 나는 네 조상의 하나님이니 아브라함의 하나님, 이삭의 하나님, 야곱의 하나님이니라 모세가 하나님 뵈옵기를 두려워하여 얼굴을 가리우매"(출 3:6).**

4) 야곱의 열두 아들 가운데 그리스도의 족보가 유다로 이어졌다. 야곱으로부터 장자의 명분이 요셉에게로 이어졌지만, 그는 그리스도의 족보에서 제외되었다. 성경은 그 이유를 분명하게 계시하지 아니하므로 단정적으로 말할 수 없다. 단지 우리가 유추할 수 있는 것은 요셉이 애굽의 제사장의 딸을 아내로 맞이한 것일 것이다. **"그가 요셉의 이름을 사브낫바네아라 하고 또 온 제사장 보디베라의 딸 아스낫을 그에게 주어 아내를 삼게 하니라 요셉이 나가 애굽 온 땅을 순찰하니라"(창 41:45).** 당시 애굽은 태양신 아문-레(라)를 숭배하고 있었다.[107] 요셉의 아내는 이방신의 제사장의 딸로서 태양신을 숭배하였다. 이것이 원인이 되어 요셉의 후손이 그리스도의 족보에서 제외되었을 것으로 해석할 수 있을 것이다.

5) 그리스도의 족보가 야곱으로부터 유다로 이어졌다. 유다는 다말에게서 베레스와 세라를 낳았다. 유다의 아들 엘은 다말을 아내로 취하였지만, 여호와의 목전에서 악을 행함으로 죽임을 당하였다. 유다의 둘째 아들 오난은 다말을 아내로 취하였지만, 피임함으로 죽임을 당하였다. 다말은 친정으로 돌아가 수절하고 있었다. 아브라함 후손의 집안으로 시집온 다말은 아들을 낳음으로 아브라함으로부터 내려오는 그리스도의 언약(창 22:17,18)이 자기를 통하여 성취될 것으로 믿고 있었다. 따라서 다말은 시아버지 유다를 유혹하여 그와 동침함으로 아들을 잉태하였다(창 38:18). 다말의 행위는 윤리와 도덕적으로 비난을 받아야 하지만, 하나님의 뜻을 성취하기 위한 믿음은 세상에 속한 모든 것을 초월한다. 따라서 성경은 다말이 유다보다 의롭다고 말씀한다(창 38:26). 아담 안에서 잃어버린 하나님의 형상이 그녀의 믿음을 통하여 그녀에게 나타났다.

6) 유다는 물이 없는 구덩이에 던져진 요셉을 구원하였으며(창 37:26) 자신의 몸을 담보로 하여 부모와 형제들을 기근으로부터 구원하였다(창 43:9). 다말과 유다

---

107) G. A. Buttrick, The Interpreter's Dictionary of the Bible, Vol. 2, (Abindon Press, 1982). p. 57.

의 믿음을 본 야곱은 유다의 후손을 통하여 그리스도께서 육신으로 임하실 것이라고 예언하였다. **"홀이 유다를 떠나지 아니하며 치리자의 지팡이가 그 발 사이에서 떠나지 아니하시기를 실로가 오시기까지 미치리니 그에게 모든 백성이 복종하리로다"**(창 49:10). "홀"과 "치리자의 지팡이"는 왕권을 상징한다.108) 유다의 후손으로 오실 그리스도는 만물을 통치하실 왕이시다.

7) 살몬은 라합에게서 보아스를 낳았다(마1:5). 라합은 이방인으로 몸을 팔던 기생이었으나 그리스도의 족보에 포함되었다. 라합은 목숨을 걸고 하나님의 말씀을 위하여 자기의 조국을 이스라엘 백성에게 넘겨주었다. 라합은 하나님께서 여리고 성을 이스라엘 백성에게 넘겨주실 것으로 알고 있었다. **"우리가 듣자 곧 마음이 녹았고 너희의 연고로 사람이 정신을 잃었나니 너희 하나님 여호와는 상천 하지에 하나님이시니라"**(수 2:11). 라합은 여리고 성의 거민의 목숨을 하나님 말씀의 성취와 바꾸었다. 모든 혈육을 초월한 믿음이 그녀를 그리스도의 조상이 되게 하였을 것이다. 아담 안에서 잃어버린 하나님의 형상이 라합의 믿음을 통하여 나타났다.

8) 보아스는 이방여자인 룻을 아내로 맞이하여 오벳을 낳았다(마 1:5). 룻은 이스라엘 백성에게 멸시를 받는 모압 여자였다. 광야에서 모압 여자들은 이스라엘 백성을 미혹하여 그들로 우상을 숭배하고 음행을 하게 하였으므로, 백성에게 멸시와 증오의 대상이 되었다(민 25:1,3). 당시에 사람들은 섬기는 신이 그들을 지켜준다고 믿고 있었으므로, 신을 버리는 것은 죽음을 택하는 것으로 알고 있었다. 그러나 룻은 섬기던 신을 버리고 하나님을 택하였다(룻 1:16,17). 룻의 이러한 믿음이 보아스를 감동시켰다. **"여호와께서 네 행한 일을 보응하시기를 원하며 이스라엘의 하나님 여호와께서 그 날개 아래 보호를 받으러 온 네게 온전한 상 주시기를 원하노라"**(룻 2:12). 아담 안에서 잃어버린 하나님의 형상이 라합의 믿음을 통하여 그녀에게 나타났다. 이 믿음이 그녀를 그리스도의 조상이 되게 하였다.

9) 다윗은 우리야의 아내인 밧세바에게서 솔로몬을 낳았다(마 1:6). 솔로몬을 낳을 당시 우리야는 죽었으나, 성경은 여전히 밧세바를 우리야의 아내라고 말씀한다. 다윗이 밧세바와 간음한 죄인임을 밝히고 있다. 다윗은 비록 간음하고 살인하였으나 이스라엘의 주권자로서 자신의 자존심을 버리고 하나님의 말씀 앞에 무릎을 꿇고 회개하였다. 이것은 모든 사람이 죄인임을 보여준다. 율법에 따라서 정죄 받는 죄인이 장차 오실 그리스도를 믿고 회개함으로 의롭다 함을 받을 수 있으며, 그리스도께서 이러한 자들의 육신을 통하여 오셨다.

10) 다윗은 밧세바를 통하여 솔로몬을 낳았으나, 솔로몬은 노년에 이방여자들의 미혹을 받아 우상을 섬겼다. 그는 왕위를 물려받은 뒤에 백성을 의와 공의로 다스릴 지혜를 구하였다. 하나님은 그의 기도를 기쁘게 받으시고 그에게 지혜와 부와

---

108) "홀"로 번역된 히브리어, 쉐베트(שֵׁבֶט)는 왕권을 상징하는 막대기를 의미한다(BDB., 986, 987).

명예를 주셨다. 그러나 솔로몬은 교만하여 노년에 우상을 숭배함으로 하나님의 형상을 잃어버렸다. 따라서 그의 후손은 그리스도의 족보에서 제외되었다. 마태복음 1장에서 그리스도의 족보가 솔로몬에서 르호보암에게로 이어지고 있다(마 1:7). 그러나 누가복음 3장에서 그리스도의 족보가 다윗에서 나단으로 이어지고 있다(눅 3:31).[109]

11) 마태복음 1장의 그리스도의 족보에서는 누가복음 3장의 그리스도의 족보에 비하여 네 명의 여자가 등장하고 있다. 두 명은 아브라함의 후손이 아니라 이방인이다. 이것은 그리스도께서 아브라함의 육체의 후손을 통하여 오시지 아니하고 믿음의 후손을 통하여 오셨다는 것을 의미한다. 그리스도께서 믿음으로 의롭다 함을 받음으로 하나님의 형상을 나타내는 자의 육신을 통하여 오셨다. 그리스도를 잉태한 마리아도 역시 믿음으로 의롭다 함을 받고 믿음으로 하나님의 형상을 나타냈다. 마리아는 하나님의 계집종이라고 고백함으로 자신을 낮추었다. **"마리아가 가로되 주의 계집종이오니 말씀대로 내게 이루어지이다 하매 천사가 떠나가니라"** (눅 1:38).

12) 광야교회는 칭의 언약과 정죄 언약인 율법을 기초로 장차 오실 그리스도 위에 세워졌다. 교회의 사명은 장차 오실 그리스도의 길을 준비하는 것이다. 이를 위하여 교회는 목숨을 아끼지 아니하고 장차 오실 그리스도를 믿고 주님이라고 시인함으로 하나님의 형상을 모형으로 나타냈다. 이스라엘 백성의 우상숭배와 종교 지도자들의 타락으로 광야교회는 붕괴의 구덩이에 빠졌으나, 하나님의 은혜로 율법을 통하여 자신의 죄를 깨닫고 장차 오실 그리스도를 믿는 자들, 곧 남은 자들이 있었다. 그들을 통하여 하나님의 형상이 나타났다. 하나님은 그들 가운데서 마리아를 택하여 부르시고 그리스도를 잉태하게 하셨다.

(2) 예수의 탄생과 교회의 태동

1) 하나님 아들의 탄생은 구약성경의 모든 예언의 성취를 의미하며 동시에 그리스도의 교회의 본질을 계시하고 있다. 성령으로 태초에 하나님과 함께 계신 말씀이 육신으로 임하셨다. 태초에 작정된 하나님의 뜻을 계시하는 말씀이 성령으로 마리아의 태 속에 배아로 형상화되어 나타났다. 하나님의 모든 뜻과 그 뜻을 계시하는 말씀, 그리고 그 말씀을 성취하는 모든 사역이 마리아의 태 속에서 배아로 형상화되었다. 이것은 장차 예수의 말씀이 성도 안에서 잉태되어 예수의 형상으로 나타난다는 것을 보여준다. 그리스도의 교회는 그의 말씀을 순종함으로 하나님 아들의 형상을 나타내고 있다.

---

[109] 마태복음의 족보는 요셉을 중심으로 한 것이며, 누가복음의 족보는 마리아를 중심으로 한 것이라고 해석한다. (William Hendriksen, New Testament Commentary, Luke I (Baker book House 1982), pp. 222~225).

2) 하나님의 아들을 잉태하는 말씀이 마리아에게 임하였다. **"보라 네가 수태하여 아들을 낳으리니 그 이름을 예수라 하라"**(눅 1:31). 이 말씀이 성취되려면 성령께서 역사하셔야 한다. 모든 하나님의 말씀은 성령으로 형상화되기 때문이다. **"천사가 대답하여 가로되 성령이 네게 임하시고 지극히 높으신 이의 능력이 너를 덮으시리니 이러므로 나실바 거룩한 자는 하나님의 아들이라 일컬으리라"**(눅 1:35). 하나님 아들의 잉태는 창조사역을 통하여 계시되었다.[110] 성부께서 창조의 모든 계획을 작정하시고 그 성취를 성자에게 맡기셨다. 성자는 성부의 뜻에 따라서 만물의 창조를 명하셨다. 성자의 말씀에 따라서 성령께서 역사하심으로 만물이 창조되었다. 곧 창조를 명한 성자의 말씀은 성령으로 형상화되었다. 만물은 성부의 뜻, 성자의 말씀, 성령의 사역으로 창조되었다. 따라서 성경은 만물이 성자와 성령에 의하여 창조되었다고 말씀한다. **"만물이 그에게 창조되되 하늘과 땅에서 보이는 것들과 보이지 않는 것들과 혹은 보좌들이나 주관들이나 정사들이나 권세들이나 만물이 다 그로 말미암고 그를 위하여 창조되었고"**(골 1:16). "그"란 성자를 의미한다. 창조사역은 성령의 역사하심이다. **"하나님의 신이 나를 지으셨고 전능자의 기운이 나를 살리시느니라"**(욥 33:4).

3) 하나님의 말씀에 따라서 성령으로 예수께서 마리아의 난자와 무관하게 그녀의 태 속에서 잉태하셨다.[111] 예수께서 남자의 정자와 여자의 난자와 무관하게 잉태되셨으므로, 그의 무죄를 증명하기 위하여 도입된 영혼의 창조설은 설득력이 없다고 말할 수 있다. 예수께서 남자와 무관하게 잉태하셨다면 여자의 난자와도 무관하게 잉태하셨을 것이다. 따라서 성경은 말씀이 육신이 되셨다고 말씀한다. **"말씀이 육신이 되어 우리 가운데 거하시매 우리가 그 영광을 보니 아버지의 독생자의 영광이요 은혜와 진리가 충만하더라"**(요 1:14). "말씀"이란 태초에 하나님과 함께 계신 말씀이다(요 1:1). 그 말씀 안에 만물의 창조와 그것들의 역사에 관한 하나님의 모든 뜻과 사역이 있다. 그 말씀에 따라서 만물이 창조되었다(요 1:3).

4) "하나님의 독생자의 영광"이란 예수께서 독점적으로 하나님의 영광을 나타내신다는 것을 말한다. 하나님은 아들을 통하여 자기의 모든 뜻과 사역을 나타내셨다. 만물의 창조주로서 하나님, 만물의 통치자로서의 하나님, 악한 영들을 심판하는 하나님, 인류의 죄를 대속하는 하나님, 믿는 자들을 구원하는 하나님의 형상이 독점적으로 예수의 말씀과 사역을 통하여 나타났다. 곧 보이지 아니하는 하나님의 모든 속성이 예수의 말씀과 사역을 통하여 보이는 형상으로 나타났다. 이것은 하나님의 말씀이 성령으로 형상화되는 것을 의미한다. 하나님 아들의 잉태를 알리는 말씀이 성령으로 마리아의 태 속에서 배아로 형상화된 것처럼, 하나님의 말씀이 성령으로 예수의 사역을 통하여 보이는 형상으로 나타났다.

---

110) 졸저, 상게서, 4.1.1.(1) 참조
111) 졸저, 상게서, 2.3.1.(1) 참조

5) 보이지 아니하는 하나님의 뜻과 속성이 성령으로 예수의 사역을 통하여 보이는 형상으로 나타났으므로, 성경은 예수를 하나님의 형상이라고 말씀한다. **"그는 보이지 아니하시는 하나님의 형상이요 모든 창조물보다 먼저 나신 자니"** (골 1:15). 태초에 하나님의 품속에 계신 하나님의 형상이 예수를 통하여 보이는 형상으로 나타났다. 따라서 예수를 보는 것은 하나님을 보는 것이라고 성경은 말씀한다. **"예수께서 가라사대 빌립아 내가 이렇게 오래 너희와 함께 있으되 네가 나를 알지 못하느냐 나를 본 자는 아버지를 보았거늘 어찌하여 아버지를 보이라 하느냐"** (요 14:9). 예수의 말씀을 듣는 것은 하나님의 말씀을 듣는 것이다. 예수의 사역을 보는 것은 하나님의 사역을 보는 것이다. 따라서 예수를 통하지 않으면 하나님을 알 수 없다. 종교 지도자들이 율법을 통하여 하나님을 알고 있다고 자부하였으나, 예수를 알지 못하였으므로 하나님을 알지 못하였다.

6) 예수는 하나님의 형상이므로, 사도들은 그를 통하여 나타나는 하나님의 형상을 보고 위대한 믿음의 고백을 하였다. 베드로는 예수의 말씀과 사역을 통하여 하나님의 아들을 보았다. **"시몬 베드로가 대답하여 가로되 주는 그리스도시요 살아계신 하나님의 아들이시니이다"** (마 16:16). 사도 도마는 부활하신 예수를 통하여 하나님의 형상을 보았다. **"도마가 대답하여 가로되 나의 주시며 나의 하나님이시니이다"** (요 20:28). 사도 요한은 예수 이외에 다른 하나님은 없다고 고백하였다. **"또 아는 것은 하나님의 아들이 이르러 우리에게 지각을 주사 우리로 참된 자를 알게 하신 것과 또한 우리가 참된 자 곧 그의 아들 예수 그리스도 안에 있는 것이니 그는 참 하나님이시요 영생이시라"** (요일 5:20).[112]

7) 하나님의 말씀이 성령으로 마리아의 태 속에서 배아로 형상화된 것은 장차 그리스도 교회의 본질과 사명을 모형으로 보여준다. 예수 이름을 믿고 구원을 얻은 자들은 성령으로 진리를 순종함으로 하나님의 말씀을 보이는 형상으로 나타나야 한다. 예수를 통하여 형상화된 하나님의 말씀이 성도의 믿음을 통하여 형상화되어야 한다.[113] 곧 예수께서 아버지의 말씀을 순종하심으로 하나님의 형상을 나타내신 것처럼, 성도들은 예수의 말씀을 순종하여 하나님 아들의 형상을 나타내야 한다. 하나님 아들의 속성이 말씀을 순종하는 성도의 행위를 통하여 형상화되어야 한다. 성경은 예수의 형상이 나타나는 성도의 모임을 교회라고 하며 그리스도의 지체라고 말씀한다. **"너희가 하나님의 성전인 것과 하나님의 성령이 너희 안에 거하시는 것을 알지 못하느뇨"** (고전 3:16).

---

112) "참 하나님"으로 번역된 헬라어, "호 알레디노스 데오스"(ὁ ἀληθινὸς θεὸς, the true God)는 유일한 참 하나님으로 번역된다. 정관사 "호(ὁ)"는 유일하고 다른 것이 없는 것을 가리킨다. "알레디노스"는 변하지 아니하는 것을 의미한다. 예수 그리스도는 영원히 변할 수 없는 유일하신 하나님이다.
113) 졸저, 상게서, 6.2.2 참조

8) 하나님의 자녀란 진리를 순종함으로 예수의 형상을 나타내는 자들을 말한다. 하나님의 자녀란 하나님의 속성, 곧 의로움과 거룩함을 닮아야 한다. 성도 안에서 예수의 말씀이 성령으로 육신이 되어 예수의 형상으로 나타나야 한다. 그러나 입으로 예수를 주님이라고 고백하지만, 진리를 순종하지 않으면 예수의 형상을 나타낼 수 없다. 입으로 예수를 주님이라고 부르고 진리를 순종하지 아니하는 자들은 하나님의 뜻에서 벗어남으로 하나님의 자녀가 될 수 없다(마 7:21). 따라서 예수의 형상을 나타내기 위하여 어린아이를 해산하는 고통을 감내하여야 한다고 성경은 말씀한다. **"나의 자녀들아 너희 속에 그리스도의 형상이 이루기까지 다시 너희를 위하여 해산하는 수고를 하노니"** (갈 4:19).

9) 광야교회를 통하여 희미하게 모형과 그림자로 나타난 하나님의 형상이 하나님 아들의 잉태로 막을 내리고, 예수를 통하여 가나안 지역에서 하나님의 형상이 실상으로 나타났다. 하나님의 모든 말씀이 예수를 통하여 성령으로 형상화되었다. 말씀이 육신이 되었다는 것은 하나님의 말씀이 보이는 형상으로 나타난 것을 말한다. 예수를 통하여 가나안땅에서 나타났던 하나님의 형상이 사도들과 믿는 자들을 통하여 전 세계로 확대되었다. 따라서 성경은 모든 사람을 예수의 형상을 나타내는 자들과 마귀의 형상을 나타내는 자들로 분별한다. **"이러므로 하나님의 자녀들과 마귀의 자녀들이 나타나나니 무릇 의를 행치 아니하는 자나 또는 그 형제를 사랑치 아니하는 자는 하나님께 속하지 아니하니라"** (요일 3:10).

10) 하나님 아들의 잉태는 성령으로 하나님의 말씀이 마리아의 태 속에서 배아로 형상화된 것이다. 이것은 장차 그리스도의 교회가 진리를 순종함으로 예수 형상을 나타낼 것을 보여준다. 성도가 성령으로 예수의 말씀을 순종하면 그 말씀이 성도의 행동을 통하여 그의 형상을 나타낸다. 성도들을 통하여 예수의 형상이 나타나면, 그들은 그리스도인이며 하나님의 자녀이다. 아담 안에서 죄로 인하여 잃어버린 하나님의 형상이 그리스도 예수 안에서 성령으로 다시 형상화되고 있다. 이것은 사람을 하나님의 형상으로 창조하신 하나님의 뜻이 성취되는 것이다. 예수의 잉태는 성령으로 하나님의 형상을 나타내는 교회의 태동을 모형으로 보여준다.

(3) 이해를 위한 질문
1) 칭의 언약과 그리스도
  a. 그리스도께서 믿음으로 의롭다 함을 받은 자의 육신을 통하여 오셔야 하는 이유는 무엇인가(골 1:15).
  b. 그리스도의 족보가 아브라함으로부터 시작하는 이유는 무엇인가(창 15:6, 22:17,18).
  c. 그리스도의 족보에 이방여자인 기생 라합이 포함되었다. 라합을 통하여 하나님의 형상이 나타난 이유는 무엇인가(수 2:11,12).

d. 그리스도의 족보가 다윗에게서 솔로몬에게 이어지지 못한 이유는 무엇인가.
2) 예수의 탄생과 교회의 태동
  a. 성령으로 잉태하신 예수는 마리아의 유전인자와 어떤 관계가 있을까(마 1:18).
  b. 하나님의 말씀이 성령으로 성취되는 이유는 무엇인가.
  c. 말씀이 육신이 되었다는 것은 무엇인가(요 1:14).
  d. 성도가 성령으로 하나님의 말씀을 순종하면 하나님의 형상을 나타내는 이유는 무엇인가(요일 3:10).
  e. 교회가 그리스도의 지체인 이유는 무엇인가(고전 10:16).

3. 마귀의 시험과 육체의 정욕
(1) 예수의 금식과 마귀의 시험

1) 예수께서 세례를 받고 성령을 받으신 뒤에 성령에 이끌리어 광야에서 금식하셨다. 예수께서 40일 동안 금식하신 뒤에 마귀에게 시험을 받으셨다. 예수를 통하여 나타나는 하나님의 영광을 본 마귀는 하나님의 아들을 시험하였다. 마귀는 예수를 시험함으로 그로 하늘나라의 권세를 포기하게 하려고 하였다. 예수께서 마귀의 시험에 빠지셨다면 마귀의 종이 되셨을 것이다. 그러나 예수께서 마귀의 시험에 빠지지 아니하셨다. 이것은 예수 이름을 믿음으로 구원을 얻으면 반드시 마귀의 시험을 받고 그 시험을 통과하는 것을 모형으로 보여준다.[114]

2) 광야에서 예수께서 성령에 이끌리어 금식하셨다. 금식은 자신을 괴롭게 하는 것으로 모세로부터 시작되었다. 40일 동안 시내산에서 모세는 십계명을 새긴 돌판을 받기 위하여 먹지도 마시지도 아니하였다. **"모세가 여호와와 함께 사십 일 사십 야를 거기 있으면서 떡도 먹지 아니하였고 물도 마시지 아니하였으며 여호와께서는 언약의 말씀 곧 십계를 그 판들에 기록하셨더라"**(출 34:28). 이것은 금식함으로 모든 육체의 정욕을 극복한 자만이 율법을 받을 수 있다는 것을 의미한다. 40일 동안 금식한 자에게 육체의 정욕은 역사하지 못한다. 육체의 쾌락과 명예와 권력을 추구하는 육체의 정욕은 건강한 자의 육체 안에서 역사한다. 40일 동안 금식하는 동안 육체의 정욕을 절제하며 율법을 순종할 수 있으므로, 모세는 금식한 후에 십계명을 새긴 돌판을 받았다.

3) 40일 동안 금식하는 것은 목숨을 거는 것이다. 이와 같이 육체의 정욕을 절제하는 것은 목숨을 걸고 금식하는 것처럼 어렵다는 것을 의미한다. 40일 동안 광

---

[114] 성도는 왕의 말씀을 받았으므로 왕 같은 권세를 가지고 있다. 마귀는 세상에 속한 것들로 성도에게 그 권세를 포기하라고 미혹한다. 사도들은 왕 같은 하늘나라의 권세를 가지고 있었다. 마귀의 미혹과 위협에도 불구하고 사도들은 목숨을 걸고 그 권세를 지켜냈다. 그 권세가 복음의 전파, 이적 및 기사로 나타났다.

야에서 예수께서 금식하심으로 장차 교회가 육체의 정욕을 절제하여야 마귀의 미혹을 이기고 진리를 순종할 수 있다는 것을 모형으로 보여주셨다. 예수 이름을 믿고 구원을 받은 뒤에 성도는 진리를 순종함으로 예수의 형상을 나타내야 한다. 이를 위하여 성도는 육체의 정욕을 십자가에 못을 박아야 한다. 이것은 광야에서 노숙하며 40일 동안 금식하는 것처럼 어려운 일이다. 예수는 하나님의 아들이시므로 육체의 정욕이 없었지만 금식하심으로 교회에게 목숨을 거는 믿음을 요구하셨다.

4) 예수께서 40일 동안 금식하신 이유는 생명의 말씀을 사모한 광야교회를 모형으로 보여준다고 해석할 수 있을 것이다.115) 광야에서 40일 동안 예수께서 금식하셨다. 이것은 아벨로부터 세례 요한까지 약 4,000년 동안 광야교회가 생명의 양식을 얻지 못하고 금식하였다는 것을 모형으로 보여준다. 창조질서, 칭의 언약 및 율법은 창조주 하나님 앞에서 죄를 깨닫고 장차 오실 그리스도를 믿고 사모하게 하였지만, 생명을 주는 말씀은 아니다. 아벨로부터 세례 요한까지 믿음으로 의롭다 함을 받은 자들은 생명의 양식인 그리스도의 말씀을 사모하였지만 받지 못하였다. 하나님께서 아들을 통하여 생명의 양식을 주시기 때문이다. 예수의 말씀만이 생명의 양식이다(요 6:63). 아브라함은 생명의 양식을 사모하였지만 받지 못하고 죽었다. 모세와 다윗도 마찬가지이다. 따라서 광야교회는 금식하며 생명의 양식을 사모하였다고 말할 수 있을 것이다.

5) 금식은 자신의 의를 타인에게 나타내려고 하는 것이 아니다. 금식은 자랑으로 하는 것은 아니다. 따라서 성경은 이렇게 말씀한다. **"금식할 때에 너희는 외식하는 자들과 같이 슬픈 기색을 내지 말라 저희는 금식하는 것을 사람에게 보이려고 얼굴을 흉하게 하느니라 내가 진실로 너희에게 이르노니 저희는 자기 상을 이미 받았느니라"** (마 6:16). 성도가 육체의 정욕을 십자가에 못 박고 진리를 순종하겠다는 고백으로 금식을 할 때, 하나님은 그들에게 상을 주실 것이다. **"이는 금식하는 자로 사람에게 보이지 않고 오직 은밀한 중에 계신 네 아버지께 보이게 하려 함이라 은밀한 중에 보시는 네 아버지께서 갚으시리라"** (마 6:18). 그러나 타인에게 보이려고 하는 금식은 자신의 의를 나타내므로 상을 받지 못한다.

6) 자기의 노력으로 하는 금식은 아무런 의미가 없다. 금식은 성령의 인도하심으로 하는 것이다. 예수께서 성령에 이끌리어 금식하셨다. **"그 때에 예수께서 성령에게 이끌리어 마귀에게 시험을 받으러 광야로 가사 사십 일을 밤낮으로 금식하신 후에 주리신지라"** (마 4:1,2). 성령의 인도하심으로 금식하는 것이 하나님의 뜻이

---

115) 성경에는 40이란 수가 여러 번 나타나고 있다. 40이란 수는 아담으로부터 그리스도까지 약 4,000년의 기간을 모형으로 보여주는 것으로 판단된다. 약 4,000년 동안 인류는 생명을 잃어버렸으므로, 그들의 영혼은 굶주리고 목마르면서 생명의 양식과 생수의 근원인 그리스도를 사모하였다. 430년 동안 애굽에서 이스라엘의 노예 생활, 40년 동안 광야 생활, 40일간 모세의 금식, 엘리야 시대에 42개월 동안 이스라엘의 기근 등은 죄와 저주 아래서 생명을 사모하는 것을 모형으로 보여준다고 말할 수 있을 것이다.

다. 이와 같이 성령의 인도하심으로 육체의 정욕을 극복할 수 있다. 정욕은 마귀의 인격이므로 성도는 자기의 의지로 정욕을 극복할 수 없다. 성도는 하나님의 인격인 성령의 인도로 정욕을 극복할 수 있다. 따라서 사도 바울은 성령께서 육체의 정욕을 거스른다고 기록하였다. **"육체의 소욕은 성령을 거스리고 성령의 소욕은 육체를 거스리나니 이 둘이 서로 대적함으로 너희의 원하는 것을 하지 못하게 하려 함이니라"**(갈 5:17).

7) 예수께서 금식하신 뒤에 마귀에게 시험을 받으셨다. 마귀는 예수께 하나님의 아들이란 증거를 보이라고 미혹하였다. 마귀는 예수를 통하여 나타나는 하나님의 영광을 보았으므로 사람의 육신으로 임하신 하나님의 아들을 시험하였다. 마귀는 타락한 천사로서 범죄하기 전에 하늘에서 하나님의 영광 가운데 있었으나 타락한 뒤에 흑암에 갇혔다. 따라서 마귀는 예수를 통하여 나타나는 하나님의 영광, 곧 하늘에서 충만하게 비취는 영광을 보았다. 이제 마귀가 할 수 있는 일은 두 가지이다. 첫째, 마귀가 하나님의 아들 앞에 무릎을 꿇고 죄의 용서를 비는 것이다. 둘째, 마귀는 예수를 시험하여 범죄하게 함으로 하나님의 아들을 자기의 지배 아래 두는 것이다. 사람이 마귀의 시험에 빠져 범죄하면 마귀의 종이 되기 때문이다(요일 3:8).

8) 첫째, 마귀가 하나님의 아들 앞에 무릎을 꿇는 것은 불가능하다. 범죄한 자는 성령의 감동으로 하나님의 아들 앞에 무릎을 꿇고 용서를 구할 수 있기 때문이다. 마귀는 타락한 천사로서 육체가 없는 영적인 피조물이다. 육체가 없다는 것은 시간 밖에 있다는 것이다. 천사들은 육체가 없으므로 태양 빛을 보지 못하고 영적인 빛인 하나님의 영광만을 볼 수 있다.116) 다만 육체를 입은 사람과 동물만이 태양 빛을 볼 수 있다. 태양 빛을 볼 수 없다는 것은 시간 밖에 있다는 것을 의미한다. 하나님께서 시간을 거룩하게 하셨으므로, 시간 밖에 있는 마귀는 회개함으로 거룩함을 받을 수 없다. 하나님은 육체를 가진 사람에게만 성령을 부어주시기 때문에, 마귀는 성령의 감동을 받을 수 없다. 따라서 마귀는 예수를 통하여 비취는 하나님의 영광을 보았으나 그 앞에 무릎을 꿇을 수 없었다.117)

9) 마귀는 둘째 방법을 택하였다. 마귀가 예수께 하나님의 아들로서 증거를 요구하였다. 마귀는 예수를 통하여 만물을 창조하신 하나님의 영광을 보았지만, 그에게 하나님의 아들이란 증거를 요구하였다. 이것은 하나님을 시험하는 죄다. 하나님은 누구로부터 시험을 받지 아니한다. 하나님의 모든 속성은 기준이기 때문이다. 하나

---

116) 졸저, 상게서, 1.2.3.(1) 참조
117) 사람은 육신이 살아있는 동안 믿음으로 구원을 받을 수 있다. 육체와 영혼이 분리되면 그는 영원히 구원을 받을 수 없다. 로마 가톨릭은 죽은 자의 영혼을 위하여 면죄부를 팔던 때가 있었다. 그들의 연옥설은 죄인으로 죽은 영혼이 구원을 받을 수 있다는 것을 전제로 한다. 그러나 이것은 불가능하다고 말할 수 있다.

님의 속성은 전지전능하심, 의로우심, 거룩하심, 선하심, 영원하심 및 인자하심 등의 기준이다. 하나님보다 전지전능한 자는 아무도 없다. 따라서 하나님의 전지전능하심을 의심하고 이것을 시험하는 것은 죄다. 광야에서 하나님을 시험한 자들은 가나안땅에 들어가지 못하고 죽었다. 그들은 먹을 것과 마실 것, 우상숭배와 음행, 이방인과의 전쟁을 통하여 하나님을 시험하였다. 그들은 광야에서 하나님을 시험한 죄를 용서받지 못하고 죽임을 당하였다(히 3:9).

10) 마귀는 하나님의 아들을 시험함으로 스스로 자기의 죄를 드러냈다. 마귀는 하나님을 아들을 시험하였을 뿐만 아니라 창조주로부터 경배를 받으려고 하였다. **"가로되 만일 내게 엎드려 경배하면 이 모든 것을 네게 주리라"(마 4:9)**. 피조물인 마귀는 창조주 하나님께 경배를 받으려고 함으로 자신의 죄를 심판주 앞에서 스스로 고백하였다. 따라서 하나님의 아들은 마귀에게 심판을 선고하셨다. **"이에 예수께서 말씀하시되 사단아 물러가라 기록되었으되 주 너의 하나님께 경배하고 다만 그를 섬기라 하였느니라"(마 4:10)**. "사단"이란 하나님을 대적하는 자며 하나님의 원수를 의미한다.118) 마귀를 사단이라고 선언한 것을 마귀가 하나님을 대적하는 자라는 것을 의미한다. 심판이란 유죄를 선언하는 것이다.

11) 세례 요한은 회개의 세례를 선포함으로 아담 안에서 모든 사람이 죄인임을 선언하였다. 예수께서 마귀를 심판하심으로 마귀의 지배를 받는 모든 자가 하나님을 대적한다고 선포하셨다. 이로써 세상의 모든 죄가 심판을 받았다. 이제 심판 후에 남은 것은 죄에 대한 형벌이다. 마귀가 심판을 받았으므로 그의 모든 권세가 박탈되었다. 아담이 타락한 이후, 마귀는 모든 사람을 지배할 권세를 받았다. 예수께서 마귀에게 시험을 받으시기 전까지, 마귀는 모든 사람의 생각과 마음과 언행을 비롯하여 세상의 문명과 문화까지 지배하고 있었다. 그러나 마귀는 심판을 받음으로 이 모든 권세를 박탈당하였다.119)

12) 예수는 하나님의 아들이시므로 금식을 하실 필요가 없으나 장차 세워질 교회에게 본을 보이시기 위하여 40일 동안 성령에 이끌리어 금식하셨다. 금식이란 교회가 성령으로 육체의 정욕을 극복할 수 있다는 것을 모형으로 보여준다. 금식할 때 모든 육체의 정욕을 극복할 수 있는 것처럼, 성령으로 금식하는 심정을 가지면 정욕을 극복할 수 있다. 사람이 자기의 의지로 금식하는 것은 자기의 의를 보이기 위한 것이다. 성령의 인도하심으로 하는 금식은 정욕을 통제하려는 것으로 하나님을 기쁘시게 한다. 교회는 금식하는 마음, 곧 하나님의 은혜로 탐심을 극복하고 복음을 순종할 수 있다.

---

118) BDB., P. 966.
119) 졸저, 상게서, 4.2.2.(3) 참조

(2) 마귀의 시험과 육체의 정욕

1) 마귀는 육신으로 임하신 하나님의 아들을 시험하였다. 마귀는 재물과 명예와 권력으로 하나님의 아들을 시험함으로 범죄하게 하려고 하였다. 예수께서 육신을 입으셨으므로 마귀에게 시험을 받으셨으나 범죄하지 아니하셨다. 이것은 장차 마귀가 재물과 명예와 권력으로 교회를 미혹할 것을 모형으로 보여준다. 교회가 재물과 명예와 권력을 추구하면 마귀의 미혹에 빠져서 범죄하므로 타락의 길을 걷게 될 것이다. 예수께서 성령의 인도하심과 하나님의 말씀으로 마귀의 시험을 이기셨다. 이와 같이 교회는 하나님의 말씀과 성령의 인도하심으로 마귀의 미혹을 이길 수 있다.

2) 마귀는 육체의 양식으로 예수를 시험하였다. **"시험하는 자가 예수께 나아와서 가로되 네가 만일 하나님의 아들이어든 명하여 이 돌들이 떡덩이가 되게 하라"(마 4:3).** 40일을 금식하신 예수께 가장 필요한 것은 음식이다. 마귀는 먹을 것으로 예수를 미혹하였다. 예수께서 돌을 떡으로 만드실 수 있다. 그러나 예수께서 마귀의 미혹을 거절하셨다. **"예수께서 대답하여 가라사대 기록되었으되 사람이 떡으로만 살 것이 아니요 하나님의 입으로 나오는 모든 말씀으로 살 것이라 하였느니라 하시니"(마 4:4).** 사람은 떡으로 살 수 있으나 그 육체는 죽어서 흙으로 돌아간다. 사람은 흙으로 돌아갈 육체를 위하여 일하지 말고 영원히 사는 영혼의 양식을 위하여 일하여야 한다.

3) (마 4:4)의 말씀은 교회가 추구하여야 할 사명을 보여준다. 교회란 믿음으로 세상에서 나와서 하나님께 돌아온 자들의 모임이다. 믿는 자들은 마귀가 지배하는 물질세계에서 나와서 하나님의 말씀이 통치하는 영적인 세계로 들어온다. 물질세계에서 육체의 양식은 떡이지만, 영적인 세계에서 영혼의 양식은 하나님의 말씀이다. 떡은 육체를 움직이는 에너지를 공급하므로 육체의 양식이다. 하나님의 말씀은 교회에게 의로움과 거룩함을 공급하므로 영혼의 양식이다. 육체의 목숨과 영혼의 생명은 구분한다. 하나님의 말씀이 영혼의 양식이라는 것을 믿음으로 마귀의 미혹을 이길 수 있다.

4) 교회가 재물을 영혼의 양식으로 알면 타락할 수 있다. 재물로 육체가 평안을 누리고 건강하며 자녀가 잘되는 것이 생명을 얻은 것으로 착각하면 하나님의 말씀을 불순종함으로 타락할 수 있다. 광야교회가 육체를 위한 재물을 영혼의 양식으로 앎으로 타락한 것처럼, 교회가 하나님의 말씀을 버리고 재물을 추구하면 타락할 수 있다. 따라서 사람은 재물과 하나님을 동시에 섬길 수 없다고 성경은 말씀한다. **"한 사람이 두 주인을 섬기지 못할 것이니 혹 이를 미워하며 저를 사랑하거나 혹 이를 중히 여기며 저를 경히 여김이라 너희가 하나님과 재물을 겸하여 섬기지 못하느니라"(마 6:24).**

5) 마귀는 예수를 재물로 시험한 뒤에 명예로 미혹하였다. **"가로되 네가 만일 하

나님의 아들이어든 뛰어내리라 기록하였으되 저가 너를 위하여 그 사자들을 명하시리니 저희가 손으로 너를 받들어 발이 돌에 부딪히지 않게 하리로다 하였느니라"(마 4:6). 예수께서 성전 꼭대기에서 뛰어내려도 다치거나 죽지 아니하신다면, 이것을 본 자들이 그를 하나님의 아들이라고 찬양하고 경배할 것이다. (마 4:6)의 말씀은 경제적 문제가 해결된 사람의 관심이 명예로 옮겨가는 것을 보여준다. 사람은 의식주를 해결하려고 재물을 모으는 일에 집중한다. 그리고 경제적인 문제가 해결되면 명예를 얻으려고 한다.

6) 마귀에게 속한 자들은 항상 교회를 핍박한다. 따라서 교회가 세상으로부터 명예를 얻으려고 하는 것은 마귀로부터 인정을 받으려는 것이다. 교회가 타락하여 마귀에게 속하면 세상으로부터 칭찬을 받는다.[120] 따라서 예수께서 세상의 명예로 미혹하는 마귀를 향하여 하나님을 시험하지 말라고 경고하셨다. **"예수께서 이르시되 또 기록되었으되 주 너의 하나님을 시험치 말라 하였느니라 하신대"**(마 4:7). 예수를 시험하는 것은 하나님을 시험하는 것이다. 예수께서 '자신과 하나님은 하나다'라고 말씀하셨다. **"나와 아버지는 하나이니라 하신대"**(요 10:30). 따라서 예수를 시험하는 것은 하나님을 시험하는 것이다.

7) 사람이 명예를 얻은 뒤에 마지막으로 추구하는 것이 권력이다. 모든 사람으로부터 존경을 받으려는 마음이 권력과 영광을 추구하는 욕망으로 나타난다. 마지막으로 마귀는 세상의 모든 권력으로 그리스도를 미혹하였다. **"마귀가 또 그를 데리고 지극히 높은 산으로 가서 천하만국과 그 영광을 보여 가로되 만일 내게 엎드려 경배하면 이 모든 것을 네게 주리라"**(마 4:8,9). 아담이 타락한 이후 마귀는 모든 사람을 지배하는 자, 곧 음부의 권세를 가지고 있다. 마귀는 사람을 통하여 자기의 영광을 나타내는 문명을 건설하게 하고 문화생활을 하게 한다. 마귀는 명실상부한 세상의 임금이다. 마귀는 자기의 권세를 예수께 주겠다고 미혹하였다. 세상의 모든 권세는 하나님께로부터 나오므로, 예수께서 마귀에게 하나님을 섬기라고 명령하셨다(마 4:10). 하나님은 자기를 섬기는 자들에게 하늘나라의 권세를 주신다.

8) 사람은 정치 권력으로부터 얻는 명예를 최고의 가치로 여기고 이것을 얻기 위하여 모든 수단과 방법을 가리지 아니한다. 정치인들은 거짓말을 합법화하여 국민을 속이면서까지 권력을 잡으려고 한다. 인류 역사상 많은 정치인이 국민을 속이고 나라를 전쟁의 소용돌이 속으로 몰아넣었다. 그들은 마귀에게 속하였기 때문이다. 마귀는 거짓의 아비로서 세상을 속이고 사망으로 인도하고 있지만, 세상에 속한 자들은 마귀의 궤계를 알지 못하기 때문에 마귀의 악한 생각에 따라서 범죄하

---

[120] 자유주의 신학에 바탕을 둔 종교다원주의자들은 교회의 사역을 선교보다는 구제에 집중함으로 세상으로부터 명예를 얻으려고 한다. 교회가 세상으로부터 인기와 명예를 얻으면 그리스도의 교회가 아니다. 교회의 본질을 잃어버린 교회는 짠맛을 잃어버린 소금처럼 버림을 받고 사람에게 짓밟힐 것이다.

고 있다.

9) 교회가 정치에 관여하면 타락의 길을 걷게 된다. 주후 380년에 로마제국은 기독교를 국교로 정하였다. 이후부터 교회는 타락하기 시작하였다. 로마 가톨릭의 교황은 유럽의 모든 국가의 정치에 관여함으로 막강한 권력을 행사하였다. 그 결과 교회는 완전히 타락하여 종교개혁 때까지 겨우 명맥만을 유지하였다. 세계사에서 이 시대를 중세 암흑시대라고 한다. 지금도 교회가 세상 권력을 가까이하면 타락의 길을 걷게 된다. (마 4:8~10)의 말씀은 교회가 세상의 권세를 멀리하여야 함을 보여준다. 교회란 예수 그리스도 안에서 낮아진 자들의 모임이기 때문이다. 권력으로 높아지려고 하는 자들은 세상에서 나오지 못한다.

10) 예수께서 마귀에게 시험을 받으신 사건은 교회에게 재물과 명예와 세상의 정치 권력을 추구하지 말라는 경고이다. 예수께서 재물과 명예와 정치 권력을 위하여 일하셨다면 아버지의 뜻을 이루지 못하셨을 것이다. 교회가 하나님의 뜻을 행하려면 재물과 명예와 세상 권력을 추구하지 말아야 한다. 만약 교회가 이러한 것을 추구하면 세속화되어 타락의 길을 걷게 될 것이다. 성경은 이것들 외에 음행을 통한 육체의 쾌락을 추구하지 말라고 교회에게 경고한다. **"음행을 피하라 사람이 범하는 죄마다 몸 밖에 있거니와 음행하는 자는 자기 몸에게 죄를 범하느니라"** (고전 6:18). 교회가 재물, 명예, 세상 권세 및 육체의 쾌락과 같은 것들을 사랑하면 하나님의 사랑을 받지 못함으로 세상으로 돌아가게 된다. **"이 세상이나 세상에 있는 것들을 사랑치 말라 누구든지 세상을 사랑하면 아버지의 사랑이 그 속에 있지 아니하니 이는 세상에 있는 모든 것이 육신의 정욕과 안목의 정욕과 이생의 자랑이니 다 아버지께로 좇아 온 것이 아니요 세상으로 좇아 온 것이라"** (요일 2:15,16).

11) 교회는 재물, 명예, 권력 및 쾌락을 초월한 자들의 모임이며, 세상은 이것들을 얻기 위하여 사는 자들의 모임이다(요일 2:16). 따라서 교회는 세상과 구별되어 세상 위에 있다. 세상은 마귀의 자녀들이지만, 교회는 하나님의 자녀들이다. 모든 사람은 마귀에게 속한 자들과 하나님께 속한 자들로 구분한다. **"또 아는 것은 우리는 하나님께 속하고 온 세상은 악한 자 안에 처한 것이며"** (요일 5:19). 가족이라도 믿는 자는 하나님의 자녀이며 믿지 아니하는 자는 마귀에게 속한 자이다. 육체적으로 한 혈통을 타고 태어났지만, 영적으로 세상에 속한 자와 하나님께 속한 자는 완전히 분리된다. 이스라엘 백성은 혈통으로 아브라함의 자손이지만 모두 믿음의 후손은 아니다. 교회는 하나님께 속하였고, 세상은 마귀에게 속하였기 때문이다. 곧 교회와 세상은 영적으로 원수지간이다. **"장차 형제가 형제를, 아비가 자식을 죽는데 내어주며 자식들이 부모를 대적하여 죽게 하리라"** (마 10:21).

(3) 세례와 육체의 정욕

1) 세례 요한은 회개의 세례를 선포하였으며, 예수께서 인류의 죄를 짊어지시기 위하여 그에게 세례를 받으셨다. 세례 요한의 세례는 율법으로 자신의 죄를 깨닫고 회개하는 것이 구원에 이르는 믿음으로 들어가는 최초의 문임을 의미한다. 예수의 세례는 그가 율법에 따라서 정죄 받는 죄를 짊어지고 죽으실 것을 의미한다. 예수께서 인류의 죄를 짊어지고 죽는다는 맹세로 세례를 받으셨다(눅 12:50). 세례 요한이 예언한 바와 같이 예수께서 믿는 자들에게 불과 성령으로 세례를 주실 것이다(마 3:11). 믿는 자들이 받을 세례는 육체의 정욕을 십자가에 못 박고 성령의 인도를 받는 것과 관련된다. 믿는 자들이 불과 성령으로 세례를 받고 육체의 정욕을 십자가에 못 박음으로 마귀의 미혹을 이길 수 있다.

2) 예수께서 세례를 받으심으로 장차 인류의 죄를 짊어지고 죽는 것이 아버지의 뜻이다. 예수께서 세례를 받으심으로 대제사장으로서 인류의 죄를 짊어지신다고 맹세하셨다. 아론의 후손 제사장들은 혈통을 따라서 맹세 없이 제사장이 되었으나, 예수는 맹세로 제사장이 되셨다. **"(저희는 맹세 없이 제사장이 되었으되 오직 예수는 자기에게 말씀하신 자로 말미암아 맹세로 되신 것이라 주께서 맹세하시고 뉘우치지 아니하시리니 네가 영원히 제사장이라 하셨도다)"(히 7:21).** 예수께서 그의 죽음을 위하여 세례를 받으신 것처럼, 믿는 자들도 육체의 정욕의 죽음을 위하여 세례를 받는다. 세례란 옛사람의 죽음과 새사람의 입는 것이다.121) **"그러므로 우리가 그의 죽으심과 합하여 세례를 받음으로 그와 함께 장사되었나니 이는 아버지의 영광으로 말미암아 그리스도를 죽은 자 가운데서 살리심과 같이 우리로 또한 새 생명 가운데서 행하게 하려 함이니라"(롬 6:4).**

3) 불 세례란 육체의 정욕이 율법에 따라서 정죄를 받아 십자가에 못 박혀 죽는 것을 의미한다. 오순절에 성령이 임하실 때 불의 혀같이 갈라지는 것이 보였다는 말씀을 근거로 불을 성령으로 해석할 수 있지만 불과 성령은 구분한다(행 2:3). 성령은 하나님의 인격이나 불은 하나님의 인격이 아니며, 성령은 사람의 눈으로 볼 수 없으나 불은 볼 수 있다. 따라서 성령이 임하실 때 나타난 불은 성령이 아니다. 성령이 임하실 때 하나님의 영을 섬기는 천사들이 임한다. 이때 천사의 사역이 보이는 불로 나타날 수 있다. **"또 천사들에 관하여는 그는 그의 천사들을 바람으로, 그의 사역자들을 불꽃으로 삼으시느니라 하셨으되"(히 1:7).** 엘리야가 기도할 때 하늘에서 내려온 불은 성령이 아니라 천사의 사역으로 나타난 불이다. 불이 모든 나무를 태우듯이, 율법은 모든 사람의 육체를 심판한다. 성경은 율법을 불로 비유한다. **"그러므로 만군의 하나님 여호와가 이같이 말하노라 그들이 이 말을 하였은즉 볼찌어다 내가 네 입에 있는 나의 말로 불이 되게 하고 이 백성으로 나무가 되**

---

121) 불과 성령의 세례에 관하여 졸저, 상게서, 6.1.1 참조

게 하리니 그 불이 그들을 사르리라"(렘 5:14).

4) 육체의 정욕이 죽으려면, 탐심이 율법에 따라서 정죄를 받아 십자가에 못 박혀야 한다. 율법은 탐심을 정죄하므로 율법을 통하여 죄가 자신의 육체 안에 있다는 것을 아는 자가 세례를 받음으로 육체의 정욕을 십자가에 못 박을 수 있다. 사도 바울은 그의 정욕이 율법에 따라서 정죄를 받아 십자가에 못 박혔다고 고백하였다. "**내가 그리스도와 함께 십자가에 못 박혔나니 그런즉 이제는 내가 산 것이 아니요 오직 내 안에 그리스도께서 사신 것이라 이제 내가 육체 가운데 사는 것은 나를 사랑하사 나를 위하여 자기 몸을 버리신 하나님의 아들을 믿는 믿음 안에서 사는 것이라**"(갈 2:20). 세례를 통하여 육체 안에서 역사하던 마귀의 인격, 곧 탐심이 십자가에 못 박혀 죽고 하나님의 인격인 예수 그리스도의 말씀이 살아 역사한다. 탐심을 따라서 짐승처럼 살던 옛사람이 죽고 하나님의 형상을 입은 새사람이 살아나는 것이 불 세례이다. 사도 바울은 세례를 통하여 육체의 정욕이 십자가에 못 박혔다고 고백하였다. "**그리스도 예수의 사람들은 육체와 함께 그 정과 욕심을 십자가에 못 박았느니라**"(갈 5:24).

5) 사도 바울은 세례를 받음으로 그의 육체의 정욕이 십자가에 못 박혔다고 고백하였으나, 항상 정욕으로부터 나오는 탐심이 자기의 의지를 사로잡아 범죄하게 하려고 한다고 고백하였다. "**내 속 곧 내 육신에 선한 것이 거하지 아니하는 줄을 아노니 원함은 내게 있으나 선을 행하는 것은 없노라 내가 원하는 바 선은 하지 아니하고 도리어 원치 아니하는 바 악은 행하는도다**"(롬 7:18,19). 세례를 받을 때 육체의 정욕이 십자가에 못 박혔다고 고백하더라도 탐심이 없어지는 것은 아니다. 아담의 타락으로 들어온 정욕이 육체의 속성이므로, 믿고 구원을 받았다고 하더라도 육체의 정욕이 없어지는 것은 아니다.[122] 따라서 정욕에서 나오는 탐심이 믿는 자의 의지를 사로잡아 하나님의 말씀을 대적하게 한다. 사도 바울은 그의 의지를 사로잡아오는 탐심 때문에 괴로워하였다. "**오호라 나는 곤고한 사람이로다 이 사망의 몸에서 누가 나를 건져내랴**"(롬 7:24).

6) 사도 바울은 자기의 의지로 탐심을 극복하려고 하였으나 할 수 없었다. 그는 성령으로 탐심을 극복할 수 있다는 것을 알았다. 곧 성령은 하나님의 인격이므로, 교회는 성령으로 마귀의 인격인 탐심을 극복할 수 있다(갈 5:17). 성령은 복음을 통하여 하나님의 아들 예수 그리스도를 증거하기 때문이다(요 15:26). 만물을 통치하는 복음은 성령으로 역사한다. 곧 성령으로 하나님의 인격을 나타내는 복음이 탐심을 극복한다. "**저희에게 이르시되 삼가 모든 탐심을 물리치라 사람의 생명이 그 소유의 넉넉한데 있지 아니하니라 하시고**"(눅 12:15). 하나님의 말씀은 성령으로 하나님의 인격을 나타낸다. 따라서 성령을 받은 자는 성령의 인도하심으로 탐심을 이

---

[122] 졸저, 상게서, 5.4.3. 참조

길 수 있다. 이것을 성령 세례라고 한다. 예수께서 승천하신 이후 10일이 되는 오순절 날에 성령이 믿는 자들에게 임하셨다. 성령이 임하신 오순절 날 이전에 사람들은 아무도 성령을 받지 못하였다. 승천하신 예수께서 믿는 자들에게 성령을 보내주기 때문이다. "**하나님이 오른손으로 예수를 높이시매 그가 약속하신 성령을 아버지께 받아서 너희 보고 듣는 이것을 부어주셨느니라**"(행 2:33). 이 말씀은 오순절 날 이후 믿는 자들이 불과 성령으로 세례를 받는다는 것을 의미한다.

7) 믿는 자들은 물로 세례를 받는다. 세례란 물 아래로 내려갈 때 물속에서 육체의 정욕이 죽었다는 것을, 물 위로 올라올 때 아담 안에서 죽었던 새사람이 살아나는 것을 의미한다. 물세례는 불과 성령의 세례의 모형을 보여준다. 불과 성령의 세례는 영적인 세례로서 예수 이름을 믿고 구원을 받았을 때 하나님의 선물로 임한다. "**베드로가 가로되 너희가 회개하여 각각 예수 그리스도의 이름으로 세례를 받고 죄 사함을 얻으라 그리하면 성령을 선물로 받으리니**"(행 2:38). 믿지 아니함으로 구원을 받지 못한 자는 성령을 받지 못한다. 세상에 속한 자들은 성령을 받지 못한다고 성경은 말씀한다. "**저는 진리의 영이라 세상은 능히 저를 받지 못하나니 이는 저를 보지도 못하고 알지도 못함이라 그러나 너희는 저를 아나니 저는 너희와 함께 거하심이요 또 너희 속에 계시겠음이라**"(요 14:17). 물론 구약시대에 율법 아래 있던 자들도 성령을 받지 못하였다. 율법으로 죄를 깨닫고 믿음으로 의롭다 함을 받은 자들은 성령을 받지 못하였지만, 성령께서 그들을 감동하셨다.[123]

8) 불과 성령으로 세례를 받음으로 탐심을 십자가에 못 박은 자는 항상 십자가를 지고 살아야 한다. 성경은 예수의 말씀을 순종하려면 십자가를 지라고 말씀한다. "**이에 예수께서 제자들에게 이르시되 아무든지 나를 따라 오려거든 자기를 부인하고 자기 십자가를 지고 나를 좇을 것이니라**"(마 16:24). 십자가를 지고 예수를 따르는 것은 죽음을 향하여 나가는 것이다. 육체가 살기 위하여 십자가를 지는 것은 아니다. 예수께서 십자가를 지고 골고다 언덕을 오른 신 뒤에 십자가에 못 박히신 것처럼, 믿는 자는 십자가를 지고 예수와 함께 못 박혀야 한다. 따라서 그리스도의 교회란 자기의 십자가를 짊어지고 목숨을 초월하여 믿는 자들의 모임임이라고 말할 수 있다.

9) 예수의 말씀을 순종하려면 재물과 명예와 권세의 유혹을 버려야 한다. 곧 예수의 말씀을 순종하기 위하여 목숨을 아끼지 말아야 한다. 목숨을 부지하기 위하여 예수의 말씀을 버리는 자는 영생을 얻지 못한다고 성경은 말씀한다. "**누구든지 제 목숨을 구원코자 하면 잃을 것이요 누구든지 나를 위하여 제 목숨을 잃으면 찾으리라 사람이 만일 온 천하를 얻고도 제 목숨을 잃으면 무엇이 유익하리요 사람이 무엇을 주고 제 목숨을 바꾸겠느냐**"(마 16:25,26). 육체는 시한부적인 존재이지만

---

[123] 졸저, 상게서 5.1.1.(1) 참조

영혼은 영원히 사는 존재이다. 일시적인 것을 위하여 영원한 것을 포기하는 것은 탐심을 위하여 영생을 포기하는 것이다.

10) 불과 성령으로 세례를 받음으로 탐심을 십자가에 못 박은 자들은 재물, 명예, 권력 및 육체의 쾌락으로부터 오는 미혹을 극복할 수 있다. 따라서 그리스도의 교회는 믿고 구원을 받고 세례를 받음으로 시작한다. 믿는 자들이 세례를 받는 것은 십자가를 지고 죽음으로 예수의 말씀을 순종하겠다는 맹세이다. 이스라엘 백성이 율법을 순종하겠다는 맹세로 할례를 받은 것처럼, 그리스도의 교회는 복음을 순종한다는 맹세로 세례를 받는다. 할례를 받은 자가 율법을 순종하지 않으면 무할례자가 되는 것처럼(롬 2:25), 세례를 받은 자가 예수의 말씀을 순종하지 않으면 세례를 받지 아니한 자가 된다.

11) 예수께서 아버지의 뜻대로 인류의 죄를 짊어지고 십자가에 못 박혀 죽는다는 맹세로 세례를 받으셨다. 이와 같이 믿는 자들은 탐심을 못 박은 십자가를 지고 예수의 말씀을 순종한다는 맹세로 세례를 받는다.[124] 세례를 받은 뒤에 탐심에 따라서 범죄하는 것은 하나님께 대한 맹세를 버리는 것이며 자신을 속하는 것이다. 오직 육체를 위한 재물과 명예와 권세와 쾌락을 사랑하는 마음을 버리고 예수의 말씀을 따르는 자들만이 하나님의 성전이며 그리스도의 지체이다. 구원에 이르는 믿음이란 성령의 인도하심으로 목숨을 초월하는 자, 곧 십자가를 지고 예수를 따르는 자들의 것이라고 말할 수 있다.

(4) 이해를 위한 질문
1) 예수의 금식과 마귀의 시험
  a. 모세가 십계명을 새긴 돌판을 받기 위하여 신내산에 올라 40일 동안 금식하였다. 금식을 통하여 탐심을 절제한 자만이 율법을 받을 수 있는 이유는 무엇인가(출 20:17).
  b. 하나님의 아들이 금식하신 이유가 무엇이라고 해석할 수 있나.
  c. 하나님의 아들을 시험하는 것이 죄인 이유는 무엇인가(출 17:2).
  d. 마귀가 심판을 받은 이유는 무엇인가(마 4:10).
  e. 마귀의 박탈된 권세는 무엇인가(요일 3:8).

2) 마귀의 시험과 육체의 정욕
  a. 사람이 떡이 아니라 하나님의 말씀으로 살아야 하는 이유는 무엇인가(마 4:4).
  b. 재물이 교회를 타락의 길로 인도하는 이유는 무엇인가(마 6:24).
  c. 교회가 세상의 명예를 얻으면 타락하는 이유는 무엇인가.
  d. 정치 권력을 등에 업은 교회가 타락한 이유는 무엇인가.

---
124) 개혁교회에서는 유아세례를 한다. 유아는 하나님과 그리스도에 대하여 아무것도 알지 못하므로, 유아세례는 성경의 말씀과 일치하지 아니한다고 말할 수 있을 것이다.

       e. 교회가 세상에 속한 것을 사랑하면 타락하는 이유는 무엇인가(요일 2:16).
   3) **세례와 육체의 정욕**
       a. 예수를 영접하기 위하여 회개하여야 하는 이유는 무엇인가.
       b. 예수의 세례가 믿는 자들이 받을 세례를 모형으로 보여주는 이유는 무엇인가 (눅 12:50).
       c. 세례를 통하여 탐심을 십자가에 못 박아야 하는 이유는 무엇인가(롬 6:3).
       d. 십자가를 짊어진 자만이 예수를 따를 수 있는 이유는 무엇인가(마 16:24).

4.2 하나님의 아들과 그리스도의 교회
1. 하나님의 아들과 영적인 세계
(1) 보이는 세계와 보이지 아니하는 세계
   1) 사람은 보이는 세계만이 전부인 것처럼 생각하고 있으므로 보다 중요한 것을 망각하고 있다. 보이는 것들은 보이지 아니하는 창조질서와 영적인 세계에 의하여 통치를 받고 있다. 인격이 없는 모든 것들은 창조질서에 의하여 지배를 받으며, 인격이 있는 사람은 하나님의 말씀과 음부의 권세에 의하여 통제를 받는다. 하나님의 아들이 육신으로 임하신 것은 영적인 세계를 통하여 만물을 통치하시는 하나님께서 오신 것이다. 그리스도의 교회란 예수 이름을 믿음으로 보이는 물질의 세계를 벗어나 보이지 아니하는 영적인 세계로 들어간 자들의 모임이다. 그리스도의 교회는 영적인 세계가 보이는 세계를 지배한다는 것을 보여준다.
   2) 우주는 보이지 아니하는 것에 의하여 질서를 유지하고 있다. 지구는 자전하면서 태양을 중심으로 빠른 속도로 공전하고 있다, 달은 지구를 중심으로 공전하고 있다. 우주 안에 있는 수많은 행성은 보이지 아니하는 질서에 의하여 움직이고 있다, 우주 과학자들은 우주가 보이지 아니하는 것에 의하여 빛의 속도보다 빠르게 팽창하고 있다고 한다. 그들은 우주 안에는 흑암 물질(Wimp)이 존재하며 흑암 세력(Darkness Influence)이 우주를 지배한다고 한다. 보이지 아니하는 흑암 에너지(Dark Energy)가 우주의 질서를 지배한다고 한다. 이것은 창조질서에 의하여 설명할 수 있다. 하나님께서 우주를 창조하실 때 만물의 질서를 정하셨고 만물은 그 질서에 따라서 움직인다.
   3) 지구 안에서 살아가는 모든 동물은 본능에 따라서 생존하여 번식하고 있다. 동물의 본능은 시간과 공간에 따라서 변화하지 아니하고 일정하다. 생활환경이 변화하더라도 동물의 본능이 변하는 것은 아니다. 초식동물은 언제나 초식동물이다. 육식동물은 언제나 육식동물이다. 땅에 뿌리를 내리고 살아가는 식물은 그 종의 특성이 변화하는 것은 아니다. 사과나무가 변하여 배나무로 변화하는 것은 아니다. 모든 식물은 흙에서 흡수한 물과 공기와 태양 빛으로 탄소동화작용을 통하여 살아간다. 과일나무는 물과 공기와 태양 빛으로 각각 다른 과일을 맺는다. 과일 맛이

각각 다른 것을 설명할 수 있는 이론은 없다. 이것은 창조질서에 의하여 각각 다른 열매를 맺고 있다. 물속에 사는 물고기도 본능에 따라서 살아가며 사람에게 각각 다른 맛을 제공한다.

4) 우리는 시간 속에서 살아가고 있다. 밤과 낮의 길이는 매일 다르지만, 일정한 규칙에 따라서 변화하고 있다. 날씨도 매일 다르다. 계절의 변화는 보이지 아니하는 창조질서에 의하여 결정된다. 보이지 아니하는 전기와 전파가 모든 기계를 움직인다. 전기와 전파는 보이지 아니한다. 그러나 이것들이 기계, 무선 통신기기, 텔레비전, 모든 운송수단, 각종 미사일을 포함한 무기 등을 움직인다. 전기와 전파가 차단되면 인류의 생활은 원시시대로 돌아갈 것이다. 이것은 보이지 아니하는 것들이 보이는 것들을 지배하는 것을 보여준다. 인체도 보지 아니하는 것에 지배를 받고 있다. 생명(목숨)이라고 하는 것은 보이지 아니한다. 육체가 죽은 자와 살아있는 자의 차이는 목숨이 있느냐 아니냐이다. 목숨은 눈에 보이지 아니하지만 보이는 육체를 지배한다. 보이지 아니하는 창조질서가 보이는 것들을 지배하지만 사람들은 보이는 물질세계에 집착하고 있다.

5) 하나님은 창조질서를 통하여 사람을 제외한 만물을 통치하신다. 하나님은 말씀으로 사람을 통치하신다. 그 말씀은 육체에 관한 명령과 영에 관한 명령으로 구분한다. 육체에 관한 명령을 문화명령이라고 한다. **"하나님이 그들에게 복을 주시며 그들에게 이르시되 생육하고 번성하여 땅에 충만하라, 땅을 정복하라, 바다의 고기와 공중의 새와 땅에 움직이는 모든 생물을 다스리라 하시니라"**(창 1:28). "생육하고 번성하여 땅에 충만하라"란 본능과 관련된다. 사람은 창조시에 동물처럼 본능을 받았으므로 본능에 따라서 살아가면 이 명령을 순종할 수 있다. "땅을 정복하라, 바다의 고기와 공중의 새와 땅에 움직이는 모든 생물을 다스리라"란 문명을 건설하고 문화생활을 하는 것으로 인격과 관련된다. 이 말씀에 따라서 인류는 문명을 건설하고 문화생활을 하고 있다. 보이지 아니하는 하나님의 말씀이 사람의 육체를 통치하고 있다.

6) 하나님은 사람의 영을 위하여 선악과 계명, 칭의 언약 및 율법을 주셨다. 아담은 사단에게 미혹을 받아 선악과 계명을 대적함으로 생명을 잃어버리고 사망에 이르게 되었으므로, 온 인류와 문명 그리고 문화를 마귀의 손에 넘겨주었다. 마귀는 탐심을 통하여 사람을 지배하고 사람을 통하여 지상의 모든 것들을 통치하고 있다. 마귀는 지상의 모든 생물, 문명 및 문화를 통하여 하나님을 대적하고 있다. 죄인이 건설한 문명은 마귀의 악한 생각에 따라서 탄생하였다. 죄인의 역사는 우상숭배를 위한 이방신전의 건설, 통치자 한 사람을 위한 거대한 왕궁의 건축, 약한 자를 죽이고 그의 재물을 빼앗은 전쟁으로 요약할 수 있다. 이 모든 것은 마귀의 생각에 따라서 지배받은 결과를 보여준다.

7) 인류의 역사는 전쟁이란 미명으로 집단적인 살인을 자행하는 살인의 역사이

다. 마귀는 아담을 미혹하여 범죄하게 함으로 아담으로 하나님의 형상을 잃어버리게 하였다. 아담은 범죄함으로 의로움과 거룩함을 상실하였으나 하나님의 외모를 유지하고 있었다. 마귀는 남은 하나님의 외모를 파괴하려고 사람을 죽이고 있다. 가인은 마귀에게 사주를 받아 아벨을 죽였다. **"가인같이 하지 말라 저는 악한 자에게 속하여 그 아우를 죽였으니 어찐 연고로 죽였느뇨 자기의 행위는 악하고 그 아우의 행위는 의로움이니라"** (요일 3:12). 아벨이 죽임을 당한 이후 인류의 역사는 강한 자가 약한 자를 죽이고 재물을 빼앗는 전쟁의 역사이다. 인류는 전쟁이라는 미명으로 집단 살인을 자행하고 있다. 사람은 전쟁을 통하여 빼앗은 것을 영원히 소유하지 못한다. 더 강한 자가 나타나면 죽임을 당하고 있는 모든 것을 빼앗긴다. 인류의 역사는 서로 죽이고 빼앗는 과정의 반복이라고 말할 수 있다. 모든 살인은 마귀로부터 시작되었다(요 8:44).

8) 동물의 세계는 약육강식의 세계이다. 동물의 세계에서 강한 자만이 살아남는다. 아담이 타락한 이후 사람은 하나님의 형상을 잃어버리고 말하고 생각하는 동물의 형상을 나타내고 있다. 동물처럼 사람은 살아남기 위하여 투쟁하고 있다. 마귀는 동물농장의 주인이다. 마귀는 순진한 동물을 사악한 짐승, 곧 독사로 만들고 있다. 예수께서 이방여자를 개, 헤롯을 여우라고 말씀하셨다. 그러나 예수께서 하나님을 알지 못하는 바리새인들과 서기관들을 독사라고 말씀하셨다(마 23:33). 독사란 자신의 죄를 알지 못하고 자신을 의롭다고 하는 자들을 의미한다. 독사들이 하나님의 아들을 정죄하여 십자가에 못 박았다. 마귀에 속한 자들이 하나님의 아들을 죽임으로 (창 3:15)의 예언의 말씀을 성취하였다. 마귀는 아담 안에서 모든 사람의 생각과 마음과 언행을 지배하고 있다.

9) 사단은 아담을 미혹하여 하나님의 형상인 사람을 동물로 만들었으나, 하나님은 아담 안에 있는 동물을 사람으로 만들기 위하여 칭의 언약과 율법을 주셨다. 아브라함은 하나님을 믿음으로 동물의 형상을 벗어버리고 하나님의 형상을 회복하였다. 하나님의 형상이 아브라함에서 이삭에게, 이삭에서 야곱에게, 야곱에서 열두 형제에게 이어졌다. 애굽에서 이스라엘 자손들은 믿음으로 하나님의 형상을 유지하는 자들과 우상숭배로 그 형상을 잃어버린 자들로 구분한다. 하나님은 자기의 이름을 위하여 이스라엘 자손을 애굽에서 인도하여 내시고 그들에게 율법을 주셨다. 율법은 모든 사람의 마음속에 음부의 권세, 탐심이 있다는 것을 알게 한다(출 20:17).

10) 하나님은 이스라엘 백성을 율법으로 통치하셨다. 광야에서 마귀의 시험에 빠져서 하나님의 형상을 잃어버린 자들은 심판을 받아 죽고 남은 자들은 가나안땅에 정착하였다. 가나안땅에서 하나님의 말씀에 따라서 통치를 받는 이스라엘 백성과 마귀의 지배 아래서 동물처럼 살아가는 이방인이 충돌하였다. 가나안땅에 정착한 이후 그리스도까지 이스라엘 백성의 역사는 보이지 아니하는 하늘나라의 권세와 음부의 권세가 충돌하는 과정을 보여주고 있다. 이스라엘 백성이 율법으로 그들의

죄를 깨닫고 장차 오실 그리스도를 믿음으로 하나님의 형상을 회복하였을 때 하나님의 말씀에 따라서 통치를 받았다. 그러나 그들이 믿음을 버리고 우상을 숭배함으로 하나님의 형상을 잃어버렸을 때 마귀의 지배를 받았다.

11) 하나님은 이스라엘의 역사를 통하여 보이지 아니하는 영적인 세계가 보이는 물질의 세계를 지배하는 것을 모형으로 보여주셨다. 그리스도께서 아브라함의 후손을 통하여 오실 것이므로, 이스라엘 백성은 믿음으로 하나님의 형상을 유지하여야 한다. 마귀는 그리스도의 오실 길을 차단하기 위하여 이스라엘 백성을 미혹하여 범죄하게 하였다. 이스라엘 백성의 육체 안에서 하나님의 말씀과 마귀의 악한 생각이 충돌하였다. 그 결과는 보이는 물질세계로 형상화되어 나타났다. 구약성경을 통하여 보이지 아니하는 영적인 세계가 보이는 물질세계를 지배하는 것이 그림자와 모형으로 계시되었다. 마지막 때에 예수께서 보이지 아니하는 영적인 세계를 실상으로 공개하셨다. 하나님의 형상을 잃어버린 자들을 지배하는 자가 음부의 권세인 마귀이다. 예수께서 마귀에게 시험을 받으심으로 비로소 음부의 권세 마귀에게 지배를 받는 세상의 실상을 드러내셨다.

(2) 하나님의 아들과 영적인 세계

1) 복음은 하나님의 아들이 오셨다는 것으로부터 시작한다. 세례 요한은 천국이 가까이 왔다고 선포하였다. 천국이란 하늘나라를 통치하는 왕이 오셨다는 것을 의미한다. 마귀는 그 천국이 하나님의 아들이라고 고백하였다. 하나님의 아들이란 아버지의 뜻대로 만물을 창조하고 통치하시는 분이다. 하나님의 아들이 육신으로 오셔서 감추어진 영적인 세계의 모든 것을 드러내셨다. 특히 예수께서 죄인들을 지배하는 악한 영들의 실체를 드러내셨다. 아담을 미혹하여 범죄하게 한 뱀은 사단의 모형이며, 마귀는 탐심을 통하여 사람을 지배하는 세상의 임금이다. 마귀의 지배를 받는 귀신들이 탐심을 통하여 사람을 지배한다. 마귀는 거짓으로 사람을 미혹하여 범죄하게 한다. 악한 영들의 정체가 예수의 말씀을 통하여 보이는 형상으로 드러났다.

2) 예수께서 성령에 이끌리어 마귀에게 시험을 받으셨다. 마귀는 재물과 명예와 권력으로 하나님의 아들을 미혹함으로 자신의 정체성을 드러냈다. 마귀는 재물과 명예와 세상 권세와 육체의 쾌락으로 사람을 지배한다. 마귀는 사람에게 돈을 사랑하는 생각을 넣어준다. 돈을 사랑하는 마음이 모든 악의 뿌리가 되어 사람을 죄악의 도가니 속으로 몰아넣고 있다. **"부하려 하는 자들은 시험과 올무와 여러 가지 어리석고 해로운 정욕에 떨어지나니 곧 사람으로 침륜과 멸망에 빠지게 하는 것이라"**(딤전 6:9). 돈은 원하는 모든 물질을 얻을 수 있으므로 사람들은 돈을 위하여 속이고 빼앗고 심지어 살인까지 마다 아니한다. 인류 역사에서 거의 모든 전쟁을 타국의 토지와 재산을 빼앗으려는 동기에서 비롯되었다고 말할 수 있다.

3) 돈이 많으면 명예와 권력이 따라온다. 돈이 없으면 명예와 권력도 잃어버리는

것이 일반적인 현실이다. 사람들은 돈을 버는 수단으로 명예와 권력을 이용하고 있다. 인기와 명예는 돈과 직결되므로 사람들은 명예를 얻기 위하여 노력한다.[125] 성경은 바리새인들과 서기관들은 율법의 행위로 의롭다 함을 받았다고 착각함으로 자신을 높였다고 말씀한다. 그들은 잔치의 상석에 앉으려고 하였고 타인으로부터 문안받는 것을 자랑으로 여겼다. **"긴 옷을 입고 다니는 것을 원하며 시장에서 문안받는 것과 회당의 상좌와 잔치의 상석을 좋아하는 서기관들을 삼가라"(눅 20:46).** 자신의 약점을 숨기고 장점만을 드러냄으로 명예를 얻으려는 것은 마귀에게 속하여 외식하는 것이다.

5) 사람들은 정치 권력을 잡은 집단에 속하여 권력의 일정 부분에 참여하기를 원한다. 특히 독재국가에서 국가권력은 돈과 명예를 동시에 얻을 수 있다. 절대 왕조시대는 토지의 국유화를 전제로 한다. 공산주의 국가도 마찬가지이다. 토지와 생산의 시설을 국유화한 국가에서 정치 권력을 잡는 것은 돈과 명예를 동시에 얻을 수 있다. 따라서 일부 정치가들은 권력을 얻기 위하여 거짓말로 자신을 포장하며 국민을 속이고 있다. 그들은 거짓말을 합법화하여 국민에게 헛된 것을 믿게 하고 자신의 이익만 챙기려고 한다. 그들은 입만 벌리면 국민과 국가의 이익을 말하지만, 자신의 이익만을 위하여 행동하고 있다. 이 모든 것은 마귀의 악한 생각으로부터 오는 것이다. 마귀는 사람들에게 자기를 경배하면 세상 권력을 주겠다고 거짓말을 한다(마 4:8,9).

6) 사람들이 돈으로 명예와 권력을 얻은 뒤에 추구하는 것은 육체의 쾌락이다. 이런 것들을 얻지 못한 자들도 육체의 쾌락을 위하여 돈과 시간과 노력을 투자한다. 일반 서민들은 술과 도박과 마약과 성(동성애)에 빠지고 있다. 인생은 투쟁의 연속이다. 사람은 태어나서 죽을 때까지 질병과 싸운다. 사람은 돈과 명예를 얻는 수단으로 지식과 기술을 얻으려고 노력한다. 사람은 직장을 얻고 가정을 이룬 뒤에는 돈을 얻기 위하여 치열하게 투쟁한다. 사람은 은퇴한 뒤에 체력과 건강을 유지하기 위하여 노력하지만 싸움에서 승리하는 사람은 없다. 사람은 지식, 돈 및 질병과의 투쟁하는 과정에서 쌓이는 많은 스트레스를 육체의 쾌락으로 해소하려고 한다. 그러나 육체의 쾌락은 일시적인 것으로 그 스트레스를 영원히 해소하지 못한다. 따라서 사람은 서서히 늙어가며 죽음을 향하여 달려가고 있다.

7) 육체의 죽음을 제외하고 세상에 속한 모든 일은 확률이다. 세상에서 100%란 존재하지 아니한다. 우리가 일반적으로 말하는 순금도 100%가 아니고 99.99%이다. 아침이면 동쪽에서 태양이 뜰 확률은 100%에 가깝다. 그러나 사람의 행동으로 나타나는 세상일은 확률이다. 사람이 공부를 잘한다고 하더라도 원하는 대학에 입

---

[125] 특히 연예인들은 자기의 인기관리를 위하여 최선을 다하고 있다. 인기가 있는 일부 사람들의 사생활은 지저분하고 더럽지만, 이 모든 것을 감추고 깨끗한 척하기도 한다. 그러나 사생활의 더러운 것이 세상에 알려지면 추락하여 모든 것을 잃어버리기도 한다.

학할 수 있는 것은 확률이다. 따라서 사람들은 미래 사건의 발생확률을 높이기 위하여 시간과 돈과 노력을 투자한다. 사람은 불확실한 미래의 사건이 이루어질 것으로 믿고 행동한다. 대표적인 것이 도박과 주식투자이다. 따라서 인생은 불확실한 세상일이 이루어질 것을 믿는 신념의 연속이라고 말할 수 있다. 만약 그 신념이 이루어지지 아니한다면 거짓을 믿은 것이다. 세상은 믿는 도끼에 발등을 찍혔다고 말한다. 사람은 거짓을 믿었다가 절망한다. 따라서 성경은 예수 이름을 믿는 자들은 헛된 것에 속아서 부끄러움을 당하지 아니한다고 말씀한다. **"성경에 이르되 누구든지 저를 믿는 자는 부끄러움을 당하지 아니하리라 하니"** (롬 10:11).

8) 마귀는 사람으로 거짓을 믿게 한다. 따라서 성경은 마귀가 거짓의 아비라고 말씀한다(요 8:44). 마귀는 아담에게 선악을 알게 하는 나무의 실과를 먹으면 죽지 아니하고 하나님과 같이 된다고 거짓말하였다. **"뱀이 여자에게 이르되 너희가 결코 죽지 아니하리라 너희가 그것을 먹는 날에는 너희 눈이 밝아 하나님과 같이 되어 선악을 알줄을 하나님이 아심이니라"** (창 3:4,5). 마귀는 사람으로 거짓을 믿게 하고 하나님의 말씀을 믿지 못하게 한다. 마귀는 거짓을 믿게 하여 사람을 사망으로 인도한 뒤에 그를 지배한다. 마귀가 사람으로 확률을 믿게 하는 이유는 사람을 죄인으로 만들어 지배하기 위함이다.

9) 세상에 속한 모든 일은 확률이다. 따라서 성경은 세상에 속한 것을 믿는 것은 헛되다고 말씀한다. **"전도자가 가로되 헛되고 헛되며 헛되고 헛되니 모든 것이 헛되도다"** (전 1:2). 그러나 하나님의 모든 말씀은 확률이 아니다. 하나님의 모든 말씀은 그대로 이루어짐으로 하나님은 의로우시다(느 9:8). 하나님은 절대로 거짓말을 하지 아니하신다. **"이는 하나님이 거짓말을 하실 수 없는 이 두 가지 변치 못할 사실을 인하여 앞에 있는 소망을 얻으려고 피하여 가는 우리로 큰 안위를 받게 하려 하심이라"** (히 6:18). 그러나 마귀는 하나님의 말씀은 확률이므로 믿지 못할 것이라고 미혹한다. 하나님의 말씀을 확률이라고 믿는 성도들이 믿음을 버리고 세상으로 돌아갈 수 있다. 따라서 성경은 하나님의 말씀을 굳게 붙들라고 말씀한다. **"그러므로 모든 들은 것을 우리가 더욱 간절히 삼갈찌니 혹 흘러 떠내려갈까 염려하노라"** (히 2:1).

10) 하나님의 아들이 육신으로 임하셔서 마귀에게 시험을 받으심으로 마귀가 재물과 명예와 권력으로 세상을 미혹한다는 것을 밝히셨다. 보이지 아니하는 마귀가 재물과 명예와 권력이란 강력한 무기로 세상을 미혹하여 지배하려고 한다. 마귀는 세상에 속한 자들을 지배하는 세상의 임금이다(요 12:31). 따라서 믿음으로 영생을 얻으려면 세상에 속한 모든 것들을 십자가에 못 박고 예수의 말씀을 순종하여야 한다. 그리스도와 연합하는 세례란 육체의 정욕을 십자가에 못 박는 것이다. 돈과 명예와 권력과 육체의 쾌락을 못 박은 자만이 믿음으로 복음을 순종할 수 있다.

(3) 택함을 받은 자들과 하나님 나라의 계시

1) 하나님의 뜻대로 계시를 받은 자만이 창조질서, 곧 보이지 아니하는 영적인 세계가 보이는 물질세계를 지배한다는 것을 알 수 있다. 예수께서 마귀에게 시험을 받으신 뒤에 하나님의 뜻대로 계시를 받을 자들을 택하여 부르셨다. 부르심을 받은 자들은 가족과 생업을 버리고 예수를 따랐다. 그들이 육체에 속한 것들을 초월하여 예수를 따랐으므로 예수께서 그들에게 하늘나라의 비밀을 계시하셨고, 그들은 성령의 감동으로 그 계시를 깨달았다. 육체의 정욕으로부터 나오는 탐심을 십자가에 못 박은 자만이 성령의 감동으로 하나님 나라의 계시를 받았다.

2) 예수께서 부활하시고 승천하신 뒤에 자기를 대신하여 복음을 전할 자들을 양육하기 위하여 하나님의 뜻대로 원하는 자들을 택하여 제자로 부르셨다. "**또 산에 오르사 자기의 원하는 자들을 부르시니 나아온지라 이에 열둘을 세우셨으니 이는 자기와 함께 있게 하시고 또 보내사 전도도 하며 귀신을 내어 쫓는 권세도 있게 하려 하심이러라**"(막 3:13~15). "자기와 함께 있게 하다"란 예수의 말씀을 순종함으로, 그 말씀과 함께하는 것을 의미한다. "보내사 전도도 하며 귀신을 내어 쫓는 권세도 있게 하다"란 제자들을 부르신 목적이 복음 전도임을 의미한다. 귀신을 내어 쫓는 권세는 복음 전도의 수단이며 목적은 아니다. 제자들은 귀신을 쫓아내고 병자를 고치는 권능으로 복음을 전파할 자들로 부르심으로 받았다.

3) 부르심을 받은 제자들의 대부분은 율법으로 자신의 죄를 깨닫고 장차 오실 그리스도를 기다리는 자들이었다. 당시에 유대인은 세 집단으로 구분할 수 있다. 첫째, 율법으로 자신의 죄를 알고 그 죄를 대속하실 그리스도를 믿고 기다리는 자들이다. 예수께서 그들 가운데 마리아의 몸을 통하여 육신으로 임하셨다. 그들 가운데 제사장 사가랴와 엘리사벳은 하나님의 은혜로 세례 요한을 잉태하였고, 시므온은 성령의 감동하심으로 '예수는 만민을 구원하실 구세주'라고 고백하였다. "**내 눈이 주의 구원을 보았사오니 이는 만민 앞에 예비하신 것이요**"(눅2:30,31). 둘째, 율법의 행위로 자신들을 의롭다고 여긴 자들로서 이스라엘을 로마제국의 지배에서 해방할 정치적인 그리스도를 기다린 자들이다. 바리새인들, 서기관들 및 사두개인들이 여기에 속하였다.

4) 셋째, 율법으로 자기의 죄를 알고 이스라엘을 로마의 지배로부터 해방할 그리스도를 믿고 기다린 자들이다. 그들은 인류의 죄를 대속할 그리스도가 아닌 정치적인 그리스도를 기다렸다. 예수께서 셋째 집단에 속한 자들을 택하여 제자로 부르셨다. 제자들은 그리스도의 날, 곧 왕권을 회복할 날이 오면 정치적으로 높은 자리에 오를 것을 믿고 직업과 가족을 버리고 예수를 따랐다. 그들은 예수와 함께 있을 때 항상 높은 자리에 관심이 있었다. "**예수께서 가라사대 무엇을 원하느뇨 가로되 이 나의 두 아들을 주의 나라에서 하나는 주의 우편에, 하나는 주의 좌편에 앉게 명하소서**"(마 20:21). 제자들은 높은 자리를 구하는 다른 제자들에 대하여 분한

마음을 품었다. "열 제자가 듣고 그 두 형제에 대하여 분히 여기거늘"(마 20:24).

5) 예수께서 어부들을 제자들로 부르셨다. 고기를 낚는 어부는 천국 복음을 전파함으로 죄인을 구원하는 전도자를 모형으로 보여준다. "갈릴리 해변에 다니시다가 두 형제 곧 베드로라 하는 시몬과 그 형제 안드레가 바다에 그물 던지는 것을 보시니 저희는 어부라 말씀하시되 나를 따라 오너라 내가 너희로 사람을 낚는 어부가 되게 하리라 하시니"(마 4:18,19). 베드로는 어릴 적부터 그물을 던져온 어부로서 고기를 잡는 전문가이나 고기를 잡지 못하였다. 베드로는 밤을 새워 그물을 던졌지만 고기를 잡지 못하였으나, 예수의 말씀을 순종하여 그물을 던졌을 때 많은 고기를 잡았다. "시몬이 대답하여 가로되 선생이여 우리들이 밤이 맞도록 수고를 하였으되 얻은 것이 없지마는 말씀에 의지하여 내가 그물을 내리리이다 하고 그리한즉 고기를 에운 것이 심히 많아 그물이 찢어지는지라"(눅 5:5,6). 이 말씀은 복음 전도의 결과는 하나님의 뜻에 따라서 좌우된다는 것을 의미한다. 곧 예수의 말씀대로 복음을 전할 때, 그 말씀을 듣는 자들이 예수 이름을 믿음으로 구원을 받을 수 있다.

6) 제자로 부르심을 받은 자들은 율법으로 그들의 죄를 깨달아 알고 있던 자들이다. 베드로는 예수의 말씀을 순종하여 많은 고기를 잡은 뒤에 죄인이라고 고백하였다. "시몬 베드로가 이를 보고 예수의 무릎 아래 엎드려 가로되 주여 나를 떠나소서 나는 죄인이로소이다 하니"(눅 5:8). 예수께서 죄인임을 고백하는 베드로를 "사람을 취하는 자"로 부르셨다(눅 5:10). 부르심을 받은 안드레는 예수를 그리스도라고 고백하였다. "그가 먼저 자기의 형제 시몬을 찾아 말하되 우리가 메시야를 만났다 하고 (메시야는 번역하면 그리스도라)"(요 1:41). 부르심을 받은 빌립은 성령의 감동으로 예수를 그리스도라고 고백하였다. "빌립이 나다나엘을 찾아 이르되 모세가 율법에 기록하였고 여러 선지자가 기록한 그이를 우리가 만났으니 요셉의 아들 나사렛 예수니라"(요 1:45).

7) 율법에 따라서 정죄 받는 죄인에게 자유란 없다. 죄인들이 죄를 벗는 길은 하나님의 부르심을 받는 것이다. 예수께서 택한 자들을 부르셨을 때, 그들은 모든 것을 버리고 예수를 따랐다. 그들은 예수와 함께 먹고 마시고 생활하며 하늘나라에 대한 계시를 받았다. 예수께서 제자들에게만 하늘나라의 비밀을 알게 하셨다. "대답하여 가라사대 천국의 비밀을 아는 것이 너희에게는 허락되었으나 저희에게는 아니되었나니"(마 13:11). 유대인들은 하늘나라의 비밀을 들었으나 그것을 깨달아 알 수 없었다. "그러므로 내가 저희에게 비유로 말하기는 저희가 보아도 보지 못하며 들어도 듣지 못하며 깨닫지 못함이니라"(마 13:13). 하나님의 뜻대로 택하심을 받고 제자로 부르심을 받아 예수와 함께 생활을 같이한 자들만이 하늘나라의 비밀을 깨달아 알 수 있었다. 곧 예수의 말씀을 순종함으로, 그 말씀과 함께하는 자만이 계시를 받아 하늘나라의 비밀을 알 수 있다.

8) 하늘나라의 비밀이란 만물을 창조하신 하나님의 아들이 세상을 통치하신다는 것을 말한다. 곧 육신으로 임하신 하나님의 아들이 보이는 모든 물질세계를 통치한다는 것을 아는 것이 하늘나라의 비밀이다. 베드로는 예수의 가르치심, 그의 이적과 표적을 통하여 육신으로 임하신 하나님의 아들을 알았다. **"시몬 베드로가 대답하여 가로되 주는 그리스도시요 살아계신 하나님의 아들이시니이다"** (마 16:16). 하늘나라의 비밀을 아는 지식은 하나님 아버지의 은혜라고 성경은 말씀한다. **"예수께서 대답하여 가라사대 바요나 시몬아 네가 복이 있도다 이를 네게 알게 한 이는 혈육이 아니요 하늘에 계신 내 아버지시니라"** (마 16:17). 사도들은 하나님의 계시로 하나님의 아들 예수를 알았다. 사도 요한은 태초에 하나님과 함께 계신 말씀이 육신으로 임하셨다고 고백하였다(요 1:14). 육신으로 임하신 분은 독생하신 하나님이다. **"본래 하나님을 본 사람이 없으되 아버지 품속에 있는 독생하신 하나님이 나타내셨느니라"** (요 1:18).

9) 바리새인들과 서기관들은 스스로 구약성경에 대하여 깊은 지식을 가지고 있었다고 믿었다. 많은 선지자가 오리라고 예언한 그리스도께서 육신으로 오셨지만, 바리새인들과 서기관들은 육신으로 임하신 하나님의 아들을 알지 못하였다. 그들은 하나님 아들의 소원대로 계시를 받지 못하였기 때문에 육신으로 임하신 그리스도를 알지 못하였다. **"내 아버지께서 모든 것을 내게 주셨으니 아버지 외에는 아들을 아는 자가 없고 아들과 또 아들의 소원대로 계시를 받는 자 외에는 아버지를 아는 자가 없느니라"** (마 11:27). "아들의 소원대로 계시를 받는 자"란 성령의 감동을 받은 자를 의미한다. **"오직 하나님이 성령으로 이것을 우리에게 보이셨으니 성령은 모든 것 곧 하나님의 깊은 것이라도 통달하시느니라"** (고전 2:10).

10) 육신으로 임하신 하나님의 아들을 아는 것은 하늘나라의 비밀을 아는 것이다. 보이지 아니하는 하늘나라를 통치하는 하나님 아들의 말씀이 보이는 물질세계를 다스린다. 부르심을 받아 하나님 아들의 계시를 받은 자들만이 이것을 알 수 있다. 예수께서 원하는 자들을 택하여 제자로 부르시고 그들에게 하늘나라의 비밀을 알게 하셨다. 바리새인들과 서기관들은 열심히 율법을 배우고 율법의 행위로 의롭다 함을 받으려고 하였으나, 부르심을 받지 못하였으므로 하늘나라의 비밀을 알지 못하였다. 하나님과 예수 그리스도를 아는 것은 사람의 노력과 무관한 하나님의 택하심과 은혜이다.

(3) 이해를 위한 질문
1) 보이는 세계와 보이지 아니하는 세계
  a. 보이지 아니하는 창조질서가 만물을 지배한다는 증거는 무엇인가(히 11:3).
  b. 문화명령(창 1:28)은 사람의 인격을 전제로 한다. 사람은 인격이 있으므로 스스로 판단하여 문명을 건설하고 모든 생물을 다스린다. 아담은 타락함으로

이 모든 권세를 마귀에게 넘겨주었다. 그 이유는 무엇인가(요일 3:8).
  c. 마귀는 어떻게 하나님의 형상을 파괴하는가(요일 3:12).
  d. 아담 안에서 죄로 인하여 하나님을 형상을 잃어버린 사람이 동물처럼 취급을 받는 이유는 무엇인가.

2) **하나님의 아들과 영적인 세계**
  a. 하나님의 아들 예수는 영적인 세계를 통하여 만물을 다스리시는 분이시다. 예수께서 어떻게 악한 영들의 정체를 드러내셨나(마 10:26).
  b. 마귀는 육체의 정욕으로 사람의 생각을 지배한다. 육체의 정욕에서 나오는 탐심은 재물과 명예와 권력과 육체의 쾌락을 추구하는 욕심이다. 재물이 사람을 미혹하여 하나님을 대적하는 이유는 무엇인가(마 6:24).
  c. 돈을 사랑하는 마음이 모든 죄의 뿌리가 되는 이유는 무엇인가(딤전 6:9).
  d. 마귀가 세상의 권력은 자기의 것이라고 주장하는 이유는 무엇인가(요 12:31).
  e. 보이지 아니하는 마귀는 어떻게 사람을 지배하는가(요 13:3).

3) **택함을 받은 자들과 하나님의 나라의 계시**
  a. 예수께서 제자들을 택하여 부르신 이유는 무엇인가(막 3:13~15).
  b. 사람을 낚는 어부란 무엇인가(눅 5:19).
  c. 예수께서 제자들에게 하늘나라의 비밀을 알게 하신 이유는 무엇인가(마 13:11).
  d. 예수께서 바리새인들과 서기관들을 택하여 부르지 아니하신 이유는 무엇인가.
  e. 하나님과 아들의 계시를 받는다는 것은 무엇인가(고전 2:10).

2. 하나님의 나라와 복음의 선포
(1) 마귀의 심판과 복음의 선포

1) 예수께서 이 땅에 오셨을 때 마귀가 세상을 지배하고 있었다. 아담의 타락으로 모든 사람이 마귀의 지배 아래 있었기 때문이다. 하나님의 아들이 육신으로 오셨을 때, 우주 안에서 두 명의 왕이 공존할 수 없었다. 따라서 예수께서 마귀를 심판하고 그의 권세를 박탈하셨다. 이제 예수만이 이 땅에 있는 모든 것들을 다스리는 왕이시다. 예수께서 첫 언약을 폐하시고 새 언약을 선포하셨다. 첫 언약인 율법은 좁게는 이스라엘 백성을, 넓게는 마귀의 지배 아래 있는 자들을 정죄하는 법이므로 폐지되었고, 예수께서 마귀의 권세가 박탈된 온 세상을 통치하는 새 법을 세우셨다. 그 법은 새 언약인 복음이다.

2) 복음이란 예수 이름을 믿음으로 죄에서 자유하여 영생을 얻는 것이다. 예수는 하나님의 아들이며 그리스도이기 때문이다. 따라서 복음서는 예수가 육신으로 임하신 하나님의 아들이며 율법과 선지자들의 예언에 따라서 오신 그리스도이심을 증거하는데 초점을 맞추고 있다. 예수께서 복음을 선포하시기 전에, 세례 요한은 마지막 선지자로서 많은 선지자의 예언을 종합하여 육신으로 오신 그리스도를 증거

하였다. 세례 요한은 예수께 세례를 줌으로 그의 사역을 끝내고 생을 마감하였다. 예수께서 마귀에게 시험을 받음으로 마귀를 심판하신 뒤에 율법을 폐하시고 복음을 선포하셨다.

3) 이스라엘 백성은 율법으로 장차 오실 그리스도를 믿음으로 의롭다 함을 받았다. 그들은 멀리서 오실 그리스도를 믿고 사모하였지만 살아있는 동안 육신으로 임하신 그리스도를 보지 못하고 죽었다(마 13:17). 세례 요한은 조상들의 믿음과 소망인 그리스도께서 육신으로 오셨다고 선포하였다. 광야교회가 율법으로 자신의 죄를 깨닫고 장차 오실 그리스도를 맞이한 것처럼, 이제부터 율법과 양심으로 죄를 깨닫고 회개하는 자만이 하나님의 아들을 영접할 수 있다. 따라서 세례 요한은 "회개하라 천국이 가까이 왔다"라고 선포하였다(마 3:2). 세례 요한은 바리새인들과 사두개인들을 향하여 회개하고 예수를 영접하라고 권고하였다(마 3:7). 마지막 선지자로서 세례 요한은 예수께 세례를 줌으로 그의 사명을 완수한 뒤에 헤롯에 의하여 죽임을 당하였다.

4) 예수께서 복음을 전파하기 전에 성령에 이끌리어 마귀에게 시험을 받으셨다. 마귀는 하나님의 아들을 시험함으로 자신의 죄를 드러냈다. 만물을 통치하시는 하나님의 아들 앞에서 자신의 죄를 고백한 마귀는 심판을 받고 그의 모든 권세를 박탈당하였다. 마귀는 아담의 범죄로 모든 사람을 지배하는 권세를 받았지만, 하나님의 아들을 시험함으로 심판을 받고 그의 모든 권세를 박탈당하였다. 마귀의 권세가 박탈되었으므로 이후부터 마귀가 사람을 지배하는 것은 불법이다. 그러나 사람은 과거의 관례대로 마귀에게 복종하고 있다. 이것을 알게 하는 것이 복음이다.

5) 예수께서 마귀를 심판하신 뒤에 천국 복음을 선포하셨다. **"이때부터 예수께서 비로소 전파하여 가라사대 회개하라 천국이 가까왔느니라 하시더라"** (마 4:17). "회개하라"란 마귀의 지배 아래 있는 것이 죄라는 것이다. "천국이 가까왔느니라"이란 하늘나라를 통치하는 왕이 오셨으므로 그의 통치를 받으라는 것이다. 하늘나라의 통치를 받는 것은 만물의 통치자이신 하나님의 아들을 믿는 것이다. 천국 복음의 선포가 마귀의 심판으로부터 시작하였다. 마귀가 심판을 받기 전에 복음을 전파하는 것은 불법이기 때문이다.[126] 그 이유를 살펴보자.

6) 마귀가 심판을 받기 전까지 사람은 마귀에게 지배를 받았다. 아담이 타락하였을 때 하나님은 마귀에게 사람의 육체를 지배하는 권세를 주셨다(창 3:14). 마귀는 흙으로 창조된 모든 육체를 지배할 권세를 받았다.[127] 마귀의 권세는 아담의 타락으로 인하여 하나님께 받은 것이다. 따라서 마귀가 심판을 받기 전에, 하나님은 마귀의 지배에서 벗어나 자유를 얻는 복음을 주시지 아니하셨다. 단지 하나님은 마귀

---

126) 졸저, 상게서, 6.3.1.(2) 참조
127) 사단은 욥의 육체에 속한 모든 것을 지배하였다. 이것은 세상을 지배하는 마귀의 권세를 모형으로 보여준다. 졸저, 2.4.2 참조

의 지배 아래 있는 것이 죄임을 알게 하는 율법을 주었다. 칭의 언약과 율법은 장차 오실 그리스도 안에서 믿음으로 마귀의 지배로부터 자유를 얻을 것이라고 약속한다. 칭의 언약과 율법은 장차 오실 그리스도 안에서 마귀의 심판과 복음 선포를 예언한 언약이다.

6) 이스라엘의 역사는 음부의 권세를 잡은 마귀를 심판하고 믿는 자들을 구원하실 그리스도의 사역을 모형으로 보여주었다. 이스라엘 백성이 하나님의 말씀을 버리고 이방여자를 아내로 취함으로 우상을 숭배하였을 때, 하나님은 그들을 이방인의 종이 되게 하셨다. 그들이 이방인의 핍박 속에서 죄를 회개하며 하나님께 돌아왔을 때, 하나님은 이방인을 심판하시고 그들을 구원하셨다. 이것은 아담을 미혹하여 범죄하게 한 뒤에 아담의 후손을 지배하는 마귀의 심판을 모형으로 보여준다.[128] 사단이 뱀을 통하여 아담을 미혹한 것처럼, 마귀는 이방여자를 통하여 이스라엘 백성을 미혹하였다. 뱀은 아담으로 선악을 알게 하는 실과를 먹게 하였고, 이방여자는 이스라엘 백성으로 우상을 숭배하게 하였다.

8) 출애굽시에 하나님은 애굽의 모든 초태생을 심판하신 뒤에 이스라엘 자손을 애굽에서 인도하여 내셨다. 이와 같이 예수께서 마귀를 심판하신 뒤에 복음을 선포하심으로 믿는 자들을 마귀의 지배에서 자유하게 하신다. 마귀가 심판을 받았다는 객관적인 증거가 예수의 사역을 통하여 계시되었다. 예수께서 믿는 자들의 육체 안에서 역사하는 귀신을 쫓아내셨다(마 4:24). 귀신은 마귀의 지배를 받는 악한 영으로서 사람의 육체를 지배한다. 예수께서 귀신을 쫓아내신 것은 마귀가 심판을 받고 그의 모든 권세가 박탈당한 것을 객관적으로 증거한다. **"나사렛 예수여 우리가 당신과 무슨 상관이 있나이까 우리를 멸하러 왔나이까 나는 당신이 누구인줄 아노니 하나님의 거룩한 자니이다"**(막 1:24). 복음의 선포는 음부의 권세를 잡은 마귀를 심판하는 것으로부터 시작되었다. 예수께서 마귀를 심판하신 뒤에 비로소 복음을 선포하셨다.

9) 첫째, 복음의 핵심은 예수께서 여자의 몸에서 태어나셨지만, 하나님의 아들이심을 믿는 것이다. 하나님께서 마귀를 심판하고 세상을 구원하기 위하여 아들을 육신으로 보내셨다. 이것이 창조질서를 통하여 계시되었다. 하나님께서 사람을 아들의 형상으로 창조하신 것은 장차 아들이 사람의 몸을 통하여 육신으로 임하신다는 약속이다(창 1:27). 그 약속대로 하나님의 아들이 육신으로 임하셨다. 이적과 기사, 죽음과 부활이 육신으로 임하신 하나님의 아들을 증거한다. 예수께서 만물을 창조하신 하나님만이 하실 수 있는 많은 이적과 기사를 행하셨다. 이적과 기사는 예수의 말씀이 사람의 말이 아니라 하나님의 말씀이란 증거이다. 예수께서 각종 질병을 고치고 귀신을 쫓아내고 죽은 자를 살리심으로 만물을 창조하신 하나님의 아들로

---

[128] 졸저, 상게서, 3.2.2.(3) 참조

서의 증거를 보이셨다.

10) 둘째, 복음의 핵심은 예수를 믿음으로 마귀의 지배, 곧 죄에서 벗어나 영생을 얻는 것이다. 칭의 언약과 율법 아래서 장차 오실 그리스도를 믿고 의롭다 함을 받은 것처럼, 복음 아래서 육신으로 임하신 하나님의 아들, 곧 예수 이름을 믿고 영생을 얻는다. **"하나님이 세상을 이처럼 사랑하사 독생자를 주셨으니 이는 저를 믿는 자마다 멸망치 않고 영생을 얻게 하려 하심이니라"**(요 3:16). 율법은 장차 오실 그리스도에 대한 믿음을 요구하지만, 복음은 과거에 육신으로 임하신 하나님의 아들에 대한 믿음을 요구한다. 이스라엘 백성은 장차 오실 그리스도를 믿음으로 의롭다 함을 받았고, 그리스도의 교회는 과거에 오신 하나님의 아들을 믿음으로 영생을 얻는다. 이것이 창세전에 예정된 하나님의 뜻이다. **"내 아버지의 뜻은 아들을 보고 믿는 자마다 영생을 얻는 이것이니 마지막 날에 내가 이를 다시 살리리라 하시니라"**(요 6:40).

11) 셋째, 복음의 핵심은 사랑이다. 아담 안에서 죄로 인하여 사망에 이른 자들, 곧 마귀의 지배 아래 있는 자들의 소망은 죄를 용서받고 마귀의 권세에서 자유를 얻는 것이다. 죄인들에 대한 하나님의 사랑이 예수의 피로 인한 속죄로 나타났다. 하나님께서 아들을 보내신 것이 인류에 대한 하나님의 사랑이다. 하나님의 사랑이 인류의 죄를 덮는 예수의 피로 나타났다. **"우리가 아직 죄인 되었을 때에 그리스도께서 우리를 위하여 죽으심으로 하나님께서 우리에게 대한 자기의 사랑을 확증하셨느니라"**(롬 5:8). 예수께서 그의 피로써 인류의 죄를 대속하셨지만, 그 효과는 믿는 자들에게만 나타난다. 따라서 예수 이름을 믿는 자만이 하나님의 사랑 안에 들어간다. 하나님의 사랑을 받는 것은 영생을 얻는 것이다.

12) 넷째, 복음의 핵심은 하나님의 나라가 예수의 말씀으로 임하는 것이다. 예수께서 자신을 가리켜 천국이라고 말씀하셨다(마 4:17). 천국은 영적인 세계로서 물질세계와 구별된다. 보이지 아니하는 영적인 세계의 모든 권세가 물질세계의 모든 것을 지배한다. 만물을 창조하신 하나님은 만물을 통치하는 분이므로 자기의 나라를 다스리신다. 하늘나라를 다스리는 분이 육신으로 오셨다는 것은 하나님께서 육신으로 오셨다는 것이다. 그분이 하나님의 아들이신 예수이다. 따라서 예수를 믿는 것은 하나님을 믿는 것이며 예수를 보는 것은 하나님을 보는 것이다. **"예수께서 외쳐 가라사대 나를 믿는 자는 나를 믿는 것이 아니요 나를 보내신 이를 믿는 것이며 나를 보는 자는 나를 보내신 이를 보는 것이니라"**(요 12:45).

13) 예수께서 마귀를 심판하신 뒤에 믿음으로 영생을 얻는 복음을 선포하셨다. 구원이란 마귀의 지배에서 벗어나 하나님의 나라에 들어오는 것이다. 마귀의 지배 아래 있는 모든 자는 마귀의 악한 생각에 따라서 하나님을 대적하기 때문이다. 예수께서 마귀에게 시험을 받으신 뒤에 천국 복음을 전파하시고 많은 이적과 기사를 행하셨다. 이적과 기사는 예수가 하나님의 아들이며 그의 말씀이 하나님의 말씀이

라는 객관적인 증거이다. 성경은 하나님의 아들이 육신으로 임하신 목적을 이렇게 말씀한다. **"죄를 짓는 자는 마귀에게 속하나니 마귀는 처음부터 범죄함이니라 하나님의 아들이 나타나신 것은 마귀의 일을 멸하려 하심이니라"**(요일 3:8). 예수께서 마귀를 심판하시고 복음을 선포하는 것이 하나님의 뜻이다.

(2) 하나님의 나라의 임재
가) 모형으로 임한 하나님의 나라

1) 하나님의 나라란 두 가지로 구분할 수 있다. 첫째, 장소와 공간으로서 하나님의 나라는 낙원과 아버지의 집을 의미한다. 둘째, 이 땅에서 하나님의 나라는 하나님의 말씀이 통치하는 영역으로서 성도의 마음을 의미한다(눅 17:21).129) 구약시대에 하나님의 나라는 모형으로, 신약시대에는 실상으로 임하였다. 하나님의 나라란 만물을 통치하는 권세를 가진 하나님의 아들을 가리킨다. 하나님은 만물의 창조와 만물의 역사에 관한 뜻을 작정하시고 그 뜻의 성취를 아들에게 맡기셨기 때문이다. 아들은 하나님의 뜻대로 만물을 창조하고 모든 것들을 통치하신다. 구약성경을 통하여 계시된 말씀은 만물을 통치하시는 하나님의 아들이 장차 육신으로 오신다는 약속이다. 구약성경에서 장차 오실 하나님의 아들의 권세, 곧 하나님의 나라가 선지자들을 통하여 모형과 그림자로 계시되었다.

2) 창조사역은 만물을 통치하는 권세가 누구에게 있느냐를 계시한다. 만물의 창조자만이 만물을 통치할 수 있기 때문이다. 창세기 1장에서 계시된 창조와 통치 사역의 주체는 하나님의 아들이다. 하나님의 아들은 하나님의 형상이다. 따라서 하나님께서 자기의 형상으로 사람을 창조하심으로 창조자가 아들이라고 밝히셨다(창 1:27). 하나님의 아들은 자기의 형상을 따라서 사람을 창조하셨으므로, 성경은 아들이 만물을 창조하셨다고 말씀한다. **"만물이 그에게 창조되되 하늘과 땅에서 보이는 것들과 보이지 않는 것들과 혹은 보좌들이나 주관들이나 정사들이나 권세들이나 만물이 다 그로 말미암고 그를 위하여 창조되었고"**(골 1:16). 말씀으로 하나님의 품속에 계신 아들은 아버지의 뜻대로 자기를 위하여 만물을 창조하심으로 만물을 통치하는 권세가 자기에게 있음을 선포하셨다.

3) 하나님의 형상으로 지음을 받은 사람은 땅을 정복하고 모든 생물을 다스리는 권세를 받았다(창 1:28). 이 명령에 따라서 사람은 땅을 정복함으로 문명을 건설하고 모든 생물을 다스린다. 하나님의 형상으로서 사람이 모든 생물을 통치하는 것은 만물을 통치하는 하나님 아들의 권세를 모형으로 보여준다. 하나님의 아들은 창조질서로 만물을, 말씀으로 사람을 통치하신다. 사람과 천사를 제외한 만물은 창조질서에 따라서 기계적으로 움직인다. 모든 행성은 정해진 궤도를 따라서 이동하며,

---

129) K.L. Shmidt, "βασιλεία," ed. Gerhard Kittel and Gerhard Friedrich, op. cit. p. 110~112.

모든 동물은 본능에 따라서 기계적으로 살아간다. 사람은 인격의 판단으로 하나님 아들의 말씀을 순종함으로 살아간다.

4) 하나님 아들의 말씀이 사람에게 선악과 계명, 칭의 언약 및 율법으로 주어졌다. 선악과 계명은 하나님 아들의 주권을 계시하는 언약이다. 선을 앎으로 생명을 체험하고 악을 앎으로 사망을 체험하는 것은 자신의 의지로 생명과 사망을 결정하는 것을 의미한다. 창조주이신 하나님의 아들만이 자기의 의지로 생명과 사망을 결정하신다(요 10:17,18). 하나님의 아들은 인류의 죄를 짊어지심으로 사망을 체험하셨고 부활하심으로 생명을 체험하셨다. 하나님의 아들은 자신의 의지로 생명과 사망을 결정하신다. 자기의 의지로 사망과 생명을 결정한다는 것은 자기의 의지로 만물을 심판하는 것을 의미한다. 곧 하나님의 아들은 만물을 심판하신다. 선악과 계명은 만물을 통치하는 권세가 아들에게 있음을 선포한 말씀이다. 동시에 그 계명은 만물이 아들에 의하여 창조된 것을 선포한 말씀이다. 선악과 계명을 통하여 자기의 의지로 생명과 사망을 결정하는 하나님의 아들의 권세가 모형으로 임하였다.

5) 칭의 언약은 믿음으로 의롭다 함을 받는 언약이다(창 15:6). 칭의 언약은 선악과 계명을 다시 확인하는 것이다. 하나님의 아들은 자기의 의지로 생명과 사망을 결정하시는 분으로 만물의 통치자이다. 하나님의 아들을 믿는 것은 생명과 사망을 통치자의 의지에 맡기는 것이다. 하나님의 아들은 자기에게 생명과 사망을 맡긴 자들을 의롭다고 선언하셨다. 아브라함은 자기와 가족 그리고 자기를 따르는 자들의 생명과 사망을 하나님의 아들에게 맡기고 하란을 떠나 지시하심을 받은 땅으로 나아갔다. 따라서 하나님의 아들은 아브라함의 믿음을 의로 여기셨다. 칭의 언약에서 믿음의 대상을 명확하게 하는 장차 오실 그리스도의 언약이 아브라함에게 주어졌다(창 22:17,18). 칭의 언약을 통하여 믿는 자들을 의롭다 하시는 하나님의 아들의 권세가 모형으로 임하였다.

6) 율법은 정죄하는 언약이다. 율법은 아담 안에서 모든 사람을 정죄하여 죄를 깨닫게 한 뒤에 죄인을 장차 오실 그리스도께로 인도한다. 율법은 의와 공의로 만물을 통치하는 하늘 보좌의 기초이다. **"의와 공의가 주의 보좌의 기초라 인자함과 진실함이 주를 앞서 행하나이다"** (시 89:14). 하나님은 율법으로 자신의 죄를 깨닫고 장차 오실 그리스도를 믿는 자를 칭의 언약에 따라서 의롭다고 선언하고 그들이 죄를 인정하지 아니하셨다. 성경은 이것이 복이라고 말씀한다. **"그 불법을 사하심을 받고 그 죄를 가리우심을 받는 자는 복이 있고 주께서 그 죄를 인정치 아니하실 사람은 복이 있도다함과 같으니라"** (롬 4:7,8).

7) 율법은 믿음으로 의롭다 함을 받지 못한 모든 사람을 행위대로 심판한다. 율법은 온전히 순종하지 아니하는 자를 더럽다고, 순종하는 자를 거룩하다고 선언한다. 율법은 의롭다 함을 받지 못한 자들의 지배 아래 있는 모든 것들은 저주를 받았으며 더럽다고 선언한다.[130] 그러나 율법은 믿음으로 의롭다 함을 받은 자들의

통치 아래 있는 모든 것들을 거룩하다고 선언한다. 곧 하나님의 아들은 창조질서와 율법을 통하여 만물을 통치하신다. 만물을 통치하시는 하나님의 아들의 권세가 율법을 통하여 모형으로 임하였다. 선악과 계명, 칭의 언약 및 율법을 통하여 만물을 통치하는 하나님의 나라가 모형으로 임하였다.

8) 출애굽과 광야 생활은 하나님의 나라가 모형으로 임한 것을 보여주는 대표적인 사례이다. 하나님의 아들은 믿지 아니하는 자들을 불의하다고, 불순종하는 자들을 더럽다고 선포하는 권세를 출애굽과정에서 모세를 통하여 모형으로 보이셨다. 하나님의 아들은 그의 말씀을 믿지 아니하는 바로와 애굽 사람들을 불의하다고 선포하고 그들의 모든 초태생을 심판하셨다. 그러나 하나님의 아들은 자기를 믿는 이스라엘 백성을 의롭다고 선언하고 그들을 애굽에서 인도하여 내셨다. 광야에서 하나님의 아들은 자기를 믿지 아니하는 자들을 불의하다고 선언하고 그들을 멸하셨다. 그러나 아들은 믿는 자들을 의롭다고 선언하고 그들을 가나안땅으로 인도하여 들어가게 하셨다. 장차 오실 그리스도의 왕권이 출애굽을 통하여 모형으로 계시되었다.

9) 이사야 선지자는 장차 다윗의 후손으로 오실 그리스도께서 의와 공으로 만물을 통치하실 것이라고 예언하였다. "**이는 한 아기가 우리에게 났고 한 아들을 우리에게 주신바 되었는데 그 어깨에는 정사를 메었고 그 이름은 기묘자라, 모사라, 전능하신 하나님이라, 영존하시는 아버지라, 평강의 왕이라 할 것임이라 그 정사와 평강의 더함이 무궁하며 또 다윗의 위에 앉아서 그 나라를 굳게 세우고 지금 이후 영원토록 공평과 정의로 그것을 보존하실 것이라 만군의 여호와의 열심이 이를 이루시리라**" (사 9:6~7). "전능하신 하나님이라, 영존하시는 아버지라, 평강의 왕이라"란 장차 하나님의 아들이 육신으로 임하실 것을 의미한다. 장차 오실 그리스도는 육신으로 임하신 하나님의 아들로서 공평과 정의로 만물을 통치하실 것이다. 곧 선악과 계명, 칭의 언약 및 율법을 통하여 모형으로 임한 하늘나라가 그리스도를 통하여 실상으로 임할 것이다.

10) 요엘 선지자는 장차 육신으로 임하실 그리스도의 날은 크고 무서운 날이라고 예언하였다. "**여호와의 크고 두려운 날이 이르기 전에 해가 어두워지고 달이 핏빛 같이 변하려니와**" (욜 2:31). "여호와의 크고 두려운 날"이란 장차 육신으로 임하실 그리스도의 날을 의미한다. 예수께서 육신으로 임하셔서 음부의 권세인 마귀를 심판하고 인류의 죄를 대속하실 날은 인류 역사상 가장 크고 두려운 하나님의 날이다. 이 말씀은 모형과 그림자로 임한 하나님의 나라가 실상으로 임한다는 것을 예언한 말씀이다. 하나님의 나라가 임하기 전에 선지자 엘리야가 와서 그리스도의 길을 준비할 것이다. "**보라 여호와의 크고 두려운 날이 이르기 전에 내가 선지 엘**

---

130) 율법은 이방신전과 그 안에 있는 모든 것들을 더럽다고 선언한다. 율법은 산당을 헐고 우상을 불사르라고 명령한다. 불의한 자들의 지배 아래 있는 모든 것들은 더럽다.

리야를 너희에게 보내리니"(말 4:5).

11) 구약시대에는 하나님의 아들이 직접 임하셔서 만물을 통치하는 권세를 보이지 아니하셨다. 통치자로 계시된 여호와 하나님은 하나님의 아들의 모형이다. 구약시대에는 하나님의 아들의 모형인 여호와 하나님을 통하여 하나님의 나라가 모형으로 임하였다. 하나님의 아들의 모형인 여호와 하나님을 통하여 하나님 나라의 권세를 보이셨으므로, 구약시대에는 하나님의 나라가 모형으로 임하였다고 한다. 선지자들은 하나님 아들의 권세를 모형으로 보여주었다. 그러나 세례 요한은 모형으로 보여주던 '하나님의 나라가 실상으로 임하셨다'라고 선언함으로 마지막 선지자로서의 사명을 다하고 생을 마감하였다.

나) 실상으로 임한 하나님의 나라

1) 태초에 하나님과 함께 계신 말씀이 육신으로 임하셨다. 그 말씀으로 만물이 창조되었고, 만물이 그 말씀에 따라서 통치를 받고 있다. 태초에 하나님과 함께 계신 말씀이 육신으로 임하셨다는 것은 하나님의 아들 안에 만물을 통치하는 말씀이 있다는 것을 의미한다. 곧 예수께서 만물을 통치하는 권세를 가지고 오셨다. 따라서 예수는 하늘나라의 왕이다. 세례 요한이 선포한 천국은 예수를 의미한다. 예수 안에 있는 만물을 통치하는 권세가 그의 말씀을 통하여 계시되고 있다.

2) 하늘에는 아들을 위하여 준비된 보좌가 있다. 하나님은 아들을 위하여 보좌를 준비하셨다고 성경은 말씀한다. **"아들에 관하여는 하나님이여 주의 보좌가 영영하며 주의 나라의 홀은 공평한 홀이니이다"**(히 1:8). 하늘 보좌는 장소와 공간이므로 육신으로 임하신 아들을 위한 것이다. 공간과 장소를 초월하여 영광 가운데 스스로 계신 하나님께 보좌는 필요치 아니하기 때문이다. 창조 이후 하나님의 아들이 부활하여 승천하기 전까지 그 보좌는 비어있었다. 그러나 하나님의 아들이 육신으로 임하시기 전에 그 보좌로부터 만물을 통치하는 하나님의 말씀이 나왔으며, 천사들은 그 말씀을 선지자들에게 전하였다. 보좌로부터 의와 공의로 만물을 통치하는 율법이 천사에게 하달되었고 그 천사를 통하여 모세에게 전하여졌다. **"그런즉 율법은 무엇이냐 범법함을 인하여 더한 것이라 천사들로 말미암아 중보의 손을 빌어 베푸신 것인데 약속하신 자손이 오시기까지 있을 것이라"**(갈 3:19).

3) 하나님의 아들이 육신으로 임하셨으므로 하늘 보좌가 하늘에서 땅으로 옮겨졌다. 하늘 보좌에서 나오던 하나님의 말씀이 하나님의 아들을 통하여 직접 선포되었다. 선악과 계명을 통하여 모형으로 계시된 하나님의 나라가 아들을 통하여 실상으로 임하였다. 자기의 의지로 생명과 사망을 결정하는 하나님 아들의 주권이 음부의 권세인 마귀를 심판하는 권세로 나타났다. 이로써 (창 3:15)의 예언의 말씀이 성취되었다. 여자의 후손으로 오신 하나님의 아들이 뱀과 그의 후손들을 심판하셨다. 하나님의 아들은 자기의 의지로 마귀를 정죄하시고 그에게 지옥의 형벌을 선고

하였다(마 4:10, 요 12:31). (창 3:15)의 말씀에 따라서 모형으로 임한 하나님의 나라가 (마 4:10)에 의하여 실상으로 임하였다.

4) 마귀가 심판을 받음으로 그의 지배 아래 있는 모든 악한 영들과 사람들은 동시에 정죄를 받았다. 아담이 타락한 이후 모든 사람은 마귀의 지배 아래 있었으므로, 하나님의 아들은 마귀를 정죄하심으로 모든 사람을 심판하셨다. 이제 남은 일은 칭의 언약에 따라서 믿는 자들을 의롭다고 선언하는 것이다. 하나님은 아들을 믿는 자들을 의롭다 하심으로 자기의 의지로 사람의 생명과 사망을 결정하셨다. 하나님의 아들은 믿는 자들은 생명을 얻었지만 믿지 아니하는 자들은 사망에 이르게 되었다고 선포하셨다. 곧 하나님의 아들은 믿는 자들에게 구원을, 믿지 아니하는 자들에게 심판을 선포하셨다. "**저를 믿는 자는 심판을 받지 아니하는 것이요 믿지 아니하는 자는 하나님의 독생자의 이름을 믿지 아니하므로 벌써 심판을 받은 것이니라**"(요 3:18).

5) 칭의 언약은 마귀의 지배 아래 있는 모든 사람이 죄인이라는 것을 전제로 한다. 마귀의 지배 아래 있는 자가 믿으면 의롭다 함을 얻는다. 하나님의 아들은 마귀의 지배 아래서 죄의 저주로 인한 질병으로 고통을 받는 자들의 믿음을 의롭다고 선언하시고 그들의 질병을 고치셨다. "**예수께서 돌이켜 그를 보시며 가라사대 딸아 안심하라 네 믿음이 너를 구원하였다 하시니 여자가 그 시로 구원을 받으니라**"(마 9:22). "네 믿음이 너를 구원하였다"란 믿음으로 의롭다 함을 받음으로 질병의 원인인 죄를 용서받고 죄로부터 온 질병이 치료되었다는 것을 의미한다. 아브라함에게 칭의 언약을 통하여 하나님의 나라가 모형으로 임하였으므로, 믿음으로 의롭다 함을 받은 복이 그림자로 계시되었다. 따라서 아브라함과 이삭과 야곱은 믿음으로 의롭다 함을 받는 복은 모형이다. 그러나 하나님의 아들을 통하여 믿음으로 의롭다 함을 받는 것은 자범죄를 용서받고 동시에 질병이 치료받는 실상이다.

6) 율법은 모든 사람을 정죄하여 하나님의 심판 아래 가둔 다음 장차 오실 그리스도를 믿는 믿음으로 인도하였고, 칭의 언약은 그 믿음을 의롭다고 선언하였다. 이것은 하나님의 아들을 통하여 임하게 될 하나님의 나라를 모형으로 보여준다. 율법에 따라서 정죄 받는 죄의 실상이란 예수 이름을 믿지 아니하는 것이다. 율법에 따라서 정죄 받는 죄는 예수 이름을 믿지 아니하는 죄의 모형이다. 곧 예수 이름을 믿지 아니하는 죄는 죄의 실상이다. "**죄에 대하여라 함은 저희가 나를 믿지 아니함이요**"(요 16:9). 율법에 따라서 계시된 심판이란 세상 임금인 마귀가 정죄 받은 것을 모형으로 보여준다. "**심판에 대하여라 함은 이 세상 임금이 심판을 받았음이니라**"(요 16:11). 장차 오실 그리스도를 믿음으로 계시된 의란 모형이며, 승천하신 예수를 다시 보지 못하는 것은 의의 실상이다. "**의에 대하여라 함은 내가 아버지께로 가니 너희가 다시 나를 보지 못함이요**"(요 16:10). 그 이유를 살펴보자.

7) 하나님의 아들을 통하여 실상으로 임한 하나님의 나라는 예수 이름을 믿지

아니하는 것을 죄로 선언한다. 그 이유는 모든 죄가 하나님의 아들을 믿지 아니하는 죄로부터 시작한다는 것을 의미한다. 하나님의 아들을 믿지 아니하는 것은 죄의 실상이고, 율법에 따라서 정죄 받는 죄는 모형이다.[131] 아담은 생명과 사망을 자기의 의지로 결정하는 하나님 아들의 주권을 믿지 아니함으로 타락하였다. 곧 아담은 하나님의 아들을 믿지 아니함으로 타락하였다. 모든 자범죄는 아담의 원죄로부터 파생된다. 따라서 성경은 아담 안에서 모든 사람이 하나님의 아들을 믿지 아니함으로 율법과 양심에 의하여 정죄 받는 죄를 범하고 있다고 말씀한다. **"이러므로 한 사람으로 말미암아 죄가 세상에 들어오고 죄로 말미암아 사망이 왔나니 이와 같이 모든 사람이 죄를 지었으므로 사망이 모든 사람에게 이르렀느니라" (롬 5:12).**

8) 하나님의 아들을 통하여 실상으로 임한 하나님의 나라는 세상 임금이 받은 심판을 심판의 실상이라고 선언한다. 마귀가 받은 심판을 심판의 실상으로 삼는 것은 하늘에서 타락한 천사의 죄를 모든 죄의 기원으로 보기 때문이다. 하늘에서 하나님의 이름을 찬양하던 천사들이 타락하였으므로 영원한 결박으로 음부에 갇혔다. 타락한 천사가 아담을 미혹하여 범죄하게 하였다. 따라서 하나님의 아들이 죄인을 심판하려면 먼저 타락한 천사를 심판하셔야 한다. 하나님의 아들은 마귀를 심판하심으로 마귀의 지배 아래 있는 모든 자를 정죄하셨다. 예수 이름을 믿지 아니하는 죄인이란 마귀의 지배 아래 있는 자를 말한다. **"죄를 짓는 자는 마귀에게 속하나니 마귀는 처음부터 범죄함이니라 하나님의 아들이 나타나신 것은 마귀의 일을 멸하려 하심이니라" (요일 3:8).** "마귀의 일을 멸하다"란 예수께서 마귀를 심판하심으로 죄인을 지배하는 권세를 박탈한 것을 의미한다.

9) 하나님의 아들은 마귀의 지배 아래 있는 모든 자를 죄인으로 심판하신다. 따라서 마귀의 지배에서 벗어나는 것이 구원이라고 해석할 수 있다. 출애굽은 이것을 모형으로 보여준다. 이스라엘 백성이 유월절 어린양의 피를 문의 인방과 좌우 설주에 바르므로 애굽의 모든 초태생을 심판하는 사자로부터 구원을 받고 애굽에서 나왔다. 그들은 애굽에서 광야로 나옴으로써, 바로의 지배에서 벗어나 자유를 얻었다. 이것은 구원의 모형이다. 이처럼 예수 이름을 믿음으로 마귀의 지배에서 벗어나 자유를 얻는 것이 죄로부터 구원을 받는 것이다. 하나님의 아들이 음부의 권세를 심판하심으로 죄인이 구원을 받을 수 있는 길이 열리게 되었다.

10) 하나님의 아들은 자신의 승천이 하나님의 의(righteousness)라고 선포하셨다. 하나님의 의란 약속을 지키는 것이다. 구약성경의 모든 하나님의 예언이 아들의 죽음으로 성취되었다. 하나님의 의가 아들의 피로 나타났다. 이에 대한 객관적인 증거는 아들의 부활이다. 예수의 피가 인류의 죄를 대속하고 마귀를 심판하려면, 예수는 육신으로 임하신 하나님의 아들이셔야 한다. 이 증거는 부활이다. 예수

---

[131] 졸저, 상게서, 4.3.2.(3) 참조

가 부활하셨다는 증거는 승천이다. 예수께서 승천하셨다는 증거는 믿는 자들이 성령을 받는 것이다. **"하나님이 오른손으로 예수를 높이시매 그가 약속하신 성령을 아버지께 받아서 너희 보고 듣는 이것을 부어 주셨느니라"**(행 2:33).

10) 예수의 피가 하나님의 의로움이다. 예수께서 하나님의 의를 자신의 피라고 선언하심으로 그의 이름을 믿는 자들이 그의 피를 통하여 의롭다 함을 받을 수 있다. **"그러면 이제 우리가 그 피를 인하여 의롭다 하심을 얻었은즉 더욱 그로 말미암아 진노하심에서 구원을 얻을 것이니"**(롬 5:9). 구약성경의 모든 예언이 예수의 피로 성취되었다면 복음 역시 그의 피로 반드시 성취될 것이다. 따라서 하나님의 아들은 자기의 피가 복음의 성취를 보증한다고 선포하셨다. **"저녁 먹은 후에 잔도 이와 같이 하여 가라사대 이 잔은 내 피로 세우는 새 언약이니 곧 너희를 위하여 붓는 것이라"**(눅 22:20).

11) 하나님의 아들이 만물을 통치하는 기준으로서 심판과 죄와 의를 선포하셨다. 이로써 선악과 계명, 칭의 언약 및 율법을 통하여 모형으로 임하였던 하나님의 나라가 하나님의 아들을 통하여 실상으로 임하였다. 율법을 통하여 모형으로 계시된 심판은 마귀의 심판을 통하여 실상으로 나타났다. 율법을 통하여 모형으로 계시된 죄는 예수 이름을 믿지 아니하는 죄를 통하여 실상으로 나타났다. 칭의 언약을 통하여 모형으로 계시된 하나님의 의는 예수의 피를 통하여 실상으로 나타났다. 예수 그리스도는 하나님의 아들이며 만물을 통치하는 왕이시다.

(3) 이해를 위한 질문

1) 마귀의 심판과 복음의 선포
a. 그리스도 이전 선지자들이 믿음으로 얻는 구원을 선포하지 못한 이유는 무엇인가.
b. 예수께서 마귀를 심판하신 뒤에 비로소 복음을 선포하신 이유는 무엇인가.
c. 이스라엘 백성을 미혹하여 우상을 숭배하게 한 이방인들에 대한 받은 심판이 마귀의 심판을 모형으로 보여주는 이유는 무엇인가.
d. 예수 이름을 믿으면 구원을 얻는 이유는 무엇인가(요 3:16).
e. 마귀의 지배에서 벗어나는 것이 죄로부터 구원을 받는 것인 이유는 무엇인가(요일 3:8).

2) 모형으로 임한 하나님의 나라
a. 만물을 창조하신 분만이 만물을 통치할 수 있는 이유는 무엇인가(히 1:2,3).
b. 하나님의 아들이 만물을 창조하였다는 증거는 무엇인가(골 1:16).
c. 선악과 계명을 통하여 어떻게 하나님의 나라가 임하였는가(창 3:5,22).
c. 칭의 언약을 통하여 어떻게 하나님의 나라가 임하였는가(창 15:6).
e. 율법을 통하여 어떻게 하나님의 나라가 임하였는가.

  f. 출애굽을 통하여 하나님의 나라가 모형으로 임한 이유는 무엇인가.
3) 실상으로 임한 하나님의 나라
  a. 하늘 보좌가 아들을 위하여 예비된 이유는 무엇인가(히 1:8).
  b. 하나님의 아들이 육신으로 임하심으로 하늘 보좌가 지상으로 옮겨진 이유는 무엇인가
  c. 예수 이름을 믿지 아니하는 것이 죄의 실상인 이유는 무엇인가(요 16:9).
  d. 마귀의 심판이 심판의 실상인 이유는 무엇인가(요일 3:8, 요 16:8).
  e. 예수의 의의 실상인 이유는 무엇인가(요 16:10).

3. 하나님의 아들과 율법의 완성
(1) 하나님의 아들과 율법
 1) 아담의 타락으로 모든 사람이 마귀의 지배 아래 있을 때, 하나님은 율법으로 세상을 통치하셨다. 율법은 마귀의 지배 아래 있는 모든 자를 정죄하여 하나님의 심판 아래 가두었다. 하나님의 아들이 세상 임금인 마귀를 심판하시고 그의 권세를 박탈하셨으므로, 마귀의 지배 아래 있는 자들을 통치하는 법은 폐지되었다. 세상 임금이 심판을 받음과 동시에 율법은 폐지되었고, 만물을 다스리는 하나님의 아들의 법, 곧 복음이 선포되었다. 세상 임금이었던 마귀는 심판을 받아 그의 권세를 박탈당하였으므로 율법은 폐지되었고, 하늘나라의 왕이 오셨으므로 새로운 법, 곧 복음이 선포되었다.

 2) 예수께서 천국 복음을 선포하심으로 첫 언약인 율법을 완성하셨다. 율법과 복음은 구원을 위한 하나의 틀 속에서 다루어야 한다. 율법은 행위로 구원을 얻는 언약이 아니라 장차 올 복음의 그림자이며 복음을 준비하는 언약이다. 예수께서 복음을 선포하신 것은 율법의 요구를 완성하신 것이다. 율법의 요구는 세 가지로 구분할 수 있다. 첫째, 율법은 사람에게 죄를 아는 겸손을 요구한다. 율법으로 죄를 깨닫는 자는 겸손히 하나님의 말씀 앞에 무릎을 꿇는다. 둘째, 율법은 죄인에게 장차 오실 그리스도를 믿는 믿음을 요구한다. 셋째, 율법은 거룩한 피에 의한 속죄를 요구한다. 복음은 율법의 요구를 이루는 언약이다.

 2) 첫째, 율법은 사람에게 죄를 깨닫게 한다. 신학자들은 율법을 행위언약, 복음을 은혜언약이라고 정의함으로 율법과 복음을 완전히 분리하여 별개의 언약으로 다루고 있다. 율법이 행위로 의롭다 함을 얻는 언약이라고 정의하면, 하나님은 사람에게 불가능한 것을 요구하시는 분이다. 율법의 행위로 의롭다 함을 얻을 육체가 없기 때문이다(롬 3:20). 율법은 죄를 깨닫게 하는 언약이며 이를 행함으로 구원을 얻는 언약이 아니다. 하나님께서 사람에게 율법의 행위를 요구한다고 생각한다면 하나님을 부당한 분으로 인정하는 것이다. 하나님은 사람에게 순종하지 못할 율법의 순종을 요구하시는 분은 아니다.

3) 율법의 행위로 의롭다 함을 얻었다고 믿은 바리새인들과 서기관들은 복음을 받아드리지 아니하였으므로 구원을 얻을 기회를 잃어버리고 버림을 받았다. 하나님의 아들이 직접 그들에게 복음을 증거하셨지만, 그들은 믿지 아니하고 율법의 행위를 따라가다가 부딪치는 돌에 걸려 넘어졌다. **"어찌 그러하뇨 이는 저희가 믿음에 의지하지 않고 행위에 의지함이라 부딪힐 돌에 부딪혔느니라"** (롬 9:32). "부딪칠 돌"이란 예수의 복음을 의미한다. 사도 시대에 유대인들은 율법의 행위로 의롭다 함을 받으려고 하였으므로 버림을 받았고, 복음은 이방인에게로 돌아갔다. 지금도 이스라엘은 율법의 행위를 따라가고 있으므로 복음을 받아드리지 아니하고 있다.

4) 예수께서 율법을 완전하게 하셨다. **"내가 율법이나 선지자나 폐하러 온 줄로 생각지 말라 폐하러 온 것이 아니요 완전케 하려 함이로라"** (마 5:17). "율법을 완전케 하다"란 율법으로 탐심을 정죄하는 것이다. 유대인들은 탐심을 죄로 여기지 아니하였다. 율법에 따라서 정죄 받는 죄는 두 명 이상의 증인을 요구하기 때문이다(신 17:6). 탐심에 대하여 증인이 없으므로 유대인들은 탐심을 죄로 여기 아니하였다. 그러나 예수께서 탐심이 죄라고 선언하셨다. **"나는 너희에게 이르노니 여자를 보고 음욕을 품는 자마다 마음에 이미 간음하였느니라"** (마 5:28). "음욕"이란 탐심을 말한다. 음욕과 간음은 같은 죄다. 성경은 미워하는 것은 살인이라고 말씀한다.[132] **"그 형제를 미워하는 자마다 살인하는 자니 살인하는 자마다 영생이 그 속에 거하지 아니하는 것을 너희가 아는 바라"** (요일 3:15).

5) 둘째, 율법은 장차 오실 그리스도에 대한 믿음을 요구한다. 율법은 사람에게 죄를 깨닫게 한 뒤에 장차 오실 그리스도에 대한 믿음을 요구한다. 율법으로 죄를 깨닫게 한 뒤에 이에 대한 해결책을 제시하지 않으면 율법은 무용지물이 된다. 하나님은 율법으로 사람에게 죄를 깨닫게 하신 뒤에 자신만이 그 죄를 용서하신다는 것을 계시하셨다. **"무수한 재앙이 나를 둘러싸고 나의 죄악이 내게 미치므로 우러러 볼 수도 없으며 죄가 나의 머리털보다 많으므로 내 마음이 사라졌음이니이다. 여호와여 은총을 베푸사 나를 구원하소서 여호와여 속히 나를 도우소서"** (시 40:12,13). 이 말씀은 율법으로 죄를 깨닫고 구원을 사모하는 자에게 은혜를 베푸시는 하나님 아들의 존재를 의미한다. 율법은 인류의 죄의 문제를 제시하고 장차 오실 그리스도 안에서 죄의 문제가 해결될 것을 계시한다.

6) 이스라엘의 죄를 용서하실 여호와 하나님은 장차 오실 그리스도의 모형이다. (시 40:12,13)의 말씀은 아브라함이 받은 칭의 언약과 장차 오실 그리스도의 언약에 기초하고 있다(창 22:17,18). 천하 만민이 믿음으로 장차 아브라함의 후손으로

---

132) 요한복음 8장에서 간음한 여자에 관한 말씀은 율법에 따라서 정죄 받는 탐심, 곧 음욕을 보여준다. 예수께서 죄가 없는 자가 먼저 간음한 여자를 돌로 치라고 말씀하셨을 때, 여자를 고소한 바리새인들은 죄를 깨닫고 그 자리를 피하였다(요 8:3~9). 탐심이 예수 그리스도 앞에서 죄로 드러난다.

오실 그리스도를 통하여 죄를 용서받고 복을 받을 것이다. 다윗은 장차 오실 그리스도께서 그의 죄를 용서하실 하나님의 은혜를 구하였다. 따라서 율법은 장차 오실 그리스도에 대한 믿음을 요구한다고 성경은 말씀한다. **"이같이 율법이 우리를 그리스도에게로 인도하는 몽학선생이 되어 우리로 하여금 믿음으로 말미암아 의롭다 함을 얻게 하려 함이니라"** (갈 3:24). 율법이 사람을 정죄하여 죄를 깨닫게 한 뒤에 죄인에게 그 죄를 용서하실 그리스도에 대한 믿음을 요구한다는 것이 복음으로 명확하게 되었다. **"영접하는 자 곧 그 이름을 믿는 자들에게는 하나님의 자녀가 되는 권세를 주셨으니"** (요 1:12).

7) 셋째, 율법은 죄인에게 피에 의한 속죄를 요구한다. 율법은 죄인에게 죽음이냐 아니면 피에 의한 속죄이냐의 선택을 욕구한다. 율법은 반드시 죄인에게 죽음을 요구한다. **"죄의 삯은 사망이요 하나님의 은사는 그리스도 예수 우리 주 안에 있는 영생이니라"** (롬 6:23). "죄의 삯은 사망이요"란 죄인은 반드시 죽는다는 것을 의미한다. "사망"이란 율법을 범한 자의 영혼이 죽는다는 것을 의미한다. **"모든 영혼이 다 내게 속한지라 아비의 영혼이 내게 속함 같이 아들의 영혼도 내게 속하였나니 범죄하는 그 영혼이 죽으리라"** (겔 18:4). 사람의 육체는 죄와 무관하게 정해진 때가 되면 죽어서 흙으로 돌아간다(히 9:27). 육체와 영혼이 분리된 뒤에 죄인의 영혼은 음부로 들어간다. 죽은 자의 영혼이 음부로 들어가느냐 아니면 낙원으로 들어가느냐의 여부는 율법에 따라서 정죄 받는 죄의 유무에 의하여 결정된다. '죄의 삯은 사망'이란 사후에 죄인의 영혼이 음부로 들어간다는 것을 의미한다.

(8) 율법은 죄인에게 거룩한 피에 의한 속죄를 요구한다. 성전의 제사는 이것을 모형으로 주었다. 하나님은 소와 염소와 양을 거룩하게 구별하시고 그들의 피로 율법에 따라서 정죄 받는 육체의 죄를 대속하게 하셨다. 율법은 육체의 예법으로서 육체와 인격을 정죄한다. **"이런 것은 먹고 마시는 것과 여러 가지 씻는 것과 함께 육체의 예법만 되어 개혁할 때까지 맡겨 둔 것이니라"** (히 9:10). 사람이 율법에 따라서 정죄 받아 육체가 죽으면 그 영혼은 음부로 들어간다. 그러나 성전에서 드리는 소와 염소와 양의 피로 속죄를 받으면 그 영혼은 음부의 권세를 벗어나 낙원으로 들어간다. 성전의 제사는 장차 오실 그리스도의 피에 의한 속죄의 제사를 모형으로 보여주었다.

9) 율법은 모든 사람을 정죄하여 하나님의 심판 아래 가두고 죄인에게 죽음이냐 아니면 거룩한 피에 의한 속죄냐를 요구한다. **"육체의 생명은 피에 있음이라 내가 이 피를 너희에게 주어 단에 뿌려 너희의 생명을 위하여 속하게 하였나니 생명이 피에 있으므로 피가 죄를 속하느니라"** (레 17:11). 율법에 따라서 정죄 받은 육체가 심판에서 벗어나 살려면 거룩한 육체가 죽음으로 피를 흘려야 한다. 사람은 육체가 연약하여 율법을 온전히 순종할 수 없으므로, 모든 사람의 육체는 죄로 인하여 더럽혀졌다. 따라서 율법은 사람을 속죄의 제물로 드리지 말라고 명령한다.[133]

"그 아들이나 딸을 불 가운데로 지나게 하는 자나 복술자나 길흉을 말하는 자나 요술하는 자나 무당이나"(신 18:10).

10) 하나님은 아브라함에게 이삭을 번제로 드리라고 명령하셨다(창 22:2). 이것은 장차 오실 그리스도께서 속죄 재물로 드려질 것을 모형으로 보여준 것이며, 이삭의 피가 인류의 죄를 대속한다는 것은 아니다. 따라서 아브라함은 이삭을 위하여 어린양이 준비될 것을 알았다. "아브라함이 가로되 아들아 번제할 어린양은 하나님이 자기를 위하여 친히 준비하시리라 하고 두 사람이 함께 나아가서"(창 22:8). 하나님은 인류의 죄를 대속하기 위한 어린양으로 그리스도를 준비하셨다. "이튿날 요한이 예수께서 자기에게 나아오심을 보고 가로되 보라 세상 죄를 지고 가는 하나님의 어린양이로다"(요 1:29). 예수께서 세례 요한에게 세례를 받음으로 인류의 죄를 짊어지시고 십자가에서 속죄의 피를 흘리셨다. 이로써 율법의 모든 요구가 완성되었다.134)

11) 율법의 모든 요구는 예수의 피에 의하여 성취되었다. 성경은 이렇게 말씀한다. "그리스도는 모든 믿는 자에게 의를 이루기 위하여 율법의 마침이 되시니라"(롬 10:4). "율법의 마침"이란 율법의 요구와 예언이 예수의 말씀과 사역을 통하여 성취되었다는 것을 의미한다. 하나님은 율법과 선지자들을 통하여 창세전에 예정하신 뜻의 성취를 예언하셨고, 예수께서 그의 피로써 모든 예언을 성취하셨다. 율법이 요구하는 심판과 속죄가 예수의 피로 성취되었다. 예수께서 마귀와 그의 지배 아래 있는 모든 자를 심판하고 이것을 그의 피로 확정하셨다. 예수께서 율법의 모든 요구가 성취되었음을 선포하는 것이 복음이다. 복음은 예수를 통하여 하나님의 모든 예언이 성취되었음을 선포한다. 따라서 복음에는 하나님의 의가 나타난다고 성경은 말씀한다. "복음에는 하나님의 의가 나타나서 믿음으로 믿음에 이르게 하나니 기록된바 오직 의인은 믿음으로 말미암아 살리라 함과 같으니라"(롬 1:17). 예수의 피는 하나님의 의로움(righteousness)이다.

12) 율법이 최종적으로 요구하는 것은 예수의 피에 의한 속죄, 곧 하나님의 사랑이다. 예수의 피를 통하여 인류의 모든 죄를 속하는 것이 하나님의 사랑이다. "우리가 아직 죄인 되었을 때에 그리스도께서 우리를 위하여 죽으심으로 하나님께서 우리에게 대한 자기의 사랑을 확증하셨느니라"(롬 5:8). 따라서 복음이란 율법에 예수의 피에 의한 사랑을 더한 것이라고 말할 수 있다. 새 언약인 복음의 핵심은 인류의 죄를 속하는 하나님 아들의 피에 의한 사랑이며(요 13:34), 그 사랑은 율법의 완성이다. "사랑은 이웃에게 악을 행치 아니하나니 그러므로 사랑은 율법의 완성이니라"(롬 13:10).

---

133) 사사로 택함을 받은 '입다'는 율법을 알지 못하고 경솔하게 딸을 번제물로 드리겠다고 서원하였다(삿 11:30). '입다'는 잘못 서원함으로 그의 무남독녀를 번제로 드렸다.
134) 예수의 피와 율법의 욕구에 대하여, 졸저, 상게서, 4.4.1 참조

(2) 정죄하는 기능과 율법의 완성

1) 예수께서 율법의 요구를 이루심으로 율법을 완성하셨다. 따라서 우리는 율법의 역할이 끝났다고 오해할 수 있다. 예수께서 십자가에서 피를 흘리심으로 속죄의 의식, 절기와 안식일, 먹고 마시는 것에 대한 규례가 폐지되었다.[135] 속죄의식인 제사와 성전에 관한 규례, 유월절과 오순절과 초막절과 안식일에 관한 규례, 먹고 마시는 것에 대한 규례 및 할례는 폐지되었다. 그러나 사람을 정죄하는 율법의 역할은 폐지되지 아니하였다. 율법은 모든 사람을 행위대로 판단하여 죄를 깨닫게 한다. 율법은 그리스도 예수 안에 있던 마귀의 지배 아래 있던 모든 사람의 행위를 판단하여 죄를 깨닫게 한다. 그러나 율법은 그리스도 예수 안에 있는 자들을 정죄하지 못한다. 그리스도 예수 안에 있는 자들은 율법에 따라서 죄를 깨닫지만, 율법은 성도들을 정죄하지 못한다. 그러나 율법은 마귀의 지배 아래 있는 자들을 정죄한다. 율법이 만민을 통치하는 법이라고 착각할 수 있으나, 예수께서 율법을 폐하시고 복음으로 세계를 통치하신다.

2) 하나님께서 율법을 주신 목적은 사람으로 죄를 깨닫게 하여 그리스도에 대한 믿음으로 인도하기 위함이다. 따라서 정죄하는 율법의 역할은 종말까지 계속된다. 율법은 이스라엘 백성을 정죄하여 장차 오실 그리스도께로 인도하였다. 다윗은 왕으로서 물질적으로 부족한 것이 없었지만, 율법으로 자신의 죄를 깨닫고 장차 오실 그리스도의 구원을 사모하였다. 율법으로 자신의 죄를 깨닫고 장차 오실 그리스도를 믿고 사모한 자의 육신을 통하여 그리스도께서 육신으로 임하셨다. 예수께서 육신으로 오셔서 그의 피로써 인류의 죄를 대속하심으로 하나님의 모든 뜻을 성취하셨지만, 이 사실을 믿지 않으면 그의 피가 사람에게 은혜가 되지 아니한다. 율법은 사람으로 죄를 깨닫게 함으로 죄인을 예수의 피에 의한 속죄와 구원으로 인도한다. 따라서 율법은 지금도 여전히 사람을 행위대로 판단하여 죄를 깨닫게 한다.

3) 예수께서 승천하신 뒤 2,000년이 지났지만, 이스라엘은 여전히 복음을 받아드리지 아니하고 있다. 사도들이 복음을 전파할 때, 하나님은 이스라엘 자손의 마음을 강퍅하게 하시고 이방인들을 택하여 부르셨으므로, 복음이 이방인들에게로 향하였다.[136] 이방인의 충만한 수가 구원을 받은 뒤에 복음이 이스라엘 백성에게 전파될 것이다. **"형제들아 너희가 스스로 지혜 있다 함을 면키 위하여 이 비밀을 너희가 모르기를 내가 원치 아니하노니 이 비밀은 이방인의 충만한 수가 들어오기까지 이스라엘의 더러는 완악하게 된 것이라 그리하여 온 이스라엘이 구원을 얻으리라 기록된바 구원자가 시온에서 오사 야곱에게서 경건치 않은 것을 돌이키시겠고"(롬 11:25,26).** 예수의 재림 직전에 이스라엘이 구원을 받을 것이다.

4) 이스라엘이 구원을 받으려면 율법이 그들을 정죄하여 그들로 죄를 깨닫게 하

---

135) 졸저, 상게서, 4.4.1 참조
136) 졸저, 상게서, 7.1.1.(1) 참조

여야 한다. 1948년 가나안땅에 나라를 세운 이스라엘은 지금까지도 율법의 행위로 의롭다 함을 얻은 것으로 착각하고 있으며 장차 오실 그리스도를 기다리고 있다. 바리새인들과 서기관들처럼 랍비들은 율법을 철저하게 순종한다고 믿고 있으며 자신들의 율법의 행위를 자랑하고 있다. 그들은 그리스도께서 오실 때 예루살렘에 제3의 성전이 세워지기를 바라고 통곡의 벽을 붙들고 기도하고 있다고 한다. 그들이 복음을 받아드리려면 율법에 따라서 정죄를 받아 그들의 죄를 깨달아야 한다. 따라서 율법의 정죄하는 역할은 종말까지 계속될 것이다.

5) 예수께서 재림하신 뒤에 창세로부터 종말까지 태어난 모든 사람을 심판하실 것이다.[137] 마지막 심판의 기준은 의와 공의이다(시 89:14). 의에 의한 심판이란 예수 이름을 믿느냐 여부로 의냐 불의냐를 판단하는 것을 의미한다. 공의에 의한 심판이란 율법의 행위로 거룩함이냐 더러움이냐의 여부를 판단하는 것을 의미한다. 첫째, 예수 이름을 믿느냐 아니냐의 여부로 심판하실 것이다. 믿는 자들은 공의에 의한 심판이 면제될 것이다. 믿지 아니하는 자들은 공의에 의하여 행위대로 심판을 받을 것이다. 이 경우에 믿지 아니하는 자들로서 심판을 받은 자들이 '왜 예수 이름을 믿지 아니하는 것이 죄이냐'라고 반문할 것이다. 그때 예수께서 그들의 행위를 기록한 책들을 펼쳐놓으실 것이다. 그 책에는 사람의 모든 율법의 행위가 기록되었을 것이다. 모든 죄인은 율법에 따라서 정죄 받은 그들의 행위를 변명하지 못할 것이다. 이처럼 율법은 종말까지 사람의 행위를 정죄하여 죄를 알게 할 것이다. 따라서 우주가 없어질 때까지 율법은 사람의 행위를 판단할 것이다. **"진실로 너희에게 이르노니 천지가 없어지기 전에는 율법의 일점일획이라도 반드시 없어지지 아니하고 다 이루리라"**(마 5:18).

6) 율법은 믿음으로 의롭다 함을 받은 자들의 행위를 판단하여 죄를 알게 한다. 예수 이름을 믿음으로 구원을 받았다고 하더라도 육체의 정욕이 완전히 없어지는 것은 아니다. 믿음으로 구원을 받으면 인격과 영에 있는 모든 죄의 흔적은 없어지만 육체에 있는 죄의 흔적은 그대로 남아있다.[138] 육체에 있는 죄의 흔적은 육체의 속성으로 정욕을 의미한다. 하나님께서 믿는 자들의 육체에 정욕을 남겨두신 이유는 이것을 통하여 성도들을 시험하기 위함이다. 하나님은 육체의 정욕을 통하여 성도들이 말씀을 순종하느냐 아니냐의 여부를 시험하신다. 이스라엘 백성이 가나안 땅을 정복할 때 남겨둔 거민은 이것을 모형으로 보여준다. **"이스라엘 자손의 세대 중에 아직 전쟁을 알지 못하는 자에게 그것을 가르쳐 알게 하려 하사 남겨두신 열국은 블레셋 다섯 방백과 가나안 모든 사람과 시돈 사람과 바알 헤르몬산에서부터 하맛 어구까지 레바논산에 거하는 히위 사람이라"**(삿 3:2,3).

7) 율법은 탐심을 통하여 사람으로 죄를 깨닫게 한다. 바울은 사도로 택하심을

---

[137] 졸저, 상게서, 7.2.1 참조
[138] 졸저, 상게서, 5.4.3 참조

받았지만, 탐심으로 인하여 고통을 당하였다. 바리새인이었을 때 바울은 율법으로 탐심이 죄임을 알지 못하고 율법의 행위로 의롭다 함을 받은 것으로 착각하였다. 그러나 사도로 부르심을 받은 뒤에 율법으로 탐심이 죄임을 알았다. **"그런즉 우리가 무슨 말 하리요 율법이 죄냐 그럴 수 없느니라 율법으로 말미암지 않고는 내가 죄를 알지 못하였으니 곧 율법이 탐내지 말라 하지 아니하였더면 내가 탐심을 알지 못하였으리라"** (롬 7:7). 바울은 탐심이 그의 육체 속에서 역사하여 그의 의지를 사로잡아 죄를 범하게 하려는 것을 알았다. 바울은 그의 육체 안에 항상 죄를 지으려는 생각, 곧 탐심이 살아 역사하는 것을 알고 있었다(롬 7:17,18). 바울은 그의 육체 안에 선을 행할 능력이 없다는 것을 알았다. 바울의 고백은 율법이 그리스도 예수 안에 있는 자들이라도 죄를 깨닫게 한다는 것을 의미한다.

 8) 사람은 육신이 연약하므로 죄의 유혹과 율법의 정죄에서 벗어날 수 없다. 사도 바울은 항상 자신이 율법에 따라서 정죄 받는 죄인임을 알고 괴로워하였다(롬 7:23,24). 그는 죽음을 앞두고 자신은 죄인의 괴수라고 고백하였다(딤전 1:15). 그러나 그리스도 예수 안에 있는 자들은 육신이 연약하여 율법에 따라서 정죄 받는 탐심을 항상 가지고 있다고 하더라도, 하나님은 그 죄를 용서하신다. 하나님은 그리스도 예수 안에서 탐심을 죄로 여기지 아니하신다. **"그러므로 이제 그리스도 예수 안에 있는 자에게는 결코 정죄함이 없나니 이는 그리스도 예수 안에 있는 생명의 성령의 법이 죄와 사망의 법에서 너를 해방하였음이라"** (롬 8:1,2).

 9) 율법은 믿음으로 구원을 얻은 자들의 탐심을 정죄하여 죄를 깨닫게 한다. 이것이 하나님의 은혜이다. 탐심이 성도의 육체 안에서 역사하고 있으므로, 예수께서 성도들에게 십자가를 지고 자기를 따르라고 명령하셨다. **"이에 예수께서 제자들에게 이르시되 아무든지 나를 따라 오려거든 자기를 부인하고 자기 십자가를 지고 나를 좇을 것이니라"** (마 16:24). 성도들은 탐심을 못 박은 십자가를 지고 예수를 따라야 한다. 십자가를 지고 가는 것은 죽음을 향하여 나가는 것이다. 죽음 앞에서 탐심으로부터 오는 재물과 명예와 권력과 쾌락은 아무 소용도 없다. 따라서 십자가를 벗으면 탐심이 역사하여 성도들을 죄악의 구덩이로 몰아넣는다.

 10) 탐심은 성도들을 단련시킨다. 성도의 육체 안에서 탐심과 하나님의 말씀이 충돌하고 있다. 성도는 탐심에 미혹을 받기도 하지만 말씀으로 탐심을 극복하기도 한다. 성도는 탐심에 따라서 세상으로 돌아가려고 한 뒤에 죄를 깨닫고 회개하며 돌아온다. 성도가 사망에 이르는 죄를 범하지 아니하였다면, 그 죄는 예수의 피로 사함을 받을 것이다(요일 1:7). 탐심에 미혹을 받아 범죄한 뒤에 죄를 깨닫고 회개하는 과정의 반복을 통하여 성도의 믿음은 성장한다. 이것은 탐심을 못 박은 십자가를 지고 예수를 따라가는 고행길이다. 사도 바울은 일생 그의 육체 안에 역사하는 탐심을 극복하기 위하여 싸웠지만, 그의 마음속에서 역사하는 탐심으로 죄를 깨닫고 자신은 죄인의 괴수라고 고백하였다(딤전 1:15)

11) 성도들이 자기 안에 있는 탐심을 죄로 깨닫는 것이 하나님의 은혜이다. 성경은 이렇게 말씀한다. "**우리 주 예수 그리스도로 말미암아 하나님께 감사하리로다 그런즉 내 자신이 마음으로는 하나님의 법을, 육신으로는 죄의 법을 섬기노라**"(롬 7:25). 바울의 마음은 하나님의 말씀을 순종하려고 하였으나, 그의 육신은 탐심을 따라가고 있었다. 하나님의 말씀을 순종하려는 영의 생각과 마귀의 생각을 따르려는 육신의 생각이 공존함으로 육신의 연약을 깨닫는 것이 하나님의 은혜이다. 이것을 알지 못하면 영원히 생명을 얻은 것으로 오해함으로 교만에 빠져서 세상으로 돌아갈 수 있다. 바울은 항상 자기의 죄를 깨달음으로 겸손히 하나님의 말씀 앞에 무릎을 꿇었다고 말할 수 있을 것이다.

12) 율법은 그리스도 예수 안에 있는 자들을 정죄하지 못하므로 그의 피로써 제사의식, 절기와 안식일, 먹고 마시는 것과 할례, 모든 의식에 관한 규례가 폐하여졌다. 따라서 성경은 예수의 피로써 율법이 폐하여졌다고 말씀한다. "**원수 된 것 곧 의문에 속한 계명의 율법을 자기 육체로 폐하셨으니 이는 이 둘로 자기의 안에서 한 새사람을 지어 화평하게 하시고**"(엡 2:15). 믿는 자들이 먹고 마시는 것, 절기와 안식일, 할례의 계명을 범할지라도 정죄 받지 아니한다. "**그러므로 먹고 마시는 것과 절기나 월삭이나 안식일을 인하여 누구든지 너희를 폄론하지 못하게 하라**"(골 2:16). 이것이 믿음으로 의롭다 함을 받은 자의 복이다(롬 4:7).

13) 예수께서 만물을 통치하는 왕으로 오셔서 마귀를 심판하시고 율법을 폐하신 뒤에 새 언약인 복음을 선포하셨다. 하나님의 아들인 예수 이름을 믿음으로 영생을 얻는 복음은 첫 언약의 성취를 전제로 하는 것이다. 율법에서 정하는 제사의식, 절기와 안식일, 먹고 마시는 것, 할례의 규례는 폐지되었다. 따라서 율법은 이러한 규례를 범하는 것을 죄로 정죄하지 아니한다. 그러나 십계명을 범하는 행위는 율법에 따라서 정죄를 받는다. 그리스도 예수 안에서 교회가 십계명을 범하는 모든 죄가 사함을 받는 것은 아니다. 이 문제는 신학적으로 민감한 문제이다.[139] 이에 대하여 그리스도 교회의 타락에서 다루기로 하였다.

(3) 이해를 위한 질문
1) 하나님의 아들과 율법의 완성
  a. 율법의 요구는 무엇인가(롬 3:20).
  b. 율법이 죄인을 그리스도께 인도하는 이유는 무엇인가(갈 3:24).
  c. 율법이 거룩한 피에 의한 속죄를 요구하는 이유는 무엇인가(레 17:1).
  d. 예수께서 율법을 완성하신 이유는 무엇인가(롬 10:4).
  e. 복음에 하나님의 의가 나타나는 이유는 무엇인가(롬 1:17).

---

[139] 졸저, 상게서, 5.5.2.(2) 참조

f. 사랑이 율법의 완성인 이유는 무엇인가(롬 13:10).
2) 정죄하는 기능과 율법의 완성
   a. 예수께서 그의 피로써 인류의 죄를 대속하심으로 율법을 완성하셨지만, 율법이 믿지 아니하는 자들을 정죄하는 이유는 무엇인가(갈 3:24).
   b. 율법이 믿는 자들의 탐심을 정죄하는 이유는 무엇인가(롬 7:7).
   c. 탐심이 믿는 자들의 인격을 사로잡아 범죄하게 하는 이유는 무엇인가(롬 7,23).
   d. 하나님께서 그리스도 예수 안에 있는 자들의 죄, 곧 율법에 따라서 정죄 받는 탐심을 죄로 인정하지 아니하는 이유는 무엇인가(롬 8:1,2).
   e. 율법에 따라서 먹고 마시는 것, 절기와 안식일, 할례의 규례가 폐지된 이유는 무엇인가(엡 2:15).

4. 하나님의 아들의 증거
(1) 교회의 반석인 하나님의 아들
  1) 교회는 믿음으로 자기의 십자가를 지고 세상에서 나온 자들의 모임으로 반석 위에 세워진 하나님의 성전이다. 그 반석은 예수께서 하나님의 아들이며 그리스도임을 믿는 것이다. 만약 예수께서 하나님의 아들이 아니라면 복음은 존재하지 아니할 것이고 영생의 소망은 헛것이며 믿는 자들의 증거는 거짓말이 된다. 성경은 하나님의 아들이 육신으로 임하셨다는 것을 전제로 한다. 이것은 만물 창조질서이다. 성경의 결론은 예수께서 하나님의 아들이라는 것이다. 그 이유를 살펴보자.
  2) 하나님의 아들이란 무엇인가를 살펴보자. 하나님의 아들을 생리학적으로 접근하면 타락한다. 자유주의 신학자들은 하나님의 아들에 대하여 생리학적으로 접근함으로 하나님의 아들이신 예수 그리스도를 부인하고 확인되지 아니한 사람의 아들로 취급한다.[140] 그들은 과학적으로 증명되지 아니하는 하나님의 아들을 논외로 하고 예수의 가르침에 집중하고 있다. 하나님께서 예수를 통하여 자신의 인격을 계시하셨으므로 예수의 말씀을 순종함으로 하나님의 인격에 참여하면 구원을 얻을 수 있다. 이것이 그들의 주장이다. 이로 인하여 종교다원주의가 교회에 들어왔으며, 동성애를 인권이란 명분으로 수용함으로 교회를 붕괴의 도가니로 몰아넣고 있다.
  3) 하나님의 아들은 생리학적인 의미가 아니다. 하나님의 모든 말씀과 사역과 속성이 예수를 통하여 계시되었다는 의미에서 예수는 하나님의 아들이시다. 하나님은 영이시므로 아무도 하나님을 본 사람은 없다. 사람은 육신의 눈으로 하나님을 볼 수 없다. 사람은 아들을 통하여 하나님의 말씀을 듣고 아들의 사역을 통하여 하나님의 일을 보고 아들의 속성을 통하여 하나님의 속성을 알 수 있다. 하나님은 아들을 통하여 말씀하시고 아들을 통하여 일하시고 아들을 통하여 자신의 속성을 계

---
[140] 목창균, 전게서, p. 47.

시하시기 때문이다. 곧 예수는 하나님의 모든 것을 보이는 형상으로 보여주신 하나님의 실체이다. 구약시대에는 하나님의 아들이 모형으로 계시되었다.

4) 태초에 하나님은 만물의 창조와 통치에 관한 모든 뜻을 작정하시고 그 성취를 아들에게 맡기셨다. 성경은 그리스도 예수 안에서 작정된 하나님의 뜻을 계시한다. **"곧 영원부터 우리 주 그리스도 예수 안에서 예정하신 뜻대로 하신 것이라"** (엡 3:11). "그리스도 예수 안에서 예정하신 뜻"이란 하나님의 뜻이 육신으로 임하실 아들을 통하여 성취된다는 것을 의미한다. 아들이 하나님의 뜻을 성취하기 위하여 육신으로 임하실 것이 창조질서를 통하여 계시되었다. 하나님은 사람을 자기의 형상을 따라서 창조하셨다(창 1:27). 이 말씀은 장차 하나님의 형상인 아들이 사람의 육신을 통하여 오신다는 약속이다. 그 약속대로 하나님의 아들이 육신으로 임하셨다(요 6:38,39). **"이에 내가 말하기를 하나님이여 보시옵소서 두루마리 책에 나를 가리켜 기록한 것과 같이 하나님의 뜻을 행하러 왔나이다 하시니라"** (히 10:7).

5) 구약성경은 아들을 통하여 성취될 하나님의 뜻을 모형과 그림자로 계시하였다. 선악과 계명과 칭의 언약, 율법과 선지자의 예언을 통하여 계시된 것은 장차 아들을 통하여 성취될 하나님의 뜻을 모형과 그림자로 보여준다.[141] 장차 아들을 통하여 성취될 하나님의 뜻은 심판과 구원으로 요약할 수 있다. 선악과 계명과 율법은 악한 영들과 모든 죄인에 대한 심판을 모형으로 보여준다. 칭의 언약은 자신의 죄를 깨닫고 구원을 사모하는 자들이 믿음으로 얻을 구원을 모형으로 보여준다. 이스라엘의 역사는 하나님의 아들에 대한 믿음을 버린 자들이 타락하는 과정을 모형으로 보여준다. 믿음으로 의롭다 함을 받은 자들은 장차 오실 하나님 아들의 생애를 모형으로 보여주었다. 따라서 구약성경은 하나님의 아들 예수를 증거한다. **"너희가 성경에서 영생을 얻는줄 생각하고 성경을 상고하거니와 이 성경이 곧 내게 대하여 증거하는 것이로다"** (요 5:39). 구약성경은 장차 오실 하나님의 아들을 증거한다. 이스라엘 백성을 통하여 계시된 하나님은 장차 오실 하나님 아들의 모형과 그림자이다.

6) 구약성경은 모형과 그림자로 하나님의 아들을 계시하지만, 신약성경은 실상으로 계시한다. 신약성경은 육신으로 임하신 하나님의 아들이 하나님의 뜻을 성취하는 과정과 결과를 보여준다. 하나님은 아들에게 자기의 뜻을 알리는 말씀을 주셨다. 아들은 아버지의 말씀을 그대로 말씀하셨다. **"내가 내 자의로 말한 것이 아니요 나를 보내신 아버지께서 나의 말할 것과 이를 것을 친히 명령하여 주셨으니"** (요 12:49). "내가 내 자의로 말한 것이 아니요"란 아들은 하나님의 말씀에서 더하거나

---

[141] 양태론자들은 구약시대를 성부의 시대, 신약시대를 성자의 시대, 교회시대를 성령의 시대라고 구분한다. 한 분이신 하나님께서 시대에 따라서 성부로, 성자로, 성령으로 모양을 달리하여 나타내신다고 주장한다. 그러나 구약성경의 여호와 하나님은 성자를 모형으로 계시한다.

빼지 아니하고 하나님께 들은 그대로 말씀하신 것을 의미한다. **"나를 사랑하지 아니하는 자는 내 말을 지키지 아니하나니 너희의 듣는 말은 내 말이 아니요 나를 보내신 아버지의 말씀이니라"** (요 14:24).

7) 구약시대에는 하나님의 말씀을 직접 들은 사람은 아무도 없다. 구약시대에 아버지의 품속에 계신 아들은 아버지의 말씀을 천사에게 주셨고, 천사들이 그 말씀을 택함을 받은 자들에게 전하였다. 구약성경에서 언약을 대표하는 율법은 천사를 통하여 주신 말씀이다(행 7:53). 따라서 구약시대에는 하나님의 아들을 통하여 하나님의 말씀을 직접 들은 사람은 아무도 없다고 성경은 말씀한다. **"내가 진실로 너희에게 이르노니 많은 선지자와 의인이 너희 보는 것들을 보고자 하여도 보지 못하였고 너희 듣는 것들을 듣고자 하여도 듣지 못하였느니라"** (마 13:17). (창 18:1)의 말씀에 따라서 하나님의 아들이 성육신하기 전에 아브라함에게 육신으로 나타나서 직접 말씀하셨다고 하는 이론이 제기되었다.142) 그러나 구약시대에 하나님의 아들이 육신으로 임하신 적이 없다(요 1:18).

8) 하나님의 아들은 육신으로 임하셔서 하나님의 일을 그대로 행하셨다. 창세전에 예정된 하나님의 일을 본 사람은 아무도 없다. 태초에 하나님의 품속에 계셨던 아들만이 아버지를 보셨다. **"이는 아버지를 본 자가 있다는 것이 아니라 오직 하나님에게서 온 자만 아버지를 보았느니라"** (요 6:46). "아버지를 보았느니라"란 하나님 아버지의 형상이 있다는 것이 아니라 아들이 아버지의 말씀, 곧 태초에 계신 말씀을 통하여 아버지의 뜻과 일을 알았다는 것이다. 하나님의 말씀을 통하여 하나님의 뜻을 아는 것은 하나님의 얼굴을 뵙는 것이다.143) 이스라엘 백성은 하나님의 말씀을 통하여 하나님의 얼굴을 보았다. **"여호와는 의로우사 의로운 일을 좋아하시나니 정직한 자는 그 얼굴을 뵈오리로다"** (시 11:7).

9) 하나님의 아들만이 아버지를 보고 아버지의 일을 그대로 행하셨다. 하나님의 아들은 아버지의 말씀을 통하여 계시된 일을 그대로 행하셨다. 하나님의 말씀이 아들 안에서 역사하여 전능한 사역으로 나타냈다. 따라서 성경은 하나님께서 아들 안에서 일하신다고 말씀한다. **"나는 아버지 안에 있고 아버지는 내 안에 계신 것을 네가 믿지 아니하느냐 내가 너희에게 이르는 말이 스스로 하는 것이 아니라 아버지께서 내 안에 계셔 그의 일을 하시는 것이라"** (요 14:10). 따라서 아들의 일을 보는 것은 하나님의 일을 보는 것이다. **"그러므로 예수께서 저희에게 이르시되 내가 진실로 진실로 너희에게 이르노니 아들이 아버지의 하시는 일을 보지 않고는 아무 것도 스스로 할 수 없나니 아버지께서 행하시는 그것을 아들도 그와 같이 행하느니라"** (요 5:19). 하나님의 아들이 아버지의 일을 행하신다는 증거는 아버지의 이름으

---

142) John Calvin, Institutes of the Christian Religion, 번역부 역, 영·한 기독교강요(성문출판사,1993), Vol. I. 13. 26).
143) 졸저, 상게서, 5.3.2.(2) 참조

로 행하는 이적과 기사이다. 육신으로 임하신 하나님의 아들은 창조주와 만물의 통치자인 하나님만이 하실 수 있는 전능한 일을 행하셨다.

10) 창세전에 예정된 하나님의 뜻은 아들의 죽음으로 인류의 죄를 대속하고 세상 임금인 마귀를 심판하는 것이다. 하나님 아들의 모든 사역은 죽음과 부활로 수렴한다. 하나님의 아들이 많은 이적과 기사를 행하였더라도 피 흘리는 죽음과 부활이 없으면 하나님의 뜻을 성취하지 못하셨다. 십자가에서 피를 흘리는 죽음은 참기 어려운 고통이지만, 이것이 하나님의 뜻을 성취하는 것이므로 하나님의 아들은 십자가를 지셨다. "다시 두 번째 나아가 기도하여 가라사대 내 아버지여 만일 내가 마시지 않고는 이 잔이 내게서 지나갈 수 없거든 아버지의 원대로 되기를 원하나이다 하시고"(마 26:42). 따라서 하나님의 아들은 십자가에서 아버지의 모든 뜻을 성취하셨다고 고백하셨다. "예수께서 신 포도주를 받으신 후 가라사대 다 이루었다 하시고 머리를 숙이시고 영혼이 돌아가시니라"(요 19:30).

11) 예수가 하나님의 말씀을 그대로 선포하셨고 하나님의 일을 그대로 하셨으므로, 하나님은 예수가 하나님의 아들이라고 증거하신다. "내게는 요한의 증거보다 더 큰 증거가 있으니 아버지께서 내게 주사 이루게 하시는 역사 곧 나의 하는 그 역사가 아버지께서 나를 보내신 것을 나를 위하여 증거하는 것이요"(요 5:36). 예수께서 병자를 고치고 귀신을 쫓아내고 죽은 자를 살리고 십자가에 못 박혀 죽고 부활한 것은 하나님의 뜻에 따라서 이루어진 일이다. 하나님의 허락이 없으면 예수께서 아무것도 하실 수 없다. 따라서 예수의 말씀과 사역은 그가 하나님께로부터 보내심을 받은 하나님의 아들이라는 증거이다. 예수의 말씀과 사역을 통하여 그가 하나님의 아들이심을 믿는 것이 인류를 향한 하나님의 뜻이다. "내가 아버지 안에 있고 아버지께서 내 안에 계심을 믿으라 그렇지 못하겠거든 행하는 그 일을 인하여 나를 믿으라"(요 14:11).

12) 복음이 죄인들에게 요구하는 것은 하나님의 아들이신 예수 이름을 믿고 영생을 얻는 것이다. 여자의 몸에서 태어난 예수를 하나님의 아들이라고 믿는 것이 영생을 얻는 유일한 길이다. 그리스도 이전 이스라엘 백성은 장차 육신으로 오실 하나님의 아들을 믿음으로 의롭다 함을 받았고, 그리스도 이후 인류는 과거에 육신으로 임하신 하나님의 아들을 믿음으로 영생을 얻는다. 이것이 성경을 기록한 목적이다. "오직 이것을 기록함은 너희로 예수께서 하나님의 아들 그리스도이심을 믿게 하려 함이요 또 너희로 믿고 그 이름을 힘입어 생명을 얻게 하려 함이니라"(요 20:31). 따라서 그리스도의 교회는 하나님의 아들이신 예수 이름을 믿는 믿음 위에 세워진다고 말할 수 있다. "또 내가 네게 이르노니 너는 베드로라 내가 이 반석 위에 내 교회를 세우리니 음부의 권세가 이기지 못하리라"(마 16:18).

(2) 하나님의 아들과 부활

1) 예수가 하나님의 아들이냐 아니냐의 여부에 대하여 많은 논란이 있지만 이에 대한 객관적인 증거는 부활이다. 하나님 아버지와 아들과 성령, 율법과 선지자, 그리고 믿는 자들이 하나님의 아들 예수를 증거한다. 사도들은 하나님의 아들에 대한 객관적인 증거가 그의 부활이라고 선포하였다. 죽었다가 다시 살아난 자들이 있었으나 그들은 다시 죽어 흙으로 돌아갔다. 그러나 예수는 부활하신 뒤에 승천하심으로 하나님의 아들이라는 객관적인 증거를 보이셨고 믿는 자들의 소망이 되셨다.

2) 아버지와 성령께서 하나님의 아들 예수를 증거하신다. 아들을 보내신 하나님 아버지께서 아들이신 예수를 증거하신다. **"또한 나를 보내신 아버지께서 친히 나를 위하여 증거하셨느니라 너희는 아무 때에도 그 음성을 듣지 못하였고 그 형용을 보지 못하였으며"** (요 5:37). 하나님 아버지께서 예수의 말씀과 사역을 통하여 아들을 증거하신다. 성령께서는 믿는 자들을 통하여 하나님의 아들 예수를 증거하신다. **"내가 아버지께로서 너희에게 보낼 보혜사 곧 아버지께로서 나오시는 진리의 성령이 오실 때에 그가 나를 증거하실 것이요"** (요 15:26). "보혜사"란 예수가 하나님의 아들이란 객관적인 증거를 제시하는 변호자를 의미한다.[144] 성경은 예수와 성령을 보혜사라고 말씀한다. **"내가 아버지께 구하겠으니 그가 또 다른 보혜사를 너희에게 주사 영원토록 너희와 함께 있게 하시리니"** (요 14:16). "또 다른 보혜사"란 성령 이외에 다른 보혜사가 있다는 것을 의미한다. 성령 이외의 다른 보혜사는 예수 그리스도이다. **"나의 자녀들아 내가 이것을 너희에게 씀은 너희로 죄를 범치 않게 하려 함이라 만일 누가 죄를 범하면 아버지 앞에서 우리에게 대언자가 있으니 곧 의로우신 예수 그리스도시라"** (요일 2:1), "대언자"란 보혜사를 의미한다. 예수 그리스도께서 하나님 앞에서 구원받은 성도들을 변호하신다.

3) 예수가 하나님의 아들이라는 객관적인 증거는 부활이다. 하나님은 예수를 죽은 자 가운데서 다시 살리심으로 예수가 하나님의 아들이라는 증거를 보이셨다. **"이 예수를 하나님이 살리신지라 우리가 다 이 일에 증인이로다"** (행 2:32). 성령을 받은 사도들이 하나님의 아들 예수를 증거하였다. **"오직 성령이 너희에게 임하시면 너희가 권능을 받고 예루살렘과 온 유대와 사마리아와 땅 끝까지 이르러 내 증인이 되리라 하시니라"** (행 1:8). 사도들은 예수의 죽음과 부활을 통하여 하나님의 아들과 예수의 피에 의한 죄의 대속에 대한 객관적 증거를 얻었다(롬 1:4). 예수의 부활은 여섯 가지 관점에서 검토하여야 한다. 첫째, 예수의 부활은 창세전에 예정된 하나님의 뜻이다. 둘째, 예수의 부활은 하나님 아들의 무죄를 증거한다. 셋째, 예수의 부활은 하나님 아들의 죽으므로 인류의 죄가 대속되었음을 증거한다. 넷째, 예

---

[144] "보혜사"로 번역된 헬라어, 파라클레토스(παράκλητος)는 변호자로 번역된다. "보혜사"는 KJV 및 NIV에서 파라클레토스를 위로자(Comforter) 또는 돕는 자(Helper)로 번역하고 있으나, 성령은 예수 그리스도를 위로하시는 분이 아니라 변호하는 분이다.

수의 부활은 하늘 보좌에 앉아 만물을 통치하시는 하나님의 아들을 증거한다. 다섯째, 예수의 부활은 믿는 자들에게 성령을 보내주시는 하나님의 아들을 증거한다. 여섯째, 부활은 믿는 자의 소망이다.

4) 첫째, 예수의 부활은 창세전에 예정된 하나님의 뜻이다. **"장사 지낸바 되었다가 성경대로 사흘만에 다시 살아나사"** (고전 15:4). "성경대로"란 예수의 부활을 작정한 하나님의 뜻이 구약성경을 통하여 예언되었다는 것을 의미한다. 다윗은 장차 오실 그리스도의 죽음과 부활을 예언하였다. **"이는 내 영혼을 음부에 버리지 아니하시며 주의 거룩한 자로 썩지 않게 하실 것임이니이다"** (시 16:10). "주의 거룩한 자로 썩지 않게 하실 것"이란 장차 오실 그리스도의 부활을 의미한다. 예수께서 그의 죽음과 부활을 예언하셨다. **"가라사대 인자가 많은 고난을 받고 장로들과 대제사장들과 서기관들에게 버린바 되어 죽임을 당하고 제삼일에 살아나야 하리라 하시고"** (눅 9:22). 예수의 부활은 제자들이 지어낸 이야기가 아니라 창세전에 예정된 하나님의 뜻이며 선지자의 예언을 통하여 계시되었고, 아들을 통하여 주신 하나님 아버지 말씀이다.

5) 둘째, 부활은 죄가 없는 하나님의 아들 예수에 대한 객관적인 증거이다. 하나님은 예수를 통하여 수많은 이적과 기사를 행하심으로 아들에 대한 증거를 보이셨다. 바리새인들과 서기관들은 예수의 말씀을 듣고 그의 사역을 보았지만, 하나님의 아들, 예수를 믿지 아니하였다. 그들은 예수에게 하나님의 아들로서의 증거를 요구하였지만, 예수께서 그들의 요구를 거절하셨다. **"악하고 음란한 세대가 표적을 구하나 요나의 표적 밖에는 보여 줄 표적이 없느니라 하시고 저희를 떠나 가시다"** (마 16:4). "요나의 표적"이란 죽음과 부활을 의미한다. 이 말씀은 예수께서 죽고 부활하심으로 하나님의 아들이란 객관적인 증거를 보이신다는 것을 의미한다.

6) 예수께서 병자를 고치시고 귀신을 쫓아내시고 죽은 자를 살리셨을 때, 많은 유대인이 예수를 따랐다. 제자들도 예수의 말씀을 듣고 그의 역사를 보고 "주는 그리스도시오 하나님의 아들이다"라고 고백하였다(마 16:16). 제자들은 하나님의 아들 예수와 함께 죽겠다고 고백하였다. **"베드로가 가로되 내가 주와 함께 죽을찌언정 주를 부인하지 않겠나이다 하고 모든 제자도 이와 같이 말하니라"** (마 26:35). 그러나 예수께서 잡히실 때, 유대인은 예수를 십자가에 못 박으라고 외쳤으며, 제자들은 목숨을 두려워하여 예수를 버리고 도망하였다. 그리고 예수께서 정죄를 받아 십자가에 못 박히셨을 때, 제자들은 목숨을 두려워하여 하나님의 아들 예수를 변호하지 못하였다. 이것은 그들이 예수의 부활을 보지 못하였기 때문이다. 그러나 예수의 부활을 본 제자들은 성령의 권능으로 목숨을 걸고 그의 부활을 증거하였다.

7) 셋째, 부활은 예수의 피로써 인류의 모든 죄가 대속되었다는 것을 증거한다. 부활은 예수가 하나님의 아들이라는 객관적인 증거이기 때문이다. 그렇다면 '하나님의 아들이 죽을 수 있을까'하는 문제가 제기될 수 있다. 하나님의 아들은 죽임을

당할 수 없기 때문이다. 죄의 삯은 사망이므로, 죄인만이 율법에 정죄 받아 죽임을 당할 수 있다. 하나님의 아들이 죽으려면 죄인으로 누명을 쓰셔야 한다. 곧 예수께서 인류의 죄를 짊어지셔야 한다. 따라서 하나님 아들의 죽음은 인류의 죄를 짊어지셨다는 증거이다. 예수의 부활은 그의 피로써 인류의 죄를 짊어지고 죽음으로 모든 죄를 대속하셨다는 객관적인 증거이다. 따라서 예수의 부활이 없으면, 인류는 여전히 죄 가운데 있으며 복음의 증거는 거짓을 전파하는 것이다. **"그리스도께서 다시 사신 것이 없으면 너희의 믿음도 헛되고 너희가 여전히 죄 가운데 있을 것이요"** (고전 15:17).

8) 넷째, 부활은 예수께서 하늘 보좌에 오르셨다는 것을 증거한다. 보좌는 아들을 위하여 예비되었다. 하나님의 아들이 보좌에 오르려면 자기의 왕권을 부인하는 마귀와 악한 영들, 그리고 마귀의 지배 아래 있는 자들을 심판하심으로 그들로 아들의 왕권을 인정하게 하는 것이다. 하늘에서 사단은 하나님 아들의 왕권을 인정하지 아니하고 스스로 보좌에 오르려고 하므로 영원한 결박으로 흑암에 갇혔다. 아담이 타락한 이후로 사람은 마귀의 지배 아래서 하나님 아들의 왕권을 부인하고 하나님을 대적하고 있다. 마귀는 그의 지배 아래 있는 사람을 통하여 하나님의 아들을 죽임으로 자신과 온 인류의 죄를 드러냄으로 심판을 받았다. 하나님의 아들은 악한 영들과 죄인을 심판하시고 보좌에 오르셨다.145) 지금 하나님의 아들은 보좌에 앉아 만물을 의와 공의로 만물을 통치하신다.

9) 다섯째, 믿는 자들이 성령을 받는 것은 예수의 부활을 증거한다. 예수께서 부활하여 보좌에 오르신 뒤에 아버지께 성령을 받아서 믿는 자들에게 성령을 보내주신다. **"하나님이 오른 손으로 예수를 높이시매 그가 약속하신 성령을 아버지께 받아서 너희 보고 듣는 이것을 부어 주셨느니라"** (행 2:33). 하나님은 보좌에 앉아계신 아들을 통하여 믿는 자들에게 성령을 보내주신다. 예수께서 승천하시고 열흘이 되는 날, 곧 오순절 날 성령께서 처음으로 임하셨다. **"저희가 다 성령의 충만함을 받고 성령이 말하게 하심을 따라 다른 방언으로 말하기를 시작하니라"** (행 2:4). 성령은 의롭고 거룩하신 하나님의 영이므로 예수의 피로 구원을 받은 자에게만 임하신다. 구원을 받지 못한 자들은 성령을 받지 못한다. **"저는 진리의 영이라 세상은 능히 저를 받지 못하나니 이는 저를 보지도 못하고 알지도 못함이라 그러나 너희는 저를 아나니 저는 너희와 함께 거하심이요 또 너희 속에 계시겠음이라"** (요 14:17). "세상은 능히 저를 받지 못하나니"란 예수의 피로 구원을 받지 못한 자들은 성령을 받지 못한다는 것을 의미한다.

10) 여섯째, 부활은 하나님의 아들이신 예수를 증거하며, 동시에 구원을 받은 자들이 마지막 날에 부활한다는 약속이다. 예수께서 다시 오실 때 성도들이 부활할

---

145) 구약성경에서 계시하는 하늘 보좌에 앉으신 여호와 하나님에 대한 말씀은 장차 보좌에 오르실 하나님의 아들에 관한 모형과 비유이다(왕상 22:19, 시 47:8, 사6:1).

것이다.146) "보라 내가 너희에게 비밀을 말하노니 우리가 다 잠잘 것이 아니요 마지막 나팔에 순식간에 홀연히 다 변화하리니 나팔 소리가 나매 죽은 자들이 썩지 아니할 것으로 다시 살고 우리도 변화하리라"(고전 15:51,52). "홀연히 다 변화하리니"란 낙원에서 그리스도 예수 안에서 잠자듯이 안식하는 자들이 홀연히 죽지 아니할 몸을 입는다는 것을 의미한다. "우리도 변화하리라"란 살아있는 성도들의 몸, 곧 흙으로 창조된 육체가 죽지 아니할 신령한 몸으로 변화하는 것을 의미한다. 마지막 날 성도들이 영광스러운 몸으로 부활한다는 약속이 교회의 소망이 되었다.147) 광야교회의 소망은 장차 오실 그리스도 안에서 죄 사함을 받는 것이고, 그리스도 교회의 소망은 장차 다시 오실 그리스도 안에서 첫째 부활에 참여하는 것이다.

11) 부활은 예수께서 하나님의 아들이란 객관적인 증거이다. 예수께서 부활을 통하여 하나님의 아들이라는 객관적인 증거를 보이고 승천하여 보좌에 앉으셨다. '여자의 몸에서 태어나신 예수는 하나님의 아들이시다'라는 것이 신구약 성경의 결론이다(요 20:31). 하나님의 아들에 대한 믿음은 그리스도의 교회가 세워질 반석이다. 곧 그리스도의 교회는 하나님의 아들이신 예수를 믿는 믿음 위에 세워진다. 하나님의 아들을 믿는 반석 위에 세워진 교회만이 음부의 권세를 이기는 교회이며 하나님의 영광을 나타내는 영원한 교회가 될 것이다.

(3) 사도들과 믿는 자들의 증거

1) 성경, 하나님 아버지, 성령께서 하나님의 아들 예수를 증거한다. 사도들과 믿는 자들은 이 증거를 통하여 예수가 하나님의 아들이심을 믿고 영생을 얻은 뒤에 하나님의 아들을 증거하였다. 베드로는 할례자의 사도로서 유대인들에게, 바울은 이방인의 사도로서 이방인들에게 하나님의 아들인 예수 그리스도를 증거하였다. 사도들의 증거를 통하여 여자의 몸에서 태어나신 예수가 하나님의 아들이심이 객관적으로, 또한 법적으로 확증되었다. 오늘도 믿는 자들은 하나님의 아들이신 예수 그리스도를 증거하고 있다. 교회는 하나님의 아들이신 예수 그리스도를 증거함으로 하나님의 영광을 나타내고 있다.

2) 사도들은 부활을 통하여 하나님의 아들이며 그리스도이신 예수에 대한 객관적인 증거를 보았다. 태초에 아들은 하나님과 함께 계셨으며 그의 뜻대로 만물을 창조하셨다. 사도들은 태초에 하나님과 함께 계신 말씀이 하나님이며 동시에 아들이라고 기록하였다. 사도들의 고백을 살펴보자. **"태초에 말씀이 계시니라 이 말씀이 하나님과 함께 계셨으니 이 말씀은 곧 하나님이시니라 그가 태초에 하나님과**

---

146) 성도의 부활에 대하여, 졸저, 상게서, 7.1.3.(2) 참조
147) 성도들은 첫째 부활을 소망하였으므로 로마의 카타콤과 데린쿠유의 지하도시에서 세상을 등지고 살았을 것이다. 사도들도 첫째 부활을 소망하였으므로 목숨을 걸고 복음을 증거하였다.

함께 계셨고"(요 1:1,2). "그"란 하나님의 아들을 의미한다. 태초에 하나님과 함께 말씀으로 계셨던 아들이 만물을 창조하셨다. **"만물이 그로 말미암아 지은바 되었으니 지은 것이 하나도 그가 없이는 된 것이 없느니라"** (요 1:3). 태초에 하나님과 함께 계신 말씀이 육신으로 임하셨다(요 1:14). 육신으로 임하신 예수는 독생하신 하나님이다. **"본래 하나님을 본 사람이 없으되 아버지 품속에 있는 독생하신 하나님이 나타내셨느니라"** (요 1:18). "아버지 품속에 계신 독생하신 하나님"이란 태초에 하나님과 함께 계신 말씀이다. 곧 독생하신 하나님이란 삼위일체 하나님 가운데 보이지 아니하는 하나님의 모든 것, 곧 하나님의 실체와 형상을 보여주신 하나님을 의미한다. 만물이 창조되기 전부터 계신 하나님의 아들은 하나님의 모든 것을 보여주신 하나님의 형상이다. **"그는 보이지 아니하시는 하나님의 형상이요 모든 창조물보다 먼저 나신 자니"** (골1:15).

3) 사도들은 예수를 하나님이라고 고백하였다. 부활하신 예수를 만난 사도 도마는 예수가 하나님이시라고 고백하였다. **"도마가 대답하여 가로되 나의 주시며 나의 하나님이시니이다"** (요 20:28). 사도 바울은 예수는 세세토록 찬양을 받으실 하나님이라고 고백하였다(골 1:16). **"조상들도 저희 것이요 육신으로 하면 그리스도가 저희에게서 나셨으니 저는 만물 위에 계셔 세세에 찬양을 받으실 하나님이시니라 아멘"** (롬 9:5). 사도 요한은 예수는 참 하나님이라고 고백하였다. **"또 아는 것은 하나님의 아들이 이르러 우리에게 지각을 주사 우리로 참된 자를 알게 하신 것과 또한 우리가 참된 자 곧 그의 아들 예수 그리스도 안에 있는 것이니 그는 참 하나님이시요 영생이시라"** (요일 5:20). "참 하나님"이란 유일하신 하나님을 의미한다. 예수 이외에 다른 하나님은 없으므로, 여호와 이름으로 계시된 하나님은 예수의 모형과 그림자이다.

4) 히브리서 기자는 아들은 만물을 창조하시고 통치하시는 하나님이라고 고백하였다. **"이 모든 날 마지막에 아들로 우리에게 말씀하셨으니 이 아들을 만유의 후사로 세우시고 또 저로 말미암아 모든 세계를 지으셨느니라 이는 하나님의 영광의 광채시요 그 본체의 형상이시라 그의 능력의 말씀으로 만물을 붙드시며 죄를 정결케 하는 일을 하시고 높은 곳에 계신 위엄의 우편에 앉으셨느니라"** (히 1:2,3). "저로 말미암아 모든 세계를 지으셨느니라"란 예수께서 만물을 창조하셨다는 것이다. "하나님의 영광의 광채시요"란 예수를 통하여 하나님 영광의 빛이 비친다는 것을 의미한다. "그 본체의 형상이시라"란 예수는 하나님의 몸이며 하나님의 형상임을 의미한다. "그의 능력의 말씀으로 만물을 붙드시며"란 예수께서 말씀으로 만물을 통치하신다는 것을 의미한다. (히 1:2,3)의 말씀은 예수께서 만물을 창조하신 하나님이시며 만물의 통치자이심을 밝히고 있다.

5) 부활을 통하여 예수는 하나님이며 동시에 하나님의 아들이심을 믿은 사도들은 목숨을 걸고 복음을 증거하였다. 복음의 핵심은 예수의 부활을 통하여 그가 하

나님의 아들이심을 증거하는 것이다. 따라서 사도들의 복음증거는 예수의 부활에 초점을 맞추고 있다. 그리스도 부활의 증거는 오순절 날 믿는 자들이 성령을 받은 것이다. 사도들이 성령은 받았다는 증거는 예수 이름으로 이적과 기사를 행하는 것이다. 예수의 부활은 성령으로 증거되므로, 예수께서 제자들에게 아버지의 약속하신 성령을 기다리라고 명령하셨다. **"사도와 같이 모이사 저희에게 분부하여 가라사대 예루살렘을 떠나지 말고 내게 들은바 아버지의 약속하신 것을 기다리라 요한은 물로 세례를 베풀었으나 너희는 몇 날이 못 되어 성령으로 세례를 받으리라 하셨느니라"** (행 1:4,5). 성령이 임하시면 권능으로 복음이 증거될 것이다. **"오직 성령이 너희에게 임하시면 너희가 권능을 받고 예루살렘과 온 유대와 사마리아와 땅 끝까지 이르러 내 증인이 되리라 하시니라"** (행 1:8).

6) 오순절 날 사도들과 믿는 자들이 성령을 받고 방언을 말하기 시작하였다. 이 말씀을 들은 사람들은 사도들과 믿는 자들이 술에 취하여 방언을 말한다고 하였다. 그러나 베드로는 방언을 말하는 것이 술 취한 것이 아니라 성령을 받은 증거이며 선지자 예언의 성취라고 말하였다. **"그 때에 내가 내 영으로 내 남종과 여종들에게 부어주리니 저희가 예언할 것이요"** (행 2:18). 이어서 베드로는 다윗의 시를 인용하여 예수의 부활이 선지자의 예언을 성취한 것이라고 선포하였다. 다윗의 예언대로 예수께서 죽은 자 가운데서 부활하셨으며 승천하여 하나님 우편에 앉으셨다. 부활하신 예수는 만물을 창조하시고 아브라함을 택하여 부르신 하나님이다. 곧 예수는 주(Lord)시며 그리스도이다. **"그런즉 이스라엘 온 집이 정녕 알찌니 너희가 십자가에 못 박은 이 예수를 하나님이 주와 그리스도가 되게 하셨느니라 하니라"** (행 2:36).

7) 베드로의 증거는 복음의 핵심이다. 그가 증거한 복음은 아래와 같이 요약될 수 있다. 예수의 부활과 성령의 강림은 선지자 예언의 성취이다. 따라서 예수는 하나님의 아들이며 그리스도이심도 것도 역시 선지자 예언이다. 선지자들의 예언대로 예수께서 죽고 죽은 자 가운데서 다시 살아나셨다. 부활하신 예수는 이스라엘의 주이며 그리스도이다. 이스라엘의 주란 만물의 창조주이며 아브라함을 택하여 부르시고 이스라엘 자손을 애굽에서 인도하여 내신 하나님이다. 예수의 부활을 증거하는 베드로의 복음을 들은 유대인들은 하나님의 아들을 죽인 자신들의 죄를 깨닫고 당황하였다. **"저희가 이 말을 듣고 마음에 찔려 베드로와 다른 사도들에게 물어 가로되 형제들아 우리가 어찌할꼬 하거늘"** (행 2:37). 유대인들을 향하여 베드로는 예수 이름을 믿고 죄 사함을 받으라고 권고하였다. **"베드로가 가로되 너희가 회개하여 각각 예수 그리스도의 이름으로 세례를 받고 죄 사함을 얻으라 그리하면 성령을 선물로 받으리니"** (행 2:38).

8) 성령으로 예수의 부활을 증거하는 것은 그가 하나님의 아들이심을 변호하는 것이다. 이것은 대제사장 가야바와 로마 총독 빌라도의 판결을 뒤집는 것이다. 가야바

는 하나님의 아들이라고 말씀하신 예수를 율법으로 정죄하여 빌라도에게 넘겼다. 빌라도는 유대인의 왕이라고 말씀하신 예수를 국법으로 정죄하여 십자가에 못 박았다. 예수의 부활을 증거하는 것은 가야바와 빌라도의 판결을 동시에 뒤집는 것이다. 가야바는 율법으로 하나님의 아들을 정죄하였고, 빌라도는 로마제국의 국법으로 유대인의 왕을 죽였다. 베드로는 공회에서 예수의 부활을 증거함으로 가야바의 판결이 불법이라고 선포하였다. 베드로는 유대인들을 향하여 '너희가 하나님의 아들을 죽였다'고 선포하였다. 이에 대하여 유대인들과 공회원들은 어떠한 반론도 제기하지 못하고 베드로에게 예수의 부활을 증거하지 못하게 협박하였다. "**그들을 불러 경계하여 도무지 예수의 이름으로 말하지도 말고 가르치지도 말라 하니**"(행 4:18). 유대인들과 공회원들은 스스로 하나님의 아들을 죽인 살인자임을 고백하였다. "**가로되 우리가 이 이름으로 사람을 가르치지 말라고 엄금하였으되 너희가 너희 교를 예루살렘에 가득하게 하니 이 사람의 피를 우리에게로 돌리고자 함이로다**"(행 5:28).

9) 바울은 바리새인이었을 때 교회를 핍박하는 것이 하나님을 섬기는 것으로 알고 있었다. 그는 믿는 자들을 결박하기 위하여 대제사장으로부터 체포영장을 받아 다메섹으로 가는 도중에 부활하신 예수를 만났다. 그는 회개하고 세례를 받은 뒤에 이방인들에게 부활하신 예수를 증거하였다. 그는 3차에 걸친 전도 여행을 마치고 예루살렘으로 올라왔다. 예수의 부활을 증거하는 바울을 못마땅하게 여기는 유대인들은 바울을 잡아 로마의 총독에게 넘겼다. 바울은 로마 총독 앞에서 예수의 부활을 증거하였다. "**저희의 기다리는바 하나님께 향한 소망을 나도 가졌으니 곧 의인과 악인의 부활이 있으리라 함이라**"(행 24:15). "**오직 내가 저희 가운데 서서 외치기를 내가 죽은 자의 부활에 대하여 오늘 너희 앞에 심문을 받는다고 한 이 한 소리가 있을 따름이니이다 하니**"(행 24:21). 바울의 증거는 빌라도의 판결을 뒤집는 것이었다. 바울이 로마 법정에서 빌라도의 판결이 불법이라고 증거하였으나, 총독은 바울의 증거를 옳다고 판결하였다. "**나는 살피건대 죽일 죄를 범한 일이 없더이다 그러나 저가 황제에게 호소한고로 보내기를 작정하였나이다**"(행 25:25). 바울은 로마로 이송된 뒤에 로마제국의 심장에서 예수의 부활을 증거하였다. 이로써 예수가 하나님의 아들이며 유대인의 왕이심이 법적으로 확증되었다.

10) 사도들은 하나님의 아들 예수의 복음을 증거하였다. 그들은 복음을 증거하다가 순교한 것으로 알려졌다. 그들은 죽음 앞에서 살기를 애원하지 아니하지 아니하였다. 스데반도 역시 복음을 증거하다가 순교하였다. 세상을 향하여 목숨을 살려달라고 애원하는 것은 하나님의 아들을 부인하는 것이기 때문이다. 예수의 모친 마리아는 십자가에 못 박힌 아들의 목숨을 구걸하지 아니하였다. 예수는 하나님의 아들이기 때문이다. 복음을 위하여 목숨을 버린 사도들과 믿는 자들의 순교가 하나님의 아들 예수를 증거한다. 따라서 복음의 증거는 목숨을 담보로 하는 것이다.

11) 베드로는 할례자의 사도로서 공회에서 가야바의 판결이 불법이라고 증거하

였다. 바울은 이방인의 사도로서 로마 법정에서 빌라도의 판결이 불법이라고 증거하였다.148) 그러나 공회는 베드로를 허위사실을 유포하는 자로 정죄하지 못하였다. 로마 법정 역시 바울을 빌라도의 판결을 부인하는 자로 정죄하지 못하였다. 유대인의 공회와 로마 법정이 사실상 예수를 하나님의 아들이며 유대인의 왕이라고 인정하였다. 이로써 예수가 하나님의 아들이라는 논쟁은 종료되었다고 말할 수 있다. 이후부터 믿는 자들을 통하여 예수 이름을 믿음으로 구원을 얻는 복음이 빠르게 전파되고 있다. 그러나 최근 신학자들 사이에 그리스도의 동정녀 탄생과 하나님의 아들에 대한 논쟁이 끊임없이 일어나는 것은 그들이 성령의 감동을 받지 못하고 성경을 알지 못하였기 때문이다.

(4) 이해를 위한 질문
1) 교회의 반석인 하나님의 아들
  a. 하나님께서 그리스도 예수 안에서 그의 모든 뜻을 작정하신 이유는 무엇인가(엡 3:11).
  b. 예수께서 육신으로 임하신 이유는 무엇인가(요 6:38).
  c. 구약성경이 육신으로 임하신 예수를 증거하는 이유는 무엇인가(요 5:39).
  d. 예수의 말씀과 하나님의 말씀이 일치하는 이유는 무엇인가(요 12:49).
  e. 예수의 사역과 하나님의 사역이 일치하는 이유는 무엇인가(요 14:11).
  f. 예수를 보는 것이 하나님을 보는 것인 이유는 무엇인가(요 14:9).

2) 하나님의 아들과 부활
  a. 아버지는 예수를 통하여, 성령은 성도들을 통하여 하나님의 아들을 증거한다. 성령은 무엇을 통하여 하나님의 아들을 증거하는가(행 2:32).
  b. 예수께서 부활하신 뒤에 보좌에 오르셔야 하는 이유는 무엇인가(막 16:19).
  c. 예수의 부활이 창세전에 예정된 하나님의 뜻이라는 증거는 무엇인가(고전 15:4).
  d. 예수의 부활이 없으면 복음증거와 믿는 자들의 구원이 거짓인 이유는 무엇인가(고전 15:17).
  e. 부활이 성도들의 소망인 이유는 무엇인가(빌 3:11).

3) 사도들과 믿는 자들의 증거
  a. 태초에 하나님과 함께 계신 말씀이 육신이 되셨다는 것은 무엇을 의미하는가(요 1:14).
  b. 하나님의 아들이 만물을 창조하셨다는 증거는 무엇인가(요 1:3).
  c. 사도들과 믿는 자들이 성령으로 예수의 부활을 증거하는 이유는 무엇인가(행

---

148) 교회는 육신으로 임하신 하나님의 아들 예수 그리스도를 성령으로 변호한다. 교회의 변호는 거짓이 아니라 진리이다. 세상에 많은 변호사가 있다. 그들은 마귀의 지배를 받아 범죄한 자들의 무죄를 변호한다. 곧 그들은 마귀의 행위를 변호한다.

　　　　1:8).
　　d. 베드로는 어떻게 예수의 부활을 증거하였는가(행 3:6,7).
　　e. 공회가 예수의 부활을 증거하는 베드로의 입을 막지 못한 이유는 무엇인가
　　　 (행 4:16).
　　f. 로마 법정이 예수의 부활을 증거하는 바울을 정죄하지 못한 이유는 무엇인가.

4.3 그리스도 교회의 믿음의 본질과 사명
1. 그리스도의 교회와 믿음의 본질
(1) 믿음의 대상

　1) 믿음의 대상은 하나님의 아들이며 그리스도이신 예수이다. 예수께서 십자가에서 그의 피로써 인류의 죄를 대속하셨지만, 오직 이 사실을 믿는 자들에게만 그 속죄의 효력이 나타난다. 예수 이름을 믿음으로 영생을 얻는 것은 창세전에 예정된 하나님의 뜻이다. 하나님의 뜻을 행한다는 것은 예수 이름을 믿고 구원을 얻는 것이다. 예수 이름을 믿는다는 것은 하나님 아들의 존재와 그의 말씀의 성취를 믿는 것이다. 하나님은 예수 이름으로 아들의 존재를 계시하신다. 하나님은 예수 이름으로 심판과 속죄와 구원을 선포하신다. 하나님은 예수 이름으로 자기 뜻의 성취를 선포하신다. 따라서 예수 이름을 믿는 것은 하나님 아들의 존재, 예수의 피에 의한 속죄와 구원과 심판, 그리고 하나님의 모든 뜻의 성취를 믿는 것이다.

　2) 첫째, 하나님은 예수 이름으로 아들의 존재를 선포하신다. 하나님은 자기의 이름을 아들에게 주시고 아들을 육신으로 보내셨다(요 17:11). 아들은 아버지의 이름으로 오셨다. **"나는 내 아버지의 이름으로 왔으매 너희가 영접지 아니하나 만일 다른 사람이 자기 이름으로 오면 영접하리라"**(요 5:43). 예수께서 가지고 오신 아버지의 이름을 세상에 알리셨다. **"내가 아버지의 이름을 저희에게 알게 하였고 또 알게 하리니 이는 나를 사랑하신 사랑이 저희 안에 있고 나도 저희 안에 있게 하려 함이니이다"**(요 17:26). 예수께서 아버지의 이름이 무엇인가를 명확하게 말씀하시지 아니하셨다. 단지 예수께서 아버지와 아들과 성령의 이름을 말씀하셨다. **"그러므로 너희는 가서 모든 족속으로 제자를 삼아 아버지와 아들과 성령의 이름으로 세례를 주고"**(마 28:19). 세례는 삼위일체 하나님의 이름으로 받는다.

　3) "아버지와 아들과 성령의 이름"이란 예수 이름을 의미한다.[149] 사도들은 믿는 자들에게 예수 이름으로 세례를 주었다. **"베드로가 가로되 너희가 회개하여 각각 예수 그리스도의 이름으로 세례를 받고 죄 사함을 얻으라 그리하면 성령을 선물로 받으리니"**(행 2:38). **"이는 아직 한 사람에게도 성령 내리신 일이 없고 오직 주 예수의 이름으로 세례만 받을 뿐이러라"**(행 8:16). 사도들이 (마 28:19)의 말씀에 따

---

149) 졸저, 상게서, 제4부, 보충적 설명 참조

라서 믿는 자들에게 예수 이름으로 세례를 준 것은 삼위일체 하나님의 이름이 예수임을 의미한다. 삼위일체 하나님의 이름이 예수란 관점에서, 구약성경에서 여호와 이름으로 계시된 하나님의 이름은 성부 하나님의 이름이 아니라 예수 이름의 모형이라고 말할 수 있다. 아울러 성령의 이름도 예수라고 말할 수 있다. 하나님의 아들은 아버지의 이름으로 오셨고, 성령은 예수 이름으로 오신다. "**보혜사 곧 아버지께서 내 이름으로 보내실 성령 그가 너희에게 모든 것을 가르치시고 내가 너희에게 말한 모든 것을 생각나게 하시리라**"(요 14:26).

4) 둘째, 하나님은 예수 이름으로 마귀의 심판을 선포하셨다. 예수께서 마귀에게 시험을 받으신 뒤에 심판을 선포하셨다. 그러나 이 사실은 예수와 마귀만이 아는 사실이다. 그러나 마귀는 그의 지배 아래 있는 죄인들을 통하여 하나님의 아들을 십자가에 못 박음으로 자신의 죄와 심판을 객관적으로 확증하였다. 마귀는 하나님의 아들을 시험하고 십자가에 못 박은 자이다. 십자가에 달린 예수의 머리 위에 있는 죄패에 적힌 글, "유대인의 왕 예수"이란 마귀에게 지옥의 형벌을 선고한 판결문이다(마 27:37). 마귀가 예수 이름으로 심판을 받았다는 것을 객관적으로 증거하는 것이 예수 이름으로 귀신이 굴복하고 쫓겨나는 것이다. "**믿는 자들에게는 이런 표적이 따르리니 곧 저희가 내 이름으로 귀신을 쫓아내며 새 방언을 말하며**"(막 16:17).

5) 하나님은 아들의 피로 인류의 죄가 대속하였음과 믿는 자들의 구원이 확정되었음을 예수 이름으로 선포하신다. 예수께서 그의 피로 인한 속죄를 전제로 하여 믿는 자들에게 구원을 선포하셨다. "**예수께서 돌이켜 그를 보시며 가라사대 딸아 안심하라 네 믿음이 너를 구원하였다 하시니 여자가 그 시로 구원을 받으니라**"(마 9:22). "네 믿음"이란 예수께서 죄를 사하시고 병을 고칠 능력이 있다고 믿는 것이다. 사람의 죄를 사하시는 분은 하나님이다. "너를 구원하였다"란 죄인이 죄 사함을 받았다는 것을 의미한다. 예수께서 자기의 이름으로 믿는 자에게 구원을 선포하신다. 하나님은 아들의 선포를 그대로 인정하신다.

6) 예수께서 믿는 자들에게 구원을 선포하신 것은 장차 그의 피로써 인류의 죄를 대속하실 것을 전제로 한 것이다. 예수께서 세상 죄를 짊어지셨다고 마지막 선지자인 세례 요한은 선언하였다. "**이튿날 요한이 예수께서 자기에게 나아오심을 보고 가로되 보라 세상 죄를 지고 가는 하나님의 어린양이로다**"(요 1:29). "세상 죄를 지고 가는 하나님의 어린양"이란 세상 죄를 짊어지고 죄인을 대신하여 죽음을 향하여 나가는 하나님의 어린양을 의미한다. 예수께서 세상 죄를 짊어지고 죽으실 것을 말씀하셨다(마 16:21). 십자가에서 흘리신 예수의 피가 아담으로부터 받은 원죄와 모든 인류의 자범죄를 대속하였다.[150] 하나님께서 믿는 자들에게 예수 이름으

---

150) 졸저, 상게서, 4.3.2 참조

로 구원을 선포하신다. 이것은 그 이름으로 인류의 죄가 대속되었음을 선포하는 것이다. 하나님은 예수 이름으로 속죄와 구원을 선포하신다.

7) 율법과 칭의 언약에 따라서 장차 오실 그리스도를 믿음으로 의롭다 함을 받은 자들의 구원이 예수의 피로 확정되었다. 그들은 믿음으로 의롭다 함을 받았으나 살아있는 동안 구원의 약속을 듣지 못하였다. 그러나 예수께서 십자가에서 피를 흘리는 순간 그들의 구원이 결정되었다. 하나님은 예수 이름으로 그들의 구원을 선포하셨다. 아브라함과 이삭과 야곱은 그리스도 이전 약 2,000년 전에 믿음으로 의롭다 함을 받았으나 살아있을 동안 구원을 받지 못하였다. 그러나 그들의 구원이 예수의 피로 확정되었고, 하나님은 예수 이름으로 그들의 구원을 선포하셨다. 인류는 예수 이름을 믿음으로 영생을 얻을 수 있으며 다른 길은 없다. 따라서 죄인은 오직 예수 이름으로 구원을 얻을 수 있다. **"다른 이로서는 구원을 얻을 수 없나니 천하 인간에 구원을 얻을만한 다른 이름을 우리에게 주신 일이 없음이니라 하였더라"** (행 4:12).

8) 셋째, 하나님은 예수 이름을 믿는 자들에게 은혜를 베푸신다. 예수께서 자기 이름을 믿음으로 영생을 얻는 복음을 선포하셨다(요 3:16). 예수께서 그의 피로써 영생을 얻는 언약을 세우셨다(눅 22:20). 아브라함과 그의 후손에게 주신 칭의 언약과 율법은 소와 염소와 양의 피로써 세운 언약이다.151) 하나님은 아들의 피로써 영생을 얻는 언약을 예수 이름으로 선포하셨다. 따라서 복음을 순종하지 아니하는 자는 예수께서 십자가에 못 박힌 것처럼, 십자가에서 피 흘리는 고통을 영원히 당할 것이다. 동시에 복음을 받아드렸음에도 영생을 얻지 못한다면, 예수께서 다시 십자가에 못 박히실 것이다. 복음은 아들의 목숨과 아들의 이름의 명예를 걸고 선포된 언약이다. 따라서 하나님은 아들의 피를 존귀하게 여기는 자에게 은혜를 베푸신다.

9) 예수 이름을 믿는 것은 하나님 아들의 존재와 영생을 얻는 복음을 믿는 것이다. 하나님의 아들은 만물을 창조하시고 만물을 통치하는 분이다. 하나님의 아들은 복음으로 만물을 통치하신다. 따라서 예수 이름을 믿는 것은 복음을 왕의 명령으로 인정하고 순종하겠다는 맹세이다. 믿는 자들은 이 맹세의 의식으로 세례를 받는다. 믿는 자들은 세상에 속한 모든 것을 버리고 복음만을 순종하면 영생을 얻는다. 따라서 성경은 예수 이름을 믿고 주님이라고 시인하면 구원을 얻는다고 말씀한다. **"네가 만일 네 입으로 예수를 주로 시인하며 또 하나님께서 그를 죽은 자 가운데서 살리신 것을 네 마음에 믿으면 구원을 얻으리니"** (롬 10:9).

10) 예수 이름으로 하나님 아들의 존재와 영생을 얻는 복음이 선포되었다. 따서 하나님은 믿는 자들에게 예수 이름으로 은혜를 베푸신다. 하나님은 믿는 자들에게 예수 이름으로 영생을 주신다. 하나님은 믿는 자들에게 예수 이름으로 성령을 주신

---

151) 졸저, 상게서, 4.4.2,(2) 참조

다(요 15:26). 하나님은 믿는 자들에게 예수 이름으로 성령의 은사를 주신다. 하나님은 예수 이름으로 성령의 열매를 맺게 하신다. 하나님은 예수 이름으로 믿는 자들을 세상 죄로부터 보존하신다. **"내가 저희와 함께 있을 때에 내게 주신 아버지의 이름으로 저희를 보전하와 지키었나이다 그 중에 하나도 멸망치 않고 오직 멸망의 자식 뿐이오니 이는 성경을 응하게 함이니이다"**(요 17:12). 하나님은 예수 이름으로 만물을 통치하신다.

11) 넷째, 믿는 자들은 예수 이름으로 받은 은혜를 예수 이름으로 사용한다. 믿는 자들은 예수 이름으로 복음을 선포한다. 믿는 자들은 예수 이름으로 복음을 받아드리는 자들에게 구원을 선포한다. 땅에서 믿는 자들이 예수 이름으로 풀면 하늘에서 풀릴 것이다. **"내가 천국 열쇠를 네게 주리니 네가 땅에서 무엇이든지 매면 하늘에서도 매일 것이요 네가 땅에서 무엇이든지 풀면 하늘에서도 풀리라 하시고"**(마 16:19). 따라서 믿는 자들은 예수 이름으로 귀신을 쫓아내고 병자를 고친다. **"베드로가 가로되 은과 금은 내게 없거니와 내게 있는 것으로 네게 주노니 곧 나사렛 예수 그리스도의 이름으로 걸으라 하고"**(행 3:6). 사도들은 예수 이름으로 세례를 주었다(행 2:38). 믿는 자들은 모든 일을 예수 이름으로 행함으로 하나님께 영광을 돌린다. **"또 무엇을 하든지 말에나 일에나 다 주 예수의 이름으로 하고 그를 힘입어 하나님 아버지께 감사하라"**(골 3:17).

12) 예수 이름을 믿는 것은 만물을 창조하시고 통치하시는 하나님 아들의 존재와 영생의 말씀, 곧 복음을 믿는 것이다. 복음은 인류의 죄를 대속하고 세상 임금을 심판한 하나님 아들의 피에 의한 구원을 선포하는 말씀이다. 예수께서 자기 이름으로 복음을 선포하시고 믿는 자들에게 구원을 선포하신다. 하나님은 믿는 자들에게 예수 이름으로 은혜를 베푸시고 믿는 자들을 보존하신다. 믿는 자들은 예수 이름으로 하나님의 은혜를 받고 감사한다. 이 모든 것은 예수 이름을 세상에 알림으로 아들을 통하여 하나님께 감사하게 하려는 것이다.

(2) 그리스도의 교회와 십자가를 지는 믿음

1) 구원이란 믿음을, 믿음은 예수의 피에 의한 속죄를, 속죄는 율법에 따른 심판을 전제로 한다. 구원을 얻는 믿음이란 예수 이름을 믿는 것이다. 예수 이름을 믿는 것은 그 이름으로 선포된 모든 말씀의 성취를 믿는 것이다. 복음은 예수의 피로써 세운 언약이다. 예수의 피가 복음의 성취를 보증한다. 예수를 주님이라고 입으로 시인하는 것은 그를 왕으로 인정하고 그의 말씀을 온전히 순종한다는 맹세이다. 광야교회가 온전히 율법을 순종한다는 맹세로 할례를 받은 것처럼, 그리스도의 교회는 복음을 온전히 순종한다는 맹세로 세례를 받는다. 세례는 육체의 정욕을 십자가에 못 박는 것을 의미한다. 곧 십자가를 짊어진 자만이 복음을 순종할 수 있다. 십자가를 지는 것은 복음 앞에서 자신을 부인하는 것이다.

2) 광야교회는 믿음으로 애굽에서 탈출하여 광야로 나왔다. 그들은 애굽에서 쓰던 모든 생활필수품을 버리고 광야로 나왔다. 그들이 홍해를 통과하면서 애굽에서 가지고 나온 것들을 버렸다. 이것은 그리스도 교회가 세상에 속한 모든 것을 버리고 세상에서 나와서 하나님의 나라에 들어가는 것을 모형으로 보여준다. 세상에 속한 것을 버리려면 자기의 십자가를 짊어져야 한다. 십자가를 지는 것은 죽음을 향하여 나가는 것이다. 죽음을 코앞에 앞둔 자에게 돈과 명예와 권력과 육체의 쾌락은 아무런 소용이 없다. 따라서 성경은 교회에게 자기의 십자가를 지고 예수를 따르라고 말씀한다. **"이에 예수께서 제자들에게 이르시되 아무든지 나를 따라 오려거든 자기를 부인하고 자기 십자가를 지고 나를 좇을 것이니라"** (마 16:24). "나를 따라 오다"란 예수의 말씀을 순종하는 것을 의미한다. "자기를 부인하고"란 세상에 속한 것을 사랑하는 생각, 곧 탐심을 버리는 것을 의미한다.

3) 사람은 세상에 속한 자들과 하나님께 속한 자들로 구분한다. 세상에 속한 자들이란 마귀의 지배 아래서 탐심에 따라서 하나님을 대적하는 자들을 의미한다. **"이는 세상에 있는 모든 것이 육신의 정욕과 안목의 정욕과 이생의 자랑이니 다 아버지께로 좇아 온 것이 아니요 세상으로 좇아 온 것이라"** (요일 2:16). 마귀는 육체의 정욕을 자극하여 하나님의 말씀을 대적하려는 탐심을 넣어준다. 탐심에 따라서 행동하는 것은 사망이며 하나님의 심판 아래 들어가는 것이다. **"육신의 생각은 하나님과 원수가 되나니 이는 하나님의 법에 굴복치 아니할뿐 아니라 할 수도 없음이라"** (롬 8:7). 하나님께 속한 자란 믿음으로 세상에서 나오므로 마귀의 지배에서 벗어난 자들을 의미한다. 곧 그들은 예수의 말씀 아래 있는 자들을 의미한다. 세상이 마귀의 지배를 받는 것처럼, 교회는 하나님의 말씀에 따라서 통치를 받는다.

4) 세상은 물질에 의하여 지배를 받는 보이는 세계이다. 하나님의 나라는 복음에 의하여 통치를 받는 보이지 아니하는 세계이다. 마귀는 물질을 통하여 보이는 세계를 지배한다. 하나님은 말씀으로 만물을 통치하신다. 따라서 우리가 물질의 세계에서 나와 영적인 세계로 들어가려면 물질에 대한 모든 욕심을 버려야 한다. 돈과 명예와 권력과 육체의 쾌락을 하나님의 말씀보다 더 사랑하면 절대로 영적인 세계로 들어갈 수 없다. 십자가를 지는 것은 돈과 명예와 권력과 육체의 쾌락을 사랑하는 마음을 버리는 것이다. 돈을 사랑하는 마음은 일만 악의 뿌리이다. **"부하려 하는 자들은 시험과 올무와 여러 가지 어리석고 해로운 정욕에 떨어지나니 곧 사람으로 침륜과 멸망에 빠지게 하는 것이라 돈을 사랑함이 일만 악의 뿌리가 되나니 이것을 사모하는 자들이 미혹을 받아 믿음에서 떠나 많은 근심으로써 자기를 찔렀도다"** (딤전 6:9,10).

5) 사도 바울은 먹을 것과 입을 것이 있으면 그것으로 만족하라고 권고하였다. **"우리가 먹을 것과 입을 것이 있은즉 족한 줄로 알 것이니라"** (딤전 6:8). 바울은 집도 없이 광야에서 노숙하면서 복음을 전파하기 위하여 도보로 이동하였다. 바울

은 궁핍한 생활에 만족하고 기뻐하였다. 바울은 주님보다 좋은 음식을 먹고 주님보다 좋은 의복을 입고 주님보다 좋은 집에서 잘 수 있는 것을 감사하였을 것이다. 지금 이것은 우리에게 큰 교훈을 준다. 우리는 주님보다 좋은 음식을 먹고 주님보다 좋은 옷을 입고 주님보다 좋은 침대에서 자고 있지만, 이것으로 만족하지 못하고 주님께 더 많은 돈을 요구한다. 목회자들은 큰 교회를, 많은 사례비를, 큰 사택을, 좋은 승용차를 원한다. 교인들은 큰 집을, 많은 돈을, 높은 명예를 원한다. 만족하지 못하는 교회를 향하여 성경은 이렇게 말씀한다. **"은을 사랑하는 자는 은으로 만족함이 없고 풍부를 사랑하는 자는 소득으로 만족함이 없나니 이것도 헛되도다"**(전 5:10).

6) 하나님께 속한 자들은 있는 것으로 만족하고 감사하며 하나님의 말씀을 순종하는 것으로 기뻐하여야 한다. 우리는 음부의 권세에서 벗어나 자유를 얻은 것만으로 만족하고 육체에 속한 것을 십자가에 못 박고 예수를 따라야 한다. 그러나 세상에 속하여 마귀의 지배 아래 있는 자들은 욕심이 끝이 없으며 항상 더 많은 것을 요구한다. 이 욕심이 사기와 살인과 전쟁으로 나타나고 있다. 인류의 역사는 전쟁의 역사다. 큰 영토를 가진 강대국은 있는 것으로 만족하지 못하고 약한 나라의 것을 빼앗으려고 전쟁을 일으키고 있다.152) 성경은 음부의 권세에 속한 자들은 만족하지 못한다고 말씀한다. **"음부와 유명은 만족함이 없고 사람의 눈도 만족함이 없느니라"**(잠 27:20).153) 음부에서 마귀의 지배 아래 있는 자들은 만족하지 못하는 거머리와 같다고 성경은 말씀한다. **"거머리에게는 두 딸이 있어 다고 다고 하느니라 족한 줄을 알지 못하여 족하다 하지 아니하는 것 서넛이 있나니 곧 음부와 아이 배지 못하는 태와 물로 채울 수 없는 땅과 족하다 하지 아니하는 불이니라"**(잠30:15,16). "다고 다고"란 항상 손을 벌리고 상대방에게 무엇을 달라고 하는 것을 의미한다.

7) 이스라엘 백성이 애굽에서 광야로 나온 뒤에 애굽에서 사용하던 것들을 얻을 수 없었다. 그들은 하나님께서 주신 것만을 사용할 수 있었다. 이처럼 믿음으로 영적인 세계에 들어온 자들은 세상의 물질세계에 있는 것을 그들의 능력으로 얻을 수 없다. 하나님은 믿는 자들에게 세상에 속한 것들을 금하시기 때문이다. 따라서 세상에 있는 것들을 사랑하여 하나님을 원망하는 것이 죄이다. 하나님은 우리에게 필요한 것들을 아시고 그것들을 값없이 주신다. 따라서 성경은 무엇을 먹을까 무엇을 입을까 염려하지 말라고 말씀한다. **"그러므로 염려하여 이르기를 무엇을 먹을까**

---

152) 세계 제2차 대전에서 독일은 유럽의 모든 국가를 점령하기 위하여 전쟁을 일으켰다. 중국의 역사는 전쟁의 역사로서 강한 자가 약한 자의 것을 빼앗기 위하여 전쟁을 일으켰다. 지금도 이러한 전쟁이 세계 각처에서 일어나고 있다.
153) "유명"으로 번역된 히브리어, '아받도(אֲבַדָּה)'란 멸망(destruction)을 의미한다. 멸망이란 죄로 인하여 심판을 받은 것을 의미하는 것으로 해석할 수 있다.

무엇을 마실까 무엇을 입을까 하지 말라 이는 다 이방인들이 구하는 것이라 너희 천부께서 이 모든 것이 너희에게 있어야 할 줄을 아시느니라"(마 6:31, 32). 이것이 자기의 십자가를 지고 예수를 따르는 자의 모습이다.

8) 이스라엘 백성은 하늘에서 내려오는 만나로써 만족하지 못하고 애굽에서 먹던 것을 사모하며 하나님을 원망하였다. 하나님은 그들의 요구를 거절하지 아니하시고 그들에게 고기를 주셨다(민 11:31). 만나로써 만족하지 못하고 고기를 요구한 자들에게 저주가 임하였다. "고기가 아직 잇사이에 있어 씹히기 전에 여호와께서 백성에게 대하여 진노하사 심히 큰 재앙으로 치셨으므로"(민 11:33). 이 말씀은 그리스도 교회에 대한 경계의 말씀으로 거울과 같다. 그리스도의 교회가 복음을 순종하는 삶으로 만족하지 아니하고 세상에 속한 것을 사모하여 하나님을 원망하면, 하나님은 그들의 요구를 들어주실 것이다. 그들은 하나님께 받은 것을 하나님의 은혜로 알고 기뻐할 것이다. 그러나 하나님은 그들의 요구를 들으신 뒤에 그들을 저주하실 것이다. 따라서 사도 바울은 경건을 육체적 이익의 재료로 삼지 말라고 경고하였다. "마음이 부패하여지고 진리를 잃어버려 경건을 이익의 재료로 생각하는 자들의 다툼이 일어나느니라"(딤전 6:5). "경건을 이익의 재료로 생각하는 자들"이란 경제적인 이익을 얻기 위하여 말씀을 순종하는 것을 의미한다. 말씀을 순종함으로 재물을 얻으려는 자는 부패한 마음을 가진 자이다.

9) 예수의 말씀을 순종하기 위하여 십자가를 지는 것은 항상 자신의 정욕을 죽이는 것이다. 그리스도의 교회가 십자가를 질 때 비로소 복음을 순종할 수 있다. 그러나 교회가 십자가를 벗는 순간 복음을 순종할 수 없다. 복음을 순종한다는 것은 예수의 말씀이 우리 안에서 살아 역사한다는 것을 의미한다. 예수의 말씀이 살아있다는 것은 그의 말씀이 성령으로 우리 안에서 인격을 나타내는 것을 의미한다. 예수의 말씀이 내 안에서 살았느냐 아니면 죽었느냐 하는 것은 내가 십자가를 지고 있느냐 아니면 벗었느냐에 좌우된다. 내 정욕이 살면 내 안에서 예수의 말씀은 죽고, 내 정욕이 죽으면 내 안에서 그 말씀은 살아 역사한다. 따라서 바울은 십자가에 못 박혀 죽었고 그 안에서 그리스도께서 살았다고 고백하였다. "내가 그리스도와 함께 십자가에 못 박혔나니 그런즉 이제는 내가 산 것이 아니요 오직 내 안에 그리스도께서 사신 것이라 이제 내가 육체 가운데 사는 것은 나를 사랑하사 나를 위하여 자기 몸을 버리신 하나님의 아들을 믿는 믿음 안에서 사는 것이라"(갈 2:20).

10) 십자가를 지는 것은 혈육 관계를 초월하는 것이다. 사람에게 있어서 가장 중요한 것은 목숨이다. 목숨을 잃으면 모든 혈육 관계는 끊어지고 일생동안 얻은 모든 재물과 명예도 없어진다. 따라서 성경은 이 세상에서 목숨이 가장 귀중하다고 말씀한다. "사람이 만일 온 천하를 얻고도 제 목숨을 잃으면 무엇이 유익하리요 사람이 무엇을 주고 제 목숨을 바꾸겠느냐"(마 16:26). 그러나 목숨보다 더 귀중한

것이 예수의 말씀이다. 그 말씀은 예수의 피를 뿌린 말씀이며 믿는 자들에게 생명을 주는 말씀이다. 따라서 예수께서는 생명을 위하여 목숨을 버리는 믿음을 요구하신다. 목숨을 버리는 믿음이란 생명을 얻기 위하여 부모, 형제, 아내, 자녀, 그리고 모든 재산보다 예수의 말씀을 더 사랑하는 것이다. **"아비나 어미를 나보다 더 사랑하는 자는 내게 합당치 아니하고 아들이나 딸을 나보다 더 사랑하는 자도 내게 합당치 아니하고"**(마 10:37).

11) 십자가를 지는 것은 성령을 받는 것과 관련된다. 성령은 예수 이름을 위하여 자기의 십자가를 짊어진 자에게 임한다. 그 두 가지로 해석할 수 있다. 첫째, 탐심을 못 박은 십자가를 짊어진 자만이 복음을 순종할 수 있다. 탐심을 따르면 복음을 순종할 수 없다. 둘째, 복음은 성령으로만 순종할 수 있다. 율법은 교육과 훈련으로 순종할 수 있다. 바리새인들과 서기관들이 좋은 사례이다. 그들은 탐심을 통제하지 못하였지만, 말과 행위는 거룩하였다. 그러나 복음은 성령을 받음으로 순종할 수 있다. 오순절 날 사도들은 성령을 받은 뒤에 목숨을 걸고 복음을 순종하였다. 따라서 탐심을 못 박은 십자가를 지는 것과 성령을 받는 것은 동시적 사건이라고 말할 수 있을 것이다. 방언을 말함으로 성령을 받았다고 자랑하는 자들이 과거처럼 탐심에 따라서 행동한다면 성령을 받지 못한 것이다.

12) 그리스도의 교회란 하나님께서 택하여 세상에서 불러내시고 하나님의 나라로 인도하신 자들의 모임이다. 하나님의 나라에 들어가려면 육체에 속한 것을 십자가에 못 박고 예수의 말씀을 순종하여야 한다. **"이와 같이 너희 중에 누구든지 자기의 모든 소유를 버리지 아니하면 능히 내 제자가 되지 못하리라"**(눅 14:33). 육체에 속한 것을 짊어지고 있으면 예수의 말씀을 순종할 수 없을 뿐 아니라 하나님의 나라에 들어갈 수 없다. 돈과 명예와 권력과 쾌락의 옷을 벗은 자만이 하나님의 나라에 들어갈 수 있다. 교회의 믿음은 자기를 음부의 권세에서 구원하여 자유를 주신 은혜를 감사하며 자기의 십자가를 지고 예수를 따르는 것이다. 자기의 십자가를 지지 아니하면 예수의 이름으로 선포된 말씀을 순종할 수 없다.

(3) 사랑으로 역사하는 믿음

1) 복음은 사랑을 실천하는 것이며 동시에 율법을 완성하는 것이다. 율법은 장차 오실 그리스도의 안에 있는 사랑을 모형으로 보여준다. 율법에 따라서 성전에서 드려진 모든 제사는 예수의 피에 의한 속죄를 통하여 계시된 하나님의 사랑을 모형으로 보여준다. 율법의 요구를 성취한 하나님의 사랑이 온 세계를 덮는 것이 그리스도의 교회를 향한 하나님의 뜻이다. 하나님께서 그리스도 교회에게 요구하는 사랑은 세 가지로 구분할 수 있다. 첫째, 하나님의 자녀로서 하나님에 대한 사랑이다. 둘째, 그리스도의 지체로서 형제간의 사랑이다. 셋째, 복음을 전하는 자로서 믿지 아니하는 자들에 대한 사랑이다. 하나님을 사랑하는 것은 그의 말씀을 사랑하는 것

이며 말씀을 순종하는 것이다. 형제를 사랑하는 것은 형제의 허물을 덮어주고 형제의 연약을 짊어지는 것이다. 불신자를 사랑하는 것은 그들에게 복음을 증거함으로 그들을 음부의 권세로부터 구원하여 내는 것이다. 이 모든 사랑은 예수의 피로 수렴한다. 곧 예수의 피로 구원을 얻은 자만이 사랑을 실천할 수 있기 때문이다.

2) 첫째, 하나님은 사람을 사랑하시므로 사람을 자기의 형상으로 창조하셨다. 사람은 모든 피조물보다 많은 특권을 부여받았다. 사람은 인격이 있으므로 문명을 건설하여 문화생활을 누리고 모든 생물을 다스리며 하나님의 영광을 위하여 일할 수 있다. 이 모든 것이 하나님의 사랑이다. 따라서 하나님은 사랑을 받은 사람에게 사랑을 요구하신다. **"예수께서 가라사대 네 마음을 다하고 목숨을 다하고 뜻을 다하여 주 너의 하나님을 사랑하라 하셨으니"** (마 22:37). 하나님은 말씀으로 그의 일과 속성을 계시하심으로 하나님을 사랑하는 것은 그의 말씀을 사랑하는 것이다. **"나의 사랑하는바 주의 계명을 스스로 즐거워하며"** (시 119:47). **"내가 주의 법을 어찌 그리 사랑하는지요 내가 그것을 종일 묵상하나이다"** (시 119:97). 하나님의 말씀을 사랑하는 것은 그 말씀을 순종하는 것이다. **"내 심령이 주의 증거를 지켰사오며 내가 이를 지극히 사랑하나이다"** (시 119:167). 하나님을 사랑하는 자는 하나님의 계명을 순종한다. **"나의 계명을 가지고 지키는 자라야 나를 사랑하는 자니 나를 사랑하는 자는 내 아버지께 사랑을 받을 것이요 나도 그를 사랑하여 그에게 나를 나타내리라"** (요 14:21).

3) 율법은 이스라엘 백성에게 하나님을 사랑하라고 명령하였다(신 6:5). 그러나 그들은 육신이 연약하여 하나님을 사랑하지 못하고 우상을 사랑하였다. 육신으로 임하신 하나님의 아들만이 율법의 요구대로 목숨을 다하여 하나님을 사랑하셨다. 하나님은 아들에게 순종하여야 할 말씀을 주셨다(요 12:49). 하나님은 아들에게 인류의 죄를 대속하시고 음부의 권세를 심판하는 사명을 주셨다. 아들이 아버지의 말씀을 순종하려면 육신을 입으셔야 한다. 거룩한 피만이 인류의 죄를 대속하실 수 있기 때문이다. 창조주 하나님께서 아버지의 뜻을 성취하기 위하여 자신을 피조물의 형체로 낮추시고 죽음으로 그 뜻을 이루셨다. **"오히려 자기를 비어 종의 형체를 가져 사람들과 같이 되었고 사람의 모양으로 나타나셨으매 자기를 낮추시고 죽기까지 복종하셨으니 곧 십자가에 죽으심이라"** (빌 2:8).

4) 예수께서 자기의 목숨을 버리고 아버지의 말씀을 순종하심으로 아버지를 사랑하신 것처럼, 교회도 목숨을 버리는 마음으로 십자가를 지고 복음을 순종하여야 한다. (마 22:37)에서 "마음을 다하라"란 마음속에 있는 하나님의 말씀을 대적하는 불신앙, 곧 탐심을 칼로 도려내는 것을 의미한다. 이것은 마음의 할례이다. **"오직 이면적 유대인이 유대인이며 할례는 마음에 할찌니 신령에 있고 의문에 있지 아니한 것이라 그 칭찬이 사람에게서가 아니요 다만 하나님에게서니라"** (롬 2:29). "목숨을 다하라"란 하나님의 말씀을 목숨보다 더 귀하게 여기는 것을 의미한다. 곧 목

숨을 걸고 하나님의 말씀을 순종하는 것이다. "뜻을 다하라"란 소망을 물질에 두지 말고 오직 하나님의 말씀에 두라는 것이다. 이러한 조건이 충족되면 하나님의 말씀을 순종함으로써 하나님을 사랑할 수 있다.

5) 둘째, 교회는 그리스도의 지체이므로, 하나님은 성도들에게 형제를 사랑하라고 명령하신다. **"새 계명을 너희에게 주노니 서로 사랑하라 내가 너희를 사랑한것 같이 너희도 서로 사랑하라"**(요 13:34). 새 계명인 복음은 믿는 자들에게 형제간의 사랑을 욕구한다. 그리스도의 지체는 그들의 영이 예수의 피를 생명으로 받았으므로 육체의 혈통을 초월하여 모두 형제자매이다. 그리스도의 교회는 육체적으로 혈통이 다르나, 영적으로 예수의 피를 생명으로 가지고 있다. 육체가 부모로부터 받은 피에 의하여 그 목숨을 유지하는 것처럼, 영은 하나님께 받은 예수의 피에 의하여 그 생명을 유지하고 있다. 곧 그리스도의 교회는 예수의 피에 의하여 그 생명을 유지하고 있다. 따라서 교회 안에서 성도들은 형제를 내 몸과 같이 사랑하여야 한다. **"둘째는 그와 같으니 네 이웃을 네 몸과 같이 사랑하라 하셨으니"**(마 22:39).

6) 그리스도 예수 안에서 성도들은 서로 형제이며 그리스도의 지체이다. 손과 발은 그들을 위하여 일하지 아니하고 다른 지체를 위하여 일한다. 이와 같이 그리스도의 교회 안에서 성도들은 자기를 위하여 일하지 아니하고 다른 형제를 위하여 일한다. 곧 그리스도 교회 안에서 성도들은 자기의 유익을 구하지 아니하고 다른 형제의 유익을 위하여 일하여야 한다. **"누구든지 자기의 유익을 구치 말고 남의 유익을 구하라"**(고전 10:24). 그리스도 교회 안에서 성도들은 형제가 헐벗었으면 옷을 입히고 굶주리면 먹을 것을 나누어 주어야 한다. 성도들은 형제가 슬퍼할 때 함께 슬퍼하고 형제가 기뻐할 때 함께 기뻐하여야 한다. 형제의 연약을 짊어지는 것이 사랑이다. **"우리 강한 자가 마땅히 연약한 자의 약점을 담당하고 자기를 기쁘게 하지 아니할 것이라"**(롬 15:1).

7) 셋째, 불신자들에 대한 사랑이다. 사람은 믿는 자들과 믿지 아니하는 자들로 구분할 수 있다. 불신자들은 믿는 자들을 미혹하며 핍박하는 마귀의 도구로 사용되고 있다. 불신자들은 하나님의 아들을 십자가에 못 박았을 뿐만 아니라 믿는 자들을 핍박하고 죽인다. 사도들은 믿지 아니하는 유대인들과 이방인으로부터 많은 핍박을 받았다. 사도 바울의 고백은 불신자들이 얼마나 교회를 핍박하였는가를 보여 준다. "저희가 그리스도의 일군이냐 정신없는 말을 하거니와 나도 더욱 그러하도다 내가 수고를 넘치도록 하고 옥에 갇히기도 더 많이 하고 매도 수없이 맞고 여러 번 죽을뻔 하였으니 유대인들에게 사십에 하나 감한 매를 다섯 번 맞았으며 세 번 태장으로 맞고 한번 돌로 맞고 세 번 파선하는데 일 주야를 깊음에서 지냈으며 여러 번 여행에 강의 위험과 강도의 위험과 동족의 위험과 이방인의 위험과 시내의 위험과 광야의 위험과 바다의 위험과 거짓 형제 중의 위험을 당하고 (고후 11:

23~26).

    8) 이방인들은 이스라엘 백성을 미혹하여 우상을 숭배하게 한 뒤에 칼로 그들을 사로잡아 종으로 삼았다. 이방인들은 이스라엘 백성의 원수였다. 따라서 그들이 가나안땅에 들어가기 전에, 하나님은 그들에게 이방인을 진멸하고 그들과 교제를 금하셨다(신 7:2,3). 그러나 이스라엘 백성은 이방인을 살려주었다. 이것이 화근이 되어 그들은 우상숭배에 빠지게 되었고 결국 나라를 이방인의 손에 넘겨주었다. 이것이 중동지역의 꺼지지 아니하는 전쟁의 불씨가 되었다. 율법 아래서 이방인을 원수로 여기고 가까이하지 말라는 것은 이스라엘 백성과 이방인의 관계가 하나님의 백성과 마귀의 자식을 영적 전쟁을 모형으로 보여주기 때문이다.[154] 이스라엘 백성과 이방인 간의 전쟁에서 승패는 그리스도 교회의 영적 전쟁의 승패를 모형으로 보여준다. 따라서 이스라엘과 이방인 사이에 전쟁의 승패는 하나님의 뜻에 달려있었다. 이스라엘 백성이 이방인을 원수로 여기지 아니하고 사랑하는 것은 하나님을 사랑하지 아니하고 음부의 권세를 사랑하는 것을 모형으로 보여준다. 따라서 율법은 이방인을 진멸하라고 말씀하셨다(신 7:2,3).

    10) 율법과 달리 복음은 교회에게 원수를 미워하지 말고 사랑하라고 말씀한다. **"나는 너희에게 이르노니 너희 원수를 사랑하며 너희를 핍박하는 자를 위하여 기도하라" (마 5:44).** "너희 원수"란 불신자를 의미한다. "사랑하며"란 죄와 허물을 덮어주는 것이다. **"무엇보다도 열심으로 서로 사랑할찌니 사랑은 허다한 죄를 덮느니라" (벧전 4:8).** 교회가 불신자를 미워하지 말고 사랑하여야 하는 이유는 세 가지이다. 첫째, 하나님은 예수의 피로써 온 인류의 죄를 대속하셨다.[155] 보편적 속죄설을 전제로 할 때, 불신자들은 예수의 피로써 그들의 모든 죄가 대속된 것을 알지 못하고 있다. 하나님은 믿는 자들이나 불신자들이나 모두 예수의 피로써 그들의 죄가 대속된 것으로 인정하신다. 따라서 불신자의 죄를 덮어주지 아니하는 것은 예수의 피의 공로를 부정한 것으로 여기는 것이다(히 10:29).

    11) 둘째, 불신자들로 예수 이름을 믿지 못하게 하는 자는 음부의 권세를 잡은 마귀이다(고후 4:4). **"죄를 짓는 자는 마귀에게 속하나니 마귀는 처음부터 범죄함이니라 하나님의 아들이 나타나신 것은 마귀의 일을 멸하려 하심이니라" (요일 3:8).** "죄를 짓는 자는 마귀에게 속하나니"란 죄인은 모두 마귀의 지배 아래서 하나님을 대적한다는 것을 의미한다. 사람은 누구나 원죄의 흔적인 정욕을 육체에 가지고 있다. 이 정욕은 사단의 악한 생각이 농축된 것으로, 이로부터 하나님의 말씀을 대적하려는 육신의 생각이 끊임없이 나온다. 이 생각은 탐욕이다. 동물이 본능

---

154) 졸저, 상게서, 3.2.2.(2) 및 3.2.2.(3) 참조
155) 예수의 피에 의한 속죄의 범위에 대하여 제한 속죄설과 보편적 속죄설이 대립하고 있으나, 전자보다 후자가 하나님의 뜻과 일치한다고 말할 수 있다. 졸저, 상게서, 4.3.2.(1) 참조

에 따라서 기계적으로 살아가는 것처럼, 불신자들은 탐욕에 따라서 기계적으로 하나님을 대적한다. 곧 불신자들은 하나님을 대적하는 기계, 곧 좀비와 같다. 불신자들이 교회를 핍박하더라도 그들을 미워하고 원망하는 것은 기계나 좀비를 미워하는 것과 같다.156) 미워할 대상은 불신자들이 아니고 그들을 지배하는 마귀이다.

12) 불신자들은 전도의 대상이다. 교회가 불신자들을 미워하면 그들에게 복음을 증거할 수 없다. 따라서 전도의 대상인 불신자를 불쌍히 여기고 그들의 허물을 덮어주는 것이 하나님의 뜻이다. "원수를 사랑하라"란 불신자들을 불쌍히 여기고 사랑하는 것을 의미한다. 예수께서 자기를 십자가에 못 박은 자들의 죄를 용서하셨다. **"이에 예수께서 가라사대 아버지여 저희를 사하여 주옵소서 자기의 하는 것을 알지 못함이니이다 하시더라 저희가 그의 옷을 나눠 제비 뽑을쌔"**(눅 23:34). 스데반은 자기를 돌로 치는 자들을 용서하였다. **"무릎을 꿇고 크게 불러 가로되 주여 이 죄를 저들에게 돌리지 마옵소서 이 말을 하고 자니라"**(행 7:60). 사도 바울은 자기를 핍박하고 죽이려는 유대인의 죄를 용서하고 그들의 구원을 위하여 기도하였다. **"나의 형제 곧 골육의 친척을 위하여 내 자신이 저주를 받아 그리스도에게서 끊어질찌라도 원하는 바로라"**(롬 9:3).

13) 불신자들의 죄를 용서하는 것은 소극적인 사랑이다. 그들에게 복음을 전하여 그들을 음부의 권세로부터 구원하여 내는 것이 적극적인 사랑이다. 바울은 이방인의 사도로서 목숨을 걸고 복음을 전함으로 예수의 피로 그들의 죄와 허물을 덮었다. 이방인들에게 복음을 전하는 것은 많은 수고와 인내, 고난과 핍박을 감내하여야 한다. **"바로 이 시간까지 우리가 주리고 목마르며 헐벗고 매맞으며 정처가 없고 또 수고하여 친히 손으로 일을 하며 후욕을 당한즉 축복하고 핍박을 당한즉 참고 비방을 당한즉 권면하니 우리가 지금까지 세상의 더러운 것과 만물의 찌끼 같이 되었도다"**(고전 4:11~13). 사도 바울은 이방인들에게 예수의 피에 의한 하나님의 사랑을 실천하는 전도자의 자세를 사랑으로 표현하였다(고전 13).157)

14) 복음은 사랑을 실천하는 것으로서 율법을 완성하는 것이다. 복음은 율법에 사랑을 더한 것이다. 하나님과 이웃을 사랑하면 율법을 온전히 순종하는 것이다. 사랑은 하나님, 이웃, 및 원수를 사랑하는 것이다. 하나님을 사랑하는 것은 하나님의 말씀을 순종하는 것이다. 이웃을 사랑하는 것은 그리스도의 지체로서 구원받은 형제를 사랑하는 것이다. 원수를 사랑하는 것은 불신자들에게 복음을 전하는 것이다. 성도들은 사랑을 실천함으로 율법을 완성하고 하나님의 은혜 안에 들어갈 수 있다.

15) 교회가 사랑을 실천하려면 율법을 통하여 자신의 죄를 보고 복음을 통하여

---

156) 운전자가 부주의로 자동차가 사고를 냈을 때, 사람들은 운전자를 비난하지 자동차를 원망하지 아니한다.
157) 졸저, 상게서, 6.3.3 참조

세상을 보아야 한다. 율법을 통하여 자기의 마음속에 있는 탐심을 보는 자들은 타인의 죄를 책망하지 아니한다. 바리새인들과 서기관들은 복음을 통하여 그들의 죄를 보지 못하였으므로 하나님의 아들을 정죄하였다. 복음을 통하여 세상을 보면 세상에 속한 자들의 모든 죄를 대속한 예수의 피를 볼 수 있다. 율법을 통하여 자신의 죄를 보고 복음을 통하여 세상 죄를 대속한 예수의 피를 보는 자는 원수를 사랑할 수 있다.

16) 복음은 사랑을 실천하는 것이다. 따라서 하나님과 이웃과 원수를 사랑하는 마음이 있어야 복음을 순종할 수 있다고 말할 수 있다. 따라서 교회는 믿음으로 복음을 순종할 수 있으므로, 믿음은 사랑으로 역사한다고 말할 수 있다. 사랑이 없는 믿음이란 외식이며, 믿음의 역사가 나타나지 아니한다. 믿음에는 반드시 역사가 나타나야 한다(살전 1:3). 예수께서 아버지와 세상을 사랑하셨다. 아버지의 말씀을 순종하는 예수의 사랑이 전능하신 하나님의 역사를 나타냈다. 사도 바울은 하나님과 성도와 원수를 사랑하는 마음으로 복음을 전파함으로 많은 전도의 열매를 맺었다. 곧 믿음은 사랑으로 역사한다. **"그리스도 예수 안에서는 할례나 무할례가 효력이 없되 사랑으로써 역사하는 믿음뿐이니라"**(갈 5:6).

(4) 이해를 위한 질문
1) 믿음의 대상
   a. 하나님께서 예수 이름으로 아들의 존재를 계시하시는 이유는 무엇인가.
   b. 성경에서 계시된 삼위일체 하나님의 이름은 무엇인가(마 28:19).
   c. 하나님께서 예수 이름으로 복음을 선포하게 하신 이유는 무엇인가(요 3:16).
   d. 하나님께서 예수 이름을 믿는 자들에게 은혜를 베푸시는 이유는 무엇인가.
   e. 믿는 자들이 예수 이름으로 일하는 이유는 무엇인가(골 3:17).
2) 그리스도의 교회와 십자가를 지는 믿음
   a. 자기의 십자가를 가고 예수를 따르는 믿음이란 무엇인가(마 16:24).
   b. 세상에 속한 것의 특징은 무엇인가(요일 2:16).
   c. 돈을 사랑하는 것이 모든 악의 뿌리가 되는 이유는 무엇인가(마 6:24).
   d. 믿는 자들이 있는 것으로 만족하여야 하는 이유는 무엇인가.
   e. 믿는 자들이 십자가에 못 박혀 죽는다는 것은 무엇을 의미하는가(갈 2:20: 고전 15:31).
3) 사랑으로 역사하는 믿음
   a. 율법이 거룩한 피에 의한 속죄를 요구하는 이유는 무엇인가(롬 3:20).
   b. 사랑이 율법을 완성하는 이유는 무엇인가(롬 13:10).
   c. 하나님을 사랑하는 것은 무엇인가(신 6:5).
   d. 이웃을 사랑하는 것은 무엇을 전제로 하는가(고전 12:27).

e. 원수를 사랑하여야 하는 이유는 무엇인가(눅 23:34).
f. 교회가 복음으로 세상을 보아야 하는 이유는 무엇인가.

2. 그리스도의 교회와 하나님의 나라
(1) 하나님의 나라의 성격과 영적 전쟁

1) 그리스도 교회의 믿음의 본질은 믿음으로 거듭나서 세상에서 나와서 하나님의 나라에 들어가는 것이다. 하나님의 나라란 하나님의 말씀이 통치하는 영역을 말한다. 하나님의 언약을 통하여 계시된 하나님의 나라는 믿는 자들 안에 임한다. 하나님의 나라를 성도의 사후영혼이 들어갈 낙원과 부활 후에 들어갈 아버지의 집으로만 이해하면 성경에게 계시된 하나님의 나라를 이해할 수 없다. 이 땅에서 하나님의 나라는 만물을 통치하는 예수의 말씀을 의미한다. 세례 요한은 예수의 오심을 하나님의 나라가 가까이 왔다고 선포하였다. 예수께서 만물을 통치하는 하나님의 말씀을 가지고 오셨으므로, 예수의 오심이 천국의 임재(臨在)이다. 천국은 하늘나라의 권세를 의미한다. 따라서 믿음으로 거듭나서 천국에 들어가는 것은 하나님의 권세 아래 들어가는 것이다.

2) 칭의 언약과 율법을 통하여 하나님의 나라가 모형과 그림자로 계시되었다. 아브라함과 이삭과 야곱은 하나님을 믿음으로 모형으로 계시된 하나님의 나라에 들어갔다. 이스라엘 후손들도 역시 믿음으로 의롭다 함을 받음으로 모형으로 계시된 하나님의 나라에 들어갔다. 그들이 들어간 하나님의 나라는 장차 오실 그리스도이다. 그들은 장차 오실 그리스도 안에서 그들의 죄를 용서할 하나님의 은혜를 알고 기뻐하였다. 그들은 모형으로 계시된 하나님의 나라에 들어가기 위하여 그들의 목숨을 걸고 장차 오실 그리스도를 믿었다. 그들은 하나님의 말씀을 순종하기 위하여 재산, 명예, 권력 및 육체의 쾌락을 사랑하는 마음을 버림으로 하나님의 나라에 들어갈 수 있었다.

3) 아브라함은 하나님의 말씀을 순종하기 위하여 하란의 비옥한 토지를 버렸다. 그는 하나님의 말씀을 순종하기 위하여 독자 이삭을 번제로 드렸다. 그는 모형으로 계시된 하나님의 나라에 들어가서 장차 오실 그리스도의 피에 의한 속죄를 알고 기뻐하였다(창 22:17,18). 모세는 애굽의 왕자의 지위를 버리고 하나님의 나라에 들어가서 장차 오실 그리스도 안에서 충성하였다. 다윗은 이스라엘 주권자의 지위를 초월하여 믿음으로 하나님의 나라에 들어가서 장차 오실 그리스도 안에 있는 구원을 사모하였다. 솔로몬은 믿음으로 하나님의 나라에 들어갔으나 육체의 쾌락을 위하여 이방여자를 사랑함으로 하나님의 나라에서 퇴출되었다.

4) 예수의 말씀을 순종함으로 하나님의 나라에 들어가려면 세상에 속한 모든 것을 버려야 한다. 세상은 음부의 권세인 마귀의 지배 아래서 정욕에 따라서 살아가는 자들의 모임이다. 세상에 속한 자들은 마귀의 자녀로서 독사들이다(마 23:32).

그들이 하나님의 나라에 들어가려면 독사의 형상을 벗어야 한다. 이것은 예수 이름을 믿고 세례를 받음으로 가능하다(행 2:38). 예수 그리스도와 연합하여 세례를 받는 것은 옛사람이 십자가에 못 박혀 죽는 것이다(롬 6:6). 우리가 세상에 속하여 마귀의 지배 아래 있을 때, 모두가 동물의 형상을 입고 있었다. 동물이 본능에 따라서 기계적으로 살아가듯이, 세상에 속한 자들은 탐욕에 따라서 기계적으로 살아간다. 따라서 하나님의 나라에 들어가려면 믿고 세례를 받음으로 동물의 형상을 벗어야 한다.

5) 육체가 죽은 뒤에 사람의 영혼은 싫든 좋든 영적인 세계로 들어간다. 영혼은 육체와 분리되어 육체가 사용하던 모든 것을 버리고 영적인 세계로 들어간다. 이처럼 교회는 육체가 살아있는 동안 세상의 물질세계에서 나와서 영적인 세계인 하나님의 나라에 들어간다. 물질과 명예와 권력과 육체의 쾌락을 사랑하는 마음을 버린 자는 동물의 형상을 벗고 하나님의 나라에 들어간다. 따라서 하나님의 나라는 육체적으로 먹고 마시는 것이 아니라 하나님은 은혜 안에서 평강을 누린다. **"하나님의 나라는 먹는 것과 마시는 것이 아니요 오직 성령 안에서 의와 평강과 희락이라" (롬 14:17).** "성령 안에서"란 성령의 인도하심을 의미한다. 성령의 인도하심으로 복음을 순종하여 의와 평강을 누린다.

6) "평강을 누리다"란 율법의 정죄와 하나님의 심판에서 벗어나 하나님의 은혜 안에 들어가는 것을 의미한다. 하나님의 은혜 아래 들어가면 모든 짐을 벗고 안식을 누린다. 하나님의 나라에 들어가기 전에 마귀의 지배 아래 있는 죄인은 율법의 정죄와 저주의 무거운 짐을 지고 있다. 무거운 짐을 벗으려면 그리스도와 함께 멍에를 져야 한다. **"나는 마음이 온유하고 겸손하니 나의 멍에를 메고 내게 배우라 그러면 너희 마음이 쉼을 얻으리니" (마 11:29).** "나의 멍에"란 십자가를 의미한다. 그리스도와 함께 자기의 십자가를 짊어진 자는 모든 짐을 벗고 안식에 들어간다. "쉼을 얻으리니"란 안식에 들어가는 것이다.[158] 믿음으로 그리스도와 함께 멍에를 메는 것이 안식에 들어가는 길이다. 믿는 자들은 안식에 들어간다고 성경은 말씀한다. **"또 하나님이 누구에게 맹세하사 그의 안식에 들어오지 못하리라 하셨느뇨 곧 순종치 아니하던 자에게가 아니냐 이로 보건대 저희가 믿지 아니하므로 능히 들어가지 못한 것이라" (히 3:18,19).**

7) 자기의 십자가를 짊어진 자가 하나님의 나라에서 평강을 누린다. 믿음으로 마귀의 지배에서 짊어진 율법의 정죄와 저주에서 벗어난 자는 하나님의 은혜 아래 들어간다. 하나님의 은혜는 예수의 말씀, 곧 복음을 통하여 임한다. 하나님은 아들을 통하여 믿는 자들에게 은혜를 베푸신다. 그리스도 예수밖에는 하나님의 은혜가 없다. 곧 예수의 말씀을 순종하는 것은 하나님의 은혜에 들어가서 평강을 누리는

---

[158] "쉼"으로 번역된 헬라어, 아나파우신(ἀνάπαυσιν)란 '휴식하다, 안식하다'를 의미한다.

것이다. 하나님과 나 사이, 예수의 말씀과 나 사이를 가로막는 장막, 곧 죄와 저주가 없는 것이 평강이다. 예수의 말씀을 통하여 계시되는 하나님의 인격과 믿는 자의 인격이 조화를 이루는 것이 평강이다. 곧 자기의 십자가를 짐으로 자기를 부인하는 자만이 자신의 인격을 하나님의 인격에 맞출 수 있다.

8) 하나님의 나라에 들어간 자는 하나님의 형상을 닮는다. 아담이 타락하므로 모든 사람은 마귀의 지배 아래서 독사의 형상을 입었다. 따라서 하나님의 나라에 들어가려면 독사의 형상을 벗고 하나님의 형상을 입어야 한다. 하나님의 나라에 만물을 통치하는 하나님의 형상은 십자가에서 피를 흘리시는 예수의 모습이다. 예수께서 이 땅에서 많은 이적과 기사를 행하셨으나, 제자들과 믿는 자들은 그가 하나님의 아들이심을 막연하게 알고 있었다. 따라서 그들은 예수께서 십자가에 못 박힐 때, 모두 하나님의 아들을 버렸다. 그러나 예수께서 부활하신 뒤에 그들은 십자가에 못 박히신 예수가 하나님의 아들이심으로 알았다. 십자가에서 피를 흘리신 예수는 인류의 죄를 대속하시고 세상 임금을 심판하시는 하나님의 형상이다. 이를 지켜본 백부장은 예수는 하나님의 아들이라고 고백을 하였다. **"백부장과 및 함께 예수를 지키던 자들이 지진과 그 되는 일들을 보고 심히 두려워하여 가로되 이는 진실로 하나님의 아들이었도다 하더라"** (마 27:54).

9) 하나님의 나라에서 교회는 십자가를 짊어진 예수의 형상을 나타낸다. 교회는 모두 자기의 십자가를 지고 하나님의 나라에 들어간 자들의 모임이다. 모든 사도는 그들의 십자가를 지고 하나님의 나라에 들어갔다. 베드로는 유대인들 앞에서 예수의 부활을 증거하였다. 유대인들은 그들을 살인자로 몰아붙이는 베드로를 옥에 가두고 매로 쳤다. 베드로는 그의 십자가를 지고 있었으므로 자신의 고난을 당연한 것으로 알고 기뻐하였다. **"사도들은 그 이름을 위하여 능욕 받는 일에 합당한 자로 여기심을 기뻐하면서 공회 앞을 떠나니 저희가 옳게 여겨 사도들을 불러들여 채찍질하며 예수의 이름으로 말하는 것을 금하고 놓으니"** (행 5:40).

10) 사도들이 복음으로 증거할 때, 세상은 교회를 통하여 십자가에서 피를 흘리는 하나님 아들의 형상을 보았다. 십자가를 지는 교회는 세상 위에 군림하는 것이 아니라 섬기는 것이며 세상으로부터 존경을 받는 것이 아니라 핍박을 당한다. 세상은 십자가를 지는 교회를 칼로 찌르고 돌로 치고 옥에 가두고 박해한다. 그러나 교회는 세상을 미워하지 아니하고 축복하며 생명의 복음을 증거한다. 십자가를 지는 교회는 성령의 인도하심으로 계속하여 하나님의 은혜 아래 머무를 수 있지만, 십자가를 벗으면 교회는 하나님의 나라에서 쫓겨나 세상으로 돌아간다.

11) 복음은 교회에게 십자가를 짊어진 자로서 사랑을 요구한다. 자기의 십자가를 지는 자만이 하나님을 사랑하고 이웃을 내 몸과 같아 사랑하고 원수를 사랑할 수 있다. 자기의 십자가를 지는 자만이 자기를 쳐서 하나님의 말씀에 복종시킨다. 사도 바울은 십자가를 벗으려는 자신을 쳐서 복종시켰다. **"내가 내 몸을 쳐 복종하게**

함은 내가 남에게 전파한 후에 자기가 도리어 버림이 될까 두려워함이로라"(고전 9:27). 자기의 십자가를 지는 것은 하나님의 말씀 앞에 목숨을 버리는 것이므로, 예수께서 좁은 길이라고 말씀한다. "**좁은 문으로 들어가라 멸망으로 인도하는 문은 크고 그 길이 넓어 그리로 들어가는 자가 많고 생명으로 인도하는 문은 좁고 길이 협착하여 찾는 이가 적음이니라**"(마 7:13,14).[159]

12) 성경은 물과 성령으로 거듭난 자만이 하나님의 나라를 볼 수 있으며 그 나라로 들어갈 수 있다고 말씀한다. "**예수께서 대답하여 가라사대 진실로 진실로 네게 이르노니 사람이 거듭나지 아니하면 하나님 나라를 볼 수 없느니라**"(요 3:3). 하나님의 나라를 본다는 것은 예수를 통하여 하나님의 형상과 실체를 보는 것이다. 거듭난 자는 하나님의 나라에 들어갈 수 있다. "**예수께서 대답하시되 진실로 진실로 네게 이르노니 사람이 물과 성령으로 나지 아니하면 하나님 나라로 들어갈 수 없느니라**"(요 3:5). "하나님의 나라에 들어가다"란 복음을 순종함으로 그리스도 예수 안으로 들어가는 것이다. 곧, 이 말씀은 자기의 십자가를 진 자만이 거듭난다는 것을 의미한다.

13) 창세전에 아버지의 품속에 계신 하나님의 형상이 십자가에서 피를 흘리시는 예수를 통하여 나타났다. 십자가에서 피를 흘리시는 예수를 통하여 하나님의 영광이 나타나 온 세상을 덮었으므로 태양이 빛을 잃었다. 교회가 믿음으로 세상에서 나와서 하나님의 나라에 들어가는 것은 십자가에서 피를 흘리시는 예수의 형상을 닮는 것이다. 하나님의 나라 안에는 자기의 십자가를 짊어진 자들만이 있다고 말할 수 있을 것이다.

(2) 하나님의 나라와 영적 전쟁

1) 세상에서 나와서 하나님의 나라에 들어가는 것은 쉬운 일이 아니라 목숨을 걸고 싸우는 영적 전쟁이다. 하나님의 아들은 피를 흘리는 영적 전쟁을 통하여 음부의 권세를 심판하시고 세상 죄를 대속하셨다. 창조사역은 전능하신 말씀으로 이루어졌지만, 속죄와 심판 사역은 창조주의 피를 흘리는 죽음을 요구한다. 따라서 영적 전쟁은 자기의 십자가를 지고 피를 흘림으로 승리할 수 있다. 교회가 하나님의 나라에 들어가려면 자기의 십자가를 지고 피를 흘리는 싸움을 하여야 한다.

2) 모든 사람은 음부의 권세 마귀의 지배 아래 있다. 마귀가 사람의 생각과 마음과 언행을 지배한다. 마귀는 육체의 정욕을 통하여 육신의 생각을 넣어주고 그 생각이 사람의 의지를 사로잡아 하나님의 말씀을 대적하게 한다. 사람은 오랜 시간

---

[159] 이단이란 십자가를 벗고 하나님의 나라에 들어갈 수 있다고 미혹하는 자들이라고 말할 수 있을 것이다. 제사장, 바리새인들, 서기관들은 율법의 행위로 의롭다 함을 받을 수 있다고 가르침으로 십자가를 벗으라고 하였다. 지금도 많은 이단은 교회를 탐심으로 인도함으로 교회로 십자가를 벗게 하려고 한다.

마귀의 지배 아래서 하나님의 말씀을 대적하는 것이 습관화되었고 문화로 정착되어왔다.160) 이것은 정복할 수 없는 거대한 성채이다. 마귀가 지배하는 세상은 돈과 명예와 권력과 육체의 쾌락으로 무장한 난공불락의 성채이다. 돈과 명예와 권력과 육체의 쾌락을 얻는 것을 인생의 성공으로 믿고 살아가는 사람에게 이 모든 것을 버리는 것은 인생 전체를 포기하라는 것으로 들릴 것이다.

3) 애굽의 바로는 이스라엘 자손을 노예로 핍박하고 국고성을 건축하는 것이 국가의 이익이 된다고 확신하였다. 이것은 일국의 통치자로서 국가의 이익을 최우선으로 하는 것은 당연하기 때문이다. 따라서 모세가 하나님의 말씀을 바로에게 전하였을 때, 바로는 일언지하로 하나님의 말씀을 거절하였다. 하나님은 모세를 통하여 전능한 이적과 기사를 보여주셨지만, 바로는 마음이 강퍅하여 하나님의 말씀을 거절하였다.161) 이처럼 마귀의 악한 생각에 따라서 행동하는 것이 습관화된 자에게 하나님의 말씀은 들어갈 수 없다.

4) 하나님의 나라에 들어가는 영적 전쟁을 모형으로 보여주는 것이 가나안 거민의 정복이다.162) 가나안땅은 장차 하나님의 아들이 육신으로 임하실 땅이며 하나님의 나라가 임할 땅으로 창세전에 예정되었다. 그러나 가나안땅에는 우상을 숭배하는 이방인들이 거주하고 있었다. 이제 이스라엘 백성이 가나안땅에 정착하려면 전쟁을 통하여 그 땅의 거민을 진멸하여야 한다. 그 거민은 장대하고 강한 군대로 무장하고 있었다. 그 땅을 정탐한 이스라엘 백성은 장대한 거민을 보고 전쟁을 포기하고 하나님을 원망하며 애굽으로 돌아가려고 하였다. 가나안 거민은 탐욕으로 무장한 악한 영들을 모형으로 보여준다. 하나님은 여호수아에게 강하고 담대한 마음을 주셨고, 이스라엘 백성은 전쟁에서 승리한다는 믿음으로 피를 흘리며 싸웠다. 이것은 하나님의 나라가 마귀의 지배 아래 있는 죄인의 심령을 점령하는 것을 모형으로 보여준다.

5) 성경은 애굽에서 광야로 나온 자들을 하나님의 군대라고 말씀한다. **"사백 삼십 년이 마치는 그날에 여호와의 군대가 다 애굽 땅에서 나왔은즉"(출 12:41).** "여호와의 군대"란 하나님의 말씀을 순종하기 위하여 하나님의 백성을 대적하는 이방인들과 싸우는 자를 의미한다. 하나님은 이스라엘 백성을 자기의 군대로 부르셨다. 그들은 하나님의 군대로서 사명을 잃어버리고 육체의 쾌락을 위하여 만나를 싫어하여 애굽에서 먹던 음식을 구하고(민 11:4), 우상의 제물을 먹고 이방여자와 음행하며(민 25:2,3), 가나안 거민을 두려워하고(민 14:1), 권력과 명예를 사모하였다(민

---

160) 생각이 굳어지면 마음이 되고, 마음이 굳어지면 말이 되고, 말이 행동이 된다. 행동이 반복되면 습관이 되고, 습관이 운명이 된다.
161) 심리학에서 이러한 현상을 확증편향(conformation bias or my side bias)라고 한다. 확증편향이란 내가 옳다고 확증하는 것 외에 다른 것을 수용하지 아니하는 것이다.
162) 졸저, 상게서(2), 3.1.3.(2) 참조

16:1). 하나님을 시험한 모든 자는 광야에서 죽었다. 그들은 정욕에 따라서 행동함으로 악한 영들과 싸움에서 패하여 음부로 돌아간 자들을 모형으로 보여준다.

  6) 광야에서 살아남은 자들은 칭의 언약과 율법으로 자신의 죄를 깨닫고 의롭다 함을 받았다. 그들은 장차 오실 그리스도를 믿는 믿음으로 무장하였다. 그들은 장차 오실 그리스도의 피 위에 세워진 교회이다. 그들은 장차 오실 그리스도의 피 안에서 모형으로 계시된 생명을 얻었다. 동시에 그들은 장차 오실 그리스도 안에서 모형으로 계시된 십자가를 짊어지고 피를 흘렸다. 그들은 모형으로 계시된 예수의 피를 마시고 자기의 십자가를 지고 가나안땅을 향하여 행군하였다. 이방인들은 장차 오실 그리스도의 피와 자기의 십자가를 짊어지고 왕의 대로를 따라서 진군하는 이스라엘 백성을 보았다. 하나님의 군대는 아말렉과 아모리 왕 시혼과 바산 왕 옥을 칼로 쳐서 파하고 왕의 대로를 따라서 행군하였다(민 21). 이것을 본 모압 왕 발락은 하나님의 군대를 무서워하여 거짓 선지자 발람을 통하여 그들을 저주하려고 하였으나 뜻을 이루지 못하였다(민 22~24).

  7) 이스라엘 백성이 가나안땅에 들어가기 전에 할례를 행하고 요단강을 건넜다. 그들이 요단강을 건넌 것은 세례의 모형이다. 그들은 십자가를 벗고 모압의 우상에 참여하고 이방여자와 음행한 자의 자손이다(민 25:2,3), 하나님은 그들에게 다시 세례를 명하셨다. 그들은 가나안땅에 들어가기 전에 다시 세상에 속한 모든 것을 버리고 탐심을 못 박은 십자가를 확인하였다. 그들은 요단강을 건넌 뒤에 율법을 순종한다는 맹세로 할례를 받았다. 가나안 거민은 장차 오실 그리스도의 피를 마시고 십자가를 짊어진 하나님의 군대를 보고 공포에 질려 그들의 간담이 녹았다. **"말하되 여호와께서 이 땅을 너희에게 주신 줄을 내가 아노라 우리가 너희를 심히 두려워하고 이 땅 백성이 다 너희 앞에 간담이 녹나니"**(수 2:9). 가나안 거민은 하나님의 군대 앞에서 힘없이 무너졌다. 이스라엘 백성은 그들의 십자가를 지고 가나안땅을 정복할 수 있었다. 세상은 십자가를 짊어진 자들을 감당할 수 없다고 성경은 말씀한다. **"(이런 사람은 세상이 감당치 못하도다) 저희가 광야와 산중과 암혈과 토굴에 유리하였느니라"**(히 11:38).

  8) 이스라엘 백성과 가나안 거민의 전쟁은 영적 전쟁을 모형으로 보여준다. 애굽에서 이스라엘 백성은 사용하던 모든 것을 버리고 광야로 나와서 칼과 창으로 무장하지 아니하고 칭의 언약과 율법으로 무장하고 탐심을 못 박은 십자가를 짊어졌다. 하나님의 말씀이 이방인과 전쟁에서 승리하는 유일한 무기이기 때문이다. 그들이 십자가를 지고 가나안땅을 향하여 진격하였을 때 이방인들과 전쟁에서 승리하였다. 그러나 그들이 가나안땅에 정착한 뒤에 십자가를 벗고 우상을 숭배하였을 때 이방인들과 전쟁에서 패하였다. 그들이 칭의 언약과 율법을 버리고 십자가를 벗었을 때 무장을 해제당함으로 이방인과의 전쟁에서 패하였다. 이스라엘의 역사는 이방인들과 전쟁의 역사이다.

9) 그리스도의 교회는 세상에 속한 자들과 영적 전쟁을 하여야 하는 그리스도의 군사이다. 바울은 교회를 그리스도의 좋은 군사라고 기록하였다. **"네가 그리스도 예수의 좋은 군사로 나와 함께 고난을 받을찌니 군사로 다니는 자는 자기 생활에 얽매이는 자가 하나도 없나니 이는 군사로 모집한 자를 기쁘게 하려 함이라"**(딤후 2:3,4). "자기 생활에 얽매이는 자가 하나도 없나니"란 자기의 십자가를 지고 육체를 위한 모든 것을 버린 것을 의미한다. 군사는 부모, 형제, 아내, 자녀 및 전토를 위한 모든 일을 잊어버리고 목숨을 걸고 전쟁에 임한다. 따라서 성경은 믿는 자들에게 부모, 형제, 자녀 및 전토를 사랑하는 마음을 버리라고 말씀한다. **"금세에 있어 집과 형제와 자매와 모친과 자식과 전토를 백배나 받되 핍박을 겸하여 받고 내세에 영생을 받지 못할 자가 없느니라"**(막 10:30).163) 이것이 자기의 십자가를 짊어진 자의 모습이다.

10) 믿는 자들은 영적 전쟁에서 승리함으로 하나님의 나라에 들어갈 수 있다. 따라서 성경은 침노하는 자만이 하나님의 나라에 들어간다고 말씀한다. **"세례 요한의 때부터 지금까지 천국은 침노를 당하나니 침노하는 자는 빼앗느니라"**(마 11:12). "침노하다"란 힘으로 밀고 들어가 정복하는 것을 의미한다. 그리스도 교회의 영적 전쟁은 세상 임금의 심판을 전제로 한다. 예수께서 그의 피로써 세상 임금을 심판하고 마귀의 권세를 박탈하셨으므로, 교회는 자기의 십자가를 지고 하나님 아들의 피로 세운 복음으로 무장하고 영적 전쟁에 참여한다. 귀신이 예수 이름 앞에서 무릎을 꿇고 쫓겨나듯이, 교회는 예수의 피와 하나님의 아들을 증거하는 말씀으로 마귀에게서 나오는 탐심을 이긴다. **"또 여러 형제가 어린양의 피와 자기의 증거하는 말을 인하여 저를 이기었으니 그들은 죽기까지 자기 생명을 아끼지 아니하였도다"**(계 12:11).

11) 영적 전쟁은 하나님의 나라와 음부의 권세 사이에 벌어지는 처절한 싸움이다. **"우리의 씨름은 혈과 육에 대한 것이 아니요 정사와 권세와 이 어두움의 세상 주관자들과 하늘에 있는 악의 영들에게 대함이라"**(엡 6:12). 이 땅에서 일어나는 국가 간의 전쟁은 전선을 중심으로 군대가 대치하고 있다.164) 그러나 영적 전쟁은 성도의 육체 안에서 일어나고 있다. 마귀는 육체의 정욕을 통하여 끊임없이 탐심을 넣어주고 있다. 이 탐심이 성도의 의지를 사로잡아 범죄하게 한다. 탐심은 재물과 명예와 권력과 육체의 쾌락으로 무장하고 있다. 사람은 자기의 의지로 탐심, 곧 음부의 권세를 극복할 수 없다. 성도의 육체 안에 음부의 권세가 목구멍을 벌리고

---

163) 참전하는 군사는 평상복을 벗고 군복은 입고 완전무장한다. 하나님의 나라에 들어가는 것은 악한 영들과 전쟁에 참전하는 군사와 같이 완전무장을 하여야 한다. 이를 위하여 세상에 속한 것을 벗어야 한다.
164) 한반도는 휴전상태에서 중무장한 군대가 휴전선을 중심으로 서로 대치하고 있다. 그러나 세계 일부 분쟁지역은 반군과 정규군 사이에 명확한 휴전선이 없이 곳곳에서 총성이 끊임없이 들리고 있다.

성도들을 미혹한다. 성도들이 탐심에 미혹을 받아 음부의 목구멍으로 들어가면 영적 전쟁은 패전으로 막을 내린다. 음부의 목구멍으로 들어간 교회는 모든 무장을 해제당하고 마귀의 지배 아래 들어간다. 마귀는 음부의 문, 곧 탐심을 점령하고 있으므로 음부 안에 있는 자들은 그들의 힘으로 음부를 벗어날 수 없을 것이다.

12) 영적 전쟁에서 승리하려면 성도들은 각각 자기의 십자가를 져야 한다. 십자가를 짊어진 그리스도의 군사에게만 하나님의 전신 갑주가 부여된다. "**그러므로 하나님의 전신갑주를 취하라 이는 악한 날에 너희가 능히 대적하고 모든 일을 행한 후에 서기 위함이라 그런즉 서서 진리로 너희 허리띠를 띠고 의의 흉배를 붙이고 평안의 복음의 예비한 것으로 신을 신고 모든 것 위에 믿음의 방패를 가지고 이로써 능히 악한 자의 모든 화전을 소멸하고 구원의 투구와 성령의 검 곧 하나님의 말씀을 가지라**"(엡 6:14~17). "허리띠, 흉배, 신, 방패, 투구"란 방어의 무기이다. "성령의 검 곧 하나님의 말씀"은 공격무기이다. 방어와 공격의 무기가 조화를 이룰 때 영적 전쟁에서 승리한다.

12) 성경은 믿음으로 세상을 이긴다고 말씀한다. 그 믿음은 하나님의 아들이신 그리스도 예수를 믿는 믿음이다. "**대저 하나님께로서 난 자마다 세상을 이기느니라 세상을 이긴 이김은 이것이니 우리의 믿음이니라 예수께서 하나님의 아들이심을 믿는 자가 아니면 세상을 이기는 자가 누구뇨**"(요일 5:4,5). 하나님의 아들은 십자가에서 물과 피로 임하심으로 마귀를 심판하시고 인류의 죄를 대속하셨다. "**이는 물과 피로 임하신 자니 곧 예수 그리스도시라 물로만 아니요 물과 피로 임하셨고**"(**요일 5:6**). 오순절 이후 믿는 자들에게 임하시는 성령께서 하나님의 아들을 증거하신다. "**증거하는 이는 성령이시니 성령은 진리니라**"(요일 5:7). 성령의 증거를 받는 믿음을 가진 자만이 세상을 이길 수 있다.

13) 그리스도의 교회는 자기의 십자가를 지고 음부의 권세와 영적 전쟁에서 승리함으로 하나님의 나라에 들어간 자들이라고 말할 수 있다. 아들을 통하여 계시된 하나님의 형상은 십자가를 지고 골고다 언덕을 올라가서 나무에 달려 피를 흘리시는 예수의 모습이다. 그리스도의 교회는 십자가를 지고 하나님의 나라를 위하여 음부의 권세와 싸우는 군사의 모습이다. 영적 전쟁에서 승리한 결과는 하나님의 말씀을 순종한 결과로 나타난다. 성도들이 예수의 피와 성령의 인도하심으로 하나님의 말씀을 순종하는 것이 영적 전쟁에서 승리하는 것이다. 돈과 명예와 권력과 육체의 쾌락을 못 박은 십자가를 짊어지는 것은 좁은 문으로 들어가는 것이다. 성경은 좁은 문으로 들어가라고 말씀한다(마 7:13). 영적 전쟁에서 승리한 교회에게 하나님의 은혜가 생명으로 나타난다. "**이기는 자는 이와 같이 흰 옷을 입을 것이요 내가 그 이름을 생명책에서 반드시 흐리지 아니하고 그 이름을 내 아버지 앞과 그 천사들 앞에서 시인하리라**"(계 3:5).

(3) 하나님의 나라와 씨 뿌리는 비유

1) 예수께서 하나님의 나라를 씨를 뿌리는 비유와 혼인 잔치의 비유로 설명하셨다. 땅에 뿌려진 씨가 싹이 나서 자라고 열매를 맺듯이, 교회가 받은 예수의 말씀을 순종하면 생명이란 열매를 맺는다. 곧 귀로 들은 생명의 말씀을 순종할 때 생명을 얻을 수 있다. 순종하지 아니한 말씀은 생명의 열매를 맺지 못한다. 마귀는 교회로 복음을 순종하지 못하게 함으로 열매를 맺지 못하게 한다. 마귀는 하나님의 나라가 임하는 것을 방해할 뿐만 아니라 하나님의 나라 안에 있는 자들을 미혹하여 세상으로 돌아오게 하려고 한다. 따라서 교회는 항상 깨어 기도하여야 하며 성령의 충만함을 받아야 한다. 성경은 씨 뿌리는 비유와 혼인 잔치의 비유를 통하여 하나님의 나라를 설명하고 있다.

2) 씨를 뿌리는 비유는 믿는 자들이 어떻게 하나님의 말씀을 순종함으로 하나님의 나라에 들어가는가를 보여준다. 예수께서 하나님의 나라를 씨를 뿌리는 비유로 말씀하셨다. **"예수께서 비유로 여러 가지를 저희에게 말씀하여 가라사대 씨를 뿌리는 자가 뿌리러 나가서"** (마 13:3). "씨를 뿌리는 자"란 육신으로 임하신 하나님의 아들이다. **"답하여 가라사대 좋은 씨를 뿌리는 이는 인자요"** (마 3:37). 씨는 하나님의 말씀, 곧 복음이다. **"비유는 이러하니라 씨는 하나님의 말씀이요"** (눅 8:11). 하나님의 말씀이 사람의 마음에 뿌려진다. 하나님의 말씀을 씨로 비유한 것은 그 말씀은 생명의 씨이기 때문이다. 의와 거룩함은 아버지의 말씀 안에 있고, 예수께서 그 말씀을 교회에게 전하셨다.

3) 사람의 마음은 하나님의 말씀이 뿌려지는 하나님의 밭이다(고전 2:9). 하나님은 아들을 통하여 말씀을 뿌리기 전에 밭을 갈아 잡초를 제거하셨다. 잡초란 아담의 타락으로 사람의 생각과 마음을 사로잡고 있는 마귀의 악한 생각, 곧 탐심이다. 마귀의 악한 생각이 사람의 마음을 사로잡고 있으면, 하나님의 말씀은 들어갈 여지가 없다. 하나님의 말씀이 믿는 자의 심령에 뿌려지려면, 그의 마음을 사로잡고 있는 마귀의 악한 생각을 제거하여야 한다. 이것은 마치 쟁기로 밭을 가는 것과 같다. 농부는 쟁기로 밭을 갈아서 잡초를 제거한 뒤에 곡식을 뿌린다. 이와 같이 선지자들은 율법으로 하나님의 밭, 곧 사람의 심령을 갈았다. 선지자들은 율법으로 이스라엘 백성의 죄를 책망하고 그 죄를 용서하실 하나님을 믿으라고 권고하였다.

4) 마지막 선지자인 세례 요한은 회개의 세례를 선포하였다(마 3:2). 세례 요한 당시에 유대인들은 세 집단으로 구분할 수 있을 것이다. 첫째 부류에 속한 사람들은 그들의 심령이 길 가와 같다고 말할 수 있다. 종교 지도자들은 율법의 행위로 그들을 의롭다고 착각하였으므로 천국 복음을 받아드리지 아니하였다. 그들의 심령은 길 가와 같았다. **"뿌릴쌔 더러는 길 가에 떨어지매 새들이 와서 먹어버렸고"** (마 13:4). 그들은 복음을 들으려고 하지 아니하였으며 들은 복음을 마음에 담아두지 아니하였다. 둘째 부류에 속한 사람들은 그들의 심령이 돌밭과 같다고 말할 수

있을 것이다. 그들이 예수께 얻으려는 것은 육체에 속한 것이다. 그들은 복음을 듣고 예수 이름을 믿었지만, 육체에 속한 것을 얻을 소망이 없자 모두 예수를 버렸다. 그들은 예수의 이적과 기사를 보고 육체에 속한 것을 얻기 위하여 예수를 따랐다. 그러나 예수께서 십자가에 못 박히실 때 그들은 모두 예수를 버렸다. **"돌밭에 뿌리웠다는 것은 말씀을 듣고 즉시 기쁨으로 받되 그 속에 뿌리가 없어 잠시 견디다가 말씀을 인하여 환난이나 핍박이 일어나는 때에는 곧 넘어지는 자요"** (마 13:20,21).

5) 셋째 부류에 속한 사람들은 그들의 심령이 가시떨기 밭 같은 사람들과 좋은 땅 같은 사람으로 구분할 수 있을 것이다. 전자는 그들의 죄를 대속하신 하나님의 아들 예수 이름을 믿었으나 자기의 십자가를 지지 아니한 자들이라고 말할 수 있다. 그들은 돈과 명예와 권력과 쾌락의 미혹으로 복음을 순종하지 하는 자들이다. **"가시떨기에 뿌리웠다는 것은 말씀을 들으나 세상의 염려와 재리의 유혹에 말씀이 막혀 결실치 못하는 자요"** (마 13:22). 후자는 예수 이름을 믿고 자기의 십자가를 지고 복음을 순종하는 자들이라고 말할 수 있다. **"좋은 땅에 뿌리웠다는 것은 말씀을 듣고 깨닫는 자니 결실하여 혹 백배, 혹 육십 배, 혹 삼십 배가 되느니라 하시더라"** (마 13:23).

6) "말씀을 듣고 깨닫는 자"란 말씀을 순종함으로 그 말씀을 통하여 계시된 하나님의 뜻과 하나님의 속성을 깨닫는 것을 의미한다. 하나님의 말씀을 순종하려면 마음속에 있는 탐심을 극복하여야 한다. 육체의 정욕으로부터 나오는 탐심은 마귀의 인격으로 하나님의 말씀을 대적하기 때문이다. 성도는 자기의 의지로 마귀의 인격을 이기고 말씀을 순종할 수 없다. 이것은 성령의 인도하심으로 가능하다. **"육체의 소욕은 성령을 거스리고 성령의 소욕은 육체를 거스리나니 이 둘이 서로 대적함으로 너희의 원하는 것을 하지 못하게 하려 함이니라"** (갈 5:17). 성령께서 육체의 욕망을 결박하시면, 비로소 성도는 하나님의 말씀을 순종할 수 있다.

7) 성도가 하나님의 말씀을 받았을 때, 그의 마음속에는 두 가지 생각이 공존한다. 하나는 영의 생각으로 그 말씀을 순종하려는 생각이고, 다른 하나는 마귀의 인격으로 하나님의 말씀을 대적하려는 육신의 생각이다. 성도의 의지가 영의 생각을 수용하여 말씀을 순종하려고 결심하면 마음으로 굳어진다. 그 마음을 행동으로 옮기려고 하면 성령께서 비로소 역사하신다.[165] 그러나 말씀을 순종하려는 마음을 행동으로 옮기려고 결심하지 아니하고 머뭇거리면 마귀는 그 마음을 흔들어 말씀을 순종하지 못하게 한다. 따라서 성경은 말씀을 순종하려는 마음을 지키라고 말씀한다. **"무릇 지킬만한 것보다 더욱 네 마음을 지키라 생명의 근원이 이에서 남이니라"** (잠 4:23). 그렇지 않으면 들은 말씀은 마음속에서 없어진다. **"그러므로 모든**

---

[165] 졸저, 상게서, 5.5.3.(3) 참조

들은 것을 우리가 더욱 간절히 삼갈찌니 혹 흘러 떠내려 갈까 염려하노라"(히 2:1).

8) 성도가 복음을 순종하면 그 말씀은 영에 들어온다. 영에 들어온 말씀이 생명의 말씀이며, 성도는 그 말씀을 통하여 계시된 하나님의 속성과 뜻을 알 수 있다. 이것은 아브라함의 믿음으로 계시되었다. 아브라함은 하나님의 말씀을 순종하기 위하여 믿음으로 이삭의 목숨을 가지고 하나님께 나아갔고, 하나님은 그리스도의 언약으로 그에게 나오셨다. 아브라함은 이삭을 번제로 드렸고, 하나님은 그에게 장차 오실 그리스도의 언약을 주셨다(창 22:17,18). 장차 오실 그리스도를 아는 지식은 의롭다 함을 확증하는 믿음이다. **"영생은 곧 유일하신 참 하나님과 그의 보내신 자 예수 그리스도를 아는 것이니이다"**(요 17:3). 복음을 순종함으로 하나님과 그리스도를 아는 지식이 영생에 이르는 믿음이다. "삼십 배, 육십 배, 백배의 열매"란 물질에 대한 것이 아니라 하나님을 아는 지식이다.166) 하나님을 아는 지식의 분량이 믿음의 크기를 결정한다.

9) 예수께서 하나님의 밭, 곧 성도의 심령에 뿌리는 말씀은 율법이 아니라 복음이다. 율법은 순종을 요구한다. 그 이유는 육체의 연약함을 깨닫게 하기 위함이다. 사람은 육체가 연약하여 율법은 온전히 순종할 수 없으므로, 교회는 율법을 통하여 하나님을 알 수 없다. 율법은 봉한 책이므로, 교회는 율법을 통하여 하나님과 그리스도를 알지 못한다(사 29:11). 서기관들과 바리새인들은 율법을 순종함으로 하나님을 아는 지식을 가지고 있다고 자랑하였지만, 예수께서 그들이 하나님을 알지 못한다고 말씀하셨다. **"저희가 이런 일을 할 것은 아버지와 나를 알지 못함이라"**(요 16:3). 그들은 하나님과 보내심을 받은 예수를 알지 못함으로 하나님의 아들을 십자가에 못 박았다. **"이 지혜는 이 세대의 관원이 하나도 알지 못하였나니 만일 알았더면 영광의 주를 십자가에 못 박지 아니하였으리라"**(고전 2:8). 사도 바울은 바리새인 시절에 하나님을 알지 못함으로 교회를 핍박하고 믿는 자들을 결박하여 죽음에 넘겼다. **"내가 전에는 훼방자요 핍박자요 포행자이었으나 도리어 긍휼을 입은 것은 내가 믿지 아니할 때에 알지 못하고 행하였음이라"**(딤전 1:13).

10) 서기관들과 바리새인들이 율법을 통하여 하나님을 알지 못한 것은 육신으로 임하신 예수 그리스도 안에 들어가지 못하였기 때문이다. 구약시대에는 율법으로 자기의 죄를 깨닫고 장차 오실 그리스도를 믿음으로 모형으로 계시된 그리스도 안에 들어간 자만이 하나님을 알 수 있었다. 이와 같이 복음을 순종함으로 그리스도 예수 안에 들어간 자만이 하나님의 뜻과 속성과 사역을 알 수 있다.167) 그리스도

---

166) 이 말씀을 오해하여 십일조를 드리면 드린 액수의 30배, 60배, 100배의 금전적인 보상을 받는다고 믿는 자들이 있다. 십자가를 지고 죽으러 가는 자들에게 돈을 준다고 가르치는 것은 교회를 세상으로 인도하는 것이다.
167) 소경이 그리스도 예수 안에서 눈을 뜨고 사물을 밝히 보는 것은 영적 눈이 열리는 것

예수 안에 들어가지 못한 자들은 하나님의 뜻을 알지 못하고 하나님의 아들을 십자가에 못 박고 믿는 자들을 핍박한다. **"사람들이 너희를 출회할 뿐아니라 때가 이르면 무릇 너희를 죽이는 자가 생각하기를 이것이 하나님을 섬기는 예라하리라 저희가 이런 일을 할 것은 아버지와 나를 알지 못함이라"** (요 16:2,3)

10) 율법만을 순종하면 그리스도 예수 안에 들어갈 수 없다. 율법을 순종할 때 성령은 역사하지 아니하신다. 오직 복음을 순종할 때만 성령께서 역사하셔서 하나님과 그리스도에 대하여 가르치신다. 성령은 복음을 순종하는 자들에게 하나님의 비밀을 가르치신다. **"보혜사 곧 아버지께서 내 이름으로 보내실 성령 그가 너희에게 모든 것을 가르치시고 내가 너희에게 말한 모든 것을 생각나게 하시리라"** (요 14:26). "모든 것"이란 창세전에 예정된 하나님의 뜻, 하나님의 속성, 예수 그리스도의 말씀과 사역을 통하여 계시된 하나님의 비밀, 그리고 우주의 역사와 종말에 대한 모든 것을 의미한다. 하나님과 아들의 계시대로 성령의 가르침을 받은 자만이 영생에 이르는 믿음을 소유할 수 있다. **"내 아버지께서 모든 것을 내게 주셨으니 아버지 외에는 아들을 아는 자가 없고 아들과 또 아들의 소원대로 계시를 받는 자 외에는 아버지를 아는 자가 없느니라"** (마 11:27).

12) 예수께서 생명의 씨인 복음을 뿌리고, 복음을 받은 자가 성령으로 말씀을 순종하여 열매를 맺는 것이 하나님의 나라의 본질이다. 자기의 십자가를 지고 하나님의 나라에 들어간 자들은 모두 한 마음으로 복음을 순종함으로 열매를 맺어야 한다. 농부가 포도를 맺지 못한 마른 가지를 자르듯이, 하나님은 천국에서 열매를 맺지 못한 자들을 추방하실 것이다. **"세상 끝에도 이러하리라 천사들이 와서 의인 중에서 악인을 갈라내어 풀무 불에 던져 넣으리니 거기서 울며 이를 갊이 있으리라"** (마 13:49,50). "의인 중에서 악인"이란 입으로 예수 이름을 믿는다고 시인하지만, 복음을 순종하지 아니함으로 하나님과 그리스도를 알지 못하는 자들을 의미한다. 이들은 가증한 자들이다. **"저희가 하나님을 시인하나 행위로는 부인하니 가증한 자요 복종치 아니하는 자요 모든 선한 일을 버리는 자니라"** (딛 1:16).

(4) 하나님의 나라와 혼인 잔치의 비유

1) 성경은 하나님의 나라를 혼인 잔치에 비유하고 있다. 혼인이란 남자와 여자를 전제로 한다. 남자가 부모를 떠나서 아내와 합하여 한 몸이 되는 것이 혼인이다. 하나님은 아담과 하와를 통하여 하나님과 사람의 관계를 모형으로 보여주셨다. 하나님은 아담을 자기의 형상으로 창조하시고 그의 갈빗대를 취하여 그를 돕는 배필로서 여자를 지으셨다. 여자는 남자의 갈빗대로 지음을 받았으므로 혼인을 통하여 남자와 한 몸이 된다.168) 이것은 하나님의 아들과 성도의 관계를 모형으로 보여준

을 모형으로 보여준다. 복음을 순종함으로 그리스도 예수 안으로 들어간 자만이 영적 눈이 열려서 하나님의 뜻과 사역과 속성을 알 수 있다.

다. 하나님의 아들은 신부를 취하기 위하여 아버지의 품을 떠나서 육신으로 오셔서 믿는 자들 안에 들어오신다. 믿는 자들이 복음을 순종함으로 하나님의 나라에 들어가는 것은 하나님의 아들을 남편으로 맞이하는 것이다.

2) 하나님과 사람의 관계는 남편과 아내의 관계이다. 남편은 법을 정하는 자며 아내는 남편의 법을 순종하는 자다. 남편은 피를 흘려 죽기까지 아내를 사랑하여야 하며 아내는 목숨을 다하여 남편의 법을 순종하여야 한다. 그 결과 아내는 생명을 생산할 수 있다. 하나님은 남편으로서 이스라엘 백성이 순종하여야 할 법을 정하셨다. 그 법은 칭의 언약과 율법이다. 이스라엘 백성이 목숨을 다하여 율법을 순종하려고 할 때 육체의 연약으로 율법을 온전히 순종할 수 없다는 것을 깨닫게 된다. 하나님은 율법으로 죄를 깨닫는 자들에게 장차 오실 그리스도에 의한 속죄를 언약으로 주셨다. 하나님은 장차 오실 그리스도를 믿은 자들을 의롭다고 선언하시고 남편으로서 그들을 사랑하셨다. 이스라엘 백성이 장차 오실 그리스도 안에서 의롭다 함을 받음으로 하나님의 은혜 아래서 모형으로 계시된 생명을 생산하였다. 그 생명은 육신으로 임하신 그리스도 안에서 얻을 생명의 그림자이다.

3) 하나님은 장차 오실 그리스도를 믿는 자들을 의롭다 하시고 그들에게 은혜를 베푸셨다. 하나님은 그들의 자범죄를 죄로 여기지 아니하시고 그들의 죄를 용서하셨다. **"그 불법을 사하심을 받고 그 죄를 가리우심을 받는 자는 복이 있고 주께서 그 죄를 인정치 아니하실 사람은 복이 있도다 함과 같으니라"** (롬 4:7,8). 그러나 그들이 장차 오실 그리스도를 믿지 아니하자 그들을 불의하다고 선언하시고 율법으로 그들을 심판하셨다. 이스라엘 백성이 율법의 심판에서 벗어나는 유일한 길은 장차 오실 그리스도를 믿고 의롭다 함을 받는 것이다. 그러나 그들이 믿음을 버리고 탐심을 남편으로 섬겼을 때, 하나님은 그들을 율법으로 심판하셨다.

4) 이스라엘 백성은 탐심을 따라서 행동함으로 탐심을 남편으로 섬겼다. 그들이 우상을 숭배함으로 하나님의 은혜에서 벗어나 율법의 저주 아래 들어가자 해산하는 여자처럼 괴로워하였다. **"내가 소리를 들은즉 여인의 해산하는 소리 같고 초산하는 자의 고통하는 소리 같으니 이는 딸 시온의 소리라 그가 헐떡이며 그 손을 펴고 이르기를 내게 화 있도다 살륙하는 자를 인하여 나의 심령이 피곤하도다 하는도다"** (렘 4:31). 그러나 그들은 해산의 고통을 겪었지만, 생명의 근원이신 하나님을 버림으로 생명을 생산하지 못하고 사망을 생산하였다. 그들은 사망을 잉태하고 사망을 생산하였다. **"너희가 겨를 잉태하고 짚을 해산할 것이며 너희의 호흡은 불이 되어 너희를 삼킬 것이며"** (사 33:11).

---

168) 여자는 남자의 갈빗대로 창조되었으므로 동성애는 성립될 수 없다. 남자와 남자, 여자와 여자는 한 몸이 될 수 없다. 동성애는 단순히 성관계만을 사랑으로 보고 있다. 그렇다면 세상에 대한 하나님의 사랑은 성립되지 아니한다. 동성애자들은 육체의 쾌락을 추구하는 탐심을 인권으로 포장하고 있다.

5) 탐심에 따라서 우상을 남편으로 섬기는 이스라엘 백성을 향하여, 하나님은 우상을 버리고 자기에게로 돌아오라고 말씀하셨다. 그들이 비록 우상을 숭배할지라도 하나님은 그들을 택하여 아내로 부르셨기 때문이다. **"나 여호와가 말하노라 배역한 자식들아 돌아오라 나는 너희 남편임이니라 내가 너희를 성읍에서 하나와 족속 중에서 둘을 택하여 시온으로 데려오겠고"** (렘 3:14). 그들이 하나님께 돌아오면 하나님은 그들의 죄를 용서하시고 그들을 다시 아내로 맞이하실 것이다. **"내가 네 허물을 빽빽한 구름의 사라짐 같이, 네 죄를 안개의 사라짐 같이 도말하였으니 너는 내게로 돌아오라 내가 너를 구속하였음이니라"** (사 44:22). 하나님은 우상을 버리고 돌아온 자들을 아내로 맞이하고 그들의 남편이 되실 것이다. **"내가 네게 장가들어 영원히 살되 의와 공변됨과 은총과 긍휼히 여김으로 네게 장가들며 진실함으로 네게 장가들리니 네가 여호와를 알리라"** (호 2:19,20). 그러나 이스라엘 백성은 끝내 우상을 버리지 아니하고 하나님께 돌아오지 아니하였으므로, 하나님은 바벨론을 통하여 그들을 심판하기로 작정하셨다. 예레미야 선지자는 유다에게 임한 무서운 심판을 알고 그들을 위하여 기도하였지만, 하나님은 그의 기도를 듣지 아니하셨다. **"그런즉 너는 이 백성을 위하여 기도하지 말라 그들을 위하여 부르짖어 구하지 말라 내게 간구하지 말라 내가 너를 듣지 아니하리라"** (렘 7:16).

6) 하나님의 아들이 아버지의 품을 떠나 신부를 취하기 위하여 이 땅에 오셨다. 하나님의 아들이 신부를 취하려면 먼저 인류의 죄를 대속하셔야 한다(사 44:22). 죄로 인하여 더럽혀진 자는 하나님의 아들의 신부가 될 수 없기 때문이다. 하나님의 아들은 인류의 죄를 대속하신 뒤에 믿는 자들을 신부로 맞이하실 것이다. 따라서 예수의 공생애는 인류의 죄를 짊어지고 신부를 택하여 부르시는 혼인 잔치의 시작이라고 말할 수 있을 것이다. 요한복음은 그 공생애의 시작을 혼인 잔치로 비유하여 물로 포도주를 만드신 것으로부터 시작한다. 예수께서 이 땅에 오셔서 인류의 죄를 대속하셨으므로, 사람은 누구나 예수 이름을 믿고 그리스도의 신부가 될 수 있다. 따라서 사도 바울은 복음을 전파함으로 정결한 처녀를 그리스도께 중매한다고 기록하였다. **"내가 하나님의 열심으로 너희를 위하여 열심 내노니 내가 너희를 정결한 처녀로 한 남편인 그리스도께 드리려고 중매함이로다"** (고후 11:2). 그리스도께서 승천하신 뒤에 재림시까지 혼인 잔치는 계속될 것이다.

7) 믿는 자들이 혼인 잔치에 들어가는 것은 하나님의 나라에 들어가는 것과 같다. 하나님의 나라에 들어가는 것은 자기의 십자가를 지고 예수의 명령을 순종하는 것이다. 혼인 잔치에 들어가는 것은 예수를 신랑으로 영접하고 목숨을 걸고 남편의 법을 순종하는 것이다. 믿는 자들이 자기의 십자가를 지고 혼인 잔치에 들어가면, 하나님은 신부에게 깨끗한 세마포 옷을 입게 하신다. **"그에게 허락하사 빛나고 깨끗한 세마포를 입게 하셨은즉 이 세마포는 성도들의 옳은 행실이로다 하더라"** (계 19:8). "빛나고 깨끗한 세마포"란 성도들이 자기의 십자가를 지고 복음으로 순종한

결과 하나님께 받는 영적인 옷이다. 세마포는 예수의 피가 뿌려진 옷을 의미한다. "**또 그가 피 뿌린 옷을 입었는데 그 이름은 하나님의 말씀이라 칭하더라**"(계 19:13).

8) 예수께서 이 땅에 계실 때 직접 신부를 부르셨다. 그러나 승천하신 뒤에 예수께서 성령을 통하여 신부를 부르신다. "**이르시되 어떤 사람이 큰 잔치를 배설하고 많은 사람을 청하였더니 잔치할 시간에 그 청하였던 자들에게 종을 보내어 가로되 오소서 모든 것이 준비되었나이다 하매**"(눅 14:16,17). 잔치에 배설된 음식은 예수의 피와 살이다. 예수의 피와 살은 성도의 영혼의 양식이다. "**내 살은 참된 양식이요 내 피는 참된 음료로다**"(요 6:55). 그러나 청함을 받은 자들 가운데 그들의 십자가를 지지 아니한 자들은 혼인 잔치에 들어가지 못하였다. "**다 일치하게 사양하여 하나는 가로되 나는 밭을 샀으매 불가불 나가 보아야 하겠으니 청컨대 나를 용서하도록 하라 하고 또 하나는 가로되 나는 소 다섯 겨리를 샀으매 시험하러 가니 청컨대 나를 용서하도록 하라 하고 또 하나는 가로되 나는 장가 들었으니 그러므로 가지 못하겠노라 하는지라**"(눅 14:18,20). 재물과 육체의 쾌락을 십자가에 못 박지 아니한 자들은 하나 같이 혼인 잔치에 들어가기를 거부하였다.

9) 혼인 잔치에 잔지에 들어간 자들은 그리스도의 신부로서 목숨을 걸고 복음을 순종함으로 세마포를 입어야 한다. "**내가 너를 권하노니 내게서 불로 연단한 금을 사서 부요하게 하고 흰옷을 사서 입어 벌거벗은 수치를 보이지 않게 하고 안약을 사서 눈에 발라 보게 하라**"(계 3:18). "흰옷"이란 빛나고 깨끗한 세마포를 의미한다. "벌거벗은 수치를 보이지 않게 하고"란 혼인 잔치에서 신부가 신랑이신 그리스도 앞에서 예복을 입지 아니하고 벌거벗은 몸으로 수치를 당하지 아니하는 것을 의미한다. 혼인 잔치에 예복을 입지 아니한 자들은 잔치에서 쫓겨난다. "**가로되 친구여 어찌하여 예복을 입지 않고 여기 들어왔느냐 하니 저가 유구무언이어늘임금이 사환들에게 말하되 그 수족을 결박하여 바깥 어두움에 내어 던지라 거기서 슬피 울며 이를 갊이 있으리라 하니라**"(마 22:12,13).

10) 성경은 의인은 한 사람도 없다고 말씀한다(롬 3:10). 우상을 남편으로 섬기던 죄인이 어떻게 어린양의 혼인 잔치에 들어갈 수 있는가를 살펴보자. 사람은 태어나면서부터 예수 이름을 믿고 구원을 얻은 사람은 아무도 없다. 누구나 죄악 가운데서 잉태하여 죄인으로 출생한다.[169] 모든 죄인은 마귀의 지배 아래서 탐심에 따라서 하나님을 대적한다. 곧 죄인은 육체의 정욕에 따라서 재물과 명예와 권력과

---

[169] 우리나라에서는 모태신앙이란 그럴듯한 말로 믿는 자들을 교만하게 만드는 자들이 있다. 세례 요한이 모태로부터 거룩하게 구별되어 성령의 감동을 받은 말씀을 근거로 하여 자신을 높이기 위하여 모태 신앙이란 표현을 사용하고 있다. 모태신앙이 존재한다면 교회는 초대교회 때부터 자기의 십자가를 지고 예수 이름을 믿는 신앙이 지금까지 계속되었을 것이다.

쾌락을 위하여 하나님을 대적한다. 하나님의 말씀을 버리고 탐심을 따라가는 것은 탐심을 남편으로 섬기는 것이다. 사람들이 탐심을 남편으로 섬기면, 하나님은 그들을 율법으로 심판하신다. 탐심은 죄인을 율법의 심판으로 인도한다. 따라서 믿고 세례를 받음으로 탐심이 율법에 정죄를 받아 죽으면, 남편이 죽었으므로 율법의 정죄에서 벗어난다. 남편의 죽음으로 죄와 사망의 법에서 벗어난 자는 새로운 남편인 그리스도를 맞이함으로 하나님의 은혜 아래 들어갈 수 있다.

11) 사도 바울은 남편과 아내의 관계를 세례와 관련하여 설명하였다. **"형제들아 내가 법 아는 자들에게 말하노니 너희는 율법이 사람의 살 동안만 그를 주관하는 줄 알지 못하느냐"(롬 7:1).** "사람의 살 동안만"이란 사람이 탐심에 따라서 살아가는 동안을 의미한다. 율법은 정욕에 따라서 살아가는 사람을 정죄한다. 그러나 만약 그 사람이 예수 이름을 믿고 세례를 받음으로 탐심에 따라서 살던 옛사람이 죽으면 그 사람은 율법의 정죄에서 벗어난다. **"남편 있는 여인이 그 남편 생전에는 법으로 그에게 매인바 되나 만일 그 남편이 죽으면 남편의 법에서 벗어났느니라"(롬 7:2).** "남편이 있는 여인"이란 탐심에 따라서 사는 옛사람으로서 탐심을 남편으로 섬기는 자를 의미한다. 사람이 탐심에 따라서 살아갈 때 하나님은 그를 율법으로 심판하신다. 곧 "남편의 법"은 율법이다. 세례를 받음으로 탐심이 죽었다는 것은 남편이 죽은 것을 의미하며, 남편의 법인 율법에서 자유하는 것을 의미한다. 남편이 죽었으면 다른 남자와 혼인할 수 있다. **"그러므로 만일 그 남편 생전에 다른 남자에게 가면 음부라 이르되 남편이 죽으면 그 법에서 자유케 되나니 다른 남자에게 갈찌라도 음부가 되지 아니하느니라"(롬 7:3).** 곧 세례를 받음으로 자기의 십자가를 짊어진 자만이 아들을 위하여 준비된 혼인 잔치에 들어갈 수 있다.

12) 혼인 잔치에 참여함으로 그리스도의 신부가 되는 것은 그와 성도가 하나가 되는 것이다. 예수께서 성도들 안에 들어오시며, 성도는 예수 안에 들어간다. 이로써 예수와 성도가 하나가 된다. **"그날에는 내가 아버지 안에, 너희가 내 안에, 내가 너희 안에 있는 것을 너희가 알리라"(요 14:20).** 예수께서 말씀으로 성도 안에 들어오신다. **"너희가 내 안에 거하고 내 말이 너희 안에 거하면 무엇이든지 원하는 대로 구하라 그리하면 이루리라"(요 15:7).** 예수의 말씀이 성도 안에 들어오신 것은 예수께서 들어오신 것이다. 성도들이 복음을 순종하면 그 말씀이 성도 안에 들어온다. 복음이 성도 안에 들어온 것은 하나님의 나라가 임한 것이다.

(5) 이해를 위한 질문
1) 하나님의 나라의 성격과 영적 전쟁
    a. 하나님의 나라에 들어가는 것은 예수의 말씀 안에 들어가는 것이다. 어떻게 예수의 말씀 안에 들어갈 수 있을까(요 15:7).
    b. 하나님의 나라에 들어가려면 자기의 십자가를 져야 하는 이유는 무엇인가.

c. 하나님의 나라에 들어간 자가 평강을 누리는 이유는 무엇인가(롬 14:17).
d. 하나님의 나라에 들어간 자가 하나님의 형상을 닮는 이유는 무엇인가(갈 4:19).
e. 하나님의 나라에 들어간 자가 나타내는 하나님의 형상은 무엇인가.

2) 하나님의 나라와 영적 전쟁
a. 영적 전쟁을 통하여 하나님의 나라에 들어가는 이유는 무엇인가.
b. 애굽에서 광야로 나온 이스라엘 백성을 하나님의 군대라고 부르는 이유는 무엇인가(출 12:41).
c. 이스라엘 백성이 하나님의 군대로서 무장한 무기는 무엇인가.
d. 세례 요한 이후 천국은 침노를 당한다는 것을 무슨 의미인가(마 11:12).
e. 하나님은 십자가를 진 군사들에게 주신 전신갑주란 무엇인가(엡12:14~17).
f. 세상을 이기는 믿음은 무엇인가(요일 5:4,5).

3) 하나님의 나라와 씨 뿌리는 비유
a. 예수께서 사람의 심령에 뿌린 씨는 무엇인가(눅 8:11).
b. 사람의 심령이 길 가와 같다는 것은 무엇인가(마 13:4)
c. 하나님의 말씀이 열매를 맺지 못하게 하는 가시떨기란 무엇인가(마 13:22).
d. 좋은 땅이란 무엇인가(마13:23).
e. 씨가 싹이 나서 자라고 열매를 맺는다는 것은 무엇인가.
f. 율법을 순종하더라도 싹이 나지 아니하는 이유는 무엇인가(사 6:9,10).
g. 복음 순종한 결과 얻는 열매는 무엇인가(요 17:3).

4) 하나님의 나라와 혼인 잔치의 비유
a. 혼인이란 무엇인가(창 2:24)
b. 남편은 법을 세우고 목숨을 다하여 아내를 사랑하여야 하는 이유는 무엇인가(엡 5:25).
c. 하나님은 이스라엘 백성을 아내로 택하여 부르셨지만, 그들이 하나님을 버린 이유는 무엇인가(삿 3:6).
d. 그리스도의 공생애를 혼인잔치로 비유한 이유는 무엇인가(눅 14:16).
e. 성도는 그리스도의 신부로서 거룩한 세마포를 입어야 하는 이유는 무엇인가(계 19:8).

3. 그리스도 교회의 정체성
(1) 그리스도의 지체로서 교회

1) 광야교회는 장차 오실 그리스도의 피 위에 세워진 교회이며, 그리스도의 교회는 과거에 육신으로 임하신 예수의 피 위에 세워진 교회이다. 교회는 믿음으로 세상에서 나와서 하나님의 나라에 들어온 자들의 모임이다. 곧 교회는 물질세계에서 나와서 영적인 세계로 들어온 자들의 모임이다. 하나님의 나라에서 교회는 그리스

도의 지체이고 하나님의 성전이며 하나님의 보좌이다. 그리스도는 교회의 머리이시며 교회는 그의 지체이다. 그리스도는 각 지체인 성도에게 믿음의 분량대로 직분을 부여하고 그 직분에 따라서 각각 순종할 말씀을 주신다. 각 지체는 성령의 인도하심으로 말씀을 순종함으로 직분을 감당한다.

2) 하나님께서 자기의 형상을 따라서 사람을 창조하신 이유는 그의 영광을 나타내는 그릇으로 사용하기 위함이다(사 43:7). 아담은 타락함으로 하나님의 형상을 상실하였고 하나님께 버림을 받았다. 하나님은 죄로 인하여 더럽혀진 자들을 자기의 영광을 나타내는 그릇으로 사용하지 아니하신다. 하나님은 원하는 자들을 택하여 믿음을 주시고 그들을 의롭다고 하신 뒤에 그들을 통하여 장차 오실 그리스도의 길을 준비하게 함으로 자기의 영광을 나타내셨다. 광야교회의 직분은 선지자, 제사장, 왕으로 구분할 수 있다. 선지자들은 하나님의 말씀을 그들의 직분으로 받았고 제사장과 왕은 율법을 그들의 직분으로 받았다.

4) 율법은 이스라엘 자손이 하나님의 백성으로서 지켜야 할 법이며 제사규례와 왕의 통치기준을 정하고 있다. 하나님은 아론과 그의 후손을 택하여 제사장으로 삼으셨다. 제사장들은 성전에서 율법에 따라서 제사함으로 하나님을 섬기고 백성에게 율법을 가르치는 직분으로 받았다(민 18:7). 왕들은 율법으로 이스라엘 백성을 다스림으로 그들을 통하여 하나님의 영광을 나타내는 직분을 받았다. 그러나 제사장들은 백성에게 율법을 가르치는 직분을 버림으로 그들로 우상을 숭배하는 죄를 범하게 하였다. 다윗은 율법으로 백성을 다스렸으나, 다른 왕들은 율법을 버리고 자기의 생각으로 백성을 다스림으로 하나님의 백성을 자기의 백성으로 도적질하였다. 이스라엘 백성이 율법을 버리면 하나님의 백성이 아니다.

5) 그리스도의 교회의 직분은 모든 성도에게 복음으로 주어졌다. 복음은 사랑을 실천하는 것이다. **"새 계명을 너희에게 주노니 서로 사랑하라 내가 너희를 사랑한 것 같이 너희도 서로 사랑하라"**(요 13:34). 예수께서 세상 죄를 위하여 자기의 피를 주셨다. 예수의 피가 세상을 위한 하나님의 사랑이다. **"우리가 아직 죄인 되었을 때에 그리스도께서 우리를 위하여 죽으심으로 하나님께서 우리에게 대한 자기의 사랑을 확증하셨느니라"**(롬 5:8). 예수께서 그의 피로써 세상의 죄를 담당하셨지만, 이 사실을 믿지 않으면 속죄의 효과는 나타나지 아니하며, 그리스도의 죽음은 사람에게 아무런 유익이 되지 못한다. 따라서 예수 이름을 믿고 구원을 받는 것은 그의 죽음을 영광스럽게 하는 것이다. 따라서 성경은 예수 이름을 믿고 구원을 받는 것을 하나님의 일이라고 말씀한다. **"예수께서 대답하여 가라사대 하나님의 보내신 자를 믿는 것이 하나님의 일이니라 하시니"**(요 6:29).

6) 성도들은 복음을 전파함으로 세상을 사랑한다. 세상에 속한 자들은 예수의 피에 의한 속죄를 알지 못하므로 마귀의 지배 아래서 하나님을 대적하고 있다. 그들에게 복음을 전함으로 그들을 사망의 권세로부터 생명으로 인도하는 것이 사랑이

다. 죄로 인하여 사망에 이른 자들을 구원함으로 예수의 피로 인도하는 것은 예수께서 세상을 사랑하신 것 같이 우리가 세상을 사랑하는 것이다. 따라서 예수께서 승천하기 전에 제자들에게 복음의 전파를 명하셨다. **"그러므로 너희는 가서 모든 족속으로 제자를 삼아 아버지와 아들과 성령의 이름으로 세례를 주고 내가 너희에게 분부한 모든 것을 가르쳐 지키게 하라 볼찌어다 내가 세상 끝 날까지 너희와 항상 함께 있으리라 하시니라"** (마 28:19,20). 이 명령은 사도들에게 국한된 것이 아니라, 모든 믿는 자들에게 주신 명령이다.

7) 믿는 자들이 복음을 전파하려면 세상으로 들어가야 한다. 그리스도께서 믿는 자들에게 세상으로 나가라고 명령하신다. **"아버지께서 나를 세상에 보내신 것 같이 나도 저희를 세상에 보내었고"** (요 17:18). "아버지께서 나를 세상에 보내신 것"란 예수께서 복음을 전파를 위하여 보내심을 받았다는 것을 의미한다. **"예수께서 이르시되 내가 다른 동네에서도 하나님의 나라 복음을 전하여야 하리니 나는 이 일로 보내심을 입었노라 하시고"** (눅 4:43). "저희를 세상에 보내었고"란 하나님의 나라의 복음을 전하기 위하여 믿는 자들을 세상으로 보낸다는 것을 의미한다. 예수께서 하나님의 나라의 복음을 전하기 위하여 이 땅에 오셔서 죽임을 당하셨다. 이와 같이 믿는 자들이 하나님의 나라의 복음을 전파하기 위하여 세상으로 들어가는 것은 양이 이리의 소굴로 들어가는 것과 같이 위험한 일이다. **"보라 내가 너희를 보냄이 양을 이리 가운데 보냄과 같도다 그러므로 너희는 뱀 같이 지혜롭고 비둘기같이 순결하라"** (마 10:16). "너희는 뱀 같이 지혜롭고 비둘기같이 순결하라"란 사람의 지혜와 순결이 아니라 하나님께 속한 것이다.

8) 믿는 자들이 복음을 증거하는 것은 이리 가운데 들어가는 양과 같이 목숨을 거는 위험한 일이다. 복음의 증거는 목숨을 담보로 하는 일이므로, 예수께서 십자가를 짊어진 자만이 이 일을 감당할 수 있다고 말씀하셨다. 사람은 스스로 십자가를 지지 못하고 성령의 인도를 받아야 한다. 곧 성령의 권능을 받은 자만이 복음증거의 사명을 감당할 수 있다. **"오직 성령이 너희에게 임하시면 너희가 권능을 받고 예루살렘과 온 유대와 사마리아와 땅 끝까지 이르러 내 증인이 되리라 하시니라"** (행 1:8). 믿는 자들은 성령의 권능으로 복음을 증거함으로 사랑을 실천할 수 있다. 오순절 날에 사도들은 성령을 받은 뒤에 목숨을 걸고 복음을 증거하였다. 사도 바울은 복음을 증거하는 과정에서 많은 핍박과 고난을 받았다(고후 11:23~27).

9) 땅끝까지 복음을 증거하는 것은 생업을 포기하는 것이다. 제자들은 생업을 포기하고 복음을 증거하였다. 모든 믿는 자들이 생업을 포기하고 복음을 증거하여야 한다면 그리스도의 지체로서 각 지체가 맡은 직분은 오직 복음을 증거하는 것일 뿐이다. 그렇다면 그들은 생계비를 얻지 못할 것이다. 따라서 그리스도의 지체로서 성도의 직분은 전도하는 것과 전도자를 돕는 것으로 구분할 수 있을 것이다. 성도의 직분은 다양하다. 그리스도의 지체로서 믿는 자들의 직분은 믿음의 분량에 따라

서 각각 결정된다. "내게 주신 은혜로 말미암아 너희 중 각 사람에게 말하노니 마땅히 생각할 그 이상의 생각을 품지 말고 오직 하나님께서 각 사람에게 나눠주신 믿음의 분량대로 지혜롭게 생각하라"(롬 12:3). "믿음의 분량"이란 하나님과 예수를 아는 지식의 분량에 의하여 결정된다.[170] 하나님은 믿음이 큰 자에게 큰 직분을 맡기신다.[171] 씨를 뿌리는 비유에서 논의한 바와 같이, 하나님을 아는 지식이란 말씀을 순종한 결과 얻는 것이다.

10) 하나님을 아는 것은 말씀을 순종함으로 체험을 통하여 얻는 것을 의미한다.[172] 성경은 남자와 여자가 성관계를 통하여 서로를 안다고 말씀한다(창 4:1). 남자를 아는 여자란 결혼한 여자를 의미한다. 하나님의 말씀을 순종함으로 하나님의 속성을 체험하는 것이 선과 악을 아는 것이다. 성경은 하나님의 말씀을 맛보라고 말씀한다. "너희는 여호와의 선하심을 맛보아 알찌어다 그에게 피하는 자는 복이 있도다"(시 34:8). 하나님의 선하심을 맛보아 아는 것은 체험을 통하여 아는 것이다. 김치 맛은 말로 설명할 수 없다. 혀로써 김치의 맛을 알 수 있다. 혀로써 모든 음식의 맛을 알 수 있는 것과 같이, 하나님의 말씀을 순종함으로 그 말씀을 통하여 계시되는 하나님의 속성을 알 수 있다. 따라서 말씀을 순종하는 것은 음식을 먹는 것과 같다(겔 3:3).

11) 하나님과 예수를 아는 지식이 성도들의 직분과 관련된다. 성경은 그리스도의 지체로서 직분을 이렇게 나누고 있다. "**하나님이 교회 중에 몇을 세우셨으니 첫째는 사도요 둘째는 선지자요 세째는 교사요 그 다음은 능력이요 그 다음은 병 고치는 은사와 서로 돕는 것과 다스리는 것과 각종 방언을 하는 것이라**"(고전 12:28). 하나님은 사도, 선지자 및 교사에게 지혜와 지식의 말씀을 주셨다. 하나님은 그들에게 하나님의 아들을 증거하는 이적과 기사를 행하는 은사도 주셨다. 그들이 복음을 증거하려면 그들을 돕는 동역자가 있어야 한다. "**혹 섬기는 일이면 섬기는 일로, 혹 가르치는 자면 가르치는 일로, 혹 권위하는 자면 권위하는 일로, 구제하는 자는 성실함으로, 다스리는 자는 부지런함으로, 긍휼을 베푸는 자는 즐거움으로 할 것이니라**"(롬 12:7,8).

12) 복음을 순종하는 것은 그리스도의 지체로서 역할을 다하는 것이다. 믿는 자들이 복음의 모든 말씀을 빠짐없이 순종할 수 있는가? 이것은 불가능하다. 하나님은 믿는 자들 각자에게 믿음의 분량에 따라서 순종할 수 있는 말씀을 주신다. 사도 바울에게는 이방인의 사도로서 복음을 전하는 말씀이, 브리스가와 아굴라에게 바울을 돕는 동역자로서의 말씀이 직분으로 부여되었다(롬 16:3). 그리스도의 지체

---

170) 하나님의 아들을 믿는 것이 영생이다(요 3:16). 영생이란 하나님과 아들을 아는 것이다 (요 17:3). 따라서 믿음이란 하나님과 아들을 아는 지식이라고 말할 수 있다.
171) 달란트의 비유는 믿음의 분량에 따라서 결정되는 직분을 보여준다.
172) BDB., pp. 393, 394.

로서 자기의 직분으로 주어진 말씀을 순종하는 하는 것이 직분에 충성하는 것이다. 성도들에게 주어진 직분은 말씀과 성령의 감동으로 나타난다.

   13) 복음을 순종하려면 성령의 인도하심이 있어야 한다. 교육과 훈련 그리고 자신의 노력으로 십계명의 제1계명부터 제9계명의 말씀을 순종할 수 있다. 따라서 성도가 자기의 의지로 율법을 순종하려고 할 때 성령은 역사하지 아니하신다. 그러나 성도들은 오직 성령의 인도하심으로 복음을 순종할 수 있다. 성령의 인도 없이 복음을 순종하려는 것은 외식이다. 따라서 성령의 인도하심으로 순종하는 말씀이 믿는 자들에게 주어진 직분이다. 믿는 자들이 사도 바울처럼 되겠다고 결심하고 복음을 증거할지라도 바울처럼 하나님을 아는 지식이 없고 이적과 기사를 행하지 못하는 것은 성령이 역사하지 아니하시기 때문이다. 따라서 그리스도의 지체로서 직분은 성령의 은사와 관련된다고 말할 수 있을 것이다. 성령의 은사는 믿음의 분량에 따라서 나타난다.

   14) 인체는 뇌와 신경계통과 지체로 구분한다. 뇌에서 하달된 명령은 신경계통을 통하여 지체에 하달되어 지체를 움직인다. 뇌졸중 환자처럼 신경계통이 마비되면 지체는 뇌에서 하달된 명령대로 움직이지 아니한다. 성령은 인체의 신경계통과 같다고 말할 수 있을 것이다. 믿는 자들은 성령의 인도하심이 없이 복음을 순종할 수 없다. 따라서 그리스도의 교회는 오순절 성령강림 이후부터 예수의 피 위에 세워졌다고 말할 수 있다. 예수의 피와 복음의 말씀, 그리고 성령의 임재로 그리스도의 교회는 세워졌다.

(2) 하나님의 성전으로서 교회

   1) 하나님은 그의 이름으로 그의 존재를 나타내신다. 하나님은 그의 말씀으로 그의 뜻과 속성을 계시하신다. 하늘에는 하나님 아들의 존재를 나타내는 이름을 둔 성전이 있다. 하늘 성전에는 하나님 아들의 이름이 있으며, 천사들이 그 이름을 찬양함으로 하나님께 영광을 나타낸다. 모세가 세운 성막과 솔로몬이 건축한 성전은 하늘 성전의 모형과 그림자이다. 하늘 성전의 실상이 예수의 육신으로 임하였다. 따라서 하늘 성전의 모형인 예루살렘 성전은 그 사명을 다하였으므로 파괴되어 역사 속으로 사라졌다. 예수께서 승천하신 뒤에 복음과 성령으로 하나님의 성전이 이 땅에 세워지고 있다. 성도의 육신은 하나님의 성령이 거하시는 하나님의 성전이다.

   2) 하늘과 우주는 육신으로 임하실 아들을 위하여 창조되었다. 하나님은 장소와 공간을 초월하여 스스로 계신 분이므로 존재하기 위한 하늘은 필요하지 아니하다. 따라서 하늘과 우주는 육신으로 임하실 아들을 위하여 창조되었다고 말할 수 있다 (골 1:16). 하늘에는 아들을 위한 보좌와 성전이 있다. 하나님은 아들의 존재를 나타내기 위하여 성전에 아들의 이름을 두셨다. 성전에서 아들의 이름을 찬양하는 직분을 맡은 천사가 그의 직분을 버리고 하늘 보좌에 올라 만물을 불의와 불법으로

지배하려고 하였다. 하나님은 그 천사와 그들 따르는 천사들을 영원한 결박으로 흑암에 가두셨다(유 1:6). 타락한 천사들의 죄로 인하여 하늘 성전이 더럽혀졌다. 죄는 하나님의 이름과 성전을 더럽게 한다(레 20:3).

   3) 하나님은 이스라엘 자손을 택하여 자기의 백성으로 삼으시고 그들 가운데 계신다는 증거로 성막을 세우게 하셨다. 모세는 하늘 성전의 모형대로 성막을 세웠다(히 8:5). 솔로몬은 하나님의 이름을 위하여 하늘 성전의 모형대로 예루살렘에 성전을 건축하였다. 하나님은 그 성전을 거룩하게 구별하시고 그곳에 자기 이름과 마음을 두셨다.[173] **"저에게 이르시되 네가 내 앞에서 기도하며 간구함을 내가 들었은즉 내가 너의 건축한 이 전을 거룩하게 구별하여 나의 이름을 영영히 그곳에 두며 나의 눈과 나의 마음이 항상 거기 있으리니"** (왕상 9:3). 이스라엘 백성이 범죄하였을 때 성전과 하나님의 이름은 더럽혀졌다. 따라서 제사장은 하나님의 이름을 위하여 속죄의 피를 성전에 뿌렸다. 성전에서 드려진 제사는 인류의 죄를 대속하기 위하여 드려질 하나님 아들의 피를 뿌리는 제사를 모형으로 보여준다.

   4) 하나님의 아들이 육신으로 오셨다. 그의 육신 안에 하나님의 이름과 말씀과 뜻이 있으며 성령이 계신다. 하나님은 아들을 통하여 자기의 이름과 속성과 뜻을 계시하신다. 그리스도께서 아버지의 이름을 세상에 알리셨다. **"내가 아버지의 이름을 저희에게 알게 하였고 또 알게 하리니 이는 나를 사랑하신 사랑이 저희 안에 있고 나도 저희 안에 있게 하려 함이니이다"** (요 17:26). "내가 아버지의 이름을 저희에게 알게 하였고 또 알게 하리니"란 이름으로 하나님 아버지의 존재를 알리는 것을 의미한다. 예수는 성령으로 아버지의 뜻을 성취하시고 아버지의 말씀을 전하셨다. **"내가 내 자의로 말한 것이 아니요 나를 보내신 아버지께서 나의 말할 것과 이를 것을 친히 명령하여 주셨으니"** (요 12:49). 예수 안에 하나님의 이름과 말씀과 마음이 있고 성령께서 계시므로 그의 육신은 하나님의 성전이다.[174] **"그러나 예수는 성전 된 자기 육체를 가리켜 말씀하신 것이라"** (요 2:21). 예루살렘 성전에서 제사장이 행한 모든 제사와 하나님을 섬기던 일이 예수의 육신 안에서 실상으로 나타났다.

   5) 하늘 성전인 하나님의 아들이 육신으로 이 땅에 오셨을 때, 그 성전과 그곳에 둔 하나님의 이름이 사단의 죄와 인류의 죄로 인하여 더럽혀졌다. 죄로 인하여 더럽혀진 성전은 거룩한 피로써 거룩하게 될 수 있다. 하늘 성전의 모형인 예루살렘 성전은 거룩한 제물의 모형인 소와 염소와 양의 피로써 거룩하게 될 수 있지만,

---

173) 예루살렘 성전에 하나님의 이름이 있었지만, 하나님께서 실제로 거기에 계신 것은 아니었다. 하나님은 성전을 통하여 자신의 존재를 알리셨다. 이스라엘 백성은 성전에 둔 하나님의 이름을 통하여 하나님의 존재를 알았다.

174) 예수 안에 실제로 하나님 아버지와 성령께서 계신다. 삼위일체 하나님이 계신 곳이 하늘 성전이다. 하나님의 아들이 육신으로 오신 것은 하늘 성전이 임한 것이다.

하늘 성전은 짐승의 피로써 거룩하게 될 수 없다. 따라서 예수께서 제사장으로서 자기의 피로써 하늘 성전을 거룩하게 하셨다. "**그러므로 하늘에 있는 것들의 모형은 이런 것들로써 정결케 할 필요가 있었으나 하늘에 있는 그것들은 이런 것들보다 더 좋은 제물로 할찌니라 그리스도께서는 참 것의 그림자인 손으로 만든 성소에 들어가지 아니하시고 오직 참 하늘에 들어가사 이제 우리를 위하여 하나님 앞에 나타나시고**"(히 9:23,24). 이로써 인류의 모든 죄는 대속되었으므로, 다시 죄를 위하여 제사드릴 필요가 없다. "**이것을 사하셨은즉 다시 죄를 위하여 제사드릴 것이 없느니라**"(히 10:18).

6) 성전에는 성소와 지성소가 있다. 성소에는 불을 밝히는 촛대와 향을 사르는 향로, 진설병을 차려놓는 떡상이 있다. 지성소에는 십계명을 새긴 돌판을 담은 언약궤, 그 궤를 덮는 속죄소가 있다. 휘장이 성소와 지성소 사이를 막고 있다. 휘장이 성소와 지성소를 가로막고 있었으므로, 대제사장을 제외한 누구도 지성소에 들어가지 못하였다. 다만 속죄일에 대제사장은 송아지와 염소의 피를 가지고 휘장을 걷고 지성소에 들어가서 자기와 백성의 죄를 속하는 피를 뿌렸다(레 16:14). 성소와 지성소를 막고 있는 휘장은 하나님과 사람을 가로막고 있는 죄를 의미한다. 예수께서 십자가에서 피를 흘리셨을 때 성소의 휘장이 위로부터 아래까지 찢어졌으므로, 성소와 지성소가 하나가 되었다. "**이에 성소 휘장이 위로부터 아래까지 찢어져 둘이 되니라**"(막 15:38). 이 휘장은 인류의 죄를 짊어지신 예수의 육체를 모형으로 보여준다. 예수의 육체가 찢어지므로 하나님 아들의 모형으로 계시된 휘장은 갈라졌다. "**그 길은 우리를 위하여 휘장 가운데로 열어 놓으신 새롭고 산 길이요 휘장은 곧 저의 육체니라**"(히 10:20).

7) 예수께서 승천하신 뒤에 믿는 자들에게 성령을 보내신다(행 2:33). 성령은 믿는 자들의 영에 임하신다.[175] 성령께서 예수 이름으로 임하시므로(요 14:26), 성령께서 임하신 것은 하나님 아들의 이름과 동시에 하나님의 영이 임하신 것이다. 성령은 예수의 말씀인 진리로 인도하시므로, 성령께서 임하신 것은 진리가 임한 것이다. "**그러하나 진리의 성령이 오시면 그가 너희를 모든 진리 가운데로 인도하시리니 그가 자의로 말하지 않고 오직 듣는 것을 말하시며 장래 일을 너희에게 알리시리라**"(요 16:13). 성도의 영 안에 예수 이름과 진리와 성령께서 계시므로, 성도의 몸은 영적으로 하나님의 성전이다. "**너희가 하나님의 성전인 것과 하나님의 성령이 너희 안에 거하시는 것을 알지 못하느뇨**"(고전 3:16).[176] 성령께서 거하시는 곳이 하나님의 성전이다. 성전은 하나님의 이름을 위한 것이며 하나님의 것이므로, 성도

---

[175] 성도들에게 임하신 성령은 영원히 그들의 영과 함께 하신다(요 14:16). 만약 성령께서 육체 안에 오신다면 육체가 죽으면 떠나가실 것이다. 졸저, 상게서, 5.1.2.(3) 참조
[176] "성전"으로 번역된 헬라어, 나오스(ναός)는 (요 2:19)에서도 동일하게 사용되었다. 그리스도의 몸과 성도의 몸은 동일한 하나님의 성전이다.

의 몸은 성도의 것이 아니라 하나님의 것이다. **"너희 몸은 너희가 하나님께로부터 받은바 너희 가운데 계신 성령의 전인 줄을 알지 못하느냐 너희는 너희의 것이 아니라"** (고전 6:19).

8) 영적인 하나님의 성전은 스스로 세워지는 것은 아니다. 성도 개개인이 예수 그리스도를 반석으로 하여 그 위에 성전을 건축한다. 성도가 성전을 건축하려면 하나님의 평강에 들어가야 한다. 하나님의 평강에 들어가는 것은 성전을 세우는 자의 자격을 의미한다. 하나님의 평강에 들어가지 못하면 성전을 건축할 자격이 없다. 성전건축과 다윗의 관계는 이것을 모형으로 보여준다. 다윗은 하나님의 이름을 위하여 성전을 건축하려고 하였으나 하나님은 이를 허락하지 아니하셨다. **"오직 하나님이 내게 이르시되 너는 군인이라 피를 흘렸으니 내 이름을 위하여 전을 건축하지 못하리라 하셨느니라"** (대상 28:3). "너는 군인이라 피를 흘렸으니"란 율법 아래 있는 자들은 예수의 피를 통한 속죄를 받지 못하고 하나님의 평강에 들어가지 못하므로 성전을 건축할 수 없다는 것이다.177) 그러나 성도는 자기의 십자가를 지고 하나님의 나라에 들어가므로 평강을 얻을 수 있다. 예수께서 부활하신 뒤에 제자들에게 너희에게 평강이 있으라고 말씀하셨다. **"예수께서 또 가라사대 너희에게 평강이 있을찌어다 아버지께서 나를 보내신 것 같이 나도 너희를 보내노라"** (요 20:21). 이 말씀은 제자들이 이제부터 각각 성전을 건축할 자격이 있다는 것을 의미한다. 제자들은 오순절 날 성령을 받은 이후에 하나님의 성전을 건축하기 시작하였다.

9) 하나님의 성전은 예수 그리스도를 믿는 믿음을 반석으로 하여 그 위에 세워진다. **"이 닦아 둔 것 외에 능히 다른 터를 닦아 둘 자가 없으니 이 터는 곧 예수 그리스도라"** (고전 3:11). 예수의 피에 의한 속죄를 믿는 믿음 위에 성전이 세워진다. 예루살렘 성전은 모리아 산에 세워졌다. 아브라함은 모리아 산에서 이삭을 번제로 드리고 장차 오실 그리스도의 언약을 받았다. 번제물로 드려진 이삭은 장차 오실 그리스도를 예표로 한다. 장차 오실 그리스도의 피가 뿌려질 산 위에 예루살렘 성전이 세워졌다. 예루살렘 성전이 장차 오실 그리스도의 피가 뿌려질 모리아 산에 세워진 것처럼, 영적인 하나님의 성전이 그리스도 예수의 피 위에 세워진다.

10) 예루살렘 성전의 골조가 돌로 세워진 것처럼, 하나님의 성전의 골조는 영적인 돌로 세워진다. 성전은 예수를 머릿돌로 하여 골조가 세워진다. **"이 예수는 너희 건축자들의 버린 돌로서 집 모퉁이의 머릿돌이 되었느니라"** (행 4:11). "집 모퉁이의 머릿돌"란 돌을 쌓을 때 기초가 되는 돌을 의미한다. 예수 그리스도께서 머릿돌이 되셨다는 것은 성도의 몸이 성전을 건축하는 돌임을 의미한다. 예수는 죽은 돌이 아니라 살아있는 머릿돌이다. **"사람에게는 버린 바가 되었으나 하나님께는 택

---

177) 율법 아래 있다는 것은 죄와의 싸움이 계속되고 있으므로 하나님의 평강에 들어가지 못하는 것을 의미한다. 복음 아래 있는 자만이 죄와의 싸움을 그치고 하나님의 평강에 들어간다.

하심을 입은 보배로운 산 돌이신 예수에게 나아와"(벧전 2:4). 성전을 건축하는 성도의 몸도 역시 살아있는 거룩한 돌이다. "너희도 산 돌 같이 신령한 집으로 세워지고 예수 그리스도로 말미암아 하나님이 기쁘게 받으실 신령한 제사를 드릴 거룩한 제사장이 될찌니라"(벧전 2:5). 예루살렘 성전은 죽은 돌로 건축되었지만, 하늘 성전은 살아있는 성도의 몸으로 세워진다.

11) 예루살렘 성전처럼, 영적인 하나님의 성전은 돌과 각종 보석으로 세워진다. "만일 누구든지 금이나 은이나 보석이나 나무나 풀이나 짚으로 이 터 위에 세우면"(고전 3:12). 성전을 건축하는 금과 은과 보석은 그리스도 안에 있다. "그 안에는 지혜와 지식의 모든 보화가 감취어 있느니라"(골 2:3). "그 안에"란 예수의 말씀을 의미한다. 영적인 성전은 예수의 말씀을 순종함으로 세워진다. 성도들이 성령의 인도하심으로 예수의 말씀을 순종하는 것은 각종 보석과 금으로 하나님의 성전을 건축하는 것이다. 하나님의 성전은 각종 보석으로 채워진다고 성경은 말씀한다. "또 방들은 지식으로 말미암아 각종 귀하고 아름다운 보배로 채우게 되느니라"(잠 24:4). "지식"이란 예수의 말씀을 통하여 하나님과 보내심을 받은 예수 그리스도를 아는 지식을 말한다.

12) "나무나 풀이나 짚"이란 예수의 말씀이 아닌 율법과 세상의 윤리와 도덕을 순종함으로 성전을 세우는 것을 의미한다. 율법은 영적인 성전을 세우는 금은보화가 아니다. 율법에 따라서 세워진 예루살렘 성전은 하늘에 있는 성전의 모형과 그림자이다. 하나님은 다윗에게 성전 건축을 허락하지 아니하셨다. 율법 아래에서 죄와의 싸움이 끝나지 아니하였기 때문이다. 예수께서 피를 흘리심으로 죄와의 전쟁을 끝내셨다. 따라서 장차 다윗의 후손으로 오실 그리스도께서 영원한 성전을 건축하실 것이다. "저는 내 이름을 위하여 집을 건축할 것이요 나는 그 나라 위를 영원히 견고케 하리라"(삼하 7:13). 예수의 말씀을 제외한 율법이나 세상의 윤리와 도덕을 순종하는 것은 나무와 풀과 짚으로 성전을 건축하는 것이다.

13) 성도들이 예수의 피 위에 건축한 성전은 준공의 날, 곧 그리스도 재림의 날에 판단을 받을 것이다. 성도가 죽으면 일생 동한 건축한 성전은 불로 판단을 받을 것이다. "각각 공력이 나타날 터인데 그날이 공력을 밝히리니 이는 불로 나타내고 그 불이 각 사람의 공력이 어떠한 것을 시험할 것임이니라"(고전 3:13). "각 사람의 공력"이란 성령으로 예수의 말씀을 순종한 여부이다.[178] 율법과 세상의 윤리와 도덕을 순종하는 것은 나무와 풀과 짚으로 성전을 건축하는 것이다. 이렇게 지은 성전은 마지막 날에 불에 타서 남은 것이 없을 것이다. "누구든지 공력이 불타면 해를 받으리니 그러나 자기는 구원을 얻되 불 가운데서 얻은 것 같으리라"(고전 3:15). "자기는 구원을 얻되 불 가운데서 얻은 것 같으리라"란 아버지 집과

---

[178] "공력"으로 번역된 헬라어, 엘곤(ἔργον)이란 행위, 일, 행실 및 역사를 의미한다. 이것은 율법의 행위가 아니라 복음을 순종한 행위를 말한다.

관련될 것이다.

14) 예수께서 부활하신 뒤에 아버지의 집으로 올라가셨다(요 20:17). 예수께서 아버지의 집으로 올라가신 뒤에 성도들의 거처를 준비하신다. "**내 아버지 집에 거할 곳이 많도다 그렇지 않으면 너희에게 일렀으리라 내가 너희를 위하여 처소를 예비하러 가노니**"(요 14:2). "너희를 위하여 처소"란 성도들이 살아있는 동안 이 땅에서 쌓은 공력에 따라서 세워질 것이다. 성도가 이 땅에서 건축한 영적인 성전은 아버지의 집에서 보이는 처소로 나타날 것이다. 나무와 짚으로 성전을 건축함으로 성도의 공력이 불에 타면 아버지의 집에서 그의 처소는 없을 것이다.

15) 성도의 몸은 하나님의 성전이다. 성전에서는 피 뿌림과 예물을 드림과 기도와 성령의 감동과 하나님께 나아감이 있다. 예루살렘 성전에서 행하여지던 모든 의식이 영적으로 성도의 몸에서 일어나야 한다. 성도들은 항상 예수의 피로 세운 새 언약을 순종함으로 그의 살을 먹고 그의 피를 마셔야 한다. 성도는 쉬지 말고 기도하여야 한다. 성도는 자기의 몸을 거룩한 산 예물로 하나님께 드려야 한다. 성도는 항상 성령의 인도를 받아야 한다. 성도는 하나님의 말씀을 통하여 하나님의 얼굴을 뵈어야 한다. 성도의 몸은 하나님의 성전으로 그리스도의 것이다. 성도가 복음을 순종하지 아니함으로 하나님의 성전을 자기의 소유로 만들면 저주를 받을 것이다. 성도의 몸은 하나님으로 성전으로 그리스도의 것이기 때문이다. "**너희는 그리스도의 것이요 그리스도는 하나님의 것이니라**"(고전 3:23).

16) 예루살렘 성전에 하나님의 이름이 있었으므로 이스라엘 백성은 성전에 하나님께서 계신다고 믿었다(시 11:4). 그들은 성전을 거룩하게 여기고 성전에서 하나님의 이름을 위하여 제사하였다. 이와 같이 성도의 몸은 하나님의 성전이므로 그 안에 예수의 이름과 말씀이 있다는 증거가 나타나야 한다. 따라서 성도의 몸 안에 예수께서 계시지 않으면 그는 버림을 당한 자라고 성경은 말씀한다. "**너희가 믿음에 있는가 너희 자신을 시험하고 너희 자신을 확증하라 예수 그리스도께서 너희 안에 계신 줄을 너희가 스스로 알지 못하느냐 그렇지 않으면 너희가 버리운 자니라**"(고후 13:5).[179]

(3) 그리스도의 보좌로서 교회

1) 하나님은 아들을 위하여 만물을 창조하시고 만물을 통치하는 권세를 아들에게 주셨다. 하늘에는 아들을 위한 보좌가 있다. 아들이 육신으로 임하시기 전까지 하늘 보좌는 비어있었다. 하늘 보좌가 아들을 위하여 준비되었으므로, 하나님은 보좌에 아들의 이름을 두셨다. 그 보좌에서 만물을 통치하는 하나님의 말씀이 나왔다. 보좌

---

[179] "버리운"으로 번역된 헬라어, 아도키모이(ἀδόκιμοί)는 '시험에 합격하지 못한, 거절당한, 자격이 없는, 가치가 없는'이란 의미이다. 곧 천국에 들어갈 자격이 없는 것을 의미한다.

의 주인이 육신으로 임하셨을 때, 보좌는 이 땅으로 옮겨졌다. 왕이 계신 곳이 보좌이기 때문이다. 예수께서 부활하여 승천하신 뒤에 보좌에 오르셔서 믿는 자들에게 성령을 보내신다. 성령께서 만물을 통치하는 예수의 말씀을 가지고 성도의 몸 안에 오신다. 성령의 역사하심으로 성도의 몸에서 만물을 통치하는 예수의 말씀이 나온다. 따라서 성도의 몸은 영적으로 하늘 보좌이다.

2) 하나님은 아들을 위하여 보좌를 예비하셨다. **"아들에 관하여는 하나님이여 주의 보좌가 영영하며 주의 나라의 홀은 공평한 홀이니이다"** (히 1:8). 이 보좌는 육신으로 임하실 아들을 위하여 예비되었으므로, 아들 이외에 누구도 그 보좌에 오를 수 없다. 아들이 육신으로 임하시기 전에 말씀으로 아버지의 품속에 계셨다(요 1:18). 따라서 창조로부터 아들이 육신으로 임하시기까지 보좌는 비어있었다.[180] 이 보좌가 아들을 위하여 예비되었다는 증거로 하나님은 보좌에 아들의 이름을 두셨다. 아들의 이름을 둔 보좌에서 만물을 다스리는 하나님의 말씀이 천사를 중보로 하여 하달되었다.

3) 선악과 계명, 칭의 언약, 율법 및 선지자들에게 임한 모든 말씀은 하늘 보좌에서 나온 말씀이다. 보좌에서 나온 말씀이 천사에게 하달되었고, 그 천사는 그 말씀을 선지자들에게 전하였다.[181] 보좌에서 나온 율법을 받은 천사가 이를 모세에게 전하였다(갈 3:19). 여호수아, 사무엘, 다윗, 엘리야 및 다른 모든 선지자도 천사를 통하여 하나님의 말씀을 받았다. 약속한 때가 되었을 때, 보좌의 주인이신 하나님의 아들이 아버지의 말씀을 가지고 직접 육신으로 임하셨다. 하나님의 아들이 오심으로 하늘 보좌가 이 땅으로 옮겨졌다. 하나님의 아들이 육신으로 임하시자 보좌를 지키는 수많은 천사가 아들을 호위하기 위하여 이 땅에 임하였다. 보좌가 이 땅으로 옮겨지고 수많은 천사가 임하였을 때 하나님의 영광이 나타났다. **"말씀이 육신이 되어 우리 가운데 거하시매 우리가 그 영광을 보니 아버지의 독생자의 영광이요**

---

[180] 구약성경에는 보좌에 앉으신 여호와 하나님에 관한 말씀이 있다. **"미가야가 가로되 그런즉 왕은 여호와의 말씀을 들으소서 내가 보니 여호와께서 그 보좌에 앉으셨고 하늘의 만군이 그 좌우편에 모시고 서 있는데"** (왕상 22:19). 이 말씀은 장차 보좌에 앉으실 예수를 모형으로 보여준다고 해석할 수 있을 것이다. 하나님의 아들을 육신으로 보좌에 앉아계시다가 육신을 벗고 여자의 몸에서 태어나신 것은 아니다. 구약시대에 누구도 하나님을 본 사람은 없기 때문이다(요 1:18).

[181] 성경을 기록한 히브리어와 헬라어는 하나님의 신성을 보여준다. 히브리어 동사의 기본형은 3인칭 단수 완료형이다. 완료형은 과거에 동작이 끝난 상태를 의미한다. 히브리어 다바르(דבר)는 과거형으로 '그가 말하였다'(he said)이다. 구약성경의 모든 말씀은 과거에 하늘 보좌에서 나온 하나님의 말씀을 제3자인 천사가 전한 말씀이다. 따라서 교회는 구약성경의 말씀을 과거에 말씀하신 하나님의 말씀으로 듣는다. 이에 반하여 헬라어 동사의 기본형은 1인칭 현재형이다. 헬라어 레고(λέγω)는 현재형으로 '내가 말하(한)다'(I say)이다. 신약성경의 말씀은 아들을 통하여 지금 말씀하시는 하나님의 말씀이다. 교회는 예수 그리스도의 말씀을 지금 내게 주시는 말씀으로 듣는다. 따라서 신약성경은 헬라어로 기록되었다고 말할 수 있다.

은혜와 진리가 충만하더라"(요 1:14).

4) 보좌를 통하여 말씀하신 하나님의 아들이 육신으로 임하셨다. 만물을 통치하는 말씀이 아들을 통하여 하달되었다. 만물의 통치는 심판과 사면을 그 내용으로 한다. 심판은 하늘에서 아들의 왕권을 부인한 타락한 천사들과 그의 지배 아래 있는 자들을 정죄하는 것이다. 사면이란 아들의 왕권을 믿고 인정하는 자들을 의롭다고 선언하시고 그들의 죄를 용서하는 것이다. 예수께서 심판하는 권세와 사면하는 권세를 가지고 오셨다. 예수께서 자기를 시험하는 마귀를 심판하시고 마귀의 지배 아래서 있는 모든 죄인에게 사망을 선고하셨다(요 3:18). 예수께서 믿는 자들을 의롭다고 선언하시고 그들의 질병을 고치셨다. 동시에 예수께서 믿는 자들에게 영생의 말씀을 주셨다(요 3:16).

5) 하나님은 아들에게 심판하는 권세를 주셨다. **"아버지께서 아무도 심판하지 아니하시고 심판을 다 아들에게 맡기셨으니"** (요 5:22). 예수께서 마귀와 악한 영들을 심판하시고 마귀의 지배 아래 있는 모든 자에게 지옥의 판결을 선고하셨다. 바리새인들과 서기관들, 사두개인들과 제사장들에게 지옥형벌의 심판이 선고되었다. 예수께서 그들을 음부의 권세의 아래 있는 독사의 새끼들이라고 선포하셨다. **"뱀들아 독사의 새끼들아 너희가 어떻게 지옥의 판결을 피하겠느냐"** (마 23:33). 예수께서 그들을 음란하고 악한 세대하고 정죄하셨다. **"악하고 음란한 세대가 표적을 구하나 요나의 표적 밖에는 보여 줄 표적이 없느니라 하시고 저희를 떠나 가시다"** (마 16:4). 당시에 종교 지도자들은 자타가 공인하는 의인들이었다. 그들은 율법을 온전히 순종함으로 자신을 의롭다고 믿고 있었다. 그러나 그들은 하나님의 아들이신 예수의 왕권을 부인하였으므로 그들에게 지옥형벌이 선고되었다.

6) 하나님의 아들이신 예수의 왕권을 믿는 자들에게 죄 사면의 은혜가 선포되었다. 중풍병자가 예수 이름을 믿고 예수께 나왔을 때, 예수께서 그의 죄를 용서하셨다. **"예수께서 저희의 믿음을 보시고 중풍병자에게 이르시되 소자야 네 죄 사함을 받았느니라 하시니"** (막2:5). "네 죄 사함을 받았느니라"란 율법에 따라서 정죄 받는 모든 죄를 용서받았다는 것이다. 예수께서 믿는 자들에게 율법의 효력을 정지하셨다. 이것은 예수께서 율법을 선포하신 분임으로 의미한다. 입법자만이 법의 효력을 정지할 수 있기 때문이다. **"입법자와 재판자는 오직 하나이시니 능히 구원하기도 하시며 멸하기도 하시느니라 너는 누구관대 이웃을 판단하느냐"** (약 4:12). 예수께서 모든 믿는 자들의 죄를 사하는 새로운 법을 선포하셨다(요 3:16).

7) 율법은 죄를 알게 하는 법이지만, 복음은 믿지 아니하는 자들에게 지옥의 판결을, 믿는 자들에게 영생을 선포하는 법이다. 하나님은 아들에게 만물을 통치하는 말씀을 주셨고, 아들은 아버지의 말씀에 따라서 심판과 사면을 선포하셨다. 선포된 복음이 만물을 통치하는 언약이며, 그 언약의 성취가 아들의 피로써 보증되었다. 하나님은 아들의 피를 놓고 복음을 새 언약으로 확정하셨다(눅 22:20). 따라서 복

음을 통하여 하나님의 나라의 권세가 임하고 있다. 하나님께 받은 예수의 권세가 복음을 통하여 믿는 자들에게 주셨다. "**내 아버지께서 나라를 내게 맡기신 것 같이 나도 너희에게 맡겨**"(눅 22:29). "나라를 너희에게 맡기다"란 복음으로 심판과 사면의 권세를 선포하는 것이다. 이것은 천국열쇠와 관련된다. "**내가 천국 열쇠를 네게 주리니 네가 땅에서 무엇이든지 매면 하늘에서도 매일 것이요 네가 땅에서 무엇이든지 풀면 하늘에서도 풀리리라 하시고**"(마 16:19). "땅에서 무엇이든지 매면"이란 세상을 향하여 심판을 선포하는 것을 의미한다. "땅에서 무엇이든지 풀면"이란 믿는 자들에게 구원을 선포하는 것을 의미한다.

8) (눅 22:29)와 (마 16:19)의 말씀이 성취되려면 믿는 자들이 복음을 선포할 때 하나님의 나라의 권세가 나타나야 한다. 이를 위하여 예수께서 승천하신 뒤에 믿는 자들에게 성령을 보내주신다. 복음이 선포될 때 성령께서는 그 말씀이 하나님의 말씀임을 증거하신다(요 15:26). 예수께서 이 땅에 계실 때, 제자들에게 성령으로 복음을 선포하신 것처럼(행 1:2), 제자들도 성령으로 복음을 선포하였다. 베드로가 성령으로 복음을 선포하였을 때, 그 말씀을 들은 유대인들이 성령의 감동으로 마음이 찔려 죄를 회개하였다. "**저희가 이 말을 듣고 마음에 찔려 베드로와 다른 사도들에게 물어 가로되 형제들아 우리가 어찌할꼬 하거늘**"(행 2:37). 이 말씀은 복음이 만물을 통치하는 명령임을 의미한다. 사도 바울도 성령의 나타남으로 복음을 증거하였다. "**내 말과 내 전도함이 지혜의 권하는 말로 하지 아니하고 다만 성령의 나타남과 능력으로 하여**"(고전 2:4).

9) 예수께서 이 땅에 계실 때 복음으로 세상에 속한 모든 것들을 심판하고 믿는 자들에게 구원을 선포하셨다. 이처럼 믿는 자들은 복음으로 세상에 속한 모든 것을 심판하고 믿는 자들에게 구원을 선포한다. 믿는 자들이 전파하는 복음이 하나님의 말씀임을 증거하는 권세가 성령으로 나타난다. 하나님의 아들이 육신으로 임하실 때 하늘 보좌가 이 땅으로 옮겨졌고, 예수께서 승천하실 때 보좌는 하늘로 옮겨졌다. 그러나 성령께서 믿는 자들에게 임하셨을 때, 보좌는 다시 이 땅으로 옮겨졌다. 성령으로 복음을 전파하는 사도들 안에 보좌가 임하였다. 성령을 받은 사도들 안에서 예수께서 말씀하셨다. "**이는 그리스도께서 내 안에서 말씀하시는 증거를 너희가 구함이니 저가 너희를 향하여 약하지 않고 도리어 너희 안에서 강하시니라**"(고후 13:3).

10) 예수께서 성령을 받은 믿는 자들 안에서 말씀하신다면, 성도의 몸은 세상을 심판하고 믿는 자들에게 구원을 선포하는 복음이 나오는 보좌이다. 곧 예수께서 성도의 육신을 보좌로 하여 성령으로 말씀하신다. 따라서 성경은 믿는 자들은 그리스도 예수 안에서 보좌에 앉을 수 있다고 말씀한다. "**또 함께 일으키사 그리스도 예수 안에서 함께 하늘에 앉히시니**"(엡 2:6). 믿는 자들은 성령으로 그리스도 예수 안에서 보좌에 앉아있다. 성도의 몸이 보좌가 되려면 그 안에서 복음의 말씀이 샘

솟듯이 흘러나와야 한다. 성도 안에 저장된 복음의 말씀이 성도의 입을 통하여 나온다. 하나님의 말씀은 육체와 영에 저장된다. 육체와 영은 공간과 장소로서 하나님의 말씀을 저장할 수 있다. 첫 언약인 율법은 육체의 예법으로 육체 안에 저장된다(히 9:10). 그러나 새 언약인 복음은 영적인 말씀으로 영 안에 저장된다.

11) 복음은 영의 생명이므로 영에 저장된다. **"살리는 것은 영이니 육은 무익하니라 내가 너희에게 이른 말이 영이요 생명이라"** (요 6:63). 예수의 말씀이 영 안으로 들어오려면 믿는 자들이 그 말씀을 영접하여야 한다. 믿는 자들이 성령으로 순종한 예수의 말씀만이 그들의 영으로 들어온다. 순종하지 아니한 말씀은 영 안으로 들어오지 아니한다. 예수의 말씀을 순종하는 것은 그의 살과 피를 마시는 것이다. **"내 살을 먹고 내 피를 마시는 자는 내 안에 거하고 나도 그 안에 거하나니"** (요 6:56). "나도 그 안에 거하나니"란 예수의 말씀이 믿는 자의 영 안으로 들어와서 거한다는 것을 의미한다.182) 믿는 자들의 영 안으로 들어온 예수의 말씀은 성령으로 하나님의 인격을 나타낸다. 곧 그 말씀이 성령으로 믿는 자들의 생각과 마음과 언행을 통치한다.

12) 예수의 말씀이 성령으로 믿는 자들 안에서 살아 역사할 때, 그 말씀이 마귀의 인격인 탐심을 이기고 믿는 자들을 통치한다. 믿는 자들이 순종한 예수의 말씀이 그들의 입을 통하여 전파될 때 성령의 역사하심으로 하나님의 나라의 권세를 나타낸다. 믿는 자들이 안에 저장된 예수의 말씀이 탐심을 지배한다. 이때 믿는 자의 몸은 하늘 보좌로서 하나님의 영광을 나타낸다. **"이기는 그에게는 내가 내 보좌에 함께 앉게 하여주기를 내가 이기고 아버지 보좌에 함께 앉은 것과 같이하리라"** (계 3:21). "이기는 그에게"란 예수의 말씀과 성령으로 마귀의 인격인 탐심을 이기는 자를 의미한다. 이기는 자의 몸은 하늘 보좌에 예수와 함께 앉아서 복음으로 만물을 통치한다.

13) 성도의 몸이 하나님의 보좌가 되었을 때, 성도는 왕 같은 제사장이 된다. **"오직 너희는 택하신 족속이요 왕 같은 제사장들이요 거룩한 나라요 그의 소유된 백성이니 이는 너희를 어두운데서 불러내어 그의 기이한 빛에 들어가게 하신 자의 아름다운 덕을 선전하게 하려 하심이라"** (벧전 2:9). 성도는 진리와 성령의 감동하심으로 영적으로 왕으로서 권세를 가져야 한다. 예수 그리스도께서 보이신 것처럼, 성도는 탐심을 극복함으로 마귀의 권세를 이기고 예수 이름으로 귀신을 쫓아내며 세상을 향하여 복음을 선포한다. 성도가 영적으로 왕이 되면 그 영광을 가지고 아버지의 집으로 들어갈 것이다. **"만국이 그 빛 가운데로 다니고 땅의 왕들이 자기 영광을 가지고 그리로 들어오리라"** (계 21:24).

14) 성도의 몸이 하늘 보좌가 되려면 예수의 말씀이 그들의 영 안으로 들어와서

---

182) "거하다"로 번역된 헬라어, 메노(μένω)란 '머물다, 살아가다, 영존하다'란 의미이다.

하나님의 인격을 나타내야 한다. 성도의 인격과 예수의 말씀을 통하여 나타나는 하나님의 인격이 조화를 이룬다. **"아버지께서 내 안에, 내가 아버지 안에 있는 것 같이 저희도 다 하나가 되어 우리 안에 있게 하사 세상으로 아버지께서 나를 보내신 것을 믿게 하옵소서"(요17:21).** 하나님 아버지와 아들과 성도가 하나가 되었을 때 성도의 몸은 하늘 보좌이다. 만약 성부와 성자와 성도가 하나가 되지 않으면 성도는 버림받은 자이다(고후 13:5).183) 성도의 영 안으로 들어오지 아니한 말씀은 성도와 아무런 관계가 없다.

(4) 이해를 위한 질문
1) 그리스도의 지체로서 교회
   a. 광야교회의 직분은 제사장, 선지자, 왕으로 구분할 수 있다. 제사장이 소홀히 한 직분은 무엇인가(레 10:11).
   b. 그리스도의 교회의 직분은 믿음의 분량에 따라서 결정된다. 믿음의 분량이란 무엇인가(롬 12:3).
   c. 왜 성령의 은사가 교회의 직분과 관련되가(고전 12)
   d. 그리스도의 지체로서 직분이 교회의 직분인 이유는 무엇인가.
   e. 성도의 직분이 각각 다른 이유는 무엇인가.

2) 하나님의 성전으로서 교회
   a. 하늘 성전이 아들을 위하여 예비된 이유는 무엇인가.
   b. 예루살렘 성전이 하늘 성전의 모형인 이유는 무엇인가(히 8:5).
   c. 예루살렘 성전에 하나님의 이름을 두신 이유는 무엇인가(왕상 9:3).
   d. 예수의 육신이 하늘 성전인 이유는 무엇인가(요 2:19).
   e. 성도의 몸이 하나님의 성전인 이유는 무엇인가(고전 3:16).
   f. 성도는 어떻게 성전을 세우는가(고전 3:10,11).

3) 그리스도의 보좌로서 교회
   a. 하나님께서 아들의 이름을 하늘 보좌에 두신 이유는 무엇인가(히 1:8).
   b. 창조부터 하나님의 아들이 육신으로 오시기까지 하늘 보좌가 비어있던 이유는 무엇인가(요 1:18).
   c. 하나님의 아들이 육신으로 임하심으로 하늘 보좌가 땅으로 옮겨진 이유는 무엇인가(요 1:14).

---

183) 우리는 용어선택이 있어서 주의할 필요가 있다. 동행이란 두 사람이 같이 걸어가는 것이다. 하나님과 동행이란 하나님께서 성도 안에 들어오지 아니하고 성도의 몸 밖에서 성도와 같이 걸어가는 것이다. (고후 13:5)의 말씀에 의하면 하나님과 동행하는 자는 하나님께 버림을 받은 자이다. 성도는 하나님과 동행하는 자가 아니라 함께 하는 자이다. 하나님께서 성도 안에 오셔서 한 사람처럼 함께 하는 것이다. 임산부는 한 사람이다. 그러나 산모와 신생아는 두 사람이다.

d. 성령이 임하심으로 성도의 몸이 하나님의 보좌인 이유는 무엇인가.
   e. 예수께서 성도 안에서 말씀하시는 이유는 무엇인가(고후 13:3).

4. 그리스도 교회의 사명
(1) 그리스도 교회와 예배
   1) 그리스도 교회의 정체성을 그리스도의 지체, 하나님의 성전 및 하늘 보좌라고 할 때, 교회의 사명에 대하여 살펴보자. 예배란 하나님의 얼굴을 뵙고 그 앞에 무릎을 꿇고 입을 맞추는 것이다.[184] 하나님의 얼굴을 뵙는 것은 하나님의 말씀을 듣는 것이다. 구약시대에 성전의 제사는 예배의 모형을 보여준다. 예배는 예배당에 모여서 성도들이 함께 드리는 예배와 생활 속에서 드리는 예배로 구분할 수 있다. 생활 속에서 드리는 예배는 그리스도의 지체로서 그 직분을 수행함으로 말씀을 통하여 하나님의 얼굴을 뵙는 것이다. 모든 예배는 신령과 진정으로 드려져야 한다.
   2) 속죄일의 제사는 예배의 본질을 잘 보여준다. 속죄일에 대제사장은 황소와 염소의 피를 가지고 지성소에 들어가서 속죄를 위한 피를 뿌리고 시은좌에서 나오는 하나님의 말씀을 들었다. **"거기서 내가 너와 만나고 속죄소 위 곧 증거궤 위에 있는 두 그룹 사이에서 내가 이스라엘 자손을 위하여 네게 명할 모든 일을 네게 이르리라"**(출 25:22). 대제사장은 소와 염소의 피를 지성소에 뿌림으로 자신과 이스라엘 백성의 죄를 속하고 하나님을 만났다. 따라서 성전의 제사를 통하여 계시된 예배의 본질은 속죄의 피를 뿌림으로써 하나님을 만나고 그의 말씀을 듣는 것이라고 말할 수 있다. 그리스도 교회의 예배는 찢어진 그리스도의 육체를 통하여 하나님께 나가는 것이라고 성경은 말씀한다. **"그러므로 형제들아 우리가 예수의 피를 힘입어 성소에 들어갈 담력을 얻었나니 그 길은 우리를 위하여 휘장 가운데로 열어 놓으신 새롭고 산 길이요 휘장은 곧 저의 육체니라"**(히 10:20). 예배를 통하여 하나님을 만나려면 반드시 속죄의 피 뿌림이 있어야 한다.
   3) 예수 그리스도께서 하나님께서 받으시는 예배에 대하여 말씀하셨다. 그 예배는 진정과 신령으로 드리는 예배이다. **"아버지께 참으로 예배하는 자들은 신령과 진정으로 예배할 때가 오나니 곧 이때라 아버지께서는 이렇게 자기에게 예배하는 자들을 찾으시느니라 하나님은 영이시니 예배하는 자가 신령과 진정으로 예배할찌니라"**(요 4:23,24). "신령"이란 성령을 의미한다.[185] "진정"이란 진리를 의미한다.[186] 하나님께서 찾으시는 예배는 성령의 인도하심과 진리를 통하여 하나님을 만

---

184) H. Greeven, "προσχυνέω" ed. Gerhard Kittel and Gerhard Friedrich, op. cit. p. 1056.
185) "신령"으로 번역된 헬라어 프뉴마티(πνεύματι)는 프뉴마(πνεῦμα)에서 파생된 단어로서 성령으로 번역된다.
186) "진정"으로 번역된 헬라어 알레데이아(ἀληθεία)는 진리를 의미한다.

나는 예배이다. 성령의 감동하심과 진리의 말씀을 통하여 하나님의 얼굴을 뵐 수 있다. 진리란 예수의 말씀을 의미한다. **"율법은 모세로 말미암아 주신 것이요 은혜와 진리는 예수 그리스도로 말미암아 온 것이라"** (요 1:17).

4) 예수의 말씀을 복음 또는 진리라고 한다. 복음은 진리이지만 양자 사이에 차이가 있다고 성경은 말씀한다. 예수께서 하신 모든 말씀은 복음이며 새 언약이다. 이 복음을 믿고 순종함으로 믿는 자들은 죄로부터 자유를 얻는다. 따라서 진리란 순종한 복음을 의미한다고 말할 수 있다. 성경은 진리가 죄로부터 자유하게 한다고 말씀한다. **"진리를 알찌니 진리가 너희를 자유케 하리라"** (요 8:32). "진리를 알찌니"란 복음을 순종함으로 복음이 변하지 아니하는 진리라는 것을 알게 된다. 율법은 변화하지만, 복음은 절대로 변화지 아니한다.[187] 따라서 율법을 진리라고 말하지 아니한다. 복음을 순종함으로 복음이 변하지 아니하는 진리라는 것을 체험한다. 복음이 진리라는 것을 앎으로 죄로부터 자유를 얻는다. 복음을 순종하면 그 말씀이 성도의 영 안으로 들어온다. 따라서 진리란 복음을 순종함으로 믿는 자들의 영 안으로 들어온 말씀이라고 말할 수 있다. 복음 가운데 순종하지 아니한 말씀은 진리가 아니다. "신령과 진정으로 예배하다"란 성령의 감동으로 진리를 통하여 하나님의 얼굴을 뵐 수 있다는 것을 의미하다.

5) 복음을 순종하면 예수께서 하나님의 아들이라는 사실을 체험으로 알게 된다. 예수는 하나님의 아들이며 그리스도이시다. 이것은 변하지 아니하는 진리이다. 예수께서 하나님의 아들이므로 그의 말씀을 순종하는 것은 그의 얼굴을 뵙는 것이며 동시에 하나님의 얼굴을 뵙는 것이다. 예수께서 승천하신 뒤에 진리를 통하여 그의 얼굴을 나타내신다. 따라서 믿는 자들이 성령으로 복음을 순종할 때 진리를 통하여 하나님의 얼굴을 뵐 수 있다. 이것이 생활 속에서 드리는 영적인 예배이다. **"그러므로 형제들아 내가 하나님의 모든 자비하심으로 너희를 권하노니 너희 몸을 하나님이 기뻐하시는 거룩한 산 제사로 드리라 이는 너희의 드릴 영적 예배니라"** (롬 12:1). 산 제사란 성도의 몸을 하나님께 드리는 제사를 의미한다. 율법에 따라서 이스라엘 백성은 죽은 소와 염소와 양을 제물로 드렸다. 따라서 그 제사는 죽은 제사라고 말할 수 있다. 성도들은 복음을 순종함으로 자신의 몸을 하나님께 드린다. 이것은 산 제사이다.

6) "영적인 예배"란 진리와 성령의 감동으로 드리는 예배를 의미한다. 진리는 영에 관한 말씀이며 영의 생명이다(요 6:63). 진리는 성령의 인도하심으로 순종할 수

---

[187] 율법을 기록한 히브리어 약동사는 시제와 인칭에 따라서 자음과 모음이 변화한다. 그러나 복음을 기록한 헬라어 동사는 자음과 모음이 변화하지 아니한다. 이것은 율법이 변화한다는 것을 의미한다. **"제사 직분이 변역한즉 율법도 반드시 변역하리니"** (히 7:12)

있으므로 성도들이 진리를 순종하는 것은 영적인 예배이다. 그러나 소와 염소와 양의 사체를 불사르고 그들의 피를 드리는 제사는 영적인 예배가 아니다. 진리는 성령으로만 순종할 수 있는 이유를 살펴보자. 율법은 613가지의 조문으로 구성되어 있다. 예컨대, 율법은 안식일을 거룩하게 지키는 것에 대하여 자세하게 규정하고 있다. 이스라엘 백성은 안식일에 규정대로 행동하면 성령의 인도함을 받지 아니하더라도 안식일을 거룩하게 지킬 수 있다. 그러나 복음에 대한 자세한 규정이 없다.

7) 성경은 예수의 증인이 되라고 말씀하신다. "**너희는 이 모든 일의 증인이라**"(눅 24:48). 증인에 대한 구체적인 말씀이 없다. 언제, 무엇을, 어떻게 하는 것이 증인이냐에 대한 구체적인 말씀이 없다. 따라서 성도들은 이 말씀을 순종하려고 하지 아니한다. 그러나 성도들이 증인이 되려고 결심하고 그 말씀을 순종하려고 할 때, 성령께서 가장 좋은 길로 인도하신다. 따라서 성경은 성령의 권능을 받으면 비로소 예수의 증인이 될 수 있다고 말씀한다. "**오직 성령이 너희에게 임하시면 너희가 권능을 받고 예루살렘과 온 유대와 사마리아와 땅끝까지 이르러 내 증인이 되리라 하시니라**"(행 1:8). 사도 바울은 목숨을 걸고 복음을 증거한 것은 자신의 노력이 아니라 하나님의 은혜라고 고백하였다. "**그러나 나의 나 된 것은 하나님의 은혜로 된 것이니 내게 주신 그의 은혜가 헛되지 아니하여 내가 모든 사도보다 더 많이 수고하였으나 내가 아니요 오직 나와 함께하신 하나님의 은혜로라**"(고전 15:10).

8) 성령으로 복음을 순종할 때, 진리를 통하여 하나님의 얼굴을 뵐 수 있다. 이것이 신령과 진정으로 드리는 예배이다. 성도는 몸 안에 있는 예수의 말씀을 통하여 하나님의 얼굴을 뵐 수 있으므로, 신령과 진정으로 드리는 예배는 성도의 몸 안에서 일어난다고 말할 수 있다. 성도의 몸은 성령이 거하시는 하나님의 성전이므로, 성도의 몸 안에서 예수의 피 뿌림이 있고, 그 안에서 말씀에 앞에 무릎을 꿇고, 그 안에서 예물을 드리고, 그 안에서 기도하고, 그 안에서 하나님의 얼굴을 뵙고, 그 안에서 하나님과 입을 맞춘다. 성도의 몸이 하나님의 성전이라는 것은 성도의 몸 안에서 하나님을 기쁘시게 하는 예배가 이루어진다는 것을 의미한다.

9) 예배당에 성도들이 드리는 예배가 신령과 진정으로 드리는 예배가 되려면, 성령으로 복음이 선포되어야 한다. 성령은 율법을 통하여 역사하지 아니하기 때문이다. 성령은 진리의 영이므로 성도 안에 들어온 진리의 말씀을 통하여 역사하신다(요 14:17). 성령의 감동으로 복음이 선포될 때, 듣는 자들이 성령의 감동으로 그 말씀을 통하여 계시된 하나님의 뜻을 깨닫고 그 말씀 앞에 무릎을 꿇으면 그 말씀은 성도 안으로 들어온다. 성도들은 그들의 영 안으로 들어온 진리를 통하여 하나님의 얼굴을 뵙는다. 따라서 사도 바울은 십자가에 못 박힌 예수 그리스도만을 선포한다고 고백하였다. "**내가 너희 중에서 예수 그리스도와 그의 십자가에 못 박히신 것 외에는 아무것도 알지 아니하기로 작정하였음이라**"(고전 2:2).

10) 예배당에 모여서 드리는 예배보다 더 중요한 예배는 생활 속에서 드리는 예

배이다. 이스라엘 백성은 매일 성전에서 드리는 제사에 참여하지 못하였다. 매일 제사장만이 성전에서 제사 드림으로 하나님께 나가려고 하였으나 하나님의 얼굴을 뵙지 못하였다. 일 년에 한 번 속죄일에 오직 대제사장만이 지성소에서 하나님의 얼굴을 뵐 수 있었다. 일반 백성은 생활 속에서 하나님의 말씀을 순종함으로 하나님의 얼굴을 뵐 수 있었다. 따라서 다윗은 항상 율법을 묵상하는 것이 복이라고 기록하였다. "오직 여호와의 율법을 즐거워하여 그 율법을 주야로 묵상하는 자로다"(시 1:2). 다윗은 율법을 묵상함으로 자신의 죄를 깨닫고 장차 오실 그리스도의 구원을 사모함으로 생활 속에서 예배를 드렸다. "나는 오직 주의 인자하심을 의뢰하였사오니 내 마음은 주의 구원을 기뻐하리이다"(시 13:5). "여호와여 왕이 주의 힘을 인하여 기뻐하며 주의 구원을 인하여 크게 즐거워하리이다"(시 21:1).

11) 성경은 성도들을 향하여 항상 기뻐하라고 말씀한다(살전 5:16). 그러나 현실을 그렇지 못하다. 그 이유는 생활 속에서 예배를 드리지 못하기 때문이다. 우리는 세상에 살면서 돈과 명예와 권력과 육체의 쾌락을 사랑하는 마음을 버리지 못한다. 따라서 우리는 복음을 순종함으로 하나님을 만나지 못하고 악한 영들이 넣어주는 탐심만을 만나고 있다. 우리는 예배당에서 드리는 예배로 만족하고 생활 속에서 드리는 예배를 소홀히 함으로 하나님의 얼굴을 뵙지 못한다. 곧 우리는 생활 속에서 하나님의 말씀을 만나지 못하고 있다. 예수께서 버리라고 명령하신 것들을 얻으려고 우리는 발버둥 치며 살아간다. 자기의 십자가를 짐으로 세상에 속한 모든 것들을 버린 자만이 복음을 순종함으로 하나님의 나라에 들어가 평강과 기쁨을 누린다.

(2) 그리스도의 교회와 하나님의 영광

1) 하나님께서 자기의 형상으로 사람을 창조하신 목적은 자기의 영광을 나타내기 위함이다. 하나님은 만물을 창조하고 통치하는 자신의 존재를 피조물을 통하여 나타내신다. 사람은 하나님의 형상으로 창조되었으므로 창조질서와 말씀을 순종함으로 하나님의 영광을 나타낼 수 있다. 아담이 선악과 계명을 순종함으로 하나님의 영광을 나타내는 것이 하나님의 뜻이다. 그러나 아담은 타락함으로 하나님의 형상을 잃어버렸고 하나님의 영광을 나타내지 못하게 되었다. 칭의 언약과 율법을 통하여 하나님의 영광이 모형과 그림자로 나타났고 십자가에서 피를 흘리신 하나님의 아들을 통하여 그 영광이 실상으로 나타났다. 이제 하나님의 영광이 십자가를 짊어진 교회를 통하여 나타나고 있다.

2) 만물이 창조되기 전에 하나님은 영광 가운데 계셨다(요 17:5). 하나님은 장소와 공간을 초월하여 스스로 영광 가운데 계신다. 하나님은 영광이 부족하여 피조물로부터 영광을 받으시는 분은 아니다. 하나님은 부족한 것이 전혀 없는 분이시다. 따라서 하나님은 자기의 영광을 나타내기 위하여 만물을 창조하셨다고 성경은 말씀한다(사 43:7). 만물은 하나님의 영광을 나타내는 그릇으로 창조되었다. 사람과 천

사를 제외한 만물은 창조질서에 따라서 하나님의 영광을 나타낸다. 그러나 사람과 천사는 하나님의 말씀을 순종함으로 하나님의 영광을 나타낸다. 곧 하나님의 영광은 창조와 통치사역을 통하여 나타나고 있다.

3) 우주 공간에는 수많은 행성이 창조질서에 의하여 움직인다. 행성들이 질서 있게 정해진 궤도를 따라서 이동하는 것은 만물을 창조하신 하나님의 전지전능하심을 보여준다. 만물은 하나님의 전지전능하심을 보여줌으로 하나님의 영광을 나타내고 있다. **"하늘이 하나님의 영광을 선포하고 궁창이 그 손으로 하신 일을 나타내는도다"(시 19:1).** 사람과 천사는 창조질서와 하나님의 말씀을 순종함으로 하나님의 영광을 나타낸다. 그러나 하늘에서 천사들이 타락함으로 하나님의 영광을 훼손하였을 때, 하나님은 그들의 죄를 용서하지 아니하시고 그들을 영원한 결박으로 영광이 없는 흑암에 가두셨다(사 14:13~15). 아담이 타락함으로 하나님의 형상을 잃어버리고 하나님의 영광을 훼손하였을 때, 하나님은 아담을 흑암의 권세자 마귀의 지배를 받게 하셨다.

4) 아담의 타락으로 사람은 하나님의 영광을 나타낼 수 없게 되었으나, 하나님은 자기의 영광을 위하여 택하신 자들에게 믿음을 주셨다. 아벨과 에녹과 노아는 믿음으로 하나님, 곧 장차 오실 그리스도의 영광을 나타냈다. 아벨은 가인의 분노를 두려워하지 아니하고 십자가를 지는 믿음으로 죽임을 당함으로 장차 오실 그리스도의 죽음을 모형으로 보여주었다. 아벨은 죽음으로 하나님의 영광을 나타냈다. 노아는 십자가를 지는 믿음으로 방주를 건조함으로 만물을 의와 공의로 통치하시는 하나님의 영광을 나타냈다. 아브라함은 십자가를 지는 믿음으로 이삭을 번제로 드림으로 장차 오실 그리스도의 길을 준비하였다. 아들을 아끼지 아니하시고 세상 죄를 위한 화목제물로 주신 하나님의 사랑이 아브라함을 통하여 모형으로 나타났다. 아브라함은 하나님의 영광을 나타내기 위하여 이삭을 번제로 드렸다.

5) 모세는 십자가를 지는 믿음으로 애굽에서 이스라엘 백성을 광야로 인도하여 나오게 함으로 인류를 죄에서 구속하실 그리스도의 영광을 나타냈다. 광야에서 모세는 이스라엘 백성의 모든 시험과 원망을 짊어지고 그들을 가나안땅까지 인도하였다. 모세는 택함을 받은 자들을 하나님의 나라로 인도할 그리스도의 영광을 모형으로 나타냈다. 여호수아는 십자가를 지는 믿음으로 이스라엘 백성을 이끌고 가나안 거민을 정복함으로 세상 임금을 심판하실 그리스도의 영광을 모형으로 나타냈다. 다윗은 십자가를 지는 믿음으로 백성을 의와 공의로 통치함으로 만물을 통치하는 그리스도의 영광을 모형으로 나타냈다. 많은 선지자는 십자가를 지는 믿음으로 목숨을 아끼지 아니하고 하나님의 말씀을 선포함으로 장차 오실 그리스도의 영광을 나타냈다.

6) 장차 오실 그리스도의 길을 준비함으로 하나님의 영광을 나타낸 자들은 세상 양심과 율법으로 그들의 죄를 깨달았기 때문에 십자가를 지는 믿음을 소유할 수 있

었다. 그들은 그들의 십자가를 짊어지고 장차 오실 그리스도를 향하여 나아갔다. 그들은 탐심을 못 박은 십자가를 지고 죽음을 향하여 나아갔다. 그들의 믿음으로 장차 오실 그리스도의 형상이 모형과 그림자로 나타났다. 아벨로부터 시작하여 하나님의 영광을 나타낸 모든 자의 믿음은 그들의 죄를 대속하기 위하여 오실 그리스도로 수렴한다. 그들은 율법과 세상 양심으로 죄를 깨닫고 장차 오실 그리스도를 믿음으로 하나님의 영광을 나타냈다. 장차 오실 그리스도의 사역은 성전의 제사를 통하여 모형과 그림자로 나타났다. 따라서 성전에 하나님의 영광이 모형과 그림자로 임하였다(출 40:34).

7) 예루살렘 성전에 하나님의 영광이 충만하게 임한 것은 장차 하늘 성전인 예수의 몸을 통하여 하나님의 영광이 임하는 것을 모형으로 보여준다. 하나님의 영광이 예수의 죽음으로 나타났다. 예수께서 죽음으로 세상 임금을 심판하고 인류의 죄를 대속하셨다. 만물을 창조하신 하나님만이 마귀를 심판하고 믿는 자들의 죄를 사면하실 수 있다. 예수께서 십자가에서 피를 흘림으로 만물을 창조하신 하나님의 형상을 보여주고 하나님의 영광을 나타내셨다. 예수 그리스도의 죽음으로 하나님의 영광이 실상으로 나타났다. **"저가 나간 후에 예수께서 가라사대 지금 인자가 영광을 얻었고 하나님도 인자를 인하여 영광을 얻으셨도다 만일 하나님이 저로 인하여 영광을 얻으셨으면 하나님도 자기로 인하여 저에게 영광을 주시리니 곧 주시리라"** (요 13:31,32).

8) 예수께서 십자가에 못 박히셨을 때 태양이 빛을 잃고 어두움이 온 땅에 임하였다. **"해가 빛을 잃고 온 땅에 어두움이 임하여 제 구시까지 계속하며"** (눅 23:44). "해가 빛을 잃다"란 선지자 예언의 성취이다. **"여호와의 크고 두려운 날이 이르기 전에 해가 어두워지고 달이 핏빛같이 변하려니와"** (욜 2:31). "여호와의 크고 두려운 날"이란 하나님의 아들이 육신으로 임하셔서 죽는 날, 피조물이 창조주를 죽인 날, 마귀가 심판을 받은 날, 세상 죄가 대속된 날이다. 이날은 인류 역사상 가장 무서운 날이다. 이날에 하나님의 영광이 온 우주 안에 충만히 임하였다. 하나님을 섬기는 모든 천사가 십자가에서 피를 흘리시는 하나님의 아들에게 임하였다. 천사가 임하였을 때 태양 빛이 가려졌다. 광야에서 천사의 사역으로 나타난 구름이 이스라엘 백성을 인도한 것처럼, 수많은 천사가 임하였을 때 구름이 태양을 가리므로 온 땅에 어둠이 임하였다고 해석할 수 있을 것이다.

9) 예수의 죽음은 그가 만물을 창조하신 하나님의 아들이라는 증거이다. 하나님은 아들의 죽음을 통하여 자신의 영광을 나타내셨다. 창조주의 영광이, 만물을 통치하는 왕의 영광이 십자가에서 피를 흘리시는 예수를 통하여 나타났다. 그 영광은 수많은 선지자가 보려고 하여도 보지 못하였다. 그들은 장차 오실 그리스도를 통하여 비취는 하나님의 영광을 희미하게 모형으로 보았다. 그러나 사도들과 믿는 자들은 부활하신 예수를 통하여 십자가에서 나타난 하나님의 영광을 실상으로 보았다.

창세전에 예정된 하나님의 형상은 십자가에서 피를 흘리시는 예수의 모습이다. 하나님께서 만물을 통하여 나타내시려는 영광은 아들의 죽음으로 나타난 영광이다. 하나님은 피를 흘려 죽음으로 자신의 영광을 나타내셨다.

10) 하나님은 그의 영광을 아들에게 주셨고, 아들은 그 영광을 믿는 자들에게 주신다. **"내게 주신 영광을 내가 저희에게 주었사오니 이는 우리가 하나가 된 것같이 저희도 하나가 되게 하려 함이니이다"(요 17:22).** 예수께서 피를 흘리심으로 하나님의 영광을 나타내신 것처럼, 교회는 십자가를 짐으로 하나님의 영광을 나타낸다. 율법 아래서 죄를 깨닫고 장차 오실 그리스도를 믿은 광야교회를 통하여 나타났던 하나님의 영광과 복음 아래서 영생을 얻은 그리스도의 교회를 통하여 나타나는 영광은 구분된다. 광야교회는 율법으로 정죄하는 직분을 맡았다. 모세는 정죄하는 율법을 선포함으로 모든 사람으로 죄를 깨닫게 하는 직분을 맡았다. 곧 모세의 직분은 정죄하는 직분이다. 모세는 자기의 십자가를 짐으로 정죄하는 직분에 충성하여 하나님의 영광을 나타냈다. **"정죄의 직분도 영광이 있은즉 의의 직분은 영광이 더욱 넘치리라"(고후 3:9).** 그리스도의 교회는 하나님의 의를 나타내는 복음을 전파함으로 하나님의 영광을 나타낸다. 교회는 자기의 십자가를 짐으로 의의 직분을 충성스럽게 감당하여 하나님의 영광을 나타내고 있다.

11) 광야교회는 십자가를 지고 장차 오실 그리스도 안에 들어감으로 하나님의 영광을 모형으로 나타냈다. 그리스도의 교회는 십자가를 지고 복음 전파함으로 하나님의 영광을 실상으로 나타내고 있다. 예수께서 하나님의 성전으로서 하나님의 영광을 나타내신 것처럼, 교회도 하나님의 성전으로서 하나님의 영광을 나타내야 한다. 예수께서 십자가에서 피를 흘리심으로 하나님의 영광을 나타내신 것처럼, 교회도 십자가를 짐으로 하나님의 영광을 나타내야 한다. 이것이 복음을 통하여 계시된 하나님의 뜻이며 하나님의 성전인 교회에게 부여된 사명이다.

(3) 복음을 증거함으로 하나님의 자녀를 해산하는 교회

1) 광야교회는 그리스도를 잉태하여 해산하는 직분을 받았다. 아브라함으로부터 시작하는 광야교회가 장차 오실 그리스도를 잉태하여 해산한 것처럼, 그리스도의 교회는 성령으로 복음을 순종함으로 하나님의 자녀를 해산한다. 교회가 복음을 증거함으로 사망에 이른 자에게 영생을 얻게 하는 것은 하나님의 자녀를 해산하는 것이다. 여자가 결혼하여 자녀를 해산하듯이, 교회는 복음을 증거함으로 그리스도를 남편으로 섬기고 하나님의 자녀를 해산하고 있다.[188] 복음을 순종함으로 그리스도의 형상을 닮은 자만이 전도함으로 하나님의 자녀를 해산할 수 있다. 그러나 마귀의 자식들은 죄를 잉태하여 마귀의 자식을 해산하고 있다.

---

[188] "교회"로 번역된 헬라어 에클레시아(ἐκκλησία) 여성명사이다. 이것은 교회가 하나님의 자녀를 잉태하여 해산한다는 것을 의미한다.

2) 아담이 타락한 뒤에 하나님의 말씀이 하와에게 임하였다. **"또 여자에게 이르시되 내가 네게 잉태하는 고통을 크게 더하리니 네가 수고하고 자식을 낳을 것이며 너는 남편을 사모하고 남편은 너를 다스릴 것이니라 하시고"**(창 3:16). 이 말씀은 두 가지로 해석할 수 있다. 첫째, 사람은 마귀의 종으로서 마귀를 남편으로 섬김으로 마귀의 자식을 해산하는 고통을 겪을 것이다. 둘째, 교회는 그리스도를 남편으로 섬김으로 하나님의 자녀를 해산할 것이다. 여자가 결혼하여 자녀를 해산하는 고통을 겪는 것은 그리스도의 교회의 전도를 모형으로 보여준다고 말할 수 있다. (창 3:16)의 말씀에 따라서 아담 안에서 사람은 마귀를 남편으로 섬기며 마귀의 자식을 낳을 자들과 하나님을 남편으로 섬기며 그리스도를 낳을 자로 구분한다. **"내가 너로 여자와 원수가 되게 하고 너의 후손도 여자의 후손과 원수가 되게 하리니 여자의 후손은 네 머리를 상하게 할 것이요 너는 그의 발꿈치를 상하게 할 것이니라 하시고"**(창 3:15).

3) 사단은 아담에게 불신앙의 씨를 심어주었다. 하나님 아들의 존재와 주권을 부인하는 불신앙의 씨가 아담에게 뿌려졌고 그 씨로부터 마귀의 자식들이 태어난다. 아담의 후손들은 죄의 저주 아래서 고통을 당하며 마귀의 자식들을 해산하기 위하여 고통을 당하고 있다. 가나안땅에 정착한 이스라엘 백성 가운데 일부는 하나님을 버리고 우상을 섬김으로 마귀의 자식을 해산하기 위하여 많은 고통을 겪었다. 그들은 율법의 저주로 임한 칼과 기근과 질병으로 고통을 받으며 마귀의 자식을 해산하였다. 이에 반하여 믿음으로 의롭다 함을 받은 자들은 하나님을 남편으로 섬김으로 장차 오실 그리스도를 잉태하는 고통을 당하였다. 온 인류는 마귀를 남편으로 섬김으로 마귀의 자식들을 해산하는 자들과 하나님을 남편으로 섬김으로 하나님의 자녀를 해산하는 자들로 구분할 수 있을 것이다.

4) 아브라함으로부터 시작하는 광야교회는 장차 오실 그리스도를 잉태하였다. 하나님은 아브라함에게 칭의 언약을 주신 뒤에 장차 오실 그리스도의 언약을 주셨다. 이것은 독자를 번제물로 드리는 믿음을 가진 자, 곧 십자가를 짊어진 자만이 장차 오실 그리스도를 잉태할 수 있다는 것을 의미한다. 아브라함의 믿음으로 이삭을 번제로 드렸고, 하나님은 아브라함에게 독생자의 언약을 주셨다(창 22:17,18). 아브라함은 믿음으로 장차 오실 그리스도를 잉태하였다. 아브라함의 믿음이 이삭과 야곱에게 이어졌다. 아브라함과 이삭은 믿음으로 그리스도를 잉태하였지만 해산하지 못하고 죽었다. 이삭의 뒤를 이어 야곱도 믿음으로 장차 오실 그리스도를 잉태하였다. 야곱의 믿음이 유다에게로, 유다의 믿음이 다윗에게로, 다윗의 믿음이 마리아에게로 이어졌다. 마리아는 하나님의 말씀과 성령의 역사하심으로 하나님의 아들을 해산하였다.

5) 하나님은 아브라함에게 장차 오실 그리스도의 언약을 주셨다(창 22:17,18). 이 언약은 그리스도를 잉태하는 씨다. 아브라함이 믿음으로 그 언약을 받아드렸을

때 장차 오실 그리스도를 잉태하였다. 이삭과 야곱은 그 언약을 믿음으로 장차 오실 그리스도를 잉태하였다. 그리스도는 의롭고 거룩하신 분이므로, 믿음으로 의롭고 거룩하게 된 자만이 그를 잉태할 수 있다. 아브라함과 이삭과 야곱은 믿음으로 의롭다 함을 받고 장차 오실 그리스도의 형상을 닮음으로 그리스도를 잉태할 수 있었다. 믿음으로 장차 오실 그리스도를 잉태한 자들은 마귀의 자식을 잉태한 자들로부터 많은 핍박을 받고 고난을 받았다. 이스라엘의 역사는 이것을 모형으로 보여준다. 아브라함으로부터 그리스도까지 약 2,000년 동안 이스라엘의 역사는 이방인과 전쟁 그리고 이방인의 핍박으로 얼룩진 기간이었다.

6) 예수께서 십자가에서 피를 흘리시고 부활하심으로 교회를 해산하셨다. 예수께서 교회를 해산하기 위하여 피와 물과 땀을 흘리셨고 못에 찔리는 고통을 당하셨다. 교회는 하나님 아들의 피와 고통을 통하여 태어났다. 교회는 예수 이름을 믿음으로 하나님의 자녀가 된 자들의 모임이다. 예수께서 교회에게 하나님의 씨를 뿌리신다(마 13:37). 하나님의 씨는 하나님의 자녀를 잉태하여 해산하는 씨이다. **"너희가 거듭난 것이 썩어질 씨로 된 것이 아니요 썩지 아니할 씨로 된 것이니 하나님의 살아있고 항상 있는 말씀으로 되었느니라"(벧전 1:23)**. 그리스도의 부활을 증거하는 복음이 하나님의 씨이다. 이 말씀이 싹이 나고 자라고 열매를 맺기 때문에, 하나님의 형상을 닮은 자만이 복음을 전함으로 하나님의 자녀를 생산할 수 있다.

7) 하나님은 그리스도를 성도들의 남편으로 주셨다. 성도들은 그리스도를 남편으로 섬기며 하나님의 자녀들을 생산하여야 한다. 예수의 말씀인 복음은 성도들이 그리스도를 남편으로 섬기는 법이다. 성도들이 복음을 순종하면 그리스도의 씨를 통하여 하나님의 자녀를 잉태하여 해산한다. 이것은 두 가지로 단계를 거쳐야 한다. 첫째, 성도가 복음을 순종함으로 그리스도의 형상을 닮는 것이다. 이것은 그리스도를 남편으로 섬기는 것이다. 그리스도의 형상을 닮은 자만이 하나님의 자녀를 잉태하여 해산할 수 있다. 둘째, 복음을 전파하여 죽은 영혼을 살림으로 하나님의 자녀를 해산한다. 하나님은 복음을 전도의 말씀으로 주셨다. **"자기 때에 자기의 말씀을 전도로 나타내셨으니 이 전도는 우리 구주 하나님의 명대로 내게 맡기신 것이라"(딛 1:3)**.

8) 복음을 순종함으로 그리스도의 형상을 닮은 사도들이 전도할 때, 많은 자가 예수 이름을 믿고 구원을 받았다. 베드로가 복음을 전파할 때, 많은 유대인이 예수 이름을 믿고 세례를 받았다. **"또 여러 말로 확증하며 권하여 가로되 너희가 이 패역한 세대에서 구원을 받으라 하니 그 말을 받는 사람들은 세례를 받으매 이 날에 제자의 수가 삼천이나 더하더라"(행 2:40,41)**. 유대인들은 베드로를 통하여 그리스도의 형상을 보았고 그가 전하는 복음을 듣고 예수 이름을 믿고 구원을 받음으로 하나님의 자녀가 되었다. 베드로는 하나님의 자녀를 해산하기 위하여 많은 고난을 받았다. 베드로는 복음을 전파하다가 옥에 갇히고 매를 맞았으며, 스데반은 복

음을 전파하다가 돌에 맞아 죽었다. 사도 바울도 복음을 증거하다가 많은 핍박과 환난을 받았다. 사도들과 믿는 자들이 하나님의 자녀를 잉태하고 해산하기 위하여 고통을 당하였다. 이것은 (창 3:16)의 예언의 말씀을 성취하는 것이다.

9) 교회가 복음을 증거하지 아니하면 하나님 아들의 죽음은 인류에게 아무런 유익이 되지 못한다. 예수께서 자기의 피로써 마귀를 심판하고 인류의 죄를 대속하신 결과는 복음전파로 나타나기 때문이다. 하나님은 아들을 위하여 혼인 잔치에 아들의 살과 피를 준비하고 택하신 자들을 청하였지만, 대부분이 초청을 거절하였다. 혼인 잔치에 손님이 없으면 준비한 모든 음식은 버려질 것이다. 이처럼 교회의 복음전파가 없으면, 그리스도의 피는 죄인을 구원할 수 없다. 따라서 복음전파는 하나님을 기쁘게 하는 것이다. **"보내심을 받지 아니하였으면 어찌 전파하리요 기록된바 아름답도다 좋은 소식을 전하는 자들의 발이여 함과 같으니라"** (롬 10:15). 예수께서 승천하기 직전에 복음전파를 마지막 유언으로 남기셨다. **"그러므로 너희는 가서 모든 족속으로 제자를 삼아 아버지와 아들과 성령의 이름으로 세례를 주고 내가 너희에게 분부한 모든 것을 가르쳐 지키게 하라 볼찌어다 내가 세상 끝날까지 너희와 항상 함께 있으리라 하시니라"** (마 28:19,20).

10) 광야교회는 믿음으로 장차 오실 그리스도의 계보를 이어갔다. 그리스도의 계보가 아브라함으로부터 마리아에게로 이어졌다. 이처럼 하나님 자녀의 계보가 그리스도의 재림까지 이어져야 한다. 이 사명이 그리스도 교회에게 부여되었다. 이 사명을 완수하기 위하여 교회는 복음을 순종함으로 그리스도의 지체, 하나님의 성전 및 하나님의 보좌가 되어야 한다. 성도들은 복음을 순종함으로 하나님의 자녀의 씨가 그들의 심령에 뿌려져야 한다. 성도들의 심령에 있는 하나님의 자녀의 씨가 복음전파를 통하여 불신자의 심령에 뿌려져야 한다. 그 씨는 성령의 감동으로 불신자의 심령에 뿌리를 내리게 된다. 교회가 그리스도의 아내로서 믿음과 사랑과 거룩함을 유지하면 하나님의 씨를 통하여 하나님의 자녀를 해산함으로 구원을 얻는다. **"그러나 여자들이 만일 정절로써 믿음과 사랑과 거룩함에 거하면 그 해산함으로 구원을 얻으리라"** (딤전 2:15).

11) 마리아는 하나님의 말씀과 성령의 역사하심으로 하나님의 아들을 잉태하여 해산하였다. 마리아는 하나님의 아들을 잉태함으로 장차 그리스도의 교회가 하나님의 자녀를 잉태할 것을 모형으로 보여주었다. 이와 같이 교회는 복음과 성령의 역사하심으로 하나님의 자녀를 잉태하여 해산한다. 복음은 하나님의 자녀를 잉태하는 씨이며 성령으로 교회 안에서 역사하기 때문이다. 교회가 그리스도를 남편으로 섬기면 반드시 하나님의 자녀를 잉태하여 해산한다. 따라서 교회는 자기의 십자가를 지고 남편의 법, 곧 복음을 성령으로 순종함으로 하나님의 자녀를 생산하여야 한다. 이것이 교회의 사명이다.

12) 현재 많은 국가가 출산율의 감소로 인한 인구감소의 위험에 직면하고 있다.

결혼적령기를 맞이한 남자와 여자들이 결혼을 피하고 있으며, 결혼한 부부들이 출산을 거부하고 있다. 신생아의 수가 급격히 감소하고 있다. 이러한 현상을 극복하기 위하여 거의 모든 나라가 출산장려책을 시행하고 있으나, 그 효과는 미미한 것으로 보도되고 있다. 이것은 그리스도의 교회가 복음을 증거하지 아니함으로 하나님의 자녀를 잉태하고 해산하지 못하는 것을 모형으로 보여준다고 말할 수 있다. 교회가 그에게 부여된 사명을 버리고 복음을 증거하지 아니고 있다. 교회가 그리스도의 형상을 잃어버리고 세속화되고 있다. 교회는 처음 믿을 때 가졌던 첫사랑을 회복하여야 한다. 세속화된 교회는 전도함으로 죄인을 구원할 수 없다.

(4) 그리스도 교회의 소망과 사명

1) 그리스도의 교회가 그리스도의 지체로서 예배하고 그리스도의 형상과 하나님의 영광을 나타냄으로 다시 오실 그리스도의 길을 준비한다. 광야교회는 장차 오실 그리스도의 길을 준비하였고, 그리스도의 교회는 다시 오실 그리스도의 길을 준비한다. 광야교회가 장차 오실 그리스도를 사모하며 그의 길을 준비한 이유는 율법에 따라서 정죄 받는 죄를 용서받기 위함이다. 그리스도의 교회가 다시 오실 그리스도를 사모하며 그의 길을 준비하는 이유는 첫째 부활에 참여하기 위함이다. 광야교회는 장차 오실 그리스도 안에서 죄 사함을 사모하였고, 그리스도의 교회는 다시 오실 그리스도 안에서 첫째 부활을 사모한다.

2) 광야교회는 세상 양심과 율법으로 자신의 죄를 깨닫고 장차 오실 그리스도를 믿는 자들의 모임이다. 그들은 그들의 죄를 사하실 그리스도의 오심을 믿고 사모하였다. 아브라함은 장차 오실 그리스도를 보려고 하다가 보고 기뻐하였다고 성경은 말씀한다. **"너희 조상 아브라함은 나의 때 볼 것을 즐거워하다가 보고 기뻐하였느니라"** (요 8:56). 아브라함은 이삭을 번제로 드린 후에 장차 오실 그리스도의 언약을 받았다(창 22:17,18). 장차 오실 그리스도의 언약은 아브라함과 그의 후손의 모든 죄가 미래에 사함을 받는다는 약속이다. 다윗은 그의 왕권보다 장차 오실 그리스도 안에서 받을 죄 사함을 더 귀하게 여겼다. 그는 항상 자신의 죄를 깨닫고 장차 오실 그리스도를 사모하였다(시 40:12,13). 그리스도께서 그의 피로써 인류의 죄를 대속하셨을 때, 그들의 믿음대로 그들의 죄가 사함을 받았다.

3) 제자들은 율법으로 그들의 죄를 깨달았지만, 정치적인 그리스도를 믿고 사모하였다. 그들은 예수께서 다윗의 위에 앉아 세상을 다스리실 때 높은 자리에 오를 것을 믿고 사모하였다. **"예수께서 가라사대 무엇을 원하느뇨 가로되 이 나의 두 아들을 주의 나라에서 하나는 주의 우편에, 하나는 주의 좌편에 앉게 명하소서"** (마 20:21). 따라서 예수께서 제자들에게 그의 죽음과 부활을 말씀하셨지만, 그들은 그 말씀을 통하여 계시된 하나님의 뜻을 알지 못하였다. **"가라사대 인자가 많은 고난을 받고 장로들과 대제사장들과 서기관들에게 버린 바 되어 죽임을 당하고 제 삼**

일에 살아나야 하리라 하시고"(눅 9:22). 당시에 유대인들은 그리스도께서 영원히 살아계실 것으로 알고 있었으므로, 당연히 제자들도 그리스도이신 예수께서 죽지 아니하고 영원히 계실 것으로 믿었다. **"이에 무리가 대답하되 우리는 율법에서 그리스도가 영원히 계신다 함을 들었거늘 너는 어찌하여 인자가 들려야 하리라 하느냐 이 인자는 누구냐"**(요 12:34).

4) 예수께서 십자가에 못 박혀 돌아가셨을 때, 제자들은 그들의 소망이 끊어진 것으로 알고 있었다. 그러나 여자들은 무덤 속에 예수의 시체가 없는 것을 보았고 천사를 통하여 그의 부활을 알았다. 그녀들이 제자들에게 예수의 부활을 알렸으나 제자들은 예수의 부활을 믿지 아니하였다. **"사도들은 저희 말이 허탄한 듯이 뵈어 믿지 아니하나"**(눅 24:11). 그 후에 예수께서 제자들에게 나타나 자기의 부활을 알리셨다(요 20:19). 제자들은 부활하신 예수의 손과 옆구리에 난 상처를 보았다. 예수께서 제자들에게 자신의 부활하신 몸을 보이신 뒤에 많은 사람이 보는 가운데 승천하셨다. 예수께서 구름 속으로 승천하신 것을 본 제자들에게 천사가 다시 오실 예수의 약속을 주었다. **"가로되 갈릴리 사람들아 어찌하여 서서 하늘을 쳐다 보느냐 너희 가운데서 하늘로 올리우신 이 예수는 하늘로 가심을 본 그대로 오시리라 하였느니라"**(행 1:11).

5) 예수의 죽음과 부활은 그가 하나님의 아들이란 객관적인 증거이다. 세상은 율법과 세상 법으로 예수를 죄인으로 심판하여 죽였다. 그러나 예수는 죄가 없는 하나님의 아들이심으로, 하나님은 그를 다시 살리셨다. 예수의 부활은 그가 하나님의 아들이란 객관적인 증거이다(롬 1:3). 그러나 세상은 하나님의 아들이신 예수를 믿지 아니한다. 따라서 예수께서 자신의 정체성을 온 천하에 나타내시기 위하여 승천하신 그대로 다시 오실 것이다. 예수께서 영광 가운데 다시 오시면 온 세상은 그 앞에 무릎을 꿇고 그를 주님이라고 고백할 것이다. **"하늘에 있는 자들과 땅에 있는 자들과 땅 아래 있는 자들로 모든 무릎을 예수의 이름에 꿇게 하시고 모든 입으로 예수 그리스도를 주라 시인하여 하나님 아버지께 영광을 돌리게 하셨느니라"**(빌 2:10,11).

6) 예수께서 부활하지 아니하셨다면, 그는 자기의 죄로 인하여 죽었으므로 하나님의 아들이 아니다. 예수께서 하나님의 아들이 아니라면, 우리는 헛된 것을 믿는다고 말할 수 있다. 우리가 헛된 것을 믿는다면, 우리는 여전히 율법에 따라서 정죄 받은 죄인이다. **"만일 죽은 자가 다시 사는 것이 없으면 그리스도도 다시 사신 것이 없었을 터이요 그리스도께서 다시 사신 것이 없으면 너희의 믿음도 헛되고 너희가 여전히 죄 가운데 있을 것이요"**(고전 15:16,17). 따라서 예수께서 부활하셨으므로 예수 이름을 믿으면 율법의 정죄에서 벗어나 영생을 얻고 하나님의 자녀가 된다. **"영접하는 자 곧 그 이름을 믿는 자들에게는 하나님의 자녀가 되는 권세를 주셨으니"**(요 1:12). 믿는 자들은 예수를 주님이라고 시인하면 하나님의 자녀

가 된다. 이것이 우리의 믿음이나 이에 대한 객관적인 증거가 없으므로 세상은 이 것을 인정하지 아니하고 있다.

7) 사도들이 예수 이름을 믿고 영생을 얻고 하나님의 자녀가 되었다는 객관적인 증거가 그리스도의 재림으로 나타날 것이다. 그리스도께서 다시 오실 때 믿음으로 하나님의 자녀가 된 자들은 부활할 것이다. 그리스도께서 부활하신 것처럼 믿음으로 영생을 얻은 모든 자가 부활하여 영광스러운 모습으로 나타날 것이다. 이것이 첫째 부활이다.[189] 사도 바울은 부활의 순서를 세 단계로 구분하였다. **"그러나 각각 자기 차례대로 되리니 먼저는 첫 열매인 그리스도요 다음에는 그리스도 강림하실 때에 그에게 붙은 자요 그 후에는 나중이니 저가 모든 정사와 모든 권세와 능력을 멸하시고 나라를 아버지 하나님께 바칠 때라"** (고전 15:23,24). "그에게 붙은 자"란 율법으로 자신의 죄를 깨닫고 장차 오실 그리스도를 믿음으로 의롭다 함을 받은 자들과 예수 이름을 믿고 구원을 받은 자들이다. 그리스도께서 다시 오실 때 그에게 붙은 자들이 부활에 참여할 것이다. 이것을 첫째 부활이라고 한다. "저가 모든 정사와 모든 권세와 능력을 멸하시고"란 마지막 심판이 끝난 것을 의미한다. "그 후에는 나중이니"란 믿지 아니함으로 정죄 받은 모든 죄인은 마지막 심판 후에 부활할 것이다. 이것이 둘째 부활이다.

8) 성도가 육체를 벗으면 그 영혼은 낙원으로 올라가서 잠자듯이 안식에 들어간다(눅 23:43). 그리스도의 재림까지 믿음으로 구원을 받고 그들의 육체를 벗은 모든 자의 영혼은 낙원에서 안식을 누린다. 예수께서 다시 오실 때 그들의 영혼은 신령한 몸을 입고 낙원에서 우주로 내려올 것이다. **"우리가 예수의 죽었다가 다시 사심을 믿을찐대 이와 같이 예수 안에서 자는 자들도 하나님이 저와 함께 데리고 오시리라"** (살전 4:14). "하나님이 저와 함께 데리고 오시리라"란 예수 안에서 잠자는 자들이 부활하여 그리스도와 함께 공중으로 내려온다는 것을 의미한다. 사도 바울은 그들의 영혼이 홀연히 변화하여 신령한 몸을 입을 것이라고 기록하였다. **"보라 내가 너희에게 비밀을 말하노니 우리가 다 잠잘 것이 아니요 마지막 나팔에 순식간에 홀연히 다 변화하리니"** (고전 15:51).[190]

9) 그리스도께서 다시 오실 때 이 땅에 살아있는 성도들의 몸은 신령한 몸으로 변화할 것이다. 살아있는 성도의 몸은 흙으로 창조되었으므로 죽고 썩을 몸이다. 흙으로 창조된 몸은 아버지의 집에 들어가서 천국을 유업으로 받지 못한다. **"형제들아 내가 이것을 말하노니 혈과 육은 하나님의 나라를 유업으로 받을 수 없고 또한 썩은 것은 썩지 아니한 것을 유업으로 받지 못하느니라"** (고전 15:50). "혈과

---

189) 첫째 부활에 대하여, 졸저, 상게서, 7.1.3.(2) 참조
190) 육체를 벗은 성도의 부활은 영혼이 죽은 육체와 결합할 것으로 이해하고 있으나, 성경은 영혼이 홀연히 변화한다고 말씀한다. 죽은 육체는 흙으로 돌아가고 영혼이 신령한 육체를 입을 것이다.

육"이란 흙으로 창조된 육체를 의미한다. 따라서 이 땅에 살아있는 성도가 아버지의 집으로 들어가려면 신령한 몸을 입어야 한다. 흙으로 창조된 성도의 몸이 신령한 몸으로 변화하는 것이 부활이다. **"나팔 소리가 나매 죽은 자들이 썩지 아니할 것으로 다시 살고 우리도 변화하리라"**(고전 15:52). 이 땅에 살아있는 성도는 부활하여 공중으로 끌어올려 그리스도를 맞이할 것이다. **"그 후에 우리 살아남은 자도 저희와 함께 구름 속으로 끌어 올려 공중에서 주를 영접하게 하시리니 그리하여 우리가 항상 주와 함께 있으리라"**(살전 4:17).

10) 그리스도께서 다시 오시고 예수 이름을 믿음으로 구원을 받은 모든 자가 부활할 것이다. 이때 믿음으로 하나님의 자녀가 되었다는 객관적인 증거가 나타날 것이다. 아벨, 에녹, 노아, 아브라함, 이삭, 야곱을 비롯하여 구약시대에 믿음으로 의롭다 함을 받은 모든 자와 사도들을 비롯한 모든 성도가 부활하여 그들의 신령한 몸을 보여줄 것이다. 세상에 속한 모든 자는 하나님의 아들 예수를 믿는 모든 자가 구원을 얻었다는 것을 눈으로 볼 것이다. 이것이 구원에 대한 객관적인 증거이므로, 첫째 부활에 참여하는 것이 사도들의 소망이었다. **"어찌하든지 죽은 자 가운데서 부활에 이르려 하노니"**(빌 3:11). 만약 첫째 부활에 참여하지 못하면 버림을 받은 것이다. 따라서 사도 바울은 첫째 부활에 참여하기 위하여 세상에 속한 모든 것을 버리고 힘을 다하여 복음을 순종하였다. **"내가 이미 얻었다 함도 아니요 온전히 이루었다 함도 아니라 오직 내가 그리스도 예수께 잡힌바 된 그것을 잡으려고 좇아가노라 형제들아 나는 아직 내가 잡은 줄로 여기지 아니하고 오직 한 일 즉 뒤에 있는 것은 잊어버리고 앞에 있는 것을 잡으려고"**(빌 3:12,13).

11) 그리스도 교회의 소망은 이 땅에 속한 것이 아니다. 우리가 노력하여 이 땅에서 얻은 모든 것을 버리고 첫째 부활에 참여하여 아버지의 집으로 들어간다. 따라서 성경은 이 땅에 속한 것에 집착하지 말라고 말씀한다. **"이 세상이나 세상에 있는 것들을 사랑치 말라 누구든지 세상을 사랑하면 아버지의 사랑이 그 속에 있지 아니하니"**(요일 2:15). 세상에 속한 모든 것은 의복과 같이 낡아서 없어질 것이다. **"그것들은 멸망할 것이나 오직 주는 영존할 것이요 그것들은 다 옷과 같이 낡아지리니"**(히 1:11). 따라서 성경은 그리스도께서 다시 오실 때 우주 안에 있는 모든 것이 불타서 없어질 것이라고 말씀한다. **"그러나 주의 날이 도적 같이 오리니 그 날에는 하늘이 큰 소리로 떠나 가고 체질이 뜨거운 불에 풀어지고 땅과 그 중에 있는 모든 일이 드러나리로다"**(벧후 3:10). "체질"이란 물질을 구성하는 모든 원소(elements)를 의미한다. 우주는 불타서 커다란 불못이 될 것이다. 이것이 지옥이다. **"사망과 음부도 불못에 던지우니 이것은 둘째 사망 곧 불못이라"**(계 20:14). 지금 우리가 눈으로 보는 우주는 미래에 불타서 지옥으로 변할 것이다. 우주는 잠재적인 지옥이다. 마지막 심판이 끝나면 우주는 불탈 것이며, 모든 죄인은 부활하여 영원히 꺼지지 아니하는 불못으로 들어갈 것이다.

12) 우주가 불타서 커다란 불못이 되면, 첫째 부활에 참여한 자들은 새 하늘과 새 땅으로 들어갈 것이다. "**우리는 그의 약속대로 의의 거하는바 새 하늘과 새 땅을 바라보도다**"(벧후 3:13). 이것이 아버지 집이다.[191] 구원을 얻은 자들이 살아있는 동안 복음을 순종한 결과 받을 상급은 아버지의 집에 들어갈 때 결정될 것이다. 교회의 지체로서 성도들이 살아있는 동안 하나님을 섬긴 것은 부활 시에 상급으로 받을 것이다. "**그리하면 저희가 갚을 것이 없는 고로 네게 복이 되리니 이는 의인들의 부활시에 네가 갚음을 받겠음이니라 하시더라**"(눅 14:14). 성도들이 받을 복은 육체에 속한 것이 아니라 영적인 복으로서 부활 시에 결정될 것이다. 성도들은 그리스도의 피 위에 각각 자기의 집을 건축한다(고전 3:10:15). 그 집은 성도들의 공력에 의하여 지어진다. 그 집은 부활 시에 받을 복으로 나타날 것이다.

13) 그리스도께서 다시 오실 때 첫째 부활에 참여하는 것이 믿는 자들의 소망이다. 첫째 부활에 참여하지 못하면 버림을 받은 자이다. 다른 것에 대한 소망은 헛된 것이다. 따라서 교회는 그리스도의 오심을 사모하며 그 길을 준비하여야 한다. 광야교회가 장차 오실 그리스도의 길을 준비한 것처럼, 그리스도의 교회는 그의 재림의 길을 준비하여야 한다. 이를 위하여 교회는 만물을 통치하는 하나님의 아들 예수를 증거한다. 예수께서 죽은 자와 산 자를 심판하실 왕으로 오실 것이기 때문이다. 세상은 왕이신 예수를 인정하는 자들과 부인하는 자들로 구분할 수 있다. 예수께서 다시 오실 때 자기의 왕권을 부인하는 자들을 심판하실 것이다. "**그리고 나의 왕 됨을 원치 아니하던 저 원수들을 이리로 끌어다가 내 앞에서 죽이라 하였느니라**"(눅 19:27).

14) 그리스도의 교회는 첫째 부활에 참여하기 위하여 세상에 속한 모든 것들을 포기하고 복음을 순종한다. 교회의 소망은 세상에 속한 것들이 아니라 그리스도께서 다시 오실 때 어떻게 하든지 첫째 부활에 참여하는 것이다. 그리스도의 재림의 길을 준비하기 위하여 교회는 복음을 증거한다. 복음이 땅끝까지 전파된 후에 그리스도께서 다시 오실 것이기 때문이다. "**이 천국 복음이 모든 민족에게 증거되기 위하여 온 세상에 전파되리니 그제야 끝이 오리라**"(마 24:14). 다시 오실 그리스도의 길을 준비하기 위하여 복음을 증거하는 것이 교회의 사명이다.

15) 사도 바울은 복음전파가 일생의 사명으로 알고 자신의 모든 것을 전도에 투자하였다. 복음전파에 걸림돌은 목숨과 돈이었다. 바울은 복음전파를 위하여 목숨을 내놓았다. "**나의 달려갈 길과 주 예수께 받은 사명 곧 하나님의 은혜의 복음 증거하는 일을 마치려 함에는 나의 생명을 조금도 귀한 것으로 여기지 아니하노라**"(행 20:24). 바울은 복음을 전파하면서 사형선고를 받은 것 같이 목숨의 위협을 받았다고 고백하였다. "**형제들아 우리가 아시아에서 당한 환난을 너희가 알지 못하기를**

---

[191] 졸저, 상게서, 7.4.3.(1) 참조

원치 아니하노니 힘에 지나도록 심한 고생을 받아 살 소망까지 끊어지고 우리 마음에 사형 선고를 받은 줄 알았으니 이는 우리로 자기를 의뢰하지 말고 오직 죽은 자를 다시 살리시는 하나님만 의뢰하게 하심이라"(고후1:8,9). 그러나 바울은 세상으로부터 오는 박해과 목숨의 위협에 굴하지 아니하고 복음을 증거하였다. 그는 사도로서 복음을 증거하려면 당연히 육체의 고난을 감수하여야 한다고 믿었다.

16) 사도 바울은 교회로부터 사례비를 받아서 생활한다면 이것이 복음전파에 걸림이 되는 것으로 알았다. 바울은 살기 위하여 복음을 증거한다는 말을 듣지 아니하려고 천막을 만드는 일을 하면서 복음을 전파하였다. 바울은 이렇게 고백하였다. "그러나 내가 이것을 하나도 쓰지 아니하였고 또 이 말을 쓰는 것은 내게 이같이 하여 달라는 것이 아니라 내가 차라리 죽을찌언정 누구든지 내 자랑하는 것을 헛된데로 돌리지 못하게 하리라"(고전 9:15). 복음증거는 바울 혼자의 힘으로 할 수 없는 일이다. 팀을 구성하여 서로 부족한 것을 보완하여 복음을 증거하여야 한다. 바울은 밤낮없이 일하면서 함께 복음을 증거하는 일행의 비용을 감당하였다. "형제들아 우리의 수고와 애쓴 것을 너희가 기억하리니 너희 아무에게도 누를 끼치지 아니하려고 밤과 낮으로 일하면서 너희에게 하나님의 복음을 전파하였노라"(살전 2:9). 바울은 생활비의 부족으로 굶주리고 헐벗기도 하였다. "또 수고하며 애쓰고 여러번 자지 못하고 주리며 목마르고 여러 번 굶고 춥고 헐벗었노라"(고후 11:27).

17) 그리스도의 교회의 소망은 첫째 부활에 참여하는 것이다. 그리스도께서 다시 오실 때 구원받은 성도들은 첫째 부활에 참여한 뒤에 아버지의 집으로 들어갈 것이다. 그리스도께서 다시 오시려면 복음이 땅끝까지 전파되어야 한다. 따라서 하나님은 교회에게 복음 전도를 사명으로 주셨다. 사도들은 목숨을 아끼지 아니하고 복음을 증거하였다. 모든 사도가 자기의 십자가를 지고 복음을 전파하다가 순교를 당한 것으로 알려졌다. 교회가 각각 자기의 십자가를 지는 것은 복음증거의 사명을 맡았기 때문이다.

(5) 이해를 위한 질문
1) 그리스도 교회와 예배
   a. 예배의 본질은 속죄의 피를 통하여 하나님께 나아가서 하나님의 말씀을 듣는 것이다. 하나님의 말씀을 듣는 것은 하나님의 얼굴을 보는 것이다. 그 이유는 무엇인가(출 25:22).
   b. 신령과 진정으로 드리는 예배는 무엇을 전제로 하는가(요 4:24).
   c. 생활 속에서 드리는 예배가 산 제사인 이유는 무엇인가(롬 12:3).
   d. 영적인 예배란 무엇인가.
   e. 교회가 진리를 통하여 하나님을 만나는 이유는 무엇인가(요 8:32).
2) 그리스도의 교회와 하나님의 영광

    a. 하나님께서 자기의 영광을 위하여 만물을 창조하신 이유는 무엇인가(사 43:7).
    b. 아담의 타락으로 잃어버린 하나님의 형상이 아벨, 에녹, 노아, 아브라함을 통하여 나타난 이유는 무엇인가(창 15:6).
    c. 성막과 예루살렘 성전에 하나님의 영광이 나타난 이유는 무엇인가(왕상 8:11).
    d. 예수를 통하여 하나님 독생자의 영광이 나타난 이유는 무엇인가(요 1:14).
    e. 성도의 몸을 통하여 하나님의 영광이 나타나는 이유는 무엇인가(요 17:22).
    f. 의의 직분을 통하여 나타나는 하나님의 영광은 무엇인가(고후 3:9)

3) 복음을 증거함으로 하나님의 자녀를 해산하는 교회
    a. 하와에게 임한 말씀, 곧 잉태하는 고통을 크게 더한다는 것은 무엇을 의미하는가(창 1:16).
    b. 아브라함이 장차 오실 그리스도의 씨를 받은 이유는 무엇인가(창 15:6).
    c. 예수께서 어떻게 교회를 해산하셨는가.
    d. 사도들은 어떻게 하나님의 자녀들을 해산하였는가(행 2:28,39).
    e. 교회를 여성으로 표시하는 이유는 무엇인가(딤전 2:15).

4) 그리스도 교회의 소망과 사명
    a. 광야교회의 소망은 무엇인가(시 40:13).
    b. 예수가 하나님의 아들이란 객관적인 증거는 무엇인가(롬 1:3)
    c. 성도가 하나님의 자녀란 객관적인 증거가 어떻게 나타나는가.
    d. 성도가 그리스도의 지체로서 그 사명을 감당한 결과 받는 상급은 언제 보이는 것으로 나타나는가(눅 14:14).
    e. 교회의 소망은 무엇인가(빌 3:11).
    f. 교회의 소망이 성취되려면 그리스도께서 다시 오셔야 한다. 그리스도의 재림의 길을 준비하기 위한 교회의 사명은 무엇인가(마 28:19,20).

4.4 요약 및 결론

  1. 제4부에서 우리는 그리스도 교회의 탄생, 본질 및 사명을 논의하였다. 4.1에서는 광야교회의 종료와 그리스도 교회의 시작을, 4.2에서는 하나님의 아들과 그리스도의 교회를, 4.3에서는 그리스도 교회의 믿음의 본질과 사명을 논의하였다. 광야교회는 세례 요한의 사역으로 막을 내리고, 그리스도의 교회는 예수의 공생애로부터 시작한다. 성령께서 임하신 이후 그리스도의 피 위에 세워진 교회는 받은 사명을 위하여 복음을 증거하고 있다. 예수 이름을 믿음으로 그의 피로써 구원을 얻은 자들의 모임을 그리스도의 교회 또는 하나님의 교회라고 부른다.

  광야교회는 마지막 선지자인 세례 요한의 사역을 끝으로 그 막을 내렸다. 세례 요한은 광야교회를 이끌어가는 마지막 지도자로서 광야에서 회개의 세례를 선포하였다. 그는 율법으로 모든 사람에게 회개를 선포하고 천국, 곧 육신으로 임하신 그리스도를 맞이하라고 권고하였다. 그는 예수께 세례를 줌으로 인류의 모든 죄를 하나님의 아들에게 옮겨놓았다. 이로써 마지막 선지자로서 세례 요한의 사명은 끝났으며, 광야교회는 그 사명을 다하고 역사 속으로 자취를 감추었다.

하나님의 아들이 성령으로 마리아의 몸에서 태어나셨다. 예수의 탄생은 광야교회 소망의 성취이다. 이것은 그리스도 교회의 태동을 알리는 것이다. 하나님의 아들은 창세전에 예정된 하나님의 뜻을 성취하기 위하여 여자의 몸을 통하여 육신으로 임하셨다. 예수의 공생애는 광야에서 금식하는 것으로부터 시작한다. 그의 금식은 장차 교회가 복음을 전파할 때 어떻게 세상으로부터 오는 미혹과 핍박을 극복하느냐 하는 것을 보여준다. 금식함으로 음식을 사모하는 것은 음부의 권세 아래서 생명의 양식을 사모하는 죄인의 영혼을 모형으로 보여준다. 금식함으로 받는 괴로움은 탐심을 십자가에 못 박은 교회가 피를 흘리는 것을 모형으로 보여준다. 곧 금식하는 마음으로 탐심을 십자가에 못 박은 교회가 마귀의 미혹을 이기고 복음을 전파할 수 있다.

40일 동안 예수께서 금식하신 뒤에 마귀에게 시험을 받으셨다. 마귀는 물질과 명예와 권력으로 예수를 시험하였다. 마귀는 하나님의 아들을 시험함으로 심판주 앞에서 자신의 죄를 고백하였다. 이로써 마귀는 심판을 받고 아담 이후 인류를 지배하는 권세를 박탈당하였다. 예수께서 마귀를 심판하신 뒤에 복음을 증거하기 시작하셨다. 마귀가 심판을 받고 그의 권세가 박탈되었으므로, 복음은 예수 이름을 믿고 마귀의 지배에서 벗어나 구원을 받으라는 하나님의 말씀이다. 이로써 복음이 전파될 완전한 길이 준비되었다.

2. 그리스도의 교회는 택하심을 받아 예수 이름을 믿고 음부의 권세에서 벗어나 하나님의 나라에 들어온 자들의 모임을 의미한다. 음부의 권세 아래 있는 자란 보이는 물질세계에서 육체만을 위하여 살아가는 자를 의미한다. 하나님의 나라에 들어온 자란 육체의 정욕을 십자가에 못 박고 보이지 아니하는 영적인 세계에서 하나님의 영광을 위하여 살아가는 자를 의미한다. 예수는 영적인 세계를 통하여 만물을 통치하는 하늘나라의 임금이다.

예수께서 복음을 전파하고 많은 이적과 기사를 행하셨다. 예수께서 병자를 고치고 귀신을 쫓아내는 것은 마귀가 심판을 받았다는 객관적인 증거이다. 마귀의 지배 아래 있는 귀신은 사람의 육체 안에 들어와서 사람의 생각을 지배하고 병들게 한다. 따라서 귀신이 사람의 육체에서 쫓겨나가고 질병이 치료되는 것은 마귀가 심판을 받았다는 객관적인 증거이다. 동시에 이것은 마귀가 지배하는 세계에 하나님의 나라, 곧 하나님의 아들 예수께서 임하셨다는 증거이다. 구약시대에 선지자들을 통하여 모형으로 임한 하나님의 나라가 아들을 통하여 실상으로 임하였다.

예수께서 만물을 통치하는 새 언약으로서 복음을 선포하려면 첫 언약인 율법을 폐지하셔야 한다. 율법은 칭의 언약을 보완하는 언약으로 모든 사람으로 죄를 깨달게 하여 장차 오실 그리스도께로 인도하는 말씀이다. 선지자들의 예언대로 그리스도께서 오셨으므로 율법의 사명은 끝났다. 율법은 죄인에게 거룩한 피에 의한 속죄를 요구한다. 율법의 요구대로 예수께서 거룩한 속죄의 피를 흘리셨으므로, 율법이 죄인에게 요구할 것이 없다. 따라서 율법은 그 사명을 다하였다. 예수께서 그의 피로써 율법을 폐하시고 새 언약을 선포하셨다. 복음은 하나님의 아들 예수 그리스도를 믿고 모든 죄에서 구원을 얻는 하나님의 약속이다. 예수께서 인류의 죄를 짊어지고 십자가에 죽음으로 모든 죄를 대속하고 죽은 자 가운데서 부활하셨다. 부활은 예수께서 하나님의 아들이라는 객관적인 증거이다. 베드로는 공회에서 예수의 부활을, 바울은 로마 법정에서 그의 부활을 증거하였다.

3. 그리스도 교회는 예수의 피에 의한 속죄와 마귀의 심판을 전제로 예수 이름을 믿고 구원을 얻는 자들의 모임이다. 믿음의 대상은 하나님의 아들 예수 그리스도이다. 예수는 아버지의 뜻에 따라서 만물을 창조하고 통치하시는 하나님이다. 예수는 그의 피로써 인류의 죄를 대속하시고 믿는 자들을 마귀의 권세에서 구원하여 하나님의 나라에 들어가게 하신다. 마지막 날에 예수는 다시 오셔서 산 자와 죽은 자를 심판하시고 우주의 사명을 끝내실 것이다. 모든 심판이 끝나면 우주는 불타서 불못이 될 것이다. 믿음으로 구원을 얻은 자들은 부활하여 아버지의 집으로, 구원을 받지 못한 자들은 부활하여 불못으로 들어갈 것이다. 이 모든 것들을 믿는 것이 복음을 통하여 계시된 믿음의 본질이다.

예수 이름을 믿고 복음을 순종하려면, 예수께서 금식함으로 본을 보이신 것처럼 육체의 정욕을 십자가에 못 박아야 한다. 정욕은 마귀의 인격으로서 하나님의 말씀을 대적하기 때문이다. 돈과 명예와 권력과 육체의 쾌락을 사랑하는 탐심을 십자가에 못 박고 마음의 피를 흘리는 자만이 복음을 순종할 수 있다. 탐심을 십자가에 못 박고 복음을 순종하는 것은 하나님을 사랑하는 것이다. 곧 교회는 하나님을 사랑한다는 증거로 복음을 순종한다. 하나님을 사랑하지 않으면 복음을 순종할 수 없다. 따라서 믿음은 사랑을 통하여 역사한다고 말할 수 있다.

그리스도 교회란 예수 이름을 믿고 구원을 받고 음부의 권세에서 나와서 하나님의 나라에 들어온 자들의 모임이다. 하나님의 나라에 들어가려면 복음을 순종하여야 한다. 복음을 순종하는 것은 땅에 뿌려진 씨가 싹이 나서 자라고 열매를 맺는 것과 같다. 복음을 순종하는 것은 열매를 맺는 것이고 불순종하는 것은 열매를 맺지 못하는 것이다. 복음을 순종하는 것은 그 말씀이 성도의 생각과 마음과 말과 행동을 지배하는 것이다. 이것은 하나님의 나라가 임한 것이다. 하나님의 나라가 임하면 하나님의 인격과 성도의 인격이 조화를 이룬다. 곧 하나님의 마음과 성도의 마음이 하나가 된다. 이것은 결혼을 통하여 남편과 아내가 한 몸이 되는 것과 같다.

그리스도의 교회는 그리스도의 지체이며 동시에 성령이 거하시는 하나님의 성전이다, 교회는 그리스도의 생각을 계시하는 복음을 순종한다. 곧 그리스도의 생각이 교회를 통치한다. 따라서 그리스도는 교회의 머리이며 교회는 그리스도의 지체이다. 교회가 그리스도의 생각을 순종함으로 그리스도의 형상이 나타난다. 육신으로 임하신 그리스도는 하늘 성전이므로 그의 지체인 성도의 몸은 하나님의 성전이다. 성도의 몸 안에 하나님의 말씀과 마음과 이름과 뜻, 그리고 성령께서 계신다. 예수께서 승천하신 뒤에 만물을 통치하는 하나님의 말씀이 성도의 입을 통하여 나온다. 하나님의 말씀이 나오는 성도의 몸은 하나님의 보좌이다. 사도들은 하나님의 성령으로 그들 안에 있는 하나님의 말씀을 그대로 전파하였다.

그리스도 교회의 사명은 예배를 통하여 하나님을 만나고 복음을 순종함으로 하나님의 영광을 나타내며 복음을 증거하므로 죄인을 구원하여 하나님의 자녀가 되게 하는 것이다. 마리아가 믿음으로 하나님의 아들을 잉태하여 해산한 것처럼, 교회는 그리스도의 신부로서 하나님의 자녀를 잉태하여 해산한다. 그 결과 교회는 영생을 얻고 첫째 부활에 참여할 수 있다. 예배는 예배당에 모여서 드리는 예배와 복음을 순종함으로 생활 속에서 하나님을 만나는 예배로 구분한다. 교회가 성령으로 복음을 순종하는 것은 하나님의 영광을 나타내는 것이다. 교회가 복음을 증거하는 것은 하나님의 자녀를 잉태하여 해산하는 것이다. 그 결과 교회는 마지막 날에 첫째 부활에 참여할 것이다.

제5부 교회의 붕괴와 음부의 권세

5.1. 교회지도자들의 타락
　1. 하나님과 생명을 알지 못하는 교회의 지도자들
　2. 신학자들의 타락과 종교다원주의
　3. 목회자들의 타락
　4. 국가권력의 타락

5.2 십자가를 지지 아니하는 교회
　1. 십자가를 통하여 계시된 하나님의 뜻을 알지 못하는 교회
　2. 십자가를 지지 아니하는 교회
　3. 생명과 사망의 충돌
　4. 우상을 숭배하는 교회

5.3 교회를 집어삼키는 음부의 권세
　1. 교회를 집어삼키는 음부의 권세
　2. 사망권세 마귀를 알지 못하는 교회
　3. 무너지는 성전
　4. 음부의 권세 앞에서 분열하는 교회
　5. 음부의 권세에게 삼킨 교회

5.4 그리스도를 다시 십자가에 못 박는 교회
　1. 예수의 피에 의한 속죄의 범위
　2. 그리스도를 다시 십자가에 못 박는 교회
　3. 영적인 십자군 전쟁

5.5 요약 및 결론

"그러나 성령이 밝히 말씀하시기를 후일에 어떤 사람들이 믿음에서 떠나 미혹케 하는 영과 귀신의 가르침을 좇으리라 하셨으니"(딤전 4:1).

"미혹하는 자가 많이 세상에 나왔나니 이는 예수 그리스도께서 육체로 임하심을 부인하는 자라 이것이 미혹하는 자요 적그리스도니"(요이 1:7).

"거짓 그리스도들과 거짓 선지자들이 일어나 큰 표적과 기사를 보이어 할 수만 있으면 택하신 자들도 미혹하게 하리라"(마 24:24).

"그때에 내가 저희에게 밝히 말하되 내가 너희를 도무지 알지 못하니 불법을 행하는 자들아 내게서 떠나가라 하리라"(마 7:23).

5.1. 교회지도자들의 타락
1. 하나님과 생명을 알지 못하는 교회지도자들
(1) 하나님과 예수 그리스도를 알지 못하는 교회지도들

1) 일부 목회자들은 학교에서 자유주의 신학에 기초한 신학교육을 받았으므로 창조주 하나님과 예수 그리스도를 알지 못하며 동시에 생명과 죄의 본질을 알지 못한다. 그들은 알지 못하는 하나님과 예수 그리스도, 그리고 희미하게 아는 생명과 사망을 전하고 있다. 그들의 설교를 들은 교인들 역시 성경의 말씀을 통하여 계시된 하나님의 뜻을 알지 못하고 생명과 사망에 대하여 희미하게 그림자로 알고 있다. 성도라고 자부하는 자들이 생명과 사망을 알지 못하고 막연하게 구원을 얻은 것으로 착각하고 있다. 성경은 소경이 소경을 인도하면 모두 구덩이에 빠진다고 말씀한다(마 15:14). 이것이 교회 타락의 원인으로 작용하고 있다.

2) 성경은 하나님의 뜻을 계시하는 말씀이다. 하나님의 말씀을 통하여 하나님의 뜻을 아는 것이 생명이다. 구약성경에서 하나님의 뜻이 모형과 그림자로 계시되었고 신약성경에서 실상으로 계시되었다. 여호와 하나님을 통하여 계시된 하나님의 뜻은 모형과 그림자이다. 하나님의 아들 예수를 통하여 계시된 하나님의 뜻은 실상이다. 따라서 예수의 말씀과 사역을 통하여 하나님의 뜻을 알고 그 뜻대로 행하는 것이 생명이다(마 7:21). 하나님의 아들을 통하여 하나님의 뜻을 알지 못하면 생명의 본질과 그 실체, 죄의 본질과 그 실체를 알지 못한다. 따라서 마귀는 사람의 마음을 혼미하게 하여 예수를 알지 못하게 한다.

3) 구약시대에 하나님은 선악과 계명, 칭의 언약 및 율법을 통하여 자기의 뜻을 모형으로 계시하셨다. 선악과 계명은 하나님만이 자기 의지로 생명과 사망을 결정하신다는 것을 계시한다. 따라서 선악과 계명을 순종하는 것은 하나님의 주권을 인정하는 것이다. 선악과 계명을 통하여 계시된 하나님은 장차 오실 그리스도이다. 칭의 언약은 하나님을 믿음으로 의롭다 함을 얻는 약속이다. 칭의 언약을 통하여 계시된 하나님은 장차 오실 그리스도이다. 율법은 사람에게 죄를 깨닫게 하여 죄인을 장차 오실 그리스도께로 인도하는 언약이다. 동시에 율법은 장차 오실 그리스도의 속죄 사역을 모형과 그림자로 보여준다. **"율법은 장차 오는 좋은 일의 그림자요 참형상이 아니므로 해마다 늘 드리는바 같은 제사로는 나아오는 자들을 언제든지 온전케 할 수 없느니라"**(히 10:1).

4) 구약성경에서 선악과 계명, 칭의 언약 및 율법을 통하여 예언한 하나님의 아들이 육신으로 임하셔서 하나님의 뜻을 실상으로 보이셨다. 하나님의 뜻은 하나님의 아들 예수를 믿음으로 영생을 얻는 것이다(요 6:40). 예수 이름을 믿음으로 영생을 얻으려면 두 가지 조건이 충족되어야 한다. 첫째, 세상의 모든 권세를 잡은 마귀가 심판을 받고 그의 모든 권세가 박탈되어야 한다. 둘째, 인류의 모든 죄가 거룩한 피에 의하여 대속되어야 한다. 아담이 타락한 이후 마귀는 모든 죄인을 지

배하는 권세를 받았으므로 인류의 모든 죄가 대속되지 아니하면, 마귀는 여전히 합법적으로 죄인을 지배할 것이기 때문이다.192) 마귀의 권세가 박탈되어야 죄인은 믿음으로 마귀의 지배에서 벗어나 구원을 받을 수 있다. 하나님의 아들을 통하여 실상으로 계시된 하나님의 뜻을 알게 하는 말씀이 복음이다.

　5) 하나님께서 아들을 육신으로 보내시고 그를 통하여 자신의 모든 뜻을 성취하신 이유는 네 가지로 구분할 수 있다. 첫째, 아들은 하나님의 뜻대로 만물을 창조하시고 통치한다. 심판과 사면은 만물을 통치하는 주권이기 때문이다. 둘째, 아들은 인류의 죄를 짊어지고 죽음으로 모든 죄를 대속하고 부활하셨다. 셋째, 아들은 승천하신 뒤에 하늘 보좌에 앉아서 만물을 통치하고 믿는 자들에게 성령을 보내주신다. 넷째, 아들은 마지막 날에 다시 오셔서 모든 인류를 의와 공의로 심판하실 것이며 심판 후에 우주 안에 있는 모든 물질을 불사르실 것이다. 이 모든 것은 창세전에 예정된 하나님의 뜻으로서 구약성경을 통하여 모형과 그림자로 예언되었고 아들을 통하여 실상으로 계시되었다.

　6) 하나님께서 선악과 계명, 칭의 언약, 율법 및 복음을 주신 이유는 무엇인가. 그 이유는 인류가 하나님의 아들이신 예수를 믿고 생명을 얻게 하기 위함이다(요 20:31, 딤후 3:15). 생명을 얻는 믿음이란 예수께서 하나님의 아들이심을 아는 것을 전제로 한다. 모르고 믿는 것은 우상숭배이며 미신과 같다고 말할 수 있다. 우상에 빠졌던 사마리아인들은 알지 못하는 것을 예배하였다(요 4:22). 예수 그리스도를 아는 것은 '그가 왜 하나님의 아들인가'를 아는 것이다. 대부분의 성도는 성경에서 그렇게 말씀하고 있으므로 예수를 하나님의 아들이라고 믿고 있다. 불신자들이 '왜 예수가 하나님의 아들이냐'라고 반문한다면 성경의 말씀을 통하여 논리적으로 설명할 수 있어야 한다. 과연 그럴까? 우리는 스스로 질문하여야 한다.

　7) 성경은 예수는 창조주이며 만물의 통치자라고 말씀한다(골 1:16). 동시에 성경은 예수는 유일하며 참되신 하나님이라고 말씀한다(요일 5:20). '왜 예수는 만물의 창조주이며 하나님인가'를 알지 못하면 우상을 숭배하는 것과 다름이 없다. 우상을 숭배하는 자들은 우상이 무엇인지 알지 못하지만, 우상에게 절하고 복을 빌고 있다. 이스라엘 백성은 알지 못하는 바알과 아세라 신에게 절하고 예물을 드렸다. 이처럼 교회가 하나님과 예수 그리스도를 알지 못하고 예배하는 것은 우상숭배와 다름이 없다. 이 책임은 일차로 대학에서 신학생을 가르치는 학자들에게,193) 이차로 목회자들에게 돌아갈 것이다. 그리고 마지막으로 하나님과 예수 그리스도를 알려고 하지 아니한 성도들에게로 돌아갈 것이다.

---

192) 졸저, 상게서, 4.3.1.(2) 참조
193) 신학대학에서 회자하는 말이 있다. 입학할 때는 '하나님의 계심과 하나님의 아들 예수 그리스도'를 믿고 일생을 바쳐서 하나님께 충성하겠다고 다짐하였지만, 졸업시에는 '하나님이 어디 계시냐?'라고 반문한다고 한다. 이것이 오늘날 신학교육의 현실이다.

8) 하나님을 안다는 것은 체험을 통하여 아는 것이다.194) '예수가 하나님의 아들임'을 아는 것은 체험을 통하여 아는 것이다. 성경의 말씀을 통하여 '그런가보다'라고 막연히 아는 것은 하나님의 아들을 아는 것이 아니다. 교회는 하나님의 아들에 대한 경험을 가져야 한다. 그 경험은 예수의 피를 통한 속죄와 구원으로부터 온다. 예수께서 복음을 전파하실 때 많은 사람이 병 고침을 받고 이적과 기사를 체험하였다. 그러나 예수께서 잡히실 때 제자들을 비롯한 많은 자가 하나님의 아들을 버렸다. 베드로를 비롯한 제자들과 병 고침을 받은 자들이 예수를 버린 것은 그의 피에 의한 속죄와 구원을 체험하지 못하였기 때문이다. 그러나 예수의 죽음과 부활을 통하여 속죄와 구원을 체험한 자들은 목숨을 걸고 하나님의 아들 예수를 증거하였다.

9) 예수의 피에 의한 속죄와 구원을 체험하는 것이 구원이다. '구원'이란 죄로부터 자유하는 것이다. 자유를 얻는 것은 마귀의 지배에서 벗어나는 것이다. 마귀의 지배 아래서 자유란 없다. 자유란 자유의지의 회복을 의미한다.195) 자유의지란 하나님의 말씀을 순종함에 외부의 간섭을 받지 아니하는 의지이다. 마귀의 지배 아래 있는 자는 자기의 의지로 하나님 말씀의 순종과 불순종을 결정하지 못하고 마귀의 뜻에 따라서 기계적으로 하나님을 대적한다. 모든 죄인은 마귀의 지배 아래서 하나님을 대적하고 있다. 따라서 구원이란 자유의지를 회복하고 스스로 판단하여 말씀의 순종과 불순종을 결정하는 것을 말한다. 성도가 자유의지가 있느냐 아니냐 하는 것은 자기의 의지로 순종과 불순종을 선택하는 것을 말한다.

10) 성도가 믿음으로 구원을 받았다고 고백하지만, 과거의 생활을 청산하지 못하고 습관대로 살아간다면 여전히 마귀의 지배 아래 있는 것이다. 이것은 체험으로 하나님과 예수 그리스도를 알지 못하는 것을 의미한다. 체험함으로써 하나님을 안다는 것은 음식을 먹음으로 그 맛을 아는 것과 같다. 교회는 하나님과 예수 그리스도를 알지 못하므로 타락하고 있다. 교회가 하나님과 예수 그리스도를 알지 못하게 하는 것이 마귀의 계략이다. 사단이 아담에게 불신앙의 생각을 넣어준 것처럼, 마귀는 믿는 자들의 마음속에 끊임없이 불신앙의 생각을 넣어준다. 아담이 타락한

---

194) (창 2:17)에서 "지식"으로 번역된 히브리어, 다아트(דעת)란 머리로 아는 지식과 체험을 통하여 아는 지식을 포함한다. "알다"란 남자와 여자가 결혼생활을 통하여 상대방을 아는 것과 같이 체험으로 선과 악을 아는 것을 말한다. 성경은 아담과 하와의 성관계를 '알다'란 히브리어, '야다'(ידע, 다아트의 동사)로 표현하고 있다. **"아담이 그 아내 하와와 동침하매 하와가 잉태하여 가인을 낳고 이르되 내가 여호와로 말미암아 득남하였다 하니라"** (창 4:1). 한글판 개역성경은 히브리어 야다를 "동침하다"로 번역하였다. 성경은 결혼하지 아니한 여자를 "남자를 알지 못하는 여자"로, 결혼한 여자를 "남자를 아는 여자"로 말씀하고 있다. **"그러므로 아이들 중에 남자는 다 죽이고 남자와 동침하여 사내를 안 여자는 다 죽이고 남자와 동침하지 아니하여 사내를 알지 못하는 여자들은 다 너희를 위하여 살려둘 것이니라"** (민 31:17,18).
195) 자유의지에 대하여, 졸저, 상게서, 2.1.1.(1) 참조

이후 모든 사람은 불신앙의 씨를 가지고 태어난다. 믿고 구원을 얻기 전에 불신앙의 씨에서 나오는 생각에 사로잡혀 하나님을 대적하는 것이 습관처럼 되었으므로 구원을 얻은 뒤에도 옛 습관을 버리지 않고 살아가는 것이 현실이다. 곧 교회는 육체의 정욕을 십자가에 못 박지 아니하고 있다. 이로 인하여 교회는 하나님과 예수 그리스도를 막연하게 알고 있다.

11) 사람은 원죄의 흔적을 가지고 태어난다. 그리고 성장하는 과정에서 접하는 사회는 마귀의 지배 아래서 탐심에 따라서 하나님을 대적하는 집단이다. 사람은 마귀의 지배 아래서 탐심에 따라서 살아가는 집단에 속하여 살아가다가 예배당에 나오게 된다. 소위 모태신앙이라고 하는 자들도 세상을 떠나서 하나님의 나라에 들어오는 것이 아니라 세상에 속한 상태에서 예배당에 발을 들여놓고 있다. 어린이들이 교회 안에서 배우는 것은 단순한 하나님에 대한 지식과 음악을 비롯한 율동이 고작이다. 어린이들이 성장하는 과정에서 예배당에 출석하는 것은 자발적이 아니라 마지못하여 부모의 손에 이끌리는 것이 대부분이다. 중학교와 고등학교를 진학한 뒤에도 달라지는 것이 아무것도 없다. 그들은 부모의 손에 이끌리어 예배당 안으로 들어왔지만, 하나님과 예수 그리스도를 아는 지식이 없으므로 대학에 진학하고 병역의무를 끝마치면 자연스럽게 교회를 떠나는 경우가 다반사이다. 그 책임은 하나님과 예수 그리스도를 가르치지 아니한 목회자에게로 돌아갈 것이다.

12) 제사장이 레위인들에게 율법을 가르치지 아니하였으므로, 백성이 타락하여 음행하고 우상을 숭배하였다. 목회자들이 하나님과 예수 그리스도를 알지 못하고 잘못 가르치므로, 교회는 믿음을 버리고 세상으로 돌아가고 있다. 하나님과 예수 그리스도를 알지 못하는 것은 생명의 본질과 실체, 죄의 본질과 실체를 알지 못하는 것이며 마귀의 계략에 빠진 것이다. 마귀는 믿는다고 고백하지만 순종하지 아니하는 자들을 미혹하여 영적으로 소경이 되게 한다. "**그 중에 이 세상 신이 믿지 아니하는 자들의 마음을 혼미케 하여 그리스도의 영광의 복음의 광채가 비취지 못하게 함이니 그리스도는 하나님의 형상이니라**"(고후 4:4). "마음을 혼미하게 하다"란 마음의 눈이 어둡다는 것을 의미한다. 마귀는 사람의 육체 안에 있는 불신앙의 씨를 통하여 역사한다. 아담으로부터 받은 불신앙은 그들의 마음을 어둡게 함으로 하나님과 예수 그리스도를 알지 못하게 한다.

13) 성도의 마음을 어둡게 하는 것은 과거 세상에 속하여 습관처럼 따라가던 탐심이다. 탐심이 성도의 마음을 어둡게 한다. 돈과 명예와 권력과 쾌락을 사랑하는 생각이 마음을 혼미하게 하여 하나님과 예수 그리스도를 모르게 한다. 탐심을 통제함으로 마음의 눈이 밝아지려면 성령의 계시를 받아야 한다고 성경은 말씀한다. "**우리 주 예수 그리스도의 하나님, 영광의 아버지께서 지혜와 계시의 정신을 너희에게 주사 하나님을 알게 하시고 너희 마음눈을 밝히사 그의 부르심의 소망이 무엇이며 성도 안에서 그 기업의 영광의 풍성이 무엇이며**"(엡 1:17,18). 성령의 계

시를 받지 못하면 교회는 하나님과 예수 그리스도를 알지 못하므로 마귀의 미혹을 받으면 타락하여 세상으로 돌아갈 수 있다.

(2) 생명의 본질을 알지 못하는 교회지도자들

1) 생명의 본질을 아는 것은 창조주 하나님을 전제로 한다. 하나님께서 사람의 육신을 흙으로 지으시고 그 코에 생기를 불어넣으셨다. 사람의 육체는 흙으로 창조되었으므로 흙으로부터 생산되는 음식으로 살아간다. 그러나 사람의 영혼은 영적인 존재로 하늘에서 창조되었으므로 하나님의 말씀으로 살아간다. 사람의 육신이 살아있는 것을 목숨, 영혼이 살아있는 것을 생명이라고 한다. 그러나 교회는 목숨과 생명을 착각함으로 생명의 본질을 알지 못하고 있다. 따라서 교회는 생명을 위하여 일하지 아니하고 목숨만을 위하여 일한다. 예수 이름을 믿고 구원을 얻었다고 고백하는 자들이 죽음을 앞두고 두려워하는 것은 생명의 본질을 알지 못하기 때문이다.

2) 사람의 영혼은 하늘에서 창조되었으므로 하늘로부터 오는 하나님의 말씀으로 그 생명을 유지할 수 있다. 하나님 안에 있는 생명이 말씀을 통하여 계시되므로, 사람은 하나님의 말씀을 순종함으로 그 생명을 유지할 수 있다. 그러나 아담은 하나님의 말씀을 대적함으로 그의 생명을 잃어버렸다. 아담의 육체와 영과 혼이 죄로 인하여 불의하고 더럽게 되었다. 아담은 목숨을 유지하고 있었으나, 그의 영과 혼은 죄로 인하여 사망에 이르게 되었다. 아담 안에서 죄로 인하여 생명을 잃어버린 사람에게 소망을 주는 하나님의 말씀이 임하였다. 믿음으로 의롭다 함으로 얻는 언약이 아브라함에게 임하였다(창 15:6). 칭의 언약은 만물을 창조하신 하나님께서 육신으로 오신다는 것을 전제로 한 약속이다. 장차 육신으로 오실 그리스도 안에 죄로 인하여 죽은 영과 혼을 살리는 생명이 있다.

3) 장차 오실 그리스도 안에 있는 생명이란 그의 피를 통하여 나올 것이다. 그리스도의 육체의 생명은 그의 피에 있기 때문이다(레 17:11). 성전에서 드려진 예물의 피는 이것을 모형으로 보여준다. 율법으로 자신의 죄를 깨달은 자들은 성전에서 드리는 제사를 통하여 장차 오실 그리스도의 피에 의한 속죄를 알았다. 이스라엘 백성의 죄를 위하여 소와 염소와 양의 피가 뿌려졌듯이, 인류의 죄를 대속하기 위하여 장차 오실 그리스도의 피가 뿌려질 것이다. 이것이 광야교회의 믿음이 되었다. 광야교회는 장차 오실 그리스도의 피에 의한 속죄를 믿음으로 의롭다 함을 얻었다. 장차 오실 그리스도의 피가 광야교회에게 의롭다 함이 되었다.

4) 예수의 피가 생명인 이유를 살펴보자. 생명의 본질은 의로움과 거룩함이며, 사망의 본질은 불의함과 더러움이다. 맑은 물로 더러운 것을 씻어 깨끗하게 하듯이, 죄를 대속한다는 것은 의로운 피로 불의함을, 거룩한 피로 더러움을 씻는 것이다. 예수의 피가 죄를 대속하려면 하나님의 의로움과 거룩함이 그 피에 체화되어야(embodied) 한다. 예수의 의롭고 거룩한 피가 인류의 죄를 대속할 수 있다. 예수

의 피가 의롭다는 것은 그의 피로 하나님의 모든 약속이 성취되었음을 의미한다. 하나님은 그의 약속을 반드시 성취하시므로 의로운 분이다. 예수께서 그의 피로써 하나님의 모든 약속을 성취하셨다. "**예수께서 신 포도주를 받으신 후 가라사대 다 이루었다 하시고 머리를 숙이시고 영혼이 돌아가시니라**"(요 19:30). "다 이루었다"란 구약성경의 모든 예언의 성취를 의미한다. "**또 이르시되 내가 너희와 함께 있을 때에 너희에게 말한바 곧 모세의 율법과 선지자의 글과 시편에 나를 가리켜 기록된 모든 것이 이루어져야 하리라 한 말이 이것이라 하시고**"(눅 24:44). 예수의 피를 통하여 하나님의 의로우심이 나타났으므로 그 피는 하나님의 의로움이다.

5) 아담 안에서 모든 사람은 마귀의 지배 아래서 하나님을 대적하는 죄인이므로 그들의 육체와 영혼은 더럽다. 따라서 죄인의 피는 거룩하지 아니하다. 그러나 예수는 만물을 창조하신 하나님의 아들로서 하나님의 모든 말씀을 순종하셨으므로 그의 피는 거룩하다. 예수의 피는 의롭고 거룩하므로 인류의 모든 죄를 씻는다. 따라서 하나님은 예수의 피를 사람의 생명으로 주셨다. "**저가 빛 가운데 계신 것 같이 우리도 빛 가운데 행하면 우리가 서로 사귐이 있고 그 아들 예수의 피가 우리를 모든 죄에서 깨끗하게 하실 것이요**"(요일 1:7). 예수의 피가 우리의 생명이므로, 성경은 그의 살을 먹고 그의 피를 마시라고 말씀한다. "**내 살을 먹고 내 피를 마시는 자는 영생을 가졌고 마지막 날에 내가 그를 다시 살리리니**"(요 6:54). 예수의 피가 우리의 생명이라면 2,000년 전에 뿌려진 그의 피가 어디에 있을까. 아무리 찾아도 지구상에 예수의 피를 찾을 수 없다. 따라서 로마 가톨릭에서는 성찬식에 사용되는 포도주는 예수의 피가 된다는 허튼 이론으로 사람을 미혹하고 있다.[196]

6) 예수의 피와 새 언약인 복음의 관계를 살펴보자. 언약이란 칼과 피를 놓고 약속한 말씀이다. 하나님은 그 말씀이 반드시 성취된다는 것을 칼과 피로 보증하셨다. 칭의 언약은 칼로 소와 염소와 양의 사체를 두 조각으로 쪼갠 뒤에 흐르는 피를 두고 그 성취를 보증한 약속이다. "**아브람이 그 모든 것을 취하여 그 중간을 쪼개고 그 쪼갠 것을 마주 대하여 놓고 그 새는 쪼개지 아니하였으며**"(창 15:10). 첫 언약인 율법은 송아지의 피를 두고 세운 언약이다.[197] "**모세가 그 피를 취하여 백성에게 뿌려 가로되 이는 여호와께서 이 모든 말씀에 대하여 너희와 세우신 언약의 피니라**"(출 24:8). 새 언약인 복음은 예수의 피를 두고 세운 약속이다. "**저녁 먹은**

---

[196] 성찬에 대하여 네 가지 학설이 대립하고 있다. 첫째, 화체설(化體說)는 성찬시에 떡과 포도주가 그리스도의 살과 피로 되었다고 한다. 둘째, 공재설(共在說)는 성찬에는 그리스도의 몸과 피가 떡과 포도주 안에 그리고 그 아래, 그리고 그것들과 함께 임재한다고 한다. 셋째, 성찬이란 단순한 기념의식으로서 신자들이 서약하는 표지와 상징일 뿐이라고 한다. 넷째, 개혁파는 성찬을 통하여 신자들과 그리스도의 전인격의 신비로운 결합이 이루어진다고 본다. Louis Berkhof, 하(크리스챤 다이제스트, 2000), pp. 916~918.

[197] "언약을 맺다"로 번역된 히브리어 동사, 카라트(כרת)는 칼로 자르는 것을 의미한다 (BDB., p. 503).

후에 잔도 이와 같이 하여 가라사대 이 잔은 내 피로 세우는 새 언약이니 곧 너희를 위하여 붓는 것이라"(눅 22:20).

7) 복음은 예수의 피가 인류의 죄를 대속하였다는 것과 예수 이름을 믿는 자는 영생을 얻는다는 것을 증거한다(요 3:16). 예수의 피는 하나님의 의로움과 거룩함이므로 그 피로 세운 복음에는 하나님의 의가 나타난다(롬 1:17). 예수의 피가 복음의 성취를 보증한다. 곧 복음은 예수의 피로 기록된 말씀이며, 칭의 언약과 율법은 송아지의 피로 기록된 말씀이다. 따라서 복음이 성도의 영 안에 들어오는 것은 예수의 피가 들어오는 것이다. 예수의 피가 믿는 자들의 영 안에 들어왔을 때, 그 영은 비로소 생명을 얻을 수 있다. 따라서 성경은 복음을 영의 생명이라고 말씀한다. **"살리는 것은 영이니 육은 무익하니라 내가 너희에게 이른 말이 영이요 생명이라"**(요 6:63). 복음은 영의 양식이므로 성도의 영 안에 들어온다.

8) 어떻게 복음이 성도의 영 안에 들어오는가를 살펴보자. 성도들이 성령으로 복음을 순종하면 그 말씀이 성도의 영 안에 들어온다. **"그의 계명들을 지키는 자는 주 안에 거하고 주는 저 안에 거하시나니 우리에게 주신 성령으로 말미암아 그가 우리 안에 거하시는 줄을 우리가 아느니라"**(요일 3:24). "그의 계명들을 지키는 자는 주 안에 거하고 주는 저 안에 거하시나니 주는 저 안에 거하시나니"란 복음을 순종하는 자는 그리스도 예수(복음) 안에 들어가고 복음이 그들 안에 들어온다는 것을 의미한다. 곧 복음을 순종할 때 그 말씀이 성도의 영 안에 들어온다. "우리에게 주신 성령으로 말미암아 그가 우리 안에 거하다"란 성령의 인도하심으로 복음을 순종할 수 있다는 것을 의미한다. 곧 성령을 받은 자만이 복음을 순종할 수 있다. **"그의 성령을 우리에게 주시므로 우리가 그 안에 거하고 그가 우리 안에 거하시는 줄을 아느니라"**(요일 4:13). 복음이 성도 안에 들어온 것은 예수의 피가 들어온 것이다.

9) 성령의 인도하심으로 복음을 순종할 수 있다면, 어떻게 성령의 인도를 받을 수 있는가를 살펴보자. 예수 이름을 믿고 세례를 받으면 성령을 선물로 받는다. **"베드로가 가로되 너희가 회개하여 각각 예수 그리스도의 이름으로 세례를 받고 죄 사함을 얻으라 그리하면 성령을 선물로 받으리니"**(행 2:38). "세례를 받다"란 단순한 물세례가 아니라 자신의 정욕을 십자가에 못 박은 것을 의미한다. 세례란 육체의 정욕에 따라서 살던 옛사람이 십자가에 못 박히는 것을 말한다(롬 6:6). 베드로는 복음을 순종할 때 성령을 받는다고 기록하였다. **"우리는 이 일에 증인이요 하나님이 자기를 순종하는 사람들에게 주신 성령도 그러하니라 하더라"**(행 5:32). 예수 이름을 믿고 구원을 받은 자가 복음으로 순종하려고 할 때 성령을 받는다. 성도들이 복음을 순종하려고 결정하고 행동으로 옮길 때 성령께서 그들을 인도하신다. 성도가 성령으로 복음을 순종할 때 예수의 피는 그 말씀과 함께 성도의 영 안에 들어온다.

10) 예수의 피 안에 사람의 생명이 있다. 그 피가 하나님의 의로움이며 거룩함이다. 그 피는 복음에 체화되어있으므로 복음은 생명의 말씀이다. 따라서 성령으로 복음을 순종하는 것이 생명을 얻는 유일한 길이다. 그러나 교회는 생명의 본질을 알지 못할 뿐 아니라 복음이 생명의 말씀인 이유를 알지 못하고 있다. 교회는 목숨과 생명을 구별하지 못하고 한번 구원을 받으면 그 생명이 영원히 유지되는 것으로 착각하고 있다. 생명을 알지 못하는 교회의 특성을 요약하여 보자. 첫째, 교회는 생명을 관념적인 것으로 이해하고 있다. 둘째, 교회는 율법에도 생명이 있는 것으로 오해하고 있다. 셋째, 교회는 복음을 순종하는 것이 생명을 얻는 길임을 알지 못하고 있다. 넷째, 교회는 생명을 얻기 위하여 목숨을 초월하지 아니한다.

11) 이상의 논의를 요약하여 보자. 생명의 본질은 복음을 순종함으로 얻는 의롭다 함과 거룩함이다. 진리를 순종하는 것은 예수 그리스도의 통치 아래 들어가는 것이다. 곧 예수 이름을 믿음으로 물질세계에서 벗어나 하나님의 나라에 들어가는 것이다. 하나님의 나라에서 복음에 의하여 통치를 받는 것이 생명을 얻는 유일한 길이며 다른 길은 없다(요 14:6). 하나님의 나라 안에서 복음을 순종함으로 의와 거룩함과 화평과 안식을 누릴 수 있다. 그러나 복음을 순종하지 아니함으로 하나님의 나라에서 벗어나면 다시 세상으로 돌아가게 된다. 물질세계에서 속하여 마귀의 지배를 받으면 생명을 잃어버리게 된다.

(3) 죄의 본질을 알지 못하는 교회지도자들

1) 구원은 믿음을, 믿음은 예수의 피에 의한 속죄를, 속죄는 율법과 세상 양심에 의한 심판을, 심판은 아담의 타락을, 아담의 타락은 사단의 미혹을, 사단의 미혹은 천사의 타락을 전제로 한다. 모든 죄는 타락한 천사로부터 시작한다. 따라서 죄의 본질을 알려면 타락한 천사의 죄를 알아야 한다. 타락한 천사의 죄가 세상 죄의 본질이다. 악한 영들의 죄를 알고 그들의 궤계를 아는 것은 죄를 이기는 유일한 길이다. 하나님께서 교회로 하여금 죄를 알고 죄의 권세를 이기게 하셨지만, 교회가 죄의 본질을 알지 못함으로 타락하여 세상으로 돌아가고 있다. 만약 교회가 타락하지 아니하였다면, 사도들이 목숨을 걸고 전도한 지역에 지금까지 그리스도의 교회가 남아있을 것이다.

2) 타락한 천사가 하나님의 아들을 위하여 예비된 보좌에 올라 불의와 불법으로 만물을 지배하려고 하였다(사 14:13,14). 하나님 아들의 존재와 그의 주권을 부인하는 것이 사단의 속성이다. 사단은 그의 속성에 따라서 아담을 미혹하여 타락하게 하였다. 사단은 그의 속성대로 아담에게 하나님 아들의 존재와 주권을 부인하는 생각을 넣어주었다(창 3:5). 아담은 하나님의 말씀을 순종할 것이냐 아니면 사단의 미혹을 따를 것이냐 하는 것을 결정하여야 한다. 아담과 하와는 후자를 선택하였다. 이로써 사단의 죄의 속성이 그대로 아담에게 새겨졌다. 아담의 육체와 혼과 영에

죄의 속성이 흔적으로 새겨졌다. 아담의 육체에 새겨진 죄의 흔적이 육체의 정욕으로 나타났다. 아담의 인격에 새겨진 죄의 흔적으로, 그의 인격은 마귀의 생각에 예속되었다. 아담의 영에 새겨진 죄의 흔적으로, 그 영은 불의하고 더럽게 되었다. 아담에게 새겨진 죄의 흔적이 사단의 속성이다. 사단의 속성이 육체의 속성이 되어 정욕으로 나타나고 있다. 아담의 타락으로 온 인류는 사단의 속성인 육체의 정욕을 가지고 태어난다. 사단은 사람의 육체 안에 있는 정욕을 통하여 역사하고 있다. 사단이 죄의 흔적을 통하여 사람을 지배할 때 음부의 권세 또는 마귀라고 부른다.

3) 죄의 권세란 사람의 육체에 새겨진 죄의 흔적으로부터 나오는 탐심이다. 이 탐심은 마귀의 인격으로 사람을 지배한다. 마귀의 종이라고 하는 것은 탐심의 종을 의미한다. 탐심은 육체 안에 있으므로 죄의 권세가 육체 안에 있다. 마귀는 죄의 흔적을 통하여 사람의 생각을 지배한다. 마귀는 가인의 마음속에 아벨을 죽이려는 생각을 넣어주었다. 하나님은 가인에게 죄를 지으려는 소원을 다스리라고 말씀하였다. **"선을 행하면 어찌 낯을 들지 못하겠느냐 선을 행치 아니하면 죄가 문에 엎드리느니라 죄의 소원은 네게 있으나 너는 죄를 다스릴찌니라"**(창 4:7). 이 말씀은 만물을 통치하는 하나님 아들의 명령이다. 그러나 가인의 인격이 아들의 존재와 주권을 부인하는 죄의 흔적으로 마귀에게 예속되었으므로, 그는 마귀의 생각에 따라서 아벨을 죽였다. **"가인같이 하지 말라 저는 악한 자에게 속하여 그 아우를 죽였으니 어찐 연고로 죽였느뇨 자기의 행위는 악하고 그 아우의 행위는 의로움이니라"**(요일 3:12). 이 말씀은 온 인류가 마귀에게 예속되어 하나님의 말씀을 대적한다는 것을 의미한다. 마귀에게 예속된 자들이 하나님의 말씀을 받은 자들을 대적하고 죽이려고 한다.

6) 사람의 생각이 마귀의 인격에 예속되었으므로, 노아 시대에 사람의 생각과 모든 계획이 악하였다. **"여호와께서 사람의 죄악이 세상에 관영함과 그 마음의 생각의 모든 계획이 항상 악할 뿐임을 보시고"**(창 6:5). "그 마음의 생각의 모든 계획"이란 마귀의 인격에서 나오는 생각, 곧 하나님 아들의 존재와 주권을 부인하는 생각과 그 생각을 행동으로 옮기기 위한 모든 계획을 의미한다.[198] 가인은 마귀의 인격으로부터 아벨을 죽이려는 생각을 행동으로 옮기려는 구체적인 계획을 세웠다. 그 계획은 돌로 아벨을 쳐서 죽이는 것이다. 이와 같이 노아 시대에 마귀의 인격으로부터 나오는 모든 생각이 악하였다. 곧 마귀의 인격이 사람의 모든 생각과 행동을 지배한다. 아담 안에서 사람의 육체 안에 음부의 권세, 곧 하나님 아들의 존재와 주권을 부인하는 마귀의 인격이 역사하고 있다. 이것이 죄의 본질이다. 죄가

---

198) 탐심을 행동으로 옮기려는 계획은 욕심이 잉태한 것이라고 성경은 말씀한다. **"욕심이 잉태한즉 죄를 낳고 죄가 장성한즉 사망을 낳느니라"**(약 1:15).

사람의 육체 밖에 있는 것이 아니고 육체 안에서 역사하고 있다.

7) 칭의 언약은 죄가 육체 밖에 있는 것이 아니라 육체 안에 있다는 것을 선언하는 말씀이다. 칭의 언약은 믿음으로 마귀의 인격으로부터 자유하는 약속이다. 믿음이란 하나님 아들의 존재와 주권을 인정하고 그 주권을 계시하는 말씀을 순종하는 것이다. 하나님 아들의 주권이 아브라함에게 명령으로 임하였다. **"여호와께서 아브람에게 이르시되 너는 너의 본토 친척 아비 집을 떠나 내가 네게 지시할 땅으로 가라"(창 12:1).** 아브라함은 자신의 모든 것이 하나님 아들의 소유임을 인정하고 믿었다. 그 믿음이 그로 하나님의 말씀을 순종하게 하였다. 아브라함의 믿음은 그의 의지의 활동이다. 그의 의지가 마귀의 인격에서 나오는 악한 생각을 거절하고 하나님의 말씀을 수용하였다. 하나님은 아브라함 의지의 결정으로 나타난 믿음을 의롭다고 하셨다(창 15:6). 의롭다 함이란 믿음으로 육체 안에서 역사하는 마귀의 인격을 거절한 결과로 얻는 것이다.

8) 하나님은 칭의 언약을 통하여 마귀의 인격이 사람의 육체 안에 있다는 것을 희미하게 계시한 뒤에 율법을 통하여 분명하게 말씀하셨다. 율법은 육체 안에 있는 마귀의 인격으로부터 나오는 탐심을 정죄한다(출 20:17). 탐심은 육체의 정욕으로부터 나오는 마귀의 생각이다. 율법은 탐심을 정죄하므로 사람의 마음속에 마귀의 인격이 있다는 것을 계시한다. 탐심은 하나님 아들의 존재와 주권을 부인하는 사단의 속성이다. 탐심은 하나님의 아들의 것을 허락 없이 탈취하려는 것이다. 만물은 창조자인 하나님 아들의 소유이다. 하나님 아들의 허락 없이 그의 것을 탐하는 것은 그의 주권을 부인하는 사단의 속성을 그대로 보여준다. 이웃의 집, 아내 및 재산은 하나님의 아들이 금하신 것이다. 그것들을 탐내는 것은 하나님 아들의 주권을 침해하는 것이다.

9) 광야교회는 그들의 육체 안에 있는 죄를 알지 못함으로 타락하였다. 하나님은 그들에게 이방여자를 아내로 취하지 말라고 말씀하셨다(신 7:3). 이스라엘 백성이 이방여자를 아내로 취하지 아니하는 것이 하나님 아들의 주권을 인정하는 것이다. 그들은 이방여자를 아내로 취함으로 아들의 주권을 침해하였고 그 결과는 우상숭배로 이어졌다. 이스라엘이 우상을 숭배함으로 북 왕국과 남유다로 분단되었다. 북 왕국의 여로보암은 개국 초기부터 우상숭배를 통치기초로 삼음으로 나라를 우상숭배의 도가니로 몰아넣었다. 북 왕국은 끝내 앗수르에 의하여 멸망하였다. 남유다도 우상숭배에서 벗어나지 못하고 바벨론에 의하여 멸망하였다. 바벨론에서 가나안땅으로 돌아온 유대인들은 바벨론에 의하여 파괴된 성전을 다시 건축하고 성전과 제사장을 중심으로 하는 성전국가를 건설하였다.[199] 그들은 바벨론의 뒤를 이어 파사의 지배 아래 있었다. 파사는 치안 유지와 징세만을 담당하고 제사장에게 유대 사

---

199) 졸저, 상게서, 3.3.2.(1) 참조

회의 종교와 내부의 일을 위임하였다. 제사장은 사실상 유대인의 통치자로 등장하였다. 제사장은 율법으로 유대인을 통치하였다. 그들의 관심은 우상숭배로부터 유대 사회를 보호하는 것이다. 제사장은 그 방편의 하나로 유대인에게 이방인의 접촉을 금지하였다.

10) 예수께서 복음을 전파하실 당시에 종교 지도자들은 우상숭배의 원인을 제공한 이방인을 죄로 여겼다. 이방인과 접촉하지 않으면 유대 사회를 우상숭배로부터 보호할 수 있다는 생각에, 그들은 이방인과의 접촉을 법으로 금하였다. **"이르되 유대인으로서 이방인을 교제하는 것과 가까이하는 것이 위법인 줄은 너희도 알거니와 하나님께서 내게 지시하사 아무도 속되다 하거나 깨끗지 않다 하지 말라 하시기로"** (행 10:28). 이것이 죄에 대한 종교 지도자들의 생각이었다. 그들은 육체 밖에 있는 이방인을 죄로 알고 있었으므로 그들의 육체 안에 있는 탐심을 죄로 여기지 아니하였다. 따라서 그들은 자신들의 행위를 의롭다고 여기고 있었다(눅 16:15). 이것을 아신 예수께서 그들에게 죄가 육체 안에 있다고 책망하셨다. **"나는 너희에게 이르노니 여자를 보고 음욕을 품는 자마다 마음에 이미 간음하였느니라"** (마 5:28).

11) 바리새인들과 서기관들은 죄가 그들의 육체 안에 있는 것을 알지 못하고 율법의 행위를 자랑하였다. 그러나 예수께서 죄를 알지 못하고 자신을 의롭다고 착각하는 종교 지도자들을 준엄하게 책망하셨다. 특히 예수께서 바리새인들과 서기관들을 향하여 그들의 마음속에는 음욕과 탐욕으로 가득하다고 책망하셨다. **"화 있을찐저 외식하는 서기관들과 바리새인들이여 잔과 대접의 겉은 깨끗이 하되 그 안에는 탐욕과 방탕으로 가득하게 하는도다"** (마 23:25). 곧 마귀의 인격이 그들의 육체 속에서 역사한다. 따라서 예수께서 그들을 독사의 자식이라고 선언하셨다. **"뱀들아 독사의 새끼들아 너희가 어떻게 지옥의 판결을 피하겠느냐"** (마 23:33). "독사의 새끼들"이란 독사의 피를 의미한다. 육체의 생명은 피에 있으므로(레 17:11), 독사의 피를 가지고 있는 종교 지도자들은 독사의 속성을 나타낸다. 죄가 육체 안에 있다는 것을 알지 못하는 자는 독사의 피에 의하여 하나님을 대적하는 마귀의 자식이다. 이 말씀은 바리새인들과 서기관들에게 국한된 말씀이 아니라 죄의 본질을 알지 못하는 교회에게 주신 교훈이다.

12) 교회는 한번 구원을 받으면 영원히 받은 것으로 오해함으로 죄를 깨닫지 못한다. 죄는 성도의 육체 안에 도사리고 있는 마귀의 인격이다. 성도들은 마귀와 악한 영들의 실체를 알지 못할 뿐만 아니라 자신은 귀신과 무관하다고 오해함으로 죄를 알지 못한다. 교회가 죄의 본질인 음부의 권세를 알지 못하면, 마귀는 귀신을 통하여 교회를 손바닥 위에 올려놓고 인형처럼 가지고 논다.200) 광야교회가 죄를 알지 못하므로 타락한 것처럼, 음부의 권세를 알지 못하는 그리스도의 교회는 점차

---

200) 암 환자가 초기에는 그 사실을 알지 못하다가 말기에 자신이 암 환자라는 것을 깨닫고 체념한다. 암은 초기에 발견하면 치료할 수 있다.

붕괴의 길을 걷게 될 것이다. 따라서 성경은 성도들이 사망에 이르는 죄와 이르지 아니하는 죄를 범한다고 말씀한다. **"누구든지 형제가 사망에 이르지 아니한 죄 범하는 것을 보거든 구하라 그러면 사망에 이르지 아니하는 범죄자들을 위하여 저에게 생명을 주시리라 사망에 이르는 죄가 있으니 이에 대하여 나는 구하라 하지 않노라"** (요일 5:16). "사망에 이르는 죄"란 복음을 불순종함으로 믿음을 버리는 죄를 말한다. 사도 바울은 우상숭배, 간음, 시험 및 원망이 이에 속하다고 기록하였다(고전 10:7~10).

13) 사도 바울은 고린도 교회에 보내는 서신에서 하나님과 예수 그리스도, 생명과 죄의 본질을 알지 못함으로 타락한 교회를 책망하였다. 고린도전서는 현대 교회의 실상을 그대로 보여준다고 말할 수 있다. 교회 안의 파벌이다. 교회는 그리스도의 지체로서 나누어질 수 없으나 교리에 따라서 여러 개 교단으로 나누어 논쟁하고 있다. 교회는 성령의 나타나심과 감동으로 복음을 증거하지 아니하고 웅변술과 아름다운 말로 세상의 윤리와 도덕을 전하고 있다. 교회는 웅변술로 아름다운 말을 하고 있으나 성령의 권능으로 나타나는 능력이 없다. 교회 내에 음행이 있으나 이를 눈감아주고 있다. 교회는 우상의 제물을 먹음으로 믿음이 약한 자를 넘어지게 한다. 교회는 남자와 여자의 생리적 차이를 구별하지 못하고 있다. 믿음으로 세상에서 나오지 못한 자들이 성찬에 참여하여 자기의 죄를 마시며 먹고 있다. 교회는 성령의 은사를 받은 뒤에 교만하여 교회를 분열로 이끌어가고 있다. 교회는 사랑을 실천하지 아니하고 있다. 교회는 그리스도의 부활을 부인함으로 여전히 죄 가운데 있다.

14) 사도 바울은 타락하는 교회의 죄를 요약하였다. **"불의한 자가 하나님의 나라를 유업으로 받지 못할 줄을 알지 못하느냐 미혹을 받지 말라 음란하는 자나 우상숭배하는 자나 간음하는 자나 탐색하는 자나 남색하는 자나**[201] **도적이나 탐람하는 자나 술 취하는 자나 후욕하는 자나 토색하는 자들은 하나님의 나라를 유업으로 받지 못하리라"** (고전 6:9,10). 우상숭배, 음행, 탐색, 남색, 도적, 탐람, 술 취함, 후욕, 토색하는 자란 타락한 교회의 모습이다. 이런 죄를 범하는 자는 예수 이름을 믿지 아니함으로 불의한 자로 심판을 받은 자들과 동일하게 된다. 말세에 교회는 사랑을 버리고 극단적인 개인주의에 빠짐으로 고통을 당할 것이다. **"네가 이것을 알라 말세에 고통하는 때가 이르리니 사람들은 자기를 사랑하며 돈을 사랑하며 자긍하며 교만하며 훼방하며 부모를 거역하며 감사치 아니하며 거룩하지 아니하며 무정하며 원통함을 풀지 아니하며 참소하며 절제하지 못하며 사나우며 선한 것을 좋아 아니하며 배반하여 팔며 조급하며 자고하며 쾌락을 사랑하기를 하나님 사랑**

---

[201] "남색하는 자"란 동성애자들을 의미한다. 지금 많은 동성애자가 페이스북이나 트위터를 통하여 동성애의 대상자를 찾고 있다. 그들은 동성애를 사랑이라고 변명하지만 단순한 성적 쾌락의 도구로 상대방을 본다.

하는 것보다 더하며"(딤후 3:1~4).

15) 계시록은 타락한 교회의 죄를 책망하고 교회에게 회개하고 하나님께 돌아오라고 권고한다. 성경은 타락한 교회의 죄를 말씀한다. 처음 사랑을 잃어버린 교회(계 2:4), 세상으로부터 오는 핍박과 고난을 이기지 못하는 교회(계 2,9), 음행하고 우상의 제물을 먹는 교회(계 2:14), 거짓 선지자를 용납하고 음녀와 음행하는 교회(계 2,20), 죄를 알지 못하고 회개하지 아니하는 교회(계 3:3), 덥지도 차지도 아니한 교회(계 3:15), 벌거벗고 눈먼 것을 깨닫지 못하는 교회(계 3,17)는 타락한 대표적인 교회를 모형으로 준다. 중요한 것은 타락한 교회들이 그들의 죄를 알지 못함으로 타락한다는 것이다. 따라서 하나님은 타락한 교회에게 회개를 촉구하신다. **"무릇 내가 사랑하는 자를 책망하여 징계하노니 그러므로 네가 열심을 내라 회개하라"(계 3:19).**

16) 사도들이 목숨을 걸고 전도하였던 지역에 교회란 찾아볼 수 없게 되었다. 종교개혁자들이 목숨을 걸고 복음을 전파한 지역에서도 동일하게 교회를 찾을 수 없게 되었다. 그들은 육체 안에 있는 음부의 권세인 탐심을 알지 못하고 죄가 육체 밖에 있는 것으로 착각하였기 때문이다. 이뿐만 아니라 믿음을 버림으로 그들의 양심이 화인을 맞아서 선과 악을 구별하지 못하고 있다. 그들은 하나님의 말씀보다 돈과 육체의 쾌락을 더 사랑함으로 믿음을 버리고 있다. 그들은 선한 양심을 가지지 못함으로 믿음을 버리고 세상으로 돌아갔다. 이것이 교회를 미혹하여 타락으로 이끄는 마귀의 궤계이다.

17) 죄의 실상은 아담의 타락으로 육체의 정욕으로부터 나오는 탐심이다. 탐심은 마귀의 인격으로서 사람의 인격을 지배한다. 따라서 죄는 사람의 육체 밖에 있는 것이 아니라 육체 안에 있다. 사람이 탐심에 따라서 살아가는 것은 마귀의 지배를 받는 것이다. 돈과 명예와 권력과 쾌락을 사랑하는 생각이 사람을 지배하여 사망과 저주로 인도한다. 죄란 마귀의 지배를 받는 것이다. 생명이란 마귀의 지배에서 벗어나 하나님의 통치를 받는 것이다. 곧 죄란 하나님을 버림으로 세상으로 돌아가서 마귀의 지배를 받는 것이다. 따라서 죄란 마귀의 지배를 받음으로 불의하고 더럽게 되는 것을 의미한다.

(4) 이해를 위한 질문
1) 하나님과 예수 그리스도를 알지 못하는 교회지도자들
  a. 하나님께서 만물을 창조하셨다는 증거는 무엇인가(시 99:1).
  b. 전능하신 하나님을 어떻게 알 수 있는가(창 17:1).
  c. 하나님이 생명의 원천인 이유는 무엇인가(시 36:9).
  d. 하나님의 아들이 만물을 창조하신 증거는 무엇인가(골 1:16).
  e. 성경을 기록한 목적은 무엇인가(요 20:31).

f. 창조주 하나님을 알지 못하면 성경의 계시를 알지 못하는 이유는 무엇인가.
2) 생명의 본질을 알지 못하는 교회지도자들
　　a. 사람 생명의 본질이 의로움과 거룩함인 이유는 무엇인가(시 89:14).
　　b. 하나님의 의로움과 거룩함이 예수의 피에 있는 이유는 무엇인가.
　　c. 복음이 예수의 피로 세운 이유는 무엇인가(눅 22:20).
　　d. 어떻게 새 언약이 믿는 자 안에 들어오는가(요일 3:24).
　　e. 예수의 피가 생명의 실체인 이유는 무엇인가(롬 5:9).
　　f. 교회가 생명의 본질을 알지 못하는 이유는 무엇인가(요이 1:7).
2) 죄의 본질을 알지 못하는 교회지도자들
　　a. 사단의 죄의 속성은 무엇이라고 말할 수 있나(사 14:13,14).
　　b. 아담의 타락으로 사단의 속성이 육체 안에서 역사하는 이유는 무엇인가.
　　c. 탐심이 사단의 속성을 반영하는 이유는 무엇인가(출 20:17).
　　d. 교회가 육체 안에 있는 죄를 알지 못한 이유는 무엇인가.
　　e. 교회가 범죄하고 있지만, 그 사실을 알지 못하는 이유는 무엇인가(딤전 4:1).

2. 신학자들의 타락과 종교다원주의
(1) 신학자들의 타락

　1) 광야교회가 타락한 원인은 제사장의 타락에서 찾아야 한다. 제사장은 백성에게 율법을 가르치지 아니하였을 뿐만 아니라 바벨론 포로 이후 율법을 잘못 가르쳤다. 제사장이 율법을 가르치지 아니하였으므로, 백성들은 율법을 통하여 계시된 하나님을 알지 못하였다. 제사장이 백성에게 율법을 잘못 가르쳤으므로, 백성은 율법의 행위로 의롭다 함을 받은 것으로 착각하였다. 이것은 그리스도의 교회가 타락하는 원인을 모형으로 보여준다. 학교에서 신학자들이 하나님을 알지 못하고 잘못 가르침으로, 교회에서 목회자들은 알지 못하는 하나님과 예수 그리스도를 전하고 있다. 교회는 하나님과 예수 그리스도를 알지 못함으로 음부의 권세와의 영적 전쟁에서 무참하게 패하고 있다.

　2) 뱀은 모든 먹이를 머리부터 삼키고 있다. 이것은 교회를 무너뜨리는 마귀의 전략을 모형으로 보여준다. 마귀는 교회의 지도자들로 하나님과 예수 그리스도를 알지 못하게 하여 교회를 머리부터 집어삼킨다. 신학자들과 목회자들이 마귀의 미혹에 빠지면 교회는 모든 무장을 해제당하고 음부의 권세 안으로 들어간다. 르네상스 이후 계몽주의, 낭만주의, 모더니즘 및 포스트모더니즘 시대를 거치면서 일부 신학자들은 창조주 하나님과 그리스도의 동정녀 탄생과 부활을 부인하고 성경의 무오성을 부인하는 가설을 제시함으로 교회를 뿌리째 흔들고 있다.

　3) 17세기 말부터 18세기에 걸쳐 사람의 이성과 과학적인 지식으로 모든 것을 판단하고 이해하려는 계몽주의(Enlightenment) 사상이 등장하였다. 계몽주의에 기초하

여 제시된 신학이론이 이신론(理神論, Deism)이다.202) 이신론은 하나님의 창조를 인정하지만, 만물을 통치하는 하나님의 섭리를 부인한다. 이신론은 성경을 통하여 계시된 하나님의 모든 역사를 부인한다. 이신론에 따르면 창조를 제외한 성경의 모든 말씀은 거짓이다. 이신론은 성경에서 계시된 이적과 기사는 물론이고 그리스도의 동정녀 탄생을 부인하는 이론이 등장하는 길을 열어놓았다. 18세기부터 19세기에 걸쳐 계몽주의 사상의 뒤를 이어서 사람의 경험과 감성을 중시하는 낭만주의(Romanticism) 사상이 일어났다.

4) 이신론에 따라서 만물을 통치하는 하나님의 신성을 부인하는 것은 언약을 통하여 계시된 생명의 본질과 실체, 죄의 본질과 실체를 알지 못하게 하는 것이다. 따라서 신학자들과 철학자들은 죄와 선을 하나님의 말씀에서 찾지 아니하고 인문사회과학에 기초하여 찾으려고 하였다. 그들은 사람의 이성에 기초한 과학에서 변하지 아니하는 선과 악의 기준을 찾으려고 하였다. 그 결과 계몽주의는 기독교를 도덕적이며 이성적인 존재로 바꾸어 놓았고 형이상학적인 철학에 종속시켰다. 기독교가 철학의 한 분야로 자리매김함에 따라서 기독교는 생명의 본질과 실체, 죄의 본질과 실체를 알지 못하고 윤리와 도덕을 전하는 단체로 전락하였다. 곧 하나님은 추상적이며 형이상학적인 존재가 되었다. 이에 대한 비판으로 등장한 것이 슐라이어마허(Friedrich Daniel Ernst Schleiermacher)의 자유주의 신학이다.203) 그는 '종교를 멸시하는 교양인에게 보내는 종교론'(1799)에서 기독교는 형이상학적인 종교가 아니라 직접적인 체험하는 종교라는 이론을 제시하였다. 그는 신앙생활 속에서 느끼는 하나님에 대한 감정, 곧 경험에서 신학의 가능성을 찾았다. 슐라이어마허는 신앙생활에서 느끼는 하나님의 감정에서 신학의 과제를 찾았다. 하나님을 형이상학적으로 이해하던 당시에 슐라이어마허의 이론은 많은 사람의 호응을 얻었다.

5) 슐라이어마허의 이론은 하나님의 말씀을 통하여 계시된 하나님의 뜻을 행하는 것을 기독교의 본질로 보지 아니하고 사람의 경험을 중시하는 인본주의 신학을 탄생시켰다. 하나님의 말씀을 통하여 계시된 생명과 죄의 본질을 연구의 대상으로 하지 아니하고 하나님에 대한 사람의 감정과 경험을 기초로 선과 악의 문제를 다루는 것은 필연적으로 기독교를 윤리적인 존재로 전락시키는 것이다.204) 슐라이어마허로부터 시작하는 자유주의 신학은 사람의 경험을 중시하므로, 그들이 제시하는 모든 것은 주관적이며 객관성이 없다. 사람의 경험에 기초한 것은 시간과 공간에 따라서 변화하기 때문이다. 말씀을 통하여 계시된 하나님의 뜻을 기초로 하지 아니하고 사람의 감정과 경험을 바탕으로 한 자유주의 신학은 그리스도의 동정녀 탄생, 부활,

---

202) Alister McGrath, Historical Theology, 소기천, 이 달, 임 건, 최춘혁 옮김, 신학의 역사(知와 사랑,2005), p. 335.
203) 목창균, 현대신학 논쟁(도서출판 두란노, 1995), pp. 22,23.
204) 목창균, 상게서, p. 51.

승천 및 성경의 무오성을 부인하는 결과를 가져왔다.205) 자유주의 신학과 맥을 같이하여 성경의 무오성(無誤性)을 정면으로 부인하는 성서비평학이 등장하였다.

6) 성서비평학은 하등비평과 고등비평으로 구분한다. 전자는 성경 본문을 확정하는 훌륭한 역할을 하였다. 처음 기록된 성경은 찾을 수 없고 다수의 사본이 존재하였다. 이 사본들을 비교하여, 필사 과정에서 있을 수 있는 오류를 찾아내는 연구 결과 오늘날의 성경으로 확정되었다. 이에 반하여 고등비평은 성경에는 오류가 없다는 절대성을 부인하는 가설을 제시하였다.206) 한 걸음 더 나아가 고등비평은 창조주 하나님, 그리스도의 동정녀 탄생, 부활 및 승천을 부인하는 결과를 가져왔다. 자료비평에 의하면, 모세오경은 단일 저자(모세)에 의하여 기록된 것이 아니라 후대에 여러 저자와 편집자들이 전승되어오던 문서를 수집하고 편집한 것이라고 한다. 문서비평에 의하면 하나님의 창조사역, 아담의 타락, 가인의 살인, 노아의 방주 사건은 단순한 설화(legend)에 지나지 아니한다. 오늘 대부분의 구약학에서 창세기 1장부터 11장까지를 설화로 취급하여 연구의 대상에서 제외하는 것은 자유주의 신학과 성서비평학에 영향을 받은 것으로 볼 수 있다.

7) 성서비평학 및 자유주의 신학과 더불어 하나님의 창조사역을 전면적으로 부인하는 가설이 찰스 다윈(Charles Darwin)의 종의 기원(On the Origin of Species, 1859)에 의하여 제시되었다. 다윈의 진화론에 대항하기 위하여 유신진화론((Theistic Evolution)이 제시되었다. 유신진화론은 하나님께서 만물을 창조하실 때 피조계의 생명체에게 진화 능력을 부여해서 현재의 다양한 생명체들이 생겨났다고 보는 기독교 창조론이다. 유신진화론 역시 하나님의 창조사역을 부인하는 가설이다. 하나님께서 만물을 창조하시고 이것들을 좋게 여기셨다(창 1:31). 이것은 만물이 진화할 수 없는 완전한 존재로 창조되었다는 것을 의미한다. 유신진화론은 하나님을 무능한 존재로 전락시키는 가설이다.

8) 20세기 중엽 이후 포스트모더니즘 사상이 나타났다. 포스트모더니즘은 계몽주의와 모더니즘에 기초한 이성과 과학적인 결론에 의한 절대성을 부인하며 상대성과 다양성을 전제로 한다.207) 포스트모더니즘은 인문사회과학의 산물인 절대적인 원리와 기준을 부정하고 모든 것을 상대적으로 본다. 절대적인 기준을 부인하는 것은 다원주의를 수용하는 것이다. 포스트모더니즘은 성경을 통하여 계시된 절대적인 하나님의 뜻과 신성을 부인한다. 포스트모더니즘은 자본주의와 공산주의, 자유민주주의와 사회주의에 대한 절대적인 기준을 부인하고 상대적으로 본다. 포스트모더니즘은 성경을 통하여 계시된 선과 악, 의와 불의, 거룩함과 더러움, 예수의 피에 의한 속죄와 구원의 절대성을 인정하지 않고 모든 것을 상대적으로 본다. 성경해석에 있어서 상

---

205) 목창균, 상게서, p. 30.
206) 자료비평, 양식비평, 편집비평 및 전승비평 등이 고등비평에 속한다.
207) 목창균, 상게서, pp. 482,483.

대성과 다양성을 인정하면 기독교와 다른 종교 간의 벽은 없어진다. 이것은 모든 종교에 구원이 있다는 종교다원주의의 문을 여는 기틀이 되었다. 성경은 말세에 포스트모더니즘 사상이 나타날 것이라고 말씀한다(딤후 3:2).

9) 계몽주의, 낭만주의 및 모더니즘 시대를 통하여 나타난 자유주의 신학, 성서비평학, 진화론 및 공산주의는 하나님의 창조사역과 그리스도의 동정녀 탄생을 부인하는 종교다원주의에 대한 토대를 마련하였다. 한편 세계 각국에 파견된 선교사들은 기독교 이외의 여러 종교에 따라서 많은 사람이 불평 없이 편안하게 살아가는 것을 보고 예수 그리스도의 피에 의한 구원의 절대성에 대하여 의심하게 되었다. 이것을 계기로 하여 20세기 중반 이후 종교다원주의가 등장하였다. 따라서 종교 신학은 기독교를 배타주의(Absolutism), 포괄주의(Inclusivism) 및 다원주의(Puralism)로 구분한다.208) 포괄주의는 절대주의와 다원주의를 절충한 것으로 예수의 피에 의한 구원의 절대성을 인정하지만, 그리스도 밖에서 양심적으로 산 사람과 경건한 사람은 구원을 받을 수 있다는 이론이다.

10) 종교다원주의는 종교의 상대주의에 기반하고 있다. 모든 종교는 동일하게 구원에 이르는 길을 제시하고 있으며, 하나님은 다양한 종교를 통하여 인류를 구원한다는 관점에서 종교다원주의 사상이 일어났다. 종교다원주의는 예수의 피에 의한 속죄와 구원을 부인하는 것으로 성경은 이를 적그리스도라고 말씀한다. **"미혹하는 자가 많이 세상에 나왔나니 이는 예수 그리스도께서 육체로 임하심을 부인하는 자라 이것이 미혹하는 자요 적그리스도니"** (요이 1:7). "예수 그리스도께서 육체로 임하심을 부인하는 자"란 예수의 피에 의한 속죄와 구원을 부인하는 자를 의미한다. 적그리스도는 예수 이름을 믿는 자들이 믿음을 버리고 세상으로 나간 자들로서 예수의 피에 의한 속죄를 부인하는 자들이다. 계몽주의 시대부터 믿는 자들이 신학이란 명분으로 하나님의 뜻을 대적하는 가설을 제시함으로 종교다원주의의 길을 열어놓았다. 이 모든 자를 적그리스도라고 말할 수 있다.

(2) 학문이란 미명으로 진리를 파괴하는 신학자들

1) 마귀의 궤계는 신학자들과 목회자들의 생각을 바꾸는 것이다. 하나님의 말씀에 대한 신학자들과 목회자들의 생각이 바뀌면, 교회는 자연히 붕괴할 것이기 때문이다. 마귀는 신학자들과 목회자들에게 하나님의 뜻을 대적하게 하는 생각을 넣어줌으로 교회를 파멸의 길로 몰아넣고 있다. 과학의 발달로 인한 산업혁명과 종교개혁 이후 나타난 계몽주의는 사람의 이성과 과학적인 관점에서 성경을 해석하려는 기초를 제공하였다. 사람의 이성과 과학으로 하나님의 말씀을 해석하려는 것은 필연적으로 하나님의 뜻을 대적하는 가설이 제기될 수 있다. 학문이라는 미명으로

---

208) 목창균 상게서, p. 143.

이러한 가설을 제시한 신학자들과 그 이론을 받아드리려는 목회자들의 머리는 음부의 권세자 마귀에게 점령당한 것이다.

 2) 신학은 과학이다. 학문은 일정한 조건(가정)을 전제로 하여 가설(hypothesis)을 제시하는 것이다. 제시된 가설이 현실 세계를 얼마만큼 성명하느냐 하는 것은 확률이다. 현실 세계를 100% 설명할 수 있는 가설은 존재하지 아니한다. 만약 그러한 가설이 있다면 학문의 발전이란 있을 수 없다. 현실을 설명하는 확률이 높은 가설일수록 좋은 이론이다. 학자들은 이 확률을 높이려고 노력하지만, 이것은 불가능하다. 따라서 학자들은 가설의 확률을 높이려고 끊임없이 노력한다. 그 결과 학문은 계속하여 발전한다. 신학이 학문이 되려면 일정한 가정을 세우고 그 틀 안에서 가설을 제시하여야 한다. 기존의 성경해석을 대체하려는 신학자들의 노력이 이성적이고 과학적인 방법으로 나타났다. 이를 위하여 필연적으로 따르는 것이 상대주의이다. 성경 말씀과 이에 대한 기존의 해석이 절대적이라면 신학은 끼어들 여지가 없다. 따라서 성경의 말씀과 그 해석을 상대적으로 보고 이를 사람의 이성과 합리적인 과학적 방법으로 접근하려는 시도가 신학자들에 의하여 시도되었다.

 3) 학자들에 의하여 제시된 가설은 엄격한 검증을 받는다. 제시된 가설은 실험이나 사회현상으로 나타난 통계자료를 통하여 검증을 받는다.[209] 자연과학의 가설은 실험실이나 자연현상에 의하여 검증을 받는다. 검증되지 아니한 가설은 과학으로 가치가 없다. 인문사회과학의 가설은 사람의 행동과 사회적인 현상에 의하여 나타난 통계자료로 검증을 받는다. 이러한 과정을 통하여 가설은 원칙이나 법칙으로 인정된다. 그러나 하나님의 말씀에 대한 가설은 검증 자체가 불가능하다. 태초에 하나님께서 만물을 창조하신 것이 사실이냐 아니냐 하는 가설을 세워서 이론을 전개하는 과정에서 찰스 다윈은 진화론을 제시하였다. 이 가설은 객관적으로 검증될 수 없다. 진화론이 옳으냐 그르냐 하는 것을 검증할 방법이 없기 때문이다. 성서 비판 가설 역시 마찬가지이다. 따라서 신학자들이 하나님의 뜻을 대적하는 가설을 제시하더라도 이에 대한 학문적인 비판을 받지 아니할 수 있다. 이러한 이유로 신학자들은 하나님의 뜻을 대적하는 가설을 제시할 수 있다.

 4) 학자들은 기존 이론을 반박하는 가설을 제시함으로 자신의 이름을 알리려고 한다. 기존 이론을 완전히 뒤엎는 가설을 제시함으로 학문의 혁명을 도모하는 것이 학자들의 꿈이다. 학자들은 획기적인 가설을 제시함으로 이름을 높이려고 한다. 이것은 명예와 돈과 관련된다. 신학자들도 마찬가지이다. 계몽주의 시대부터 신학자들은 성경의 해석에 있어서 획기적인 가설을 제시하였다. 대표적인 것이 성서비평학, 자유주의 신학, 진화론, 공산주의 이론, 종교다원주의이다. 이에 대하여 일부 보수주의 교회의 강력한 반발이 있었지만, 그 반발은 찻잔 속에 태풍으로 끝난다.

---

[209] 인문사회과학의 이론은 통계자료와 회귀분석에 의하여 검증된다.

그 신학자들이 목회자들을 길러내기 때문이다. 학교에서 하나님의 뜻을 대적하는 가설로 교육을 받은 목회자들은 배운 가설의 입장에서 성경을 해석하여 교회를 이끌어가고 있다.

5) 지금도 많은 목회자가 학위를 취득하기 위하여 논문을 쓰고 있다.210) 그 가설이 하나님의 뜻을 대적하는 것이라면 이에 대하여 심판을 받을 것이다. 한 걸음 더 나아가 목회자들의 학자금이 교회로부터 나왔다면 하나님의 돈으로 하나님의 뜻을 대적하는 가설을 제시하는 것이다. 성경은 이러한 행위를 책망하고 있다. 이스라엘 백성은 하나님의 은혜로 얻은 것을 이방신에게 제물로 드렸다. **"곡식과 새 포도주와 기름은 내가 저에게 준 것이요 저희가 바알을 위하여 쓴 은과 금도 내가 저에게 더하여 준 것이어늘 저가 알지 못하도다 그러므로 그 시절에 내가 내 곡식을 도로 찾으며 그 시기에 내가 내 새 포도주를 도로 찾으며 또 저희 벌거벗은 몸을 가리울 내 양털과 내 삼을 빼앗으리라"**(호 2:8,9). 성도들이 드린 헌금은 하나님의 영광을 위하여 사용되어야 하며 목회자 개인의 명예를 위하여 사용되면 이에 대한 심판이 임할 것이다.

6) 많은 신학자가 하나님의 신성과 뜻을 훼손하는 가설을 제시하는 이유는 사람의 정욕에서 찾아야 한다. 신학자가 학자로서 인정을 받으려면 새로운 가설을 제시하여야 한다. 학계에서 그 가설이 인정을 받으면 명예와 동시에 돈이 뒤따른다. 성경에 의하여 계시된 창조주 하나님, 예수 그리스도의 동정녀 탄생, 피에 의한 속죄. 부활과 승천은 사람의 이성과 과학적 사고를 초월하는 진리이므로 이에 대하여 새로운 이론을 제시하는 것은 어렵다. 따라서 신학자들이 제시하는 가설은 당연히 하나님의 신성을 훼손하는 것에 집중될 수밖에 없을 것이다. 이것은 매우 위험한 일일 것이다. 신학자들이 자기의 명예를 위하여 하나님의 영광을 훼손한다면 심판이 뒤따를 것이기 때문이다. 욥이 하나님의 뜻을 알지 못하고 하나님에 대하여 잘못 말한 것을 죄라고 고백하였다(욥 42:3).

7) 많은 신학자가 연구실에서 성경을 연구하였지만 그들의 연구결과는 대부분 하나님의 뜻을 벗어나고 있다.211) 그 이유는 이성과 과학적인 방법에 따라서 성경을 통하여 계시된 하나님의 뜻을 알지 못하기 때문이다. 성경은 성령으로 하나님의

---

210) 미국에 간 적도 없는 자들이 통신 신학으로 신학 박사학위를 취득하는 경우가 있다. 세계 각처에 가짜를 학위 판매하는 대학들이 많이 있는 것으로 조사되고 있다. Google의 Degree Mill 참조.
211) 이슬람에서 알라의 신성을 부인하는 학자들이 나오지 못하는 이유는 죽임을 당하기 때문이다. 특히 기독교에서 하나님의 신성과 뜻을 부인하는 가설이 나오는 이유는 기독교만이 인류를 구원하는 유일한 것임을 의미한다. 다이아몬드는 천연 다이아몬드와 인조 다이아몬드로 구분한다. 금도 순금과 여러 가지 합금으로 구분한다. 다이아몬드와 금은 가짜가 넘친다. 그러나 돌에는 가짜 돌이 없다. 기독교에 많은 이단이 나타나는 것은 기독교만이 구원이라는 것을 의미한다.

뜻을 알 수 있다고 말씀한다(고전 2:10). 곧 성령의 감동하심으로 말씀을 통하여 계시된 하나님의 뜻을 알 수 있다. 특히 율법은 봉한 책이므로 성령의 감동을 받지 못하면 율법을 통하여 계시된 하나님의 뜻을 알지 못한다. 율법을 통하여 계시된 하나님은 예수 그리스도에 대한 모형과 그림자이기 때문이다. 율법을 통하여 계시된 하나님을 안다는 것은 하나님의 아들이신 예수 그리스도를 아는 것이다.

8) 바리새인들과 서기관들은 율법을 깊이 공부하였지만, 성령의 감동을 받지 못하였기 때문에 눈앞에 오신 하나님의 아들을 보고도 알지 못하였다. 그들은 믿음과 성령의 감동으로 하나님의 아들을 알려고 하지 아니하고 율법의 행위로 알려고 하였다. 그들은 율법의 행위에 따라서 예수가 하나님의 아들이냐의 여부를 판단하려고 하였다. 그들의 결론은 예수가 하나님의 아들이 아니라는 것이다. 사두개인들과 제사장들도 믿음과 성령의 감동 없이 하나님의 아들을 알려고 하였으나 알지 못하였다. 성령의 감동 없이 학문적인 방법으로 하나님을 알려는 자들은 끝내 예수 그리스도를 십자가에 못 박았다. 따라서 성경은 진주를 돼지와 개에게 주지 말라고 말씀한다. **"거룩한 것을 개에게 주지 말며 너희 진주를 돼지 앞에 던지지 말라 저희가 그것을 발로 밟고 돌이켜 너희를 찢어 상할까 염려하라"** (마 7:6). "진주"란 하나님의 말씀이다. "개와 돼지"란 바리새인들과 서기관들처럼 믿지 아니하는 자를 의미한다.

9) 바울은 바리새인이었을 때 성령의 감동 없이 율법의 행위로 예수의 말씀과 사역을 판단하였다. 여자의 몸에서 태어난 자가 자신을 가리켜 하나님의 아들이라고 하는 것은 자신을 높여서 하나님의 반열에 올라가려고 하는 것으로 우상숭배보다 더 악한 죄이다. 따라서 예수는 당연히 죽어야 한다. 이것이 바울의 생각이었다. 그 결과 바울은 스데반의 죽음을 찬성하였으며 믿는 자들을 결박하여 대제사장에게 넘겼다. 바리새인으로서 바울의 사례는 믿음과 성령의 감동 없이 사람의 이성과 학문적인 방법으로 성경을 연구하여도 예수 그리스도를 알지 못한다는 것을 보여준다. 그러나 바울은 믿음과 성령의 감동으로 예수 그리스도를 알고 성경을 기록하였다. 바울은 사람에게서 배우지 아니하였고 오직 예수 그리스도의 계시를 받았고 기록하였다. **"이는 내가 사람에게서 받은 것도 아니요 배운 것도 아니요 오직 예수 그리스도의 계시로 말미암은 것이라"** (갈 1:12).

10) 하나님의 은혜로 말씀을 통하여 계시된 하나님의 뜻인 예수 그리스도를 알 수 있다. 다른 방법은 없다. 역사적으로 많은 사람이 하나님의 은혜가 아닌 자신의 노력으로 하나님의 뜻을 알려고 하였으나 알지 못하고 하나님을 대적하는 가설을 제시하였다. 지금 기독교가 이렇게까지 타락하여 종교다원주의와 동성애를 지지하는 이유는 학문이란 미명으로 성경을 연구하였기 때문이다. 바리새인들과 서기관들이 하나님의 아들을 정죄하여 십자가에 못 박은 것처럼, 많은 신학자가 부활하신 그리스도를 다시 십자가에 못 박고 있다. 명예와 돈을 좋아하는 목회자들이 신학자

들의 뒤를 따르고 있다. 그들은 모두 부활하신 그리스도를 하늘로부터 끌어내려 다시 십자가에 못을 박는 자들이다. 무분별한 신학자들의 가설이 마귀를 대적하는 교회를 무장 해제시키고 있다. 교회가 스스로 음부의 문으로 들어가고 있다.

(3) 종교다원주의와 적그리스도

1) 신학자들이 하나님과 예수 그리스도를 알지 못하고 하나님의 뜻을 대적하는 가설을 제시함으로 들어온 종교다원주의는 대표적인 적그리스도이다. 모든 종교에 구원이 있다고 주장함으로 예수의 피에 의한 속죄와 구원을 부인하는 것이 적그리스도이다. 사도 요한이 경고한 적그리스도는 종교다원주의를 통하여 거대한 실체를 드러내고 있다. 적그리스도는 육체로 임하신 하나님의 아들을 부인하고 예수의 피에 의한 속죄와 구원을 부인하는 것이다. 적그리스도는 미혹케 하는 영으로 교회로 육체로 임하신 그리스도를 대적하게 한다. 적그리스도는 아담의 타락으로부터 시작하여 이스라엘 역사를 통하여 모형으로 나타났다. 신약시대에 적그리스도가 실상으로 나타났다. 적그리스도는 사도 시대부터 종말 때까지 교회를 미혹하고 있다. 적그리스도는 교회의 지도자들을 미혹하여 교회를 붕괴의 길로 인도하고 있다. 적그리스도는 사망에 이르는 죄로서 회개할 기회가 없다.

2) 아담의 타락으로부터 시작하는 적그리스도는 그리스도의 오는 길을 막는 것이다. 하늘에서 사단은 하나님의 아들을 위하여 예비된 보좌에 오르려고 함으로 타락하였고 영원한 결박으로 심판 때까지 흑암에 갇혔다(유 1:6). 사단은 자기를 심판하기 위하여 오실 그리스도의 길을 차단하기 위하여 아담을 미혹하여 선악과 계명을 대적하게 하였다. 아담은 하나님 아들의 존재와 주권을 부인함으로 불의하고 더럽게 되므로 장차 오실 그리스도의 길을 차단하였다. 아담의 죄는 오실 그리스도를 대적하는 것이다. 이 죄가 이스라엘의 역사를 통하여 끊임없이 나타났다. 하나님께서 아브라함과 그의 후손을 택하여 부르신 이유는 육신으로 오실 그리스도의 길을 준비하는 것이다. 그러나 그들은 우상을 숭배함으로 장차 오실 그리스도의 길을 막았다. 우상을 숭배하는 이스라엘 백성 가운데 하나님의 은혜로 택하심을 받은 자들이 목숨을 걸고 장차 오실 그리스도의 길을 준비하였다. 그들 가운데 마리아가 택하심을 받아 그리스도를 잉태하였다. 그리스도께서 자기의 피로 인류의 죄를 대속하시고 세상 임금인 마귀를 심판한 뒤에 믿는 자들에게 다시 오실 자신의 길을 준비하게 하셨다(마 28:19,20). 복음 전도를 명하신 말씀은 다시 오실 그리스도의 길을 준비하라는 명령이다. 복음이 땅끝까지 전파된 뒤에 그리스도께서 오실 것이기 때문이다. **"이 천국 복음이 모든 민족에게 증거되기 위하여 온 세상에 전파되리니 그제야 끝이 오리라"**(마 24:14).

3) 마귀는 유대인들과 빌라도를 통하여 예수를 십자가에 못 박아 죽임으로 하나님 아들의 존재를 없애려고 하였지만, 하나님께서 아들을 죽은 자 가운데서 다시

살리셨다. 이로써 마귀는 자기의 모든 권세가 박탈된 것을 알고 자기 앞에 영원한 형벌이 있을 것을 알았다. 마귀의 소망은 죽은 자와 산 자를 심판하기 위하여 다시 오실 그리스도의 길을 막는 것이다. 이러한 마귀의 악한 생각이 적그리스도로 나타나고 있다. 적그리스도란 육체로 임하신 하나님의 아들을 부인하는 것이다. **"미혹하는 자가 많이 세상에 나왔나니 이는 예수 그리스도께서 육체로 임하심을 부인하는 자라 이것이 미혹하는 자요 적그리스도니"** (요이 1:7). "예수 그리스도께서 육체로 임하심을 부인하는 자"란 예수의 피에 의한 속죄와 구원을 부인하는 것이다. 예수의 피에 의한 속죄와 구원을 부인하면 복음은 전파되지 아니하며, 다시 오실 그리스도의 길은 막히게 된다.

4) 육신으로 임하신 하나님의 아들을 부인함으로 그리스도를 대적하는 적그리스도는 예수 이름을 믿고 구원을 받은 자들이 마귀의 미혹을 받아 타락하여 세상으로 나간 자들을 의미한다. 믿지 아니하는 자들은 하나님 아들의 성육신을 알지 못하므로 적그리스도가 될 수 없다. 교회가 타락하면 적그리스도가 된다. **"저희가 우리에게서 나갔으나 우리에게 속하지 아니하였나니 만일 우리에게 속하였더면 우리와 함께 거하였으려니와 저희가 나간 것은 다 우리에게 속하지 아니함을 나타내려 함이니라"** (요일 2:19). "저희가 우리에게서 나갔다"란 타락한 성도들을 의미한다. 타락한 성도들은 교회를 미혹하여 교회가 세상으로 돌아가게 하므로, 적그리스도는 미혹케 하는 영이라고 성경은 말씀한다. **"우리는 하나님께 속하였으니 하나님을 아는 자는 우리의 말을 듣고 하나님께 속하지 아니한 자는 우리의 말을 듣지 아니하나니 진리의 영과 미혹의 영을 이로써 아느니라"** (요일 4:6). "진리의 영"이란 성령을, "미혹의 영"이란 적그리스도를 의미한다.

5) 교회가 믿음에서 떠나면 적그리스도가 되어 미혹케 하는 영과 귀신의 가르침을 따를 것이다. **"그러나 성령이 밝히 말씀하시기를 후일에 어떤 사람들이 믿음에서 떠나 미혹케 하는 영과 귀신의 가르침을 좇으리라 하셨으니"** (딤전 4:1). 믿음을 버린 적그리스도는 양심에 화인을 맞아서 거짓말을 한다. **"자기 양심이 화인 맞아서 외식함으로 거짓말하는 자들이라"** (딤전 4:2). 거짓말이란 만물을 창조하신 하나님과 아들 예수 그리스도를 부인하는 것이다. 하나님의 뜻을 대적하는 가설을 제시함으로 종교다원주의와 동성애의 길을 열어놓은 신학자들은 전 인류를 향하여 거짓말을 하고 있다. 거짓말을 지어서 거짓을 진리인 것처럼 논문과 책으로 발표하고 그것을 거듭하여 주장하는 자들은 장차 오실 그리스도를 대적하는 적그리스도이다. **"거짓말 하는 자가 누구뇨 예수께서 그리스도이심을 부인하는 자가 아니뇨 아버지와 아들을 부인하는 그가 적그리스도니"** (요일 2:22).

6) 예수의 피에 의한 속죄와 구원을 부인하는 적그리스도는 성경의 모든 말씀을 부인하는 것이다. 구약성경의 모든 계시는 장차 오실 그리스도에 의한 속죄와 구원에 그 초점을 맞추고 있다. 이것을 부인하려면 창조주 하나님과 성경의 무오성을

부인하여야 한다. 이것은 이스라엘 백성의 역사를 통하여 계시된 심판을 부인하는 것이다. 이스라엘은 우상숭배로 인하여 앗수르와 바벨론에 의하여 멸망하였다. 예루살렘 성전은 파괴되었고 유대인들은 살기 위하여 세계 각처로 흩어졌다. 1948년 가나안땅에 나라를 세우기 전까지 약 2,500년 동안 전 세계를 떠도는 유대인들은 핍박과 멸시를 받았다. 이것은 역사적인 사실이며 우상숭배가 그 원임을 분명히 밝히고 있다. 성경은 우상숭배가 죄임을 밝히고 있지만, 일부 신학자들은 학문의 자유라는 미명으로 이것을 부인하는 가설을 제시하고 있다.

7) 적그리스도에 기초한 종교다원주의는 모든 종교에 구원이 있으므로 종교에 차별이 없다고 주장한다. 종교는 계시종교와 자연종교로 구분한다. 유대교, 기독교, 로마 가톨릭, 정교회 및 이슬람은 하나님의 계시에 기초한 종교로서 전자에 속한다. 불교와 힌두교는 사람의 이성에 기초한 종교로서 후자에 속한다. 모든 종교에 구원이 있다는 것은 우상숭배를 인정하는 것이다. 계시종교는 우상숭배를 인정하지 아니한다. 그러나 자연종교는 우상을 숭배할 뿐만 아니라 동물에게도 영혼이 있다고 주장하며 살아서 움직이는 것들을 신격화하고 있다. 힌두교 국가인 인도에서 많은 동물이 신격화되고 있다. 종교다원주의는 종교 간의 화합과 친목을 도모할 수 있지만, 극단적으로 종교 무용론으로 귀결할 것이다. 이것은 공산주의 사상을 수용하는 것이다. 공산주의는 기독교를 인정하지 아니하고 있다.

8) 자유주의 신학에 영향을 받은 우리나라의 일부 교회도 종교다원주의에 빠져있다. 2013년 세계교회협의회(WCC, World Council of Churches) 부산총회에 진보 교단을 비롯한 일부 교단들이 참석하여 스스로 종교다원주의를 지지한다고 선언하였다. 보수 교단의 반대에도 불구하고 대형 교단들이 WCC 부산총회의 참석하여 종교다원주의를 찬성하고 로마 가톨릭과 교리의 일치를 선언하였다.[212] 이후 보수 교단에서 이에 대하여 날카로운 비판이 일어나기 시작하자, 그들은 WCC는 종교다원주의와 무관하다고 변명하고 있다. 그러나 그들이 진보란 미명으로 자유주의 신학을 수용하고 있다는 것은 이미 공개된 사실이다.

9) 적그리스도에 빠져 육체로 임하신 예수 그리스도를 부인하면 회개함으로 구원을 회복할 수 있을까 하는 문제가 제기될 수 있다. 하나님은 사랑이시므로 적그리스도가 회개하면 구원을 받을 수 있다고 이론을 제시할 수 있다. 그러나 성경은 적그리스도를 사망에 이르는 죄라고 말씀한다. "**누구든지 형제가 사망에 이르지 아니한 죄 범하는 것을 보거든 구하라 그러면 사망에 이르지 아니하는 범죄자들을 위하여 저에게 생명을 주시리라 사망에 이르는 죄가 있으니 이에 대하여 나는 구하라**

---

[212] 모든 종교에 구원이 있다면 한국교회에서 이단으로 정죄하는 통일교(문선명), 신천지(이만희) 및 여호와의 증인도 일종의 종교로 볼 수 있을 것이다. 그러나 종교다원주의를 지지하는 한국교회가 이들을 이단으로 정죄하고 있다. 그 이유 그들이 교회에 침투하여 성도들을 그들의 집단으로 인도하기 때문이다.

하지 않노라"(요일 5:16). 하나님은 적그리스도들을 미혹하여 믿음에서 완전히 떠나게 하시기 때문이다.213) **"이러므로 하나님이 유혹을 저의 가운데 역사하게 하사 거짓 것을 믿게 하심은 진리를 믿지 않고 불의를 좋아하는 모든 자로 심판을 받게 하려 하심이니라"**(살후 2:11,12). 따라서 종교다원주의와 동성애에 빠진 교회는 회개할 기회를 얻지 못할 것이다.

10) 많은 목회자가 종교다원주의를 수용하여 2013년 WCC 부산총회의 개최를 찬성하고 물질적으로 후원을 하였다. 이후부터 우리나라 교회에서 인권이란 명분으로 동성애를 지지하는 교회가 증가하고 있다. 자유주의 신학에 영향을 받아 적그리스도가 되면 회개할 기회를 얻지 못한다. 그들이 다시 속죄를 받으려면 예수를 다시 십자가에 못 박아야 한다.214) 사울이 범죄하므로 왕권을 박탈당한 이후 죽을 때까지 계속하여 왕위에 앉아 나라를 통치한 것처럼, 적그리스도에 빠진 목회자들은 거룩한 척하면서 계속하여 죽을 때까지 성도들에게 설교할 것이다. 그러나 그들의 설교는 미혹케 하는 영과 귀신의 가르침을 받은 거짓말이다. 한국교회에 많은 적그리스도가 목회자의 탈을 쓰고 강단에 서서 미혹케 하는 영과 귀신의 가르침 받아 거짓말을 전할 것이다. 성경은 이렇게 말씀한다. **"그러므로 너희가 선지자 다니엘의 말한바 멸망의 가증한 것이 거룩한 곳에 선 것을 보거든 (읽는 자는 깨달을찐저)"** (마 24:15). "멸망의 가증한 것"이란 적그리스도를 의미한다고 말할 수 있다.

11) 학문의 자유란 미명으로 하나님의 뜻을 대적하는 신학자들에 의하여 제시된 가설이 예수의 피에 의한 속죄와 구원을 부정하는 적그리스도로서 교회를 뿌리째 흔들고 있다. 종교다원주의와 동성애로 교회가 붕괴한 지역에서 우리나라의 많은 신학자가 신학을 전공한 뒤에 귀국하여 대학에서 하나님의 뜻을 대적하는 가설을 가르치고 있다. 이들이 길러내는 목회자들로 인하여 교회는 그 본질을 잃어버리고 적그리스도가 되고 있다. 우리나라에서 매년 동성애 축제가 열리고 있다. 적그리스도로 돌아간 일부 목회자들이 인권이란 명분으로 동성애를 지지하며 그 축제에 참여하고 있다. 이에 대한 책임이 하나님의 뜻을 대적하는 신학자들에게로 돌아갈 것이다.

(4) 하나님의 뜻과 성경의 해석

1) 신학자들이 하나님의 뜻을 대적하는 가설을 제시함으로 현대신학을 혼돈으로 빠뜨리는 이유에 대하여 살펴보자. 성경은 하나님의 뜻을 계시하는 말씀이므로 이

---

213) 가룟 유다는 마귀에게 미혹을 받아 하나님의 아들을 대제사장에게 넘겨주려고 하였다. 예수께서 그에게 하려는 일을 속히 하라고 명령하셨다(요 13:27).
214) 예수께서 십자가에서 그의 피로 속죄한 죄는 원죄, 율법과 양심에 의하여 정죄 받는 자범죄이다. 예수의 피에 의한 속죄와 구원을 부인하는 적그리스도의 죄는 여기에 포함되지 아니한다.

것을 밝히는 방향으로 성경을 해석하는 이론이 제시되어야 할 것이다. 성경은 구약성경과 신약성경으로 구분한다. 구약성경은 만물의 창조부터 시작하여 그리스도의 초림으로 끝난다. 신약성경은 아브라함과 다윗의 후손으로 오신 하나님의 아들로부터 시작하여 그리스도의 재림으로 끝난다. 구약성경에서 계시하는 인류의 역사는 육신으로 임하실 그리스도의 길을 준비하는 것이다. 신약성경에서 계시하는 인류의 역사는 다시 오실 그리스도의 길을 준비하는 것이다.

  2) 태양이 동쪽에서 떠서 서쪽으로 진다. 사람의 생활은 태양의 움직임과 조화를 이루고 있다. 새벽에 일어나 하루의 일과를 준비한다. 아침에 출근하여 낮에 일하고 저녁이면 귀가하여 휴식을 취한다. 밤에는 수면으로 하루 동안 쌓인 피로를 푼다. 계곡에서 시작하는 작은 물은 시간이 지나면서 큰 강을 이루어 바다로 흘러간다. 움직이는 모든 것이 종착을 향하여 달려가고 있다. 이와 같이 인류의 역사는 하나님의 뜻에 따라서 진행되고 있다. 그리스도 이전 인류의 역사는 장차 오실 하나님의 아들을 향하여 진행되었다. 그리스도 이후 인류의 역사는 다시 오실 예수와 우주의 종말을 향하여 달려가고 있다. 인류의 역사는 그리스도의 초림과 재림을 위한 역사이다. 그리스도의 재림으로 인류 역사의 진행은 끝나며 동시에 우주는 막을 내리게 된다. 그 중심에 교회가 있다.

  3) 창조 이후 광야교회는 인류 역사의 중심에 있었다. 구약성경에서 계시된 인류의 역사는 광야교회를 중심으로 진행되었다. 구약성경은 장차 오실 그리스도의 길을 준비하는 광야교회의 사역을 중심으로 하는 사역을 다루고 있다. 노아는 장차 오실 그리스도를 위하여 방주를 건조하였고, 아브라함은 그리스도를 위하여 하란을 떠나 이삭을 번제로 드렸다. 이삭은 그리스도를 위하여 스스로 번제물이 되었고, 야곱은 그리스도를 위하여 장자의 명분을 샀다. 요셉은 그리스도를 위하여 애굽의 종으로 팔려갔으며, 모세는 그리스도를 위하여 이스라엘 백성을 애굽에서 광야로 인도하여 내었으며, 여호수아는 그리스도를 위하여 목숨을 걸고 싸워 가나안땅을 정복하였다. 사사들은 그리스도를 위하여 이방인들과 싸웠으며, 사무엘은 그리스도를 위하여 백성과 함께 눈물을 뿌리는 회개를 하고 다윗을 왕으로 기름을 부었다. 다윗으로부터 바벨론 포로까지, 포로귀환 이후 세례 요한까지 광야교회의 역사는 장차 오실 그리스도를 향하여 달려왔다. 마침내 그리스도께서 광야교회의 피와 눈물을 통하여 육신으로 오셨다. 구약성경에서 나타난 모든 인물은 조연으로서 주연인 그리스도의 오실 길을 위하여 일하였다.

  4) 그리스도의 승천 이후 인류의 역사는 그리스도의 교회를 중심으로 진행되고 있다. 사도들의 사역은 그리스도의 교회가 세워지는 과정과 성장하는 과정을 보여준다. 사도들은 하나님의 아들 예수를 믿음으로 구원을 얻는 복음을 전파하기 위하여 유대인의 공회와 로마제국의 법정에서 예수의 부활을 증거하였다. 베드로는 공회에서 예수의 부활을 증거함으로 예수를 죄인으로 정죄한 대제사장의 판결이 불

의하다는 것을 증명하였다. 사도 바울은 로마 법정에서 예수의 부활을 증거함으로 예수를 십자가에 못 박은 빌라도의 판결이 불법임을 증명하였다. 이로써 하나님의 아들 예수 그리스도의 신성과 인성이 율법과 세상 법으로 확증되었다. 이로부터 복음이 소아시아, 유럽 및 북아프리카에 전파되기 시작하였다.

5) 신약성경은 다시 오실 그리스도의 길을 준비하는 교회의 사역에 그 초점을 맞추고 있다. 복음서는 하나님의 아들이신 예수를 증거하고 있으며 다시 오실 그를 예언하고 있다. 복음서는 구약성경의 계시가 육신으로 오신 예수에 관한 것임을 밝히고 있다. 사도 바울의 서신은 율법의 행위로 의롭다 함을 받는 것이 아니라 예수 이름을 믿음으로 얻는다는 것은 변호하고 있다. 의롭다 함을 얻는 믿음이란 복음을 순종함으로 하나님의 뜻을 행하는 것이다. 이를 위하여 세례를 받음으로 육체의 정욕을 십자가에 못 박아야 한다. 하나님께서 작정하신 때가 이르면 예수께서 다시 오셔서 모든 것을 심판하실 것이다. 그때 의롭다 함을 받은 자들은 부활하여 영광에 들어갈 것이다. 따라서 복음을 증거하는 것은 예수의 재림을 준비하는 것이다. 이것이 바울서신의 주요 내용이다.

6) 베드로는 예수께서 다시 오시는 날에 온 우주가 불타서 없어질 것이며 거듭난 자들을 위하여 새 하늘과 새 땅이 준비될 것을 예언하였다. 계시록에서는 교회와 음부의 권세 사이에 벌어지는 영적 전쟁을 말씀한다. 예수께 오시기 전에 그 전쟁은 끝날 것이다. 예수께서 오시면 성도들은 첫째 부활에 참여하여 그와 함께 마지막 심판에 참여할 것이다. 마지막 심판이 끝나면 모든 죄인은 부활하여 불못으로 들어갈 것이다. 이로써 우주는 대단원의 막을 내릴 것이다. 첫째 부활에 참여한 자들은 죄와 사망과 저주에서 벗어나 새 예루살렘 성으로 들어갈 것이다. 그곳에서 성도들은 예수와 함께 영원한 영광에 참여할 것이다. 이것이 그리스도 교회의 소망이다.

7) 구약성경은 그리스도의 초림에 그 초점을 맞추어 해석하여야 한다. 율법으로 자신의 죄를 깨닫고 장차 오실 그리스도를 믿은 자들과 그렇지 아니한 자들 사이에 벌어지는 영적 전쟁에서 광야교회가 살아남아 그리스도의 길을 준비하는 관점에서 성경의 해석이 이루어져야 할 것이다. 그러나 일생 구약성경을 연구한 바리새인들과 서기관들은 율법의 행위에 집착하였지만, 선지자의 예언을 성취하기 위하여 오신 하나님의 아들을 알지 못하였다. 그들은 율법의 행위로 그들을 의롭다고 여기고 세상에서 얻는 돈과 명예로 만족을 얻었다. 그들의 성경해석은 하나님의 뜻을 벗어남으로써 버림을 받았다. 그들은 육신으로 임하신 하나님의 아들을 알지 못하고 정죄하여 십자가에 못 박음으로 그들의 죄에 대한 책임을 그들의 후손에게 돌아가게 하였다. **"가로되 우리가 이 이름으로 사람을 가르치지 말라고 엄금하였으되 너희가 너희 교를 예루살렘에 가득하게 하니 이 사람의 피를 우리에게로 돌리고자 함이로다"** (행 5:28). 오늘까지 그들의 가르침을 이어받은 유대 랍비들은 여전히

그리스도의 오심을 사모하고 있다. 그 결과 그리스도 이후 2,000년이 지난 현재까지 그들은 구약성경을 통하여 계시된 하나님의 뜻을 벗어난 성경해석으로 많은 유대인을 음부로 몰아넣고 있다.

8) 구약성경에 대한 많은 신학의 가설이 제기되었다. 성서비평학과 성서고고학을 비롯하여 구약성경에 대한 많은 학문적인 접근이 계속되고 있다. 거의 모든 학문적 접근이 장차 오실 그리스도와 관련이 없이 진행되고 있다. 학문적 접근의 결론들은 구약성경의 기록이 인류의 역사와 차이가 있는 것이다. 따라서 일부 신학들은 성경의 무오성을 인정하지 아니하고 있다. 선지자들의 예언대로 그리스도께서 오셨지만, 그들은 이것을 부인한다. 그들은 하나님의 아들 예수 그리스도를 인정하지 아니한다. 이것은 그들의 연구결과가 하나님의 뜻을 대적하는 것임을 의미한다. 그들은 자신들의 연구결과를 옹호하기 위하여 그리스도의 동정녀 탄생과 그의 신성까지 부인하고 있다. 예수께서 하나님의 아들이며 그리스도이심을 인정한다면 그들의 연구결과를 수정하거나 폐기하여야 할 것이기 때문이다.

9) 신약성경의 해석은 다시 오실 그리스도의 길을 준비하기 위한 교회의 사명에 그 초점을 맞추어야 한다. 현대신학의 흐름은 이에서 많이 벗어났다. 많은 신학자의 가설은 그리스도의 재림에서 벗어나 그의 신성과 그의 피에 의한 속죄와 구원을 부인함으로 종교다원주의와 동성애를 불러드렸다. 종교다원주의와 동성애는 그리스도의 재림과 첫째 부활을 정면으로 부정하고 있다. 그리스도의 재림과 우주의 종말이 없다는 것을 전제로 한 모든 가설은 거짓이다. 그리스도의 재림이 없으므로 그들의 가설은 세상에 속한 것들에 집중하고 있다. 생명의 양식을 버리고 세상에 속한 것들을 사모하는 교회는 붕괴하여 음부의 권세 아래로 들어갈 것이다. 따라서 교회가 종교다원주의와 동성애를 받아드리면 하나님의 나라에서 퇴출되어 음부의 권세 아래로 들어갈 것이다.

10) 장차 오실 그리스도를 전제로 하지 아니한 구약성경의 해석이 하나님의 뜻을 대적한 것임이 밝혀졌다. 바리새인들과 서기관들의 가르침을 따르는 많은 유대의 랍비들은 지금도 이스라엘을 향하여 거짓말을 하고 있다. 그들은 구원을 사모하는 이스라엘을 음부의 구덩이로 몰아넣고 있다. 그리스도의 재림과 첫째 부활을 부인하는 신학자들도 교회를 향하여 거짓말을 하고 있다. 그들은 택함을 받은 자들까지 미혹하여 타락하게 하려고 한다. 그들은 하나님의 뜻을 대적하는 가설을 제시하고 이를 대가로 돈을 벌고 명예를 얻고 있다. 이로 인하여 교회는 신학적인 가설에 따라서 여러 교파로 분열되어 붕괴의 길을 걷고 있다. 성경은 거짓말을 지어서 교회를 미혹하는 자들은 예루살렘 성에 들어가지 못할 것이라고 말씀한다. **"개들과 술객들과 행음자들과 살인자들과 우상 숭배자들과 및 거짓말을 좋아하며 지어내는 자마다 성 밖에 있으리라"**(계 22:15). "개들"이란 돈과 명예와 권력을 가진 자 앞에서 이것들을 얻기 위하여 아부하는 자들을 의미한다. 개들은 자기에게 먹을 것을

주는 주인 앞에서 꼬리를 흔든다. 돈과 명예와 권력 앞에서 꼬리를 흔드는 교회는 개와 같다.

11) 종교 지도자들과 신학자들은 하나님의 뜻을 밝히고 하나님의 영광을 나타내는 방향으로 성경을 해석하지 아니하고 사람의 자존심과 인권을 강조하는 방향으로 해석함으로 타락하였다. 대표적인 것이 율법의 행위로 의롭다 함을 받을 수 있다는 것, 동성애를 인권이라고 오해하는 것이다. 하나님의 말씀 앞에서 사람의 자존심과 인권은 없다. 사람의 자유와 인권은 하나님의 말씀과 국법에 따라서 제약을 받는다. 법을 초월한 자유와 인권은 없다. 인권으로 하나님의 말씀을 대적하는 것은 선악과 계명을 대적한 아담의 죄와 같다. 아담은 선악을 알게 하는 실과를 먹을 수 있다는 자유를 주장함으로 타락하여 인류를 사망으로 몰아넣었다. 이와 같이 학문의 자유란 명분으로 제기된 종교다원주의가 교회를 붕괴의 구덩이로 몰아넣고 있다.

12) 교회가 선포한 모든 말에 책임이 따른다. 성경은 모든 무익한 말에도 심판이 따른다고 말씀한다. **"내가 너희에게 이르노니 사람이 무슨 무익한 말을 하든지 심판날에 이에 대하여 심문을 받으리니"**(마 12:36). 특히 하나님과 예수 그리스도에 관한 말이 하나님의 뜻을 벗어나면 이에 대하여 심판을 받을 것이다. 우리는 모두 하나님 앞에서 선서하고 하나님의 아들을 증거하는 자들이다. 따라서 사도 바울은 혹시라도 말에 실수가 있을 것을 두려워하여 그리스도의 십자가만을 증거한다고 고백하였다. **"내가 너희 중에서 예수 그리스도와 그의 십자가에 못 박히신 것 외에는 아무 것도 알지 아니하기로 작정하였음이라"**(고전 2:2). 욥은 하나님을 알지 못하고 말한 것이 죄라고 고백하였다(욥 42:3). 성경을 해석하는 자들에 대한 공의의 심판이 있을 것이므로, 성경은 선생이 되려고 하지 말라고 경고한다. **"내 형제들아 너희는 선생 된 우리가 더 큰 심판 받을 줄을 알고 많이 선생이 되지 말라"** (약 3:1).

(5) 이해를 위한 질문
1) 신학자들의 타락
  a. 계몽주의 시대에 제기된 이신론은 무엇인가.
  b. 슐라이어마허로부터 시작하는 자유신학이 창조주를 부인하는 이유는 무엇인가.
  c. 성서비평학이 창조주 하나님과 그리스도의 동정녀 탄생을 부인하는 이유는 무엇인가.
  d. 진화론에 대응하는 유신진화론은 무엇인가.
  e. 기독교의 절대주의, 포괄주의 및 다원주의란 무엇인가.
  f. 포스트모더니즘의 특징은 무엇인가.
  g. WCC는 무엇을 지향하는가.

2) 학문이란 미명으로 진리를 파괴하는 신학자들
   a. 학문이 가설인 이유는 무엇인가.
   b. 신학자들이 제시한 가설이 하나님의 뜻을 대적할 수 있는 이유는 무엇인가.
   c. 성령의 감동으로 하나님의 뜻을 알 수 있는 이유는 무엇인가(고전 2:10).
   d. 바리새인들과 서기관들이 하나님의 아들을 알지 못한 이유는 무엇인가.

3) 적그리스도와 종교다원주의
   a. 적그리스도가 아담의 타락으로부터 시작하는 이유는 무엇인가(창 3:22).
   b. 성도가 타락하면 적그리스도가 되는 이유는 무엇인가(요일 2:19).
   c. 적그리스도가 미혹케 하는 영인 이유는 무엇인가(딤전 4:1).
   d. 적그리스도가 거짓말을 하는 이유는 무엇인가(딤전 4:2).
   e. 적그리스도가 하나님의 자리에 앉아 교회 위에 군림하는 이유는 무엇인가(살후 2:4).

4) 하나님의 뜻과 성경의 해석
   a. 구약성경이 장차 오실 그리스도를 증거하는 이유는 무엇인가(요 5:39).
   b. 광야교회의 사명은 무엇인가.
   c. 바리새인들, 서기관들, 신학자들이 하나님의 뜻을 벗어나 성경을 해석한 이유는 무엇인가.
   d. 그리스도 이후 인류의 역사는 무엇을 향하여 진행하고 있는가.
   e. 신학자들이 종교다원주의와 동성애를 지지하는 이유는 무엇인가.
   f. 성경을 사람의 이성을 기초로 하여 해석하면 타락하는 이유는 무엇인가.

3. 목회자들의 타락
(1) 목회자들과 적그리스도
  1) 하나님과 예수 그리스도를 알지 못하는 신학자들의 타락은 목회자들의 타락으로 이어지고 있다. 일부 목회자들은 대학에서 자유주의 신학에 기초한 교육을 받았다. 일부 신학생들은 성서비평학에 기초하여 창조주 하나님, 성경의 무오성, 그리스도의 동정녀 탄생을 부인하는 이론을 배우고 이러한 관점에서 성경을 해석하는 훈련을 받는다. 성경을 통하여 계시된 하나님의 뜻인 예수 그리스도를 알지 못하고 목회자가 되었을 때, 그들은 생명의 본질과 실체, 죄의 본질과 실체를 알지 못하므로 설교라는 엄청난 벽에 직면한다. 성경을 아무리 뒤적거려도 설교할 제목을 찾을 수 없을 뿐만 아니라 제목을 찾는다고 하더라도 제목에 맞는 내용을 구성할 수 없다. 이것은 모든 목회자가 일생 겪어야 하는 고민이며 이로 인하여 많은 스트레스를 받고 있다. 따라서 목회자들은 주석과 원어사전, 그리고 다른 목회자들의 설교를 참조하기도 한다.
  2) 하나님과 예수 그리스도, 생명과 죄의 본질, 교회의 본질과 사명을 알지 못하

는 설교는 크게 세 가지 유형으로 분류할 수 있다. 첫째, 하나님의 말씀으로 정치, 사회, 경제, 교육, 국방 및 보건 등에 관한 문제를 다루는 것이다. 목회자들은 국가의 정치, 경제 및 사회문제를 날카롭게 비판함으로 교회를 사회운동의 전진기지로 삼고 있다. 목회자란 명분으로 정치, 노동, 사회문제를 부각하여 정부에 대항함으로 명예와 재물을 얻으려고 한다. 그들은 성경의 모든 말씀을 육체에 관한 계시로 해석함으로 교회를 통하여 국가와 사회를 개혁하려고 한다.[215] 그들은 교회를 정치의 영역으로 끌어내리고 있다. 이와 관련하여 일부 정치인들은 예수 이름을 믿지 아니하지만, 정치적인 이득을 위하여 교회에 출석하여 교회를 정치화하려고 한다. 이로 인하여 우리나라의 일부 교회는 극단적인 좌파정당을 지지하거나 아니면 보수 정당을 지지하는 교회로 양분되고 있는 것이 현실이다.

3) 둘째, 교회는 생명과 영혼의 구원을 다룬다는 관점에서 목회자들은 말씀의 순종을 통한 구원을 강조한다. 여기에 속한 일부 목회자들은 율법과 복음, 생명과 죄의 본질을 알지 못하므로 교회를 윤리와 도덕으로 이끌어가고 있다. 율법은 죄를 깨닫게 하는 언약이지만, 그들은 율법에 생명이 있는 것처럼 율법의 순종을 강조한다. 구약의 계시는 복음의 모형과 그림자이지만, 그들은 이를 실상으로 해석하여 믿음을 강조한다. 예를 들어보자. 아브라함이 하나님을 믿음으로 의롭다 함을 받고 믿는 자들의 조상이 되었다. 그가 말씀을 순종하여 하란을 떠나고 독자 이삭을 번제로 바치는 큰 믿음을 소유하였다. 이와 같이 교회도 아브라함과 같은 믿음을 소유하면 아브라함이 받은 복을 받을 것이다. 아브라함이 받은 복은 그와 그의 후손이 젖과 꿀이 흐르는 가나안땅을 기업으로 받는 것이다. 따라서 아브라함의 믿음을 본받으면 우리도 동일한 복을 받을 것이다. 이러한 설교는 그럴듯하게 들린다. 그러나 이 설교는 하나님의 뜻을 밝히지 못하고 있다. 우리가 아브라함의 믿음을 소유하였을 때 얻은 가나안땅은 무엇인가에 대한 해답은 없다. 따라서 이 설교를 듣는 자들은 믿음으로 비옥한 토지를 얻을 수 있다고 해석할 수 있을 것이다. 그러나 아브라함과 그의 후손이 받은 복은 장차 오실 그리스도 안에서 받을 속죄와 구원이다.

4) 율법과 복음을 구별하지 못하면 교회는 외식하게 될 것이다. 율법에서 탐심을 제외한 계명은 교육과 훈련을 통하여 순종할 수 있다. 바리새인들과 서기관들이 대표적인 사례이다. 그러나 복음은 성령의 인도하심으로 순종할 수 있다. 자유주의 신학에 영향을 받은 목회자들은 예수의 피에 의한 속죄를 부인하지만, 예수의 말씀을 순종하면 구원을 받을 수 있다고 주장한다. 성경은 원수를 사랑하라고 말씀한

---

[215] 북한의 선교를 명목으로 방북한 많은 목회자가 북한 정부에 발목이 잡혀 공산주의 체제와 일인독제 체제를 찬양하며 자유민주주의 정부를 향하여 날카로운 비판을 쏟아내고 있다. 일부 목회자들은 인도주의적 선교 명목으로 북한에 많은 자금을 지원하는 것으로 알려져 있다. 그러나 공산주의 체제 아래서 선교는 불가능하다.

다. "나는 너희에게 이르노니 너희 원수를 사랑하며 너희를 핍박하는 자를 위하여 기도하라"(마 5:44). 그들은 이 말씀을 황금률(Golden Rule)이라고 말한다. 율법은 이렇게 말씀한다. "그러므로 무엇이든지 남에게 대접을 받고자 하는대로 너희도 남을 대접하라 이것이 율법이요 선지자니라"(마 7:12). 예수 이름을 믿고 구원을 얻었다고 자기의 의지로 원수를 사랑할 수 있을까. 그 대답은 '아니다'이다.

5) (마 5:44)의 말씀을 순종하려면 성령의 인도를 받아야 한다. 예수께서 성령으로 아버지의 말씀을 순종하여 십자가에 못 박히셨을 때, 자기를 십자가에 못 박는 자들의 죄를 용서하셨다(눅 23:34). 스데반은 성령이 충만하여 자기를 돌로 치는 자들의 죄 용서를 위하여 기도하였다(행 7:55). "무릎을 꿇고 크게 불러 가로되 주여 이 죄를 저들에게 돌리지 마옵소서 이 말을 하고 자니라"(행 7:60). 스데반은 예수의 피에 의한 속죄와 구원을 믿음으로 음부의 권세로부터 자유한 뒤에 성령을 받았다. 그의 인격은 성령의 인도하심으로 자기를 죽이는 자들의 죄를 용서하였다. 따라서 그리스도의 동정녀 탄생, 피에 의한 속죄와 구원, 부활과 재림을 인정하지 아니하는 자들은 구원을 받지 못하며 동시에 성령을 받을 수 없다.

6) 원수를 사랑하려면 복음, 곧 예수의 피에 의한 속죄의 언약을 통하여 세상을 보아야 한다. 예수께서 모든 인류의 죄를 대속하셨기 때문이다. 사도 바울은 복음을 통하여 자기를 핍박한 유대인을 보았으므로 그들의 죄를 용서하고 그들의 구원을 위하여 기도하였다. "나의 형제 곧 골육의 친척을 위하여 내 자신이 저주를 받아 그리스도에게서 끊어질찌라도 원하는 바로라"(롬 9:3). 바울은 진심으로 유대인들의 죄를 용서하고 그들을 사랑하는 마음으로 그들의 구원을 위하여 기도하였다. 이것은 성령의 인도하심으로 가능한 일이다. 그 이유를 살펴보자.

7) 복음을 순종하려면 생각과 마음과 말과 행동이 일치하여야 한다. 성령은 이것을 가능하게 하신다. 예수께서 인류의 죄를 담당하기 위하여 십자가에 못 박히신 것은 억지가 아니다. 예수께서 아버지의 뜻을 이루기 위하여 자발적으로 십자가를 지셨다. "조금 나아가사 얼굴을 땅에 대시고 엎드려 기도하여 가라사대 내 아버지여 만일 할만하시거든 이 잔을 내게서 지나가게 하옵소서 그러나 나의 원대로 마옵시고 아버지의 원대로 하옵소서 하시고"(마 26:39). 예수께서 자발적으로 그의 뜻을 버리고 아버지의 뜻에 따라서 십자가를 지셨다. 따라서 성경은 예수께서 성령으로 십자가에서 피를 흘리셨다고 말씀한다. "하물며 영원하신 성령으로 말미암아 흠 없는 자기를 하나님께 드린 예수의 피가 어찌 너희 양심으로 죽은 행실에서 깨끗하게 하고 살아계신 하나님을 섬기게 못하겠느뇨"(히 9:14).

8) 예수의 피에 의한 속죄와 구원, 성령의 감동과 인도하심을 전제로 하지 아니하는 순종은 자발적이 아니라 억지로 하는 것이다. 바리새인들과 서기관들은 탐심 때문에 율법을 순종할 마음이 없었으나 타인에게 보이기 위하여 억지로 순종하였다. 따라서 예수께서 그들의 행위를 책망하셨다. "화 있을찐저 외식하는 서기관들

과 바리새인들이여 잔과 대접의 겉은 깨끗이 하되 그 안에는 탐욕과 방탕으로 가득하게 하는도다"(마 23:25). 이 말씀은 그들의 생각과 행동이 서로 다르다는 것을 의미한다. 이와 같이 성령의 인도하심이 없이 복음을 순종하는 것은 외식이며 거짓이다. 성도들은 성령의 감동 없이 타인에게 잘 보이려고 마지못하여 순종하고 있다. 따라서 그들에게 있어서 복음은 기쁜 소식이 아니라 번거로운 말씀이다.

9) 복음은 일용할 양식으로 기쁨과 감사한 마음으로 순종하여야 한다. 예수께서 주시는 일용할 양식이란 육체의 양식이 아니라 영혼의 양식이다(마 6:11). 예수께서 성도의 영적 상태를 아시고 성령의 감동하심을 통하여 성도에게 필요한 말씀을 주신다. 따라서 성도는 하나님의 말씀을 감사함으로 받아야 한다. 성령의 인도하심으로 하나님의 말씀을 감사하며 순종할 수 있다. 그러나 성령의 감동이 없으면 마지못하여 하나님의 말씀을 억지로 순종한다. 이것은 외식이며 자기를 속이는 것이다. 생각과 행동이 다른 것은 자기를 속이는 것이며 동시에 하나님께 거짓말하는 것이다. 사도 바울은 이러한 자를 가증한 자라고 책망하였다. **"저희가 하나님을 시인하나 행위로는 부인하니 가증한 자요 복종치 아니하는 자요 모든 선한 일을 버리는 자니라"(딛 1:16).**

10) 하나님과 예수 그리스도, 생명의 본질과 실체, 죄의 본질과 실체를 알지 못하고 말씀을 억지로 순종하는 신앙생활에는 기쁨과 감사가 없다. 따라서 성도들의 신앙생활은 종교적인 의식으로 전락하고 있다. 예배에 참석하지 아니하고 헌금을 드리지 않으면 저주를 받을 것 같은 생각에 사로잡혀 성도들은 원치 아니하는 예배를 드리고 있다. 그러나 이러한 생활이 일상화되면 성도들은 아무런 감동 없이 예배에 참석하고 헌금을 드리지만, 말씀을 순종함으로 생활 속에서 예배를 드리지 못하고 있다. 따라서 성도들의 신앙생활은 뜨겁지도 차지도 아니한다. 성경은 이것을 책망한다. **"네가 이같이 미지근하여 더웁지도 아니하고 차지도 아니하니 내 입에서 너를 토하여 내치리라"(계 3:16).**

11) 셋째, 성도의 자발적인 순종을 유도하기 위하여 목회자들은 교회를 육체의 일로 인도하고 있다. 성경의 모든 말씀을 육체에 관한 약속으로 해석하여, 예수 이름을 믿고 예수를 주님이라고 고백하면 구원을 얻은 것이며 그 후부터 세상에서 성공하는 것이 구원의 증거라고 하는 것이다. 대부분의 방송 설교와 부흥강사의 설교가 이러한 유형을 벗어나지 못하고 있다. 이러한 설교는 믿음의 목적을 돈과 명예와 권력에 두고 있다. 예수를 믿은 뒤에 많은 돈을 번 사람, 명예를 얻은 사람, 정치적으로 높은 지위에 올라간 사람들의 이름이 예화로 소개되고 있다. 따라서 세상에서 성공한 사람들이 선망의 대상이 되고 있다. 돈과 명예와 권력을 소망하며 긍정적인 생각을 가지고 열심히 기도하고 노력하면 얻을 수 있다는 설교는 교회를 세상에 속한 것으로 인도하는 것이다.216) 대부분의 성도는 이러한 설교에 빠져서 열심히 예배에 참석하고 전도하며 봉사를 한다. 지금까지 한국교회는 이러한 설교

를 통하여 크게 성장하였다고 말할 수 있을 것이다. 교회가 돈과 명예와 권력을 추구하며 기도하는 것은 음부의 문으로 들어가려는 몸부림이다.

12) 예수 이름을 믿고 입으로 예수를 주님이라고 시인하면 구원을 얻은 것이라고 믿는 것은 생명과 죄의 본질을 알지 못하는 것이다. 이것은 구원을 얻는 믿음이 아니다(딛 1:16). 자유주의 신학에 영향을 받은 목회자들은 교회를 세상으로 인도하고 있다. 그들은 교회를 통하여 사회운동을 하고 교회를 외식하는 회중으로 만들고 있다. 그들은 교회를 정욕에서 나오는 탐심으로 인도하고 있다. 교회를 세상으로 인도한 책임은 일차적으로 하나님의 뜻을 대적하는 신학자들에게, 이차적으로 목회자들에게 돌아갈 것이다. 이들은 모든 종교에 구원이 있다는 종교다원주의에 빠진 적그리스도이다.

(2) 목회자들과 거짓 선지자들

1) 자유주의 신학에 기초한 종교다원주의 자들은 교회를 향하여 거짓말을 하는 거짓 선지자들이다. 그들은 예수의 피에 의한 속죄와 구원, 그리고 복음을 믿고 순종함으로 생명을 얻는다는 것을 알지 못한다. 그들은 창조주 하나님과 하나님의 아들을 부인함으로 하나님을 알지 못하지만, 교회를 향하여 아는 것처럼 거짓말을 한다. 자유주의 신학에 기초한 종교다원주의를 지지하는 목회자들은 생명과 죄의 본질을 알지 못하지만, 아는 것처럼 교회를 향하여 거짓말하고 있다. 그들은 세상의 윤리와 도덕, 학문과 철학, 돈과 명예와 권력에 생명이 있다고 교회를 미혹하고 있다. 성경은 마지막 날이 가까이 오면 거짓 선지자들이 나타나서 교회를 미혹할 것이라고 말씀한다.

2) 선지자는 하나님의 뜻을 계시하는 말씀을 전하는 자를 의미한다. 하나님은 선지자들을 통하여 창세전에 예정하신 뜻을 모형과 그림자로 계시하셨다. 하나님은 아들을 통하여 자기의 뜻을 실상으로 알리셨고 마지막 날에 믿는 자들을 통하여 그 뜻을 세상에 알리신다. 구약시대에 선지자들은 장차 오실 그리스도의 생애를 예언하였다. 예수께서 구약성경의 모든 예언을 성취하기 위하여 하나님 아버지의 뜻을 눈으로 보이는 행위로 나타내셨다. 이제 믿는 자들은 예수의 말씀과 사역을 통하여 장차 이루어질 하나님의 뜻을 증거하고 있다. 거짓 선지자들은 하나님의 뜻이 성취되지 아니할 것이라고 예언함으로 하나님을 대적하고 있다.

3) 이스라엘의 역사를 통하여 거짓 선지자들의 정체를 살펴보자. 거짓 선지자의 특징은 크게 세 가지로 구분할 수 있다. 첫째, 거짓 선지자들은 하나님의 말씀을 받지 못하였지만, 마음속에서 우러나는 생각을 하나님의 말씀이라고 예언하였다.

---

216) 씨 뿌리는 비유를 통하여 온전한 십일조를 드리면 30배, 60배, 100배의 물질적 보상을 받을 수 있다고 믿는 경우가 있다. 온전한 십일조를 드리면 하나님의 약속대로 반드시 사업에 성공한다. 이러한 설교는 돈을 얻는 수단으로 믿음을 전락시키는 것이다.

"인자야 너는 이스라엘의 예언하는 선지자를 쳐서 예언하되 자기 마음에서 나는 대로 예언하는 자에게 말하기를 너희는 여호와의 말씀을 들으라"(겔 13:2,). 거짓 선지자들은 죄인이므로 그들의 마음속에 있는 생각은 선한 생각이 아니라 탐심이다. 성경은 사람의 마음이 가장 부패하였다고 말씀한다. **"만물보다 거짓되고 심히 부패한 것은 마음이라 누가 능히 이를 알리요마는"**(렘 17:9). 둘째, 거짓 선지자들은 꿈속에서 장래에 일어날 일들을 보았다고 거짓말을 하였다. **"내 이름으로 거짓을 예언하는 선지자들의 말에 내가 몽사를 얻었다 몽사를 얻었다 함을 내가 들었노라"**(렘 23:25). 그들은 하나님께서 택하신 자들, 곧 요셉에게 꿈을 통하여 말씀하신 것을 알고 있었다. 따라서 그들은 꿈에 하나님의 말씀을 듣고 장래의 일을 보았고 거짓말하였다. 셋째, 거짓 선지자들은 재물을 얻기 위하여 하나님의 말씀을 받지 못하였지만, 하나님의 말씀을 들었다고 거짓말하였다. **"너희가 두어웅큼 보리와 두어 조각 떡을 위하여 나를 내 백성 가운데서 욕되게 하여 거짓말을 곧이듣는 내 백성에게 너희가 거짓말을 지어서 죽지 아니할 영혼을 죽이고 살지 못할 영혼을 살리는도다"**(겔 13:19). 당시에 선지자들은 하나님의 사람이라고 높임을 받으며 손쉽게 재물을 얻을 수 있었으므로 돈을 위하여 거짓말을 하였다.

4) 거짓 선지자들은 하나님의 말씀을 받지 못하였으므로 장차 나타날 하나님의 뜻을 예언하지 아니하고 사람의 길흉화복을 예언하였다. 이스라엘 백성은 거짓 선지자들에게 자기의 장래의 길흉화복을 알려고 하였다. 사람의 장래는 하나님의 주권에 속한 것이므로, 사람은 장래 일을 하나님께 맡기고 말씀을 순종하여야 한다. 그러나 이스라엘 백성은 하나님을 믿지 아니하고 거짓 선지자에게 자신의 장래를 알려고 하였다. 하나님의 뜻을 초월하여 자신의 장래를 알려고 하는 것은 마음속에 우상을 마음에 드리는 것이다. 이스라엘 백성은 마음속에 우상, 곧 재물과 명예를 얻으려는 욕심을 가지고 거짓 선지자에게 나갔다. **"그런즉 너는 그들에게 말하여 이르라 나 주 여호와가 말하노라 이스라엘 족속 중에 무릇 그 우상을 마음에 들이며 죄악의 거치는 것을 자기 앞에 두고 선지자에게 나아오는 자에게는 나 여호와가 그 우상의 많은 대로 응답하리니"**(겔 14:4). "그 우상을 마음에 들이다"란 재물과 명예를 얻으려는 욕망을 의미한다. "죄악의 거치는 것"이란 죄로 인하여 넘어지게 하는 돌을 의미한다. 곧 재물과 명예를 얻으려는 욕심은 죄악이며 교회로 걸려 넘어지게 하는 돌과 같다.

5) 사람이 마음에 우상을 가지고 거짓 선지자에게 나왔을 때, 하나님은 두 가지로 응답하신다. 첫째, 하나님은 그 사람의 마음속에 있는 우상에 대한 심판을 선고하신다. **"이스라엘 족속과 이스라엘 가운데 우거하는 외인 중에 무릇 나를 떠나고 자기 우상을 마음에 들이며 죄악의 거치는 것을 자기 앞에 두고 자기를 위하여 내게 묻고자 하여 선지자에게 나아오는 자에게는 나 여호와가 친히 응답하여 그 사람을 대적하여 그들로 놀라움과 감계와 속담거리가 되게 하여 내 백성 가운데서 끊으**

리니 너희가 나를 여호와인줄 알리라"(겔 14:7,8).[217] 둘째, 하나님은 거짓 선지자들을 미혹하여 백성의 마음속에 있는 탐심이 이루어질 것으로 예언하게 하신다. **"만일 선지자가 유혹을 받고 말을 하면 나 여호와가 그 선지자로 유혹을 받게 하였음이어니와 내가 손을 펴서 내 백성 이스라엘 가운데서 그를 멸할 것이라"(겔 14:9).** 하나님은 마음속에 우상을 가지고 거짓 선지자들에게 묻는 자들과 거짓 선지자들을 죄를 동일하게 여기신다. **"선지자의 죄악과 그에게 묻는 자의 죄악이 같은즉 각각 자기의 죄악을 담당하리니"(겔 14:10).**

6) 구약성경에서 계시된 거짓 선지자들은 그리스도 교회의 목회자들에 대한 경고이다. 성경은 마지막 날이 가까이 오면 많은 거짓 선지자들이 나타나서 택한 자들을 미혹할 것이라고 말씀한다. **"거짓 선지자가 많이 일어나 많은 사람을 미혹하게 하겠으며"(마 24:11).** 목회자들이 거짓 선지자로서 교회를 미혹하는 사례를 살펴보자. 목회자들이 하나님과 예수 그리스도, 생명의 본질과 실체, 죄의 본질과 실체를 알지 못하면 교회에게 거짓말을 함으로써 거짓 선지자의 미혹에 빠질 수 있다. 목회자의 직분은 오직 믿는 자들을 생명의 길로 인도하는 것이다. 그 생명은 예수의 피에 있으며 성령으로 복음을 순종함으로 그의 살을 먹고 그의 피를 마시는 것이다. 그리스도의 살과 피만이 믿는 자들을 죄로부터 자유하게 한다. **"내 살을 먹고 내 피를 마시는 자는 영생을 가졌고 마지막 날에 내가 그를 다시 살리리니"(요 6:54).** 믿는 자들이 그 영혼에 예수의 피를 생명으로 가지지 못하면 구원을 받지 못할 것이다. 믿는 자들 영의 생명은 예수의 피에 있기 때문이다(롬 5:9).

7) 자유주의 신학에 기초한 종교다원주의를 지지하는 목회자들은 예수의 피에 의한 속죄와 구원을 증거하지 아니하고 말씀의 순종, 윤리와 도덕의 실행에 의한 구원을 전한다. 단순한 말씀의 순종과 윤리와 도덕에 생명은 없다. 생명이 아닌 것을 생명이라고 전하는 것은 교회를 사망으로 인도하는 것이다. 그들은 전도를 받아 예배당에 들어온 자들로 생명을 얻지 못하게 하고 생명을 얻은 자들을 사망으로 인도한다. 그들은 천국 문을 닫고 자기도 들어가지 아니하고 다른 사람들도 들어가지 못하게 하는 바리새인들과 서기관들 같다. **"화 있을찐저 외식하는 서기관들과 바리새인들이여 너희는 천국 문을 사람들 앞에서 닫고 너희도 들어가지 않고 들어가려 하는 자도 들어가지 못하게 하는도다"(마 23:13).** 생명을 알지 못하는 자들이 전하는 모든 말에 생명은 없다. 오직 하나님과 예수 그리스도, 생명의 본질과 실체, 죄의 본질과 실체를 알고 전하는 복음에 생명이 있다.

8) 하나님과 생명을 알지 못하는 목회자들은 위에 논의한 바와 같이 교회를 사회활동으로, 세상 윤리와 도덕으로, 물질과 명예로 인도한다. 예수 이름을 빙자하여 사회활동을 하는 것, 단순히 하나님의 말씀을 순종하며 선하게 사는 것, 예수

---

[217] 사울이 신접한 여자에게 국가의 운명을 물었을 때, 하나님은 그에게 사망을 선고하셨다. 사울은 그 죄로 전쟁에서 패전하였고 그 책임을 안고 자살하였다(삼상 28:15~19).

이름으로 돈과 명예를 얻고 세상에서 잘되는 것에 생명이 있다고 전하는 것은 교회를 향하여 거짓말을 하는 것이다. 이 거짓말은 성도들의 일생을 사기하는 것이다. 성도들은 목회자들의 설교에 그들의 영혼을 맡기고 있다. 목회자들은 맡은 영혼을 음부의 권세로 몰아넣고 있다. 육체와 영혼이 분리된 뒤에 음부에서 믿는 자들은 그들의 인생 전체가 사기를 당하였다는 것을 알고 통곡할 것이다. 의사가 사람의 목숨을 다루는 것처럼, 목회자는 믿는 자들의 영혼의 생명을 다룬다. 그들이 믿는 자들을 사망으로 인도하였다면, 이에 대하여 엄청난 책임을 질 것이다. 따라서 성경은 목회자들에게 경고하고 있다. **"내 형제들아 너희는 선생 된 우리가 더 큰 심판 받을 줄을 알고 많이 선생이 되지 말라"(약 3:1).**

9) 목회자가 믿는 자들의 길흉화복을 위하여 기도하면 저주를 받을 것이다. 불황이 계속되고 취업이 어려운 시기에 나타나는 현상은 믿는 자들이 신규 사업을 시작하는 것이다. 믿는 자들이 사업의 성공 여부를 목회자들에게 상담하였을 때, 목회자가 하나님께 기도한 뒤에 '반드시 사업에 성공할 것이다'라고 답변한다면 스스로 거짓 선지자가 되는 것이다. 사업의 성공 여부는 돈과 전문지식에 관련되므로 믿음과 무관하다. 믿지 아니하는 자들도 사업에 관한 해박한 지식이 있고 열심히 일한다면 사업에 성공할 수 있을 것이다. 대학입학 수능시험의 결과 역시 믿음과 무관하다. 학생이 공부를 열심히 하였다면 믿음과 무관하게 수능시험에서 높은 점수를 받을 것이다. 사업의 성공과 수능시험의 높은 점수를 위하여 하나님께 기도한 뒤에 이 명목으로 사례금을 받는다면 저주를 받은 것이다. (겔 14:10)의 말씀에 따라서 세상에 속한 것들을 위하여 목회자들에게 기도를 부탁하는 자들과 이를 위하여 기도하는 목회자들 모두 저주를 받을 것이다.

10) 성경은 선지자의 직분을 맡은 목회자들이 전하여야 할 말씀을 계시하고 있다. 예수께서 제자들에게 장래에 나타날 일을 증거하게 하셨다. 첫째, 하나님의 아들 예수 그리스도를 믿으면 영생을 얻을 것이다. 둘째, 십자가를 지고 복음을 순종하면 하나님의 나라에 들어갈 것이다. 셋째, 예수께서 다시 오셔서 낙원에서 안식하는 자들과 지상에 있는 성도들을 아버지의 집으로 인도하실 것이다. 넷째, 예수께서 다시 오셔서 산 자와 죽은 자를 심판하실 것이며, 심판이 끝나면 우주 안에 있는 모든 것들은 불살라 없어질 것이다. 이것을 증거하는 사명이 사도들에게 부여되었다. **"너희는 이 모든 일의 증인이라"(눅 24:48).** "이 모든 일"이란 예수께서 말씀하신 모든 것을 의미한다. 사도들은 예수의 말씀 이외에 다른 것을 증거하지 아니하였다. 성경은 기록한 말씀을 넘어 다른 복음을 증거하지 말라고 말씀한다. **"형제들아 내가 너희를 위하여 이 일에 나와 아볼로를 가지고 본을 보였으니 이는 너희로 하여금 기록한 말씀 밖에 넘어가지 말라 한 것을 우리에게서 배워 서로 대적하여 교만한 마음을 먹지 말게 하려 함이라"(고전 4:6).**

11) 사도 바울서신을 요약하면 다음과 같다. 첫째, 사람은 육신이 연약함으로 율

법을 순종할 수 없다. 따라서 모든 사람이 율법 아래서 죄인이다(롬 3:20). 둘째, 예수 이름을 믿고 주라고 시인하면 예수의 피를 통하여 의롭다 함을 받는다(롬 5:9). 셋째, 복음을 순종하려면 그리스도와 연합하여 세례를 받아야 한다. 세례란 정욕을 십자가에 못 박는 것이다(갈 5:24). 옛사람을 십자가에 못 박은 자 안에서 예수의 말씀은 살아 역사한다(갈 2:20). 넷째, 부활의 소망으로 모든 것을 절제함으로 복음을 순종하는 자만이 버림을 받지 아니할 것이다(빌 3:11, 딛 1:16). 다섯째, 그리스도께서 다시 오실 때 믿음으로 영생을 얻은 자들은 부활할 것이다. 낙원에서 잠자는 자들은 부활하여 예수와 함께 공중으로 임할 것이다(살전 4:16). 지상에 살아있는 성도들은 부활하여 공중으로 끌려 올라갈 것이다(살전 4:18). 여섯째, 예수께서 재림하신 뒤에 창세부터 종말까지 태어난 모든 자가 하나님의 심판대 앞에 설 것이다(롬 14:12). 일곱째, 첫째 부활에 참여한 자들은 하나님의 영광에 들어갈 것이다(딤후 2:10).

12) 사도 베드로는 그의 서신에서 그리스도의 복음을 이렇게 요약하였다. 첫째, 그리스도의 죽음과 부활하심을 믿는 자들은 거듭나서 하나님을 아버지라고 부른다(벧전 1:3). 둘째, 자기의 십자가를 짐으로 정욕을 제어한 자가 복음을 순종한다(벧전 2:11). 셋째, 탐심을 따라 범죄한 자들은 타락한 천사들과 함께 지옥으로 들어갈 것이다(벧후 2:3,4). 넷째, 주의 날에 우주는 불살라 없어질 것이며 믿는 자들 앞에 새 하늘과 새 땅이 있을 것이다(벧후 3:10,13). 사도 요한은 계시록에서 종말에 대하여 예언하였다. 첫째, 하나님께서 모든 적그리스도와 거짓 선지자들을 심판하여 산채로 불못에 던져 넣으실 것이다(계 19:20). 둘째, 예수께서 다시 오실 때 성도들은 첫째 부활에 참여할 것이며, 죄인들은 마지막 부활에 참여할 것이다(계 20:4~6). 셋째, 우주는 불살라 없어지고 마지막 부활에 참여한 죄인들은 불못으로 들어갈 것이다(계 20:11,14). 넷째, 첫째 부활에 참여한 자들은 각자의 영광을 가지고 아버지의 집으로 들어갈 것이다.

13) 예수께서 다시 오실 때, 우주는 불살라 없어질 것이며 생명의 부활과 심판의 부활이 있을 것을 전제로 하여, 사도들은 예수 이름을 믿음으로 얻은 영생을 증거하였다. 영생이란 단지 예수 이름을 믿는 것이 아니라 복음을 순종함으로 복음을 통하여 계시된 하나님과 예수 그리스도를 아는 것이다(요 17:3). 이를 위하여 탐욕을 십자가에 못 박고 마음의 피를 흘려야 한다. 탐욕을 따라가면 반드시 하나님을 대적하는 죄를 범하고 그 결과는 심판이라고 사도들은 증거하였다. **"저희가 탐심을 인하여 지은 말을 가지고 너희로 이를 삼으니 저희 심판은 옛적부터 지체하지 아니하며 저희 멸망은 자지 아니하느니라"(벧후 2:3). "음심이 가득한 눈을 가지고 범죄하기를 쉬지 아니하고 굳세지 못한 영혼들을 유혹하며 탐욕에 연단된 마음을 가진 자들이니 저주의 자식이라"(벧후 2:14).** 예수께서 제자들에게 자기를 부인하고 십자가를 지라고 명령하신 것처럼(마 16:24), 사도들도 탐심을 십자가에 못 박고 세

상에 속한 것을 사랑하지 말라고 권고하였다. "이 세상이나 세상에 있는 것들을 사랑치 말라 누구든지 세상을 사랑하면 아버지의 사랑이 그 속에 있지 아니하니"(요일 2:15).

14) 그리스도 이후 선지자로서 목회자들은 다시 오실 예수를 증거하는 사명을 부여받았다. 그 사명은 크게 하나님의 아들 예수, 예수의 피에 의한 속죄와 구원, 예수의 죽음과 부활, 산 자와 죽은 자를 심판하려고 다시 오실 예수 및 우주의 종말을 증거하는 것으로 요약할 수 있다. 선지자의 사명을 부여받은 목회자들은 복음을 통하여 성도들을 생명으로 인도함으로 교회로 다시 오실 그리스도의 길을 준비하게 하여야 한다. 교회가 믿음으로 복음을 순종하는 것은 생명을 얻고 다시 오실 그리스도를 맞이하는 것이다. 그러나 이것을 벗어나 성도들이 믿음으로 돈과 명예와 권력을 얻을 수 있다고 전하는 목회자들은 거짓 선지자이다. 목회자들이 하나님 아들의 피에 의한 속죄와 구원을 얻는 믿음을 증거하지 아니하고 돈과 명예와 권력을 얻는 신념을 증거한다면 거짓 선지자로 심판을 받을 것이다.

15) 구약시대에 선지자들은 광야교회를 장차 오실 그리스도께로 인도하였으나, 거짓 선지자들은 그리스도의 교회를 우상숭배로 인도하고 있다. 사도들은 그리스도의 교회를 그리스도 안에서 영생과 첫째 부활로 인도하였다. 그러나 거짓 선지자들은 세상에 속한 탐심으로 교회를 인도한다. 사도들은 소망을 첫째 부활에 두었으나, 거짓 선지자들은 세상에 속한 것들에 소망을 두었다. 거짓 선지자들은 교회를 적그리스도와 거짓 그리스도로 인도하여 교회로 믿음을 버리고 세상으로 돌아가게 한다. 거짓 선지자와 적그리스도는 교회로 믿음을 버리게 하여 세상으로 나가게 한다.

(3) 목회자들과 거짓 그리스도
(가) 아담의 타락과 거짓 그리스도

1) 자유주의 신학에 영향을 받아 종교다원주의를 지지하는 목회자들은 교회를 자기의 뜻대로 이끌고 성도들 위에 군림함으로 거짓 그리스도가 될 수 있다. 좁은 의미에서 거짓 그리스도란 자기를 가리켜 그리스도라고 칭하는 자를 의미한다. 그러나 넓은 의미에서 거짓 그리스도란 하나님의 말씀으로 성도를 이끌어가지 아니하고 자기의 생각으로 교회를 인도하며 성도들 위에 군림하는 자들을 의미한다고 말할 수 있을 것이다. 교회는 그리스도의 지체로서 복음에 의하여 통치를 받아야 한다. 그러나 교회가 복음이 아닌 목회자의 생각으로 통치를 받는다면, 그 목회자는 그리스도의 자리에 앉는 것이다. 목회자가 자신을 낮추어 교회를 섬기지 아니하고 교회 위에 군림하면 거짓 그리스도이다.

2) 거짓 그리스도를 이해하려면 사단의 죄의 본질을 알아야 한다. 하늘에는 아들을 위하여 예비된 보좌가 있다. 보좌로부터 만물을 창조하신 아들의 명령이 하달되었다. 아버지 품속에 계신 아들은 말씀으로 만물을 창조하시고 의와 공의로 통치하

신다(시 89:14). 하나님의 이름을 찬양하는 직분을 맡은 천사가 있었다. 그 천사는 아들의 통치에 불만을 품고 통치기조를 바꾸려고 하였다. 만물을 통치하는 기조를 바꾸려면 하늘 보좌에 올라야 한다. 이것이 그 천사의 생각이었다. 따라서 그 천사는 보좌에 오르려는 악한 생각을 품었다. 하나님은 그 천사의 악한 생각을 아시고 그를 불의하게 여기시고 영원한 결박으로 흑암에 가두셨다. 그 타락한 천사가 사단이다.

3) 타락한 천사가 보좌에 올라 통치기조를 바꾼다면 그 천사를 아는 다른 천사들이 이를 반대할 것이다. 따라서 타락한 천사는 스스로 하나님의 아들인 것처럼 행동하여야 한다. 곧 타락한 천사가 거짓으로 하나님의 아들이 되어야 만물을 다스리는 통치기조를 바꿀 수 있다. 이울러 타락한 천사가 만물의 통치기조를 바꾸었을 때 다른 천사들의 복종을 유도하려면 불법으로 그들 위에 군림하여야 한다. 다른 천사들은 자발적으로 창조주의 말씀을 순종할 것이나 타락한 천사의 지배를 억지로 수용할 것이다. 따라서 타락한 천사는 불법으로 만물 위에 군림하여 그의 권력을 행사할 것이다. 이것이 타락한 천사의 속성으로 음부 안에서 죄인들을 통하여 행동으로 나타나고 있다.

4) 사단은 그의 죄의 속성대로 아담을 미혹하였다. 사단은 아담에게 장차 오실 그리스도의 자리에 앉으라고 미혹하였다. 하나님의 아들만이 그의 의지로 생명과 사망을 결정할 수 있다. 사단은 아담에게 하나님의 아들처럼 되어 자기의 의지로 생명과 사망을 결정하라고 유혹하였다. 아담은 사단의 생각을 수용하여 자기의 의지로 생명과 사망을 결정하려고 하였다. 하나님의 아들처럼 되려는 아담은 선악과 계명을 범하였다. 성경은 아담이 하나님의 아들과 같이 되었다고 말씀한다. **"여호와 하나님이 가라사대 보라 이 사람이 선악을 아는 일에 우리 중 하나 같이 되었으니 그가 그 손을 들어 생명나무 실과도 따먹고 영생할까 하노라 하시고"** (창 3:22). "우리 중 하나"란 죽음과 부활을 경험하신 하나님의 아들을 의미한다.

5) 아담의 죄가 장차 오실 그리스도의 자리에 앉으려는 거짓 그리스도인 이유를 살펴보자. 하나님은 자기의 영광을 위하여 사람을 자기의 형상으로 창조하셨다(사 43:7). 사람은 하나님의 말씀을 순종함으로 땅을 정복하고 모든 생물을 다스림으로 하나님의 영광을 나타내는 그릇이다. 사람이 하나님의 영광을 나타내려면 하나님의 말씀에 따라서 통치를 받아야 한다. 곧 사람은 하나님 아들의 통치를 받아야 한다. 사람이 아들의 말씀을 순종하는 것은 생명이며 불순종하는 것이 사망이다. 아들만이 사람의 생명과 사망을 결정할 수 있다. 사람은 자기의 의지로 생명과 사망을 결정할 수 없다. 그러나 아담은 하나님 아들을 대신하여 스스로 생명과 사망을 결정하려고 하였다. 곧 아담은 하나님 아들의 자리에 앉아 만물을 통치하는 법을 바꾸려고 하였다. 이것은 장차 오실 그리스도의 자리에 앉으려는 것으로 거짓 그리스도이다.

6) 사람이 하나님의 영광을 위하여 땅을 정복하고 모든 생물을 다스리는 것이 창조질서이다. 태초에 하나님은 모든 뜻을 작정하시고 그 뜻의 성취를 아들에게 맡기셨다. 아들은 아버지의 뜻대로 만물을 창조하시고 만물의 질서를 정하셨다. 그러나 아담은 이 창조질서를 바꾸려고 하였다. 아담은 아들의 계명에 따라서 모든 생물을 통치하지 아니하고 아들의 보좌에 올라 자기의 생각에 따라서 살아있는 모든 것들을 통치하려고 하였다. 하나님의 창조질서를 바꾸려고 하는 것이 거짓 그리스도이다. 아담이 타락한 이후 온 인류는 자기의 의지로 생명과 사망을 결정하려고 하므로 거짓 그리스도가 되어 하나님을 대적하고 있다.

7) 사람의 육신은 장차 오실 그리스도 안에서 하나님의 성전이며 동시에 그리스도 지체의 모형이므로 창조질서와 선악과 계명에 따라서 하나님의 영광을 나타내야 한다. 아담은 사단의 미혹에 빠져서 창조주의 주권을 자기의 것으로 바꿈으로 창조주의 자리에 오르려고 하였다. 창조주가 아닌 피조물이 장차 오실 그리스도의 자리에 앉으려고 하였다. 아담의 타락으로 인하여 인류는 장차 오실 그리스도의 자리에 앉아 하나님을 대적하고 있다. 아담의 타락으로 인하여 육체 안에 들어온 정욕으로부터 나오는 탐심이 사람을 그리스도의 자리로 끌어올리고 있다. 탐심은 사람을 그리스도의 자리로 끌어올리는 거짓 그리스도이다.

8) 거짓 그리스도는 아담으로부터 시작한다. 하늘에서 사단은 아들을 위하여 예비된 보좌에 오르려고 함으로 타락하여 음부에 갇힌 뒤 아담에게 하나님처럼 되겠다는 생각을 넣어주었다. 아담은 아들의 주권, 곧 자기의 의지로 생명과 사망을 결정하는 권세를 침해하였다. 아담이 사단에게 미혹을 받아 범죄하였으므로 양자의 죄의 본질은 동일하다. 곧 아담은 아들의 보좌에 앉아 생명과 사망을 결정하려고 하므로 거짓 그리스도가 되었다. 아담의 죄의 속성이 온 인류에게 유전되고 있다. 아담이 아들의 주권을 침해한 것처럼, 온 인류도 그 주권을 침해하고 있다. 아들이 자기의 의지로 생명과 사망을 결정하는 것처럼, 온 인류도 자기의 의지로 그것을 결정하려고 한다. 곧 온 인류는 아들을 대신하여 자기의 의지로 생명과 사망을 결정하려고 한다. 온 인류는 아들의 보좌에 앉아 아들을 대신하여 자기의 육체, 곧 하나님의 영광을 위한 그릇을 지배하고 있다. 아들은 장차 오실 그리스도를 의미하므로 온 인류는 거짓 그리스도가 되었다.

(나) 거짓 그리스도와 목회자

1) 아브라함으로부터 시작하는 광야교회는 칭의 언약과 율법에 따라서 통치를 받는 회중이다. 칭의 언약과 율법은 장차 오실 그리스도를 증거하므로, 광야교회란 그리스도에 의하여 통치받은 자들의 회중이다. 구약성경을 통하여 계시된 여호와 하나님은 장차 오실 그리스도의 모형이므로, 광야교회는 모형으로 계시된 그리스도의 주권 아래 있었다고 말할 수 있다. 따라서 교회의 지도자로 택함을 받은 자들은 칭

의 언약과 율법으로 교회를 장차 오실 그리스도께로 인도하여야 한다. 만약 교회의 지도자로 택함을 받은 제사장과 왕이 자기의 생각으로 교회를 지배한다면 거짓 그리스도가 될 것이다. 이스라엘의 역사를 통하여 많은 거짓 그리스도가 나타나 교회를 장차 오실 그리스도께 인도하지 아니하고 우상으로 인도하였다. 그들은 거짓 그리스도의 모형이다.

2) 모세는 광야교회의 지도자로 택함을 받았다. 그는 교회 위에 군림하지 아니하고 자기를 낮추어 섬기는 자세로 칭의 언약과 율법으로 교회를 장차 오실 그리스도께로 인도하였다. 모세는 백성들의 죄를 자기의 죄로 여기고 그 죄를 짊어진 제사장으로서 교회를 인도하였다. 모세는 백성의 우상숭배를 자신의 죄로 여기고 백성의 목숨을 위하여 기도하였다. **"그러나 합의하시면 이제 그들의 죄를 사하시옵소서 그렇지 않사오면 원컨대 주의 기록하신 책에서 내 이름을 지워 버려주옵소서"(출 32:32)**. 모세는 교회를 이끌어가는 목회자의 표본이 되었다. 사무엘은 선지자와 제사장으로서 칭의 언약과 율법으로 광야교회를 이끌었다. 그는 백성의 죄를 자기의 죄로 여기는 마음으로 광야교회를 섬겼다. **"나는 너희를 위하여 기도하기를 쉬는 죄를 여호와 앞에 결단코 범치 아니하고 선하고 의로운 도로 너희를 가르칠 것인즉"(삼상 12:23)**. 사무엘이 백성을 위하여 기도하지 아니하였을 때 백성들은 범죄하였다. 따라서 그는 백성의 죄를 자신의 죄로 여기고 기도하였다.

3) 다윗은 이스라엘의 주권자로 택함을 받았지만, 백성의 죄를 자신의 죄로 여기고 그들을 섬김으로 하나님의 마음에 합한 자가 되었다(행 13:22). 다윗은 칭의 언약과 율법으로 백성을 다스림으로 하나님 백성의 본질을 그대로 유지하였다. 그는 하나님의 말씀을 사모하여 언약궤를 바알레유다에서 다윗성으로 옮겨왔으며 하나님의 이름을 위하여 건축할 성전의 모든 자재를 준비하였다. 그는 압살롬을 피하여 도망할 때 그를 저주하는 시무이의 죄를 자신의 죄로 여겼다(삼하 16:10). 그는 자기를 죽이려는 압살롬의 죄까지 용서하였다. 그는 백성의 죄를 자신의 죄로 여기는 심령으로 나라를 다스림으로 장차 인류의 죄를 짊어지기 위하여 오실 그리스도의 사랑을 보였다. 그는 칭의 언약과 율법 앞에서 자신의 모든 권력을 내려놓았다.

4) 모세, 사무엘, 다윗을 제외한 일부 제사장들과 왕들은 광야교회의 지도자로 택함을 받았지만 칭의 언약과 율법을 버리고 자기의 생각으로 교회를 이끌어갔다. 그들은 장차 오실 그리스도의 자리에 앉아 그들의 생각대로 교회를 우상으로 인도하였다. 그들은 그들의 지위를 장차 오실 그리스도의 보좌까지 끌어올림으로 거짓 그리스도가 되었다. 이스라엘의 초대왕 사울은 하나님의 말씀을 버리고 자기의 생각으로 나라를 다스림으로 나라를 블레셋의 손에 넘겨주었다. 솔로몬과 여로보암은 장차 오실 그리스도의 자리에 앉아 광야교회를 우상숭배로 인도하였다. 다윗을 제외한 왕들은 장차 오실 그리스도의 자리에 앉아 교회를 음부의 권세로 인도하였다.

5) 바벨론에서 가나안땅으로 돌아온 유대인들은 파괴된 성전과 성벽을 건축하고

제사장을 중심으로 하는 제사장의 나라를 세웠다. 다윗 이후 호흡만 붙어있던 광야 교회가 참모습을 나타냈다. 제사장들은 교회의 지도자로서 율법과 칭의 언약으로 교회를 장차 오실 그리스도께로 인도하였다. 그러나 시간이 지남에 따라서 제사장들은 율법을 통하여 계시된 하나님의 뜻을 바꾸기 시작하였다. 그들은 죄를 깨닫게 하는 율법의 행위로 의롭다 함을 받을 수 있다고 백성들을 가르쳤다. 제사장의 가르침을 받은 서기관들과 바리새인들은 장차 오실 그리스도를 향하여 나아가던 발걸음을 멈추고 음부의 문으로 들어갔다. 그들은 뱀의 자식이 되어 하나님과 그리스도를 대적하였다. 마침내 제사장들과 그들에게 가르침을 받은 자들은 육신으로 임하신 하나님의 아들을 십자가에 못 박음으로 스스로 거짓 그리스도가 되었음을 선언하였다. 율법을 선포하신 하나님의 아들만이 율법을 바꾸실 수 있으나, 그들은 그리스도의 자리에 앉아 율법을 통하여 계시된 하나님의 뜻을 바꾸는 죄를 범하였다.

6) 구약시대에는 거짓 그리스도가 모형과 그림자로 나타났다. 그리스도 이후 이것을 모형으로 하여 많은 거짓 그리스도가 나타나고 있다. 마지막 때에 거짓 그리스도가 나타나 교회를 미혹할 것이라고 성경은 말씀한다(마 24:24). 자기를 가리켜 스스로 그리스도라고 하는 자들은 교회를 미혹하지 못한다. 통일교의 문선명, 신천지의 이만희, 기독교복음선교회 정명석 등은 교회에서 이단으로 정죄되었으므로 교회를 미혹하지 못한다. 그러나 드러나 아니한 거짓 그리스도가 교회를 멸망의 길로 몰아넣고 있다. 제사장들, 서기관들, 바리새인들처럼 드러나 아니한 거짓 그리스도가 교회를 미혹하여 음부의 문으로 몰아넣고 있다. 드러나 아니한 거짓 그리스도란 복음을 통하여 계시된 하나님의 뜻을 바꾸는 자들을 의미한다.

7) 주후 380년 로마제국은 기독교를 국교화함으로 교황이라는 거짓 그리스도를 탄생시켰다. 기독교의 국교화로 인하여 복음은 성령으로 증거되지 아니하고 국법에 따라서 전 국민에게 증거되었다. 로마제국의 지배를 받는 지역에서 사람들은 복음을 통하여 계시된 하나님의 뜻을 알지 못하고 국법에 따라서 강제로 예수는 하나님의 아들이라고 고백하였다.[218] 이것은 구원을 얻는 믿음이 아니다. 성령으로 예수는 하나님의 아들이라고 고백하고 복음을 순종하는 것이 구원을 얻는 믿음이기 때문이다. 그 결과 국교화 이후 기독교는 하나님의 뜻을 대적하는 이방종교가 되었다. 곧 로마 가톨릭이 탄생하였다. 로마 가톨릭은 기독교의 탈을 쓰고 있지만, 하나님과 예수 그리스도를 빙자한 이방종교이다.

8) 로마 가톨릭의 수장인 교황은 그리스도의 자리에 앉아 복음을 통하여 계시된

---

218) 당시에 신부들은 하나님을 알지 못하였으므로 교황청에서 라틴어로 작성한 설교문을 그대로 낭독하였다. 따라서 라틴어를 알지 못하는 신자들은 알아듣지 못하는 설교를 들었다. 당시에 로마 가톨릭은 성경도 없었고 복음을 듣지 못함으로 하나님을 우상을 섬기듯 하였다. 이로 인하여 등장한 것이 성상(statues)과 성화(icons)이다. 로마 가톨릭은 조각품과 그림으로 예수 그리스도를 알리려고 한다.

하나님의 뜻을 완전히 바꾸었다. 그는 죄인으로 태어난 마리아를 하나님의 반열까지 끌어 올려서 하나님으로 숭배하고 율법을 순종함으로 구원을 얻을 수 있다는 교리를 만들었다. 마리아는 아담 안에서 율법에 따라서 정죄 받은 죄인으로 태어났다. 그러나 교황은 마리아를 신격화하기 위하여 그녀가 거룩하게 태어났다는 교리를 만들어냈다. 교황은 자신을 신격화하여 자신만이 천국 열쇠를 가지고 있으며 성경을 해석할 수 있다고 함으로 그리스도의 자리에 앉아 있다. 그는 로마 가톨릭의 신자들 위에 군림하여 돈과 명예와 권력을 한 손으로 잡고 있다. 교황은 그리스도의 교회를 이끌어가는 목회자들의 타락한 모습을 보여주고 있다. 교회의 지도자들이 타락하면 교회 위에 군림하여 스스로 그리스도의 자리에 앉아 자기를 가리켜 하나님이라고 할 수 있다.

9) 복음은 하나님의 아들 예수의 피에 의한 속죄와 구원, 부활과 승천, 재림과 최후의 심판 등을 기본 내용으로 한다. 이것은 창세전에 예정된 하나님의 뜻으로 변치 아니하는 진리이다. 하나님의 아들도 이 진리를 바꾸지 못한다. 예수께서 이 진리를 위하여 십자가를 지셨다(마 26:39). 따라서 이 진리를 바꾸는 것은 스스로 그리스도의 자리에 앉으려는 거짓 그리스도이다. 20세기 중엽 이후 등장한 종교다원주의와 동성애는 대표적인 거짓 그리스도라고 말할 수 있다. 종교다원주의는 복음을 통하여 계시된 하나님의 뜻을 완전히 부인하고 있으며 교회 내에 동성애를 끌어드림으로 창조질서를 대적하고 있다. 목회자가 종교다원주의와 동성애를 지지하면 스스로 그리스도의 자리에 앉아 복음을 통하여 계시된 하나님의 뜻을 바꾸는 거짓 그리스도이다.

10) 복음을 통하여 계시된 하나님의 뜻은 믿는 자들을 하나님과 예수 그리스도께로 인도하는 것이다. 목회자들은 복음으로 믿는 자들을 하나님께로 인도하여야 할 책임이 있다. 그러나 목회자들이 복음으로 믿는 자들을 윤리와 도덕으로, 돈과 명예와 권력으로 인도하면 복음을 통하여 계시된 하나님의 뜻을 바꾸려는 것으로 스스로 그리스도의 자리에 앉는 것이다. 예수 이름을 믿는 목적이 윤리와 도덕을 순종함으로 세상으로부터 높임을 받으려고 하는 것, 예수 이름을 이용하여 돈과 명예와 권력을 얻으려고 하는 것, 이 모든 것은 복음을 순종하는 것이 아니다. 자신이 높아지려고 하는 모든 것은 복음이 아니다. 복음은 믿는 자에게 자기의 십자가를 지고 낮아지라고 말씀한다. 믿을 때 받은 구원이 영원히 유지된다고 믿으면 교만하여 스스로 그리스도의 자리에 앉을 수 있다.

11) 믿음으로 얻는 구원이란 예수의 피로써 모든 죄를 덮는 것이다. 믿음으로 구원을 받은 자라도 매일 죄를 범한다. 그 죄는 마음속에서 샘솟듯 솟아나는 탐심이다. 사도 바울은 이 탐심이 죄로서 그 육체 안에 살아서 역사한다고 고백하였다(롬 7:17). 따라서 그는 로마 감옥에서 죄인의 괴수라고 고백하였다(딤전 1:15). 그는 로마 감옥에 갇히기 전까지 목숨을 걸고 복음을 증거하였다. 죽음을 앞둔 그가 죄

인의 괴수라고 고백한 것은 목회자들에게 대한 경고이다. 일부 목회자들은 구원을 얻은 뒤에 돈과 명예와 권력을 얻음으로 세상에서 잘되는 것이 구원의 증거라고 가르치고 있다. 따라서 이러한 가르침을 받은 성도들은 자신의 죄를 알지 못하고 세상에 속한 것을 얻으려고 혈안이 되고 있다. 믿는 자들로 죄를 알지 못하게 하는 목회자들은 교만하여 스스로 그리스도의 자리에 앉는 자들이다.

12) 목회자들은 복음으로 교회를 이끌어가야 한다. 만약 그들이 세상에 속한 것으로 교회를 이끌어가기 위하여 교인들에게 복종을 강요한다면 그리스도의 자리에 앉는 것이다. 목회자들은 복음을 전함으로 교인들을 그리스도의 제자가 되게 하여야 한다. 만약 목회자들이 자기의 생각을 전함으로 성도들을 자기의 제자로 만든다면 그리스도의 자리에 앉는 것이다. 목회자들이 하나님의 성도를 향하여 '내 성도,' 또한 그리스도의 교회를 향하여 '내 교회'라고 말하면 자신의 입으로 거짓 그리스도임을 고백하는 것이다.[219] 교회는 그리스도의 것이며 성도는 그리스도의 양이기 때문이다. 목회자가 교인들을 향하여 세상에 속한 것을 전하는 자기의 말을 따르지 않으면 저주를 받을 것이라고 하는 것도 그리스도의 자리에 앉는 것이다.[220] 이것은 그리스도의 양을 자기 것으로 도적질하는 것이다.

13) 교회에서는 여러 직분이 있다. 교회에서 성도들은 장로, 권사 및 인수집사로 안수를 받은 뒤에 이를 명분으로 헌금을 강요당하는 경우가 있다. 장로들은 장로로서 안수를 받은 뒤에 돈으로 그들의 직분을 샀다고 생각하면, 그들은 돈에 대응하는 권위를 주장할 것이다. 교회에서 이러한 장로들의 발언권이 강하게 나타나는 것은 이러한 이유이다. 목회자의 잘못된 판단으로 인하여 장로들을 그리스도의 자리에 앉게 한다. 목회자는 돈을 위하여 자신도 모르는 사이에 성도들을 적그리스도로 만들고 있다. 교회의 직분을 돈으로 사고파는 것이 아니다. 한국교회는 교회의 직분을 계급화함으로 거짓 그리스도를 교회 내로 불러드리고 있다. 성도들 위에 군림하려고 하는 모든 자는 스스로 그리스도의 자리에 앉는 것이다. 이에 대한 책임은 목회자에게 돌아갈 것이다.

14) 목회자는 알지 못하는 순간에 거짓 그리스도에 빠질 수 있다. 목회자들은 항상 자신을 낮추어 성도들을 섬기는 자세를 가져야 한다. 그렇지 않으면 믿음에서 떠나 거짓 그리스도로 전락할 수 있다. 목회자가 스스로 자신을 높이는 것은 자신을 가리켜 하나님이라고 하는 죄에 빠짐으로 저주를 받을 수 있다. **"누가 아무렇게 하여도 너희가 미혹하지 말라 먼저 배도하는 일이 있고 저 불법의 사람 곧 멸망의**

---

[219] 목회자들은 간혹 교인들이 타 교회로 이동하는 것을 막기 위하여 교인들에게 하나님께서 정하신 교회가 있다고 말하기도 한다. 하나님께서 정하신 교회를 떠나서 다른 교회로 옮기면 저주를 받을 것이라고 말함으로 스스로 그리스도의 자리에 앉으려고 한다.

[220] 목회자들은 예배당을 건축하며 교인들의 협조를 이끌기 위하여 자기의 뜻을 따르지 아니하면 저주를 받을 것이라고 암시하거나 말하는 것은 그리스도의 자리에 앉는 것이다.

아들이 나타나기 전에는 이르지 아니하리니 저는 대적하는 자라 범사에 일컫는 하나님이나 숭배함을 받는 자 위에 뛰어나 자존하여 하나님 성전에 앉아 자기를 보여 하나님이라 하느니라"(살후 2:3,4). 배도자란 거짓 그리스도를 의미한다. 거짓 그리스도는 하나님의 성전에 앉아 스스로 하나님이라고 한다.

15) 사도 바울은 교회 위에 군림하지 아니하고 섬기는 자세로 자신을 낮추었다. 그는 모든 사람보다 낮은 자라고 고백하였다(빌 2:3). 예수 그리스도께서 자신을 낮추심으로 아버지의 뜻을 성취하셨다. 이것을 알지 못하는 목회자들이 성도들보다 자신을 높임으로 스스로 멸망의 길을 걸을 수 있다. 그리스도는 교회의 머리이며 모든 성도는 그의 지체로서 동일한 위치에 있다. 교회에서 자신을 높이려는 것은 스스로 그리스도의 자리에 앉으려고 하는 것이다. 자기의 십자가를 짊어진 목회자만이 겸손히 성도들을 섬긴다. 목회자가 거짓 선지자와 거짓 그리스도가 되면 그리스도의 양을 자기의 것으로 도적질하는 것이다.

(3) 이해를 위한 질문
1) 목회자들과 적그리스도
   a. 하나님의 뜻을 알지 못하면 적그리스도의 미혹에 빠지는 이유는 무엇인가(요 6:40).
   b. 예수의 피에 의한 속죄와 구원을 전제로 하지 아니하고 말씀의 순종을 강조하는 것이 적그리스도인 이유는 무엇인가(롬 5:9).
   c. 믿음의 목적을 사회정의 실현에 두는 것이 적그리스도인 이유는 무엇인가(롬 13:1).
   d. 하나님의 능력을 이용하여 세상에 속한 것을 얻으려는 자들이 적그리스도인 이유는 무엇인가(요일 2:15)

2) 목회자들과 거짓 선지자들
   a. 구약시대에 선지자들이 예언한 말씀의 핵심은 무엇인가(창 22:18).
   b. 구약시대에 거짓 선지자들은 장차 오실 그리스도를 버리고 바알의 이름으로 예언한 이유는 무엇인가(겔 13:19).
   c. 사도들은 복음을 통하여 무엇을 예언하였는가(빌 3:11).
   d. 하나님께서 약속하지 아니한 것을 구하도록 하는 것이 거짓 선지자인 이유는 무엇인가.
   e. 거짓 선지자들은 교회를 세상으로 인도한다. 그 이유는 무엇인가(요일 2:15).

3) 목회자들과 거짓 그리스도
   a. 거짓 그리스도가 사단의 죄로부터 시작하는 이유는 무엇인가(사 14:14).
   b. 아담이 그리스도의 자리에 앉으려는 이유는 무엇인가(창 3:22).
   c. 바리새인들이 그리스도의 자리에 앉은 이유는 무엇인가(눅 18:9).

d. 종교다원주의를 지지하는 자들이 거짓 그리스도인 이유는 무엇인가.
　　e. 교회에서 자기를 높이는 자가 거짓 그리스도인 이유는 무엇인가.

4. 국가권력의 타락
(1) 공산주의 국가와 이방종교 국가
　1) 마귀는 자유주의 신학과 종교다원주의를 통하여 교회를 내부에서 병들게 하고 있다. 동시에 마귀는 국가의 권력을 이용하여 복음의 전파를 원천적으로 차단하고 있다. 대표적인 것이 공산주의 국가와 이슬람 국가들이다. 공산주의 국가는 천국의 존재를 부인하고 기독교를 비과학적인 단체이며 마약처럼 사람을 속이는 것으로 취급하고 있다. 공산주의는 칼 하인리히 마르크스(Karl Heinrich Marx)와 프리드리히 엥겔스(Friedrich Engels)의 공산당 선언(The Communist manifesto, 1848)에 기초하고 있다. 공산주의는 사람을 물질적인 존재로 간주한다. 그들은 기독교를 가난한 노동자에게 존재하지 아니하는 천국으로 미혹하여 위안을 주는 마약으로 보고 있다. 마르크스는 유대인의 부모로부터 태어난 기독교인이었다. 그는 하나님과 생명의 본질을 알지 못하였으므로 교회를 말살하는 어마어마한 적그리스도가 되었다. 공산주의는 하나님의 존재, 예수의 피에 의한 속죄와 구원을 비롯하여 성경 전체를 부인하고 있다. 공산당 선언을 통하여 공산주의 사상이 어떻게 성경의 말씀을 부정하는가를 살펴보자.

　2) 공산주의는 사회를 두 계급으로 구분한다. 하나는 자본가계급인 부르주아지와 다른 하나는 노동자계급인 프롤레타리아트이다. 부르주아는 공업의 발달, 대량생산, 시장경제를 통하여 축적된 자본을 독점함으로 생겨났다. 부르주아는 현대의 대의제 국가에서 독점적인 정치적 지배권을 쟁취하였다. 부르주아는 상거래의 자유를 통하여 자본을 축적하고 있으며 자본으로 의사, 법률가, 시인, 학자들을 고용하여 임금노동자로 만들었다. 부르주아에 반하여 프롤레타리아는 일거리가 있을 때만 생존할 수 있으며 시장에서 거래하는 생산수단으로서 상품이다. 노동자들은 단순한 기계의 부속품처럼 취급을 받으며 그 자신을 유지하고 그 자손을 번식시키는데 필요한 임금만을 받고 있다. 자본가들은 노동자에게 노동생산성에 상당하는 임금을 지급하지 아니함으로 노동자를 착취하고 그 결과 얻는 이윤을 통하여 자본을 축적하고 있다. 따라서 노동자들은 자신들의 권익을 보호하기 위하여 노동조합을 결성하고 부르주아에 대항하고 있다. 그러나 노동조합에 의한 투쟁에 한계가 있으므로 공산주의 혁명을 통하여 국가의 권력을 쟁취하고 모든 생산수단을 국유화한다. 이를 위하여 노동자들은 정치세력인 공산당을 결성하고 혁명을 도모하여야 한다.

　3) 공산주의는 혁명을 통하여 정권을 잡은 뒤에 부르주아가 소유한 생산수단을 국유화하지만, 프롤레타리아가 절약하여 모은 재산의 사유화를 허용한다. 모든 노동의 생산성이 같다는 가정 아래 모든 노동자에게 동일한 임금을 지급한다. 임금,

곧 노동의 평균가격은 노동자가 생활을 유지하기 위한 생활수단의 총액이다. 상업적 생산은 금지되고 시장에서 상품의 매매는 허용되지 아니한다. 모든 노동자는 평등한 권리를 가지며 모든 교육은 무상으로 실시한다. 여자는 노동을 생산하는 생산수단이므로 자본처럼 독점이 허용되지 아니하며 공유하여야 한다. 공산주의는 모든 생산수단(자본과 노동)의 독점을 금지하며 모든 종교행위 역시 금지한다. 공산주의에서 혈통에 의한 민족의 개념은 없으며 공산혁명을 통하여 정권을 장악한 뒤에 민족적 계급(nationale klasse)으로 올라서야 하며 스스로 민족으로 형성되어야 한다. 공산주의 국가에서 노동자는 혈통을 초월하여 민족으로 형성되어야 한다.

4) 공산당 선언은 축적된 자본의 유무에 따라서 사회를 부르주아지와 프롤레타리아트로 구분한다. 공산당 선언은 자본가인 부르주아지는 노동자계급인 프롤레타리아트를 착취하는 집단으로 보고 그들의 소유를 몰수하여야 한다고 한다. 공산주의는 혁명을 통하여 생산수단을 소유한 부르주아지를 숙청하고 그들의 모든 소유를 국유화한다. 이것이 하나님의 뜻과 일치하느냐의 여부를 살펴보자. 성경은 자본가들에게 자금을 대여할 때 이자를 받지 말라고 함으로 축적된 자본을 개인의 소유로 인정한다(출 22:25). 성경은 개인의 토지 소유를 인정한다. 이스라엘 백성이 가나안땅을 정복한 뒤에 각 지파는 제비를 뽑아 정복한 땅을 분배받았다. 분배받은 땅은 국가의 소유가 아니라 개인의 소유이며 매매할 수 있다. 이스라엘의 왕도 개인의 땅을 폭력이나 권력으로 빼앗지 못하였다. 다윗은 하나님께 번제를 드릴 제단을 세우기 위하여 아라우나에게 대금을 지급하고 땅을 샀다. **"왕이 아라우나에게 이르되 그렇지 아니하다 내가 값을 주고 네게서 사리라 값없이는 내 하나님 여호와께 번제를 드리지 아니하리라 하고 은 오십 세겔로 타작마당과 소를 사고"(삼하 24:24).** 따라서 공산주의자들이 혁명으로 정권을 잡은 뒤에 부르주아지의 자본을 몰수하는 것은 하나님의 뜻을 대적하고 타인의 재산을 강탈하는 것이다.

5) 대가를 지급하지 아니하고 타인의 소유를 빼앗는 것은 자신을 하나님의 반열까지 높이는 것이다. 만물을 창조하신 하나님은 만물의 주인이기 때문이다. 하나님은 만물의 주인이시므로 택하신 자들의 소유를 대가 없이 요구하신다. 하나님은 아브라함에게 대가 없이 화란의 비옥한 땅을 포기하고 독자 이삭을 번제로 드리라고 말씀하셨다. 하나님은 가나안 거민에게 대가 없이 땅과 목숨을 내놓으라고 말씀하셨다. 하나님은 선지자들에게 대가 없이 그들의 일생을 내놓으라고 말씀하셨다. 하나님은 마리아에게 대가 없이 그녀의 태를 내놓으라고 말씀하셨다. 예수께서 제자들에게 대가 없이 그들의 일생을 내놓으라고 말씀하셨다. 그 이유는 하나님은 만물의 주인이시므로 택하신 자들에게 원하는 것을 대가 없이 요구하신다. 따라서 공산주의 국가가 부르주아지의 자본을 몰수하는 것은 하나님의 자리에 앉는 것이다.

6) 모든 노동의 생산성이 동일하다는 전제 아래 모든 노동자에게 동일한 임금을 지급하는 것이 하나님의 말씀에 합당하냐의 여부를 살펴보자. 이것은 평등과 관련

된다. 공산주의에서 평등이란 노동생산성의 동일하다는 절대적인 평등이다.[221] 그러나 성경에서 평등은 율법 아래서 모든 사람이 죄인으로 평등하다는 것이다. 성경은 노동생산성에 대하여 상대적 평등을 말씀한다. 이스라엘 자손 개개인의 노동생산성은 개인의 노력과 하나님의 은혜에 따라서 각각 다르게 나타난다. 이스라엘 백성이 재물을 얻을 능력은 하나님의 은혜이다. **"네 하나님 여호와를 기억하라 그가 네게 재물 얻을 능을 주셨음이라 이같이 하심은 네 열조에게 맹세하신 언약을 오늘과 같이 이루려 하심이니라"(신 8:18).** 하나님은 믿음의 분량에 따라서 사람에게 재물을 얻을 능력을 각각 다르게 주신다. 따라서 이스라엘 백성 가운데 부자와 가난한 자가 공존하였다(신 15:1). 성경은 부자에게 가난한 과부와 고아를 도우라고 말씀한다(신 26:12).

7) 공산주의는 시장에서 상품의 거래를 허용하지 아니한다. 모든 생활필수품은 배급된다. 이것이 하나님의 뜻과 일치하는가를 살펴보자. 성경은 개인에게 상품거래를 허용한다. 이것은 상품시장을 전제로 한다. 한 걸음 더 나아가서 성경은 사람의 죄와 생명에 화폐적 가치를 부여한다. 사람이 죄를 범하면 생명을 잃어버린 것이다. 곧 죗값은 생명 값과 동일하다. **"죄의 삯은 사망이요 하나님의 은사는 그리스도 예수 우리 주 안에 있는 영생이니라"(롬 6:23).** "죄의 삯"이란 죄를 화폐적 가치로 평가한 것이다. 사람이 범죄하면 그의 목숨으로 죗값을 지급하여야 한다. 모든 인류가 범한 죗값은 하나님의 생명 값과 동일하다. 따라서 하나님의 아들은 죽음으로 인류의 모든 죗값을 지급하셨다.[222] 하나님은 자기의 피 값으로써 믿는 자들의 죗값을 지급하셨다(행 20:28). 예수께서 자기의 생명 값으로 믿는 자들의 죗값을 지급하셨다. 따라서 믿음으로 구원을 얻은 자는 예수 그리스도의 소유이다. **"너희는 그리스도의 것이요 그리스도는 하나님의 것이니라"(고전 3:23).**

8) 공산당 선언은 생산수단의 독점을 허용하지 아니한다. 공산주의는 자본처럼 여성을 생산수단으로 본다. 여자가 노동력을 생산하기 때문이다. 따라서 공산주의는 자본의 독점을 허용하지 아니하는 것처럼 여성의 독점화를 인정하지 아니하고 공유를 주장한다. 한 남자가 한 여성을 독점하는 것은 생산수단을 독점하는 것이므로, 여러 남성이 여성을 공유하여야 한다.[223] 여성의 공유제는 남편과 아내의 관계를 통한 가정을 인정하지 아니하는 것이다. 가정 관계가 파괴되면 동시에 사회의 질서도 파괴된다. 여성의 공유제가 성경의 말씀과 일치하느냐의 여부를 살펴보자. 하나님은 사람을 남자와 여자로 창조하시고 결혼을 통하여 두 사람이 한 몸이 된다고

---

221) 공산주의 국가는 모든 노동자에게 동일한 임금이 지급되므로 빈부의 차이가 없으며 실업자도 없다. 그들은 이것을 자랑거리로 여긴다.
222) 졸저, 상게서, 4.3.2.(2) 참조
223) 여성의 공유제는 공산주의 국가와 극단주의 사회주의 국가에서 성관계의 문란을 초래할 것이다.

말씀한다. "이러므로 남자가 부모를 떠나 그 아내와 연합하여 둘이 한 몸을 이룰찌로다"(창 2:24). 하나님은 가정을 통하여 하나님의 신성을 보이신다. 부모와 자녀의 관계는 하나님과 성도의 관계를, 남편과 아내의 관계는 그리스도와 성도의 관계를 모형으로 보여준다. 따라서 가정 관계를 부인하는 여성의 공유제는 하나님의 뜻과 일치하지 아니한다.

    9) 기독교에 대한 공산주의의 관점을 살펴보자. 공산주의는 천국을 존재하지 아니하는 환상적인 존재로 본다. 부르주아에게 착취를 당하는 프롤레타리아가 가난 속에서 기독교를 통하여 천국의 환상을 가지고 위로를 받고 있다. 가난한 노동자들에게 기독교는 위안을 주지만, 경제적으로 아무런 도움을 주지 아니한다. 프롤레타리아가 혁명을 통하여 정권을 쟁취하여 가난이 해소되면, 기독교는 필요하지 아니할 것이다.224) 곧 물질적 욕구가 해소되면 영적인 욕구 역시 해소될 것이다. 기독교에 대한 이러한 사상으로 인하여, 공산주의 국가들은 교회를 말살하려는 정책을 취하고 있다. 중국은 공산당에 의하여 통제를 받는 삼자교회를 인정하고 있지만, 이 교회는 전 세계에 종교의 자유가 있다고 알리는 선전물에 불과하다. 교회는 하나님의 말씀에 따라서 통치를 받는 회중이므로, 정치세력인 공산당에 의하여 지배를 받는 삼자교회는 교회가 아니다.225) 북한도 마찬가지이다. 북한에도 봉수교회가 있으나 이 역시 종교의 자유가 있다는 것을 보여주기 위한 것이며 하나님의 뜻을 선포하는 교회는 아니다.

    10) 공산당 선언은 유물론에 기초하고 있으며 혁명을 통하여 모든 생산수단을 국유화하면, 노동자들의 소득 수준은 향상되고 종교는 자연히 없어질 것이라고 한다. 종교는 단지 가난한 노동자에게 천국의 환상을 통하여 위로를 주는 마약과 같은 존재이기 때문이다. 따라서 공산주의 국가들은 기독교를 말살하는 정책을 취하고 있다.226) 공산주의 국가에서 교회는 선전용에 불과하다. 공산당 선언은 기독교인 마르크스와 그의 동료 프리드리히 엥겔스에 의하여 제시되었다. 예수 이름을 믿는다고 고백하는 자가 교회를 말살하는 이론으로 전 세계 교회를 붕괴의 길로 몰아넣었

---

224) Alister McGrath, op., cit., pp. 347,348.
225) 중국은 경제개발로 국민소득이 올라감에 따라서 삼자교회를 인정하지 아니하고 없애는 정책을 취하고 있다고 한다.
226) 공산주의 정권은 음부의 권세 아래서 죄로 인하여 신음하는 인류의 모습을 모형으로 보여준다고 말할 수 있을 것이다. 집권세력인 공산당은 마귀의 지배를 받는 악한 영들, 지도자는 음부의 권세를 잡은 마귀, 일반 백성은 죄인들을 모형으로 보여준다고 말할 수 있을 것이다. 공산주의 국가에서 일반 백성은 동일한 생산성을 가진 자들로서 동일한 임금을 받는다. 공산주의는 일반 국민에 대하여 절대적인 평등을 적용한다. 그러나 집권세력에 대하여 상대적인 평등을 적용한다. 공산주의가 진정한 이상주의가 되려면 집권세력도 일반 국민들과 동일한 임금을 받고 동일하게 생활하여야 한다. 공산주의 국가에서 집권세력은 누가 결정하는가? 혁명주체가 스스로 집권세력이 되어 영구히 그 자리를 지키고 있다. 공산주의 국가는 노동자를 위한 국가가 아니라 일부 혁명세력을 위한 독재국가이다.

다. 공산주의는 국가의 권력을 이용하여 교회를 말살하고 있다.

11) 공산주의 국가와 더불어 이방종교를 국교로 하는 나라에서 기독교의 전파가 원천적으로 차단되고 있다. 특히 이슬람 국가에서 복음의 전파는 철저하게 금지되고 있다. 이슬람은 하나님의 아들로서 예수 그리스도의 신성을 부인하고 선지자의 한 사람으로 인정한다. 따라서 예수 그리스도를 하나님의 아들이라고 시인함으로 신성을 부여하는 것은 피조물을 신격화하는 것이므로, 이슬람 국가에서 기독교는 용인되지 아니한다. 무슬림이 기독교로 개종하는 것은 우상을 용납하는 것으로 이슬람 국가에서 용인되지 아니한다. 따라서 무슬림이 기독교로 개종하면 가문을 더럽혔다는 이유로 가족들에게 죽임을 당하고 있다. 우리나라에서 이슬람 국가에 선교사를 파송하고 있으나 그 효과를 기대할 수 없을 것이다.

(2) 자유민주주의 국가와 종교다원주의

1) 공산주의 국가와 이슬람 국가에서는 국가권력으로 기독교를 말살하고 있고 자유민주의 국가에서는 종교다원주의와 동성애를 합법화하여 예수의 피에 의한 속죄와 구원을 전파하는 복음을 불법화함으로 교회를 붕괴시키고 있다. 모든 종교에 구원이 있다는 것을 국법으로 인정하면 예수의 피에 의한 속죄와 구원을 선포하는 것은 불법이다. 이것은 복음의 전파를 뿌리째 흔드는 것이다. 헌법으로 종교의 자유를 인정하지만, 복음의 전파를 불법화하면 기독교는 단순한 이방종교로 전락하게 된다. 서유럽과 북미의 여러 나라가 종교다원주의와 동성애를 합법화함으로 복음 전파를 법으로 차단하려고 한다. 그 결과 서유럽의 교회는 그 흔적을 찾을 수 없게 되었고, 북미의 교회도 서유럽의 전철을 밟을 것이다.

2) 자유민주주의 국가에서 종교다원주의와 동성애를 합법화하는 이유는 타락한 교회의 지도자들에게 그 책임이 돌아갈 것이다. 교회지도자들의 타락은 성도들에게 성경을 통하여 계시된 하나님의 뜻을 대적하는 이론을 가르치고 있다. 교회는 복음을 통하여 계시된 생명을 전파하여야 한다. 그 생명은 예수의 피로 세운 새 언약 안에 있다. 하나님의 아들이신 예수 이름을 믿고 그의 말씀인 복음을 순종함으로 생명을 얻을 수 있다. 그러나 하나님과 예수 그리스도, 생명과 죄의 본질을 알지 못하는 목회자들은 생명을 전하지 아니하고 자기의 생각을 전하고 있다. 그들은 믿음으로 생명을 얻는 복음을 전하지 아니하고 신학 이론을 전하고 있다. 신학 이론에는 생명이 없다. 그들은 신학 이론이 성경의 말씀과 일치한다고 주장하지만, 그들의 설교는 복음에서 멀리 떨어졌다.

3) 타락한 목회자들은 믿고 순종하면 생명을 얻을 수 있다고 말한다. 그들이 전하는 믿음이란 예수의 피에 의한 속죄와 구원을 통하여 생명을 얻는 것이 아니라 세상에 속한 것들을 얻는 것이다. 그들은 원하는 것을 믿고 받은 것으로 알고 기도하면 얻을 수 있다고 설교를 한다. 이것은 믿음이 아니라 신념이다. 믿음으로 돈과

명예와 권력을 얻을 수 있다고 설교하는 것은 교인을 믿음으로 인도하는 것이 아니라 신념으로 몰아가는 것이다. 믿음은 복음의 성취를 믿고 소망하는 것이다. 그러나 신념은 자기의 생각의 성취를 믿고 바라는 것이다. 사업의 성공을 믿고 소망하며 기도하면 이루어진다는 것은 신념이며 그 안에 생명이 있는 것은 아니다. 하나님의 뜻을 알지 못하는 목회자들은 믿음으로 교회를 인도하지 아니하고 신념으로 인도하고 있다. 따라서 온 교회가 믿음을 버리고 신념을 좇아가고 있다.

4) 믿음을 알지 못하고 신념을 따라가는 교회는 그 본질을 잃어버리고 세상으로 돌아갈 것이다. 세상으로 돌아간 교회들은 예수의 피에 의한 속죄와 구원을 알지 못하고 정욕에 따라서 돈과 명예와 권력을 추구한다. 이러한 교회들은 믿고 기도하면 돈과 명예와 권력을 얻을 수 있다는 신념과 긍정적인 생각을 가지고 열심히 예배에 참석하고 헌금을 드리며 기도한다. 곧 이러한 교회들은 예수 이름으로 사업에 성공하고 명예를 얻고 정치적으로 높은 지위에 올라가는 것을 구원의 증거로 알고 있다. 그 교회들은 예수를 주님이라고 시인하면 구원을 얻은 것으로 오해하고 있다. 그들은 구원을 얻었으므로 이제부터 돈과 명예를 얻어 세상에서 평안하게 살아야 한다고 믿고 있다. 따라서 이러한 교회들은 생명을 전하고 하나님의 영광을 나타내는 하나님의 성전이 아니라 단순한 사교 집단이다.

5) 교인들의 관심은 하나님의 영광을 나타내는 것이 아니라 오직 세상에 속한 것을 얻는 것이다. 기업가들은 자신과 기업의 이미지 제고를 위하여 교회에 출석하며 예수 이름을 믿는 체한다. 그들은 자신과 기업의 이름으로 헌금을 드리고 많은 돈을 국가와 사회를 위하여 내놓는다. 그리고 그들은 예수 이름을 믿고 구원을 얻음으로 사업에 크게 성공하였다고 떠벌리고 다닌다. 목회자들은 예배시간에 그들의 이름을 구원받은 자들의 표본으로 설교한다. 이 설교를 들은 교인들은 자기도 믿고 기도하면 기업가들처럼 사업에 성공할 수 있다고 오해하고 봉사하고 예배에 참석하며 기쁘게 헌금을 드린다. 기업가들이 출석하는 교회에 돈을 사모하는 많은 사람이 모인다. 헌금이 늘어나서 큰 예배당을 건축하고 돈 많은 사람이 모이면 목회자들은 이것을 목회의 성공으로 착각한다. 그러나 이러한 교회는 생명이 있는 것처럼 보이나 죽은 교회이다.

6) 하나님의 뜻을 알지 못하는 교인들은 명예와 권력을 위하여 달려간다. 연예인들은 명예와 인기를 위하여, 정치인들은 권력을 위하여 대형교회에 출석한다. 교회는 많은 교인을 불러 모으기 위하여 교회 내에 여러 가지 소집단을 만든다. 예컨대, 연예인 선교회, 체육인 선교회, 실업인 선교회, 예술인 선교회 등의 각종 단체를 만들고 그 분야에 성공한 사람들을 각 선교회의 회장으로 세운다. 선교회의 회장들은 자기를 본보기로 하여 전도함으로 사람을 끌어모은다. 각 선교회 회원들은 믿고 기도하면 회장처럼 될 수 있을 것으로 믿고 열심히 기도한다. 그들의 관심은 생명을 얻는 것이 아니라 돈과 명예와 권력을 얻는 것이다. 그들은 그들의 신념이

이루어지기를 믿고 열심히 기도한다. 그러나 시간이 지나면 그들의 대부분은 원하는 것을 얻지 못하고 하나님을 떠나 세상으로 돌아간다. 그 이유는 예수 이름을 믿음으로 생명을 얻지 못하였기 때문이다.

7) 정치인은 정치적인 이유로 예배에 참석한다. 그들을 '하나님이 누구인지, 생명이 무엇인지' 알지 못하고 지역구민들에게 얼굴을 알리기 위하여 지역구의 여러 교회의 예배에 참석한다. 특히 선거철이 되면 정치인들이 대형교회의 성도인 것처럼 행세하고 있다. 그들의 목적은 단지 선거에서 많은 표를 얻는 것이며 믿음으로 생명을 얻는 것은 아니다. 만약 그들의 선거구에 큰 불교사찰이 있으면 그들은 불교도인 체하고 얼굴을 알리기 위하여 법회에 참석할 것이다. 이같이 정치인들이 교회에 출석하는 것은 자기의 얼굴을 알리며 자기의 이미지를 위한 것이다. 정치인들은 수단과 방법을 가리지 아니하고 선거에서 표를 얻으려고 한다. 이 모든 것은 목회자들의 타락에 기인한다. 그들은 하나님과 예수 그리스도를 알지 못하고 믿음이 아닌 신념을 전하고 있기 때문이다.

8) 자유민주주의 국가 안에는 다양한 이익단체가 자신의 이익을 위하여 투쟁하고 정치권을 상대로 로비를 하고 있다. 노동조합, 기업단체, 각 사업자 단체, 환경단체, 전문직 단체, 체육과 예술단체, 및 종교단체 등 수많은 단체가 각자의 이익을 위하여 투쟁하고 있다. 기독교 역시 교단을 중심으로 교회의 권익을 위하여 투쟁한다. 이 과정에서 각 단체 간에 이해의 충돌이 발생한다. 정치권을 그들의 표에 유리하게 각 단체의 이해를 조정하려고 한다. 종교의 자유를 보장하는 자유민주주의 국가 안에는 다양한 종교가 공존하고 있다. 이들 종교 가운데 오직 기독교만이 예수의 피에 의한 속죄와 구원을 전함으로 타 종교와 대립하고 있다. 선거에서 표를 중시하는 정치권은 종교 간의 대립을 조정할 필요가 있다. 이것이 자유주의 신학에 근거한 종교다원주의와 맞물리면서 차별금지법이 탄생하는 계기가 되었을 것으로 풀이된다.

9) 종교다원주의는 포스트모더니즘과 맥을 같이 하고 있다. 포스트모더니즘은 절대적인 것을 부정하고 상대적으로 본다. 포스트모더니즘은 인문사회과학의 연구결과 일반적으로 인정된 모든 원리와 질서를 부인한다. 곧 포스트모더니즘은 기존의 모든 질서를 부인하고 새로운 질서를 만들고 있다. 남자와 여자가 결혼하여 자녀를 낳음으로 형성되는 가정, 학교에서 가르치고 배우는 선생과 제자의 관계, 존경하고 복종하는 노인과 젊은이의 관계, 직장과 군대에서 상하 관계, 교회에서 목사와 교인의 관계를 비롯하여 기존 사회의 모든 질서를 부정하고 새로운 질서를 형성하려는 움직임이 나타나고 있다. 대표적인 것이 기독교에서 예수의 피에 의한 구원을 부인하고 구원을 상대적으로 보며 가족관계에서 동성애를 인정하는 것이다. 나아가서 포스트모더니즘은 하나님의 말씀에 의한 선과 악의 기준을 부인하고 개인이 옳다고 생각하는 것을 선과 악의 기준으로 삼는다.

10) 포스트모더니즘은 공산주의 사상과 맥을 같이 한다. 마르크스와 프리드리히 엥겔스는 공산당 선언에서 프롤레타리아트가 공산혁명에 성공하여 정권을 쟁취하면 현재가 과거를 지배할 수 있다고 주장한다. 공산주의 국가는 국가권력으로 과거에 축적된 부르주아지의 자본과 생산시설을 국유화하여 지배할 수 있다. 현재의 공산당의 권력이 과거에 축적된 생산 자본을 지배한다. 곧 현재가 과거의 모든 것을 지배한다. 이러한 공산주의 사상이 포스트모더니즘 사상으로 나타나고 있다. 포스트모더니즘 아래서 현재가 과거를 지배한다. 현재 개인이 옳다고 생각하는 것이 학문의 연구결과와 일반적으로 인정되는 모든 질서를 지배한다. 과거의 모든 질서를 부인하고 자기의 생각만이 옳다고 주장하는 것은 많은 거짓말을 낳고 있다.

11) 개인의 생각이 선과 악의 기준이 되면 이 세상에는 선과 악의 수많은 기준이 있다. 선과 악의 기준이 많다는 것은 기준이 없다는 것이다. 따라서 포스트모더니즘 사상 아래서 모든 분야에 기본질서는 없어지므로 국가와 사회 종교는 혼돈(chaos)에 빠진다. 자본주의와 공산주의, 자유민주주의와 사회주의, 기독교와 이방종교 간에 절대적인 기준이 없어지고 있다. 공산주의 국가에서 경제발전을 위하여 자본주의의 시장경제 제도를 도입하고, 자유민주주의 국가에서 소득분배의 양극화를 해소하기 위하여 보편적 분배를 도입하여 사회주의국가체제로 이동하고 있다. 기독교와 이방종교가 모두 동일한 구원에 이르는 종교로 취급함으로 모든 종교를 같은 시각에서 바라보고 있다. 이것은 필연적으로 사람을 혼돈의 상태로 몰아넣고 있다. 모든 것이 절대적인 기준이 없고 상대적이다. 이것이 포스트모더니즘의 특징이다.

12) 포스트모더니즘의 특징은 극단적인 개인주의와 배금주의이다. 개인의 이익만 있으며 타인에 대한 배려가 없다. 개인의 이익은 돈의 유무로 결정된다. 돈이 사람의 양심이므로 돈을 얻는 일은 선이고 그렇지 않으면 악이다. 사람은 현재 자기의 생각을 양심으로 가지므로, 사람의 양심은 수시로 변화한다. 양심에 보편적으로 인정되는 기준이 있으면, 사람의 양심은 시간과 장소에 따라서 크게 변화하지 아니할 것이다. 양심이 시간과 장소에 따라서 변화하면, 사람은 과거에 말과 행위로 표출된 양심을 현재의 것으로 바꾸기 위하여 필연적으로 거짓말을 하여야 한다. 예컨대, 어떤 정치인이 선거에 당선되면 국민을 위하여 내 모든 재산을 사회에 환원하겠다고 말하였다고 하자. 그 후에 그 생각이 바뀌어 재산 일부만 사회에 헌납하려고 한다면, 지금 자신의 행위에 정당성을 부여하기 위하여 과거의 말을 뒤집으려는 명분을 제시하여야 한다. 그 명분이 거짓말이다. 따라서 현재의 생각을 양심의 기준으로 삼는 포스트모더니즘에서 사회를 지배하는 것은 거짓말이다.

13) 지금 우리는 매스컴, SNS, 유튜브, 인터넷 및 이동통신을 통하여 많은 뉴스를 접하고 있다. 우리는 이들 뉴스 가운데 참과 거짓의 구분이 불가능한 경우가 많다. 포스트모더니즘에서 절대적인 것은 없고 모든 것을 상대적이며 개인의 생각이 양심의 기준이므로, 거짓이 사회를 지배하고 있다. 사람들이 거짓말을 하는 이유는

돈과 명예와 권력을 얻기 위함이다. 이러한 사회적 배경하에서 정치인들은 오직 권력을 잡으려는 욕심으로 국민을 극단적인 상대주의와 다원주의로 몰아가고 있다. 그 결과 나타난 것이 종교다원주의와 동성애의 합법화이다. 특히 진보를 표방하는 정당은 절대적인 것을 부인하고 모든 것을 상대적으로 취급함으로 자연스럽게 차별금지법을 발의하였다. 그러나 교회는 생명과 죄의 본질을 알지 못하므로 차별금지법을 통과시키려는 정치권에 아무런 반대 의사조차 표시하지 아니하고 침묵을 지켰다. 그 결과 차별금지법(안)은 의회를 통과하여 법으로 확정되었다.

14) 자유민주주의 국가는 선거를 통하여 국가의 권력을 결정한다. 국가의 권력의 성격은 정권을 잡은 정당의 강령에 따라서 결정된다. 자유민주주의 국가에서 정당은 크게 보수정당과 진보정당으로 구분한다. 보수정당은 경제의 성장에, 진보정당은 분배에 역점을 두고 있다. 진보정당은 공산당 선언에 기초한 사회주의 정책인 보편적 복지를 받아드리고 있다. 국민이 선거를 통하여 진보정당을 선택하면, 정부는 분배에 역점을 둔 사회주의 정책을 시행하고 있으며 종교에 대한 태도 역시 공산주의 사상에 접근하고 있다. 진보정당이 집권하였던 때 자유민주주의 국가들은 차별금지법을 통과시킴으로 종교다원주의와 동성애를 합법화하였다. 이들 국가는 모든 종교에 구원이 있다는 차별금지법을 입법화하였으므로 그 나라에서 예수의 피에 의한 구원만을 선포는 위법이다. 거짓이 진리를 몰아내고 있다.[227]

15) 공산주의 국가는 국가권력으로 기독교를 말살하고 있으며, 자유민주주의 국가들은 차별금지법을 통하여 법으로 교회를 단순한 사교 집단으로 만들고 있다. 예수의 피에 의한 구원을 증거하지 못하는 교회는 사교 단체이다. 종교다원주의가 법적으로 보장되는 나라에서 교회는 점차 일반 사교 단체로 전락하다가 자취를 감출 것이다. 차별금지법을 입법화한 서유럽의 교회는 그 본질을 잃어버리고 역사 속으로 사라지고 있다. 마치 이스라엘 백성이 무너진 성전 터의 벽을 붙들고 통곡하는 것과 같이, 자유민주주의 국가에서 일부 남은 성도들은 무너진 교회의 터, 곧 예수 그리스도를 바라보며 탄식할 것이다. 미국도 동성애를 합법화한 이후 교회는 사교 집단으로 전락할 것이다. 구약성경은 이에 대하여 이렇게 말씀한다. **"땅을 파서 돌을 제하고 극상품 포도나무를 심었었도다 그 중에 망대를 세웠고 그 안에 술틀을 팠었도다 좋은 포도 맺기를 바랐더니 들 포도를 맺혔도다"** (사 5:2). 예수의 피에

---

227) 이러한 현상은 "악화가 양화를 구축한다"라고 하는 그레샴의 법칙(Gresham's law)으로 생활 수 있다. 성경에 계시된 인류의 역사는 진리와 거짓이 충돌하는 과정에서, 후자가 전자를 몰아내는 것을 보여주고 있다. 아담의 타락 이후 인류는 마귀의 지배 아래서 거짓을 진리로 오해하고 살아가고 있으며 진리를 따르는 자들을 핍박하고 죽이고 있다. 이스라엘의 역사는 거짓이 진리를 몰아내는 것을 보여주었다. 그리스도 이후 인류의 역사도 역시 거짓이 진리를 몰아내고 있다. 거짓 교회가 진리를 전파하는 교회를 몰아내고 있다. 지금 종교다원주의와 동성애를 지지하는 거짓 교회가 예수의 피에 의한 구원을 파하는 교회를 몰아내려고 혈안이 되어있다.

의한 복음을 증거하는 교회는 극상품 포도나무이다. "들 포도"란 종교다원주의를 지지하는 교회이다.

16) 차별금지법이 시행되고 있는 나라에서 예수의 피에 의한 복음을 증거하는 것과 동성애가 창조질서와 율법을 위반하는 것이라고 증거하는 것 역시 불법이다. 교회가 차별금지법을 반대하지 아니한 것은 스스로 생명의 원천인 하나님을 버리고 멸망의 구덩이를 판 것이다. 성경은 이렇게 책망한다. **"내 백성이 두 가지 악을 행하였나니 곧 생수의 근원되는 나를 버린 것과 스스로 웅덩이를 판 것인데 그것은 물을 저축지 못할 터진 웅덩이니라"** (렘 2:13). "생수의 근원되는 나를 버린 것"이란 종교다원주의를 지지함으로 하나님을 이방종교의 우상과 동일시한 것을 의미한다. "스스로 웅덩이를 판 것"이란 윤리와 도덕, 그리고 돈과 명예와 권력에 생명이 있는 것으로 착각한 것을 의미한다.

17) 종교다원주의와 동성애를 합법화한 서유럽에서 교회를 찾아볼 수 없으며 북미의 교회도 급속하게 없어질 것이다. 호주와 뉴질랜드도 마찬가지이다. 우리나라의 진보정당은 종교다원주의와 동성애를 합법화하기 위하여 포괄적 차별금지법(안)을 마련하고 이를 본회의에 상정하려고 한다. 진보를 표방하는 교회와 좌파정당을 지지하는 교회가 차별금지법에 찬성하고 있으므로 한국교회는 바람 앞에 등불처럼 위기에 직면하고 있다. 일부 보수주의 교단에서 종교다원주의와 동성애를 반대하고 있지만, 그 목소리는 점점 미약하여 지고 있다. 마귀는 교회로 병들게 하여 스스로 무너지게 하고 있다. 광야교회 붕괴의 책임이 제사장에게 돌아간 것처럼, 이 모든 책임이 교회의 지도자들에게로 돌아갈 것이다.

(3) 이해를 위한 질문
1) 공산주의 국가와 이방종교 국가
  a. 공산주의 국가가 기독교를 마약으로 취급하는 이유는 무엇인가(마 19:24).
  b. 공산주의가 여성을 공유의 대상으로 보는 이유는 무엇인가.
  c. 공산주의 국가가 시장경제를 반대하는 이유는 무엇인가.
  d. 공산주의 국가에서 교회를 인정하지 아니하는 이유는 무엇인가.
2) 자유민주주의 국가와 종교다원주의
  a. 교회가 믿음을 버리고 신념을 따라가는 이유는 무엇인가.
  b. 포스트모더니즘이 극단적인 사회주의와 맥을 같이 하는 이유는 무엇인가.
  c. 자유민주주의 국가에서 종교다원주의와 동성애를 합법화한 이유는 무엇인가.
  d. 차별금지법을 시행하고 있는 국가에서 복음 전도가 불가능한 이유는 무엇인가.
  e. 종교다원주의를 지지하는 교회가 붕괴의 길을 걷는 이유는 무엇인가.

5.2 십자가를 지지 아니하는 교회
1. 십자가를 통하여 계시된 하나님의 뜻을 알지 못하는 교회
(1) 세상에 속한 것과 마귀의 궤계

1) 하나님은 아들을 통하여 그의 뜻을 계시하셨다. 교회가 하나님의 뜻을 성취하려면 자기를 낮추고 십자가를 지는 것이다. 십자가를 짊어진 것은 죽음을 향하여 골고다 언덕으로 올라가는 것이다. 십자가를 짊어진 자만이 하나님의 말씀을 순종할 수 있기 때문이다. 십자가를 지지 아니하고 하나님의 말씀을 순종하려는 것은 외식이며 자신을 속이는 것이다. 따라서 마귀는 세상에 속한 것들로 교회를 미혹하여 십자가를 지지 못하게 한다. 마귀는 돈과 명예와 권력과 육신의 쾌락으로 교회를 미혹한다. 마귀는 세상 문명과 문화와 권력을 지배하는 세상의 임금이다. 마귀는 이것을 통하여 교회를 미혹함으로 교회로 십자가를 지지 못하게 한다. 십자가를 지지 아니한 교회는 타락의 길을 걷게 될 것이다.

2) 자기의 십자가를 지는 것은 하나님의 말씀을 자신의 목숨보다 귀하게 여기는 것이다. 그것은 먼저 돈을 사랑하는 마음을 포기하는 것으로부터 시작한다. 아브라함은 부르심을 받았을 때 고향의 비옥한 토지를 포기하였다. 그는 자신을 비롯한 가족과 하인들의 목숨을 하나님께 맡기고 가나안땅을 향하여 나아갔다. 야곱은 에서의 얼굴을 피하여 하란으로 내려갈 때 모든 유산을 포기하고 그의 목숨을 하나님께 맡겼다. 요셉은 애굽의 종으로 팔려갔다. 그는 목숨을 하나님께 맡기고 형제들의 모든 죄를 용서하였다. 이스라엘 백성은 목숨을 하나님께 맡기고 애굽에서 사용하던 모든 것을 버리고 광야로 나왔다. 광야는 먹을 양식과 마실 물이 없는 곳이다. 아브라함과 그의 자손들이 세상에 속한 모든 것을 버리고 목숨을 하나님께 맡긴 것은 십자가를 짊어진 그리스도의 교회를 모형으로 보여준다.

3) 이스라엘 백성이 애굽에서 광야로 나왔을 때, 마귀는 세상에 속한 것들로 그들을 미혹하였다. 첫째, 마귀는 육체의 양식으로 그들을 미혹하였다. 그들이 광야에서 양식을 구할 수 없으므로, 하나님은 그들에게 만나를 육체의 양식으로 주셨다. 그러나 그들은 하늘에서 내려온 만나로 만족하지 못하고 고기를 위하여 하나님을 원망하였다(출 16:2,3). 그들은 마실 물로 하나님을 원망하였다(출 17:1,2). 둘째, 마귀는 우상으로 그들을 미혹하였다. 이스라엘 백성은 하나님의 인도하심을 받았지만, 하나님을 눈으로 볼 수 없었다. 백성은 하나님의 말씀을 순종하는 것이 하나님의 얼굴을 뵙는 것임을 알지 못하였다. 따라서 그들은 하나님의 형상으로 우상을 만들고 그 앞에서 먹고 마시고 뛰놀았다. **"이튿날에 그들이 일찌기 일어나 번제를 드리며 화목제를 드리고 앉아서 먹고 마시며 일어나서 뛰놀더라"** (출 32:6). 셋째, 마귀는 육체의 쾌락으로 백성을 미혹하였다. 백성이 싯딤에서 모압 여자들과 음행하고 우상의 제물을 먹었다. **"이스라엘이 싯딤에 머물러 있더니 그 백성이 모압 여자들과 음행하기를 시작하니라"** (민 25:1). 넷째, 마귀는 이스라엘 백성에게

가나안땅을 버리고 애굽으로 돌아가려는 마음을 넣어주었다. 그들은 가나안 거민을 두려워하여 애굽으로 돌아가려고 하였다. **"어찌하여 여호와가 우리를 그 땅으로 인도하여 칼에 망하게 하려 하는고 우리 처자가 사로잡히리니 애굽으로 돌아가는 것이 낫지 아니하랴"**(민 14:3). 다섯째, 마귀는 이스라엘 백성을 권력과 명예로 미혹하였다. 이스라엘 자손의 족장 가운데 일부가 모세의 권위에 도전함으로 하나님의 주권을 대적하였다. **"이스라엘 자손 총회에 택함을 받은 자 곧 회중에 유명한 어떤 족장 이백오십 인과 함께 일어나서 모세를 거스리니라"**(민 16:2).

4) 광야에서 나타났던 마귀의 유혹이 이스라엘의 역사를 통하여 끊임없이 계속되었다. 이스라엘 백성이 가나안땅에 정착한 후에 마귀는 육체의 쾌락과 우상으로 그들을 미혹하였다. 백성은 육체의 쾌락을 위하여 이방여자를 아내로 취하고 그녀에게 미혹을 받아 우상을 숭배하였다(삿 3:6). 솔로몬은 육체의 쾌락을 위하여 많은 이방여자를 아내로 취하고 노년에 우상숭배에 빠졌다. 하나님은 음행과 우상숭배에 빠진 이스라엘을 칼과 온역과 기근으로 저주하셨으나, 그들은 죄를 깨닫지 못하였다. 마침내 그들은 음행과 우상숭배로 나라를 멸망의 구덩이로 몰아넣었다. 이스라엘 자손은 하나님의 백성으로서 하나님의 나라를 모형으로 보여준다. 이스라엘의 멸망은 하나님 나라의 붕괴를 모형으로 보여준다.

5) 마귀는 이스라엘 백성을 권력과 명예로 미혹하였다. 사울은 이스라엘의 주권자로 세움을 받았으나 권력과 명예를 위하여 하나님의 원수를 멸하지 아니하고 제사장의 직분을 침해하였다. 다윗의 아들 압살롬은 권력을 위하여 아버지 다윗을 대적함으로 나라를 위기에 빠뜨렸다. 여로보암은 권력을 유지하기 위하여 우상숭배를 통치기초로 삼음으로 나라를 우상숭배의 도가니로 몰아넣었다. 이스라엘 백성이 우상숭배에서 자유하지 못한 것은 세상에 속한 것으로 미혹하는 마귀의 궤계에 빠졌기 때문이다. 이스라엘 백성이 마귀의 미혹에 넘어간 이유는 십자가를 지지 아니하였기 때문이다. 그들은 애굽에서 사용하던 모든 것을 버리고 광야로 나온 하나님의 백성이다. 그러나 그들은 하나님의 백성으로서 정체성을 잃어버렸으므로 마귀의 미혹에 빠져서 타락하였다.

6) 마귀는 돈과 명예로 바리새인들과 서기관들을 미혹하였다. 그들은 많은 돈과 명예와 육체의 건강을 의롭다 함을 받은 증거로 여겼다. 따라서 그들은 율법의 행위로 의롭다 함을 받으려고 율법을 순종하는 체하였고 돈을 좋아하였다. 돈이 많은 것은 죄로 인한 저주가 없다는 것을 의미하므로 그들은 돈을 좋아하였다. **"바리새인들은 돈을 좋아하는 자라 이 모든 것을 듣고 비웃거늘"**(눅 16:14). 돈과 명예를 좋아하는 그들은 끝내 하나님의 아들을 정죄하여 십자가에 못 박았다. 이와 같이 마귀는 광야교회를 미혹하여 십자가를 지지 못하게 하고 교회를 타락의 길로 인도하였다.

7) 40일 동안 광야에서 예수께서 금식하신 뒤에 마귀에게 시험을 받으셨다. 마

귀는 재물과 명예와 권력으로 하나님의 아들을 미혹함으로 장차 이러한 것들로 교회를 미혹할 것을 모형으로 보여주었다. 마귀는 돌을 떡으로 만드는 것, 성전 꼭대기에서 뛰어내리는 것, 세상 권력과 명예를 얻는 것으로 하나님의 아들을 미혹하였다. 이러한 마귀의 미혹을 이기려면 교회는 자기를 부인하고 십자가를 져야 한다. 돈과 명예와 권력과 육체의 쾌락을 십자가에 못 박은 자만이 예수의 말씀을 순종할 수 있기 때문이다. 예수 이름을 믿고 하나님의 아들 예수를 주님이라고 시인하는 것은 세상에 속한 모든 것을 포기하고 예수의 말씀을 순종하겠다는 맹세이다. 예수는 왕이며 주님이라고 시인하는 것은 그의 말씀 앞에 자신의 인격이 없다고 고백하는 것이며 주의 말씀을 위하여 목숨을 버리겠다는 맹세이다. 곧 예수의 말씀을 자기의 목숨보다 더 귀중하게 여기는 것이 자기의 십자가를 지는 것이다.

8) 제자로 택함을 받은 가룟 유다는 돈을 사랑하는 마음을 포기하지 못하였다. 마귀는 가룟 유다의 마음속에 돈을 사랑하는 생각을 넣어주었다. 가룟 유다는 돈을 사랑하는 마음을 극복하지 못하였으므로 하나님의 돈을 도적질하였다. **"이렇게 말함은 가난한 자들을 생각함이 아니요 저는 도적이라 돈 궤를 맡고 거기 넣는 것을 훔쳐 감이러라"**(요 12:6). 하나님의 돈을 훔치려는 마음은 마귀의 생각이므로 예수께서 그를 마귀라고 선언하셨다. **"예수께서 대답하시되 내가 너희 열둘을 택하지 아니하였느냐 그러나 너희 중에 한 사람은 마귀니라 하시니"**(요 6:70). 따라서 성경은 교회가 돈과 하나님의 말씀을 동시에 섬길 수 없다고 말씀하신다. **"한 사람이 두 주인을 섬기지 못할 것이니 혹 이를 미워하며 저를 사랑하거나 혹 이를 중히 여기며 저를 경히 여김이라 너희가 하나님과 재물을 겸하여 섬기지 못하느니라"**(마 6:24).

9) 마귀는 교회로 십자가를 지지 못하게 하려고 교회를 핍박한다. 마귀는 세상을 통하여 교회를 핍박하여 세상으로 돌아가게 한다. 교회는 핍박을 받을 때 세상으로 돌아감으로 환난을 피하려고 하기 때문이다. 사도 바울은 복음을 전파하면서 많은 핍박을 받았다. 그가 복음 전파하지 아니하였다면 세상으로부터 핍박을 받지 아니하였을 것이다. **"형제들아 내가 지금까지 할례를 전하면 어찌하여 지금까지 핍박을 받으리요 그리하였으면 십자가의 거치는 것이 그쳤으리니"**(갈 5:11). 사도 바울은 세상에서 오는 핍박을 자신의 십자가로 알고 하나님의 은혜를 통하여 위로를 받았다. **"우리의 모든 환난 중에서 우리를 위로하사 우리로 하여금 하나님께 받는 위로로써 모든 환난 중에 있는 자들을 능히 위로하게 하시는 이시로다"**(고후 1:4).

10) 마귀는 핍박과 환난을 받는 교회로 세상에 속한 것으로 위로를 받게 하려고 한다. 니골라는 성령과 믿음이 충만하여 사도들에 의하여 집사로 안수받았다. 그러나 그는 유대인에게 받는 핍박을 두려워하여 유대교로 돌아갔다. **"온 무리가 이 말을 기뻐하여 믿음과 성령이 충만한 사람 스데반과 또 빌립과 브로고로와 니가노르와 디몬과 바메나와 유대교에 입교한 안디옥 사람 니골라를 택하여"**(행 6:5). 니골

라가 유대교로 돌아간 것은 세상으로 돌아간 것이다. 이처럼 교회는 핍박을 받을 때 하나님을 떠나서 이방종교와 세상의 문화로 위로를 받으려고 한다. 교회는 돈으로 세상에 속한 문화를 체험함으로 위로를 받으려고 한다. 따라서 성경은 세상에 속한 것들을 사랑하지 말라고 경고한다. "**이는 세상에 있는 모든 것이 육신의 정욕과 안목의 정욕과 이생의 자랑이니 다 아버지께로 좇아 온 것이 아니요 세상으로 좇아 온 것이라**"(요일 2:16). 세상으로 돌아가는 것은 사단에게 돌아가는 것이다. "**이미 사단에게 돌아간 자들도 있도다**"(딤전 5:15).

11) 교회는 멀리 있는 자가 아니라 가까이 있는 자들로부터 핍박을 받는다. 특히 믿지 아니하는 가족으로부터 핍박을 받으면 교회는 이를 피할 수 없다. 따라서 믿는 자들에게 믿지 아니하는 가족은 원수와 같다. "**내가 세상에 화평을 주러 온 줄로 생각지 말라 화평이 아니요 검을 주러 왔노라 내가 온 것은 사람이 그 아비와, 딸이 어미와, 며느리가 시어미와 불화하게 하려 함이니**"(마 10:34,35). 믿는 자는 하나님의 자녀이나 믿지 아니하는 자는 마귀의 자녀이기 때문에, 교회는 믿지 아니하는 가족에게 핍박을 받는다. "**장차 형제가 형제를, 아비가 자식을 죽는데 내어주며 자식들이 부모를 대적하여 죽게 하리라**"(마 10:21). 교회는 가족에게 받는 핍박으로 인하여 괴로움을 당한다. 믿지 아니하는 가족의 핍박은 교회가 짊어질 십자가이다. 그러나 교회는 가정의 화평이란 명분으로 십자가를 지지 아니하고 세상으로 돌아가고 있다.

12) 사도 바울은 동족에게 많은 핍박을 받았다. 사도 바울은 바리새인이었을 당시에 친구이며 동료들인 유대인들에게 많은 핍박을 받았다. 유대인들은 바울을 돌로 쳐서 죽이려고 하였다. "**유대인들이 안디옥과 이고니온에서 와서 무리를 초인하여 돌로 바울을 쳐서 죽은 줄로 알고 성 밖에 끌어 내치니라**"(행 14:19). 사도 바울은 동족의 핍박을 자신의 십자가로 알았다. 따라서 바울은 자기를 죽이려는 유대인들을 구원을 위하여 기도하였다(롬 9:1~3). 세상은 교회를 핍박한다. 그 이유는 교회가 예수의 피에 의한 구원을 선포하기 때문이다. 기독교는 이방종교와 세상으로부터 독선적이라는 비난을 받고 있다. 이것은 교회가 짊어져야 할 십자가이다. 그러나 교회는 종교 간의 화합이란 명분을 앞세워 종교다원주의를 받아드림으로 스스로 붕괴의 길을 걷고 있다.

13) 마귀는 세상에 속한 것들로 교회를 미혹할 뿐만 아니라 핍박하고 있다. 교회가 세상으로부터 오는 미혹과 핍박을 이기려면 자기의 십자가를 져야 한다. 그러나 교회는 하나님의 말씀보다 세상에 속한 것들을 더 사랑함으로 십자가를 지지 아니하고 있다. 교회가 세상에서 오는 핍박을 이기려면 십자가를 져야 하지만, 마귀의 미혹에 빠져서 핍박을 피하려고 십자가를 지지 아니한다. '좋은 것이 좋다'는 속담처럼 교회는 마귀의 미혹에 빠져 세상과 멍에를 함께 매고 있다. 교회가 십자가를 지지 아니하고 세상과 타협함으로 붕괴의 길을 걷고 있다.

(2) 돈을 사랑하는 교회

1) 현대교회가 십자가를 지지 아니하는 이유는 돈을 사랑하기 때문이다. 교회는 하나님의 영광보다는 세상의 영광을 더 사모하므로 돈을 사랑한다. 교회는 영광이 돈으로부터 나온다고 믿고 있다. 성경은 교회를 향하여 돈을 사랑하지 말라고 경고하고 있지만, 교회는 돈을 사랑하는 마음을 버리지 못하므로 십자가를 지지 아니한다. 돈은 모든 탐심을 만족시켜줄 수 있는 수단이므로 교회는 돈 때문에 하나님의 말씀을 대적하고 있다. 목회자는 큰 예배당을 지으려고 한다. 목회자는 많은 성도를 모으려고 한다. 목회자는 많은 헌금수입을 원한다. 목회자는 많은 사례비를 받으려고 한다. 이를 위하여 목회자들은 성도들을 세상에 속한 것들로 인도한다. 교회는 많은 돈을 생명으로 착각하므로 타락의 길을 걷고 있다.

2) 돈의 위력을 살펴보자. 지금 우리는 인류 역사상 과학과 기술이 가장 발달한 시대에 살고 있다. 과학은 최고의 문명의 이기를 만들어내고 사람에게 최고의 문화생활과 편의를 제공한다. 돈은 사람에게 최고의 문화를 즐기는 기회를 제공한다. 사람은 돈으로 최상의 문화를 즐길 수 있다. 돈은 권력이다. 모든 권력은 돈으로부터 온다. 돈은 자기가 원하는 거의 모든 사람을 움직일 수 있다. 돈은 죽음을 해결하지 못하지만, 세상에 속한 거의 모든 것들을 얻을 수 있다. 돈은 육체의 생존과 직결된다. 사람이 살아가려면 돈이 필요하다. 먹고 마시고 입고 사는 모든 것은 돈으로부터 나온다. 사람의 육체는 돈으로 살아간다. 따라서 모든 사람이 돈 앞에 무릎을 꿇는다. 돈은 신과 같은 권력으로 사람의 모든 것을 지배한다. 따라서 세상에서 돈을 싫어하는 사람은 아무도 없다.

3) 인류의 역사는 돈을 얻기 위한 전쟁의 역사이다. 전쟁은 타국의 영토와 재산을 강제로 빼앗은 것이다. 전쟁의 목적은 돈을 얻는 것이다. 인류는 타인의 돈을 빼앗기 위하여 전쟁을 통하여 집단 살인을 자행하고 있다. 지금 유럽과 중동지역에서 자행되는 전쟁은 돈과 관련된다. 자국의 이익을 위하여 타국의 영토를 침략하는 과정에서 많은 사람이 피를 흘리며 죽어가고 있다. 사람은 타인의 목숨과 돈을 맞바꾸고 있다. 국가는 전쟁에 승리하기 위하여 대량의 살상 무기를 개발하고 엄청난 자원을 투자하고 있다. 국가는 개발된 무기로 타국을 위협하며 자국의 이익을 극대화하고 있다. 인구와 자원이 많은 나라는 패권국이 되기 위하여 혈안이 되고 있다. 이 모든 것은 돈을 얻기 위한 투쟁에서 비롯되고 있다.

4) 자유민주주의 사회는 선거를 통하여 지도자를 선출한다. 어느 정당이 선거에서 승리하는가. 선거의 승리를 결정하는 것은 돈이다. 보수정당은 기업이 많은 돈을 벌게 함으로 국가를 부강하게 하려고 한다. 진보정당은 기업을 국유화하고 보편적 복지란 명분으로 국가의 돈을 서민에게 나누어주려고 한다. 전자는 맨입으로 선거운동하고, 후자는 국가의 재정으로 선거운동을 한다. 대부분의 정당이 미래세대로부터 받을 세금을 앞당겨 사용함으로 아직 태어나지 아니한 세대를 착취하고 있

다. 진보정당이 오랫동안 집권한 국가는 엄청난 부채를 미래 세대에게 남겨주며 살아가고 있다. 곧 현재 사람들은 내 입밖에 알지 못하는 파렴치한 세대로 전락하였다. 나만 살면 된다는 생각에서 아직 태어나지 아니한 미래세대의 소득을 약탈하고 있다.

5) 현대사회는 다양한 형사사건으로 골머리를 앓고 있다. 일부 국가를 제외한 많은 국가에서 심야에 외출하는 것은 거의 불가능하다. 범죄의 표적이 되기 때문이다. 돈 많은 유명 인사들은 자신을 보호하기 하여 사설 경호팀을 운영한다. 현대사회가 불안한 이유는 돈을 갈취하려는 범죄 때문이다. 현대사회의 범죄는 크게 두 가지 유형이다. 첫째, 금품을 노리는 범죄이다. 둘째, 성범죄이다. 거의 모든 범죄가 타인의 금품을 빼앗으려는 목적으로 자행되고 있다. 최근 문제가 되는 전화 및 인터넷 사기는 속여서 타인의 돈을 갈취하는 것이다. 타인의 돈을 빼앗으려고 사람을 죽이고 협박하고 속이고 있다. 돈이 거의 모든 형사사건의 원인이 되고 있다. 돈은 사람의 목숨보다 중하다. 이것이 현대인의 사고이다.

6) 과거의 가족관계에서 구성원 간의 사랑이 중요시되었다. 부모와 자녀, 형제, 부부간의 사랑이 중요시되던 시절에는 비록 가난하지만, 화목한 가정이 많이 있었다. 그러나 현대 가정의 화목을 유지하는 것은 사랑이 아니라 돈이다. 돈이 결혼 상대방을 결정하는 중요 요인이다. 우선 상대방이 돈이 많으면 많은 점수를 준다. 돈을 배우자의 조건으로 삼으면 결혼 후에 실직은 이혼의 사유가 된다. 젊은이들은 상대방이 가진 돈을 사랑한다. 부부지간뿐만 아니라 부모와 자녀 간의 관계를 결정하는 것도 역시 돈의 유무이다. 부모가 돈이 많으면 자녀들이 부모에게 순종한다. 그러나 부모가 가난하면 자녀들은 부모를 무시한다. 친구 사이의 관계도 역시 돈이다. 자기의 주머니에서 돈을 꺼내는 사람에게는 친구가 많지만 그렇지 않으면 친구는 적다.

7) 세상의 양심은 돈이다. 돈이 선악의 기준이다. 돈이 성공과 실패의 기준이다. 돈을 얻으면 선이고 잃으면 악이다. 따라서 사람은 성장하는 과정에서 돈을 버는 지식과 기술을 얻기 위하여 교육과 훈련을 받는다. 학교의 교육과 훈련은 돈을 버는 지식과 기술을 가르치는 것이다. 의사는 정년퇴직 없이 생활에 필요한 돈을 버는 안정적인 직업으로 인식되고 있다. 그러나 누구나 원하면 의사가 되는 것은 아니다. 공부를 열심히 하였다고 의사가 되는 것은 확률이다. 학생들은 의사가 되는 확률을 높이기 위하여 많은 시간과 노력을 투자한다. 학교 교육은 사람을 일종의 돈을 버는 기계로 만들고 있다. 좋은 학교란 돈을 많이 번 사람, 곧 경제적으로, 사회적으로, 정치적으로 성공한 사람을 많이 배출하는 곳이다. 사람은 어릴 적부터 돈을 버는 지식과 기술을 배우기 위하여 대부분의 성장 기간을 투자한다.

8) 사람은 어릴 적부터 돈의 필요성을 알고 돈의 힘을 알고 성장한다. 모든 사람은 돈을 양심으로 가지고 있다. 돈에 대한 이러한 생각은 믿음으로 구원을 받은

뒤에도 그대로 유지되고 있다. 따라서 교회도 역시 돈을 사랑하고 있다. 목회자들은 큰 예배당, 많은 성도, 많은 헌금수입, 많은 사례비, 좋은 승용차, 넓은 사택을 원한다. 목회자들은 외국에 나갈 때 항공기의 비즈니스석이나 일등석을, 5성급 호텔을 원한다. 목회자들은 이런 것들을 자랑으로 삼고 있다. 따라서 목회자들은 성도들에게 사업과 직장에서 많은 수입을 올리고 많은 헌금을 드리는 것이 복이라고 말한다. 이러한 설교를 들은 성도들은 돈을 위하여 긍정적인 생각을 가지고 포기하지 아니하는 마음으로 하나님의 도우심을 바라고 불가능한 일에 도전하다가 실망하기도 한다. 성도들은 하나님의 전능하신 능력을 이용하여 세상일을 하는데 막힌 것을 해결하려고 한다. 교회 내에서 많은 헌금을 드리는 자가 높임을 받는 것이 현실이다. 교회는 다른 복음을 전하고 그 대가로 돈을 거두어 드리는 기업으로 전락하고 있다.228) 곧 기독교가 생명을 전하지 아니하고 이방종교로 전락하고 있다. "**그러므로 염려하여 이르기를 무엇을 먹을까 무엇을 마실까 무엇을 입을까 하지 말라 이는 다 이방인들이 구하는 것이라 너희 천부께서 이 모든 것이 너희에게 있어야 할 줄을 아시느니라**"(마 6:31,32).

  9) 지금은 돈이 세상과 교회를 지배하는 시대이다. 마귀는 돈으로 교회를 미혹하고 있다. 세상과 짝한 교회가 돈 앞에 무릎을 꿇으므로 하나님을 떠나고 있다. 사도 바울은 이러한 시대가 올 것을 알고 돈을 사랑하면 죄에 빠진다고 경고하였다. "**부하려 하는 자들은 시험과 올무와 여러 가지 어리석고 해로운 정욕에 떨어지나니 곧 사람으로 침륜과 멸망에 빠지게 하는 것이라 돈을 사랑함이 일만 악의 뿌리가 되나니 이것을 사모하는 자들이 미혹을 받아 믿음에서 떠나 많은 근심으로써 자기를 찔렀도다**"(딤전 6:9,10). 돈은 모든 육체적 욕구를 만족시키기 때문에 돈을 사랑하는 생각이 탐심이다. 십자가를 짊어진다는 것은 돈을 사랑하는 마음을 버리는 것이다. 이것은 교회가 짊어져야 할 십자가이다. 교회가 돈을 사랑하는 생각을 버리는 것은 먹고 마시고 입는 모든 것들을 자기의 힘으로 해결하지 아니하고 하나님의 뜻에 맡기는 것이 믿음의 본질이다.

  10) 야곱은 빈손으로 하란으로 내려가서 재물에 대한 탐심을 버리고 라반의 종으로 맡은 일에 충성하였다. 하나님은 라반의 소유를 야곱에게 주셨다. 이처럼 교회가 재물에 대한 탐심을 버리고 맡은 일에 충성하는 것은 돈을 사랑하는 생각을 버리는 것이다. 교회가 재물을 위하여 기도하고 몸부림친다고 하더라도 하나님의 뜻이 아니면 이루어지지 아니한다. 성도가 재물을 얻는 것은 성도의 의지에 속한

---

228) 종교다원주의를 지지하는 대형교회는 하나님의 교회가 아니라 돈을 따라가는 자들의 모임인 기업이라고 말할 수 있다. 목회자는 교인에게 돈을 구하며 기도하게 하고, 교인들은 하나님의 능력을 이용하여 많은 돈을 벌고 많은 헌금을 내는 것을 구원이라고 알고 있다. 교회가 돈을 버는 기업으로 전락하고 있다. 마음이 부패한 교회가 돈을 구하고 있다(딤전 6:5).

것이 아니라 하나님의 주권에 속한 것이기 때문이다. 가룟 유다는 은 30을 얻으려고 예수를 대제사장에게 넘겨주었으나, 그 돈을 사용하지도 못하고 자살하였다. 일부 성도들은 맡은 일에 충성하지 아니하고 가만히 있더라도 다른 사람을 통하여 도움을 받을 수 있다고 잘못 믿기도 한다. 그러나 하나님은 손으로 하는 일에 복을 주신다(신 15:10).

11) 교회는 하나님께서 주신 재물을 하나님의 뜻에 따라서 사용하여야 한다. 특히 소득의 첫 열매와 십일조는 하나님의 것이므로 이것은 하나님께 드려야 한다. 이것을 드리지 아니하는 것은 하나님의 것을 도적질하는 것이다.[229] 성도는 십일조뿐만 아니라 교회를 섬기기 위한 연보와 감사예물도 드려야 한다.[230] 그리고 오른손이 하는 것을 왼손이 모르게 구제하여야 한다. 이 모든 것은 자족하는 마음을 전제로 한다. **"우리가 먹을 것과 입을 것이 있은즉 족한 줄로 알 것이니라"**(딤전 6:8). 교회는 부할 때도 있고 가난할 때도 있을 수 있다. 돈을 초월하여 하나님의 은혜 아래서 평강을 누리지 못하면 돈을 사랑하는 마음에서 벗어날 수 없을 것이다. 사도 바울은 모든 형편에서 자족하기를 배웠다고 고백하였다. **"내가 궁핍하므로 말하는 것이 아니라 어떠한 형편에든지 내가 자족하기를 배웠노니"**(빌 4:11).

12) 마귀는 돈으로 교회를 미혹한다. 돈은 세상에 속한 거의 모든 것을 얻을 수 있으므로 교회는 마귀의 미혹에 빠질 수 있다. 세상에 속한 모든 것들은 최고의 문화를 즐기게 하므로, 교회는 이것들을 얻기 위하여 돈을 사랑하게 하는 마귀의 미혹으로 빠져들고 있다. 교회는 세상에 속한 문화를 즐기려는 생각을 버려야 한다. 세상으로부터 인정을 받으려는 생각, 권력으로 타인 위에 군림하려는 생각, 육체의 쾌락을 추구하는 생각을 절제하지 못하면, 교회는 마귀의 미혹에 빠짐으로 십자가를 지지 못한다. 자기를 부인하지 아니하고 십자가를 지지 아니하는 교회는 타락의 길을 걸을 것이다. 현대교회가 세상에 속한 것들을 사랑하므로 무너지는 것은 자기의 십자가를 지지 아니하였기 때문이다.

(3) 십자가를 통하여 계시된 하나님의 뜻을 알지 못하는 교회

1) 예수께서 교회를 향하여 십자가를 지라고 명령하신 이유는 믿는 자들에게 생명을 주시기 위함이다. 교회가 십자가를 지는 것을 세상을 떠나서 하나님의 나라에 들어가기 위함이다. 십자가를 지고 하나님의 나라에 들어간 자만이 영생을 얻을 수 있으며 하나님의 안식, 곧 평강에 들어간다. 하나님은 모든 성도에게 동일한 십자가를 요구하는 것은 아니다. 성도의 믿음의 분량에 따라서 하나님은 각각 다른 십자가를 주신다. 하나님은 사도들에게는 무거운 십자가를 주셨다. 따라서 사도들은

---

[229] 졸저, 상게서, 5.2.2.(3) 참조
[230] 연보로 번역된 헬라어, 율로기아(εὐλογια)는 축복이란 의미를 가지고 있다. 곧 연보는 내 육체가 내 영혼을 축복하는 것이다.

많은 핍박을 받고 환난을 겪으며 복음을 증거하다가 순교하였다. 성도들이 믿음의 분량에 따라서 받은 십자가를 지지 아니하는 것은 세상으로 돌아가려는 것으로 저주이다.

2) 하나님께서 아브라함에게 주신 십자가는 하란을 떠나서 약속의 땅으로 들어가는 것과 독자 이삭을 번제로 드리는 것이다. 아브라함은 믿음으로 그에게 주어진 십자가를 짐으로 열국의 조상이 되었고 장차 오실 그리스도의 언약을 받았다. 요셉이 받은 십자가는 애굽 사람의 종으로 팔려감으로 부모와 형제들을 애굽으로 인도하는 것이다. 요셉은 믿음으로 십자가를 졌으므로 형제들의 죄와 허물을 용서하고 부모와 형제들을 애굽으로 인도하였다. 모세의 십자가는 이스라엘 백성을 애굽에서 광야로 인도하고 광야를 통과하여 가나안땅까지 인도하는 것이다. 모세는 믿음으로 맡은 직분에 충성하였다. 여호수아가 진 십자가는 이스라엘 백성을 이끌고 가나안 거민과 전쟁을 승리로 이끄는 것이다. 따라서 십자가는 교회의 직분과 관련된다고 말할 수 있다.

3) 하나님의 아들 예수께서 지신 십자가는 그의 피로써 인류의 죄를 대속하고 세상 임금을 심판하는 것이다. 예수께서 맡은 직분에 충성하겠다는 맹세로 세례 요한에게 세례를 받으심으로 인류의 모든 죄와 허물을 짊어지셨다. 이것을 보신 하나님은 예수를 사랑하는 아들이라고 말씀하셨다. **"하늘로서 소리가 있어 말씀하시되 이는 내 사랑하는 아들이요 내 기뻐하는 자라 하시니라"(마 3:17).** 예수께서 짊어지신 십자가는 자기의 피로써 인류의 죄와 허물을 대속하기 위하여 죽음을 향하여 골고다 언덕으로 올라가는 것이다. 예수께서 죽음을 향하여 나가는 십자가를 지셨으므로 자기를 시험하고 욕하며 죽이려고 하는 모든 자를 용납하셨다. 예수께서 자기를 십자가에 못 박은 자들의 죄까지 용서하셨다(눅 23:34).

4) 예수께서 믿는 자들에게 자기를 부인하고 십자가를 지라고 말씀하셨다. 십자가를 지지 아니하면 말씀을 순종할 수 없기 때문이다. 하나님의 말씀을 받았을 때, 성도의 마음에는 두 가지 생각이 있다. 하나는 말씀을 순종하려는 생각이고, 다른 하나는 거절하려는 생각이다. 십자가를 짊어진다는 것은 하나님의 말씀을 거절하려는 생각을 버리고 순종하려는 생각을 택하는 것이다. 하나님의 말씀을 거절하려는 생각은 마귀에서 나오는 육신의 생각이다. 이 생각을 극복하는 것은 자기를 부인하고 십자가를 지는 것이다. 하나님은 믿음의 분량에 따라서 각각 다른 십자가를 지게 하신다. 하나님은 믿음의 분량이 큰 자에게는 무거운 십자가를, 작은 자에게는 가벼운 십자가를 지게 하신다. 따라서 성도 각자가 진 십자가의 무게는 각각 다르다고 말할 수 있다.

5) 사도들은 예수께서 하신 말씀을 듣고 행하시는 이적과 기사를 보았다. 그뿐만 아니라 그들은 십자가에 못 박히시고 부활하신 예수를 보았다. 그들은 십자가에 못 박히신 하나님의 아들을 통하여 하나님의 형상을 보았다. 따라서 하나님께서 사도들

에게는 큰 직분을 맡기셨다. 그들이 맡은 직분은 목숨을 걸고 복음을 증거하는 것이다. 세상이 하나님의 아들 예수를 십자가에 못 박아 죽였기 때문에 복음을 증거하는 사도들을 죽일 것이기 때문이다. 따라서 복음을 증거하기 위하여 육체의 죽음을 무서워하지 아니하는 믿음이 사도들의 십자가이다. 오순절 날 성령을 받은 뒤에 사도들은 죽음을 무서워 아니하고 예수의 부활을 증거하였다. 대제사장들과 장로들은 복음을 증거하는 사도들을 옥에 가두고 매로 쳤지만, 사도들은 오히려 그 핍박을 그들의 십자가로 알고 기뻐하였다(행 5:41). 사도들은 복음을 증거하기 위하여 받는 핍박을 그들의 십자가로 믿었다. 따라서 그들은 유대인들과 이방인들의 무서운 핍박을 견디며 복음을 증거하였다.

6) 바울은 사도로 부르심을 받은 뒤에 세상에 속한 모든 것들을 버리고 예수의 부활을 증거하였다. 사도 바울은 부활하신 예수를 만난 뒤에 영생이 그리스도 예수 안에 있는 것을 알고 세상 학문과 율법에 관한 모든 지식을 버렸다. **"또한 모든 것을 해로 여김은 내 주 그리스도 예수를 아는 지식이 가장 고상함을 인함이라 내가 그를 위하여 모든 것을 잃어버리고 배설물로 여김은 그리스도를 얻고"**(빌 3:8). 바울은 첫째 부활에 참여할 소망으로 목숨을 아끼지 아니하고 복음을 증거하였다. 바울은 교회로부터 받는 일체의 사례를 거절하고 손수 장막을 만드는 일을 하여 생활비와 선교비용을 조달하고 굶주림과 유대인들의 핍박을 당연한 것으로 여겼다. 바울이 진 십자가는 육체의 죽음을 초월하여 자비량하면서 복음을 증거하는 것이다. 루스드라에서 유대인들에 의하여 돌로 맞은 것이 바울의 십자가이다(행 14:19). 빌립보에서 바울이 매를 맞고 옥에 갇히는 것이 그의 십자가이다. 바울이 복음을 증거하면서 마음에 사형선고를 받는 것 같은 환난과 고통을 당하였다. 이것이 바울의 십자가이다. **"우리 마음에 사형선고를 받은 줄 알았으니 이는 우리로 자기를 의뢰하지 말고 오직 죽은 자를 다시 살리시는 하나님만 의뢰하게 하심이라"**(고후 1:9).

7) 성도들은 믿음의 분량에 따라서 직분을 받는다. 직분은 십자가를 지는 믿음을 요구한다. 하나님은 십자가를 통하여 성도의 믿음을 시험하신다. 하나님의 시험이 아브라함에게 임하였다. **"그 일 후에 하나님이 아브라함을 시험하시려고 그를 부르시되 아브라함아 하시니 그가 가로되 내가 여기 있나이다"**(창 22:1). 하나님의 시험은 독자 이삭을 번제로 드리는 것이다. 아브라함은 이삭을 번제로 드림으로 하나님의 시험을 통과하였다. 사도들은 옥에 갇히고 채찍에 맞으며 순교하는 시험을 통과하였다. 이와 같이 하나님은 십자가를 통하여 성도들의 믿음을 시험하신다. 하나님은 성도들이 감당하지 못하는 십자가를 지우지 아니하신다. 하나님은 성도들에게 믿음으로 감당할 수 있는 십자가를 지우신다. **"사람이 감당할 시험 밖에는 너희에게 당한 것이 없나니 오직 하나님은 미쁘사 너희가 감당치 못할 시험당함을 허락지 아니하시고 시험당할 즈음에 또한 피할 길을 내사 너희로 능히 감당하게 하시느니라"**(고전

10:13).

8) 하나님은 십자가를 통하여 성도들을 단련시키신다. 하나님은 성도들에게 처음에는 가벼운 십자가를 지게 하신다. 성도들이 믿음으로 그 십자가를 지면, 다음에 하나님은 그들에게 처음보다 더 무거운 십자가를 지우신다. 성도들이 십자가를 잘 감당하면 십자가는 점점 무거워진다. 이러한 과정을 통하여 성도들은 아주 무거운 십자가를 질 수 있는 믿음을 소유할 수 있다. 열국의 아비인 아브라함의 십자가는 혈통을 초월하여 모든 믿는 자들을 짊어지는 것이다. 아브라함이 이삭을 번제로 드리는 것은 열국의 아비로서 모든 믿는 자들을 짊어진 것이다. 이스라엘 백성의 지도자인 모세는 십자가로 애굽에서 나온 이스라엘 백성을 짊어졌다. 하나님의 아들 예수께서 온 천하보다 무거운 십자가를 지셨다. 이방인의 사도로서 사도 바울은 십자가로 온 이방인들을 짊어졌다. 이와 같이 성도들도 자기의 믿음의 분량에 합당한 십자가를 지고 있다. 성도들의 믿음의 분량은 십자가의 무게에 의하여 결정된다.

9) 성도들은 자기의 십자가를 알지 못할 뿐 아니라 지려고 하지 않는다. 성도들은 그들의 마음속에 있는 탐심을 극복하는 것이 십자가를 지는 것임을 알지 못한다. 탐심은 마귀의 인격이므로 성도들은 자기의 의지로 탐심을 극복하지 못한다. 성도들은 성령의 인도하심으로 탐심을 극복할 수 있다(갈 5:16,17). 그러나 마귀는 성도들을 미혹하여 하나님의 은혜가 아닌 그들의 의지로 탐심을 극복하게 한다. 마귀의 미혹에 빠진 성도들은 자기의 의지로 탐심을 극복하려다가 하지 못하고 하나님의 말씀을 대적한다. 이것은 악한 영들과의 영적 싸움에서 패한 것이다. 이것이 죄임을 아는 자들은 육신이 연약하므로 범죄하였다고 고백한다. 탐심을 행동으로 옮기는 것은 육체의 연약함으로부터 오는 것이 아니라 십자가를 지지 아니하는 불신앙으로부터 오는 것이다.

10) 육체 안에 있는 탐심을 극복하는 것이 십자가를 지는 것이다. 탐심은 육체의 정욕으로부터 나오며 정욕은 육체의 속성이다. 마귀는 끊임없이 육체의 정욕을 통하여 탐심을 넣어준다. 이 탐심이 하나님의 말씀을 대적한다. 따라서 성경은 십자가에 육체의 정욕을 못 박은 믿음을 요구한다. **"그리스도 예수의 사람들은 육체와 함께 그 정과 욕심을 십자가에 못 박았느니라"**(갈 5:24). **"사랑하는 자들아 나그네와 행인 같은 너희를 권하노니 영혼을 거스려 싸우는 육체의 정욕을 제어하라"**(벧전 2:11). 십자가를 지는 것은 육체의 정욕이 율법에 정죄를 받아 십자가에 못 박히는 것이다. 사도 바울은 자신이 십자가에 못 박혀 죽었다고 고백하였다(갈 2:20). 십자가를 지는 것은 세례와 관련된다. 정욕에 따라서 살던 옛사람이 죽는 것은 정욕을 십자가에 못 박는 것이다. 성도들이 져야 하는 십자가는 육체 밖에 있는 것이 아니라 육체 안에 있다. 이것을 알지 못하는 교회는 항상 마귀의 궤계에 빠짐으로 십자가를 지지 아니함으로 붕괴의 길을 걷고 있다.

(4) 이해를 위한 질문
1) 세상에 속한 것과 마귀의 궤계
    a. 광야에서 이스라엘 백성이 바알브올에게 속하여 우상의 제물을 먹고 음행한 원인은 무엇인가(민 25:3). 바알브올은 누구의 모형인가.
    b. 마귀는 이스라엘 백성을 무엇으로 미혹하였나(삿 3:6).
    c. 마귀가 하나님의 아들을 미혹한 이유는 무엇인가(마 4:1~10).
    d. 마귀가 세상을 통하여 교회를 핍박하는 이유는 무엇인가.

2) 돈을 사랑하는 교회
    a. 사람들이 돈을 사랑하는 이유는 무엇인가.
    b. 돈을 사랑하는 마음이 모든 죄의 뿌리가 되는 이유는 무엇인가(딤전 6:11).
    c. 교회가 돈과 하나님을 동시에 섬길 수 없는 이유는 무엇인가(마 6:24).
    d. 교회가 돈을 사랑하는 마음을 어떻게 극복할 수 있을까(딤전 6:8).

3) 십자가를 통하여 계시된 하나님의 뜻을 알지 못하는 교회
    a. 아브라함이 진 십자가는 무엇인가(창 12:1).
    b. 예수께서 지신 십자가는 무엇인가(눅 22:20).
    c. 예수께서 믿는 자들에게 십자가를 지라고 명령하신 이유는 무엇인가(눅 12:15).
    d. 사도들이 진 십자가는 무엇인가(마 22:18,19).
    e. 성도의 십자가가 교회의 직분과 관련되는 이유는 무엇인가.
    e. 십자가는 성도의 육체 안에 있는 탐심을 극복하는 것이다. 그 이유는 무엇인가(갈 5:24).

2. 십자가를 지지 아니하는 교회
(1) 소망을 잃어버리고 죽음을 무서워하는 교회
  1) 교회는 자기의 십자가를 지고 육체의 죽음을 초월하여 세상에서 나와서 하나님의 나라에 들어온 자들의 모임이다. 세상에서 나오려면 육체의 죽음을 초월하여야 한다.231) 죄인들이 마귀의 지배에서 나오려면 목숨을 초월하는 믿음을 가져야 한다. 그 믿음은 소망으로부터 나온다. 광야교회의 소망은 장차 오실 그리스도 안에서 생명을 얻는 것이며, 그리스도 교회의 소망은 첫째 부활에 참여하는 것이다. 장차 오실 그리스도의 소망을 가진 자들은 목숨을 걸고 하나님의 약속을 믿었지만, 그렇지 아니한 자들은 죽음을 무서워하여 믿음을 버림으로 타락하였다. 첫째 부활의 소망을 가진 자들은 자기의 십자가를 지고 복음을 순종하지만, 그렇지 아니한

---

231) 북한의 공산주의 정권에서 자유를 찾아 남한으로 넘어오려면 목숨을 걸어야 한다. 그들은 목숨을 걸고 두만강이나 압록강을 건너서 중국 땅을 지나 동남아까지 와야 한다. 히틀러의 나치정권 아래서 유대인들은 목숨을 걸고 독일을 탈출하였다. 이것은 마귀의 지배 아래서 종노릇하는 죄인들이 자유를 얻으려고 예수께로 나오는 것을 모형으로 보여준다.

자들은 믿음을 버리고 세상으로 돌아가고 있다.

2) 광야교회의 소망이란 세 가지를 전제로 한다. 첫째, 사람의 육체는 시한부적인 존재이지만 그 영은 영원히 사는 존재이다. 둘째, 아담 안에서 모든 사람은 죄로 인하여 그 영이 사망에 이르게 되었다. 사망에 이른 영은 육체가 죽은 뒤에 영원한 형벌에 들어간다. 셋째, 세상 양심과 율법은 사람의 죄를 깨닫게 한다. 이것을 조건으로 하여 하나님은 아브라함에게 장차 오실 그리스도의 언약을 주셨다. 장차 오실 그리스도 안에서 사람은 믿음으로 의롭다 함을 받을 수 있다. 따라서 아담 안에 있는 사람에게 소망은 믿음으로 의롭다 함을 받으므로 장차 오실 그리스도 안에서 죄 사함을 받는 것이다. 이 소망이 아브라함을 통하여 계시되었다.

3) 하나님은 아브라함에게 하란을 떠나서 가나안땅으로 들어가면 복을 주신다고 약속하셨다(창 12:1,2). 하나님은 그와 그의 후손에게 그 땅을 영원한 기업으로 주신다고 약속하셨다. 그러나 아브라함은 생전에 그 땅을 기업으로 받지 못하였다. **"그러나 여기서 발 붙일만큼도 유업을 주지 아니하시고 다만 이 땅을 아직 자식도 없는 저와 저의 씨에게 소유로 주신다고 약속하셨으며"** (행 7:5). 아브라함이 하나님의 약속대로 이삭을 낳았다. 그러나 하나님은 아브라함에게 독자 이삭을 번제로 드리라고 명령하셨다. 아브라함은 가나안땅을 받지도 못하고 독자를 번제로 드렸을 때 자기의 소망이 육체에 관한 것이 아님을 알았다. 그가 이것을 깨달았을 때 하나님은 그에게 장차 오실 그리스도의 언약을 주셨다. 따라서 (창 12:1,2)에서 복이란 가나안땅을 기업으로 받는 것이 아니라 장차 오실 그리스도 안에서 죄 사함을 받는 것이다. 이 소망을 가진 이삭, 야곱, 요셉은 어려움을 극복하고 장차 오실 그리스도에 대한 믿음을 굳게 지켰다.

4) 장차 그리스도께서 가나안땅에 임하실 것이다. 따라서 이스라엘 백성이 애굽에서 나와 광야를 통과하여 가나안땅에 들어가는 것은 장차 오실 그리스도의 길을 준비하는 것이다. 이 사명이 모세에게 부여되었다. 장차 오실 그리스도 안에서 받을 구원의 소망이 모세로 죽음을 초월하는 믿음으로 백성을 가나안땅으로 인도하게 하였다. 광야에서 자기의 죄를 알지 못하므로 소망을 잃어버린 자들은 하나님을 시험하고 원망하며 우상의 제물에 참여하고 이방여자와 음행함으로 가나안땅에 들어가지 못하였다. 그러나 율법으로 자기의 죄를 알고 장차 오실 그리스도의 소망을 가진 자들은 광야의 혹독한 환경을 이겨내고 가나안땅에 도착할 수 있었다. 그들은 장차 오실 그리스도를 믿고 소망함으로 가나안 거민을 정복할 수 있었다.

5) 이스라엘 백성이 가나안땅에 정착한 뒤에 생활이 풍요롭게 되자, 하나님과 율법을 잃어버렸다. 율법으로 자기의 죄를 알지 못한 자들은 장차 오실 그리스도를 알지 못하였다. 그 결과 그들은 세상에 속한 것들에 소망을 두었다. 소망을 잃어버린 자들은 이방여자를 취하여 아내로 삼고 우상숭배에 빠지게 되었다. 이스라엘의 역사는 장차 오실 그리스도의 소망을 잃어버린 자들이 우상숭배에 빠짐으로 나라

를 멸망의 구덩이로 몰아넣는 과정을 보여준다. 그들이 율법으로 자신의 죄를 알지 못하고 장차 오실 그리스도에 대한 소망을 잃어버렸으므로, 예루살렘 성과 성전은 파괴되었고 유다는 포로로 끌려갔으며 남은 자들은 전 세계로 흩어지게 되었다. 장차 오실 그리스도에 대한 소망을 잃어버린 결과 받은 심판은 너무나 가혹하였다.

6) 바리새인들과 서기관들은 율법으로 그들의 죄를 깨닫지 못하였지만, 장차 오실 그리스도를 소망하며 기다리고 있었다. 예수께서 선지자들의 예언대로 오셨지만, 그들은 하나님의 아들을 십자가에 못 박았다. 자신의 율법의 행위로 의롭다 함을 받은 것으로 착각한 자들에게 그리스도는 불필요한 존재이기 때문이다. 이로써 장차 오실 그리스도의 소망을 잃어버린 자들의 죄는 하나님의 아들을 죽이는 죄로 드러났다. 곧 이스라엘의 역사는 믿음과 소망으로 장차 오실 그리스도의 길을 준비하는 자들과 율법으로 자기의 죄를 알지 못함으로 믿음과 소망을 버리고 장차 오실 그리스도를 죽이려는 자들이 충돌하는 과정이다.

7) 그리스도 이후 소망은 네 가지를 전제로 한다. 첫째, 예수는 하나님의 아들로서 죽음으로 인류의 죄를 대속하시고 마귀를 심판하셨다. 둘째, 예수는 부활하시고 승천하여 보좌에 앉아 만물을 통치하신다. 셋째, 예수께서 믿는 자들의 모든 죄를 용서하시고 그들에게 생명을 주신다. 넷째, 예수께서 다시 오셔서 산 자와 죽은 자를 심판하실 것이다. 믿음으로 구원을 얻은 자들은 첫째 부활에 참여하여 아버지의 집으로 들어갈 것이며, 믿지 아니함으로 구원을 받지 못한 자들은 둘째 부활에 참여하여 불못으로 들어갈 것이다. 우주는 불타서 커다란 불못이 될 것이다. 이것이 지옥이다. 예수가 하나님의 아들이라는 것과 믿는 자들이 구원을 받고 영생에 들어간다는 증거가 첫째 부활로 나타날 것이다.

8) 예수 이름으로 구원을 얻는 믿음은 십자가를 지는 것을 조건으로 한다. 십자가를 지고 가는 것은 죽음을 향하여 나가는 것이다. 죽음을 향하여 나가는 자에게 소망은 죽은 뒤에 다시 살아나는 것이다. 이것은 첫째 부활에 참여하는 것이다. 곧 첫째 부활을 소망하면 정욕을 십자가에 못 박아야 한다. 곧 세례를 통하여 육체의 정욕을 십자가에 못 박아야 한다. 세례는 두 가지 죽음을 의미한다. 첫째, 성도가 세상에 대하여 십자가에 못 박히는 것이다. 둘째, 세상이 성도에 대하여 십자가에 못 박히는 것이다. "**그러나 내게는 우리 주 예수 그리스도의 십자가 외에 결코 자랑할 것이 없으니 그리스도로 말미암아 세상이 나를 대하여 십자가에 못 박히고 내가 또한 세상을 대하여 그러하니라**"(갈 6:14). 세례를 받음으로 옛사람이 죽으면 성도는 세상을 초월할 수 있다. 세례란 세상에 속한 것을 십자가에 못 박는 것이다. 십자가를 지고 죽음을 향하여 나가는 자에게 소망은 첫째 부활에 참여하는 것이며 세상에 속한 것은 아무런 쓸모가 없기 때문이다.

9) 믿음의 결과는 영혼의 구원, 곧 영생이다. "**믿음의 결국 곧 영혼의 구원을 받음이라**"(**벧전 1:9**). 성도들은 영생을 얻기 위하여 믿고 복음을 순종한다. 영생이

성도들의 소망이다. 영생은 첫째 부활에 참여하는 것으로 수렴한다. 예수 이름을 믿음으로 영생을 얻었다는 객관적인 증거가 첫째 부활에 참여로 나타날 것이다. 만약 첫째 부활에 참여하지 못하면 그 믿음은 헛것이다. 성경은 영생을 얻은 자만이 첫째 부활에 참여한다고 말씀한다. 따라서 사도 바울은 첫째 부활에 참여하는 것이 소망이라고 고백하였다. "어찌하든지 죽은 자 가운데서 부활에 이르려 하노니"(빌 3:11). 바울은 세상에 속한 모든 것을 버리고 첫째 부활을 향하여 달려갔다. **"푯대를 향하여 그리스도 예수 안에서 하나님이 위에서 부르신 부름의 상을 위하여 좇아가노라"(빌3:14).**

10) 첫째 부활에 참여하기 위하여 달려가는 것은 두 가지 조건이 충족되어야 한다. 첫째, 십자가에 못 박혀 마음에 피를 흘리는 죽음이다. 죽은 자만이 다시 살아날 수 있기 때문이다. 죽음이란 육체의 죽음이 아니라 정욕의 죽음이다. 곧 그리스도와 연합하여 옛사람이 십자가에 못 박혀 죽은 자만이 첫째 부활에 참여할 수 있다. 따라서 사도 바울은 부활을 설명하면서 자신은 매일 죽는다고 고백하였다. **"형제들아 내가 그리스도 예수 우리 주 안에서 가진바 너희에게 대한 나의 자랑을 두고 단언하노니 나는 날마다 죽노라"(고전 15:31).** 둘째, 그리스도께 붙어야 한다. **"그러나 각각 자기 차례대로 되리니 먼저는 첫 열매인 그리스도요 다음에는 그리스도 강림하실 때 그에게 붙은 자요"(고전 15:23).** "그에게 붙은 자"란 그리스도의 지체로서 맡은 직분을 감당한 자를 의미한다. 이 두 가지 조건이 충족된 성도는 첫째 부활에 참여할 수 있다.

11) 교회가 세상에 속한 것들에 소망을 두는 이유는 육체의 죽음에 대한 공포이다. 돈을 포기할 때 찾아오는 것은 육체의 죽음이다. 이 공포심이 성도들로 십자가를 지지 못하게 한다. 십자가를 지지 아니한 자들은 첫째 부활의 소망을 가질 수 없다. 첫째 부활의 소망이 없으므로 그리스도 예수 안에서 누리는 기쁨이 없고 세상에 속한 것에서 쾌락을 찾으려고 한다. 사도 바울은 첫째 부활을 소망하였으므로 세상으로부터 핍박을 받는 교회를 향하여 그리스도 예수 안에서 항상 기뻐하라고 권고하였다. **"주 안에서 항상 기뻐하라 내가 다시 말하노니 기뻐하라"(빌 4:4).** 첫째 부활의 소망을 향하여 앞만 보고 달려가는 기쁨으로, 바울은 극심한 가난과 환난 속에서 자족할 수 있었다(빌 4:11).

12) 종교개혁 이후 기독교는 믿음으로 의롭다 함을 받는 것에 중점을 두었지만, 마지막 날에 첫째 부활에 참여하는 것을 소홀히 함으로 교회로 소망을 세상에 속한 것에 두게 하였다. 일부 교회는 '성도가 죽으면 천국으로, 죄인이 죽으면 지옥(불타는 불못)으로 들어갈 것이다'라고 말한다. 맞는 말이지만, 한편으로 맞지 아니하는 말이다. 지옥은 마지막 날 이후에 우주가 불탄 뒤에 나타날 것이기 때문이다.[232] **"그러나 주의 날이 도적 같이 오리니 그날에는 하늘이 큰 소리로 떠나가고 체질이 뜨거운 불에 풀어지고 땅과 그 중에 있는 모든 일이 드러나리로다"**

(벧후 3:10). 불신자들이 죽은 뒤에 그들의 영혼이 지옥으로 들어간다면 최후의 심판과 둘째 부활은 무의미할 것이다. 지옥으로 들어간 자를 다시 끄집어내어 심판할 필요가 없기 때문이다. 따라서 대부분의 성도는 부활을 실제가 아닌 관념적으로 이해하고 있다.

13) 교회는 마지막에 있을 부활을 관념적으로 알고 자기의 십자가를 지지 아니한다. 따라서 교회는 첫째 부활에 대한 소망을 잃어버리고 세상에 속한 것을 얻으려고 한다. 이와 관련하여 목회자들은 부활절을 맞이하면 예수의 부활과 재림, 그리고 성도의 부활을 전하지 아니하고 실패한 사업을 믿음으로 다시 일으키고 병든 몸을 믿음으로 회복시키는 것을 부활이라고 전하고 있다. 한 걸음 더 나아가 교회로 부활에 대한 소망을 잃어버리게 하고 세상에 속한 것을 얻게 부채질하는 것이 종교다원주의와 동성애이다. 이것이 교회 타락의 원인이 되고 있다. 지금 교회는 소망을 잃어버리고 방황하고 있다.

(2) 광야를 두려워하는 교회

1) 믿음으로 구원을 얻고 하나님의 나라에 들어가려면 반드시 광야를 통과하여야 한다. 이스라엘 백성이 애굽에서 나와 광야를 통과하여 가나안땅으로 들어간 것처럼, 교회는 세상에서 나와 광야를 통과하여 하나님의 나라에 들어간다. 광야는 전갈과 불뱀, 이글거리는 태양과 추위에 몸을 떠는 밤, 굶주림과 목마름이 있는 위험한 곳이다. 성도들은 믿음으로 광야와 같은 위험한 곳을 통과하여 하나님의 나라에 들어가야 한다. 십자가를 지고 예수를 따르는 것은 광야를 통과하는 것이다. 곧 교회가 광야를 통과하는 것은 십자가를 지고 좁은 문으로 들어가는 것이다. 낙타가 바늘귀를 통과하는 것이다. 이것이 영생을 얻는 길이다. 그러나 대부분의 성도는 하나님의 능력으로 세상일을 해결함으로 형통한 길을 걸을 수 있다고 착각한다. 따라서 어려운 일을 당하면 믿음을 버리고 세상으로 돌아가려고 한다. 서유럽의 많은 교회가 광야를 통과하지 못하고 세상으로 돌아갔다.

2) 애굽에서 나온 이스라엘 백성이 가나안땅으로 들어가려면 홍해를 건너 광야를 통과하여야 한다. 그들에게 가나안땅으로 들어가는 다른 길은 없다. 광야로 들어가려면 홍해를 통과하여야 한다. 홍해를 건너는 것은 세례의 모형이다. 곧 세례를 받음으로 육체의 정욕을 십자가에 못 박은 자만이 광야로 나갈 수 있다. 출애굽은 어린양의 피로 속죄받고 세례를 받은 자만이 광야를 통과할 수 있다는 것을 모형으로 보여준다. 따라서 유월절 어린양의 피로 속죄를 받지 못한 애굽의 병사들은 홍해를 통과하지 못하고 익사하였다.

3) 광야는 바로의 권세 및 애굽의 문화와 완전히 단절된 곳이다. 홍해를 통과하

---

232) 졸저, 상게서, 7.4.1.(1) 참조

는 것은 세상에 속한 모든 것을 버리는 것이다. 이스라엘 자손은 애굽에서 먹던 음식, 마시던 물, 생활하던 가옥, 하는 일, 순종하던 법, 섬기던 이방신, 목축하던 땅 등 모든 것을 버리고 광야로 나올 수 있다. 광야에서 그들은 하나님의 은혜로 살아가야 한다. 광야에서 그들은 하늘에서 내려오는 만나를 먹고 반석에서 나오는 물을 마셨으며 구름과 불기둥의 인도를 받아 가나안땅으로 들어갔다. 이것은 예수 이름을 믿음으로 물질세계에서 나와서 영적인 세계로 들어온 교회가 하나님의 은혜로 살아가야 한다는 것을 모형으로 보여준다.

4) 이스라엘 백성이 광야 생활을 싫어하여 애굽으로 돌아가려고 하였을 때, 하나님은 그들의 요구를 거절하시고 그들을 멸하셨다. 그들이 가나안땅을 정탐한 뒤에 그곳의 거민을 두려워하여 하나님을 원망하며 애굽으로 돌아가려고 하였다. **"어찌하여 여호와가 우리를 그 땅으로 인도하여 칼에 망하게 하려 하는고 우리 처자가 사로잡히리니 애굽으로 돌아가는 것이 낫지 아니하랴"**(민 14:3). 하나님은 애굽으로 돌아가려는 자들에게 죽음을 선고하셨다. **"너희 시체는 이 광야에 엎드러질 것이요"**(민 14:32).233) 그들은 하나님은 버리고 우상을 숭배하고 이방여자들과 음행하며 하나님을 시험하고 원망하므로 가나안땅에 들어가지 못하고 광야에서 죽었다. 이것은 세상에 속한 것을 사모하는 교회가 마귀의 미혹을 받아 타락할 것을 모형으로 보여준다.

5) 이스라엘 백성이 애굽을 나와 광야를 통과한 것처럼, 세상에서 나온 그리스도의 교회는 반드시 광야를 통과하여야 한다. 교회는 광야로 들어가겠다는 맹세로 예수 이름으로 세례를 받는다. 교회는 예수 이름으로 세례를 받음으로 세상에 있는 모든 것을 초월하여 영적인 것들로 살아갈 수 있다. 광야에서 사람은 하나님의 은혜로 영을 위하여 살아간다. 마귀가 물질로 예수를 시험하였을 때, 예수께서 사람의 육체는 영을 위하여 일하여야 한다고 말씀하셨다. **"예수께서 대답하여 가라사대 기록되었으되 사람이 떡으로만 살 것이 아니요 하나님의 입으로 나오는 모든 말씀으로 살 것이라 하였느니라 하시니"**(마 4:4). "사람이 떡으로만 살 것이 아니요 하나님의 입으로 나오는 모든 말씀으로 살 것이라"란 사람은 육체를 위하여 살지 아니하고 하나님의 말씀을 순종함으로 영을 위하여 살아야 한다는 것을 의미한다. 동시에 이 말씀은 마귀가 물질로 교회를 시험한다는 것을 보여준다.

6) 그리스도의 공생애는 육체에 속한 것들을 얻기 위하여 믿는 자들이 어려움에 직면하면 하나님의 아들을 버리는 것을 보여준다. 예수께서 천국 복음을 전파하며 많은 이적과 기사를 행하셨다. **"예수께서 온 갈릴리에 두루 다니사 저희 회당에서**

---

233) 하나님을 원망하며 애굽으로 돌아가려고 한 자들이 돌아가지 못하고 광야를 헤맨 것처럼, 타락한 교회의 지도자들과 성도들 여전히 예수 이름을 믿는 것처럼 행세한다. 타락한 목회자가 거짓을 전하고 타락한 성도들은 그 말을 진리로 듣고 있다. 그러나 그들은 믿음을 버리고 죽음을 향하여 달려가고 있다.

가르치시며 천국 복음을 전파하시며 백성 중에 모든 병과 모든 약한 것을 고치시니"(마 4:23). 많은 병자가 예수의 소문을 듣고 그에게 나와서 병 고침을 받았다. 그들은 질병과 육체의 장애가 율법에 따라서 정죄 받은 죄로 인한 저주로부터 온 것으로 알고 믿음으로 육체의 저주에서 벗어나려고 하였다. 그들은 육체의 저주에서 벗어나는 것을 구원으로 알았다. 예수께서 중풍병자의 죄를 사하시고 그 병을 고치셨다. **"예수께서 저희의 믿음을 보시고 중풍병자에게 이르시되 소자야 네 죄 사함을 받았느니라 하시니"**(막 2:5).

6) 예수께서 물고기 두 마리와 떡 다섯 개로 5,000명이 넘는 사람을 배부르게 먹게 하셨을 때, 많은 사람은 예수를 통하여 육체에 속한 것들을 얻으려고 하였다. 그러자 예수께서 떡과 물고기는 하나님께서 주시는 영의 양식을 비유로 보여주는 것이라고 말씀하셨다. 사람의 영의 양식이란 예수의 피와 살, 곧 예수의 말씀이다. **"살리는 것은 영이니 육은 무익하니라 내가 너희에게 이른 말이 영이요 생명이라"**(요 6:63). 많은 사람이 예수의 말씀을 이해하지 못하고 향후 육체에 관한 것을 얻지 못할 것으로 알고 예수를 떠났다. **"이러므로 제자 중에 많이 물러가고 다시 그와 함께 다니지 아니하더라"**(요 6:66). 이 말씀은 당시 유대인들의 믿음이 하나님의 능력을 통하여 육체에 관한 것을 얻으려는 것임을 의미한다.

7) 교회가 하나님을 이용하여 세상에 속한 것들을 얻으려고 하면 타락의 길을 걷게 된다. 예수의 죽음과 유대인들의 불신앙은 이것을 모형으로 보여준다. 대제사장들과 장로들은 유대인들의 마음이 예수께 쏠리자 예수를 죽이기로 작정하였다. 대제사장과 공회는 율법으로 예수를 사형에 해당하는 죄인으로 정죄하여 빌라도에게 넘겼다. 빌라도는 죄가 없는 예수를 석방하려고 하였으나, 유대인들은 예수를 십자가에 못 박으라고 외쳤다. 유대인들은 예수로부터 육체에 관한 것들을 얻을 것이 없다고 생각하였으므로 그를 십자가에 못 박으라고 소리쳤다. 예수의 말씀을 통하여 육체의 저주에서 벗어난 자들, 떡을 먹은 자들, 죽음에서 살아난 자들, 그리고 제자들은 목숨을 두려워하여 침묵하거나 예수를 십자가에 못 박으라고 외쳤다. 이 모든 자와 빌라도와 다른 점은 아무것도 없다. 빌라도는 예수가 죄 없는 분이라고 선포하였으나 그들은 침묵하였다.[234]

8) 교회가 하나님의 능력을 이용하여 세상에 속한 것들을 얻으려고 하면 타락의 길을 걷게 될 것이다. 예수께서 많은 병자를 고치고 귀신을 쫓아내고 약한 자를 강하게 하고 굶주린 자들에게 떡을 주셨지만, 그의 죽음 앞에서 유대인들과 제자들은 하나님의 아들을 버렸다. 그들은 예수의 피에 의한 속죄와 구원을 알지 못하였

---

[234] 사도신경에서는 유대인들이 예수를 죽였다고 하지 아니하고 빌라도가 죽였다고 고백한다. 그러나 예수의 죽음을 보고 침묵하는 것은 그를 죽이는 자이다. 따라서 사도 바울은 예수를 죽인 죄를 짊어지고 있다고 고백하였다. **"우리가 항상 예수 죽인 것을 몸에 짊어짐은 예수의 생명도 우리 몸에 나타나게 하려 함이라"**(고후 4:10).

기 때문이다. 곧 예수 이름을 믿음으로 영생을 얻는 것을 알지 못하면 교회는 세상에 속한 것들을 얻으려고 몸부림치다가 결국은 타락의 길을 걷게 될 것이다. 하나님은 세상에 속한 것들을 금하셨으므로, 교회는 이것들을 구하여도 얻지 못한다. 세상에 속한 것을 얻지 못하는 교회가 생명의 본질을 알지 못하면 믿음을 버리고 세상으로 돌아갈 것이다.

9) 하나님의 능력으로 병자를 고치고 귀신을 쫓아내는 것은 예수의 말씀이 사람의 말이 아니라 하나님의 말씀이라는 것을 증거한다. 그러나 이것으로 구원을 얻는 것은 아니다. 여기서 한 걸음 앞으로 나가야 한다. 구원은 예수의 피에 의한 속죄를 인정하고 진리를 순종하는 믿음이다. 교회는 세상에 속한 것을 얻기 위하여 새벽 예배와 철야 예배에 참석하고 기도원에서 금식하는 것을 좋은 믿음으로 착각하고 있다.235) 구원을 알지 못하는 교회는 광야를 멀리하므로 세상에 속한 것을 구하려다가 점차 타락할 것이다. 믿음의 분량이 크다는 것은 교회가 짊어진 십자가의 무게에 달려있다. 무거운 십자가를 짊어진 자만이 혹독한 광야를 통과할 수 있다.

10) 하나님께서 교회에게 광야의 길을 걷게 하신 이유는 교회를 낮춤으로 말씀을 순종하게 하려는 것이다. 세상과 분리된 광야는 하나님의 은혜로만 살아갈 수 있는 곳이다. 광야에서 사람의 지식과 기술과 지혜는 살아가는데 아무런 소용이 없다.236) 광야에서 세상에 속한 재물과 명예와 권력은 무용지물이다. 오직 하나님의 말씀을 순종하는 것만이 광야에서 살아남는 유일한 길이다. 성경은 이렇게 말씀한다. **"네 하나님 여호와께서 이 사십 년 동안에 너로 광야의 길을 걷게 하신 것을 기억하라 이는 너를 낮추시며 너를 시험하사 네 마음이 어떠한지 그 명령을 지키는지 아니 지키는지 알려하심이라 너를 낮추시며 너로 주리게 하시며 또 너도 알지 못하며 네 열조도 알지 못하던 만나를 네게 먹이신 것은 사람이 떡으로만 사는 것이 아니요 여호와의 입에서 나오는 모든 말씀으로 사는 줄을 너로 알게 하려 하심이니라"**(신 8:2,3).

11) 사도들은 굶주림과 목마름과 헐벗음과 투옥과 채찍과 죽음의 공포가 도사리고 있는 광야를 통과하다가 순교하였다. 사도 바울은 죽음의 공포가 도사리고 있는 광야를 통과하고 있다고 고백하였다(고후 11:23~27). 로마제국의 핍박을 피하여 교회가 데린구유의 지하 동굴에서 생활한 것은 광야를 통과하는 것을 실상으로 보여준다. 현대교회는 세상에 속한 것에 대한 욕심을 버리고 있는 것으로 만족하는 믿

---

235) 1960년대 초반 이후 한국교회는 이러한 믿음으로 크게 성장하였다. 오직 가난을 벗어나려는 소망이 신자 수를 폭발적으로 증가시켰다. 그러나 경제가 성장한 이후 한국교회는 급속하게 붕괴하고 있다. 이것은 광야를 통과하지 아니하려는 교회의 자화상을 보여준다.
236) 교회에서 자신의 능력을 자랑하는 자들이 있다. 세상에서 얻은 돈과 명예와 권력을 자랑하는 자는 그의 능력으로 광야를 통과하려는 자이다. 목회자들이 자신의 학위와 지식과 능력을 자랑하는 것은 부질없는 짓이다.

음으로 광야를 통과할 수 있다. 그러나 교회는 세상에 속한 것들을 버리지 못하고 있다. 이로 인하여 사도들이 목숨을 걸고 전도한 지역의 교회는 타락하여 그 흔적을 찾을 수 없게 되었다. 튀르키예를 비롯한 중동지역과 북아프리카 지역은 이슬람 지역이 되었으며 남유럽은 로마 가톨릭과 그리스 정교의 지역이 되었다. 종교개혁 이후 서유럽의 교회는 폭발적으로 부흥하였으나 지금은 붕괴하여 예배당 건물만 남아있다.

12) 광야로 들어온 교회만이 하나님의 은혜를 받을 수 있다. 교회가 광야 밖으로 나가면 하나님의 은혜를 받을 수 없다. 하나님의 은혜는 하나님의 나라에 들어가는 것이다. 교회는 광야를 통과함으로 하나님의 나라에 들어갈 수 있다. 교회는 지름길을 찾으려고 하지만 다른 길은 없다. 현재 있는 것으로 만족하는 것은 현대인에게 있어서 받아드리기 어려운 일이다. 세상에 속한 모든 것들에 대한 욕심을 버리는 것은 사람을 우울증과 공황장애 속으로 몰아넣는 것과 같다. 간혹 믿는 자들이 우울증과 공황장애에 빠지는 것은 세상에 속한 것을 구하여도 얻지 못하기 때문이다. 첫째 부활에 대한 소망을 잃어버리고 재물을 사랑하면 우울증과 공황장애에 빠질 수 있다. 교회는 반드시 십자가를 지고 위험한 광야를 통과하여야 하나님의 은혜 안에 들어갈 수 있다. 그러나 종교다원주의는 예수의 피에 의한 속죄를 부인함으로 광야를 통과하려는 교회를 세상 속으로 몰아넣고 있다.

13) 인본주의에 바탕을 둔 교회들은 예배당 안으로 들어오면 누구나 구원을 얻은 것으로 간주하고 세상에 속한 것들을 많이 얻는 것이 하나님의 은혜를 받은 증거라고 전한다. 예수 이름을 믿음으로 구원을 받았으면 물질적으로 풍족하게 살아야 하는 것을 복으로 착각함으로 교회는 광야를 피하고 있다. 세상에 속한 것을 얻으려고 기도하면 반드시 성취할 수 있다는 긍정적인 생각을 믿음이라고 가르치는 교회가 있다. 그러나 이것은 신념이다. 그들은 하나님께서 금지하신 것을 얻으려고 노력하지만 얻지 못한다. 그들의 신념은 구원을 얻는 믿음은 아니다. 광야로 들어가지 아니하려고 정욕을 십자가에 못 박지 아니하는 교회는 붕괴의 길을 걷게 될 것이다.

(3) 이해를 위한 질문
1) 소망을 잃어버리고 죽음을 무서워하는 교회
  a. 노아와 아브라함의 소망은 무엇인가(요 8:56).
  b. 첫째 부활이 교회의 소망인 이유는 무엇인가(빌 3:11).
  c. 십자가를 지는 믿음만이 첫째 부활의 소망을 가지는 이유는 무엇인가
  d. 교회가 죽음을 초월하는 믿음을 가지지 못하는 이유는 무엇인가(히 2:15).
  e. 교회가 물질에 소망을 두는 이유는 무엇인가(딤전 6:11).
2) 광야를 두려워하는 교회

    a. 교회가 광야로 들어가려면 반드시 홍해를 통과하여야 하는 이유는 무엇인가 (갈 5:24).
    b. 이스라엘 백성이 애굽으로 돌아가려고 한 이유는 무엇인가(민 14:1,2).
    c. 예수께서 십자가에 못 박히실 때, 그를 따르던 유대인들이 그를 버린 이유는 무엇인가.
    d. 사도들은 목숨을 버리는 믿음으로 위험한 광야를 통과한 이유는 무엇인가(고후 11:22~26).

3. 생명과 사망의 충돌
(1) 진리와 자유를 알지 못하는 교회

  1) 진리란 영원히 변하지 아니하는 것이다. 우주 안에 있는 모든 것은 종말을 향하여 달려가고 있다. 그리스도께 다시 오시면 우주는 불탄 뒤에 불못이 될 것이다. 변화하는 모든 물질은 진리가 아니다. 미래에 나타날 세상 모든 일은 확률이다. 세상은 학문을 진리라고 말하지만, 과학도 역시 진리가 아니다. 성경은 예수만이 진리라고 말씀한다. 구약성경은 통하여 진리가 모형과 그림자로, 신약성경을 통하여 진리가 실상으로 계시되었다. 믿음으로 진리를 아는 것은 죄에서 자유하는 유일한 길이다. 그러나 종교다원주의에 빠진 교회들은 진리를 알지 못하므로 죄에서 자유를 얻지 못함으로 타락의 길을 걷고 있다.

  2) 창조질서, 칭의 언약, 율법 및 선지자의 예언을 통하여 장차 오실 그리스도가 모형으로 계시되었다. 아벨, 에녹, 노아, 아브라함, 이삭은 창조질서와 하나님의 말씀을 통하여 계시된 장차 오실 그리스도 안에 있는 생명을 믿음으로 의롭다 함을 받았다. 이스라엘과 그 자손들도 역시 장차 오실 그리스도를 믿음으로 의롭다 함을 받았다. 그들은 장차 오실 그리스도는 영원히 변하지 아니하는 진리임을 알았으므로, 세상에 속한 모든 것을 포기하고 그리스도를 믿고 소망하였다. 그들은 장차 오실 그리스도의 오실 날을 알지 못하였으나, 그의 오심을 믿음으로 의롭다 함을 받았다. 그들은 세상에 속한 모든 것은 일시적이나 장차 오실 그리스도는 영원히 계신다는 것을 믿었다. 그들은 영원한 것을 위하여 일시적인 것들을 포기하였다.

  3) 보이지 아니하는 것을 얻기 위하여 보이는 것들을 포기하는 것은 자기의 십자가를 지는 것이다. 장차 오실 그리스도는 볼 수 없다. 그러나 세상에 속한 것은 볼 수 있다. 보이는 것을 포기하는 것은 십자가를 지는 믿음을 요구한다. 노아는 보이지 아니하는 하나님의 심판을 피하려고 많은 시간을 투자하여 방주를 건조하였다. 노아의 가족들은 생활과 육체의 쾌락을 위한 모든 것들을 버리고 방주를 건조하였다. 그들은 돈과 명예와 육체의 쾌락을 십자가에 못 박은 십자가를 지고 보이지 아니하는 것을 위하여 전심전력을 다 하였다. 아브라함은 보이지 아니하는 복을 얻으려고 하란의 비옥한 토지를 포기하였다. 그들은 십자가를 지고 장차 오실

그리스도 안에 들어갈 수 있었다. 그들은 십자가를 지는 믿음으로 장차 오실 그리스도가 영원히 변하지 아니하는 진리임을 알았다.

4) 구약성경을 통하여 계시된 그리스도께서 육신으로 임하셨다. 예수께서 자신이 그리스도이심을 증거하기 위하여 전능하신 능력을 보이셨다. 그리고 예수께서 자신이 진리임을 밝히셨다. **"예수께서 가라사대 내가 곧 길이요 진리요 생명이니 나로 말미암지 않고는 아버지께로 올 자가 없느니라"** (요 14:6). "생명"이란 이스라엘 백성이 율법의 정죄와 저주 아래서 믿고 사모한 장차 오실 그리스도를 의미한다. "진리"란 예수가 그리스도이심은 영원히 변하지 아니한다는 것을 의미한다. 아브라함이 장차 오실 그리스도를 믿음으로 모형으로 계시된 생명을 얻었지만, 과거에 육신으로 임하신 그리스도를 믿으면 죄와 저주에서 자유하여 생명을 실상으로 얻는다. 이것은 영원히 변하지 아니하는 진리이다.

5) 예수께서 그리스도가 되려면 하나님의 아들이셔야 한다. 그리스도는 영원히 계시므로 사람은 그리스도가 될 수 없다. 따라서 성경은 하나님의 아들이 육신으로 임하셨다고 말씀한다(눅 1:32). 여자의 몸을 통하여 태어난 사람, 율법과 세상 양심에 따라서 십자가에 못 박혀 죽은 사람을 하나님의 아들이라고 믿는 것은 세상 학문과 상식을 초월하는 것이다. 구약성경에 대한 깊은 지식을 가지고 있다고 자부하던 바리새인들과 서기관들은 예수를 통하여 주신 말씀을 듣고 기사와 이적을 보았지만, 예수가 하나님의 아들임을 알지 못하였다. 그들은 예수의 가르침과 사역을 면밀하게 관찰하였지만, 그가 하나님의 아들임을 알지 못하였다. 빌라도는 많은 세상 지식을 가지고 있었고 진리를 증가하는 말을 들었지만, 예수가 진리임을 알지 못하였다(요 18:38,39).

6) 제자들은 예수와 함께 생활하며 그의 말씀을 듣고 사역을 직접 보았다. 그들은 예수가 하나님의 아들이며 그리스도라고 고백하였다(마 16:16). 그러나 예수께서 십자가에 못 박히실 때, 그들은 모두 죽음을 무서워하여 예수를 부인하고 버렸다. 그들은 예수가 하나님의 아들이심을 체험하지 못하였기 때문에 그를 버렸다. 그러나 그들은 부활하신 예수를 만난 뒤에 십자가를 지는 믿음으로 부활하신 하나님의 아들을 증거하였다. 그들은 복음을 증거함에 걸림이 되는 것이 목숨임을 깨달았다. 따라서 그들은 그들에게 맡겨진 십자가를 지고 복음을 순종하였다. 그들은 복음을 순종할 때 그들을 유대인의 핍박으로부터 건지시는 하나님의 은혜를 체험하였다. 그들은 그 체험을 통하여 하나님의 아들 예수 그리스도를 알았다.

7) 예수께서 생전에 자신이 진리임을 선포하셨지만, 제자들은 십자가를 지고 복음을 순종함으로 이것을 체험하였다. 예수가 하나님의 아들이심을 체험으로 아는 것이 진리를 아는 것이다. 십자가를 지는 믿음으로 복음을 순종할 때 진리, 곧 하나님의 아들 예수 그리스도를 알 수 있다. 이렇게 진리를 아는 것은 죄에서 자유를 얻는 것이다. **"진리를 알찌니 진리가 너희를 자유케 하리라"** (요 8:32). "죄에서

자유하다"란 탐심의 미혹에서 자유를 얻는 것이다. 탐심은 죄의 실체로서 성도의 육체 안에 있다. 성도가 십자가를 지고 복음을 순종함으로 진리를 알면 탐심을 극복할 수 있다. 이것이 진리로 죄에서 자유를 얻는 것이다.

8) 탐심은 성도의 마음속에서 있다. 따라서 진리를 앎으로 탐심에서 자유하려면, 진리가 마음속으로 들어와야 한다. 곧, 복음이 성도 안에 들어와야 한다. 성도가 성령의 인도하심으로 복음을 순종하면, 그 말씀이 성도 안에 들어온다. **"그의 계명들을 지키는 자는 주 안에 거하고 주는 저 안에 거하시나니 우리에게 주신 성령으로 말미암아 그가 우리 안에 거하시는 줄을 우리가 아느니라"**(요일 3:24). 말씀이 들어온 것은 진리이신 예수께서 임하신 것이다. 성도 안에 계신 예수 그리스도를 통하여 죄로부터 자유한다. 자유란 두 가지가 있다. 첫째는 물질의 욕심에서 자유하는 것이다. 둘째는 죄에서 자유를 얻는 것이다. 사람은 아무리 노력하더라도 물질로부터 자유를 누릴 수 없다. 사람의 욕심은 끝이 없기 때문이다. 따라서 현재 있는 것으로 만족하므로 물질의 욕심에서 자유를 얻을 수 있다(막 10:30). 십자가를 지고 진리를 앎으로 자유하는 것은 물질과 죄에서 자유를 얻는 것이다.

9) 성도 안에 들어온 진리는 성령으로 역사하여 성도로 탐심을 극복하게 한다. 성령은 예수의 피로 구원을 받은 자 안에서 역사하신다. 따라서 예수의 피에 의한 속죄와 구원을 부인하는 종교다원주의와 동성애를 지지하는 교회는 성령의 감동을 받지 못하므로 복음을 순종하지 못하며 진리를 알지 못한다. 따라서 그 교회는 물질과 죄에서 자유를 얻을 수 없다. 그들은 예수를 믿는다고 입으로 시인하지만, 하나님의 아들 예수 그리스도를 체험으로 알지 못하고 관념적으로 알고 있다. 지금 많은 교회가 진리를 알지 못함으로 물질과 죄에서 자유하지 못하고 타락의 길을 걷고 있다.

10) 성령은 십자가를 짊어진 교회 안에서 역사한다. 십자가를 짊어진다는 것은 마귀의 인격인 탐심을 극복하는 것이다. 육체 안에서 탐욕이 가득하면 성령은 역사하지 아니한다. 탐욕은 성령을 대적하기 때문이다. **"육체의 소욕은 성령을 거스리고 성령의 소욕은 육체를 거스리나니 이 둘이 서로 대적함으로 너희의 원하는 것을 하지 못하게 하려 함이니라"**(갈 5:17). 따라서 교회가 돈과 명예와 권력을 따라가면, 그 교회는 성령의 감동을 받지 못한다. 성령이 역사하지 않으면 진리는 예수의 인격을 나타내지 아니한다. 성도 안에 들어온 진리가 예수의 인격을 나타내려면 성령께서 역사하셔야 하고, 성령께서 역사하려면 육체의 정욕이 죽어야 하고, 육체의 정욕이 죽으려면 교회는 맡겨진 십자가를 져야 한다. 따라서 사도 바울은 정욕이 율법에 정죄를 받아 죽었을 때, 그의 안에서 예수께서 살아계신다고 고백하였다(갈 2:20). 곧 십자가를 지지 아니하는 교회는 진리를 순종할 수 없으므로 죄에서 자유할 수 없다.

11) 사람은 자기의 능력으로 물질과 죄에서 자유를 얻을 수 없다. 복음을 순종하

면 진리를 앎으로 물질과 죄에서 자유를 누릴 수 있다. 물질에서 자유하려면 현재 있는 것으로 만족하여야 한다. 탐심에서 자유하려면 복음을 순종함으로 그리스도 예수의 말씀 안으로 거하여야 한다. 그러나 교회가 현재 가진 것으로 만족하지 못하면 물질에서 자유하지 못한다. 교회가 진리를 알지 못하므로 탐심에서 자유를 누리지 못하므로 타락하고 있다.

(2) 현재가 과거를 지배하지 못하는 교회

1) 예수의 피로 아담으로부터 받은 원죄와 과거에 범한 모든 자범죄 및 허물을 믿음으로 용서받은 결과는 생명으로 나타난다. 이에 반하여 죄란 마귀의 권세 아래서 하나님의 말씀을 대적하는 탐심으로 나타난다. 탐심은 과거에 범한 죄의 흔적으로부터 나온다. 죄의 흔적은 과거의 죄가 축적되어 습관이 되고 문화가 되어 사람의 현재를 지배하고 있다. 곧 과거 죄의 습관이 현재 사람의 인격을 지배한다. 죄란 과거가 현재를 지배하는 것을 말한다. 이에 반하여 생명이란 현재가 과거를 지배하는 것이다. 곧 예수 이름을 믿음으로 성도 안에 들어온 진리가 성령이 과거에 축적된 죄의 흔적으로 나오는 탐심을 지배한다. 마귀는 과거를 통하여 현재를 지배하지만, 하나님은 현재를 통하여 과거를 지배하신다. 따라서 교회는 현재를 통하여 과거를 지배하여야 하지만, 교회의 현실은 그렇지 못하다.

2) 아담의 타락으로 세상에 들어온 죄가 온 인류를 지배하고 있다. **"이러므로 한 사람으로 말미암아 죄가 세상에 들어오고 죄로 말미암아 사망이 왔나니 이와 같이 모든 사람이 죄를 지었으므로 사망이 모든 사람에게 이르렀느니라"(롬 5:12)**. 사람이 죄로 사망에 이른 것은 과거에 아담의 타락으로 들어온 원죄의 흔적이 현재 사람의 생각을 지배하고 있다는 증거이다. 인류는 과거의 아담을 보지 못하였지만, 그의 죄로 인하여 들어온 원죄의 흔적을 가지고 있다. 인류는 아담으로부터 받은 원죄의 흔적과 자신이 범한 죄의 흔적을 동시에 가지고 있다. 마귀는 사람의 과거, 곧 죄의 흔적에서 나오는 탐심을 통하여 현재 사람의 생각과 마음과 언행을 지배한다. 음부 안에 있는 모든 자는 과거에 의하여 지배를 받고 있다. 과거가 현재를 지배하는 세계에서 산다는 것은 음부 안에서 마귀의 지배를 받고 있다는 증거이다.

3) 과거의 죄가 사람을 지배하면 그 사람은 죄로 죽은 사람이다. 그러나 현재 사람의 심령 속에 있는 하나님의 말씀과 성령께서 과거 죄의 흔적으로부터 나오는 탐심을 지배하면, 그 사람은 믿음으로 생명을 얻은 자이다. 현재의 것으로 과거에 속한 것을 지배하는 자를 거듭난 자라고 말할 수 있을 것이다. 예수 이름을 믿음으로 거듭난다는 것은 과거에 의하여 지배를 받는 옛사람이 죽고 현재가 과거를 지배하는 새사람을 입은 것이라고 말할 수 있다. **"너희는 유혹의 욕심을 따라 썩어져 가는 구습을 좇는 옛사람을 벗어 버리고"(엡 4:22)**. "옛사람"이란 과거 죄의 흔적에 의하여 지배를 받는 사람이다. "새사람"이란 진리와 성령으로 과거 죄의 흔적으로

부터 나오는 탐심을 지배하는 사람이다. **"하나님을 따라 의와 진리의 거룩함으로 지으심을 받은 새사람을 입으라"**(엡 4:24).

4) 믿음으로 거듭난 자들이 과거 죄의 흔적으로부터 나오는 탐심을 지배할 수 있을까? 성경은 이에 대하여 사람의 의지로 불가능하다고 말씀한다. 탐심은 과거의 행위가 누적된 결과에 의한 습관이고 문화이며 마귀의 인격을 반영하기 때문이다. 사도 바울은 율법에 따라서 정죄 받는 탐심이 육체 안에서 살아있다고 고백하였다(롬 7:17,18). 그 탐심이 사도 바울의 의지를 지배하려고 하므로 그는 마음속에 있는 죄를 괴로워하였다. 바울의 고백은 거듭난 자의 의지가 탐심을 지배할 수 없다는 것을 웅변적으로 말하여준다. 그렇다면 어떻게 성도는 자기의 의지로 탐심을 지배할 수 있을까? 예수께서 이에 대한 해답을 제시하셨다. 곧 십자가를 지는 것이다. 사도 바울은 십자가를 지는 것을 세례로 해석하였다. 세례란 정과 욕심을 십자가에 못 박는 것이다. **"그리스도 예수의 사람들은 육체와 함께 그 정과 욕심을 십자가에 못 박았느니라"**(갈 5:24).

5) "정"이란 육체의 정욕을 의미한다.[237] "욕심"이란 탐심을 의미한다.[238] 정욕은 죄의 흔적으로 사단의 생각이 농축된 육체의 속성이다. 이 정욕으로부터 나오는 생각이 탐심이다. 세례란 정욕과 탐심이 십자가에 못 박혀 죽는 것을 말한다. 세례를 받음으로 정욕과 탐심을 못 박은 십자가를 지는 것은 거듭난 자의 의지가 아니라 하나님의 의지이다. 거듭난 자가 스스로 육체의 정욕과 탐심을 못 박을 수 없다. 내가 아닌 제삼자가 내 정욕과 탐심을 십자가에 못 박아야 한다. 제삼자는 복음과 성령이다. 복음은 교회에게 십자가를 짊어지라고 말씀한다. **"무리와 제자들을 불러 이르시되 아무든지 나를 따라 오려거든 자기를 부인하고 자기 십자가를 지고 나를 좇을 것이니라"**(막 8:34). 성령께서 이 말씀을 성취하게 하신다.

6) 거듭난 자들이 얻은 생명은 현재 실존하는 하나님의 은혜이다. 곧 진리와 성령도 마찬가지이다. 거듭난 자들은 자기의 심령에 있는 진리와 성령으로 과거의 죄로부터 온 탐심을 지배하여야 한다. 진리의 말씀은 성령으로 역사하여 만물을 통치하는 하나님 아들의 권세를 나타낸다. 진리를 통하여 나타나는 권세가 탐심을 지배한다. 그 결과는 진리의 순종으로 이어진다. 거듭난 자들이 현재 가지고 있는 진리와 이를 통하여 역사하는 성령으로 과거 죄의 흔적에서 나오는 탐심을 지배하는 것이 하나님의 뜻이다. 거듭난 자들이 현재의 것으로 과거를 지배하지 못하면 타락하여 세상으로 돌아갈 수 있다.

7) 교회가 범하는 모든 죄와 허물은 과거 죄의 흔적이 현재 거듭난 자의 의지를

---

[237] "정"으로 번역된 헬라어 파데마신($\pi\alpha\theta\acute{\eta}\mu\alpha\sigma\iota\nu$)은 고통과 정욕을 의미한다. 육체의 정욕에 따라서 범죄한 결과로부터 오는 저주는 육체에 고통을 주기 때문에 파데미신이 고통과 정욕을 의미하는 단어로 사용되었을 것이다.

[238] "욕심"으로 번역된 에피뒤미아이스($\dot{\epsilon}\pi\iota\theta\upsilon\mu\acute{\iota}\alpha\iota\varsigma$)는 탐심을 의미한다(롬 7:7).

지배한다는 것을 보여준다. 세례를 통하여 죽은 탐심이 살아있는 새사람을 지배하면 교회는 세상으로 돌아간다. 사도 바울은 그의 서신을 통하여 이것을 경고하였다. 갈라디아 교회는 믿음으로 영생을 얻은 뒤에 율법의 행위로 돌아가려고 하였다. 율법의 행위란 탐심을 죄로 인정하지 아니하고 자신의 행위를 의롭다고 착각하는 것이다. 따라서 율법의 행위로 의롭다 함을 받았다고 착각하는 자들 안에 탐심이 살아서 역사한다. 거듭난 자가 율법의 행위로 돌아가려는 것은 탐심에 종노릇하려는 것이다. 사도 바울은 이것을 다른 복음이라고 경고하였다. **"그러나 우리나 혹 하늘로부터 온 천사라도 우리가 너희에게 전한 복음 외에 다른 복음을 전하면 저주를 받을찌어다"** (갈 1:8).

8) 고린도 교회는 현재 가지고 있는 하나님의 은혜로 과거에 죽은 옛사람을 통제하지 못함으로 타락하였다. 첫째, 교회 내에 분파가 생겼다. **"내 형제들아 글로에의 집 편으로서 너희에게 대한 말이 내게 들리니 곧 너희 가운데 분쟁이 있다는 것이라"** (고전 1:11). "분쟁"이란 파벌을 의미한다. 교회는 그리스도의 지체로서 한 마음으로 교회의 머리인 그리스도의 말씀을 순종하여야 한다. 분쟁이 있다는 것은 그리스도의 지체가 한 마음을 가지지 못하고 분열한다는 것이다. 그리스도의 지체 가운데 일부는 복음을 따르고 일부는 탐심을 따른다는 것이다(고전 1:27,28). 그리스도의 말씀을 순종하는 자들은 겸손하여 자기를 낮추지만, 탐심을 따르는 자들은 자기를 지혜롭고 강하다고 함으로 스스로 높아지려는 자들이다. 교회 내의 분파는 성찬을 더럽히는 죄로 나타났다. **"그런즉 너희가 함께 모여서 주의 만찬을 먹을 수 없으니 이는 먹을 때 각각 자기의 만찬을 먼저 갖다 먹으므로 어떤 이는 시장하고 어떤 이는 취함이라"** (고전 11:20,21).

9) 둘째, 교회 내의 음행과 우상숭배와 동성애가 만연하고 있었다. 사도 바울은 고린도 교회에 유행처럼 퍼져나가는 음행을 경고하였다. 음행은 밀가루 반죽을 부풀게 하는 누룩과 같다. **"너희의 자랑하는 것이 옳지 아니하도다 적은 누룩이 온 덩어리에 퍼지는 것을 알지 못하느냐"** (고전 5:6). 음행은 성도 간의 음행을 비롯하여 창기와의 음행으로 이어졌다. **"창기와 합하는 자는 저와 한 몸인 줄을 알지 못하느냐 일렀으되 둘이 한 육체가 된다 하셨나니"** (고전 6:16). 이어서 바울은 음행이 우상숭배, 동성애 및 탐색으로 발전될 것이라고 경고하였다. **"불의한 자가 하나님의 나라를 유업으로 받지 못할 줄을 알지 못하느냐 미혹을 받지 말라 음란하는 자나 우상 숭배하는 자나 간음하는 자나 탐색하는 자나 남색하는 자나"** (고전 6:9). 음행은 현재 하나님의 은혜가 과거의 죄를 통제하지 못한다는 것을 보여준다.

10) 셋째, 고린도 교회는 우상의 제물을 먹고 우상에게 제사함으로 세상으로 돌아가려고 하였다. 자기의 믿음을 자랑하기 위하여 우상의 제물을 먹는 것은 믿음이 약한 자를 넘어지게 하는 것이다. **"이같이 너희가 형제에게 죄를 지어 그 약한 양심을 상하게 하는 것이 곧 그리스도에게 죄를 짓는 것이니라"** (고전 8:12). 우상의

제물을 먹는 것은 우상의 제단에 참여하는 것이며(고전 10:18), 한 걸음 더 나아가 우상숭배로 이어짐으로 하나님을 버리고 귀신을 섬기는 것으로 발전할 것이다. **"대저 이방인의 제사하는 것은 귀신에게 하는 것이요 하나님께 제사하는 것이 아니니 나는 너희가 귀신과 교제하는 자 되기를 원치 아니하노라"**(고전 10:20).

11) 넷째, 고린도 교회 가운데 그리스도의 부활을 부인하는 자들이 있었다. **"그리스도께서 죽은 자 가운데서 다시 살아나셨다 전파되었거늘 너희 중에서 어떤 이들은 어찌하여 죽은 자 가운데서 부활이 없다 하느냐"**(고전 15:12). 그리스도의 부활은 하나님의 아들 예수 그리스도에 대한 객관적인 증거이므로(롬 1:4), 부활을 부인하는 것은 죄를 용서받지 못하였다는 증거이다(고전 15:17). 동시에 이것은 세례를 부인하는 것이다. 그리스도의 죽음과 연합하여 옛사람이 죽고 그리스도의 부활과 연합하여 새사람이 사는 것을 부인하면 탐심을 극복할 수 없다. 마지막으로 고린도 교회는 물질로 부유하였지만, 성도를 섬기는 연보에 대하여 인색함으로 책망을 받았다(고후 9:3,4).

12) 히브리서 기자는 교회를 향하여 피를 흘리기까지 죄와 싸우라고 권고한다. **"너희가 죄와 싸우되 아직 피 흘리기까지는 대항치 아니하고"**(히 12:4). 교회가 과거의 습관인 탐심을 지배하려면 피를 흘리는 싸움을 하여야 한다. 피를 흘리는 싸움이란 정욕을 못 박은 십자가를 지고 흘리는 피다. 이것은 그리스도의 고난에 참여하는 것이며 육체의 정욕을 제어하는 것이다. **"사랑하는 자들아 나그네와 행인 같은 너희를 권하노니 영혼을 거스려 싸우는 육체의 정욕을 제어하라"**(벧전 2:11). 진리와 성령으로 육체의 정욕을 제어하지 못하고 탐심으로 돌아가면 반드시 심판이 뒤따를 것이다. **"만일 저희가 우리 주 되신 구주 예수 그리스도를 앎으로 세상의 더러움을 피한 후에 다시 그중에 얽매이고 지면 그 나중 형편이 처음보다 더 심하리니 의의 도를 안 후에 받은 거룩한 명령을 저버리는 것보다 알지 못하는 것이 도리어 저희에게 나으니라"**(벧후 2:20,21).

13) 교회는 현재 가진 하나님의 은혜로 과거에 속한 것들을 통제하여야 한다. 진리와 성령으로 탐심을 통제하지 못하면 세상으로 돌아가 타락의 길을 걷게 된다. 개가 토하였던 것으로 돌아가고 돼지가 씻었다가 더러운 구덩이로 돌아가듯이 교회는 타락의 길을 걷게 될 것이다. 현대 교회가 타락하는 이유는 탐심을 극복하지 못하였기 때문이다. 21세기 들어와서 우리나라의 교회는 급속하게 타락하고 있다. 그 이유는 현재 하나님의 은혜로 받은 진리와 성령으로 과거의 습관인 탐심을 통제하지 못하기 때문이다. 음부의 권세는 과거로 현재를 지배한다. 그러나 하나님의 나라는 현재로 과거를 지배한다.

14) 생명이란 현재 살아있는 것을, 죄란 과거에 심판을 받아 죽은 것을 의미한다. 생명을 통제하는 것은 현재 살아계신 하나님의 말씀이다. 죄를 지배하는 것은 과거에 죽은 자로 심판을 받은 마귀와 악한 영들이다. 성도 심령 안에서 생명과 죄가

충돌한다는 것은 살아있는 자와 죽은 자가 격돌한다는 것이다. 일반적인 상식으로 산 자가 죽은 자를 이길 것으로 알고 있지만, 현실은 그렇지 못하다. 죄로 죽은 자들이 살아있는 자들을 이기고 있다. 죽은 자에게서 나오는 탐심이 믿음으로 살아있는 자들의 생각을 지배하고 있다. 이것이 교회 붕괴의 원인이다.

(3) 이해를 위한 질문
1) 진리와 자유를 알지 못하는 교회
    a. 율법이 진리가 아닌 이유는 무엇인가(요 1:17).
    b. 복음과 진리를 어떻게 구별하는가.
    c. 진리를 안다는 것은 무엇인가(고전 2:10).
    d. 진리가 성도를 거룩하게 하는 이유는 무엇인가(요 17:17).
    e. 성령께서 진리의 말씀으로 역사하는 이유는 무엇인가(요 16:13,14).
    f. 왜 성령은 진리의 영인가(요일 5:7)
    g. 교회가 진리를 알지 못하는 이유는 무엇인가(요일 2:21).

2) 현재가 과거를 지배하지 못하는 교회
    a. 음부에서 마귀는 어떻게 사람을 지배하는가.
    b. 거듭난 자들은 무엇으로 과거의 습관인 탐심을 통제할 수 있는가(갈 5:17).
    c. 십자가를 짊어진 자만이 탐심을 절제하는 이유는 무엇인가.
    d. 교회가 현재의 것으로 과거에 속한 것들을 통제한다는 것은 무엇인가(히 12:4).
    e. 교회가 죄의 실체인 탐심을 극복하지 못하고 세상으로 돌아가는 이유는 무엇인가(벧후 2:22).

4. 우상을 숭배하는 교회
(1) 우상을 용납하는 교회
  1) 이스라엘 백성은 제사장으로부터 율법을 배우지 못하였음으로 하나님을 알지 못하였다. 그들은 하나님을 알지 못하고 우상숭배에 빠지므로 나라를 이방인의 손에 넘겨주었다. 이와 같이 교회가 하나님과 예수 그리스도에 관하여 가르침을 받지 못하고 하나님의 뜻을 알지 못하면 우상을 용납하게 된다. 그 결과 교회는 타락하여 스스로 붕괴한다. 교회가 하나님을 알지 못하므로 돈과 명예와 권력과 육체의 쾌락을 사랑하는 것은 우상을 용납하는 것이다. 교회가 이러한 것들을 사모하며 구하는 것은 우상을 용납하는 것이다. 많은 교회가 이방인들처럼, '무엇을 먹을까, 무엇을 입을까'하는 것을 구함으로 우상을 용납하고 있다. 십자가를 지지 아니하는 교회는 우상을 용납할 수 있다.

  2) 우상이란 무엇인가? 우상이란 인격이 없는 것에 인격을 부여하고 그것에 생명이 있는 것으로 착각하는 것이라고 말할 수 있다. 이스라엘 백성은 사람의 손으로

만든 것에 인격을 부여하고 그것에게 복과 생명을 구하였다. **"너희는 거기서 사람의 손으로 만든바 보지도 못하며 듣지도 못하며 먹지도 못하며 냄새도 맡지 못하는 목석의 신들을 섬기리라"(신 4:28).** 사람의 손으로 만든 우상에 인격이 없으므로 말하지 못하며 듣지 못하고 보지 못한다. 이와 같이 인류의 문명은 인격이 없으므로 말하거나 보지 못한다. 그러나 사람들은 문명 속에 생명과 복이 있는 것으로 착각하고 문명의 이기(利器)를 얻기 위하여 목숨을 걸고 투쟁하고 있다.

3) 사람들은 물질 속에 생명과 복이 있는 것으로 착각하고 물질을 얻기 위하여 많은 시간과 노력을 투자한다. 사람은 태어나서 약 20년이 넘는 기간 동안 교육과 기술훈련을 받는다. 그 이유는 좋은 직장을 얻고 이상적인 배우자를 만나서 가정을 이루기 위함이다. 사람은 돈을 버는 지식과 기술을 얻기 위한 교육과 훈련에 사활을 걸고 있다. 그러한 교육과 훈련을 받았다고 원하는 돈을 벌 수 있는 것은 아니다. 돈을 버는 것은 확률에 속한다. 사람들은 돈을 버는 확률을 높이기 위하여 투쟁하지만 쉬운 일은 아니다. 따라서 사람은 돈을 사랑하는 생각에 빠진다. 그러나 돈에는 인격이 없다. 따라서 돈을 사랑하는 것은 돈을 우상으로 섬기는 것이다. 교회가 돈을 사랑하고 구하면 우상을 용납하는 것이다. 돈을 사랑하는 자는 하나님을 섬길 수 없다고 성경은 말씀한다(마 6:24). 돈을 얻는 수단으로 경건하려고 하는 자들은 마음이 부패한 자이다. **"마음이 부패하여지고 진리를 잃어버려 경건을 이익의 재료로 생각하는 자들의 다툼이 일어나느니라"(딤전 6:5).** 예수 이름을 믿고 복음을 순종한 결과 얻는 것은 생명이며 돈이 아니다.

4) 사람은 누구나 타인으로부터 인정받기를 원한다. 명예는 인기와 권력으로부터 나온다. 돈과 권력은 분리될 수 없다. 사람이 사업을 통하여 많은 돈을 버는 것은 극히 어려운 일이므로 정치 권력을 이용하여 명예와 돈을 함께 얻으려고 한다. 따라서 성도들이 정치권에 발을 들여놓고 선출직 공직을 위하여 노력할 수 있다. 정치권에 발을 들여놓으면 필연적으로 상대방을 깎아내려야 하고 거짓말을 지어낼 것이다. 이것은 이웃을 사랑하지 아니하고 그들 앞에 올무를 놓는 것으로서 하나님의 말씀을 대적하는 죄이다. 권력과 명예에 생명이 있는 것으로 착각하면 그것들이 우상이 되어 교회를 타락의 길로 인도한다.

5) 사람들이 예배당에 들어오는 이유를 살펴보자. 첫째, 조건부 신앙이다. 하나님은 사랑이라고 성경은 말씀한다. **"사랑하지 아니하는 자는 하나님을 알지 못하나니 이는 하나님은 사랑이심이라"(요일 4:8).** "사랑"이란 아무런 조건이 없이 일방적으로 자기의 마음을 주는 것이다.[239] 하나님께서 성도들에게 요구하는 사랑 역시

---

[239] "사랑"으로 번역된 헬라어, 아가페(ἀγάπη)란 조건이 없이 희생을 통한 사랑을 말한다. E. Stauffer, "ἀγαπάω," ed., Gerhard Kittel and Gerhard Friedrich, Theological Dictionary of New Testament, 번역위원회 역, 신약성서 신학사전(요단출판사, 1986), p. 9.

조건이 없는 사랑이다. "예수께서 가라사대 네 마음을 다하고 목숨을 다하고 뜻을 다하여 주 너의 하나님을 사랑하라 하셨으니"(마 22:37). 하나님을 사랑하는 것은 그의 말씀을 순종하는 것이다. "나의 계명을 가지고 지키는 자라야 나를 사랑하는 자니 나를 사랑하는 자는 내 아버지께 사랑을 받을 것이요 나도 그를 사랑하여 그에게 나를 나타내리라"(요 14:21). 성도들은 조건 없이 하나님의 말씀을 순종하여야 한다.

6) 성도들의 조건부 신앙은 우상을 숭배하는 것이다. 십일조를 철저하게 드리면 하나님께서 물질을 주실 것이라고 믿는 것, 전도를 열심히 하면 하나님께서 무슨 일에든지 형통하게 하실 것으로 믿는 것, 교회에서 열심히 봉사하면 하나님께서 물질을 주실 것으로 믿는 것, 예배를 열심히 드리면 하나님께서 세상에 속한 것을 주실 것을 믿는 것, 이 모든 것들이 우상을 마음속에 드리는 것이다. 하나님께서 우리의 죄를 사하시고 우리를 음부의 권세에서 구원하신 은혜에 감사하여 조건 없이 하나님을 사랑하는 것이 하나님을 기쁘게 하는 믿음이다. 그러나 조건을 붙이는 믿음은 우상숭배와 같다. 조건부 신앙은 하나님을 풍요의 신으로 만드는 것이다. 하나님을 믿음으로 세상에 속한 것들을 얻으려고 하는 것은 바알과 아세라 신을 숭배하는 것과 동일하다. 이스라엘 백성은 농경사회에서 많은 수확을 가져다주는 신으로 바알과 아세라 신을 믿고 숭배하였다.[240]

7) 둘째, 교회의 지도자들이 다른 복음을 전파하는 것이다. 목회자들은 성도들의 자발적인 봉사와 헌신을 위하여 봉사와 헌신의 결과에 대한 상급으로 육체에 속한 것이 주어질 것이라고 전파하고 있다. 이러한 예화를 들어 성도들을 미혹하고 있다. 예컨대, 모든 예배에 참석하고 교회에서 봉사한 결과 사업에 성공한 사례, 사회적으로 명예를 얻은 사례, 어떠한 일에 대한 꿈을 가지고 끊임없이 기도한 결과 하나님의 은혜로 그 꿈이 이루어진 사례, 세상에서 어려운 일을 당한 뒤에 긍정적인 마음으로 기도한 결과 어려움을 극복한 사례 등을 복음이라고 전파하는 것은 교인의 관심을 세상에 속한 것으로 돌리게 하는 것이다.

8) 성도들이 세상에서 당하는 고난은 복음을 순종하는 과정에서 세상으로부터 오는 것과 자기의 실수와 잘못으로 당하는 것으로 구분할 수 있다. 사도 바울은 전자를 극복하기 위하여 기도하였다. 하나님은 그의 기도에 응답하셨다. 그러나 후자의 경우 성도가 기도하면 하나님께서 응답하실까? 이에 대하여 성도들은 세상에서 어려운 일이 발생할 때 기도하면 무조건 해결된다는 믿음을 가지고 있다. 자기의 실수와 잘못된 판단으로 온 고난의 책임을 하나님께 떠넘기려고 한다. 곧 하나님의 뜻을 자기의 뜻에 맞추려고 한다. 다윗처럼 자기의 죄를 인정하고 하나님의 용서를 기다리는 마음이 아니라 자신의 실수는 덮어두고 하나님께 해결을 요구하

---

[240] Roland K. Harrison, Introduction To The Old Testament, 류호준· 박철현 옮김, 구약서론, 상(크리스찬 다이제스트, 1988). p. 453.

고 있다. 하나님보다 돈을 더 사랑하는 자는 잘못된 판단으로 경제적으로 큰 손실을 입을 수 있다. 하나님보다 육체의 쾌락을 더 사랑하는 자는 이로 인하여 큰 어려움에 빠질 수 있다. 그 책임을 하나님께 돌리는 어리석은 자들이 있다. 이 모든 것은 우상을 용납하는 교회의 모습을 보여준다.

9) 셋째, 예배당을 성전이라고 함으로 건물에 인격을 부여하는 것은 우상을 만드는 것이다. 모세가 세운 성막과 솔로몬의 성전에 하나님의 이름과 마음이 있었던 것처럼, 예배당에 하나님의 이름이 있는 것으로 착각하게 함으로 건물을 우상으로 만들고 있다.[241] 예배당은 단순히 예배를 드리는 장소이며 그 이상도 그 이하도 아니다. 따라서 예배당을 깨끗하게 하고 치장하는 것은 죄가 아니지만, 이를 신성시하는 것은 우상을 만드는 것이다. 말씀이 육신이 되신 하나님 아들의 육체는 하늘 성전의 실상이다. 그리고 예수의 피로 구원을 얻음으로 성령을 받은 성도의 몸은 하나님의 성전이다(고전 3:16). 따라서 건물을 성전이라고 하는 것을 우상을 용납하는 것이다.

10) 성도의 몸은 성령께서 거하시는 성전이지만 육체의 정욕으로부터 나오는 탐심이 자리를 잡고 있다. 성도가 진리와 성령으로 탐심을 극복하면 하나님의 성전을 거룩하게 할 수 있다. 그러나 성도가 탐심에 따라서 범죄하는 것은 성전을 더럽히는 것이다. 성도의 마음속에는 항상 탐심과 하나님의 말씀이 공존한다. 돈과 명예와 권력과 쾌락을 사랑하는 생각과 하나님의 말씀을 순종하려는 생각이 성도의 마음속에서 충돌하고 있다. 성도가 전자를 택하는 것은 성전에 우상을 들이는 것이다. 탐심은 우상이기 때문이다(골 3:5). 성도가 항상 성령의 감동을 받지 못하면 하나님의 말씀보다 탐심을 더 사랑함으로 우상을 마음에 들이게 된다.

11) 넷째, 돈과 권력이 교회를 점령하고 있다. 그 중심에는 교회의 지도자들이 있다. 교회의 성장은 하나님의 뜻에 따라서 좌우된다. 교회가 성장하지 못하면 목회자들은 경제적으로 많은 어려움에 직면한다. 이를 타개하는 방법으로 목회자들은 정치권에 발을 들여놓기 위하여 재야활동에 집중할 수 있다. 재야운동에서 영향력이 있는 존재로 인정을 받으면 돈과 명예가 동시에 해결되기 때문이다. 최근 목회자들이 사회적으로 이목을 끌기 위하여 동성애자들의 집회에 참석하여 이를 지지하고 있다. 목회자들이 정치에 참여함으로 교회를 통하여 권력과 명예를 동시에 얻으려고 한다. 목회자들은 현대인의 필요로 하는 것이 돈과 명예임을 알고 교회를 통하여 이것들을 해결하려고 한다. 이로써 돈과 명예가 우상이 되어 교회를 지배하고 있다.

12) 목회자들은 돈과 명예를 하나님께 구하면 하나님은 반드시 그 기도에 응답

---

[241] 로마 가톨릭은 예배당을 성당이라고 함으로 건물에 인격을 부여하고 있다. 그들은 성당에 각종 우상을 설치함으로 건물을 신격화하고 있다. 그리스도의 교회가 로마 가톨릭을 닮아가고 있다.

하실 것이라고 전파하고 있다. 성도들은 비록 원하는 돈과 명예를 얻지 못하였지만 때가 되면 이루어질 것으로 믿고 위로를 받고 있다. 성도들은 첫째 부활에 대한 소망을 버리고 돈과 명예에 소망을 두고 있다. 이것은 우상을 섬기는 것이다. 돈과 명예가 우상이 되어 성도들을 세상으로 인도하고 있다. 성도들은 자신들의 기대가 이루어지지 않으면 기도가 부족한 것으로 알고 기도원에서 금식하기도 한다. 그러나 그들의 기대는 이루어지지 아니한다. 그러나 운 좋게 이루어질 때, 이것을 하나님의 복이라고 간증함으로 다른 성도들을 미혹하기도 한다.

13) 다섯째, 교회는 용어를 잘못 사용함으로 우상을 용납하고 있다. 대표적인 것이 '복과 축복이다.' 복(福)은 생명을 얻은 자들이 하나님께 받는 것이다. 이에 반하여 축복(祝福)이란 낮은 자가 높은 자에게 복을 달라고 비는 것이다. 따라서 하나님의 축복이란 말은 성립되지 아니한다. 하나님보다 높은 분은 없기 때문이다. 목회자가 '하나님의 축복이 임하기를 기원합니다'라고 한다면 하나님보다 높은 자를 인정하는 것으로 우상을 용납하는 것이다. 일부 목회자가 '복'과 '축복'을 구분하지 못하고 하나님의 축복이라고 말함으로 우상을 용납하고 있다. 성자이신 예수는 성도들을 축복하신다. 성령도 마찬가지이다. 삼위일체 하나님의 사역에 있어서 하나님 아버지는 복을 주시는 분이며, 성자와 성령은 아버지께 복을 비는 분이기 때문이다.[242]

14) 교회가 우상을 용납하는 이유는 맡겨진 십자가를 지지 아니하기 때문이다. 교회가 하나님을 믿고 사랑하는 것은 목적이며 수단은 아니다. 그러나 교회는 하나님을 세상에 속한 것들을 얻는 수단으로 알고 예수 이름을 믿고 있다. 교회가 세상에 속한 일을 해결하는 수단으로 하나님을 이용함으로 하나님을 우상을 섬기듯이 하고 있다. 따라서 교회가 우상을 숭배하는 이방종교와 차별이 없게 되었다. 교회에서 증거되는 대부분의 설교는 하나님의 전능하신 능력을 이용하여 막힌 세상일을 해결하려는 것에 초점을 맞추고 있다. 곧 교회는 하나님을 이용하여 물질과 명예를 얻으려고 함으로 하나님을 낮추어 풍요의 신인 아세라로 전락시키고 있다. 탐심이 성도들의 마음을 사로잡고 있다.

---

242) 성부의 뜻은 성자의 말씀에 의하여, 성자의 말씀은 성령의 역사에 의하여 제약을 받는 것을 삼위일체의 질서(the economy of the Trinity)라고 한다. 성부와 성자와 성령은 그 신성에 있어서 동일하지만, 사역에 있어서 종속적이다. 성부는 그의 뜻을 작정함에 성자를 초월하지 아니하셨다. 성부께서 그리스도 예수 안에서 그의 뜻을 작정하셨다. 성자는 그 사역에 있어서 성부의 뜻과 성령의 사역을 초월하지 아니하신다. 성령은 그 사역에 있어서 성부의 뜻과 성자의 말씀을 초월하지 아니하신다. 각 위격의 사역은 서로 종속적이다. Wayne Grudem, Systematic Theology, 노진준 옮김, 조직신학 상(은성출판사, 2009), op. cit., p. 361.

(2) 산당과 놋뱀을 용납하는 교회

1) 남유다는 예루살렘 성전이 아닌 산당에서 우상을 숭배함으로 나라를 바벨론의 손에 넘겨주었다. 그들은 산당에서 풍작을 위하여 우상에게 제사하였다. 당시에 바알과 아세라는 다산(多産)과 풍요의 신으로 알려져 있다. 이것은 그리스도 교회의 타락을 모형으로 보여주고 있다. 교회가 하나님의 영광을 버리고 세상의 풍요를 좇아간다면 성전이 아닌 산당에서 제사하는 것과 같다. 우리는 예수 이름을 믿기 전에 모두 산당에서 풍작을 위하여 제사하였다. 예수 이름을 믿고 구원을 받은 뒤에 십자가를 짐으로 세상에 속한 모든 것들을 끊어야 하지만, 마음속에 산당을 그대로 가지고 신앙생활을 하고 있다. 교회가 십자가를 짐으로 마음속에 있는 산당을 허물어버리면 비로소 음부의 권세를 이길 수 있다. 그러나 교회는 십자가를 지지 아니하고 산당을 움켜쥐고 있다.

2) 이스라엘 백성이 가나안땅에 정착한 뒤에 실로에 있는 하나님의 성막과 각처에 있는 산당에서 제사하였다. 실로에서 멀리 있는 지역에 사는 이스라엘 백성은 제사를 위하여 산당을 세운 것으로 추정할 수 있다. 사무엘은 산당에서 제사하였고(삼상 9:12) 솔로몬도 산당에서 일천 번제를 드렸다(왕상 3:4). 그러나 북이스라엘의 왕 여로보암이 하나님의 형상으로 우상을 만들어 산당에 둔 이후부터 산당은 우상을 숭배하는 곳으로 전락하였다. 율법을 아는 레위인들은 우상숭배를 반대하고 성전이 있는 남유다로 올라갔으므로, 여로보암은 레위인이 아닌 자들을 택하여 제사장으로 삼았다. 그 결과 북이스라엘은 산당에서 우상에게 풍요를 위하여 제사하였다. 이때로부터 산당은 우상에게 제사하는 더러운 곳이 되었다.

3) 여로보암 이후 산당에서 북이스라엘은 하나님의 형상으로 만든 금송아지를 섬겼다. 그러나 아합 이후 그들은 산당에서 바알신과 아세라신을 섬겼다. 당시는 농경사회였다. 따라서 이른 비와 늦은 비가 내림으로 작물이 잘되고 가축이 질병 없이 잘 자라고 많은 새끼를 낳는 것을 복으로 알고 있었다.[243] 풍작과 건강과 장수와 많은 자녀가 사람들의 소망이었다. 사람들은 바알과 아세라가 이것을 가져다 주는 신으로 알고 숭배하였다. 사람들은 산당에서 이방신에게 제사한 뒤에 산당에 부속된 여자들과 집단으로 성행위를 하였다. 북이스라엘은 산당에서 풍작를 기원하는 제사를 드린 뒤에 육체의 쾌락을 위한 성행위에 몰입하였다. 이것이 남유다에 전파되었다.

4) 남유다에는 예루살렘 성전이 있었지만, 유대인들은 산당을 세우고 우상을 숭배하였다. 산당의 제사가 남유다의 발목을 잡았지만, 그들은 산당을 버리지 못하였다. 히스기야 이전에 선한 왕들이 있었지만 산당을 없이하지 아니하였다. 히스기야는 왕이 된 뒤에 산당을 헐고 아세라 목상을 깨뜨렸으며 놋뱀을 부수었다. 백성들

---

[243] 이른 비란 보리와 밀의 파종 직전에 내리는 비이고, 늦은 비란 결실 직전에 내리는 비를 의미한다.

이 놋뱀을 음란하게 섬겼기 때문이다. "**여러 산당을 제하며 주상을 깨뜨리며 아세라 목상을 찍으며 모세가 만들었던 놋뱀을 이스라엘 자손이 이때까지 향하여 분향하므로 그것을 부수고 느후스단이라 일컬었더라**"(왕하 18:4). 놋뱀이란 광야에서 이스라엘 백성을 물어 죽인 불뱀을 형상화한 것이다. 이것은 장차 음부의 권세가 십자가에서 받을 심판을 모형으로 보여준다. 곧 놋뱀은 음부의 권세인 마귀를 모형으로 보여준다. 이스라엘 백성이 놋뱀을 통하여 음부의 권세를 실상으로 알지 아니하고 상징적이며 관념적으로 알고 있었다. 따라서 히스기야는 우상과 놋뱀을 없이 하였다. 하나님은 이것을 기쁘게 여기시고 천사를 보내셔서 산헤립의 군대를 멸하셨다(왕상 19:35).

5) 히스기야가 산당과 놋뱀을 부순 것과 산헤립과 전쟁에서 승리한 것을 중심으로 하여 이사야서가 양분되고 있다. 이사야서 제1장부터 제35장까지는 광야교회가 우상숭배에 빠짐으로 붕괴하는 과정을 보여준다. 제1장은 하나님을 버린 광야교회가 받을 심판으로부터 시작한다. "**하늘이여 들으라 땅이여 귀를 기울이라 여호와께서 말씀하시기를 내가 자식을 양육하였거늘 그들이 나를 거역하였도다**"(사 1:2). 제35장은 우상숭배로 저주 아래 있는 광야교회에게 하나님의 은혜가 임할 것이라고 예언한다. "**여호와의 속량함을 얻은 자들이 돌아오되 노래하며 시온에 이르러 그 머리 위에 영영한 희락을 띠고 기쁨과 즐거움을 얻으리니 슬픔과 탄식이 달아나리로다**"(사 35:10). 제36장부터 제39장까지 하나님의 은혜가 히스기야의 사역을 통하여 임할 것이라고 예언한다. 히스기야가 산당을 헐고 놋뱀을 부순 것은 장차 오실 그리스도께서 우상을 없이 하고 음부의 권세를 심판하실 것을 모형으로 보여준다. 제40장부터 제66장까지는 예수의 피에 의한 속죄와 음부 권세의 심판을 통하여 하나님의 은혜가 임할 것을 예언하였다.244)

6) 히스기야가 산당을 파괴한 것은 그리스도의 교회가 우상숭배를 버릴 것을 모형으로 보여준다. 그가 놋뱀을 부순 것은 교회가 음부의 권세를 상징적이며 관념적으로 알지 아니하고 실상, 곧 탐심으로 알게 될 것을 모형으로 보여준다. 광야에서 이스라엘 백성을 물어 죽음에 이르게 한 불뱀은 장대 위에 죽은 놋뱀이 아니라 지금도 살아서 삼킬 자를 찾는 마귀, 곧 탐심이다. 산헤립의 군대가 천사에 의하여 죽임을 당한 것은 우상숭배를 없이하고 음부의 권세를 아는 자들이 하나님의 은혜로 영적 전쟁에서 승리할 것을 모형으로 보여준다. 따라서 성경은 교회를 향하여 우상의 전당인 산당을 헐라고 말씀한다. 교회 안에 있는 산당이란 하나님을 풍요의 신으로 아는 것을 의미한다. 하나님은 교회에게 돈과 명예와 권력과 육체의 쾌락이 아닌 생명을 주신다.

7) 현대교회가 착각하는 것은 하나님을 풍요의 신으로 여기는 것이다. 하나님의

---

244) 구약성경은 39권으로, 신약성경은 27권이다. 이사야는 신구약 성경 66권을 모형으로 보여준다고 말할 수 있다.

관심은 마지막 날에 불타서 없어질 물질에 있는 것이 아니라 죄인을 음부의 권세로부터 구원하는 것이다. 교회는 생명과 사망의 실체를 알지 못함으로 육체적으로 잘되는 것을 구원의 증거로 알고 있다. 목회자들은 믿음으로 행복한 삶을 영위할 수 있다고 말한다. 교회가 추구하는 행복이란 물질로 생활이 안정되고 명예로 사회에서 존경을 받으며 가정에서 평안을 누리는 것이다. 이것은 마치 바리새인들과 서기관들의 생각과 일치한다. 돈과 명예와 육체의 즐거움을 만끽하였던 솔로몬처럼 육체적으로 잘되는 것을 구원의 증거로 알고 있는 교회는 풍요를 구하는 산당으로 전락하고 있다. 성경에서 말씀하는 행복이란 그리스도 예수 안에서 말씀으로 기뻐하는 것이다. **"내가 이것을 너희에게 이름은 내 기쁨이 너희 안에 있어 너희 기쁨을 충만하게 하려함이니라"** (요 15:11).

8) 교회가 물질에서 기쁨을 찾으면 타락한다. 교회는 복음을 순종함으로 그리스도의 지체로서 그 사명을 다할 때 하나님을 기쁘시게 한다.[245] 곧 복음을 순종하면 성도의 심령 안에서 예수께서 기뻐하신다. 만약 성도들이 복음을 불순종하면 예수께서 그를 버리신다. 예수께 버림을 받고 많은 돈을 벌며 명예를 얻는 것은 저주를 받은 것이다. 교회는 복음을 순종하는 것을 뒷전으로 미루고 '우선 먹기는 곶감이 달다'라는 속담처럼 돈과 명예에 집착하고 있다. 교회는 재물의 풍요를 하나님의 말씀보다 더 사랑하여 이것들을 소망하며 기도하고 있다. 하나님께서 자기의 피로 값 주고 사신 교회가 산당으로 전락하고 있다. 성도들이 물질의 풍요를 갈구하므로 목회자들의 설교도 역시 여기에 집중되고 있는 것이 현실이다. 많은 십일조를 위하여, 사업에 성공하기 위하여, 공직선거에 당선되기 위하여, 자녀가 좋은 대학에 진학하기 위하여 기도하라는 설교는 교회를 산당으로 만드는 것이다. 하나님의 뜻이면 이러한 것들을 구하지 아니하더라도 이루어질 것이다.

9) 교회는 복음을 순종하여 하나님을 기쁘게 함에서 행복을 찾아야 한다. 복음을 순종하는 것은 육체의 고난을 수반한다. 복음을 순종하는 것은 양이 이리떼 가운데로 들어가는 것처럼 위험을 감수하고 고난을 받는 것이다(마 10:16). 영생이란 고난을 통하여 얻는 것이다. **"자녀이면 또한 후사 곧 하나님의 후사요 그리스도와 함께한 후사니 우리가 그와 함께 영광을 받기 위하여 고난도 함께 받아야 될 것이니라 생각건대 현재의 고난은 장차 우리에게 나타날 영광과 족히 비교할 수 없도다"** (롬 8:17,18). 따라서 예수께서 가난을 명령하셨으면 가난하게 사는 것으로 만족하여야 한다. 예수께서 옥에 갇히라고 명령하셨으면 옥에 갇히는 것이 기쁨이다. 예수께서 독자를 번제로 드리라고 명령하셨으면 드리는 것이 기쁨이다. 예수께서 노예로 팔려가라고 명령하셨으면 노예로 팔리는 것이 행복이다. 예수께서 채찍으로 맞으라고 명령하셨으면 맞는 것이 기쁨이다. 예수께서 십자가를 지라고 명령하셨으

---

[245] 사도 바울은 육체적으로 가진 것이 없고 로마의 감옥에서 죽을 날만을 기다리고 있었으나 기쁨으로 충만하였다. 그 이유는 그의 영 안에서 예수께서 기뻐하셨기 때문이다.

므로 십자가를 지는 것이 행복이다. 교회가 육체의 일에서 행복을 찾으려고 하면 타락하여 산당으로 전락할 것이다.

10) 성도의 세상일은 오직 하나님의 뜻에 따라서 결정된다. 성도는 세상일의 성취를 하나님의 뜻에 맡기고 그리스도의 지체로서 주어진 사명을 다하는 것이다. 예수께서 원하시면 성도의 세상일은 이루어주실 것이다. **"또 여호와를 기뻐하라 저가 네 마음의 소원을 이루어 주시리로다 너의 길을 여호와께 맡기라 저를 의지하면 저가 이루시고"(시 37:4,5).** 이것이 믿음이다. 세상일은 구하지 아니하여도 성도에게 유익하다면 이루어질 것이다. 그러나 성도에게 유익하지 아니한 일은 아무리 구하여도 성취되지 아니할 것이다. 그러나 교회는 예수께서 금하신 것들을 이루기 위하여 기도하고 있다. 이스라엘 백성이 산당에서 물질의 풍요와 육체의 쾌락을 구한 것처럼, 교회도 동일한 것들을 구하고 있다. 물질의 풍요가 교회의 우상이 되고 있다. 지구상에 수많은 교회가 하나님의 영광을 버리고 우상의 집으로 전락하고 있다.

11) 성도의 몸은 성령이 거하시는 하나님의 성전이다(고전 3:16). 하나님의 성전에 항상 그리스도 속죄의 피가 뿌려져야 하며 의와 거룩함이 강물처럼 넘쳐야 한다. 성전에서 구하는 것은 하나님의 은혜에 의한 속죄의 피다. 사람은 육신이 연약하여 율법을 온전히 순종할 수 없을 뿐 아니라 복음도 온전히 순종할 수 없다. 성도들은 필연적으로 범죄하게 된다고 성경은 말씀한다(요일 1:10). 율법을 범한 죄는 그리스도의 피로써 거룩하게 될 수 있다. 복음을 순종하지 아니한 죄는 그리스도의 피로 속죄받지 못한다. 예수께서 그의 피로써 율법을 범한 죄만을 대속하셨기 때문이다(히 9:15). 따라서 성도의 몸은 하나님의 은혜를 따라서 속죄의 피가 뿌려지는 거룩한 성전이다. 이 성전에 물질의 풍요가 들어오면 성전은 더러워지며 이에 대한 책임이 따를 것이다.246) **"누구든지 하나님의 성전을 더럽히면 하나님이 그 사람을 멸하시리라 하나님의 성전은 거룩하니 너희도 그러하니라"(고전 3:17).**

12) 오늘날 교회가 종교다원주의와 동성애로 무너지는 것은 산당을 허물지 못하고 놋뱀을 부수지 못하였기 때문이다. 교회는 구하여야 할 것을 구하지 아니하고 물질의 풍요와 육체의 쾌락을 구하고 있다. 교회는 음부의 권세를 상징적으로 보여주는 놋뱀을 부수지 못하고 있다. 마귀는 상징적인 존재가 아니라 성도의 육체 안에서 탐심으로 역사하는 음부의 권세이다. 교회는 탐심을 죄로 여기지 아니함으로 마귀의 궤계를 이기지 못하고 있다. 마귀가 탐심으로 교회를 밀 까부르듯 한다. 교회가 마귀의 꼭두각시가 되고 있다. 교회가 산당을 헐고 놋뱀을 부수면, 하나님은 교회로 하여금 음부의 권세를 이기게 하실 것이다. 산헤립의 군대의 죽음은 교회가 음부의 권세를 이길 것을 모형으로 보여준다.

---

246) 믿음이란 본업을 바꾸는 것이다. 성도의 본업이란 예수 이름을 믿고 복음을 순종하는 것이다. 성도의 부업이란 생활을 위하여 돈을 버는 것이다. 돈을 버는 것이 본업이 되면 교회는 산당이 될 것이다.

(3) 이해를 위한 질문
1) 우상을 용납하는 교회
   a. 성도가 십자가를 지지 아니하면 우상을 용납하게 되는 이유는 무엇인가.
   b. 탐심이 우상인 이유는 무엇인가(골 3:5).
   c. 조건부 신앙이 우상숭배인 이유는 무엇인가.
   d. 세상에 속한 것들을 구하는 것이 우상숭배와 같은 이유는 무엇인가.
   e. 예배당을 성전이라고 하는 것이 우상을 용납하는 것인 이유는 무엇인가(고전 3:16).

2) 산당과 놋뱀을 용납하는 교회
   a. 솔로몬 이후 신당이 우상숭배의 장소로 타락한 이유는 무엇인가(왕상 12:28).
   b. 이스라엘 백성이 산당에서 구한 것은 무엇인가.
   c. 히스기야가 놋뱀을 부순 이유는 무엇인가(왕하 18:3).
   d. 교회가 물질의 풍요를 구하는 것이 하나님의 뜻을 대적하는 이유는 무엇인가 (마 6:33).
   e. 교회가 산당을 부수지 않으면, 음부의 권세를 이기지 못하는 이유는 무엇인가.

5.3 교회를 집어삼키는 음부의 권세
1. 음부의 권세를 알지 못하는 교회
(1) 악한 영들의 존재와 정체를 알지 못하는 교회

   1) 교회가 죄를 이기지 못하고 타락하여 세상으로 돌아가는 근본인 이유는 죄의 실체와 생명의 본질을 알지 못하기 때문이다. 죄를 모르면 구원이 무엇인지 알지 못한다. 죄의 실체를 알아야 생명의 본질을 알 수 있다. 교회가 죄를 알지 못하므로 구원을 관념적인 것으로 알고 있다. 죄란 음부의 권세자 마귀의 지배 아래서 하나님을 대적하는 것을 말한다. 죄란 마귀의 생각에 따라서 행동하는 것을 말한다. 교회는 마귀가 육체 밖에 있는 것으로 착각한다. 그러나 마귀는 성도의 육체 안에서 역사한다. 곧 성도의 육체 안에 마귀의 인격, 곧 탐심이 살아 역사한다. 교회는 마귀와 악한 영들의 정체와 그들의 사역을 앎으로 죄를 이길 수 있다. 마귀와 악한 영들의 인격은 죄의 실체이므로 이들을 알지 못하면 죄를 이길 수 없다.[247] 이들의 역사와 사람의 육신의 연약함을 알면 죄를 이길 수 있다.

   2) 사단은 타락한 천사로서 그의 죄는 하나님 아들의 존재와 그의 왕권을 부인한 것이다. 이것이 사단의 죄의 본질이다. 하나님의 이름을 찬양하는 직분을 맡은 천사의 장이 하나님의 아들을 부인하고 그를 위하여 예비된 보좌에 오르려고 하였

---

[247] '지피지기면 백전백승'이란 말이 있다. 적을 알고 나를 알면 전쟁에서 승리할 수 있다는 것이다. 따라서 현대전은 정보의 중요성이 강조되고 있다. 적에 대한 정확한 정보는 전쟁을 승리로 이끈다.

다(사 14:13,14). 하나님은 그 천사와 그를 따르는 천사들을 불의하게 여기시고 영원한 결박으로 흑암, 곧 음부에 가두셨다. 흑암이란 하나님의 영광이 없는 곳으로 우주를 가리킨다. 우주는 하나님의 영광과 분리된 흑암으로 창조되었으며 사단과 그를 따르는 천사들이 활동하는 곳이다. 타락한 천사들은 영원한 결박으로 최후의 심판 때까지 흑암에 갇혔으므로 우주를 벗어나지 못할 것이다. **"또 자기 지위를 지키지 아니하고 자기 처소를 떠난 천사들을 큰 날의 심판까지 영원한 결박으로 흑암에 가두셨으며"(유 1:6).**

3) 아담이 선악과 계명을 받았을 때 사단은 아담을 통하여 그의 속성을 드러냈다. 선악과 계명은 자기의 의지로 사망과 생명을 결정하는 하나님의 주권을 계시하는 언약이다. 하나님의 아들만이 자기의 의지로 생명과 사망을 결정할 수 있다(요 10,17,18). 사단은 하나님 아들의 존재와 주권을 부인하고 아담에게 선악과 계명을 대적하게 하였다. 선악을 알게 하는 실과를 먹으면 하나님과 같이 된다는 것은 하나님 아들의 존재와 그의 주권을 부인하는 것이다(창 3:22). 이것이 아담의 죄의 본질이다. 하늘에서 타락한 사탄의 속성이 아담을 통하여 행동으로 표출되었다. 아담이 타락한 이후 모든 인류는 하나님 아들의 존재와 주권을 부인하는 죄로 인하여 사단, 곧 마귀의 종이 되었다(창 3:14). 아담 이후 모든 인류는 마귀의 지배 아래서 하나님의 아들을 대적하는 마귀의 자식이다(요 8:44).

4) 성경은 악한 영들을 사단, 마귀, 미혹케 하는 영 및 귀신으로 구분한다. 사단과 마귀는 같은 자로서 명칭을 달리하고 있다. 사단은 하나님을 대적하는 자로서 하나님의 원수이다. 마귀는 흑암의 권세를 잡은 자로서 죄인을 지배하는 자이다. 타락한 천사가 하나님을 대적할 때는 사단, 죄인을 지배할 때는 마귀라고 부른다(히 2:14). 미혹케 하는 영은 적그리스도 영이다. 적그리스도란 하나님의 아들이 육신으로 임하신 것을 부인하는 자이다(요이 1:7). 귀신에 대한 직접적인 성경의 계시가 없으므로 그 실체가 분명하지 아니하나, 성경의 말씀을 통하여 추정할 수 있다. 신학자들은 귀신을 일반적으로 타락한 천사들의 일부로 취급하고 있으며 그 정체에 대하여 침묵하고 있다.[248]

5) 귀신에 대한 성경의 가르침을 살펴보자. 이방인들이 우상에게 제사하는 것은 귀신에게 하는 것이다. **"대저 이방인의 제사하는 것은 귀신에게 하는 것이요 하나님께 제사하는 것이 아니니 나는 너희가 귀신과 교제하는 자 되기를 원치 아니하노라"(고전 10:20).** 모압 사람들은 바알브올, 곧 죽은 자에게 제사하였다. **"저희가 또 바알브올과 연합하여 죽은 자에게 제사한 음식을 먹어서"(시 106:28).** 이방인들은 죽은 자들인 귀신에게 제사한다. 이것은 신접한 자들을 통하여 계시되고 있다.

---

248) Wayne Grudem, Systematic Theology, 노진준 옮김, 조직신학, 상(은성출판사, 2009), pp. 639~642.

신접한 자들이란 죽은 자를 불러올려 그에게 사람의 길흉화복을 묻는 자이다. "**진언자나 신접자나 박수나 초혼자를 너의 중에 용납하지 말라**"(신 18:11). "초혼자"란 죽은 자들을 불러올려 그들에게 사람의 길흉화복을 묻는 자를 말한다. 사울은 신접한 여자에게 죽은 자를 불러올리게 하였다. "**여인이 가로되 내가 누구를 네게로 불러올리랴 사울이 가로되 사무엘을 불러올리라**"(삼상 28: 11). 사울은 땅에서 올라온 영이 죽은 사무엘의 영이라고 착각하고 그에게 나라의 운명을 상의하였다.

6) 신접한 여자가 불러올린 영이 사무엘의 죽은 영혼이냐 아니면 다른 자의 죽은 영혼이냐를 살펴보자. 사무엘은 믿음으로 의롭다 함을 받은 선지자이며 제사장이므로 죽은 뒤에 그의 영혼은 아브라함의 품으로 들어갔을 것이다. 그러나 사울은 죄인이므로 죽은 뒤에 그의 영혼은 음부로 들어갔을 것이다. 따라서 사무엘과 사울은 죽은 뒤에 그들의 영혼은 동일한 장소에 함께 있을 수 없다. 그러나 성경은 두 사람의 영혼이 동일한 장소에 있을 것이라고 말씀한다. "**여호와께서 이스라엘을 너와 함께 블레셋 사람의 손에 붙이시리니 내일 너와 네 아들들이 나와 함께 있으리라 여호와께서 또 이스라엘 군대를 블레셋 사람의 손에 붙이시리라**"(삼상 28:19). "내일 너와 네 아들들이 나와 함께 있으리라"란 사울과 그의 아들들이 죽은 뒤에 그들의 영혼은 신접한 자가 불러올린 영혼과 함께 동일한 장소에 있을 것을 의미한다. 사울과 그의 아들들은 죄인으로서 죽은 뒤에 그들의 영혼은 음부로 들어갈 것이다 (눅 16:23). 사울이 죽은 뒤에 그의 영혼과 함께 음부에 있을 영혼은 사무엘의 영혼이 아니라 죄인으로 죽은 자의 영혼이라고 말할 수 있다. 신접한 여자가 죄인으로 죽은 영혼을 불러올렸다면 죽은 죄인의 영혼은 우주를 벗어나지 못하고 마귀의 지배 아래 있을 것이라고 해석할 수 있다.

7) 이방인은 죽은 자(귀신)에게 제사하고, 신접한 자는 죽은 자의 영혼을 불러내어 사람의 길흉화복을 묻는다면, 귀신은 죄인으로 죽은 자들의 영혼이라고 말할 수 있다. 그렇다면 교회가 일반적으로 말하는 "죄인이 죽으면 그 영혼은 지옥으로 들어간다"란 견해와 (삼상 28:19)의 말씀과 어떻게 일치시킬 수 있는가를 살펴보자. 먼저 지옥의 위치에 대한 성경의 가르침을 살펴보자. "**하나님이 범죄한 천사들을 용서치 아니하시고 지옥에 던져 어두운 구덩이에 두어 심판 때까지 지키게 하셨으며**"(벧후 2:4). 지옥이란 어두운 구덩이로 흑암을 의미한다. 곧 흑암과 음부와 지옥은 동일한 공간과 장소로서 타락한 천사들이 활동하는 곳이다. 우리가 사는 우주는 그리스도의 날에 불타서 커다란 불못이 될 것이다. "**하나님의 날이 임하기를 바라보고 간절히 사모하라 그 날에 하늘이 불에 타서 풀어지고 체질이 뜨거운 불에 녹아지려니와**"(벧후 3:12). 이 불못은 죄인들이 부활한 몸으로 들어가는 지옥 불이다. 모든 죄인은 부활한 몸으로 지옥 불로 들어갈 것이다.[249] "**또한 만일 네 오른**

---

249) 졸저, 상게서, 7.4.1 참조

손이 너로 실족케 하거든 찍어 내버리라 네 백체 중 하나가 없어지고 온 몸이 지옥에 던지우지 않는 것이 유익하니라**"(마 5:30).

8) 교회는 죽은 죄인의 영혼이 지옥, 곧 영원한 불로 들어가는 것으로 이해하고 있다. 죄인이 죽은 뒤에 즉시 영원한 불로 들어가서 형벌을 받는다면 그리스도의 재림 후에 있을 마지막 심판을 설명할 수 없다. 마지막 심판은 모든 사람을 의와 공의로 심판하는 것이다. 그때 모든 사람이 자신의 죄를 직접 고백할 것이다. **"기록되었으되 주께서 가라사대 내가 살았노니 모든 무릎이 내게 꿇을 것이요 모든 혀가 하나님께 자백하리라 하였느니라 이러므로 우리 각인이 자기 일을 하나님께 직고하리라"(롬 14:11,12).** "모든 혀"란 창조 이후 종말까지 태어난 모든 사람을 의미한다. 죽은 뒤에 이미 지옥에서 형벌을 받는 자들은 다시 심판을 받을 필요가 없을 것이다. 그들을 지옥에서 끌어내서 다시 심판한다는 것은 있을 수 없는 일이다. 그리스도의 재림 이후 마지막 심판이 있다는 것은 죽은 죄인의 영혼이 미래에 나타날 지옥, 곧 음부(흑암)로 들어간다는 것이다. 부활한 몸으로 영원한 불못인 지옥으로 들어가기 때문에, 그리스도의 재림 전에 부활한 사람은 아무도 없으므로 불타는 지옥으로 들어간 자는 아무도 없을 것이다.

9) 우주는 그리스도 재림의 날에 불타기 시작하여 불못이 될 것이다. 곧 우주는 흑암이며 음부이며 동시에 미래에 나타날 지옥이다. 죄인의 죽은 뒤에 그의 영혼이 지옥으로 들어간다는 것은 우주 안에서 마귀의 지배를 받는 것을 의미한다. 죄인은 살아있는 동안 마귀의 종이었다. 성경은 죄인을 마귀의 자식이라고 말씀한다(요 8:44). 죄인의 육체뿐만 아니라 영혼까지 마귀의 종이다. 따라서 죄인이 죽은 뒤에 그의 영혼은 우주 안에서 마귀의 지배를 받는다고 말할 수 있을 것이다. 마귀는 그의 지배 아래 있는 죄인들을 통하여 하나님의 아들과 사도들을 미혹하고 죽이고 핍박한다. 죄인은 하나님을 대적하는 마귀의 도구로 사용되고 있다. 이것은 죄인으로 죽은 자의 영혼이 음부에서 성도를 미혹하는 마귀의 도구로 사용된다는 것을 의미한다.

10) 타락한 천사인 마귀의 속성은 하나님 아들의 존재를 부인하고 그의 주권을 대적하는 것이다. 마귀는 하나님의 말씀을 받지 못하였으므로 직접 하나님을 대적할 수 없다. 따라서 마귀는 하나님의 말씀을 받은 사람을 통하여 하나님을 대적한다. 마귀는 육체의 정욕을 통하여 믿는 자의 마음에 탐심을 넣어줌으로 그들을 미혹하여 범죄하게 한다. 한 걸음 더 나아가서 마귀는 죄인들을 통하여 믿는 자들을 죽이고 핍박하고 미혹한다. 죄인들이 죽은 뒤에 마귀는 그들의 영혼을 통하여 믿는 자들을 미혹하여 사람을 지배한다. 마귀는 모든 죄인을 지배한다. 모든 사람은 믿음으로 하나님의 자녀가 된 자들과 마귀의 지배 아래서 마귀의 자녀 된 자들로 구분한다. **"이러므로 하나님의 자녀들과 마귀의 자녀들이 나타나나니 무릇 의를 행치 아니하는 자나 또는 그 형제를 사랑치 아니하는 자는 하나님께 속하지 아니하니**

라"(요일 3:10).

11) 지금 약 70억 명의 인구가 지상에 살아가고 있다. 이들 가운데 믿음으로 구원을 받은 자들을 제외한 죄인들은 모두 마귀의 지배 아래 있다. 하나님은 장소와 공간을 초월하신 분이므로 모든 믿는 자들을 자기의 뜻에 따라서 말씀으로 통치하신다. 그러나 마귀는 장소와 공간에 제약을 받는 존재이며 무소부재하지 못하므로 동시에 모든 죄인을 통치할 수 없다. 따라서 마귀는 그의 지배 아래 있는 귀신들을 통하여 죄인을 지배하고 믿는 자들을 미혹한다. 창세 이후 죽은 죄인의 영혼이 우주를 벗어나지 못하고 마귀의 지배를 받는다면 귀신의 수는 셀 수 없을 만큼 많은 것이다. 마귀는 수많은 귀신을 통하여 죄인들을 지배하고 있다. 이러한 관점에서 볼 때 우주는 거대한 영적 전쟁터이다. 교회는 마귀와 귀신들이 역사하는 음부에서 영적 전쟁을 승리로 이끌므로 하나님의 영광을 나타내고 있다.

12) 모든 죄는 마귀와 악한 영으로부터 시작한다. 사람은 하나님의 형상으로 지음을 받고 장차 오실 그리스도의 길을 준비하는 사명을 부여받았다. 따라서 사람은 스스로 타락할 수 없다.250) 사람이 스스로 타락할 수 있다면, 사단은 뱀을 통하여 아담을 미혹하지 아니하였을 것이다. 마귀는 귀신을 통하여 믿는 자들을 미혹한다. 마귀는 귀신을 통하여 믿는 자들의 마음속에 탐심을 넣어준다. 탐심은 율법에 따라서 정죄 받는 죄로서 마귀의 인격이므로 사람의 인격을 지배한다. 따라서 사도 바울은 마귀의 인격인 죄가 자신의 의지를 사로잡아온다고 고백하였다(롬 7:23). 탐심은 마귀의 인격이며 믿는 자들의 마음속에 있다. 따라서 성경은 교회를 향하여 깨어 기도하라고 권고한다(골 4:2).

13) 교회가 타락하는 원인은 육체 안에서 역사하는 악한 영들을 알지 못하기 때문이다. 마귀는 믿는 자의 마음속에서 역사하고 있다. 사도들도 마귀의 미혹으로부터 완전히 자유를 얻지 못한 것은 이 때문이었다. 그러나 사도들은 깨어서 항상 기도하였으므로 마귀의 미혹을 이길 수 있었다. 그러나 지금의 교회는 마귀가 육체 밖에 있는 것으로 오해하고 있으므로 죄의 유혹을 이기지 못하고 타락하고 있다. 사람은 잠에서 깨어나면 탐심에 사로잡힌다. 탐심이 사람의 생각과 마음을 지배하고 있다. 이것을 알지 못하는 교회는 자신도 모르는 사이에 하나님을 대적하고 있지만, 그 죄를 알지 못한다. 교회는 교만하여 믿는 자들에게 귀신이 들어오지 못한다고 착각하고 있다. 하나님의 형상으로 창조된 사람은 스스로 범죄할 수 없으므로 믿는 자들에게 귀신이 들어오지 못한다면, 교회는 영원히 타락하지 아니할 것이다. 그러나 성경은 믿는 형제들이 범죄한다고 말씀한다. **"만일 우리가 범죄하지 아니하였다 하면 하나님을 거짓말하는 자로 만드는 것이니 또한 그의 말씀이 우리 속에 있지 아니하니라"**(요일 1:10).

---

250) 졸저, 상게서, 2.2.2.(1) 참조

(2) 귀신의 역사를 알지 못하는 교회

1) 교회가 죄를 알려면 귀신의 역사를 알아야 한다. 교회가 귀신의 실체와 역사에 대하여 무지하므로 믿음으로 구원을 받았다고 고백하지만, 마귀의 지배에서 벗어나지 못하고 있다. 율법, 칭의 언약, 그리고 선지자의 예언은 귀신의 역사에 대하여 거의 침묵하고 있지만, 복음은 귀신의 역사를 밝히 드러내고 있다. 귀신은 사람의 육신을 자기의 집으로 삼아 그 안에서 편하게 쉰다. 귀신이 사람의 육신을 나가면 쉴 곳이 없다. 귀신은 사람의 육체를 지배하고 질병을 가져오며 사람의 마음과 행동을 지배한다. 죄인들은 귀신의 생각에 따라서 말하고 행동하며 하나님을 대적한다. 따라서 교회는 귀신의 역사를 알면 영적 전쟁에서 승리하고 믿음을 지킬 수 있다.

2) 사람이 살아있는 동안 범한 죄의 흔적이 육체와 혼에 새겨진다. 아벨을 죽인 죄의 흔적이 육체와 혼에 새겨졌다. 가인이 죽은 뒤에 그의 육체는 흙으로 돌아가므로 그의 육체에 새겨진 죄의 흔적도 역시 흙으로 돌아갔다.[251] 그러나 그의 혼은 육체와 분리되어 영과 결합하였다. 가인의 영혼은 살인의 흔적을 가지고 음부로 들어가 마귀의 지배를 받고 있다. 이와 같이 모든 죄인의 죽은 영혼은 일생 동안 범한 죄의 흔적을 가지고 음부로 내려간다.[252] 음부에 있는 영혼들은 죄의 흔적으로 인한 저주를 짊어지고 있다. 육체는 살아있는 동안 죄로 인한 저주로 고통을 당한다. 죄로 인한 저주는 영원하므로 죽은 뒤에 육체의 저주는 그 영혼으로 그대로 옮겨질 것이다. 따라서 육체와 분리되어 음부로 들어간 죄인의 영혼은 저주를 짊어지고 괴로워할 것이다.

3) 부자는 호화롭게 살다가 죽은 뒤에 그의 영혼은 음부로 들어갔다. 음부에서 그 영혼은 불꽃 가운데서 괴로워하며 한 방울의 물을 소망하였다. **"불러 가로되 아버지 아브라함이여 나를 긍휼히 여기사 나사로를 보내어 그 손가락 끝에 물을 찍어 내 혀를 서늘하게 하소서 내가 이 불꽃 가운데서 고민하나이다"** (눅 16:24). "불꽃 가운데서"란 장차 나타날 지옥의 불못을 의미한다. 죄인의 영혼이 음부에서 마실 물을 원하는 것은 육체가 살아있는 동안 생수를 마시지 못하였기 때문이다. **"내가 주는 물을 먹는 자는 영원히 목마르지 아니하리니 나의 주는 물은 그 속에서 영생하도록 솟아나는 샘물이 되리라"** (요 4:14). 음부에서 죄인의 영혼이 목마름으로 고통을 당하는 것은 육체의 저주가 그 영혼으로 그대로 옮겨진다는 것을 모형으로 보여준다.

4) 귀신은 사람의 육체를 자기의 집이라고 말한다. **"이에 가로되 내가 나온 내 집으로 돌아가리라 하고 와 보니 그 집이 비고 소제되고 수리되었거늘"** (마 12:44). "그 집이 비고 소제되고 수리되었거늘"이란 귀신이 사람의 육체 안에 있을 때 그

---

251) 졸저, 상게서, 2.3.2.(1) 및 2.3.2.(2) 참조
252) 졸저, 상게서, 7.3.2.(2) 참조

육체는 더러워지고 고장 났으나, 귀신이 육체에서 나가면 그 육체는 깨끗하여지고 고장 난 것이 수리된다는 것을 의미한다. 따라서 귀신이 사람의 육체에 들어오면 그 귀신이 짊어지고 있는 죄의 저주는 그 육체로 옮겨진다고 말할 수 있다. 그 귀신이 사람의 육체 밖으로 나가면 일생 동안 범한 죄의 저주를 짊어지고 있으므로 쉬지 못한다. **"더러운 귀신이 사람에게서 나갔을 때 물 없는 곳으로 다니며 쉬기를 구하되 얻지 못하고"** (마 12:43). "물 없는 곳"이란 하나님의 말씀이 없는 곳으로 불신자의 육체를 의미한다.253) "쉬기를 구하되 얻지 못하고"란 귀신이 죄의 저주를 짊어지고 괴로워한다는 것을 의미한다.

5) 성경에서 말씀하는 귀신의 역사를 살펴보자. 사람은 귀신들려 눈멀고 벙어리 되었다고 성경은 말씀한다. **"그 때 귀신들려 눈멀고 벙어리 된 자를 데리고 왔거늘 예수께서 고쳐 주시매 그 벙어리가 말하며 보게 된지라"** (마 12:22). "눈멀고 벙어리 된 자"란 육체적으로 해석할 수 있지만, 영적인 소경과 벙어리를 의미한다. 예수께서 바리새인들과 서기관들을 어리석은 소경이라고 말씀하셨다. **"우맹이요 소경들이여 어느 것이 크뇨 그 금이냐 금을 거룩하게 하는 성전이냐"** (마 23:17). 그들은 육체의 눈으로 사물을 밝히 보는 자들이었으나 육신으로 임하신 하나님의 아들을 보지 못하였다. 눈앞에 오신 하나님의 아들을 보지 못하는 자들은 영적으로 소경이다. 귀신은 육신으로 임하신 하나님의 아들을 보지 못하게 한다. **"그중에 이 세상 신이 믿지 아니하는 자들의 마음을 혼미케 하여 그리스도의 영광의 복음의 광채가 비취지 못하게 함이니 그리스도는 하나님의 형상이니라"** (고후 4:4).

6) 귀신들려 벙어리가 되었다는 것은 하나님의 아들 예수께서 말씀하신 생명의 말씀을 들었지만, 그 말씀을 통하여 계시된 하나님의 뜻을 알지 못하는 것을 의미한다. 바리새인들과 서기관들은 예수의 말씀을 직접 들었지만, 그 말씀을 깨닫지 못하였다. 그들은 매일 율법을 암송하며 묵상하지만, 율법을 통하여 그들의 죄를 깨닫지 못하였다. 그들은 영적으로 귀가 먹어서 하나님의 말씀을 듣지 못하므로 입으로 하나님의 말씀을 전하지 못하는 벙어리가 되었다. 귀로 소리를 듣지 못하면 벙어리가 된다. (마 12:22)의 말씀은 영적으로 소경이며 벙어리가 된 교회를 책망하는 말씀이다. 교회는 복음을 통하여 십자가에 못 박힌 그리스도를 보아야 한다. **"어리석도다 갈라디아 사람들아 예수 그리스도께서 십자가에 못 박히신 것이 너희 눈앞에 밝히 보이거늘 누가 너희를 꾀더냐"** (갈 3:1). 교회는 성령께서 하시는 말씀을 들을 귀가 있어야 한다. **"귀 있는 자는 성령이 교회들에게 하시는 말씀을 들을찌어다"** (계 3:13).

7) 소경은 사물을 분별하지 못한다. 귀먹은 자는 소리를 분별하지 못한다. 이것은

---

253) 성경은 믿는 자의 배에서 솟아나는 생수를 성령이라고 말씀한다(요 7:38,39). 성령은 하나님의 말씀으로 역사하므로, 물이 없는 곳이란 불신자의 육체를 의미한다고 말할 수 있다.

영적으로 선과 악을 분별하지 못하는 것을 모형으로 보여준다. 선과 악의 기준은 세상 양심이 아니라 하나님의 말씀이다. 바리새인들과 서기관들은 율법으로 선과 악을 구분하지 못하였으므로 그들의 죄를 알지 못하였다. 그들은 율법의 행위로 자신을 의롭다고 착각하였다. 율법을 통하여 자신의 죄를 알지 못하고 복음을 통하여 생명을 알지 못하는 자들은 영적인 문둥병자이다. 문둥병자는 피부에 감각이 없으므로 뜨겁고 찬 것을 느끼지 못한다. 그들은 피부의 고통을 느끼지 못한다. 귀신은 사람을 영적인 문둥병자가 되게 한다.

8) 바리새인들과 서기관들은 영적으로 소경이며 벙어리나 백성에게 율법을 가르쳤다. 이것을 보신 예수께서 소경이 소경을 인도한다고 책망하셨다. **"그냥 두어라 저희는 소경이 되어 소경을 인도하는 자로다 만일 소경이 소경을 인도하면 둘이 다 구덩이에 빠지리라 하신대"**(마 15:14). 이 말씀은 교회를 향한 경고이다. 종교다원주의와 동성애에 빠진 목회자들은 하나님의 아들 예수를 통하여 하나님을 보지 못하고 성령께서 하시는 생명의 말씀을 들을 귀가 없다. 그들은 바리새인들처럼 영적으로 소경이며 귀먹은 자들이다. 그들은 하나님의 말씀을 듣지 못하므로 선과 악을 분별하지 못하는 영적인 문둥병자들이다. 그들의 인도를 받는 교회는 모두 소경이며 귀먹은 자이며 문둥병자이다. 그 교회는 타락하여 음부의 구덩이에 빠질 것이다.

9) 성경은 귀신들린 자가 무덤 사이에서 소리를 지르며 자기 몸을 상하게 하며 살고 있다고 말씀한다. **"그 사람은 무덤 사이에 거처하는데 이제는 아무나 쇠사슬로도 맬 수 없게 되었으니 이는 여러 번 고랑과 쇠사슬에 매였어도 쇠사슬을 끊고 고랑을 깨뜨렸음이러라 그리하여 아무도 저를 제어할 힘이 없는지라 밤낮 무덤 사이에서나 산에서나 늘 소리 지르며 돌로 제 몸을 상하고 있었더라"**(막 5:3~5). "무덤 사이"란 영적으로 죄인들 가운데를 말한다. 사람의 육신은 흙으로 창조되었다. 죄인의 영은 죽었으므로 죽은 영을 담고 있는 죄인의 육신은 영적으로 무덤과 같다. 성경은 죄인의 육체를 무덤이라고 말씀한다. **"이를 기이히 여기지 말라 무덤 속에 있는 자가 다 그의 음성을 들을 때가 오나니"**(요 5:28). "무덤 속에 있는 자"란 죽어서 흙으로 돌아간 육체가 아니라 죄인의 육체 속에 있는 영혼을 의미한다. 영적으로 모든 죄인은 무덤 사이에서 살아가며 소리를 지르고 자기 몸을 상하게 한다. 죄인들이 술과 마약에 빠지는 것은 스스로 자기의 몸을 상하게 하는 것이다.

10) 귀신들린 자가 벙어리가 되어 스스로 죽으려고 불과 물속으로 뛰어 들어간다고 성경은 말씀한다. **"귀신이 어디서든지 저를 잡으면 거꾸러져 거품을 흘리며 이를 갈며 그리고 파리하여 가는지라 내가 선생의 제자들에게 내어쫓아 달라 하였으나 저희가 능히 하지 못하더이다"**(막9:18). 귀신이 넣어주는 탐심이 사람의 마음을 사로잡으면, 그 사람은 거꾸러져 거품을 흘리는 간질병자처럼 옳고 그른 것을 판단하지 못한다. 귀신은 그 사람을 죽이려고 불과 물속으로 들어가게 한다. **"귀신이 저를 죽이려고 불과 물에 자주 던졌나이다 그러나 무엇을 하실 수 있거든 우리를 불**

쌓히 여기사 도와 주옵소서"(막 9:22). 죄인들은 죽을 것을 알지 못하고 화약을 지고 불 속으로 들어가고 있다. 영적으로 벙어리가 된 교회는 죽으려고 불 속으로 들어가는 간질병자와 같다.254) 귀신들려 벙어리가 되고 간질을 앓는 것은 영적으로 하나님의 말씀을 고의로 대적함으로 스스로 사망을 향하여 달려가는 교회를 모형으로 보여준다.

11) 귀신들려 앓으며 꼬부라진 자가 된다고 성경은 말씀한다. **"십팔 년 동안을 귀신들려 앓으며 꼬부라져 조금도 펴지 못하는 한 여자가 있더라"**(눅 13:11). "앓으며 꼬부라져 조금도 펴지 못하는 한 여자"란 영적으로 사명을 감당하지 못하는 교회를 비유로 보여준다. 교회는 그리스도의 지체로서 그리스도의 형상을 나타내며 그의 재림의 길을 준비하여야 한다. 그러나 뇌졸중으로 육체가 마비됨으로 활동하지 못하는 중풍병자처럼, 교회는 맡은 사명을 감당하지 못할 수 있다. 귀신은 교회를 미혹하여 복음을 순종하지 못하게 함으로 교회를 중풍병자로 만들고 있다. 교회가 믿음을 떠나면 미혹케 하는 영과 귀신의 가르침을 따른다고 성경은 말씀한다. **"그러나 성령이 밝히 말씀하시기를 후일에 어떤 사람들이 믿음에서 떠나 미혹케 하는 영과 귀신의 가르침을 좇으리라 하셨으니"**(딤전 4:1). "미혹케 하는 영과 귀신의 가르침을 좇으리라"란 귀신이 넣어주는 탐심에 따라서 하나님의 말씀을 대적하는 것을 의미한다. 탐심을 따르는 자들은 자기의 죄를 알지 못하는 자로서 교만한 자들이다. 그들은 스스로 속아 거짓말을 한다.

12) 마귀는 그의 지배 아래 있는 귀신을 통하여 사람의 육체를 지배한다. 귀신은 사람의 마음속에 탐심을 넣어주고 탐심으로 사람의 의지를 사로잡아 범죄하게 한다. 사도 바울의 고백처럼, 모든 사람의 육체 안에 죄가 살아 역사하고 있다. 그 죄는 귀신에게서 나오는 탐심이다. 사람이 탐심을 절제하지 못하면 하나님의 말씀을 대적함으로 사망에 이르게 된다. 귀신은 교회를 미혹하여 타락의 길을 걷게 한다. 귀신은 사람의 영적인 눈을 멀게 하여 하나님을 보지 못하게 한다. 귀신은 사람 영의 귀를 어둡게 하여 하나님의 말씀을 듣지 못하게 한다. 교회가 믿음에서 떠나면 귀신의 가르침을 따르게 된다. 마귀는 귀신을 통하여 교회를 미혹한다.

13) 귀신이 모든 사람의 육체 안에 들어갈 수 있느냐 하는 것을 살펴보자. 일부 목회자들은 믿는 자들의 육체에 귀신이 들어올 수 없다고 생각하고 있다. 이에 대하여 살펴보자. 사도 바울은 사단의 사자가 그의 육체 안에 있다고 고백하였다. **"여러 계시를 받은 것이 지극히 크므로 너무 자고하지 않게 하시려고 내 육체에 가시 곧 사단의 사자를 주셨으니 이는 나를 쳐서 너무 자고하지 않게 하려 하심이니라"** (고후 12:7). "사단의 사자"란 사단의 말과 생각을 전달하는 자이다.255) 말을 전달

---

254) 언론에 보도되는 교회 내의 음행이 믿는 자들을 부끄럽게 한다. 교회 내의 음행은 화약을 지고 불 속으로 들어가는 것과 같다. 동성애를 지지하는 교회도 마찬가지라고 말할 수 있다.

하는 사자는 인격을 가진 자이다. 일반적으로 목회자들은 사단의 사자를 질병으로 해석하고 있으나, 질병은 인격이 없으므로 이러한 해석을 타당하지 아니하다. 사단은 사람의 육체에 탐심을 넣어주고 이를 통하여 사람의 마음과 언행을 지배한다. 따라서 바울에게 사단의 사자가 가지고 온 것은 탐심이라고 해석할 수 있다. 귀신은 사람의 육체 안에서 역사하므로 사단의 사자는 귀신이다.256) 사도 바울은 귀신에게서 온 탐심으로 괴로워하였다고 말할 수 있다. 사도 바울은 그의 육체 안에 사단의 사자, 곧 귀신이 역사한다고 고백하였다. 우리의 해석이 옳다면 모든 사람은 귀신에 의하여 괴로움을 당한다고 말할 수 있다.

14) 마지막으로 음부의 문과 귀신에 대하여 살펴보자. 우리는 위에서 탐심을 음부로 들어가는 문이라고 정의하였다. 교회가 탐심을 따라서 음부로 들어가면 타락하여 붕괴의 길을 걷게 된다. 귀신은 탐심으로 교회를 미혹하므로 교회가 탐심을 따르는 것은 귀신의 생각을 수용하는 것이다. 귀신은 육체에 새겨진 죄의 흔적, 곧 정욕을 통하여 탐심을 넣어주고 탐심으로 교회를 미혹한다. 따라서 귀신은 탐심이 없으면 역사할 수 없고, 또한 탐심도 귀신이 없으면 교회를 미혹할 수 없다. 따라서 귀신의 인격인 탐심은 음부로 들어가는 문이다. 성령의 권능으로 귀신을 결박한다는 것은 음부의 문을 점령하는 것이다. 그러나 현대교회는 귀신의 정체와 그 역사를 알지 못함으로 돈과 명예와 권력과 육체의 쾌락을 사랑하여 스스로 음부의 문으로 들어가고 있다.

(3) 이해를 위한 질문
1) 음부의 권세를 알지 못하는 교회
  a. 하늘에서 타락한 사단의 죄의 본질은 무엇인가(사 14:13,14).
  b. 하나님께서 타락한 천사들이 갇힌 우주가 흑암이며 동시에 지옥인 이유는 무엇인가(유 1:6, 벧후 2:4).
  c. 아담의 죄와 사단의 죄의 성격이 같은 이유는 무엇인가(창 3:5).
  d. 사람의 마음속에 있는 탐심이 귀신의 인격을 반영하는 이유는 무엇인가.
  e. 탐욕이 사람의 인격을 사로잡는 이유는 무엇인가(롬 7:23).

2) 귀신의 역사를 알지 못하는 교회
  a. 죄인이 죽은 뒤에 그 영혼이 일생 동안 범한 죄의 흔적을 가지고 있는 이유는 무엇인가.
  b. 귀신이 사람의 육신 안에서 쉬는 이유는 무엇인가(마 12:43).

---

255) "사자"로 번역된 헬라어, 앙겔로스(ἄγγελος)란 천사, 말을 전달하는 사자로 번역된다.
256) (마 12:44)에서 귀신이 사람의 육체에서 나가면 그 육체가 청소되고 질서가 회복된다고 말씀한다. 이 말씀은 귀신은 사람의 육체 안에서 역사한다고 말할 수 있다. 반대해석으로 육체 밖에 있는 귀신은 역사할 수 없고 사람에게 탐심을 넣어줄 수 없다.

c. 귀신들려 눈멀고 벙어리 되었다는 것이 하나님을 알지 못하는 것을 모형으로 보여주는 이유는 무엇인가(마 12:22).
   d. 귀신들려 무덤 가운데서 사는 자가 보여주는 영적인 의미는 무엇인가(막 5:5).
   e. 어떻게 귀신은 사람의 육체를 지배하는가.

2. 사망권세인 마귀를 알지 못하는 교회
(1) 죽은 자들을 알지 못하는 교회
  1) 영적 전쟁은 산 자들과 죽은 자들의 싸움이다. 영적으로 산 자들이란 믿음으로 의롭다 함을 받은 자로서 육체가 살아있는 자들이며, 죽은 자란 타락한 천사들을 비롯하여 불신앙으로 심판을 받은 자들로서 육체가 죽은 자들의 영혼과 육체가 살아있는 자들을 의미한다. 곧 산 자란 하나님의 말씀에 따라서 통치를 받는 자들이며, 죽은 자들이란 마귀의 지배를 받는 자들이다. 믿음으로 의롭다 함을 받은 자들 가운데 육체의 죽음으로 낙원에 들어간 영혼은 음부를 벗어났으므로 영적 전쟁에서 제외된다. 영적 전쟁이란 교회와 마귀의 지배 아래 있는 자들과의 전쟁이다. 마귀는 산 자들을 미혹하여 사망으로 인도하고 있다. 산 자들과 죽은 자들 간의 영적 전쟁을 살펴보자.
  2) 이스라엘 자손들은 율법으로 자기의 죄를 깨닫고 장차 오실 그리스도를 사모하는 믿음으로 가나안 거민과의 전쟁을 승리로 이끌었다. 이것은 산 자와 죽은 자들과의 전쟁에서 승패는 믿음에 의하여 좌우된다는 것을 모형으로 보여준다. 가나안 거민은 칼과 창으로 무장하였지만, 이스라엘 자손들은 칭의 언약과 율법을 통하여 장차 오실 그리스도에 대한 믿음으로 무장하였다. 이스라엘 자손들이 믿음으로 하나님의 말씀을 순종하였을 때 하나님의 은혜로 가나안 거민과의 전쟁을 승리로 이끌었다. 산 자들과 죽은 자들 사이에 전쟁의 승패는 믿음과 하나님의 뜻에 따라서 결정된다. 따라서 전쟁의 승패는 하나님께 속하였다고 성경은 말씀한다. **"또 여호와의 구원하심이 칼과 창에 있지 아니함을 이 무리로 알게 하리라 전쟁은 여호와께 속한 것인즉 그가 너희를 우리 손에 붙이시리라"**(삼상 17:47).
  3) 이스라엘 백성은 하나님의 은혜로 애굽에서 광야로 나왔다. 그들은 하나님의 은혜로 애굽의 바로의 지배에서 벗어날 수 있다는 믿음으로 유월절 양의 피를 문설주와 인방에 바르고 애굽에서 광야로 나왔다. 그들이 애굽의 바로의 지배에서 자유를 얻은 것은 믿음으로 죄의 권세로부터 자유를 얻은 것을 모형으로 보여준다. 그들의 광야 생활은 산 자와 죽은 자 사이에 영적 전쟁을 모형으로 보여준다. 그들이 영적 전쟁에서 승리하려면 출애굽시에 가졌던 믿음으로 하나님의 은혜를 구하여야 한다. 아말렉과의 전쟁은 이것을 모형으로 보여준다. 아말렉은 잘 훈련된 군대이며 이스라엘 자손은 노예로서 군사훈련을 받지 못한 오합지졸이었다. 모세와 아론은 산에 올라 하나님의 은혜를 위하여 간절히 기도하였고 그들은 하나님의 도우심으로

아말렉과의 전쟁에서 승리하였다.

4) 마귀는 아말렉으로 이스라엘 자손을 멸하지 못하자 육체의 정욕으로 그들을 미혹하여 범죄하게 하였다. 마귀는 이스라엘 자손을 탐심으로 미혹하여 믿음을 버리게 하였다. 그들은 출애굽시에 가졌던 믿음을 버리고 탐심을 따라가기 시작하였다. 탐심 안에 있는 애굽의 모든 문화가 이스라엘 백성을 미혹하였다. 따라서 그들은 탐심에 이끌리어 애굽에 속한 것들을 사모하여 하나님을 원망하고 시험하였다. 그들은 애굽에서 먹던 것들을 그리워하며 하나님을 원망하였다(민 11:5). 그들은 애굽에서 섬기던 우상을 그리워하며 금송아지를 만들었다(출 32:8). 그들은 마귀에게 속하여 우상의 제물을 먹고 이방여자들과 음행을 하였다. **"이스라엘이 바알브올에게 부속된지라 여호와께서 이스라엘에게 진노하시니라"** (민 25:3). "바알브올"이란 브올 지방에서 섬기던 바알 신이며 마귀를 모형으로 보여준다.

5) 이스라엘 백성은 가나안땅에 정착한 뒤에 그 땅을 정복할 때 가졌던 믿음을 버렸다. 그들은 율법을 알지 못하였으므로 하나님을 알지 못하였다. 그 이유는 제사장이 백성에게 율법을 가르치지 아니하였기 때문이다. 율법을 알지 못함으로 죄를 깨닫지 못하였고, 죄를 알지 못함으로 장차 오실 그리스도에 대한 믿음을 버렸다. 믿음을 버린 이스라엘 백성은 마귀의 손에 빠짐으로 이방여자를 아내로 취하고 우상을 숭배하였다. 이것이 죄가 되어 광야교회는 타락하였으나, 그들은 그 사실을 깨닫지 못하였다. 산 자들이 죽은 자들과의 전쟁에서 패하여 사망에 이르렀으나, 자신이 죽었다는 사실을 알지 못하였다. 하나님은 선지자들을 보내셔서 그들에게 우상을 버리고 돌아오라고 권고하셨으나, 그들은 죽었으므로 하나님의 말씀을 듣지 못하였다. 영적 전쟁에서 패하여 죽은 자들은 귀가 있어도 하나님의 말씀을 듣지 못한다. **"우준하여 지각이 없으며 눈이 있어도 보지 못하며 귀가 있어도 듣지 못하는 백성이여 이를 들을찌어다"** (렘 5:21).

6) 바벨론에서 가나안땅으로 돌아온 유대인들은 그들의 죄를 회개하고 율법을 철저하게 지키려고 하였다. 따라서 마귀는 명예로 그들을 미혹하였다. 그들은 마귀의 미혹에 빠져서 율법의 행위로 자신을 의롭다고 믿었다. 그들은 율법으로 자신의 죄를 깨닫고 장차 오실 그리스도를 믿었으면 죽은 자들과의 영적 전쟁에서 승리하였을 것이다. 그러나 그들은 믿음을 버리고 율법의 행위로 의롭다 함을 받은 것으로 착각하였으므로 하나님 앞에서 자신을 높였다. 곧 마귀는 하나님 앞에서 높아지려는 교만한 마음을 그들에게 넣어주었고, 그들은 마귀의 생각을 따름으로 죽은 자들과의 영적 전쟁에서 패하였다. 바리새인들, 서기관들 및 사두개인들은 자신들이 죽었다는 사실을 알지 못하였다. 예수께서 그들을 마귀의 자식이라고 책망하셨으나(요 8:44), 그들은 깨닫지 못하였다.

7) 이스라엘 백성이 하나님의 말씀을 버림으로 영적 전쟁에서 패한 것은 그리스도의 교회가 음부 권세의 미혹에 빠져서 복음을 순종하지 아니하는 것을 모형으로

보여준다. 교회가 복음을 순종하지 아니하는 이유를 살펴보자. 첫째, 교회가 복음을 알지 못하는 것이다. 복음은 하나님의 아들 예수 그리스도의 피에 의한 속죄와 구원을 믿고 성령으로 진리를 순종하는 것을 핵심으로 한다. 그러나 교회는 입술로 예수를 주님이라고 고백하지만, 진리를 순종하지 아니한다. **"가라사대 이사야가 너희 외식하는 자에 대하여 잘 예언하였도다 기록하였으되 이 백성이 입술로는 나를 존경하되 마음은 내게서 멀도다"** (막 7:6). 교회는 자기를 부인하고 십자가를 지고 예수의 말씀을 순종하여야 한다. 그러나 교회가 십자가를 지지 아니함으로 복음을 순종하지 못한다. 교회가 복음을 순종하지 않으면 하나님께 거짓말을 하는 것이다. 예수를 주님이라고 시인하는 것은 그의 말씀을 왕의 명령으로 알고 순종하겠다는 맹세이다. 입으로 맹세한 뒤에 행위로 부인하는 것은 하나님께 거짓말을 하는 것이다. 교회가 복음을 알지 못하면 영적 전쟁에서 패하여 세상으로 돌아갈 것이다.

8) 둘째, 교회가 구원을 알지 못하는 것이다. 구원이란 생명의 본질과 죄의 실체를 아는 것을 기초로 하여 복음을 순종함으로 죄에서 자유하는 것이다. 생명의 본질은 의와 거룩함이며 영원히 저장되지 아니한다. 죄의 실체란 사람의 마음속에서 역사하는 탐심이다. 예수 이름을 믿고 구원을 받은 뒤에 복음을 순종하지 아니하고 탐심에 따라서 행동하면 의로움과 거룩함은 도말된다. 따라서 믿음으로 얻은 생명을 유지하려면 계속하여 성령으로 복음을 순종하여야 한다. 그러나 교회는 예배당의 문 안으로 들어오면 영원히 구원을 얻은 것으로 착각하고 세상에 속한 것에 관심을 집중하고 있다. 교회는 복음을 육체의 일로 해석함으로 스스로 사망의 길을 걷고 있다. 교회는 육체의 일이 잘되는 것을 구원으로 착각하고 있다. 그것은 하나님의 말씀을 육체의 일로 해석하는 것이다. **"사랑하는 자여 네 영혼이 잘 됨같이 네가 범사에 잘되고 강건하기를 내가 간구하노라"** (요삼 1:2). "네가 범사에 잘되고"란 말씀을 육체의 일로 해석하면 교회는 타락의 길을 걷게 될 것이다.

9) 교회란 믿음으로 세상에서 나와서 영적인 세계인 하나님의 나라에 들어온 자들의 모임이다. 따라서 하나님의 나라에서 물질은 교회에게 아무런 도움이 되지 못하다. 물질의 세계를 떠나서 영적인 세계로 들어온 자들이 범사에 잘되는 것은 복음을 순종함으로 영적인 복, 곧 하늘에 속한 신령한 복을 받는 것이다. 따라서 (요삼 1:2)의 말씀을 육체의 일로 해석하여, '교회가 물질과 명예를 얻는 것이 복음이다'라고 가르치는 것은 교회를 타락의 길로 몰아넣는 것이다. 마귀는 교회를 물질과 명예로 미혹하여 세상으로 끌어드린다. 사업에 성공하는 것, 좋은 직장에 들어가는 것, 승진하는 것, 공직선거에 당선되는 것, 올림픽이나 큰 경기에서 메달을 따는 것, 자녀가 건강하고 좋은 대학에 입학하는 것, 육체적으로 건강한 것 등, 세상 사람들의 관점에서 성공하는 것을 구원받은 증거로 아는 것은 다른 복음이다. 마귀는 세상에 속한 것들로 교회를 미혹하여 죽음의 길로 인도하고 있다.

10) 셋째, 죄의 실체를 알지 못하는 교회의 교만이다. 바리새인들과 서기관들이

율법의 행위로 의롭다 함을 받을 수 있다고 착각함으로 스스로 속은 것처럼, 교회가 자기의 죄를 알지 못한다. 교회가 탐심에 빠짐으로 복음을 순종하지 아니한 것은 죄다. 성경은 교회가 죄를 범하고 있다고 말씀한다. **"만일 우리가 범죄하지 아니하였다 하면 하나님을 거짓말하는 자로 만드는 것이니 또한 그의 말씀이 우리 속에 있지 아니하니라"** (요일 1:10). "우리"란 교회를 의미한다. 사도 바울은 자기의 육체 안에 항상 죄가 살아서 역사한다고 고백하였다(롬 7:17,18). 사람은 육신의 연약으로 스스로 복음을 순종할 수 없다. 오직 성령의 인도하심을 받아야 한다. 그러나 교회가 탐심에 사로잡히면 성령은 역사하지 아니하신다. 이것은 범죄로 이어진다. 따라서 교회가 죄의 실체인 탐심을 알지 못하면 세상으로 돌아갈 수 있다.

11) 넷째, 교회가 스스로 무장을 해제하고 영적 전쟁에 임하는 것이다. 광야교회가 장차 오실 그리스도에 대한 믿음을 버림으로 무장을 해제하고 영적 전쟁에서 패배한 것처럼, 그리스도의 교회가 믿음을 버리므로 스스로 무장을 해제하고 있다. 오직 믿음으로 음부의 권세와의 전쟁에서 승리할 수 있다. **"예수께서 하나님의 아들이심을 믿는 자가 아니면 세상을 이기는 자가 누구뇨 이는 물과 피로 임하신 자니 곧 예수 그리스도시라 물로만 아니요 물과 피로 임하셨고"** (요일 5:5,6). 종교다원주의자들은 물과 피로 임하신 하나님의 아들 예수 그리스도를 부인한다. 그들은 스스로 무장을 해제하고 음부의 권세 앞에 서 있다. 마귀는 탐욕을 무장하고 있으므로 믿음을 버린 교회는 속수무책으로 전쟁에서 패하고 있다. 종교다원주의에 빠진 서유럽의 교회들은 영적 전쟁에서 패배하여 붕괴하였으나 그 이유를 알지 못하고 있다.

13) 종교다원주의에 빠진 목회자들은 복음이 아닌 것을 복음이라고 전함으로 성도들을 향하여 거짓말을 하고 있다. 복음을 알지 못하는 목회자들은 탐심에 속한 것을 구하는 것이 구원을 얻는 증거라고 전함으로 우상을 교회 안으로 끌어드리고 있다. 하나님의 말씀을 순종하지 아니하고 탐심을 사랑하는 교회는 스스로 음부의 문을 열고 마귀의 권세 아래로 들어간다. 그러나 돈이 많고 세상의 문화를 즐기는 것을 하나님의 은혜 아래서 누리는 평강으로 착각하는 교회는 살아있는 것같이 보이지만 죽은 자이다. **"사데 교회의 사자에게 편지하기를 하나님의 일곱 영과 일곱 별을 가진 이가 가라사대 내가 네 행위를 아노니 네가 살았다 하는 이름은 가졌으나 죽은 자로다"** (계 3:1).

14) 교회는 영적 전쟁의 중심에 서 있다. 그 싸움은 산 자들과 죽은 자들 사이에서 생명을 건 전쟁이다. 산 자들이 하나님의 아들 예수 그리스도를 믿는 믿음으로 무장하고 있으면 탐심으로 무장한 죽은 자들과의 전쟁에서 승리한다. 그러나 산 자들이 믿음을 버리면, 죽은 자들과의 전쟁에서 패배하여 생명을 잃어버리고 음부의 문으로 들어간다. 이스라엘 역사와 그리스도 교회의 역사는 영적 전쟁에서 패배한 교회의 실상을 보여주고 있다. 예수께서 산 자들에게 죽은 자들을 이길 수 있는 핵무기를 주셨다. 그러나 산 자들은 마귀의 미혹에 빠져서 믿음을 버림으로 스스로

무장을 해제하고 있다. 살아있는 자들이 죽은 자들에게 잡아먹히는 시대에 우리는 살아가고 있다.

(2) 최초의 살인자인 마귀를 알지 못하는 교회

1) 마귀는 최초로 범죄하고 살인한 자이다. 마귀에 속한 자들도 역시 하나님을 대적하며 탐심을 위하여 살인하고 있다. 음부 안에서 마귀에게 지배를 받는 자들에게 사랑은 없으며 오직 미움과 질투와 시기와 사기와 악독과 분쟁과 싸움과 살인이 있을 뿐이다. 인류의 역사는 전쟁을 통하여 서로 죽이고 빼앗은 과정의 연속을 보여준다. 이에 반하여 예수 그리스도를 통하여 계시된 하나님의 뜻은 원수를 내 몸과 같이 사랑하는 것이다. 믿음은 사랑을 통하여 마귀의 권세를 이긴다. 그러나 교회는 하나님을 사랑하지 아니하므로 마귀의 미혹에 빠져서 형제를 미워하고 죽이고 있다.

2) 마귀가 왜 사람을 죽이는가 하는 이유를 살펴보자. 마귀는 하늘에서 하나님의 아들을 결박하고 보좌에 오르려고 함으로 타락한 천사이다. 하나님께서 아들의 오실 길을 위하여 사람을 자기의 형상으로 창조하셨을 때, 마귀는 그 길을 차단하기 위하여 하나님의 형상을 파괴하기 시작하였다. 사람이 범죄하여 생명의 본질, 곧 의로움과 거룩함을 상실하면 하나님의 형상은 파괴된다. 따라서 사단은 뱀을 통하여 아담을 미혹하여 범죄하게 함으로 하나님의 형상을 파괴하였다. 그러나 아벨은 하나님의 은혜로 믿고 의롭다 함을 받음으로 하나님의 형상을 회복하였다. 이에 마귀는 가인을 통하여 아벨을 죽임으로 하나님의 형상을 완전히 파괴하였다(요일 3:12). 마귀는 불의한 자를 통하여 의롭다 함을 받은 자를 죽인다.

3) 가인은 마귀에게 속하여 아벨을 죽였다. 이것은 불의한 자를 통하여 의롭다 함을 받은 자들을 핍박하고 죽이려는 마귀의 악한 생각을 보여준다. 마귀가 가인을 통하여 아벨을 죽였으므로, 성경은 마귀를 최초의 살인자라고 말씀한다(요 8:44). 마귀가 의롭다 함을 받은 자를 죽인 것은 장차 육신으로 임하실 그리스도의 길을 막으려는 것이다. 마귀의 궤계는 네 가지로 구분할 수 있다. 첫째, 마귀는 불의한 자를 통하여 의롭다 함을 받을 자들을 핍박하고 죽인다. 둘째, 마귀는 의롭다 함을 받은 자들을 미혹하여 범죄하게 함으로 그들로 스스로 죽음에 이르게 한다. 의롭다 함을 받은 자들이 범죄하여 스스로 사망에 이르는 것은 자신을 죽이는 것이다. 셋째, 마귀는 의롭다 함을 받은 자들을 미혹하여 서로 싸우게 함으로 서로를 죽이게 한다. 넷째, 마귀는 불의한 자들을 지배하여 서로를 죽이게 한다. 인류의 역사를 통하여 크고 작은 전쟁에서 많은 사람이 죽임을 당하였다. 이것은 사람을 죽여서 하나님의 형상을 파괴하려는 마귀의 궤계를 보여준다.

4) 하나님은 살인을 통하여 하나님의 형상을 파괴하려는 마귀의 궤계를 아시고 마귀를 대적하는 언약을 주셨다. 그 언약은 칭의 언약과 율법이다. 이 언약들은 하

나님의 사랑을 보여준다. 하나님이 왜 사람을 사랑하는가. 그 이유를 살펴보자. 하나님은 우주 안에 있는 모든 것들을 창조하신 뒤에 이것들을 좋게 보셨다(창 1:31). 그 이유는 만물이 하나님의 뜻을 성취하는 완전한 그릇으로 창조되었기 때문이다. 하나님의 뜻은 아들을 육신으로 보내시는 것이다. 하나님은 육신으로 임하실 아들의 길을 준비하는 그릇으로 사람을 자기의 형상으로 창조하셨다(창 1:27). 따라서 하나님은 장차 오실 아들의 길을 준비하는 사람을 사랑하셔서 사람에게 땅을 정복하여 문명을 건설하고 문화생활을 할 수 있게 하셨다(창 1:28). 이뿐 아니라 하나님은 사람을 영적인 존재로 창조하심으로 사람으로 영원히 살게 하셨다. 곧 하나님은 장차 오실 그리스도 안에서 자기의 형상으로 창조된 사람을 사랑하셨다.

5) 아담의 타락으로 온 인류는 생명의 본질, 곧 하나님의 형상을 상실하였고 이로써 그리스도의 오실 길이 막혔다. 하나님은 그 길을 다시 열기 위하여 원하는 자를 택하여 부르셨다. 택하심을 받은 자들이 믿음으로 의롭다 함을 받았을 때, 그리스도의 오실 길이 열렸다. 믿음으로 의롭다 함을 받는 것은 자기의 목숨보다 하나님의 말씀을 더 사랑하는 것이다. 하나님은 목숨을 걸고 자기를 사랑하는 자들에게 장차 오실 그리스도의 길을 준비하는 사명을 맡기고 마귀의 권세에서 그들을 보호하셨다. 믿음으로 의롭다 함을 받은 자들은 하나님에 대한 사랑으로 마귀의 미혹을 이겼다. 그들이 하나님에 대한 사랑으로 마귀의 권세를 극복하고 그리스도의 오심을 준비하는 것이 구약성경을 통하여 계시된 하나님의 뜻이다.

6) 하나님은 믿음으로 의롭다 함을 받고 장차 오실 그리스도의 길을 준비하는 자들을 사랑하셨다. 가인이 아벨을 죽인 것처럼, 마귀는 악인을 통하여 하나님의 사랑을 받는 자들을 핍박하고 죽이려고 하였다. 따라서 하나님은 그들을 지키기 위하여 그들을 핍박하고 대적하는 자들을 심판하셨다. 하나님은 아브라함과 롯을 대적하는 자들을 심판하셨다. 그들이 하나님의 보호를 받은 것은 사랑으로 하나님의 언약을 순종하는 믿음을 소유하였기 때문이다. 하나님은 마귀의 권세를 이기는 언약을 주셨다. 이는 칭의 언약과 율법이다. 전자는 장차 오실 그리스도를 믿음으로 의롭다 함을 받는 언약이다. 후자는 죄를 깨닫게 하는 언약이다. 율법은 하나님과 이웃을 사랑하는 계명이다(마 22:37~39). 율법으로 자신의 죄를 깨닫고 장차 오실 그리스도를 믿음으로 의롭다 함을 받는 것은 하나님과 이웃을 사랑하는 것이다. 이 사랑이 마귀, 곧 사람을 죽임으로 하나님의 형상을 파괴하려는 자의 궤계를 이긴다.

7) 칭의 언약과 율법은 장차 오실 그리스도에 대한 사랑을 요구한다. 칭의 언약은 장차 오실 그리스도를 사랑하는 믿음을 요구한다. 장차 오실 그리스도를 믿는 목적은 그를 사랑하기 때문이다. 율법도 역시 장차 오실 그리스도를 사랑하는 믿음을 요구한다. 율법은 사람에게 자신의 죄를 깨닫게 하고 그에게 장차 오실 그리스도를 사랑하는 믿음을 요구한다. 장차 오실 그리스도를 사랑하는 믿음이 마귀의 권세를 이길 수 있었다. 따라서 믿음에는 반드시 역사가 따른다(살전 1:3). 하나님을

사랑하는 믿음만이 역사하는 힘이 있다. 성경은 믿음이 사랑으로 역사한다고 말씀한다. **"그리스도 예수 안에서는 할례나 무할례가 효력이 없되 사랑으로써 역사하는 믿음 뿐이니라"** (갈 5:6). 사랑이 없는 믿음은 역사하지 아니한다. 따라서 교회는 하나님과 형제를 사랑하는 마음으로 모든 일을 하여야 한다. **"너희 모든 일을 사랑으로 행하라"** (고전 16:14).

8) 아브라함은 독자 이삭의 목숨보다 장차 오실 그리스도를 더 사랑하였다. 그는 사랑으로 역사하는 믿음으로 마귀의 모든 미혹을 이겼다. 그가 하나님의 말씀을 받았을 때 마귀는 그를 미혹하였을 것이다. 그러나 그는 믿음으로 마귀의 미혹을 이기고 말씀을 순종하였다. 이삭과 야곱과 요셉도 마찬가지로 사랑으로 역사하는 믿음으로 마귀의 미혹을 이겼다. 그 믿음이 모세, 여호수아, 사무엘, 다윗 및 많은 선지자에게로 이어졌다. 그들은 그들의 목숨보다 장차 오실 그리스도를 더 사랑함으로 그들의 십자가를 지는 믿음을 가질 수 있었다. 마귀는 사망의 권세로 그들을 위협하였지만, 그들은 사랑으로 역사하는 믿음으로 마귀의 궤계를 이겼다.

8) 새 언약인 복음은 사랑으로 역사하는 믿음을 요구한다. 예수의 공생애는 이것을 보여준다. 하나님은 아들을 사랑하셔서 아들에게 모든 것을 맡기셨다. 하나님은 아들에게 만물의 창조와 통치, 속죄와 심판과 구원에 관한 모든 사역을 아들에게 맡기셨다. 아들은 목숨을 걸고 아버지를 사랑하는 믿음으로 맡은 사명을 성취하셨다. 아들은 아버지를 사랑하는 믿음으로 십자가를 지고 속죄와 심판 사역을 성취하셨다. 예수께서 인류의 모든 죄를 짊어지고 죽음으로 그 죄를 대속하셨다. 예수께서 사망의 권세를 잡은 마귀에게 죽임을 당하심으로 마귀의 죄를 세상에 드러내셨다. 마귀는 하나님의 아들을 죽임으로 심판을 받고 그의 모든 권세를 박탈당하였다. 아담이 타락한 이후 그때까지 모든 죄인을 합법적으로 지배하던 마귀의 권세는 박탈되었다. 그러나 심판을 받은 뒤부터 마귀는 불법으로 사람을 지배하고 있다.

9) 예수 그리스도의 죽음은 아버지와 인류에 대한 사랑, 그리고 마귀에 대한 심판을 보여준다. 이것은 사랑만이 마귀의 궤계를 이긴다는 것을 의미한다. 그 사랑은 목숨을 다하여 예수 그리스도를 사랑하고 형제를 내 몸처럼 사랑하는 것이다. 동시에 원수까지 사랑하는 것이다. 이 사랑은 십자가를 지는 믿음을 요구한다. 이 믿음이 마귀의 궤계를 이길 수 있다. 사도들의 일생은 목숨을 걸고 예수 그리스도를 사랑한 믿음을 보여주었다. 예수 그리스도를 사랑하는 것은 그의 말씀을 순종하는 것이다(요 14:21). 사도들은 그들의 목숨보다 예수 그리스도를 더 사랑하였으므로, 하나님은 그들에게 큰 사명을 맡기셨다. 사도 베드로는 할례자를 구원하는 사명을, 사도 바울은 무할례자를 구원하는 것을 사명으로 받았다.

10) 하나님을 사랑하는 것은 그의 말씀을 순종하는 것이고 그 안에 들어가는 것이다. 예수 그리스도를 사랑하는 것은 복음을 순종하는 것이며 그 안에 들어가는 것이다. 곧 교회가 하나님과 예수 그리스도를 사랑하여 그 안에 들어가면 하나님과

예수 그리스도와 교회는 하나가 된다. "그 날에는 내가 아버지 안에, 너희가 내 안에, 내가 너희 안에 있는 것을 너희가 알리라"(요 14:20). "아버지께서 내 안에, 내가 아버지 안에 있는 것 같이 저희도 다 하나가 되어 우리 안에 있게 하사 세상으로 아버지께서 나를 보내신 것을 믿게 하옵소서"(요 17:21). "다 하나가 되다"란 하나님의 뜻과 예수의 말씀과 성도의 생각이 일치하는 것을 의미한다. 하나님의 뜻 안에 아들의 말씀이 있고, 그 말씀 안에 성도의 인격이 있다. 이러한 조건이 성취되면 교회는 하나님의 뜻과 예수의 말씀으로 보호를 받을 수 있다.

11) 마귀는 복음의 증거를 막기 위하여 사도들을 죽이려고 하였다. 사랑으로 역사하는 믿음이 살인자인 마귀의 손에서 사도들을 건졌다. 예수께서 자기를 사랑하는 사도들에게 하나님의 비밀을 아는 말씀, 이적과 기사를 행하는 능력을 주셨다. 그 비밀은 죽음에서 부활하신 예수가 하나님의 아들이라는 것이며, 이것은 영원히 변하지 아니하는 진리이다.257) 사도들은 그들의 증거가 진리임을 보증하기 위하여 많은 이적과 기사를 행하였다. 사도들이 예수 이름으로 병자를 고치고 귀신을 쫓아내고 죽은 자를 살림으로 하나님의 아들 예수 그리스도를 증거하였다. 사도들은 이 증거를 통하여 세상으로부터 오는 모든 핍박을 이기고 음부의 권세와의 영적 전쟁에서 승리하였다. 마지막에 사도들은 순교하였다. 이로써 그들은 목숨보다 예수 그리스도를 더 사랑한다는 객관적인 증거를 보였다.

12) 지금 교회는 예수 그리스도를 사랑하기 때문에 믿는 것이 아니라 자기의 이익을 위하여 믿는다. 교회는 복음의 말씀과 자신의 이익(돈과 명예)이 충돌하면 복음을 버린다. 따라서 예수께서 자기를 사랑하지 아니하는 교회에게 일을 맡기지 아니하신다. 그 결과 교회는 능력이 없고 단순히 윤리와 도덕을 전하는 집단으로 전락하고 있다. 예수께서 교회에게 능력을 행하는 권능을 주시지 아니하셨으므로, 교회는 이적과 기사를 행하지 못하고 있다. 세상은 이러한 교회를 정상적인 교회로 인정하고 있다. 교회가 하나님의 사랑을 받지 못하므로, 기독교는 다른 종교와 차별이 없어지고, 모든 종교에 구원에 있다는 가설이 제시되었다. 예수 그리스도를 사랑하지 아니하는 교회는 마귀의 좋은 먹이가 되고 있다.

13) 예수 그리스도보다 자기의 목숨을 더 사랑하는 교회를 향하여 마귀는 사망권세를 행사하고 있다. 첫째, 교회 내의 분쟁이다. 교회 내에 분파가 생겨서 서로를 미워하고 대적하며 송사도 불사하고 있다. 특히 대형교회의 후임 목사를 선정하는 과정에서 온갖 잡음이 외부로 표출되고 있다. 형제를 미워하고 대적하는 것은 마귀에 속하여 살인하는 것이다. "**그 형제를 미워하는 자마다 살인하는 자니 살인하는 자마다 영생이 그 속에 거하지 아니하는 것을 너희가 아는 바라**"(요일 3:15). 둘

---

257) 이방종교와 세상학문은 진리를 찾아가고 있지만 찾지 못한다. 그들은 세상을 떠나서 명상하며 고행하지만, 진리를 발견하지 못한다. 학자들은 밤을 지새우는 연구를 계속하고 있지만, 진리를 찾지 못한다.

째, 일부 목회자들이 정치성을 띤 단체에 속하여 상대방을 죽음으로 몰아넣기 위하여 온갖 거짓말을 날조하고 있다. 그들은 '검은 것을 희다'라고 하며, '흰 것을 검다'라고 함으로 자기의 정욕을 위하여 거짓말을 지어내고 살인하고 있다. 지금 많은 성도와 목회자들이 사랑을 버리고 거짓을 지어내는 일에 빠져있다.

14) 교회가 사랑을 버렸다는 증거가 세계 각처에서 전쟁으로 나타나고 있다. 20세기에 발생한 두 번의 세계대전은 하나님을 믿는다고 입으로 시인하는 국가 간의 전쟁이다. 전쟁의 미명으로 수많은 성도가 죽임을 당하였다. 교회가 서로를 향하여 총을 겨누었다. 일차적으로 그 책임은 예수 그리스도에 대한 사랑을 버린 신학자들과 목회자들에게로 돌아갈 것이다. 성경은 교회에게 십자가를 지는 믿음과 사랑을 요구한다(마 6:24). 세상이 교회를 칼로 찌르면 교회는 죽임을 당하는 것이 사랑이다. 세상이 교회를 돌로 치면 교회의 머리가 깨지는 것이 사랑이다. 세상이 교회를 욕하고 핍박하면 교회가 박해를 당하는 것이 사랑이다. 예수께서 십자가에서 못 박히심으로 마귀를 심판하신 것처럼, 교회는 사랑으로 마귀의 궤계를 이길 수 있다.

(3) 이해를 위한 질문
1) 죽은 자들을 알지 못하는 교회
  a. 영적으로 산 자와 죽은 자들이란 누구를 가리키는가.
  b. 죽은 자들이 산 자를 미혹하고 핍박하며 죽이는 이유는 무엇인가.
  c. 산 자와 죽은 자의 싸움이 일어나는 이유는 무엇인가(엡 6:12).
  d. 산 자가 영적 전쟁에서 패전하는 이유는 무엇인가.
  e. 죄와 구원을 알지 못하는 교회가 영적 싸움에서 패하는 이유는 무엇인가.
2) 최초의 살인자인 마귀를 알지 못하는 교회
  a. 마귀가 최초의 살인자인 이유는 무엇인가(요 8:44).
  b. 칭의 언약과 율법을 통하여 마귀의 사망권세를 이기는 이유는 무엇인가.
  c. 사랑으로 역사하는 믿음이 마귀의 궤계를 이기는 이유는 무엇인가.
  d. 사랑으로 역사하는 믿음이란 무엇인가.
  e. 사랑을 버린 교회가 마귀의 궤계에 빠진 결과는 무엇으로 나타나는가.

3. 무너지는 성전
(1) 가족을 버리는 교회
1) 성경은 물질세계에서 혈육의 가족과 하나님의 나라에서 영적인 가족을 구분한다. 육체의 가족은 같은 집에서 살며 함께 밥을 먹으며 서로 사랑한다. 육체의 죽음으로 혈육의 가족관계는 종료된다. 영적인 가족은 하나님의 나라에서 함께 생명의 양식을 섭취하며 하나님을 아버지로 섬기고 서로 사랑한다. 영적인 가족관계는 영원히 지속한다. 하나님은 거듭난 자들의 아버지이며 예수는 그들의 신랑이 되

신다. 하나님은 성도들을 자녀로 사랑하시며, 그리스도는 그들을 신부로 사랑하신다. 성도들은 하나님을 아버지로 섬기며 그리스도의 말씀을 남편의 법으로 순종한다. 하나님과 그리스도는 성도들을 절대로 버리지 아니하신다. 그러나 성도들은 아버지와 신랑을 버리고 세상으로 돌아갈 수 있다. 성도들이 복음을 순종하지 않으면 영적인 가정이 무너질 것이다.

2) 하나님은 아들의 피를 통하여 믿는 자들을 거듭나게 하신다. 예수께서 십자가에서 피를 흘리며 생명을 해산하는 고통을 겪으셨다. 믿음으로 그 생명을 소유한 자들은 아담의 타락으로 들어온 원죄의 흔적을 벗고 거듭난 자들이다.258) 성경은 물과 성령으로 거듭난다고 말씀한다. **"예수께서 대답하시되 진실로 진실로 네게 이르노니 사람이 물과 성령으로 나지 아니하면 하나님의 나라에 들어갈 수 없느니라"**(요 3:5). "물로 거듭나다"란 세례를 받는 것이 아니라 진리의 말씀을 순종하는 것이다.259) **"그가 그 조물 중에 우리로 한 첫 열매가 되게 하시려고 자기의 뜻을 좇아 진리의 말씀으로 우리를 낳으셨느니라"**(약 1:18). "성령으로 거듭나다"란 성령을 받는 것이 아니라 성령의 감동을 의미한다. 사도들은 그리스도의 피로 거듭난 뒤에 성령의 임재를 간절히 간구하였다(행 1:14).

3) 하나님은 거듭난 자들의 아버지이시다. 거듭난 자들은 하나님을 아버지라고 부른다. **"너희가 아들인고로 하나님이 그 아들의 영을 우리 마음 가운데 보내사 아바 아버지라 부르게 하셨느니라"**(갈 4:6). 예수 이름을 믿음으로 거듭난 자들은 하나님을 아버지라고 부른다. 그러나 구약시대에 장차 오실 그리스도를 믿음으로 의롭다 함을 받은 자들은 거듭나지 못하였으므로 하나님을 아버지라고 부르지 못하고 주(יהוה, LORD, 아도나이)라고 불렀다. 따라서 유대인들은 하나님을 아버지라고 부르신 예수를 신성을 모독하는 죄로 정죄하여 십자가에 못 박았다. 예수 이름을 믿음으로 거듭난 자들은 하나님을 아버지라고 부른다. 하나님은 자기를 아버지라고 부르는 자들을 절대로 버리지 아니하신다. **"여인이 어찌 그 젖 먹는 자식을 잊겠으며 자기 태에서 난 아들을 긍휼히 여기지 않겠느냐 그들은 혹시 잊을찌라도 나는 너를 잊지 아니할 것이라"**(사 49:15). 어머니가 자식을 버릴지라도 하나님은 자녀들을 버리지 아니하신다.

4) 그리스도와 성도의 관계는 신랑과 신부의 관계이다. 그리스도께서 성도들을 신부로 맞이하려고 자기의 피로써 그들의 모든 죄를 씻으셨다. 성도는 모두 마귀의 지배 아래서 하나님을 대적하는 불의하고 더러운 자들이었으나, 그리스도께서 자기의 피로써 성도의 죄를 씻으시고 성도를 신부로 맞이하셨다. 그리스도께서 신부를

---

258) 졸저, 상게서, 5.4.2 참조
259) 십자가의 강도는 예수를 하나님의 나라의 왕으로 고백함으로 거듭나서 낙원으로 들어갔다. 그는 세례와 성령을 받지 아니하였지만, 성령의 감동으로 예수 이름을 믿음으로 거듭나서 낙원으로 들어갔다.

위하여 목숨을 버리시고 남편의 법을 세우셨다. 신부는 자기를 위하여 목숨을 버리신 남편의 법을 순종함으로 신랑을 사랑하여야 한다. 그 법은 복음이다. 복음은 그리스도께서 전한 하나님의 말씀이므로, 성도들은 복음을 순종함으로 하나님 아버지의 뜻을 행하고 신랑이신 그리스도를 사랑하여야 한다. 복음을 순종하는 것은 하나님을 아버지로서 공경하고 그리스도를 신랑으로 사랑하는 것이다.

  5) 예수 이름을 믿음으로 거듭난 자들은 혈육 관계를 초월하여 영적으로 형제자매이다. 육체적인 형제자매는 피의 관계이다. 형제자매는 같은 부모로부터 한 피를 받았다. 이와 같이 거듭난 자들은 모두 하나님 아들의 피를 받았다. 육체의 생명이 피에 있는 것처럼, 영의 생명도 역시 피에 있다. 거듭난 자들의 영은 모두 예수의 피를 마심으로 생명을 얻었다. 성도들의 육체는 부모로부터 피를 목숨으로 받았고, 그들의 영은 믿음으로 예수의 피를 생명으로 받았다. 성도들은 모두 예수의 피를 받았으므로 영적으로 형제자매이다. 예수의 피와 성도들의 영의 피는 같다. 성경은 예수의 피를 하나님의 피라고 말씀한다(행 20:28). 하나님과 성도의 관계는 영적인 피의 관계이다. 따라서 하나님은 성도들을 자녀라고 부르시며, 예수는 성도를 신부라 부르신다.

  6) 부모와 자녀가 믿음으로 거듭나면 영적으로 형제자매이다. 육체적으로 부부관계도 마찬가지이다. 육체적으로 부부관계이나 영적으로 형제자매이다. 영적으로 형제자매는 모두 수평관계이며 높낮이가 없다. 영적인 관계는 형과 아우, 언니와 동생의 관계는 아니다. 이러한 관점에서 볼 때, 교회에서 직분은 위계질서를 나타내는 것은 아니다. 목사와 장로, 권사와 집사는 모든 동일한 위치에 있다. 단지 직분이 다를 뿐이다. 직분에는 높고 낮음이 없다. 따라서 성경은 성도를 그리스도의 지체라고 말씀한다. **"너희는 그리스도의 몸이요 지체의 각 부분이라"** (고전 12:27). 손이 발보다 높은 것은 아니다. 모든 그리스도의 지체는 동일한 위치에 있다. 따라서 그리스도께서 약한 지체를 강하게 하신다. **"우리가 몸의 덜 귀히 여기는 그것들을 더욱 귀한 것들로 입혀 주며 우리의 아름답지 못한 지체는 더욱 아름다운 것을 얻고 우리의 아름다운 지체는 요구할 것이 없으니 오직 하나님이 몸을 고르게 하여 부족한 지체에게 존귀를 더하사 몸 가운데서 분쟁이 없고 오직 여러 지체가 서로 같이하여 돌아보게 하셨으니"** (고전 12:23~25).

  7) 육체의 가족관계는 영적인 가족관계를 모형으로 보여준다. 육체의 가족이 서로 사랑하는 것은 영적인 가족이 서로 사랑하는 것을 모형으로 보여준다. 하나님은 아버지 되신다. 그리스도는 신랑이 되신다. 성도는 하나님의 자녀이며 그리스도의 신부이다. 하나님은 아버지로서 자녀인 성도들을, 그리스도는 신랑으로서 신부인 성도를 사랑하신다. 하나님은 성도들을 위하여 모든 것을 예비하셨다. 하나님은 육신의 연약함으로 범한 성도들의 죄와 허물을 위하여 속죄의 피를 예비하셨다(요일 4:10). 하나님은 성령으로 자녀들에게 인을 치시고 세상과 구별하신다(고후 1:22).

그리스도께서 자기의 피로써 신부의 모든 죄와 허물을 씻어 거룩하게 하신다(엡 5:26). 그리스도께서 말씀으로 성도들 안에 들어오셔서 성도와 하나가 되신다(요 17:21). 그리스도께서 성도들을 아버지께로 인도하신다. 그리스도께서 성도들이 살아갈 영혼의 양식을 준비하신다(요 6:63). 그리스도께서 첫째 부활에 참여할 자녀들을 위하여 영원한 집과 상급을 예비하신다(요 14:2). 성도들은 형제를 내 몸처럼 사랑하고 모든 죄와 허물을 덮어준다.

8) 하나님, 그리스도, 성도들의 관계는 그리스도의 피로써 맺어진 사랑의 관계이다. 하나님은 자녀들을, 그리스도는 신부들을 절대로 버리지 아니하신다. 그러나 성도들은 하나님과 그리스도의 사랑을 거절하고 세상을 사랑할 수 있다. 성경은 교회가 하나님과 그리스도에 대한 처음 사랑을 버렸다고 말씀한다. **"그러나 너를 책망할 것이 있나니 너의 처음 사랑을 버렸느니라"(계 2:4).** "처음 사랑을 버리다"란 복음을 순종하지 아니하는 것을 의미한다. 하나님을 사랑하는 것은 그의 말씀, 곧 복음을 순종하는 것이다. **"예수께서 대답하여 가라사대 사람이 나를 사랑하면 내 말을 지키리니 내 아버지께서 저를 사랑하실 것이요 우리가 저에게 와서 거처를 저와 함께 하리라"(요 14:23). "하나님을 사랑하는 것은 이것이니 우리가 그의 계명들을 지키는 것이라 그의 계명들은 무거운 것이 아니로다"(요일 5:3).** 교회가 하나님의 말씀을 순종하지 아니함으로 처음 사랑을 버린 이유는 영적인 가족의 관계가 예수의 피의 관계임을 망각하였기 때문이다.[260]

9) 종교다원주의를 추종하는 일부 교회들은 영적인 가족관계가 예수의 피의 관계임을 부인한다. 따라서 종교다원주의를 추종하는 교회에 있어서 예수의 피에 의한 영적인 가족관계는 성립되지 아니한다. 그들에게 있어서 교회는 단지 사교 단체일 뿐이다. 그들도 하나님을 아버지라고 부르지만, 하나님은 그들을 자녀로 인정하지 아니하신다. 그들은 예수를 주님이라고 부르지만, 그들과 그리스도의 관계는 단절되었다. 따라서 종교다원주의에 빠진 교회는 교회가 아니며 세상에 속한 자들의 사교모임이다. 하나님은 예수의 피의 관계로 맺어진 교회만을 교회로 인정하신다.

10) 현대사회는 극단적인 개인주의와 배금사상에 의하여 지배되고 있다. 부부의 관계는 사랑의 관계라기보다는 돈의 관계이다. 부부가 사랑으로 상대방의 약점을 덮어주지 못하면 성격 차이로 부부간의 관계가 소원하여진다. 따라서 남편이 실직하면 이혼 사유가 된다. 특히 자녀를 낳지 아니한 부부들은 부담 없이 이혼한다. 지금 이혼율이 높은 것은 이러한 이유일 것이다. 높은 이혼율, 낮은 자녀의 출산율은 종교다원주의에 빠짐으로 영적인 가족관계가 무너지는 것을 모형으로 보여준다. 교회란 명칭만 있으나 영적인 가족관계가 무너졌다. 하나님 아들의 피로 맺어진 가족 간의 사랑이 없어진 교회는 돈에 의하여 지배받고 있다.

---

[260] 부부가 이혼하면 가족관계는 단절된다. 그러나 이혼한 부부와 자녀의 관계는 단절되지 아니한다. 부모와 자녀의 관계는 피의 관계이기 때문이다.

11) 성경은 영적인 가족관계가 무너진 교회를 책망한다. 그리스도의 지체인 형제 사이에 분쟁이 있다고 말씀한다. **"형제들아 내가 우리 주 예수 그리스도의 이름으로 너희를 권하노니 다 같은 말을 하고 너희 가운데 분쟁이 없이 같은 마음과 같은 뜻으로 온전히 합하라"**(고전 1:10). 성경은 형제 사이에 음행이 있다고 말씀한다. **"너희 중에 심지어 음행이 있다 함을 들으니 이런 음행은 이방인 중에라도 없는 것이라 누가 그 아비의 아내를 취하였다 하는도다"**(고전 5:1). 성경은 그리스도의 지체를 창기의 지체로 만든다고 말씀한다. **"창기와 합하는 자는 저와 한 몸인 줄을 알지 못하느냐 일렀으되 둘이 한 육체가 된다 하셨나니"**(고전 6:16). 성경은 우상의 제물을 먹음으로 그리스도의 지체를 더럽힌다고 말씀한다. **"그러나 이 지식은 사람마다 가지지 못하여 어떤 이들은 지금까지 우상에 대한 습관이 있어 우상의 제물로 알고 먹는 고로 그들의 양심이 약하여지고 더러워지느니라"**(고전 8:7). 성경은 그리스도 지체가 서로를 사랑하지 아니하고 서로 송사한다고 말씀한다. **"형제가 형제로 더불어 송사할뿐더러 믿지 아니하는 자들 앞에서 하느냐"**(고전 6:6). 이 모든 것은 그리스도의 지체로서 성도들이 서로를 사랑하지 아니하므로 영적인 가족관계가 무너지는 것을 모형으로 보여준다. 교회가 영적인 가족을 알지 못하면 타락하여 붕괴의 길을 걷게 될 것이다.

12) 교회는 그리스도를 머리로 하는 다양한 지체들의 모임이다. 지체들은 각기 다른 직분을 가지고 있으므로 협동하여 그리스도의 말씀을 순종하려는 같은 마음을 가져야 한다. 각 지체가 자신을 낮추고 그리스도의 말씀을 순종하려는 같은 마음을 가져야 한다. 동시에 각 지체는 연약한 지체의 약점을 짊어지는 사랑이 있어야 한다. 연약한 지체의 죄와 허물은 그리스도의 지체가 짊어져야 할 십자가이다. 자기의 십자가를 벗은 교회는 가족을 알지 못함으로 붕괴의 길을 걷게 될 것이다. 교회가 아버지를 사랑하고 그리스도의 말씀을 순종하는 것이 십자가를 짊어지는 것이다. 교회가 성도를 섬기며 사랑하는 것이 십자가를 짊어지는 것이다. 이 십자가를 지지 아니한 교회는 스스로 붕괴할 것이다.

(2) 무너지는 성전

1) 교회가 하나님의 나라와 가족을 알지 못하면 하나님의 성전은 스스로 무너진다. 예루살렘 성전이 우상숭배로 파괴된 것처럼, 영적인 하나님의 성전은 교회의 영적 무지로 인하여 무너지고 있다. 성전은 하나님의 나라 안에 세워진다. 성도들은 성전을 건축한 거룩한 흰 돌이며 그리스도는 성전의 터이다. 교회가 십자가를 지지 아니하므로 하나님의 나라가 무너지고 영적인 가족관계가 단절되면 하나님의 성전은 무너진다. 이스라엘이 우상을 숭배함으로 나라가 멸망하자 예루살렘 성전은 파괴되었다. 이처럼 교회가 십자가를 지지 아니함으로 하나님의 나라가 멸망하면, 그 안에 세워진 하나님의 성전은 스스로 붕괴된다.

2) 하나님의 나라에는 하나님의 이름을 둔 성전이 있다. 가나안땅은 하나님의 나라를 모형으로 보여주므로, 하나님은 예루살렘에 성전을 세우게 하셨다. 이스라엘 백성은 애굽에서 광야로 나왔다. 광야는 세상과 분리된 곳으로 하나님의 나라를 모형으로 보여준다. 하나님의 나라에서는 하나님의 법을 순종하여야 하므로 하나님은 율법을 주셨다. 백성이 율법으로 그들의 죄를 깨달았을 때, 하나님은 그들의 죄를 용서하기 위하여 성막을 세우게 하셨다. 성막은 백성의 죄를 위하여 속죄의 피를 뿌리는 거룩한 곳이다. 이스라엘 백성이 가나안땅에 정착한 뒤에 우상을 숭배함으로 성막을 더럽혔다. 그 이유는 우상을 숭배한 죄를 대속할 제사가 없기 때문이다.

3) 다윗이 율법으로 나라를 통치하였으므로, 이스라엘은 하나님의 의와 공의가 강같이 흐르는 나라가 되었다(왕상 3:6). 다윗은 성전을 건축하려고 하였으나 하나님의 허락을 받지 못하였다. 그는 성전 건축을 위한 모든 자재를 준비하였고, 솔로몬은 하나님의 은혜로 예루살렘에 성전을 건축하였다. 하나님은 그 성전을 거룩하게 구별하시고 그곳에 자기의 이름을 두셨다(왕상 9:3). 제사장은 율법에 따라서 정죄 받은 죄를 위하여 속죄의 피를 뿌림으로 하나님의 이름과 백성을 거룩하게 하였다. 이로써 예루살렘 성은 하나님의 나라를 모형으로 보여주었다. 예루살렘 성안에 하늘 성전의 모형인 성전과 하늘 보좌의 모형인 다윗의 보좌가 있다.

4) 솔로몬이 많은 이방여자를 취하여 아내로 삼고 노년에 우상을 숭배하였다. 그 결과 나라는 북 왕국과 남 왕국으로 분단되었다. 이후부터 이스라엘은 우상숭배에서 벗어나지 못하고 성전의 제사를 폐하였다. 다윗의 보좌에서 하나님의 말씀이 나오지 아니하고 우상의 법이 나와서 백성을 더럽혔다. 므낫세는 하나님의 성전에 우상을 세우는 죄를 범하였다(대하 33:5). 성전과 다윗의 보좌, 가나안땅과 이스라엘 백성은 우상으로 더럽혀졌다. 가나안땅에 세워진 하나님의 나라는 완전히 멸망하여 그 흔적을 찾을 수 없게 되었다. 하나님의 나라가 무너지자 성전도 파괴되었다. 성전은 하나님의 나라에 세워지기 때문이다.

5) 유대인들이 바벨론에서 가나안땅으로 돌아온 뒤에 전심으로 율법을 순종하였다. 이로써 우상숭배로 인하여 무너진 하나님의 나라가 다시 세워졌다. 따라서 무너진 하나님의 성전은 다시 건축되었다. 제사장은 성전을 중심으로 유대인들을 의와 공의로 통치하였다. 그러나 바리새인들, 서기관들 및 사두개인들의 출현으로 하나님의 나라는 허울뿐인 존재로 전락하였다. 그들은 율법의 행위로 그들을 의롭다고 착각하였으므로, 성전의 제사는 단순한 종교의식이 되었다.[261] 성전제사가 폐하여졌으므로 가나안땅과 백성은 더럽혀졌다. 바벨론에서 귀환한 이후 세워진 하나님의 나라는 다시 무너졌다. 따라서 하나님은 로마제국의 손으로 성전을 파괴하셨다.

6) 하나님의 아들 예수의 죽음은 하나님의 나라와 성전의 관계를 실상으로 보여

---

261) 졸저, 상게서, 4.1.2.(1) 참조

준다. 하나님의 나라의 왕이 육신으로 임하셨다. 따라서 그리스도의 육신은 하나님의 성전이며 동시에 하나님의 보좌이다. 그러나 유대인들은 하나님의 나라를 알지 못하고 율법으로 하나님의 아들을 정죄하여 십자가에 못 박았다. 이로써 하나님의 나라는 무너졌고 하나님의 성전은 십자가에서 파괴되었다. 그리스도의 죽음은 성전이 하나님의 나라와 운명을 같이 한다는 것을 보여준다. 따라서 십자가를 지지 아니하는 교회는 영적인 조국을 버리고 하나님의 성전을 파괴한 책임을 져야 한다. 이스라엘 국가를 멸망으로 몰아넣고 성전을 파괴한 책임이 우상을 숭배한 솔로몬으로부터 시작하는 것처럼, 하나님의 나라를 버리고 성전을 파괴한 책임이 십자가를 지지 아니하는 교회에게 귀속될 것이다.

  7) 성도의 몸은 하나님의 말씀이 통치하는 하나님의 나라이며 동시에 성령이 거하시는 하나님의 성전이다. 하나님의 말씀은 십자가를 짊어진 자만을 통치하고 그의 심령에 임한다. 하나님의 말씀은 탐욕이 살아 역사하는 자들을 통치하지 아니한다. 십자가를 짊으로 탐욕을 십자가에 못 박은 자들 안에서 하나님의 말씀은 그들의 생각과 마음과 언행을 다스린다. 예수의 말씀은 탐심을 죽인 사람 안에서 살아서 역사하신다(갈 2:20). 따라서 사도 바울은 자기 안에서 역사하는 말씀을 위하여 날마다 죽는다고 고백하였다. **"형제들아 내가 그리스도 예수 우리 주 안에서 가진 바 너희에게 대한 나의 자랑을 두고 단언하노니 나는 날마다 죽노라"** (고전 15:31). "나는 날마다 죽노라"란 육체의 죽음을 의미하는 것이 아니라 탐욕에 따라서 살아가는 옛사람의 죽음을 의미한다.

  8) 성전은 속죄의 피를 뿌리는 거룩한 하나님의 집이다. 예루살렘 성전에는 소와 염소와 양의 피가 뿌려졌다. 그러나 성전인 성도의 몸에는 예수의 피가 뿌려져야 한다. 보이지 아니하는 예수의 피는 새 언약과 함께 임한다. 진리는 예수의 피로 세우신 새 언약이므로, 진리가 성도 안에 들어오면 동시에 예수의 피도 들어온다. 따라서 성도들이 진리를 순종하면 예수의 피가 그들의 몸에 뿌려진다. 하나님의 성전은 예수의 피가 뿌려짐으로써 거룩하게 된다. 성도는 진리를 순종함으로 성전인 자기의 몸에 거룩한 피를 뿌리는 제사장이다. **"오직 너희는 택하신 족속이요 왕 같은 제사장들이요 거룩한 나라요 그의 소유된 백성이니 이는 너희를 어두운데서 불러 내어 그의 기이한 빛에 들어가게 하신 자의 아름다운 덕을 선전하게 하려 하심이라"** (벧전 2:9).

  9) 자기의 십자가를 지는 것은 탐심을 십자가에 못 박는 것이다. 이것은 칼로 마음속에 있는 탐심을 도려내는 마음의 할례이다. 십자가에 탐심을 못 박는 것은 마음의 피를 흘리는 고통이다. 십자가를 짊어진 자만이 복음을 순종한다는 것은 마음의 피를 흘림으로 복음을 순종할 수 있다는 것을 의미한다. 예수께서 인류의 죄를 대속하기 위하여 십자가에서 피를 흘리신 것처럼, 교회는 십자가를 지고 마음의 피를 흘림으로 복음을 순종할 수 있다. 복음은 예수의 피로 세운 언약이므로 복음을

순종할 때 그의 피가 뿌려진다면, 십자가를 지고 마음의 피를 흘리는 교회에게 속죄의 피가 뿌려진다고 말할 수 있을 것이다. 교회가 자기의 십자가를 지고 마음의 피를 흘리는 정도만큼 예수의 피가 뿌려진다. 예수께서 자기의 피를 마시라고 말씀하셨다(요 6:56). 자기의 십자가를 지고 마음의 피를 흘리는 자만이 예수의 피를 마실 수 있다.

10) 교회가 십자가를 지지 아니하면 탐심의 지배를 받는다. 교회는 하나님의 말씀에 따라서 통치를 받던가 아니면 탐심에 의하여 지배를 받는다. 교회가 십자가를 지면 하나님의 말씀에 따라서 통치를 받는다. 그러나 십자가를 지지 아니하면 탐심에 의하여 지배를 받는다. 탐심은 교회를 말하지 못하는 우상에게로 끌고 간다. 우상은 하나님보다 더 사랑하는 것들이다. 성경은 탐심을 우상숭배라고 말씀한다. **"그러므로 땅에 있는 지체를 죽이라 곧 음란과 부정과 사욕과 악한 정욕과 탐심이니 탐심은 우상 숭배니라"(골 3:5).** 교회가 십자가를 지지 아니하고 하나님의 말씀을 버리며 탐심을 따르면 하나님의 성전이 아니라 우상의 집이 된다. 하나님의 말씀이 통치하는 성도의 몸은 하나님의 성전이다. 그러나 탐심이 지배하는 성도의 육체는 더러워진다. 하나님의 성전이 더러워지면 하나님은 교회를 멸하실 것이다. **"누구든지 하나님의 성전을 더럽히면 하나님이 그 사람을 멸하시리라 하나님의 성전은 거룩하니 너희도 그러하니라"(고전 3:17).**

11) 성전은 하나님의 아들, 곧 예수의 피 위에 세워진다. 성전에 예수의 피가 뿌려지지 않으면 그 성전은 더럽혀진다. 성전은 거룩한 성도의 몸을 벽돌로 사용하여 건축된다. 많은 성도의 거룩한 몸이 모여서 거대한 하나님의 성전이 지어진다. 성도의 몸은 성전을 건축하는 거룩한 돌, 곧 살아있는 흰 돌이다. 성도들이 십자가를 지지 아니함으로 진리를 순종하지 않으면 예수의 피가 뿌려지지 아니한다. 거룩한 피가 뿌려지지 아니하는 성전은 더러워지고 마침내 무너질 것이다.262) 곧 성도의 몸이 탐심으로 인하여 더러워지면 하나님은 성전에서 그 돌을 뽑아버리신다. 따라서 종교다원주의와 동성애를 지지함으로 십자가를 지지 아니한 서유럽의 교회는 무너져 성전 터만 남아있다. 무너진 성전의 터인 하나님 아들의 피를 붙들고 통곡하는 시대가 지금이다.

12) 우리나라의 교회도 무너지고 있다. 시대의 사조에 편승하여 대형교단들이 종교다원주의와 동성애를 지지하고 있다. 그들이 십자가를 벗고 탐심을 수용함으로

---

262) 바리새인들과 서기관들은 율법으로 죄를 깨닫지 못하고 율법의 행위로 의롭다 함을 받았다고 믿고 있었지만, 관례대로 성전에서 제사하였다. 그들의 제사는 그들의 죄를 깨끗이 하지 못하였다. 곧, 성전은 그들의 죄로 인하여 더럽혀졌다. 따라서 하나님은 성전을 파괴하셨다. **"대답하여 가라사대 너희가 이 모든 것을 보지 못하느냐 내가 진실로 너희에게 이르노니 돌 하나도 돌 위에 남지 않고 다 무너뜨리우리라"(마 24:2).**

하나님의 나라를 무너뜨리고 있다. 동시에 성전은 우상의 집으로 전락하고 있다. 그러나 그들은 탐심을 죄로 여기지 아니함으로 예수의 피가 뿌려지지 아니한다. 하나님의 성전에 우상이 세워지면 하나님은 그 성전을 파괴하실 것이다. 하나님의 성전에 돈과 육체의 쾌락을 사랑하는 우상이 세워지고 있다. 하나님의 성전은 파괴되고 그 터만 남을 것이다. 말세에 무너진 성전 터를 붙들고 통곡하는 성도들만이 다시 오실 그리스도를 맞이할 것이다. "내가 너희에게 이르노니 속히 그 원한을 풀어 주시리라 그러나 인자가 올 때 세상에서 믿음을 보겠느냐 하시니라"(눅 18:8).

(3) 이해를 위한 질문
1) 가족을 버리는 교회
   a. 혈육 관계의 가족이 있고 영적인 가족이 있다. 영적인 가족은 무엇인가.
   b. 영적인 가족이 예수의 피로 맺어진 사랑의 관계이다. 그 이유는 무엇인가.
   c. 교회가 십자가를 지지 아니하면 영적인 가족 구성원 간의 사랑은 점차 식어지므로 가족관계는 끊어진다. 그 이유는 무엇인가.
   d. 종교다원주의를 지지하는 교회가 하나님의 사랑을 받지 못하는 이유는 무엇인가(요일 1:7).
   e. 성도들이 서로의 연약한 것을 짊어져야 하는 이유는 무엇인가(롬 14:1).
2) 무너지는 성전
   a. 가나안땅에 정착한 이스라엘 백성이 하나님의 말씀을 순종하였을 때, 그들이 하나님의 나라의 모형인 이유는 무엇인가.
   b. 예루살렘에 성전이 세워진 이유는 무엇인가(왕상 6:1).
   c. 이스라엘의 우상숭배로 나라가 멸망하자 동시에 성전은 파괴되었다. 그 이유는 무엇인가.
   d. 하나님 아들의 죽음이 하나님의 나라와 성전의 붕괴를 보여주는 이유는 무엇인가(요 2:21).
   e. 교회가 십자가를 지지 아니하면 하나님의 나라와 동시에 성전이 무너진다. 이유는 무엇인가(고전 3:17).
   f. 교회가 진리를 순종하지 아니하고 탐심을 따르면 하나님의 성전이 우상의 집으로 전락하는 이유는 무엇인가.

4. 음부의 권세 앞에서 분열하는 교회
(1) 믿음을 버리고 신념을 따르는 교회
   1) 위에서 우리는 교회가 타락하여 세상으로 돌아가는 이유에 대하여 살펴보았다. 교회가 타락하는 이유는 믿음을 버림으로 세상의 유혹을 이기지 못하기 때문이다. 교회가 본질을 상실하였기 때문에 믿음을 알지 못하고 자기의 마음을 믿고 있

다. 믿음을 알지 못하는 교회는 세상에 속한 것들을 얻으려는 헛된 꿈을 가지고 있다. 믿음과 소망을 잃어버린 교회에게 사랑이란 없다. 그러나 일부 소수의 교회가 믿음과 소망과 사랑으로 교회의 본질을 유지하고 있을 뿐이다. 이들 교회는 종교다원주의와 동성애를 지지하는 이름뿐인 교회와 분리되어있다. 예수 이름을 부르는 자들의 모임인 교회가 마귀 앞에서 분열되고 있다. 대적 앞에서 분열하는 교회는 전쟁에 패하여 음부의 권세 아래로 들어가서 죄, 곧 탐심의 종이 된다.

  2) 교회는 하나님의 택하심과 성령의 감동에 의한 믿음으로부터 시작한다. 믿음이란 성령의 감동으로 예수가 하나님의 아들이며 그의 말씀이 반드시 성취된다는 것을 믿는 것이다. 하나님은 그의 언약을 반드시 지키시기 때문이다.263) 하나님은 이것을 보증하기 위하여 칼과 피를 놓고 언약을 세우셨다. 하나님은 자기를 믿는 자들을 의롭다고 선언하시는 언약, 곧 칭의 언약의 성취를 보증하기 위하여 소와 염소와 양의 사체를 둘로 쪼개고 그 피로 흘리게 하셨다(창 15:10). 하나님은 율법의 성취를 송아지의 피로 보증하셨다(출 24:8).264) 하나님은 복음의 성취를 아들의 피로 보증하셨다(눅 22:20). 하나님은 그의 언약을 반드시 이루신다. 이것을 하나님의 의로움이라고 한다.

  3) 언약은 조건부 약속이다. 언약은 믿음을 전제로 하여 성취되는 약속이다. 하나님은 칼과 피를 놓고 언약을 세우심으로 인류에게 믿음과 순종의 의무를 부과함과 동시에 언약의 성취에 대한 책임을 짊어지셨다. 언약을 받은 자는 믿음으로 이를 순종할 의무가 있으며, 동시에 하나님은 언약을 순종하는 자에게 언약을 지키실 책임이 있다. 일방이 의무와 책임을 다하지 않으면, 칼로 그 몸을 쪼개야 한다. 하나님은 칭의 언약과 율법에 따라서 믿음으로 의롭다 함을 받은 자들의 죄를 용서하겠다는 책임을 짊어지셨다. 하나님은 그 책임을 다하기 위하여 아들을 육신으로 보내시고 그의 피로써 인류의 죄를 대속하셨다. 하나님은 아들의 죽음을 통하여 칭의 언약과 율법을 성취하심으로 인류에 대한 자기의 의무와 책임을 다하셨다.265) 따라서 그리스도의 피에 의한 속죄와 구원을 선포하는 복음에는 하나님의 의가 나타난다(롬 1:17).

  4) 복음의 핵심은 하나님의 아들 예수 이름을 믿고 구원을 얻는 것이다. 믿음이란 성령의 감동으로 예수를 주님이라고 시인하고 그의 피로 세운 복음을 순종하는 것이다. 복음을 순종하면 복음을 통하여 계시된 하나님의 뜻이 성취된다. 이것이

---

263) 졸저, 상게서 4.4.2.(2) 참조
264) 우상을 숭배한 이스라엘 백성의 육체가 이방인의 칼에 의하여 둘로 쪼개진 것은 언약의 성취를 웅변적으로 보여준다. 약 2,500년 동안 이스라엘이 나라를 잃어버리고 전 세계를 방황한 것은 언약을 성취하는 하나님의 의로우심을 보여준다.
265) 하나님께서 아브라함에게 부과한 의무는 믿음이다. 아브라함이 믿지 않으면 하나님은 그의 몸을 칼로 쪼개셔야 한다. 아브라함의 후손이 믿음을 버렸을 때, 하나님은 그들을 대신하여 아들의 몸을 쪼개심으로 약속을 이행하셨다.

복이다. 다른 복은 없다. 복음이 교회에게 약속하신 복은 육체에 속한 것이 아니라 영에 속한 것이다. (요 3:16)의 말씀에 따라서 믿음으로 영생을 얻는 것이 복이다. (요 8:32)의 말씀에 따라서 믿음으로 죄와 저주로부터 자유하는 것이 복이다. (마 5:44)의 말씀에 따라서 원수를 사랑하는 것이 복이다. (마 28:18,19)의 말씀에 따라서 복음을 증거하는 것이 복이다. (마 16:24)의 말씀에 따라서 자기의 십자가를 지고 예수를 따르는 것이 복이다. (마 6:3)의 말씀에 따라서 오른손이 하는 것을 왼손이 모르게 구제하는 것이 복이다.

5) 교회가 구하는 것은 복음을 통하여 약속하신 것을 구하는 것이다.[266] 약속은 믿음으로 영생을 얻는 것이다. 하나님은 의로우시므로 약속한 말씀은 반드시 성취된다. 따라서 성경은 말씀의 성취를 믿고 구하라고 말씀한다. **"너희가 기도할 때 무엇이든지 믿고 구하는 것은 다 받으리라 하시니라 (마 21:22).** 믿는 것이란 언약의 성취를 믿는 것이다. 하나님은 언약의 성취만을 보증하시기 때문이다. 교회가 언약 밖의 것을 구하면 하나님은 그 기도에 응답하실 의무가 없다. 언약 밖의 것의 성취를 믿는 것은 믿음이 아니라 신념이다. 신념은 언약을 믿는 것이 아니라 자기의 마음의 성취를 믿는 것이다. 따라서 교회는 믿음과 신념을 구별하여야 한다.

6) 교회는 믿음과 신념을 구별하지 못하고 있다. 위에서 논의한 바와 같이 믿음이란 언약의 성취를 믿는 것이다. 이에 반하여 신념이란 마음속에 있는 생각의 성취를 믿는 것이다. 예컨대, 예수 이름을 믿고 복음을 순종하면 반드시 영생을 얻을 것이라고 확신하는 것은 믿음이다. 이에 반하여 열심히 공부하면 반드시 의사가 될 것이라고 확신하는 것은 신념이다. 곧 신념이란 하나님의 약속 밖에 속한 것이 장래에 성취될 것이라고 믿는 것이다. 따라서 신념이란 장래에 일어날 확률을 믿는 것이다. 하나님의 말씀은 믿는 자들에게 그대로 성취된다. 그러나 하나님의 약속 밖에 있는 모든 것들의 성취는 확률이다. 따라서 목회자가 교회를 하나님의 말씀으로 인도하지 아니하고 신념으로 인도하면 저주를 받을 것이다.

7) 성도들은 대부분 세상에 속한 일이 잘되기를 바라고 있다. 우리는 많은 재물과 명예를 얻고 육체의 즐거움을 누리며 살기를 원한다. 우리는 이것을 구원의 증거로 여기고 있다. 성경이 이렇게 말씀하기 때문이다. **"사랑하는 자여 네 영혼이 잘 됨같이 네가 범사에 잘되고 강건하기를 내가 간구하노라"** (요삼 1:2). 이 말씀은 육체에 관한 것이 아니라 영적인 복에 관한 말씀이다. 물질세계를 벗어나 영적인 세계로 들어온 자에게 범사란 복음을 순종함으로 영적인 복을 받는 것이다. 영적으로 강건하면 마귀의 미혹을 이길 수 있다. 이것이 복이다. 영적인 세계에 들어온 자에게 물질은 복이 아니다. 따라서 성경은 하나님의 나라에 들어온 자들에게 세상에 속한 것들을 구하지 말라고 말씀한다. **"그러므로 염려하여 이르기를 무엇을 먹을까 무엇을 마**

---

[266] 율법은 성취된 언약이므로, 율법의 약속을 구하는 것은 성취된다는 보증이 없다.

실까 무엇을 입을까 하지 말라"(마 6:31).

8) (요삼 1:2)의 말씀을 육체의 일로 해석하면 성도들은 신념에 사로잡혀 세상으로 돌아갈 수 있다. 복음은 육체에 관한 말씀이 아니라 영에 관한 말씀이다. 예수께서 육체의 양식을 위하여 자기를 따르는 자들에게 육체의 일은 무익하다고 말씀하셨다. **"살리는 것은 영이니 육은 무익하니라 내가 너희에게 이른 말이 영이요 생명이라"(요 6:63)**. 따라서 (요삼 1:2)에서 "범사"를 육체의 일로 해석하는 것은 마귀의 미혹에 빠져서 교회를 세상으로 인도하는 것이다. 마귀는 광명한 천사로 가장하여 신념을 하나님의 말씀으로 포장하여 교회로 신념을 따르게 한다. 말세에 믿음을 버리고 신념을 따르는 자들이 있을 것이라고 성경은 말씀한다. **"그러나 성령이 밝히 말씀하시기를 후일에 어떤 사람들이 믿음에서 떠나 미혹케 하는 영과 귀신의 가르침을 좇으리라 하셨으니"(딤전 4:1)**.

9) 사도 바울은 신념을 버리고 믿음에 따라서 행동하였다. 사도 바울은 이방인의 사도로 부르심을 받았다. 그의 관심은 오직 복음을 전하는 것이었다. 그는 복음 전도를 위하여 돈을 준비하지 못하였지만, 돈을 위하여 기도하지 아니하였다. 그는 교회로부터 사례비도 받지 아니하였다(고전 9:15). 그는 오직 복음 전도를 위하여 기도하였다. **"또 나를 위하여 구할 것은 내게 말씀을 주사 나로 입을 벌려 복음의 비밀을 담대히 알리게 하옵소서 할 것이니"(엡 6:19)**. 바울이 구하지 아니하였지만, 하나님은 그에게 재물을 얻을 수 있는 일을 주셨다. 바울은 밤과 낮으로 장막을 만드는 일을 하여 전도에 필요한 돈을 벌었다. **"형제들아 우리의 수고와 애쓴 것을 너희가 기억하리니 너희 아무에게도 누를 끼치지 아니하려고 밤과 낮으로 일하면서 너희에게 하나님의 복음을 전파하였노라"(살전 2:9)**. 하나님은 복음을 전하는 사도 바울의 범사가 잘되게 하셨다.

10) 자본주의 경제가 발달한 시대에 돈이 모든 것을 지배하는 세상이다. 종교개혁 이후 교회는 제1차 산업혁명과 맞물리면서 급속하게 성장하였다. 긍정적인 생각을 가지고 예수 이름으로 구하면 모든 것이 이루어진다는 생각이 세상에 속한 사람들을 예배당으로 불러드렸다. 이것이 서유럽, 북미의 여러 나라 및 우리나라 교회에 있어서 교회 성장의 밑거름이 되었다. 곧 교회는 하나님의 능력을 이용하여 막힌 세상일을 해결하는 자들의 모임이 되었다. 교회 안에서 세상일에 크게 성공한 사람이 믿음의 본보기가 되고 그를 본받으려고 열심히 기도하며 일하는 것이 교회의 소망이 되었다.[267] 교회를 믿음으로 이끌어가지 아니하고 신념으로 인도하는 것이 유행처럼 되었다. 성도들은 이러한 예배당에 출석하는 것을 자랑으로 여기고 있다.

11) 성도들은 신념이 이루어지기를 바라는 사고에 사로잡혀 기도하고 이를 이루기 위하여 일하는 것을 신앙생활로 착각하게 되었다. 이로써 교회는 본질을 벗어나 세

---

[267] 20세기 중반 이후 우리나라에서 신년 초에 기도원은 신념을 이루어지기를 바라는 성도들로 넘쳐났다. 경제적으로 풍족하여진 지금 기도원의 앞 자리는 비어가고 있다.

상에 속한 것을 얻기 위하여 일하는 집단이 되었다. 목회자들도 성도의 수와 헌금이 증가하는 것이 목회의 성공으로 여기고 교회를 신념으로 이끌어가고 있다. 돈과 명예에 관심이 있는 사람들은 신념을 강조하는 예배당으로 모이고 있기 때문이다. 신념을 따라가는 자들은 돈이 많고 자녀가 잘되고 건강한 것은 구원의 증거로 여기고 만족하고 있다. 이들은 현대판 바리새인들과 서기관들이다. 예수 그리스도 당시에 바리새인들, 서기관들 및 사두개인들이 넘쳐난 것처럼, 오늘날도 그러하다. 이러한 교회들이 믿음을 알지 못함으로 종교다원주의와 동성애를 비판 없이 수용하고 있다.

12) 20세기 중엽부터 자본주의 경제가 발전하고 부가 축적됨에 따라서 사람의 관심은 육체의 쾌락으로 중시하는 방향으로 흘러가고 있다. 특히 21세기 들어오면서 인공지능의 발달로 산업의 구조가 급속하게 바뀌고 있으며 인간의 지능이 하나님의 영역까지 침범하고 있다.268) 따라서 세상일을 해결함에 하나님에 대한 의존도가 점차 낮아지고 있다. 이것은 필연적으로 긍정적인 사고를 따라감으로 성경을 통하여 계시된 믿음을 감소시키고 있다. 이것이 교회의 붕괴로 이어지고 있다. 특히 우리나라에 있어서 이러한 현상이 두드러지게 나타나고 있다. 종말이 가까워질수록 신념을 따라가는 교회는 급속하게 붕괴의 길을 걷게 될 것이다. 교회는 믿음과 신념의 사이에서 방황하고 있다.

13) 믿음은 교회로 첫째 부활에 소망을 두게 한다. 이에 반하여 신념은 물질과 명예에 소망을 두게 한다. 육상트랙을 달리는 선수처럼, 첫째 부활을 향하여 달려가는 교회는 복음을 순종하기 위하여 전력을 다한다. 그러나 세상처럼 신념을 향하여 달려가는 교회는 복음의 순종을 장식품으로 여긴다. 이제 여기서 알곡과 쭉정이, 양과 염소가 구별될 것이다. 말세에 다가올 타작마당에서 양자는 분명하게 갈라질 것이다. 그리스도 예수 안에서 성도들이 가진 것이 믿음이냐 신념이냐에 따라서 교회의 성장과 붕괴가 결정될 것이다. 성경은 하나님의 말씀을 믿지 아니하고 자기의 마음, 곧 신념을 따르는 자는 미련한 자라고 말씀한다. **"자기의 마음을 믿는 자는 미련한 자요 지혜롭게 행하는 자는 구원을 얻을 자니라"**(잠 28:26).

(2) 하나님의 뜻 안에서 믿음과 신념의 구별

1) 율법은 구체적으로 선악의 기준을 정하고 있다. 그러나 복음은 그렇지 아니하다. 우리는 지금 복음이 통치하는 시대에 살고 있다. 복음은 하나님의 뜻에 대한 구체적인 기준을 정하지 아니하고 있다. 따라서 자신의 마음이 하나님의 뜻에 부합하느냐의 아니냐의 여부를 판단하는 것은 쉬운 일이 아니다. 사도 바울은 동쪽 지역을 전도의 대상으로 선택하였지만, 이것은 하나님의 뜻이 아니었다(행 16:6,7). 이와 같

---

268) 대부분의 사람은 생활에 필요한 지식을 인공지능에서 얻고 있으므로 세상은 과학에 의존하고 있다. 사람은 인공지능에 의하여 의사결정을 함으로 하나님의 능력을 의지하지 아니하고 있다. 이것이 교회가 믿음을 떠나게 한다.

이 교회의 결정이 하나님의 뜻을 벗어날 수 있다. 성도들의 결정이 믿음이냐 아니면 신념이냐의 여부를 결정하는 것은 매우 어려운 일이다. 성경을 통하여 믿음과 신념을 구별하는 사례를 살펴보자.

2) 하나님은 아브라함에게 아들을 주신다고 약속하셨다. 사라는 자녀를 잉태할 수 없었으나 하나님께서 아브라함에게 아들을 약속하신 이유는 두 가지이다. 첫째, 하나님은 아브라함에게 전능하신 능력을 보이시는 것이다. 둘째, 아브라함의 믿음의 분량을 시험하는 것이다. 하나님의 약속은 작정한 때 아브라함의 믿음을 통하여 성취될 것이다. 아브라함이 100세, 사라가 90세에 이삭을 낳는 것이 하나님의 뜻이다. 그러나 아브라함은 자기의 능력으로 아들을 낳으려고 85세에 하갈을 취하였다. 아브라함이 사라의 뜻에 따라서 하갈을 취한 것은 신념이다. 그의 신념은 무서운 결과를 가져왔다. 이스라엘이 이삭을 핍박하였다. 혈육을 따라서 태어난 자가 믿음을 따라서 태어난 약속의 자손을 핍박하고 있다(갈 4:29). 그 후손을 통하여 태어난 이슬람이 교회를 핍박하고 전도의 길을 막고 있다.

3) 여호수아가 여리고 성과 아이 성을 점령하였을 때 기브온 거민은 이스라엘 백성을 두려워하여 자신들의 정체를 숨기고 화친을 청하였다. 그들은 스스로 이스라엘 백성의 종이 되겠다고 맹세하였다. "그러므로 우리 장로들과 우리나라의 모든 거민이 우리에게 일러 가로되 너희는 여행할 양식을 손에 가지고 가서 그들을 맞아서 그들에게 이르기를 우리는 당신들의 종이니 청컨대 이제 우리와 약조하사이다 하라 하였나이다"(수 9:11). 기브온 거민의 제안을 들은 여호수아는 그들의 요구를 수용하고 그들과 약조를 맺었다. 여호수아는 애굽에서 주인과 종의 관계를 경험하였기 때문에 기브온 거민을 종으로 지배하는 것에 대한 경제적인 이익을 알고 있었다. 여호수아의 행동은 신념에서 나온 것이다.

4) 이스라엘이 부강한 나라가 되는 것은 하나님의 은혜에 속한 것이며 이방인을 노예로 삼는 것은 아니다. 따라서 하나님은 가나안 거민을 모두 진멸하라고 명령하셨다(신 7:2). 이스라엘 백성이 이방인을 진멸하고 하나님을 온전히 섬기면 하나님은 그들을 부강하게 하실 것이다(신 8:18). 하나님의 은혜는 사람의 노력과 무관하게 언약과 믿음을 통하여 임하기 때문이다. 그러나 여호수아는 하나님의 약속과 믿음을 버리고 그의 생각에 따라서 기브온 거민과 약속하였다. 이것이 이스라엘을 목을 조르는 올무가 되었다. 기브온 거민은 육체의 쾌락과 우상숭배로 이스라엘 백성의 목을 좇아 그들은 멸망의 구덩이로 끌고 갔다. 여호수아 한 사람의 신념이 이스라엘을 파멸의 구덩이로 몰아넣었다.

5) 사울 왕의 사례를 살펴보자. 그는 이스라엘의 초대 왕으로 기름 부음을 받았다. 사울은 첫째, 전쟁의 승패를 하나님께 맡기지 아니하고 자신이 결정하려고 하였으며 둘째, 재물을 위하여 하나님의 원수를 멸하지 아니하였다. 사울은 블레셋과의 전쟁에서 승리하려고 사무엘을 대신하여 번제를 드렸다. 전쟁의 승패는 하나님의 손에 달

렸으며 제사장만이 번제를 드릴 수 있다. 사울은 기름 부음을 받은 왕이므로 이스라엘 백성을 대표하여 번제를 드릴 수 있다고 확신하였다(삼상 13:9). 사울은 자신의 능력으로 전쟁을 승리로 이끌 수 있다고 확신하였다. 사울은 아말렉과의 전쟁에 승리한 뒤에 전리품으로 노획한 가축들을 죽이지 아니하였다. 가축들을 죽이는 것은 재물을 버리는 것이기 때문이다. 사울은 자신의 신념으로 하나님의 약속을 버렸으므로, 그의 왕권은 다윗에게로 돌아갔다. 이로써 그의 후손들은 이스라엘의 왕의 계보에서 영원히 제외되었다.

6) 하나님의 약속과 믿음을 버리고 신념을 따라간 솔로몬의 사례를 살펴보자. 솔로몬은 하나님께로 지혜와 부귀와 영광을 받았지만, 노년에 믿음을 버리고 신념을 따라감으로 나라를 우상의 소굴로 만들다. 다윗은 솔로몬에게 율법으로 나라를 통치하면 네가 형통할 것이라고 유언하였다. **"네 하나님 여호와의 명을 지켜 그 길로 행하여 그 법률과 계명과 율례와 증거를 모세의 율법에 기록된대로 지키라 그리하면 네가 무릇 무엇을 하든지 어디로 가든지 형통할찌라"** (왕상 2:3). 하나님도 솔로몬에게 동일한 계명을 주셨다. **"네가 만일 네 아비 다윗의 행함 같이 내 길로 행하며 내 법도와 명령을 지키면 내가 또 네 날을 길게 하리라"** (왕상 3:14). 솔로몬은 하나님의 은혜로 나라가 강대하게 된 뒤에 하나님의 말씀을 버리고 주변 국가와 관계를 잘 유지하는 것이 나라에 도움이 된다고 확신하였다. 따라서 솔로몬은 이웃 국가의 공주들과 족장들의 딸들을 아내로 맞이하였다. 이러한 솔로몬의 신념이 그를 우상숭배의 구덩이로 몰아넣었고 나라를 북이스라엘과 남유다로 분단시켰다.

7) 하나님의 말씀을 버리고 신념에 따라서 우상숭배를 국가의 통치 기반으로 삼은 여로보암의 사례를 살펴보자. 그는 북이스라엘의 초대 왕으로 택함을 받았다. 하나님은 여로보암에게 약속의 말씀을 주셨다. **"네가 만일 내가 명한 모든 일에 순종하고 내 길로 행하며 내 눈에 합당한 일을 하며 내 종 다윗의 행함 같이 내 율례와 명령을 지키면 내가 너와 함께 있어 내가 다윗을 위하여 세운 것 같이 너를 위하여 견고한 집을 세우고 이스라엘을 네게 주리라"** (왕상 11:38). 여로보암은 백성이 절기에 예루살렘 성전을 올라가는 것을 막기 위하여 하나님의 형상으로 우상을 만들어 섬기게 하였다. 그는 이렇게 하는 것이 자신과 후손의 왕권을 굳건히 하는 것이라고 확신하였다. 그의 신념은 북이스라엘을 우상숭배의 소용돌이로 몰아넣었고 마침내 나라를 앗수르의 손에 넘겨주었다.

8) 하나님은 율법을 버리고 우상숭배에 빠진 남유다를 멸하기로 작정하시고 선지자 예레미야를 통하여 시드기야에게 항복하라고 권고하셨다. **"이 성에 거주하는 자는 칼과 기근과 염병에 죽으려니와 너희를 에운 갈대아인에게 나가서 항복하는 자는 살리니 그의 생명은 노략한 것 같이 얻으리라"** (렘 21:9). 그러나 시드기야는 하나님의 말씀을 버리고 바벨론 왕이 자신을 조롱할 것이라고 확신하였다. **"시드기야왕이 예레미야에게 이르되 나는 갈대아인에게 항복한 유다인을 두려워하노라 염려컨대 갈

대아인이 나를 그들의 손에 붙이면 그들이 나를 조롱할까 하노라"(렘 38:19). 시드기아는 자신의 명예를 위하여 하나님의 말씀을 버렸다. 그는 항복하지 아니하는 것이 자신과 나라의 명예를 지키는 것이라고 확신하였다. 시드기아의 이러한 신념은 백성을 바벨론의 칼에 의한 죽음으로 몰아넣었고 예루살렘성과 성전을 파괴로 이끌었다. 백성은 바벨론에게 포로가 되었고 남은 자들은 세계 각지로 흩어졌다.

9) 유대인들이 바벨론에서 가나안땅으로 돌아와서 진정한 제사장의 나라를 세웠다. 그들은 무너진 성전을 다시 세우고 제사를 회복하였으며 율법을 온전히 순종하려고 하였다. 그들의 소망은 그들을 이방인의 손에서 해방할 그리스도의 오심이다. 선지자들의 예언대로 다윗의 후손을 통하여 그리스도께서 오셔서 영원한 왕이 되실 것이다. "**그 정사와 평강의 더함이 무궁하며 또 다윗의 위에 앉아서 그 나라를 굳게 세우고 지금 이후 영원토록 공평과 정의로 그것을 보존하실 것이라 만군의 여호와의 열심이 이를 이루시리라**"(사 9:7). 유대인들은 그리스도를 맞이하기 위하여 율법을 철저하게 지켜야 한다고 확신하였다. 이러한 신념을 바탕으로 바리새인들과 서기관들이 탄생하였다. 그들은 율법의 행위로 자신들을 의롭다고 믿음으로 장차 오실 그리스도의 길을 준비한다고 확신하였다. 하나님은 작정하신 때 그들의 신념과 상관없이 그리스도를 보내셨다. 그러나 그들은 믿음을 버리고 신념으로 그리스도를 정죄하여 십자가에 못을 박았다.

10) 제자들이 가진 그리스도의 대망 사상은 바리새인들과 서기관들과 다른 점이 없었다. 단지 제자들은 율법으로 그들의 죄를 깨달은 것이 종교 지도자들과 다를 뿐이었다. 예수께서 나라를 로마제국의 손에서 해방하신 뒤에 왕위에 오르시면 제자들은 정치적으로 높은 자리에 앉을 것이란 신념을 가지고 있었다. 따라서 그들은 정치적으로 높은 자리를 갈망하였다. "**예수께서 가라사대 무엇을 원하느뇨 가로되 이 나의 두 아들을 주의 나라에서 하나는 주의 우편에, 하나는 주의 좌편에 앉게 명하소서**"(마 20:21). 제자들의 소망은 죄 사함이 아니라 정치적으로 높은 자리에 오르는 것이었다. 따라서 예수께서 잡히실 때 그들은 목숨을 부지하기 위하여 모두 예수를 버리고 도망하였다.

11) 사도 바울은 믿고 구원을 얻은 뒤에 율법의 행위로 돌아가려는 갈라디아 교회를 책망하였다. 믿는 유대인들 가운데 일부는 복음과 율법을 조화시키려고 하였다. 약 1,400년 동안 율법과 할례는 유대인에게 자랑이며 문화였다. 이것을 버리고 예수 이름을 믿음으로 구원을 얻는다는 것은 유대인으로서 민족적 자존심을 버리는 것이었다. 따라서 그들은 율법과 복음을 조화시키기 위하여 예수 이름을 믿고 구원을 얻은 뒤에 율법에 따라서 할례를 행하고 절기와 안식일을 지키는 것이 구원이라고 확신하였다. 그들은 하나님의 말씀을 믿지 아니하고 그들의 마음을 믿었다. 사도 바울은 이것을 다른 복음이라고 책망하였다(갈 1:6). 하나님의 말씀을 초월하여 율법의 행위로 구원을 얻을 수 있다는 신념이 교회를 파멸로 몰아넣었다.

12) 사도 요한은 적그리스도를 강력하게 경계하였다. 적그리스도는 그리스도의 신성을 지나치게 강조한 나머지 그의 인성을 부인하는 것이다. (요 1:14)는 그리스도의 인성을 강조하고 있다. 따라서 예수께서 그의 죽음과 부활을 인정하지 아니하는 베드로를 사단이라고 책망하셨다. **"예수께서 돌이키시며 베드로에게 이르시되 사단아 내 뒤로 물러 가라 너는 나를 넘어지게 하는 자로다 네가 하나님의 일을 생각지 아니하고 도리어 사람의 일을 생각하는도다 하시고"** (마 16:23). 적그리스도는 그리스도의 죽음을 부인함으로 구원에 있어서 그의 피에 의한 속죄를 부인하는 것이다. 그들은 그리스도의 피를 초월하여 구원을 받을 수 있다고 확신하였다. 그들은 하나님의 약속과 믿음에 의하여 구원을 얻으려고 하지 아니하고 그들의 신념에 따라서 얻으려고 하였다.

13) 교회가 믿음과 신념을 구별하는 것은 쉬운 일이 아니다. 사단의 생각으로부터 나오는 신념은 하나님의 말씀으로 포장하고 있기 때문이다. 성경은 사단이 광명한 천사로 가장한다고 말씀한다. **"저런 사람들은 거짓 사도요 궤휼의 역군이니 자기를 그리스도의 사도로 가장하는 자들이니라 이것이 이상한 일이 아니라 사단도 자기를 광명의 천사로 가장하나니"** (고후 11:13,14). 제자들처럼 예수 이름을 믿으면 높은 자리에 오를 수 있다고 확신하는 것, 예수 이름을 믿고 구하면 하나님의 은혜로 세상에 속한 것들을 얻을 수 있다고 확신하는 것, 하나님의 은혜로 돈과 명예와 권력을 값없이 얻으려는 것들은 하나님의 말씀을 신념에 따라서 해석하는 것이다. 하나님의 말씀을 하나님의 뜻에 맞게 해석하지 아니하고 사람의 형편과 생각에 맞게 해석하는 것은 믿음이 아니라 신념이다. 따라서 성경은 영을 분별의 은사를 받아야 한다고 말씀한다(고전 12:10). 교회는 항상 자기의 마음속에 있는 생각이 하나님의 말씀에 기초한 것이냐, 아니면 마귀의 악한 생각이냐를 분별하여야 한다.

14) 지금까지 성경에 계시된 신념에 대하여 살펴보았다. 교회는 믿음으로 의롭다 함을 받고 그 의로움을 지켜야 한다. 여기에 사람의 신념이 개입되면 교회는 타락한다. 믿음의 결과는 영혼의 구원이나, 신념의 결과는 사망이다. 신념으로 얻는 것은 세상에 속한 돈과 명예와 권력과 육체의 쾌락이다. 교회는 하나님의 언약을 믿음으로 구원을 얻을 수 있다. 그러나 이방인들은 신념이 이루어지기를 바라는 긍정적인 마음으로 세상을 살아간다. 믿음은 첫째 부활의 소망을 두게 한다. 그러나 신념은 그 소망을 세상에 속한 것에 두게 한다. 음부의 권세는 교회에게 신념을 넣어줌으로 교회를 타락의 길로 인도하고 있으나, 교회는 영적인 분별력이 없으므로 신념에 빠져서 스스로 멸망의 길을 걷고 있다.

(3) 분열하는 교회

1) 음부의 권세는 교회를 분열시켜서 스스로 붕괴하게 하는 것이다. 사람이 질병으로 죽는 것처럼, 분열은 교회를 병들게 하여 죽음에 이르게 한다. 교회는 믿음과 신념을 구별하지 못하므로 신념에 빠져서 스스로 세상으로 돌아가려고 한다. 솔로몬의 신념이 광야교회를 분열시키는 계기가 되었다. 여로보암의 신념은 북이스라엘을 우상숭배의 용광로 속으로 몰아넣었다. 바리새인들과 서기관들은 신념으로 광야교회를 분열시켜서 교회의 머리이신 그리스도를 십자가에 못 박았다. 신학자들과 목회자들의 신념이 낳은 종교다원주의와 동성애가 그리스도 교회를 분열시키고 있다. 종교개혁 이후 급속하게 성장해온 교회는 신념으로 인하여 분열됨으로 서서히 붕괴의 길을 걷고 있다.

2) 교회가 믿음을 버리고 신념으로 돌아가는 이유는 구원을 받았다는 자만심 때문이다. 교회는 생명의 본질은 알지 못함으로 믿음으로 구원을 받으면 생명을 영원히 유지하는 것으로 오해하고 있다. 생명의 본질인 의로움과 거룩함은 저장되지 아니한다. 따라서 사도 바울은 생명을 지키기 위하여 자기를 쳐서 복음에 복종시켰다. **"내가 내 몸을 쳐 복종하게 함은 내가 남에게 전파한 후에 자기가 도리어 버림이 될까 두려워함이로라"**(고전 9:27). 사도 바울에 비하여 하잘것없는 현대의 교회가 교만하여 생명을 영원히 소유한 것으로 착각하고 있다.[269] 우리의 구원 여부는 우리의 생각이나 확신에 의한 것이 아니라 오직 하나님의 주권에 속한 것이다.

3) 장자의 명분을 소홀히 한 에서의 행동은 오늘날 교회의 현실을 모형으로 보여준다. 에서는 장자로 태어났으므로 이삭으로부터 장자의 명분이 그에게로 돌아갔다. 아브라함으로부터 내려오는 장자의 명분이 에서를 교만하게 하였다. 에서는 육체적으로 이삭의 장자로 태어났으므로, 부모와 이웃 사람들이 그를 장자라고 인정하였다. 이것이 에서를 교만하게 하였다. 야곱이 죽 한 그릇으로 에서에게 장자의 명분을 팔라고 하였을 때, 그는 야곱의 요청을 수락하였다(창 25:32). 야곱에게 장자의 명분을 넘겨준다고 하더라도 육체적인 장자의 지위가 바뀌는 것이 아니기 때문이었다. 그러나 에서는 장자의 명분이 야곱에게 돌아갔음을 알고 울면서 이를 다시 찾으려고 하였지만 회개할 기회를 얻지 못하였다. **"너희의 아는 바와 같이 저가 그 후에 축복을 기업으로 받으려고 눈물을 흘리며 구하되 버린 바가 되어 회개할 기회를 얻지 못하였느니라"**(히 12:17). 이것은 구원을 받았다고 교만한 교회에 대한 경고이다. **"그런즉 선 줄로 생각하는 자는 넘어질까 조심하라"**(고전 10:12).

4) 바리새인들, 서기관들, 사두개인들 및 제사장들은 의롭다 함을 받았다고 자만함으로 타락의 길을 걸었다. 육체적으로 아브라함의 후손이며 모세의 제자들인 그

---

[269] 요즘 일부 목회자들은 복음의 순종을 제쳐놓고 정치판과 재야단체에 끼어들어 세상으로부터 지탄받고 있다. 정치판에 발을 들여놓으려면 필연적으로 상대방을 비난하고 거짓말을 하여야 한다. 이것은 믿음에서 나온 것이 아니라 신념에서 나온 것이다.

들은 당연히 율법의 행위로 의롭다 함을 받았다고 확신하였다. 이것이 그들을 교만하게 하였다. 그들은 하나님 앞에서 자신의 의로운 행위를 자랑하였다. 율법의 행위로 의롭다 함을 받았다고 확신하는 자들에게 구세주는 필요 없는 존재이다. 따라서 하나님은 그들에게 아들을 알지 못하게 하셨다. 하나님의 아들 예수께서 육신으로 오셨으나 그들은 그들을 창조하신 아들을 알지 못하였다. 마침내 그들은 하나님의 아들을 정죄하여 십자가에 못 박았다. 그들의 행위는 그리스도 교회가 구원을 받았다고 착각하고 복음을 순종하지 아니함으로 하나님의 아들을 다시 십자가에 못 박는 죄 범할 것을 모형으로 보여준다. 예수 이름을 믿음으로 구원을 얻은 뒤에 타락하는 자는 예수를 다시 십자가에 못 박는 자들이다. **"타락한 자들은 다시 새롭게 하여 회개케 할 수 없나니 이는 자기가 하나님의 아들을 다시 십자가에 못 박아 현저히 욕을 보임이라"** (히 6:6).

5) 예수 이름을 믿고 예수 그리스도를 주님이라고 시인하면 영원히 구원을 얻었는 생각이 교회를 교만하게 한다. 사도들이 적그리스도 그리고 다른 복음에 대하여 경고한 것은 교만한 교회가 세상으로 돌아갈 수 있다는 것을 전제로 한 것이다(요일 2:18,19). 생명을 얻었느냐 아니냐의 여부는 교회의 판단에 속한 것이 아니라 하나님의 주권에 속한 것이다. 성도가 영원히 구원을 받았다고 확신하면 교만하여 타락의 길을 걸을 수 있다. 영원히 구원을 받았다는 확신으로 하나님의 말씀을 왜곡하려는 시도가 신학자들 사이에서 일어나고 있다. 성령의 감동으로 하나님의 뜻을 밝히려는 것이 아니라 자신의 신념으로 성경을 해석하려는 시도가 계속되고 있다. 신학자들의 이러한 신념은 다양한 가설로 나타났고, 이것을 지지하는 목회자들로 인하여 교회에 여러 분파가 생겨났다. 이것이 교회를 분열시키는 계기가 되어 교회를 병들게 하고 있다. 교회가 신학적인 관점에 따라서 분열하더라도 음부의 권세와의 싸움에서 하나로 뭉쳐야 하지만 현실은 그렇지 못하다.

6) 신학자들은 믿음으로 구원을 얻었다는 것을 전제로 다양한 이론을 제시하고 있다. 학문이란 필연적으로 신념에서 출발한다. 학자들은 일정한 가정을 전제로 가설을 설정하고 이를 검증함으로 이론을 제시하고 있다. 구원에 있어서 하나님의 주권을 강조하는 이론과 사람의 의지를 강조하는 이론이, 영혼의 창조설과 유전설이, 사람을 영, 혼, 몸으로 구별하는 삼분설과 영혼과 몸으로 구분하는 이분설이, 성도가 구원을 받으면 타락하여 세상으로 돌아갈 수 없다는 이론과 돌아갈 수 있다는 이론이, 성령은 오순절 날에 한 번만 임하였다는 단회설과 그렇지 아니하다는 이론이, 하나님의 창조사역을 인정하는 이론과 부정하는 이론이, 그리스도의 동정녀 탄생을 인정하는 이론과 부정하는 이론이, 오경의 모세 저작을 인정하는 이론과 부정하는 이론이, 창세기 1장부터 11장까지의 역사성을 인정하는 이론과 부인하는 이론이, 성경의 무오성을 인정하는 이론과 부인하는 이론이, 그리스도의 신성을 인정하는 이론과 부인하는 이론이, 그리스도의 인성을 인정하는 이론과 부인하는 이론

이 대립하고 있다. 이론에 따라서 교회가 분열하여 대립하고 있지만, 무엇이 옳은지에 대한 해답은 하나님만이 가지고 있다.

7) 하나님은 성경을 통하여 계시된 영원한 뜻을 대적하는 가설을 제시하는 자들을 제지하지 아니하신다. 하나님은 그들의 인격의 결정을 그대로 인정하신다. 그들이 계속하여 진리를 대적하는 가설을 제시하면 하나님은 그들에게 유혹을 역사하여 그들로 돌아오지 못할 길을 가게 하신다. **"이러므로 하나님이 유혹을 저의 가운데 역사하게 하사 거짓 것을 믿게 하심은 진리를 믿지 않고 불의를 좋아하는 모든 자로 심판을 받게 하려 하심이니라"**(살후 2:11,12). 가설을 제시함으로 하나님의 뜻을 대적하는 자들은 다시는 회개할 기회를 얻지 못하고 공의의 심판을 받을 것이다. 예수께서 자기를 팔려는 가룟 유다에게 유혹을 역사하신 것처럼, 하나님의 뜻을 대적하는 신학자들에게 유혹을 역사하실 것이다. **"조각을 받은 후 곧 사단이 그 속에 들어간지라 이에 예수께서 유다에게 이르시되 네 하는 일을 속히 하라 하시니"** (요 13:27).

8) 하나님은 진리를 부인하는 가설에 대하여 침묵하신다. 그 이유는 가설을 통하여 진리를 믿지 아니하는 자들을 걸러내신다. 도가니로 금을 연단하듯이 하나님은 신학자들의 가설을 통하여 교회를 연단하신다. 하나님은 진리를 버리고 가설을 믿는 자들을 하나님의 나라로부터 분리하신다. 하나님은 성서비평학을 통하여 성경의 무오성을 믿지 아니하는 자들을 하나님의 나라로부터 분리하신다. 하나님은 자유주의 신학을 통하여 창조주 하나님과 동정녀 탄생을 믿지 아니하는 자들을 하나님의 나라로부터 분리하신다. 하나님은 종교다원주의와 동성애를 지지하는 자들을 하나님의 나라로부터 분리하신다. 신학자들의 가설을 믿고 진리를 부인하는 자들은 비록 교회에 속한 것처럼 보이나 하나님의 나라로부터 분리되었다.

9) 신학자들의 가설에 따라서 다양한 분파의 교단이 나타났다. 이들 가운데 일부는 교회란 명칭을 가지고 있지만, 하나님의 나라로부터 분리되어 음부의 권세 아래 들어갔다. 교회란 명칭을 가지고 있는 교회는 신학자들의 가설을 수용하여 진리를 버렸느냐 아니냐에 의하여 하나님의 나라에 속한 교회와 음부의 권세에 속한 집단으로 구분된다. 겉모습은 교회처럼 보이지만 교회가 아닌 단체가 마귀에게 속하여 믿는 자들을 미혹하고 있다. 그들은 사단의 생각을 하나님의 말씀으로 포장하고 있다. 바리새인들과 서기관들이 유대인을 미혹하여 하나님의 아들을 십자가에 못 박은 것처럼, 교회의 탈을 쓴 자들이 택하심을 받은 자들을 미혹하고 있다. 이때를 위하여 성경은 깨어서 기도하라고 권면한다. **"시험에 들지 않게 깨어 있어 기도하라 마음에는 원이로되 육신이 약하도다 하시고"** (막 14:38).

10) 신학자들의 이론은 가설로 끝나야 한다. 가설은 성경의 말씀을 통하여 계시된 하나님의 뜻에 맞추어 끊임없이 검증되어야 한다. 이러한 과정을 거치지 아니하고 신학자들의 가설을 진리라고 인정하면 교회는 타락한다. 가설은 언제나 가설이

기 때문이다. 모든 가설을 떠나서 성경의 말씀으로 돌아가야 한다. 그러나 신학의 가설을 하나님의 뜻에 맞추어 검증하는 것은 불가능하다. 하나님은 침묵하시므로, 신학적인 가설의 토론은 결론을 도출할 수 없기 때문이다. 신학의 가설이 생명을 주지 아니다. 따라서 사도 바울은 철학과 세상 학문으로 돌아가려는 교회를 책망하였다. "**누가 철학과 헛된 속임수로 너희를 노략할까 주의하라 이것이 사람의 유전과 세상의 초등 학문을 좇음이요 그리스도를 좇음이 아니니라**"(골 2:8). "**너희가 세상의 초등 학문에서 그리스도와 함께 죽었거든 어찌하여 세상에 사는 것과 같이 의문에 순종하느냐**"(골 2:20).

11) 교회는 그리스도 예수 안에서 동일한 마음을 가지고 영적 전쟁에 승리하여 하나님의 영광을 나타내야 한다. 따라서 성경은 교회를 향하여 같은 마음을 가지라고 권고한다. "**마음을 같이 하여 같은 사랑을 가지고 뜻을 합하며 한 마음을 품어**"(빌 2:2). 그 마음은 그리스도의 마음이다. "**너희 안에 이 마음을 품으라 곧 그리스도 예수의 마음이니**"(빌 2:5). 교회가 진리를 순종하여 같은 마음을 품으면 분열하지 아니한다. 그러나 신념은 각 사람에 따라서 다르므로, 교회가 믿음을 버리고 신념을 따라가면 반드시 분열한다. 음부의 권세인 마귀를 중심으로 악한 영들과 죄인들은 같은 마음으로 단결하여 교회를 대적하고 있다. 따라서 음부의 권세 앞에 분열된 교회는 영적 전쟁에서 패할 수밖에 없다. 마귀는 우는 사자처럼 분열된 교회를 삼키려 한다. "**근신하라 깨어라 너희 대적 마귀가 우는 사자 같이 두루 다니며 삼킬 자를 찾나니**"(벧전 5:8).

12) 세상학문은 가설로서 끊임없이 변화한다. 하나님은 교회에게 변하지 아니하는 진리를 주셨지만, 교회는 변화하는 가설을 붙들고 있다. 신학의 가설에 따라서 여러 교단이 생겨났다. 교회는 신학적인 가설에 따라서 끊임없이 분열하고 있다. 하나님은 가설을 붙들고 있는 교회, 곧 교회의 본질을 잃어버린 교회를 하나님의 나라에서 퇴출하실 것이다. 지구상에 있는 많은 교회는 하나님의 나라에 속한 자들과 음부의 권세에 속한 자들로 구분될 것이다. 믿음을 버리고 신념을 따라가면 교회는 끊임없이 분열할 것이다.

(4) 이해를 위한 질문
1) 믿음을 버리고 신념을 따르는 교회
   a. 하나님은 칼과 피를 놓고 언약을 세우신 이유는 무엇인가(창 15:10).
   b. 언약은 믿음을 조건으로 하는 약속이다. 그 믿음은 무엇인가(마 16:24).
   c. 신념의 성취를 위한 기도에 하나님의 응답이 없는 이유는 무엇인가.
   d. 복음을 육체의 일로 해석하면 신념을 따라가는 이유는 무엇인가(요삼 1:2).
   e. 교회가 믿음을 버리고 신념을 따라가는 이유는 무엇인가(마 6:24).
2) 하나님의 뜻 안에서 믿음과 신념의 구별

a. 하나님은 말씀으로 그의 뜻을 계시하신다. 말씀 밖의 것을 구하는 것이 신념인 이유는 무엇인가.
   b. 아브라함이 하갈을 취한 것이 신념인 이유는 무엇인가.
   c. 여호수아의 신념이 이스라엘을 우상숭배로 몰아넣은 이유는 무엇인가.
   d. 바리새인들과 서기관들의 신념은 무엇인가(눅 18:9).
   e. 교회가 믿음과 신념을 쉽게 구별하지 못하는 이유는 무엇인가(고후 11:13).

3) 분열하는 교회
   a. 교회가 교만하게 되는 이유는 무엇인가.
   b. 교회가 교만하면 믿음을 버리고 신념을 따라가는 이유는 무엇인가.
   c. 신학이론이 신념의 결과인 이유는 무엇인가.
   d. 신학이론에 의하여 교회가 분열되는 이유는 무엇인가.
   e. 교회가 동일한 마음을 가지지 못하고 분열하는 이유는 무엇인가.

5. 음부의 권세에게 삼킨 교회
(1) 하나님의 형상과 마귀의 형상을 분별하지 못하는 교회
   1) 하나님은 사람을 하나님의 형상과 짐승으로 구분하신다. 사람의 외모는 모두 하나님 아들의 외모를 닮았다. 그러나 사람은 하나님의 속성을 닮은 자들과 마귀의 속성을 닮은 자들로 구분된다. 하나님의 형상을 닮은 자들은 사람으로서 하나님의 나라에 속하였고 마귀의 형상을 닮은 자들은 짐승으로서 음부에 속하였다. 하나님의 나라와 음부 사이를 막고 있는 문이 탐심이다. 이 음부의 문을 중심으로 사람과 짐승이 구분된다. 하나님은 음부에 있는 짐승들 가운데 원하는 자들을 택하여 음부에서 불러내신다. 하나님의 택함을 받은 자들은 음부의 문을 나와서 십자가를 지고 하나님의 나라에 들어간다. 마귀는 할 수만 있으면 하나님의 나라에 있는 자들을 미혹하여 음부로 끌어드리려 한다. 마귀의 미혹을 받아 십자가를 벗으면 하나님의 나라에서 쫓겨나 음부로 들어간다.
   2) 하나님께서 사람을 자기의 형상을 따라 창조하셨다(창 1:27). 따라서 사람은 말씀을 순종함으로 하나님의 형상을 나타내는 자라고 정의할 수 있다. 아담이 범죄하므로 하나님의 형상을 잃어버린 뒤에 인류는 여자의 후손과 뱀의 후손으로 구분될 것이다. **"내가 너로 여자와 원수가 되게 하고 너의 후손도 여자의 후손과 원수가 되게 하리니 여자의 후손은 네 머리를 상하게 할 것이요 너는 그의 발꿈치를 상하게 할 것이니라 하시고"(창 3:15).** "너의 후손"이란 뱀의 후손이며, "여자의 후손"이란 믿음으로 의롭다 함을 받은 자를 통하여 태어나실 그리스도를 의미한다. 아담이 비록 범죄하여 하나님의 형상을 잃어버렸지만, 하나님의 은혜로 의롭다 함을 받음으로 그 형상을 회복한 자들이 나타날 것이다. 이로써 인류는 믿음으로 의롭다 함을 받음으로 하나님의 형상을 회복한 자들과 마귀의 지배를 받음으로 짐승

의 형상을 나타내는 자들로 구분된다.

3) 육체적으로 사람의 외모는 유사하게 보이므로 의롭다 함을 받은 자와 불의한 자는 구분이 되지 아니한다. 그러나 영적으로 사람은 하나님의 형상인 사람과 마귀의 형상인 짐승으로 구분된다. 하나님은 사람을 외모로 보지 아니하고 중심을 보심으로 모든 사람을 자기의 형상과 마귀의 형상으로 구분하신다. 하나님은 자기의 형상을 닮은 자들을 자기 백성이라고 선포하시고 그들에게 가나안땅을 기업으로 주어 살게 하셨다. 따라서 가나안땅에 거하는 이스라엘 백성은 하나님의 나라의 모형이다. 그 밖에 다른 지역에 사는 자들은 마귀의 지배를 받는 음부의 모형이다. 가나안땅은 약속의 땅으로 하나님의 형상인 사람만 살아갈 수 있는 땅이므로, 하나님은 이스라엘 백성에게 가나안 모든 거민을 진멸하라고 명령하셨다. "**네 하나님 여호와께서 그들을 네게 붙여 너로 치게 하시리니 그때 너는 그들을 진멸할 것이라 그들과 무슨 언약도 말 것이요 그들을 불쌍히 여기지도 말 것이며**"(신 7:2).

4) 이스라엘 백성이 가나안땅을 정복할 때 히위 사람들과 언약을 맺고 그들을 살려주었다. 히위 사람들은 하나님의 형상을 잃어버린 마귀의 자식이므로 약속의 땅에 살 수 없으나, 이스라엘 백성은 그들을 받아드렸다. 하나님의 형상인 사람과 마귀의 형상인 짐승과 동일한 장소에 살게 되었다. 이것을 계기로 하여 하나님은 히위 사람들로 자기 백성의 믿음을 시험하셨다.[270] 하나님께서 자기 백성에게 요구하는 믿음이란 율법으로 자기의 죄를 깨닫고 장차 오실 그리스도를 믿고 소망하는 것이다. 그러나 이스라엘 백성의 믿음은 히위 사람들의 미혹으로 무너지기 시작하였다. 히위 사람들은 육체의 쾌락으로 이스라엘 백성을 미혹하여 믿음을 버리고 우상을 숭배하게 하였다.

5) 이스라엘 백성이 타락한 원인은 그들의 영적인 정체성을 알지 못하였기 때문이다. 그들은 하나님의 백성으로 사람이다. 이에 반하여 이방인들은 마귀의 자식으로 짐승이다. 영적으로 사람과 짐승이 함께 살지 못하는 것이 하나님의 뜻이다. 그러나 이스라엘 백성은 이방인을 받아드려 함께 살기로 작정하였다. 하나님은 그들의 결정을 수용하여 이방인을 가나안땅에 살게 허락하셨다. 곧 하나님의 형상과 마귀의 형상 사이에 물리적인 경계선이 없어졌다. 따라서 하나님은 율법과 칭의 언약으로 그들 사이에 영적인 경계선을 그으셨다. 이스라엘 백성이 율법과 칭의 언약을 넘어서지 않으면 믿음으로 하나님의 형상을 유지할 수 있었다. 그러나 이방인의 미혹으로 그 경계선은 허물어졌다.

6) 영적으로 교회는 아담 안에서 잃어버렸던 하나님의 형상을 회복한 자들의 모임이다. 그러나 세상은 짐승의 형상을 한 자들의 모임이다. 교회는 세상 속에서 살

---

[270] 에덴동산에 사단이 들어왔다. 사단은 뱀을 통하여 아담을 미혹하였다. 가나안땅에 히위 사람이 들어왔다. 그들은 육체의 쾌락으로 이스라엘 백성을 미혹하였다. 이것은 교회에 들어온 세상의 문화가 교회를 미혹한다는 것을 모형으로 보여준다.

아가고 있다. 하나님께서 예수 그리스도를 증거하기 위하여 믿는 자들을 세상으로 보내신다. **"아버지께서 나를 세상에 보내신 것 같이 나도 저희를 세상에 보내었고" (요 17:18).** 믿는 자들과 불신자들이 동일한 공간과 장소에서 살아가므로, 교회와 세상 사이에 물리적인 경계선은 없어졌다. 하나님은 교회와 세상 사이에 복음과 성령으로 영적인 경계선을 그으셨다. 그 경계선은 믿음으로 복음을 순종하는 것이다. 교회가 성령의 인도하심으로 복음을 순종하면 영적인 경계선을 넘어가지 아니하고 하나님의 형상을 유지하며 하나님의 나라에 머물 수 있다. 복음은 하늘에 속한 법이고 마귀의 법은 세상에 속한 법이므로, 교회는 세상 위에 있다고 성경은 말씀한다. **"또 만물을 그 발 아래 복종하게 하시고 그를 만물 위에 교회의 머리로 주셨느니라" (엡 1:22).** "만물 위의 교회"란 영적으로 교회가 만물, 곧 세상 위에 있다는 것을 의미한다.

7) 교회는 영적으로 세상 위에 있지만, 육체적으로 세상 속에서 살아가고 있다. 가나안땅에 이스라엘 백성이 이방인들과 섞여 살고 있던 것처럼, 세상은 영적으로 사람과 짐승이 함께 살아가고 있다. 이방인들이 이스라엘 백성을 미혹한 것처럼, 영적인 짐승들이 사람을 미혹하고 있다. 세상은 습관과 문화로 교회를 미혹한다. 믿음으로 구원을 받기 전에 모든 사람은 마귀의 지배 아래서 육체를 위하여 살았다. 이것이 그들의 문화이며 습관이다. 믿음으로 구원을 받았다고 하더라도 과거의 문화와 습관을 하루아침에 단절하는 것은 불가능하다. 따라서 교회는 세상으로부터 끊임없이 미혹을 받고 있다.

8) 교회가 세상의 미혹을 이기려면 자신과 세상에 속한 자들의 영적 정체성을 분명하게 하여야 한다. 교회는 하나님의 형상인 사람의 공동체이고, 세상은 마귀의 형상인 뱀의 공동체이다. 이것을 알지 못하면 교회는 세상의 미혹을 받아 믿음을 버리고 세상으로 돌아간다. 한 집에서 사람과 뱀이 함께 살 수 없는 것처럼, 교회는 세상에 속한 자들과 멍에를 같이할 수 없다.271) **"너희는 믿지 않는 자와 멍에를 같이 하지 말라 의와 불법이 어찌 함께하며 빛과 어두움이 어찌 사귀며 그리스도와 벨리알이 어찌 조화되며 믿는 자와 믿지 않는 자가 어찌 상관하며" (고후 6:14,15).** "멍에를 같이 하다"란 교회가 영적인 경계선을 넘어서 짐승들처럼 세상에 속한 것을 사모하고 즐기는 것이다.

9) 인류는 하나님의 영광을 위하여 사람의 문명을 건설하는 자들과 마귀의 영광을 위하여 짐승의 문명을 건설하는 자들로 구분한다. 하나님의 영광과 마귀의 영광은 서로 화합할 수 없다. 따라서 사람이 짐승의 문화를 사모하면 타락하여 짐승으로 돌아간다. 교회가 돈과 명예와 권력과 육체의 쾌락을 구하고 이것들을 얻는 것을 구원

---

271) 현대사회는 반려동물을 사람으로 취급하여 사람과 함께 한 집에서 살고 있다. 이것은 교회가 자신의 정체성을 알지 못하고 세상에 속한 것을 사모하여 세상으로 돌아가는 것을 모형으로 보여준다.

의 증거로 알고 있으면 붕괴의 길을 걷게 된다. 영적으로 사람은 사람으로서, 짐승은 짐승으로서 살아가야 한다. 교회는 생명의 양식, 곧 복음을 순종하여야 한다. 복음만이 교회로 하나님의 형상을 유지하게 한다. 교회가 짐승의 먹이인 탐심을 따라가면 죽음을 맞이할 것이다.

10) 교회에 적그리스도인 종교다원주의와 동성애가 들어온 뒤부터 사람과 짐승의 경계선은 사라졌다. 서유럽과 북미에서 목회자들도 육체의 쾌락을 위하여 교회에 동성애를 끌어드리고 있다. 한국도 마찬가지다.272) 종교다원주의와 동성애는 사람과 짐승 사이를 막고 있는 영적인 경계선을 완전히 무너뜨렸다. 교회는 세상에 속한 것들을 사모하여 무너진 경계선을 넘어 음부를 향하여 달려가고 있다. 마귀는 음부의 문을 활짝 열고 달려오는 자들을 맞이하고 있다. 사람의 형상을 벗고 짐승의 탈을 쓴 자들은 다시는 돌아오지 못할 것이다.273) 하나님은 그들에게 미혹을 역사하셔서 그들로 마지막 날에 심판을 받게 하실 것이다(살후 2:11,12).

(2) 반인반수를 알지 못하는 교회

1) 머리는 사람이고 몸은 짐승인 존재를 반인반수(therianthropic)라고 한다. 이집트의 스핑크스가 대표적인 반인반수이다. 이집트의 룩소르 신전에 있는 조각상들과 왕가의 계곡에 발견된 벽화에서도 반인반수가 나타난다. 그리스의 신화에서도 반인반수가 등장한다. 이것은 영적으로 반인반수가 존재할 수 있다는 것을 모형으로 보여준다. 택하심으로 받아 믿음으로 구원을 얻은 자들이 복음을 순종하지 아니하고 세상에 속한 것들을 사모한다면 영적으로 반인반수일 것이다. 입으로 예수 그리스도를 주님이라고 고백하지만, 복음을 순종하지 아니하고 육체의 쾌락을 위하여 살아간다면 영적으로 상체는 사람이지만 하체는 짐승의 모습이다.

2) 예수 이름을 믿음으로 구원을 받으면 음부의 문에서 나와서 하나님의 나라에 들어온다. 이 경우에 반드시 세례를 통하여 옛사람인 짐승의 탈을 벗고 새사람의 형상을 입어야 한다. 세례를 받는 것은 정욕으로 뭉쳐진 육체가 십자가에 못 박혀 둘로 쪼개지는 것이다. 성도들은 세례를 받아 쪼개진 몸으로 그리스도의 갈라진 육체를 통하여 하나님께 나아간다. **"그 길은 우리를 위하여 휘장 가운데로 열어놓으신 새롭고 산 길이요 휘장은 곧 저의 육체니라"**(히 10:20). "휘장 가운데로 열어놓으신 새롭고 산 길"을 통과하려면 성도들은 불과 성령으로 세례를 받음으로, 정욕을 따라

---

272) 동성 간의 사랑이란 성적인 쾌락을 매개로 한 것이다. 성적인 쾌락이 끝나면 사랑도 사라진다. 동성애자들이 노년에 각종 질병에 시달리면서 홀로 살아가는 것은 이것을 반영한다. 동성애자들은 사랑을 성관계로 착각하여 버림을 받고 있다.
273) 일부 목회자들은 사랑이신 하나님은 어떠한 죄를 범하더라도 회개하고 돌아오면 죄를 용서하여주실 것이라고 주장한다. 그러나 믿고 구원을 얻은 뒤에 범하는 죄 가운데 사망에 이르는 죄가 있다(요일 5:16). 성경은 교회에게 적그리스도와 인사를 하지 말라고 말씀한다(요이 1:10).

서 살던 육체가 십자가에 못 박혀 둘로 쪼개져야 한다. 그렇지 아니한 자는 갈라진 그리스도의 육체를 통과하지 못한다. 믿는 자들이 새사람의 형상을 입으려면 음부의 문을 완전히 벗어나 갈라진 그리스도의 육체를 통과하여야 한다. 그러나 믿는다고 고백하는 자들 가운데 일부는 그 하체가 음부의 문에 걸쳐있다. 음부의 문에 상체만 내밀고 있는 자들이 있다. 예수 이름을 믿으면 죄 사함을 받고 영생을 얻을 수 있다는 복음을 받아드리지만, 음부에서 즐기던 육체의 일을 잊지 못하고 탐심에 따라서 짐승처럼 살아가는 자들이 있다. 그들의 상체는 음부의 문을 나왔지만, 하체는 여전히 음부의 문을 벗어나지 못하고 있다. 따라서 그들의 상체는 사람의 형상이지만 하체는 여전히 짐승의 모습이다.

3) 택함을 받은 자들이 믿음으로 음부의 문을 벗어나려고 할 때 마귀는 그들을 미혹하여 음부 안에 붙들어두려고 한다. 마귀는 그들을 탐심으로 미혹한다. 이스라엘 백성이 애굽에서 나왔을 때 애굽의 군대가 그들을 사로잡으려고 추격한 것과 같다. 택함을 받은 자들도 믿기 전에 음부에서 마귀의 지배 아래 있었다. 마귀는 자기의 지배 아래 있는 자들이 음부의 문을 벗어나려는 것을 눈을 뜨고 볼 수 없으므로 수단과 방법을 가리지 아니하고 그들의 길을 막으려고 한다. 탐심 때문에 마귀에게 발목이 잡힌 자들은 상체만을 음부의 문밖으로 내밀고 있다. 이것은 믿는다고 고백하는 자들이 세상에 속한 것들을 사랑하는 모습이다. 하나님은 이러한 자들을 반인반수로 보실 것이다.

4) 칭의 언약과 율법은 사람의 외모를 가진 자들이 하나님의 형상이냐, 반인반수이냐, 짐승의 형상이냐를 모형으로 보여준다. 첫째, 율법을 통하여 자신의 죄를 알고 장차 오실 그리스도를 믿음으로 의롭다 함을 받은 자들은 하나님의 형상을 나타내는 사람이다. 둘째, 칭의 언약에 따라서 장차 오실 그리스도를 믿으나 율법으로 자신의 죄를 깨닫지 못하는 자들은 음부의 문에 몸을 걸치고 있는 자들로 반인반수이다. 바리새인들을 포함한 종교 지도자들이 여기에 속할 것이다. 그들은 하나님을 믿는다고 고백하나 그들의 하체는 뱀의 형상이다(마 23:33). 셋째, 율법으로 죄를 알지 못하고 장차 오실 그리스도를 믿지 아니하는 자들이다. 그들은 온몸이 짐승의 형상이다. 이스라엘 역사는 이들 세 부류의 사람들을 모형으로 보여준다고 말할 수 있다.

5) 예수께서 믿는다고 고백하는 자들이 반인반수에 빠질 것을 경고하셨다. 첫째, 탐심을 못 박은 십자가를 지고 마음의 피를 흘리는 자가 아니면 복음을 순종할 수 없다. **"또 무리에게 이르시되 아무든지 나를 따라 오려거든 자기를 부인하고 날마다 제 십자가를 지고 나를 좇을 것이니라"** (눅 9:23). 탐심을 못 박은 십자가를 지고 예수를 주님이라고 고백하는 자만이 음부의 문을 벗어나 하나님의 나라에 들어갈 수 있다. 이것을 모형으로 보여주는 것이 예수와 함께 십자가에 못 박힌 강도들이다. 예수의 좌우편에 두 강도가 십자가에 못 박혔다. 이것은 십자가를 지고 믿음으로 예수는 하나님의 나라의 왕이라고 고백하는 자와 그렇지 아니하는 자를 모형으로 보여

준다. 한 강도는 자기의 죄로 인하여 십자가에 못 박힌 것을 알고 하나님 나라의 왕이신 예수를 믿었다. "**우리는 우리의 행한 일에 상당한 보응을 받는 것이니 이에 당연하거니와 이 사람의 행한 것은 옳지 않은 것이 없느니라 하고 가로되 예수여 당신의 나라에 임하실 때 나를 생각하소서 하니**"(눅 23:41,42). 다른 강도는 자신의 죄를 깨닫지 못하고 예수를 원망하였다. 그는 죄로 인하여 십자가에 달렸지만, 그 죄를 깨닫지 못하였다. 이것은 십자가를 지고 복음을 순종하는 자만이 음부의 문을 벗어난 사람임을 모형으로 보여준다. 그러나 자기의 십자가를 지지 아니하고 예수를 하나님의 아들이라고 고백하지만, 복음을 순종하지 않으면 반인반수일 것이다.

6) 둘째, 예수 이름으로 이적과 기사를 행하는 것에 소망을 둔 자들은 하나님의 나라에 들어가지 못한다. 예수 이름을 믿음으로 구원을 받았다고 고백하지만, 부활에 대한 소망이 없는 자들이 있다. 그들은 육체에 속한 것에 관심을 가지고 이적과 기사를 행하는 것을 구원받은 증거로 알고 있는 자들이다. 종말이 가까이 오면 거짓 선지자들이 많은 이적과 기사를 행하는 것을 구원받은 증거라고 함으로 택함을 받은 자들을 미혹할 것이다. "**거짓 그리스도들과 거짓 선지자들이 일어나 큰 표적과 기사를 보이어 할 수만 있으면 택하신 자들도 미혹하게 하리라**"(마 24:24). 그들은 대표적인 반인반수이다. 그들은 상체를 음부의 문밖으로 내밀었으나 하체는 여전히 음부 안에 있는 자들이다. 그들은 하나님의 나라에 들어가지 못한다. "**그날에 많은 사람이 나더러 이르되 주여 주여 우리가 주의 이름으로 선지자 노릇하며 주의 이름으로 귀신을 쫓아내며 주의 이름으로 많은 권능을 행치 아니하였나이까 하리니 그때 내가 저희에게 밝히 말하되 내가 너희를 도무지 알지 못하니 불법을 행하는 자들아 내게서 떠나가라 하리라**"(마 7:22,23).

7) 셋째, 구원받은 증거를 세상에 속한 것들에서 찾는 자들은 하나님의 나라에 들어가지 못한다. 세상에서 사람들은 먹고 마시고 즐기는 것이 그들의 문화이지만 하나님 나라의 문화는 먹는 것과 마시는 것이 아니다. "**하나님의 나라는 먹는 것과 마시는 것이 아니요 오직 성령 안에서 의와 평강과 희락이라**"(롬 14:17). 먹고 마시고 즐기려면 재물이 있어야 한다. 믿음으로 구원을 받은 것으로 알고 세상에 속한 것들을 사모하여 재물을 얻으려는 욕심으로 복음을 순종하지 않으면 하나님의 나라에 들어갈 수 없다. 특히 재물이 많고 자녀가 잘되고 건강한 것을 구원받은 증거로 알고 이러한 것들만을 구하는 자들은 반인반수에 해당할 것이다. "**가시떨기에 뿌리웠다는 것은 말씀을 들으나 세상의 염려와 재리의 유혹에 말씀이 막혀 결실치 못하는 자요**"(마 13:22). 오늘 많은 성도가 여기에 빠져서 세상에 속한 것들을 구하고 있다. 목회자들도 교회를 물질로 이끌어가고 있다.

8) 넷째, 성령으로 복음을 순종하지 않으면 영적으로 벌거벗은 몸이 되어 하나님의 나라에 들어가지 못한다. 사람이 동물과 다른 점은 옷으로 육체를 가리는 것이다. 이것은 영적 세계에 있어서 하나님의 형상인 사람만이 세마포를 입고 있다는 것을

모형으로 보여준다.274) 그리스도의 신부인 성도들은 깨끗한 세마포를 입고 있다. "그에게 허락하사 빛나고 깨끗한 세마포를 입게 하셨은즉 이 세마포는 성도들의 옳은 행실이로다 하더라"(계 19:8). "성도들의 옳은 행실"이란 성령으로 복음을 순종한 것을 의미한다. 복음을 순종하지 않으면 비록 택하심을 받았지만, 예복인 세마포를 입지 아니하였으므로 반인반수이다. "가로되 친구여 어찌하여 예복을 입지 않고 여기 들어왔느냐 하니 저가 유구무언이어늘 임금이 사환들에게 말하되 그 수족을 결박하여 바깥 어두움에 내어 던지라 거기서 슬피 울며 이를 갊이 있으리라 하니라"(마 22:12,13).

9) 복음을 순종하지 아니함으로 반인반수로 분류된 자들에 대한 심판이 있을 것이다. 예수께서 다시 오시면 믿는다고 입으로 고백하는 모든 자를 양과 염소로 구별하실 것이다. "모든 민족을 그 앞에 모으고 각각 분별하기를 목자가 양과 염소를 분별하는 것 같이하여"(마 25:32). 양과 염소를 구별하기 어려운 것처럼, 영적으로 사람과 반인반수는 잘 구분되지 아니한다. 믿음으로 구원을 얻은 것처럼 보이지만 구원을 받지 못한 자들이 있을 수 있다. 자신은 구원의 확신이 있지만, 예수께서 그들을 반인반수로 보실 수 있다. 오직 예수만이 예배당 안에 들어온 자들이 영적으로 사람이냐, 아니면 반인반수이냐 하는 것을 판단하신다. 성도들과 목회자들은 가운데서 많은 반인반수가 존재할 것이다. 현재 교회가 타락하여 붕괴의 길을 걷고 있는 것이 반인반수의 존재를 증명한다.

10) 성도들은 구원을 받았다고 믿기 때문에 예배에 참석하고 헌금을 드리며 봉사한다. 혹자는 예배드리고 헌금하고 봉사하는 것을 구원받은 증거로 여기고 있다. 목회자들은 예배당에서 설교하고 기도하며 이적과 기사를 행하는 것을 구원받은 증거로 여긴다. 그러나 내가 음부의 문을 벗어나서 하나님의 나라에 들어왔느냐, 아니냐를 판단하는 것은 내 생각이 아니다. 예수께서 의롭다 함을 받았다고 믿고 있는 자들 가운데서 악인을 골라내실 것이다. "세상 끝에도 이러하리라 천사들이 와서 의인 중에서 악인을 갈라내어 풀무 불에 던져 넣으리니 거기서 울며 이를 갊이 있으리라"(마 13:50). "악인"이란 반인반수로 분류된 자를 의미한다. 사도 바울은 반인반수로 판단되지 아니하려고 자기를 쳐서 복음에 복종시켰다. "내가 내 몸을 쳐 복종하게 함은 내가 남에게 전파한 후에 자기가 도리어 버림이 될까 두려워함이로라"(고전 9:27).

11) 교회는 첫째 부활을 향하여 달려가는 육상 선수와 같고 완전무장하고 전쟁에 임하는 군사와 같다. 육상트랙을 달리는 선수들은 다른 눈을 팔지 아니하고 오직 앞에 있는 결승선을 향하여 달린다. 이와 같이 교회는 첫째 부활에 참여하기 위하여

---

274) 입은 듯 아닌 듯 얇게 옷을 입고 다니는 것이 유행하고 있다. 모델들이 반나체로 등장하고 있으며 관객들은 여기에 박수를 보내고 있다. 이것은 세마포를 입은 성도들이 세상으로 돌아가려고 벌거벗으려는 것을 모형으로 보여준다.

모든 것을 절제하고 앞만 향하여 달려가야 한다. 군사는 나라를 지키기 위하여 목숨을 걸고 싸운다. 이처럼 교회는 하나님의 나라를 지키기 위하여 목숨을 걸고 싸워야 한다. 이를 위하여 교회는 육체의 정욕을 못 박은 십자가를 지고 예수 그리스도를 따라가야 한다. 그렇지 않으면 상체를 음부의 문밖으로 내밀었지만, 하체는 음부의 문에 걸쳐있는 반인반수가 된다. 교회가 영의 눈이 열리면 반인반수와 사람인지 구별할 수 있을 것이다.

(3) 이해를 위한 질문
1) 하나님의 형상과 마귀의 형상을 분별하지 못하는 교회
   a. 하나님의 형상으로 창조된 사람이 범죄하므로 그 형상을 잃어버리고 짐승의 형상을 나타내는 이유는 무엇인가(창 3:15).
   b. 음부 안에서 마귀의 지배를 받는 모든 죄인이 독사의 형상을 나타내는 이유는 무엇인가(마 23:33)
   c. 죄인이 믿음으로 음부의 문을 벗어나면 영적으로 하나님의 형상을 회복한 사람이다. 그 이유는 무엇인가.
   d. 영적으로 사람만이 하나님의 나라에 들어갈 수 있는 이유는 무엇인가.
   e. 그리스도의 형상을 입는다는 것은 무엇인가(갈 4:19).
2) 반인반수를 알지 못하는 교회
   a. 옛사람을 십자가에 못 박은 자만이 음부의 문을 완전히 벗어날 수 있는 이유는 무엇인가(롬 6:6).
   b. 믿음으로 구원을 받았다고 고백하는 자들이 음부의 문을 완전히 벗어나지 못하는 이유는 무엇인가(요일 2:15).
   c. 믿음으로 구원을 얻었다고 고백하는 자들이 복음을 순종하지 아니하면 영적인 반인반수로 판단 받는 이유는 무엇인가(마 7:21).
   d. 마지막 날에 예수께서 양과 염소를 구별하시는 이유는 무엇인가(마 25:32).

5.4 그리스도를 다시 십자가에 못 박는 교회
1. 그리스도의 피에 의한 속죄의 범위
(1) 그리스도를 죽인 자들
1) 세상은 하나님의 아들을 십자가에 못 박아 죽였다. 세상은 마귀의 권세 아래 있는 자들이며, 네 부류로 구분할 수 있다. 첫째, 율법으로 자신의 죄를 알고 있지만 예수 그리스도를 정치적인 그리스도로 알고 있던 자들이다. 둘째, 율법의 행위로 자신을 의롭다고 착각한 자들이다. 이들은 예수 그리스도를 율법으로 정죄한 자들이다. 셋째, 우상에 의하여 끌려가는 이방인이다. 이들은 세상의 양심으로 예수 그리스도를 십자가에 못 박은 자들이다. 넷째, 예수 그리스도를 믿고 하나님의 선

하심과 성령의 은사를 맛보았지만, 그리스도의 죽음 앞에서 믿음을 버린 자들이다. 이들은 예수 그리스도의 죽음 앞에서 침묵하거나 십자가에 그리스도를 못 박으라고 외친 자들이다.

2) 첫째, 장차 오실 그리스도를 정치적인 메시아로 알고 있던 자들이 예수를 대제사장에게 넘기고 빌라도에게 십자가에 못 박으라고 요구하였다. 유대인들이 정치적인 그리스도를 소망한 이유는 사사기에서 찾아야 한다. 이스라엘 백성이 우상을 숭배함으로 이방인의 식민이 되었을 때 이방인의 핍박 아래서 고통을 당하였다. 그들이 자신의 죄를 깨닫고 하나님께 돌아왔을 때, 하나님은 그들의 죄를 용서하시고 그들을 이방인의 손에서 구원하셨다. 그들은 이방인의 손에서 벗어나는 것이 구원의 증거로 알았다. 이것이 유대인의 믿음이 되었다. 유대인들은 로마제국으로부터 독립하는 것을 구원의 증거로 알았다. 따라서 그들은 정치적인 그리스도를 기다리고 있었다.

3) 남 왕국이 바벨론에게 멸망한 이후부터 하나님의 백성으로 택함을 받은 이스라엘은 주권과 영토를 상실하였다. 유대인들은 세계 각처에 흩어져 살아가고 있었으나 그리스도의 오심을 기다리는 소망으로 하나님의 백성으로서의 민족적인 자긍심과 유대감으로 뭉쳐있었다. 하나님은 이스라엘의 하나님이며 그들은 유일한 하나님의 백성이라는 자부심, 그리스도께서 온 세상을 통치하는 시대가 올 것이라는 믿음으로, 그들은 마음을 다하여 하나님을 섬기려고 하였다. 유대인들의 믿음대로 그리스도께서 육신으로 오셨으나, 그들은 그리스도이신 예수를 알지 못하고 십자가에 못 박았다. 그들은 정치적인 그리스도를 기다렸기 때문에 하나님의 아들 예수를 알지 못하였다.

4) 둘째, 바리새인들, 서기관 및 사두개인들은 율법으로 자신을 의롭다고 믿고 있었다. 그들은 율법 교육을 받고 이를 순종하기 위한 많은 훈련을 받았다. 사도 바울은 바리새인으로서 율법의 엄한 교육을 받았다고 고백하였다(행 22:3). 그들이 율법을 순종하는 것은 그들의 노력의 결과이다. 따라서 그들은 자신의 행위에 대하여 자긍심을 가지고 있었다. 이것이 그들을 교만하게 하였다. 그들이 세례 요한의 말을 듣지 아니한 것은 이러한 이유이다. 세례 요한이 회개의 세례를 선포하였을 때 많은 유대인은 자신의 죄를 자복하고 세례를 받았지만, 그들은 회개의 세례를 거절하였다. 그들은 자신을 죄인으로 정죄하는 세례 요한을 선지자로 여기지 아니하였다. 세례 요한이 하나님께로부터 보내심을 받은 선지자라면 당연히 그들의 의로움을 알아보았을 것이라고 그들은 생각하였다.

5) 바리새인들과 서기관들은 이스라엘의 역사를 통하여 율법과 심판의 관계를 누구보다 잘 알고 있었다. 하나님의 백성으로 택함을 받은 민족이 저주를 받아 이방인에게 멸망한 이유는 율법을 불순종하였기 때문이다. 이스라엘이 하나님의 말씀을 버리고 이방여자를 아내로 취하였고 그녀들에게 미혹을 받아 우상을 숭배하였

다. 율법의 말씀대로 하나님은 이스라엘을 이방인의 손에 붙이셨다. 이스라엘 백성은 이방인과 혼혈이 되었을 뿐만 아니라 가나안땅을 등지고 세계 각처로 흩어지게 되었다. 이스라엘 백성은 죄로 인하여 하나님께 버림을 받았다는 오명을 안고 살아가게 되었다. 그러나 그들은 선지자들의 예언을 믿고 있었다. 이것은 다윗의 후손으로 임하실 그리스도에 대한 예언이다. 그 약속이 성취되려면 이스라엘 가운데 죄를 없이하여야 한다. 이스라엘이 범죄하면 저주가 계속될 것이라고 바리새인들과 서기관들은 믿고 있었다. 따라서 그들은 율법을 불순종하는 유대인들을 정죄하려고 하였다.

6) 바리새인들과 서기관들의 관심은 유대인으로 율법을 지키게 함으로 그리스도의 길을 준비하는 것이었다. 선지자들의 예언대로 다윗의 후손에서 그리스도께서 오시면 이스라엘을 이방인의 손에서 구원한 뒤에 영원한 나라를 세울 것이기 때문이다. 예수 그리스도께서 세례 요한에게 세례를 받으신 뒤에 천국 복음을 전파하시고 많은 이적과 기사를 행하셨을 때, 그들은 예수의 언행을 관찰하기 시작하였다. 예수가 하나님께로부터 보내심을 받은 선지자이냐 아니면 그리스도이냐 하는 것을 확인하기 위하여, 그들은 예수의 가르침과 사역을 유심히 관찰하였다. 예수께서 안식일에 병자를 고치는 것을 본 그들은 예수가 하나님께로부터 보내심을 받은 자가 아니라 죄인이라고 결론을 내렸다. 그들은 안식일에 병자를 고치는 것이 율법을 범하는 죄로 알고 있었다. 그러나 예수께서 행하시는 모든 이적과 기사는 하나님께로부터 나오는 권능이므로, 그들은 예수의 정체성을 확인하기 위하여 여러 가지로 시험하였다. 마침내 그들은 성령의 감동을 받지 못하였으므로 예수는 율법을 범하는 죄인으로 확정하였다.

7) 셋째, 우상을 숭배하는 이방인들이 예수 그리스도를 죽였다. 바벨론 포로 이후 왕이 통치하는 이스라엘은 이 땅에서 그 자취를 감추었다. 이스라엘은 제사장이 통치하는 성전국가이지만 사실상 로마제국의 지배를 받고 있었다. 이방인이 통치하는 나라만이 존재하므로, 마귀는 이방인을 통하여 온 세상을 지배하는 임금이 되었다. 로마제국은 지중해 연안의 모든 국가를 지배하는 국가로서 마귀가 지배하는 세상을 모형으로 보여준다고 말할 수 있다. 당시에 로마제국의 황제는 신의 아들로서 숭배를 받고 있었다. 그들은 율법을 받지 못하였으므로 세상 양심에 따라서 우상을 숭배하였다. 우상을 섬기는 것은 귀신에게 제사하는 것이며 마귀를 섬기는 것이다(고전 10:20).

8) 예수께서 하늘나라의 왕권이 자신의 것임을 밝히셨지만, 세상은 자기를 대적하는 자로 예수를 정죄하였다. 유대인의 왕이란 하나님의 백성을 통치하는 하나님을 의미한다. 그의 나라는 이 세상에 속한 나라가 아니라 하늘나라를 의미한다(요 18:36,37). 곧, 예수께서 자신의 정체성을 밝히셨다. 마귀는 예수를 죽인다면 하늘과 우주가 모두 자신의 지배 아래 들어올 것으로 착각하고 그의 지배 아래 있는

이방인의 손을 통하여 예수를 십자가에 못 박았다. 곧, 마귀의 지배 아래 있는 모든 자가 하나님의 아들을 십자가에 못 박았다.

9) 넷째, 예수의 말씀과 사역을 보고 믿음을 고백한 자들이다. 예수께서 증거하는 천국 복음을 듣고 그의 사역을 본 많은 자가 그를 따랐다. 그들은 믿음으로 병 고침을 받고 눈을 뜨며 죽은 자 가운데서 살아났다. 그들은 예수를 통하여 만물을 창조하신 하나님의 능력을 보았으며 예수를 보내신 하나님께 영광을 돌렸다. 그들은 예수를 통하여 육체에 속한 것만을 얻으려고 하였다. 예수께서 떡 다섯 개로 5,000명이 넘는 남자에게 먹을 것을 제공하셨을 때, 그들은 예수를 왕으로 삼으려고 하였다. **"그러므로 예수께서 저희가 와서 자기를 억지로 잡아 임금 삼으려는 줄을 아시고 다시 혼자 산으로 떠나 가시니라"** (요 6:15).

10) 예수께서 인류의 죄를 대속하시고 믿는 자들을 구원하기 위하여 오셨으므로 생명의 말씀을 증거하셨다. **"나는 하늘로서 내려온 산 떡이니 사람이 이 떡을 먹으면 영생하리라 나의 줄 떡은 곧 세상의 생명을 위한 내 살이로라 하시니라"** (요 6:51). 이 말씀을 들은 유대인들은 예수를 알지 못하고 영생을 주는 떡을 이해하지 못하였다. **"제자 중 여럿이 듣고 말하되 이 말씀은 어렵도다 누가 들을 수 있느냐 한 대"** (요 6:60). 생명을 주는 말씀을 깨닫지 못한 자들은 모두 예수를 떠나갔다. **"이러므로 제자 중에 많이 물러가고 다시 그와 함께 다니지 아니하더라"** (요 6:66). 이 말씀은 육체의 일만을 해결하기 위하여 예수를 따르는 자들은 하나님의 아들을 버린다는 것을 의미한다.

11) 예수께서 대제사장에게 잡혔을 때, 베드로는 예수를 부인하였고 다른 제자들은 모두 예수를 버리고 도망하였다(마 26:56). 유대인들이 예수를 십자가에 못 박으라고 외쳤을 때, 어느 한 사람도 그렇게 하면 안 된다고 나서지 아니하였다. 문둥병을 고친 사람들, 눈을 뜨고 귀가 열린 사람들, 귀신이 나간 사람들, 각종 질병을 치료한 사람들, 죽었다가 다시 살아난 사람들, 천국 복음을 들은 사람들, 떡을 먹은 사람들까지도 모두 예수를 버렸다. 십자가에 못 박히신 예수를 위하여 변호하는 사람은 한 사람도 없었다. 반대하지 아니하는 것은 묵시적으로 동의하는 것이다. 예수에 대하여 잠잠하면 하나님 아버지 앞에서 예수께서 그들을 부인하실 것이다. **"누구든지 사람 앞에서 나를 부인하면 나도 하늘에 계신 내 아버지 앞에서 저를 부인하리라"** (마 10:33). 이 모든 것은 예수를 통하여 육체의 속한 것만을 얻으려는 자들이 예수를 죽이는 것에 동참하였다는 것을 의미한다.

12) 하나님께서 아들을 육신으로 보내셨으나, 세상은 예수를 알지 못하고 십자가에 못 박았다. 유대인들은 그들의 죄를 알지 못함으로 예수를 죄인으로 정죄하였고, 이방인들은 유대인의 요구에 따라서 예수를 십자가에 못 박았다. 유대인들은 율법을 통하여 하나님을 알고 있다고 자부하던 자들이다. 그러나 그들은 하나님의 아들을 알지 못하고 예수를 죄인으로 정죄하였다. 이방인들은 예수를 죽일 마음이 없었으나

유대인의 요구를 이기지 못하고 예수를 십자가에 못 박았다. 이것은 오늘 교회가 부활하신 예수를 다시 십자가에 못 박으려는 것을 모형으로 보여준다.

(2) 그리스도의 피에 의한 속죄의 범위

1) 육신으로 임하신 하나님 아들의 피는 속죄와 관련된다. 교회는 예수의 피에 의한 속죄의 범위를 알지 못함으로 타락하고 있다. 예수의 피가 속죄한 죄는 세 가지의 관점에서 검토하여야 한다. 첫째, 죄의 종류이다. 둘째, 속죄의 시간적 범위이다. 셋째, 속죄의 사람의 범위이다. 예수의 피는 아담의 타락으로 인하여 들어온 원죄, 그리고 율법과 세상 양심에 의하여 정죄 받은 자범죄를 대속하였다. 예수의 피는 아담으로부터 종말까지 모든 사람의 원죄와 자범죄를 없이하였다. 그러나 믿는 자들이 마귀에게 미혹을 받아 복음을 불순종한 죄는 예수의 피에 의한 속죄와 무관하다.

2) 예수의 피와 원죄의 관계를 살펴보자.275) 아담은 하나님의 주권을 침해하였다. 하나님이 자기의 의지로 생명과 사망을 결정할 수 있으나, 아담은 자기의 의지로 이것을 결정하려고 하므로 하나님의 주권을 침해하였다. 예수께서 원죄를 대속하려면 하나님의 주권을 침해한 죄로 심판을 받아야 한다. 예수께서 하나님의 아들로서 세상을 심판하고 믿는 자들을 구원하신다고 말씀하셨다(요 5:27, 12:47). 예수께서 세상을 심판하고 믿는 자들을 구원하려면 하나님의 아들이셔야 한다. 하나님께서 아들에게 만물을 통치하는 권세를 주셔야, 아들은 심판과 구원 사역을 담당할 수 있다. **"예수께서 나아와 일러 가라사대 하늘과 땅의 모든 권세를 내게 주셨으니"(마 28:18)**. 예수께서 하나님의 아들로서 만물을 통치하는 권세를 가지고 오셨다고 말씀하셨다.

2) 대제사장 가야바는 하나님의 아들이라고 말씀하신 예수에게 하나님의 주권을 침해한 죄로 사형을 선고하였다. 가야바는 예수께 '네가 하나님의 아들이냐'라고 심문하였다. **"잠잠하고 아무 대답도 아니하시거늘 대제사장이 다시 물어 가로되 네가 찬송 받을 자의 아들 그리스도냐"(막 14:61)**. 예수께서 '네 말대로 내가 하나님의 아들이다'라고 말씀하셨다. **"예수께서 이르시되 내가 그니라 인자가 권능자의 우편에 앉은 것과 하늘 구름을 타고 오는 것을 너희가 보리라 하시니"(막 14:62)**. 예수께서 하나님의 주권을 침해한 죄로 유죄 판결을 받으셨다. 세상을 심판하고 구원하는 권세란 생명과 사망을 결정하는 권세이다. 심판은 사망을, 구원은 생명을 결정하는 것이다. 따라서 예수의 피는 아담의 타락으로 들어온 원죄를 대속하였다.

3) 예수의 피와 자범죄의 관계를 살펴보자.276) 자범죄란 율법과 세상 양심에 의하여 정죄 받는 죄이다. 율법이 오기 전에 하나님은 세상 양심으로 세상을 심판하

---

275) 졸저, 상게서, 4.3.2.(1) 참조
276) 졸저, 상게서, 4.3.2.(3) 참조

셨으나 그 죄를 형벌하지 아니하셨다. 심판이란 유죄를 선언하는 것이고 형벌이란 유죄 판결을 받은 자에게 그 죄에 합당한 고통을 가하는 것이다. 세상 양심은 사람에 따라서, 장소와 공간에 따라서 다르므로 양심에 의한 심판을 주관적이며 개별적이다. 곧 세상 양심에 의하여 가책받는 죄는 객관성과 통일성이 없다. 따라서 하나님은 율법이 오기 전에 세상 양심에 의하여 가책받은 죄를 형벌하지 아니하셨으나 창조질서를 범하는 죄를 형벌하셨다.277) 대표적인 것이 동성애와 피임이다. 이 죄들은 (창 1:28)을 대적하는 죄며 장차 오실 그리스도의 길을 막는 죄이다.

   4) 하나님은 자범죄의 기준을 율법으로 통일하셨다. 율법은 시간, 장소 및 공간을 초월하여 변화하지 아니하므로 모든 사람의 행위를 객관적이고 통일적으로 정죄한다. 그러나 이방인들은 율법을 받지 못하였으므로, 세상 양심에 의하여 정죄를 받았다. 율법 아래서 하나님과 이스라엘 자손의 관계는 왕과 백성, 주인과 종의 관계이다. 따라서 그들은 하나님을 아버지라고 부르지 못하고 왕 또는 주(יהוה)라고 불렸다. 주(아도나이)로 번역된 히브리어는 나의 주인이란 말이다. 하나님은 자기 백성을 율법으로 통치하므로, 율법 아래 있는 이스라엘 백성은 하나님의 종이다. 종은 주인을 아버지라고 부를 수 없다. 따라서 예수께서 하나님을 아버지라고 부르셨을 때, 유대인들은 예수를 죽이려고 하였다(요 10:31). 예수께서 자신을 하나님의 아들이며 장차 만물을 심판하려고 다시 오실 것이라고 말씀하셨을 때, 가야바는 신성을 모욕하는 죄로 예수께 사형을 선고하였다(막 14:64).

   5) 가야바로부터 예수를 넘겨받은 총독 빌라도는 그를 심문하였다. 예수께서 하늘나라의 왕이라고 자신의 신분을 밝히셨을 때, 빌라도는 예수를 유죄로 판결할 죄를 찾지 못하였다. 빌라도는 예수를 석방하려고 하였지만, 유대인들은 끊임없이 예수의 사형을 요구하였다. 빌라도는 예수에게서 죄를 찾지 못하였으나 정치적인 목적으로 그를 십자가에 못 박았다. 유대인은 로마제국의 통치를 받고 있었으므로 예수께서 유대인의 왕이라면 로마제국을 대적하는 자이다. 이것을 핑계로 하여 빌라도는 로마제국의 국법으로 예수에게 십자가형을 선고하였다. 곧 율법과 국법으로 예수를 정죄하여 못 박았다. 국법은 세상의 양심을 성문화한 것이다. 따라서 예수께서 율법과 세상의 양심에 의하여 정죄 받는 모든 죄를 담당하셨다.

   6) 예수의 피에 의한 속죄의 시간적 범위를 살펴보자. 예수께서 십자가에 못 박히실 때 살아있던 사람들의 죄만을 대속하였다면, 구약시대에 믿음으로 의롭다 함을 받은 자들과 지금 우리는 구원을 받지 못할 것이다. 그렇다면 복음을 증거하는 것은 세상을 향하여 거짓말을 하는 것이다. 따라서 예수의 피는 아담으로부터 종말까지 태어난 모든 사람의 죄를 대속하여야 한다. 아벨, 에녹, 노아, 아브라함, 이삭, 야곱 등 믿음으로 의롭다 함을 받은 모든 자의 구원은 예수의 피로 확정되었

---

277) 졸저, 상게서, 3.2.1.(1)

다. 동시에 예수의 죽음 이후 믿은 모든 자의 구원이 예수의 피로써 확정되었다. 앞으로 예수 이름을 믿는 모든 자의 구원이 예수의 피로 확정될 것이다.

7) 예수의 피에 의한 속죄의 사람의 범위에 대하여 살펴보자.[278] 그의 피가 창세 전에 택함을 받은 자들의 죄만을 대속하였다는 이론과 모든 사람의 죄를 대속하였다는 이론이 대립하고 있다. 전자를 제한 속죄설, 후자를 보편적 속죄설이라고 한다. 제한 속죄설은 예수의 죽음을 구원과 심판의 관점에서 보지 아니하고 단순히 구원의 관점에서 보기 때문에 제기된 가설이다. 만약 예수의 피가 창세전에 택함을 받은 자들의 죄만을 대속하였다면, 마귀는 심판을 받지 아니하고 합법적으로 불신자들을 지배하고 있을 것이다. 성경은 예수께서 그의 피로써 마귀를 심판하시고 마귀의 모든 일을 없이하셨다고 말씀한다. "**자녀들은 혈육에 함께 속하였으매 그도 또한 한 모양으로 혈육에 함께 속하심은 사망으로 말미암아 사망의 세력을 잡은 자 곧 마귀를 없이 하시며**"(히 2:14). 마귀의 권세가 박탈되려면, 예수께서 온 인류의 죄를 대속하셔야 한다. 마귀는 예수의 피로 죄를 대속한 자들을 지배할 수 없기 때문이다.

8) 예수께서 십자가에 못 박히실 때, 세상에 존재하던 죄는 원죄, 그리고 율법과 세상 양심에 의하여 정죄 받은 자범죄에 국한된다. 따라서 예수의 피는 첫 언약을 범한 자범죄만을 대속하였다고 성경은 말씀한다. "**이를 인하여 그는 새 언약의 중보니 이는 첫 언약 때 범한 죄를 속하려고 죽으사 부르심을 입은 자로 하여금 영원한 기업의 약속을 얻게 하려 하심이니라**"(히 9:15). "첫 언약 때 범한 죄를 속하려고 죽으사"란 율법 아래서 인류가 가지고 있던 죄이다. 그 죄는 원죄와 자범죄이다. 곧 예수의 피는 율법과 세상 양심에 의하여 정죄 받은 죄와 원죄만을 대속하셨다는 것을 의미한다. 이것은 율법과 세상 양심에 의하여 정죄 받은 자들이 하나님의 아들을 정죄하여 죽었다는 것을 의미한다. 가야바는 율법에 따라서 정죄 받는 자들을, 빌라도는 세상 양심에 의하여 정죄 받는 자들을 대표한다.

9) 예수께서 죽으실 때 그의 피로써 세상에 있는 모든 죄를 대속하셨으므로 자기를 십자가에 못 받는 자들의 죄를 용서하셨다. "**이에 예수께서 가라사대 아버지여 저희를 사하여 주옵소서 자기의 하는 것을 알지 못함이니이다 하시더라 저희가 그의 옷을 나눠 제비 뽑을쌔**"(눅 23:34). 가야바와 빌라도의 모든 죄는 예수의 피로 대속 받았다. 그러나 그들은 그 사실을 인정하지 아니하고 믿지 아니함으로 구원을 받지 못하였다. 가야바에게 속하여 예수를 십자가에 못 박은 바울은 사도로 택하심을 받은 뒤에 자신의 몸에 예수를 죽인 죄의 흔적이 있다고 고백하였다. "**우리가 항상 예수 죽인 것을 몸에 짊어짐은 예수의 생명도 우리 몸에 나타나게 하려 함이라**"(고후 4:10).

---

[278] 졸저, 상게서, 4.3.1.(1) 참조

10) 예수께서 아버지의 뜻을 성취하기 위하여 육신으로 오셨다고 말씀하셨다(요 6:39). 예수께서 십자가에 못 박히셨을 때 하나님의 모든 뜻을 이루셨다고 말씀하셨다. **"예수께서 신 포도주를 받으신 후 가라사대 다 이루었다 하시고 머리를 숙이시고 영혼이 돌아가시니라"**(요 19:30). "다 이루었다"란 창세전에 예정된 하나님의 뜻이 성취되었음을 의미한다. 곧 예수께서 그의 피로써 인류의 모든 죄를 대속하시고 마귀를 심판하심으로 창세전에 예정된 아버지의 뜻을 성취하셨다. 예수의 죽음으로 창세전에 예정된 하나님의 뜻이 완전히 성취되었으므로, 예수께서 무덤에 장사된 뒤에 안식일이 시작되었다. 아담의 타락으로 안식하지 못하신 하나님은 아들의 죽음 이후 안식에 들어가셨다. 하나님은 아들의 피로써 속죄와 심판 사역을 끝마치고 인류의 구원을 믿는 자들에게 맡기셨다.

11) 그리스도의 피에 의한 속죄의 범위는 아담의 타락으로 인하여 들어온 원죄와 율법과 세상 양심에 의하여 정죄 받는 자범죄에 국한한다. 이것은 예수의 죽음 이후 교회가 범할 죄의 속죄 여부를 결정하는 중요한 기준이 될 것이다. 교회가 범하는 죄는 율법과 세상 양심 그리고 복음을 순종하지 아니하는 죄이다. 이 가운데 복음을 순종하지 아니하는 죄는 예수의 피에 의한 속죄와 무관하다. 그러나 하나님은 사랑이시므로 회개하면 모든 죄를 용서받을 수 있다고 목회자들은 교회를 향하여 거짓말을 하고 있다. 복음을 불순종하는 죄를 대속하려면 예수께서 다시 십자가에 못 박히셔야 한다. 따라서 복음을 불순종한 교회의 죄는 예수를 다시 십자가에 못 박는 죄이다.

(3) 이해를 위한 질문
1) 그리스도를 죽인 자들
  a. 정치적인 그리스도는 무엇을 의미하는가(마 20:21).
  b. 바리새인들과 서기관들이 하나님의 아들을 정죄한 이유는 무엇인가.
  c. 예수께서 잡히실 때 제자들이 그를 부인하고 버린 이유는 무엇인가.
  d. 이방인이 예수를 죽인 이유는 무엇인가.
  e. 예수께 병 고침을 받고 다시 살아난 자들이 예수를 버린 이유는 무엇인가.

2) 그리스도의 피에 의한 속죄의 범위
  a. 예수의 피가 원죄를 대속한 이유는 무엇인가.
  b. 예수의 피가 자범죄를 대속한 이유는 무엇인가.
  c. 자범죄란 무엇인가.
  d. 예수의 피가 이 땅에 태어난 모든 인류의 죄를 대속한 이유는 무엇인가.

2. 그리스도를 다시 십자가에 못 박는 교회
(1) 예수의 피로 속죄받지 못하는 교회의 죄

1) 예수께서 죽기 전에 세상에 있던 죄는 원죄, 그리고 율법과 세상 양심에 의하여 정죄 받은 자범죄이다. 그 후부터 있는 죄는 원죄와 자범죄 외에 복음을 순종하지 아니하는 교회의 죄이다. 원죄와 자범죄는 예수의 피로 속죄되었다. 그러나 복음을 불순종하는 교회의 죄는 속죄받지 못하는 죄이다. 모든 성도가 복음을 온전히 순종할 수 없다. 따라서 모든 성도는 복음 전체를 순종하지 못한 죄인이다. 이 죄는 사망에 이르는 죄와 이르지 아니하는 죄로 구분한다. 전자는 믿음을 버리는 것으로 구원을 잃어버린 죄이며, 후자는 믿음을 버리지 아니한 죄로서 성도들이 받을 상급과 관련될 것이다. 성경에서 예수의 피로 속죄받지 못하는 죄는 불신자의 죄가 아니라 교회의 죄이다. 불신자는 예수 이름을 믿음으로 모든 죄를 용서받을 수 있다. 그러나 교회가 복음을 순종하지 아니하는 죄는 용서받을 수 없지만, 사망에 이르지 아니하는 죄와 이르는 죄로 구분할 수 있다.

2) 성경은 교회가 범하는 죄를 사망에 이르지 아니하는 죄와 이르는 죄로 구분한다. **"누구든지 형제가 사망에 이르지 아니한 죄 범하는 것을 보거든 구하라 그러면 사망에 이르지 아니하는 범죄자들을 위하여 저에게 생명을 주시리라 사망에 이르는 죄가 있으니 이에 대하여 나는 구하라 하지 않노라"** (요일 5:16). "형제"란 불신자가 아니라 믿음으로 구원을 받은 자를 의미한다. "사망에 이르는 죄"란 적그리스도를 의미한다. 요한 일서의 주제는 육체로 임하신 그리스도의 피에 의한 속죄와 구원을 부인하는 적그리스도에 관한 말씀이다. 예수 이름을 믿고 구원을 얻은 뒤에 타락하여 믿음을 버리면 적그리스도가 된다. 적그리스도가 되면 다시는 잃어버린 생명을 회복할 수 없다. 대표적인 적그리스도가 종교다원주의를 지지하는 교회이다. 그들은 생명을 얻은 것으로 착각하고 있으나, 하나님은 그들을 버리셨다.[279]

3) "사망에 이르지 아니한 죄"란 성도들이 육신의 연약으로 매일 범하는 죄를 말한다. 성도들은 생각으로 음행하고 살인하고 돈과 명예를 사랑한다. 이성을 보고 음욕을 품는 것은 간음한 것이다(마 5:28). 형제를 미워하는 것은 살인한 것이다(요일 3:15). 돈을 사랑하는 마음은 하나님을 사랑하지 아니하는 것이다(마 6:24). 형제를 미련한 자라고 하는 자는 지옥 불에 들어간다(마 5:22). 교회는 이러한 죄에서 자유할 수 없다. 사도 바울은 육체 안에서 역사하는 탐심으로 괴로워하였다(롬 7:24). 따라서 하나님께서 교회를 행위대로 심판하신다면, 구원을 받을 성도는 한 사람도 없다. 성경은 이러한 죄를 범한 자들에게 하나님의 긍휼을 구하라고 말씀한다. 그러면 하나님은 그 죄를 기억하지 아니하실 것이다. 그러나 회개하지 않으면, 그 죄에 대한 심판이 있을 것이다. 이것이 하나님의 공의이다. 그러나 교회는 매일 범하는

---

[279] 사망에 이르는 죄에 대하여, 졸저, 상게서, 5.5.2.(2) 참조

죄를 알지 못하고 범죄하지 아니하는 것처럼 교만하며 회개하지 않는다.

4) 사망에 이르지 아니하는 죄에 대하여 성도는 반드시 그 대가를 치를 것이다. 그 죄의 대가는 그리스도의 재림 시에 받을 복을 차감하는 것으로 나타날 것이다. 성도들이 복음을 순종한 결과 얻을 복은 생명과 함께 첫째 부활에 참여할 때 받을 상급이다. 성도들은 복음을 순종한 대로 부활할 때 복을 받을 것이다. **"그리하면 저희가 갚을 것이 없는고로 네게 복이 되리니 이는 의인들의 부활시에 네가 갚음을 받겠음이니라 하시더라"** (눅 14:14). 성도는 육신의 연약으로 복음을 완전히 순종할 수 없다(롬 7:18). 죽음을 앞둔 사도 바울은 항상 자신의 죄를 고백하고 자신을 낮추어 하나님의 긍휼을 구하였다. 그는 사망에 이르는 죄를 범하지 아니하였으므로, 로마의 감옥에서 쓴 마지막 서신에서 자기를 위하여 의의 면류관이 준비되었다고 기록하였다. **"이제 후로는 나를 위하여 의의 면류관이 예비되었으므로 주 곧 의로우신 재판장이 그날에 내게 주실 것이니 내게만 아니라 주의 나타나심을 사모하는 모든 자에게니라"** (딤후 4:8).

5) 사망에 이르는 죄에 대하여 히브리서 기자는 이렇게 말씀한다. **"하물며 하나님의 아들을 밟고 자기를 거룩하게 한 언약의 피를 부정한 것으로 여기고 은혜의 성령을 욕되게 하는 자의 당연히 받을 형벌이 얼마나 더 중하겠느냐 너희는 생각하라"** (히 10:29). "하나님의 아들을 밟다"란 예수의 말씀을 발로 밟는 것을 의미한다. 복음을 고의로 불순종하는 것은 하나님의 아들을 밟는 것이다. 복음은 믿는 자들의 생명이므로 진리를 순종하지 아니하는 것은 생명의 양식을 발로 밟는 것이다. 믿는 자들은 목숨을 위하여 음식을 귀하게 여기지만 복음을 중하게 여기지 아니한다. 이것은 하나님의 아들을 발로 밟는 것이며 사망에 이르는 죄이다.

6) 하나님은 말씀을 통하여 자신의 속성과 인격을 계시하신다. 따라서 복음 안에 하나님 아버지와 아들의 인격이 체화되어있다. 예수께서 아버지께 들은 말씀을 그대로 우리에게 말씀하셨기 때문이다. 하나님의 말씀은 반드시 성취되므로 복음에는 하나님의 의로움이 나타난다(롬 1:17). 따라서 교회가 복음을 순종하면 하나님의 의로움을 소유하는 것이며 생명을 얻는 것이다. 그러나 고의로 복음을 순종하지 아니하는 것은 하나님의 인격과 의로움을 발로 밟는 것이다. 이것은 마귀의 미혹으로부터 오는 것이다. 마귀는 탐심으로 교회를 미혹한다. 교회가 탐심을 따르면 복음을 불순종함으로 하나님의 아들을 밟는다. 그러나 교회가 복음을 순종하면 탐심과 함께 마귀의 인격을 발로 밟는다. 예수께서 교회에게 뱀, 곧 마귀의 인격을 밟는 권세를 주셨다. **"내가 너희에게 뱀과 전갈을 밟으며 원수의 모든 능력을 제어할 권세를 주었으니 너희를 해할 자가 결단코 없으리라"** (눅 10:19).

7) "자기를 거룩하게 한 언약의 피를 부정한 것으로 여기다"란 예수의 피에 의한 속죄와 구원을 부인하는 것이다. 종교다원주의를 지지하는 적그리스도가 여기에 속한다. 세상은 권력으로 교회를 핍박하지만, 교회는 박해를 받을수록 내부적으로 단

결하여 고난과 환난을 극복하려고 한다. 사도들이 복음을 증거할 때 교회는 세상으로부터 오는 핍박 속에서 단결하였다. 이에 반하여 적그리스도는 예수의 피를 부인함으로 교회를 병들게 하여 스스로 무너지게 한다. 갈라디아 교회는 믿음으로 의롭다 함을 얻은 뒤에 율법의 행위로 돌아가려고 하였다. 이것은 예수의 피를 부정한 것으로 여기는 것으로 다른 복음이라고 성경은 책망한다. "**다른 복음은 없나니 다만 어떤 사람들이 너희를 요란케 하여 그리스도의 복음을 변하려 함이라**"(갈 1:7). 다른 복음을 전하면 저주를 받을 것이다(갈 1:8).

8) 영생이란 하나님의 아들 예수 그리스도를 보고 믿는 것이다. "**내 아버지의 뜻은 아들을 보고 믿는 자마다 영생을 얻는 이것이니 마지막 날에 내가 이를 다시 살리리라 하시니라**"(요 6:40). "아들을 보고 믿는 자"란 십자가에 못 박힌 예수를 보는 자이다. 갈라디아 교회는 십자가에서 피를 흘리시는 예수를 보고 믿었다. "**어리석도다 갈라디아 사람들아 예수 그리스도께서 십자가에 못 박히신 것이 너희 눈앞에 밝히 보이거늘 누가 너희를 꾀더냐**"(갈 3:1). 예수의 피에 의한 속죄와 구원을 믿는 것은 십자가에 못 박히신 예수 그리스도를 보는 것이다. 따라서 믿음으로 구원을 얻은 뒤에 율법의 행위로 돌아가는 것은 예수의 피를 부정한 것으로 여기는 다른 복음이다.[280] 종교다원주의 자들은 다른 복음으로 전하는 자들로서 자기를 거룩하게 한 피를 부정한 것으로 여김으로 이미 저주를 받았다.[281]

8) "은혜의 성령을 욕되게 하는 자"란 성령을 훼방하는 것이다. 성령은 믿는 자들 안에서 역사하므로 성령으로 나타나는 역사를 부인하는 것은 성령을 훼방하는 것이다. 가장 일반적인 성령의 역사는 진리를 순종하려는 영의 생각이다. 성령의 감동으로 믿는 자의 마음속에서 진리를 순종하려는 영의 생각이 솟아나면, 마귀는 진리를 대적하려는 육신의 생각을 넣어준다. 믿는 자가 육신의 생각, 곧 탐심을 수용하고 영의 생각을 거절하는 것은 성령을 욕되게 하는 것이다. 진리를 순종하려는 영의 생각은 성령의 인격이기 때문이다. 성령을 받으면 하나님의 뜻에 따라서 성령의 은사가 나타난다. 그 은사를 대적하는 것은 성령을 욕되게 하는 것이다. 성령의 은사는 아홉 가지 이외에 사랑으로 대표된다. 사랑이 성령의 은사 가운데 가장 큰 은사이다. 사랑은 타인의 죄와 허물을 덮어주는 것이다. "**무엇보다도 열심으로 서로 사랑할찌니 사랑은 허다한 죄를 덮느니라**"(벧전 4:8). 따라서 예수께서 믿는 자들에게 원수를 사랑하라고 명령하셨다.

---

280) 지금도 율법과 복음을 구분하지 못하고 율법에 따른 제사를 강조하는 설교를 하는 목회자들이 있다. 예배당의 강단을 제단이라고 하고, 새벽예배를 새벽 제단을 쌓는 것이라고 하며, 안식일과 절기를 지켜야 한다고 하고, 부정한 음식을 먹지 말라고 하며, 율법의 행위를 강조하는 것이 율법으로 돌아가려고 하는 것이다.
281) 요한 계시록은 예수의 승천 이후 적그리스도와 교회 사이에 벌어질 영적 전쟁을 기록한 책이다. 예수께서 이 전쟁을 승리로 이끌므로 교회를 통하여 하나님의 영광을 나타낼 것이다.

9) 예수께서 성령으로 많은 귀신을 쫓아내셨다. 바리새인들은 예수께서 바알세불을 힘입어 귀신을 쫓아낸다고 비난하였다(마 12:24). 그러나 예수께서 성령으로 귀신을 쫓아내신다고 말씀하셨다(마 12:28). 그리고 예수께서 믿는 자들에게 귀신을 쫓아내라고 명령하셨다(막 16:17). 따라서 예수 이름으로 귀신을 쫓아내는 것을 비난하는 것은 성령을 욕되게 하는 것이다.282) 예수 이름으로 병자를 고치는 것도 마찬가지이다. 이뿐만 아니라 성령의 감동으로 전하는 지혜의 말씀과 지식의 말씀을 대적하는 것도 역시 성령을 욕되게 하는 것이다. 성령을 훼방하는 죄는 사함을 받지 못한다. "**또 누구든지 말로 인자를 거역하면 사하심을 얻되 누구든지 말로 성령을 거역하면 이 세상과 오는 세상에도 사하심을 얻지 못하리라**"(마 12:32).

10) 예수께서 직분을 버리는 죄를 달란트의 비유로 말씀하셨다. 달란트는 교회의 직분이다. 달란트는 영적인 재능으로 성도 각자가 맡은 직분이다. 한 달란트 받은 자는 맡은 직분을 버렸다. 예수께서는 직분을 버린 자를 악하고 게으른 자라고 책망하셨다. "**그 주인이 대답하여 가로되 악하고 게으른 종아 나는 심지 않은데서 거두고 헤치지 않은데서 모으는 줄로 네가 알았느냐**"(마 25:26). 예수께서 그 종을 음부에 가두셨다. "**이 무익한 종을 바깥 어두운데로 내어쫓으라 거기서 슬피 울며 이를 갊이 있으리라 하니라**"(마 25:30). 맡은 직분을 버리는 것은 사망에 이르는 죄이다. 가룟 유다는 사도의 직분을, 니골라는 집사의 직분을 버림으로 회개할 기회를 얻지 못하였다.

11) 예수께서 그의 피로써 대속하신 죄는 아담의 타락으로 인하여 들어온 원죄와 율법과 세상 양심에 의하여 정죄 받는 자범죄이다. 예수의 피 위에 세워진 교회가 범하는 죄는 사망에 이르는 죄와 그렇지 아니하는 죄로 구분한다. 사망에 이르는 죄란 하나님의 아들을 밟고 그리스도의 피를 부정한 것으로 여기고 성령을 욕되게 하며 직분을 버린 죄로 구분할 수 있을 것이다. 이 죄는 예수의 피로 속죄받을 수 없으며 무서운 심판이 있을 뿐이다. 이 죄를 용서받으려면 예수께서 다시 십자가에 못 박히셔야 한다. 그러나 이것은 불가능한 일이다.

(2) 그리스도를 다시 십자가에 못 박는 교회

1) 하나님은 창조질서와 법으로 만물을 통치하신다. 하나님은 율법을 주시기 전에 창조질서와 세상 양심으로 세상을 심판하셨다. 창조질서는 육신으로 오실 하나님 아들의 길을 준비하는 것이다. 그 길을 막는 모든 죄는 용서를 받지 못하였다. 하나님은 보이지 아니하는 창조질서를 보이는 율법으로 확정하셨다. 율법이 온 이

---

282) 최근 성령으로 귀신을 쫓는 것을 이단시하는 자들이 있다. 이것은 마귀의 능력으로 귀신을 쫓아낸다고 하는 것으로 바리새인들의 생각을 반영한다. 이단은 마귀의 자식이기 때문이다. 예수께서 마귀를 심판하신 뒤에 비로소 성령으로 귀신을 쫓아내셨으므로, 귀신을 쫓아내는 것을 이단시하는 것은 자신을 정죄하는 것이며 성령을 훼방하는 것이다.

후부터 하나님은 율법의 행위로 사람을 심판하셨다. 예수께서 그의 피로써 원죄와 자범죄를 대속하시고 복음을 새 언약으로 주셨다. 이 언약이 마지막 날에 세상을 심판한다. 새 언약에 따라서 정죄 받는 죄는 속죄할 제사가 없다. 새 언약에 따라서 정죄 받는 죄를 용서받으려면, 예수께서 그 죄를 대속하기 위하여 다시 십자가에 못 박히셔야 한다. 교회는 복음을 불순종함으로 예수를 다시 십자가에 못 박으려고 한다.

2) 예수께서 그의 피로써 율법을 폐하시고 복음을 선포하셨다(엡 2:15). 이것은 세상을 통치하는 법이 변경되었다는 것을 의미한다. 예수께서 그의 피로써 세상 죄를 대속하기 전까지 하나님은 율법과 세상 양심으로 세상을 통치하셨다. 율법이 폐지된 이후부터 하나님은 복음으로 세상을 통치하신다. 복음은 믿음을 요구한다. 육신으로 임하신 하나님의 아들 예수 그리스도를 믿으면 모든 죄로부터 자유하여 영생을 얻는다(요 3:16). 믿지 않으면 죄에서 자유하지 못하고 정죄를 받는다(요 3:18). 곧 하나님께서 세상을 통치하는 기준이 믿음이다. 따라서 죄란 예수 이름을 믿지 아니하는 것이다. **"죄에 대하여라 함은 저희가 나를 믿지 아니함이요"** (요 16:9).

3) 예수께서 세상의 모든 죄를 대속하셨지만, 사람들은 그 사실을 인정하지 아니하므로 여전히 원죄와 율법에 따라서 정죄 받는 죄를 가지고 있다. 믿음이란 예수의 피에 의한 속죄를 인정하는 것이다. 사람이 믿음으로 예수의 피에 의한 속죄를 인정하면, 하나님은 그들의 죄를 기억하지 아니하신다. **"또 저희 죄와 저희 불법을 내가 다시 기억지 아니하리라 하셨으니"** (히 10:17). 그러나 세상은 이미 예수의 피로써 대속된 죄를 벗지 못하고 짊어지고 있다. 하나님께서 세상으로 죄를 알게 하려고 사람들의 육체를 저주하지만, 그들은 그들의 죄를 깨닫지 못하고 있다. 지금 종말의 징조로서 죄를 깨닫게 하는 저주가 자연재해, 질병 및 전쟁으로 나타나고 있지만, 세상은 죄를 깨닫지 못하고 있다.

4) 복음에 의하여 예수 이름을 믿으면 원죄와 자범죄를 용서받고 영생을 얻는다. 예수 이름을 믿느냐 아니냐의 기준은 입으로 예수를 주라고 고백하는 것이다. **"사람이 마음으로 믿어 의에 이르고 입으로 시인하여 구원에 이르느니라"** (롬 10:10). 예수를 주라고 시인하는 것은 예수는 창조주이며 만물을 통치하는 왕이라고 고백하고 그의 말씀을 순종하겠다는 맹세이다. 그 맹세로 믿는 자들은 세례를 받는다. 이것은 이스라엘 백성이 율법을 온전히 순종하겠다는 맹세로 할례를 받는 것과 같다. 예수 이름으로 세례를 받는 것은 육신의 정욕을 십자가에 못 박는 것을 의미한다(갈 5:24). 따라서 세례는 믿음으로 탐심을 통제하겠다는 맹세이다. 따라서 예수를 주님이라고 고백하는 것은 예수 이름 앞에 무릎을 꿇고 탐심을 십자가에 못 박겠다는 맹세이다.

5) 예수를 주님이라고 고백함으로 복음을 순종한다고 맹세한 뒤에 불순종하면 이

에 대한 심판이 따른다. 복음을 불순종하는 것은 맹세를 어기고 하나님을 속인 죄로 이에 대하여 반드시 심판을 받을 것이라고 성경은 말씀한다. **"나를 저버리고 내 말을 받지 아니하는 자를 심판할 이가 있으니 곧 나의 한 그 말이 마지막 날에 저를 심판하리라"** (요 12:48). "나의 한 그 말"이란 복음의 모든 말씀이다. 복음을 불순종한 죄에 대하여 심판을 받지만, 교회는 그 죄를 깨닫지 못한다. 바리새인들과 서기관들이 율법에 따라서 죄를 깨닫지 못함으로 저주를 받은 것처럼, 교회는 죄를 알지 못함으로 스스로 붕괴의 길을 걷고 있다. 교회는 입으로 예수를 주님이라고 고백하기만 하면 구원을 얻은 것으로 착각함으로 죄를 깨닫지 못하고 있다.

6) 교회가 복음을 불순종한 것을 죄로 깨달으려면 성령의 감동을 받아야 한다. 성령께서 믿지 아니하는 죄를 책망하시기 때문이다. **"그가 와서 죄에 대하여, 의에 대하여, 심판에 대하여 세상을 책망하시리라"** (요 16:8). 성령은 성도의 마음속에서 역사하는 탐심을 책망하신다. 탐심은 죄의 실체이고 마귀의 인격이며 음부의 문이기 때문이다. 탐심이 성도의 마음을 사로잡아 교회를 음부 안으로 끌어들인다. 복음을 불순종하는 모든 죄는 탐심으로부터 나온다. **"독사의 자식들아 너희는 악하니 어떻게 선한 말을 할 수 있느냐 이는 마음에 가득한 것을 입으로 말함이라 선한 사람은 그 쌓은 선에서 선한 것을 내고 악한 사람은 그 쌓은 악에서 악한 것을 내느니라"** (마 12:34,35). "마음에 가득한 것"이란 탐심을 의미한다. 따라서 사도 바울은 성령의 감동으로 그의 마음속에서 역사하는 탐심을 알고 괴로워하였다(롬 7:24).

7) 성도의 마음속에 항상 탐심이 역사하고 있으므로 예수께서 시험에 들지 않게 기도하라고 말씀하신다. **"시험에 들지 않게 깨어 있어 기도하라 마음에는 원이로되 육신이 약하도다 하시고"** (마 26:41). "시험에 들다"란 탐심을 행동으로 옮기려는 마귀의 미혹에 빠지는 것이다. 마귀는 항상 탐심을 말과 행동으로 옮기도록 미혹한다. 따라서 악한 영들과 영적인 싸움은 마음속에서 역사하는 탐심과 싸움이다. 탐심에 이끌리어 범죄하는 것은 영적 싸움에서 패한 것을 의미한다. 교회는 탐심을 극복함으로 복음을 순종할 수 있고 탐심에 빠져 복음을 불순종할 수 있다. 교회는 악한 영들과 전쟁에서 승리할 수 있고 패할 수 있다. 교회는 그 결과에 대하여 하나님께 책임을 져야 한다.

8) 교회가 탐심에 빠져서 복음을 불순종하였을 때, 그 죄가 믿음을 버린 것으로 인정되면 사망에 이르게 된다. (히 10:29)의 말씀과 같이 그 죄는 하나님의 아들을 밟고 언약의 피를 부정한 것으로 여기고 성령을 욕되게 하는 것이다. 교회가 죄를 범하느냐 아니냐 여부의 판단은 하나님의 주권에 속한다. 그러나 교회는 범하는 죄에 대하여 자신의 판단으로 관용을 베풀고 있다. 이것은 아주 위험한 것이다. '이러한 것은 용서를 받을 것이다'라고 오판하면, 교회는 스스로 무덤을 파는 것이다. 교회는 죄를 범하고 스스로 그 죄를 용서함으로 하나님의 주권을 침해하고 있다. 교회가 바리새인들과 서기관들처럼 되고 있으나 그 사실을 깨닫지 못하고 있다. 죄를

알지 못하는 교회는 끝내 종교다원주의와 동성애를 받아드리고 있다.

    9) 성경은 사망에 이르는 죄를 구체적으로 말씀한다. 묵시록의 마지막 장에서 사망에 이르는 죄를 범하는 교회를 책망하고 있다. **"개들과 술객들과 행음자들과 살인자들과 우상 숭배자들과 및 거짓말을 좋아하며 지어내는 자마다 성 밖에 있으리라"**(계 22:15). "개들"이란 돈과 명예와 권력을 주인으로 알고 그 앞에서 개처럼 꼬리를 흔드는 자들을 의미한다. 세상에 속한 자들은 모두 돈 앞에 꼬리를 흔드는 개들이다. "술객"이란 마법사로서 돈과 명예를 위하여 사람을 속이는 자를 의미한다. 거짓 선지자들이 술객처럼 돈과 명예를 위하여 교회를 속이고 있다. 이적과 기사를 행하며 세상에 속한 것들에 생명이 있다고 미혹하는 자는 술객과 같다. "거짓말을 좋아하며 지어내는 자"란 하나님의 신성과 예수의 피에 의한 속죄와 구원을 부인하는 자를 의미한다. 사람이 할 수 있는 최고의 거짓말은 '하나님은 안 계신다, 예수는 하나님의 아들이 아니다, 모든 종교에 구원이 있다, 죄에 대한 심판이란 없다' 등이다. 교회가 이러한 거짓말을 지어내면 심판을 받아 거룩한 예루살렘 성에 들어가지 못할 것이다.

    10) 사도 바울은 이스라엘 백성의 광야 생활을 통하여 사망에 이르는 죄에 대하여 경고하였다. 광야에서 그들은 우상숭배, 음행, 시험 및 원망 등의 죄를 범함으로 죽임을 당하고 가나안땅에 들어가지 못하였다(고전 10:7~10). 원망이란 광야의 생활을 싫어하여 애굽으로 돌아가려는 것이다. 이스라엘 백성은 애굽의 생활을 그리워하며 하나님을 원망하였다. 원망은 구원받은 뒤에 모든 것을 절제하기를 싫어하여 세상으로 돌아가려는 것을 의미한다. 시험이란 하나님의 능력을 저울질하는 것이다. 곧 하나님의 전지전능하심을 믿지 아니하는 것이다. 이스라엘 백성은 하나님의 능력으로 가나안땅을 정복할 수 없다고 생각하였다. 따라서 그들은 울면서 애굽으로 다시 돌아가려고 하였다. 우상숭배, 음행, 시험 및 원망은 믿음을 버린 죄이다. 예수께서 그의 피로써 율법에 따라서 정죄 받는 모든 죄를 대속하셨지만, 교회가 율법을 불순종한 죄 가운데 믿음을 버린 죄는 사망에 이르는 죄다.[283]

    11) 바울은 고린도 교회의 죄를 통하여 사망에 이르는 죄를 구체적으로 기술하였다. **"불의한 자가 하나님의 나라를 유업으로 받지 못할 줄을 알지 못하느냐 미혹을 받지 말라 음란하는 자나 우상숭배하는 자나 간음하는 자나 탐색하는 자나 남색하는 자나 도적이나 탐람하는 자나 술 취하는 자나 후욕하는 자나 토색하는 자들은 하나님의 나라를 유업으로 받지 못하리라"**(고전 6:9,10). "하나님의 나라를 유업으로 받지 못하리라"란 믿지 아니함으로 불의한 자로 심판을 받은 것이다. "남색하는

---

[283] 목회자들의 음행이 교회에서 회자하고 있다. 그러나 음행의 당사자인 목회자는 아무 일이 없다는 듯이 여전히 강단에 서서 설교하고 있다. 하나님은 그 목회자의 직분을 박탈하셨을 것이다. 다윗이 왕으로 기름 부음을 받은 이후에도 사울은 계속하여 왕으로서 나라를 통치하였다.

자"란 동성애를 의미한다. "도적"이란 하나님의 것과 다른 사람의 것을 훔치는 것을 의미한다. 교회의 헌금을 자기의 마음대로 사용하는 것은 여기에 속한다. (고전 6:9,10)에서 열거하는 죄는 믿음을 버린 것으로서 사망에 이르는 죄이다. 이들 죄는 탐심에 이끌리어 고의로 범하는 죄로서 용서받지 못하고 무서운 심판이 따를 것이다. **"우리가 진리를 아는 지식을 받은 후 짐짓 죄를 범한즉 다시 속죄하는 제사가 없고 오직 무서운 마음으로 심판을 기다리는 것과 대적하는 자를 소멸할 맹렬한 불만 있으리라"** (히 10:26,27).

12) 예수의 피는 복음을 불순종한 죄를 대속하지 아니하였으므로, 교회가 복음을 불순종하여 믿음을 버리면 이 죄를 대속할 제사가 없다. 이 죄를 대속하려면 예수께서 다시 십자가에 못 박히셔야 한다. 성경은 믿음을 버린 교회의 죄에 대하여 경고하고 있다(히 6:4~6). 사도 베드로는 믿음을 버리는 교회를 책망하였다. **"만일 저희가 우리 주 되신 구주 예수 그리스도를 앎으로 세상의 더러움을 피한 후에 다시 그 중에 얽매이고 지면 그 나중 형편이 처음보다 더 심하리니"** (벧후 2:20). "나중 형편이 처음보다 다 심하다"란 불신자보다 더 큰 형벌을 받는다는 것을 의미한다. 사도로 부르심을 받은 가룟 유다의 배신을 안 예수께서 그에게 차라리 태어나지 아니한 것이 좋았을 것이라고 말씀하셨다. **"인자는 자기에게 대하여 기록된 대로 가거니와 인자를 파는 그 사람에게는 화가 있으리로다 그 사람은 차라리 나지 아니하였더면 제게 좋을 뻔하였느니라"** (마 26:24).

13) 사망에 이르는 죄를 범하고 그 죄를 깨달았을 때, 교회는 그 죄를 회개할 것이다. 에서가 장자의 명분을 야곱에게 넘겨준 뒤에 울면서 축복을 구한 것처럼 교회도 통곡하며 회개할 것이다. 그러나 하나님은 그 회개를 받지 아니하실 것이다. 하나님께서 그 회개를 수용하시려면, 그리스도께서 다시 십자가에 못 박히셔야 하기 때문이다. 따라서 교회가 믿음을 버린 죄를 위하여 하나님께 구하는 것은 다시 오실 예수를 십자가에 못 박으려는 것이다. 종교다원주의와 동성애를 지지하는 교회, 탐심에 빠져 세상으로 돌아간 교회가 회개하며 하나님께로 돌아오려고 하는 것은 예수를 다시 십자가에 못 박으려는 것이다. 따라서 하나님은 그들에게 회개할 기회를 주지 아니하실 것이다. **"너희의 아는 바와 같이 저가 그 후에 축복을 기업으로 받으려고 눈물을 흘리며 구하되 버린 바가 되어 회개할 기회를 얻지 못하였느니라"** (히 12:17).

14) 교회가 사망에 이르는 죄를 범하면 하나님의 나라에서 퇴출되어 음부의 권세 아래로 들어간다. 믿음으로 구원을 받은 뒤에 더러워진 자들이 다시 구원을 얻으려면, 예수께서 다시 십자가에 못 박히셔야 한다. 그러나 이것은 불가능하다. 그러나 타락한 교회는 구원을 받으려고 하나님의 사랑을 빙자하여 회개한 모든 죄를 용서받을 수 있다고 믿고 있다. 마지막 날에 다시 오신 예수께서 그들을 염소로 분류하실 것이다.

(3) 음부의 권세와 트로이 목마

1) 음부의 권세는 교회에 트로이 목마를 교회에 보내어 교회를 붕괴시키고 있다. 그 목마는 탐심과 신념이다. 마귀는 탐심과 신념을 하나님의 말씀으로 교묘하게 위장하여 교회를 미혹한다. 탐심은 교회를 돈과 명예를 추구하게 함으로 교회를 우상을 숭배하는 산당으로 만들고, 목회자는 탐심에 빠져 하나님의 교회를 자기의 것으로 만들고 있다. 교회가 하나님의 영광을 나타내는 그리스도의 지체가 아니라 목회자에게 돈과 명예를 가져다주는 집단으로 전락하고 있다. 목회자들은 하나님의 교회를 도적질하여 자기의 왕국이나 기업으로 만들고 있다. 목회자는 자기의 왕국을 통하여 하나님의 아들을 다시 십자가에 못 박고 있다.

2) 마귀는 교회를 붕괴시키기 위하여 교회 안에 트로이 목마를 침투시키고 있다. 그 목마는 성도의 마음속에서 역사하는 탐심이다. 성도들은 탐심을 자기의 생각으로 착각함으로 음부의 문을 열고 그 속으로 들어가려고 한다. 마귀는 귀신을 통하여 탐심을 넣어주고 있다. 탐심은 하나님의 말씀으로 가장하고 있다고 성경은 말씀한다. **"이것이 이상한 일이 아니라 사단도 자기를 광명의 천사로 가장하나니"**(고후 11:14). 탐심은 돈과 명예와 권력을 사랑하는 생각이다. 탐심이 (신 28:1~14), (고후 8:9) 및 (요삼 1:2)의 말씀으로 포장하고 있다. 이 모든 말씀을 육체의 일로 해석함으로 교회를 탐심으로 인도한다.

3) (신 28:1~14)의 말씀은 율법을 순종함으로 받는 육체의 복으로서 복음을 순종함으로 받을 영적인 복을 모형으로 보여준다. 율법은 죄를 깨닫게 하는 법이지만 생명을 주는 법은 아니다. 바리새인들과 서기관들은 (신 28:1~14)의 말씀에 따라서 돈과 명예를 의롭다 함을 받은 증거로 착각함으로 버림을 받았다. 지금도 교회는 (고후 8:9)의 말씀을 육체의 일로 해석함으로 물질에 집착하고 있다. 이 말씀은 예수께서 성도의 영적인 부요를 위하여 물질적으로 가난하게 사셨다는 것을 의미한다. **"우리 주 예수 그리스도의 은혜를 너희가 알거니와 부요하신 자로서 너희를 위하여 가난하게 되심은 그의 가난함을 인하여 너희로 부요케 하려 하심이니라"**(고후 8:9). 이 땅에서 얻은 돈은 아버지의 나라에서 받은 영적인 복과 아무런 관계가 없기 때문이다. 교회는 (요삼 1:2)의 말씀을 육체에 관한 말씀으로 해석하고 있다. (요삼 1:2)에서 범사란 하나님의 영광을 나타내는 범사를 의미한다. 불신자들도 집중력을 가지고 열심히 일하면 세상일에 성공할 수 있기 때문이다, 그러나 목회자들은 이 말씀을 구원을 얻은 증거라고 선포함으로 교회를 탐심으로 인도하고 있다.

4) 교회가 복음을 육체의 일로 해석하는 이유는 생명의 본질을 알지 못하기 때문이다. 율법을 통하여 계시된 의로움과 거룩함은 생명의 모형과 그림자이다. 따라서 교회는 율법을 순종함으로 의로움과 거룩함을 얻지 못한다. 그러나 복음을 통하여 계시되는 의로움과 거룩함은 실상이다. 예수 이름을 믿음으로 생명을 얻은 뒤에 복음을 순종하여야 생명을 유지할 수 있다. 그러나 교회는 한번 얻은 생명은 영원

하다고 착각하고 있다. 육체가 음식을 계속하여 섭취함으로 그 목숨을 유지하는 것처럼, 영은 계속하여 복음을 순종함으로써, 그 생명을 유지할 수 있다. 곧 사람은 떡으로만 살지 못하고 하나님의 말씀으로 살아야 한다. 예수의 말씀은 영혼이 생명을 얻는 양식이다(요 6:63).

5) 교회는 생명의 본질을 알지 못함으로 돈과 명예를 구원의 증거로 착각하고 있다.284) 구원을 얻은 뒤에 세상처럼 많은 돈과 명예를 얻어야 한다고 착각함으로 교회는 타락의 길을 걷게 된다. 육체가 잘되는 것과 영혼이 생명을 얻는 것을 별개의 문제이다. 그러나 마귀는 돈과 명예를 생명을 얻은 증거로 착각하게 함으로 교회를 세상 속으로 몰아넣고 있다. 마귀는 교회에게 돈과 명예를 사랑하는 생각, 곧 탐심을 넣어주고 있다. 교회가 이것을 알지 못하면 탐심에 빠져서 돈과 명예를 따라간다. 교회는 생명을 위하여 복음을 순종하지 아니하고 돈과 명예를 좇아간다. 곧 탐심이 교회에 침투한 트로이 목마이다. 성도는 누구나 마음속에 트로이 목마를 가지고 있다.

6) 교회가 탐심을 따라가는 이유는 돈과 명예를 얻는데 부족한 자신의 능력을 하나님의 능력으로 채우려고 하기 때문이다. 교회는 돈을 얻는 확률을 높이기 위하여, 곧 부족한 부분을 채우기 위하여 하나님께 기도하는 것을 좋은 믿음으로 알고 있다. 목회자들은 사업에 성공하려는 꿈과 하나님의 능력으로 성공할 수 있다는 신념과 긍정적인 생각을 가지고 끝까지 포기하지 아니하는 인내를 강조하고 있다. 이러한 교회에 모인 자들은 생명에 관심이 없고 오직 세상에 속한 것에 관심을 두고 있다. 따라서 사업과 자녀와 건강에 문제가 생기면, 믿는 자들은 금식하거나 철야 기도한다. 교인들은 돈과 명예를 얻는 것을 하나님의 은혜로 알고 하나님께 영광을 돌리고 있다. 우리는 이러한 교회가 크게 성장하는 것을 볼 수 있다. 따라서 목회자들은 생명을 전하지 아니하고 하나님의 능력을 이용하여 돈과 명예를 얻으라고 말하고 있다.

7) 교회에서 영적인 지도력은 하나님의 뜻을 계시하는 말씀으로부터 나온다. 예수께서 복음을 증거하실 때 그의 말씀을 통하여 하나님의 능력이 나타났다. 따라서 제자들은 예수의 말씀 앞에 무릎을 꿇었고, 이적과 기사를 본 많은 사람이 그를 따랐다. 그러나 생명의 본질과 죄의 실체를 전하지 못하고 탐심을 강조하는 교회의 목회자들에게 영적인 지도력은 없다. 따라서 교회에서 그들은 자신의 위상을 높이려고 한다. 그들은 교회의 조직을 수직적으로 만들고 교인들에게 절대적인 복종을 강요한다. 그들은 자신을 거역하는 것은 하나님의 말씀을 대적하는 것이라고 협박한다. 그들은 교인 위에 앉아 그리스도를 대신하려고 한다. 그들은 자신들에게 잘

---

284) 일반적으로 성도들은 주일 예배에 참석하고 봉사하는 것을 신앙생활의 전부로 여기고 있다. 그러다가 사업이나 직장에 어려운 일을 당하면 철야하며 기도함으로 하나님을 전심으로 믿는 척한다. 이것은 가증한 것이다.

하는 것이 하나님께 잘하는 것이라고 선포함으로 교회 위에 군림하여 교회를 자신의 왕국으로 만들고 있다.

8) 마귀가 넣어주는 탐심이 하나님의 교회를 집어삼키고 있다. 마치 해커들이 악성 코드를 유익한 소프트웨어로 가장하여 컴퓨터에 심고 이를 원격으로 조정하는 것처럼, 마귀는 돈과 명예를 교회에게 유익한 것으로 착각하게 하는 탐심을 교회 안에 넣어준 뒤에 교회를 원격으로 조정하고 있다. 마귀는 이 땅에서 평안하게 사는 것을 구원의 증거로 여기게 한다. 교회는 복음을 순종하는 것을 행복으로 여기지 아니하고 물질로 평안히 사는 것을 행복으로 착각하고 있다. 이러한 믿음을 가진 자들이 외국에 선교사로 파견되어 이방종교 아래 있는 원주민들이 불만 없이 살아가는 것을 보고 이방종교도 기독교처럼 사람에게 행복을 줄 수 있다고 생각하였다. 이러한 생각으로부터 종교다원주의가 태어났다. 곧 마귀는 교회에 탐심을 넣어주고 이것을 통하여 종교다원주의란 괴물을 탄생시켰다.

9) 대형교회가 종교다원주의에 빠지자, 그 교회의 소속 교단도 생각 없이 이것을 받아드리고 있다. 우리나라 교회들도 대형교회를 중심으로 종교다원주의에 빠져있다. 이것은 하나님과 음부의 권세를 알지 못하는 것에서 비롯되었다. 교회가 말씀을 통하여 계시된 하나님의 뜻을 알지 못하고 돈과 명예에 생명이 있는 것으로 착각하였다. 그 결과로 우상을 용납하는 종교다원주의가 태어났다. **"썩어지지 아니하는 하나님의 영광을 썩어질 사람과 금수와 버러지 형상의 우상으로 바꾸었느니라"** (롬 1:23). 하나님과 예수 그리스도를 알지 못하는 교회들은 버림을 받았다. 그 결과 교회 안에 동성애가 나타나게 되었다. **"그러므로 하나님께서 저희를 마음의 정욕대로 더러움에 내어 버려두사 저희 몸을 서로 욕되게 하셨으니"** (롬 1:24). "저희를 마음의 정욕대로 더러움에 내어 버려두사"란 하나님께서 교회로 하여금 탐심에 따라서 돈과 명예를 따라가게 하셨다는 것을 의미한다.

10) 종교다원주의와 동성애는 하나처럼 움직인다. 종교다원주의를 지지하는 거의 모든 교회가 동성애를 지지하고 있다. 동성애자들이 교회의 예배에 출석하는 것이 당연한 것으로 여겨지고 있다. 그러나 그들에게 구원은 없다. 그들이 구원을 받으려면 예수께서 다시 십자가에 못 박히셔야 한다. 따라서 교회가 종교다원주의와 동성애를 지지하는 것은 예수를 다시 십자가에 못 박는 것이다. 마귀는 교회에 탐심을 넣어주고 이를 통하여 예수를 다시 십자가에 못 박는 종교다원주의와 동성애라는 괴물을 만들었다.

(4) 이해를 위한 질문
1) 예수의 피로 속죄받지 못하는 교회의 죄
  a. 사망에 이르는 죄란 무엇을 의미하는가(요일 5:16).
  b. 예수께서 그의 피로 대속한 죄는 무엇인가(히 9:15).

    c. 하나님의 아들을 밟는 죄란 무엇인가.
    d. 그리스도의 피를 욕되게 하는 죄란 무엇인가.
    e. 성령을 욕되게 하는 죄란 무엇인가.
  2) **그리스도를 다시 십자가에 못 박는 교회**
    a. 마지막 날에 예수 이름을 믿지 아니하는 것이 세상을 심판하는 기준이다. 그 이유는 무엇인가(요 16:9).
    b. 그리스도 이후 율법이 인류를 심판하지 못하는 이유는 무엇인가(엡 2:15).
    c. 교회가 범하는 죄란 무엇인가.
    d. 교회가 믿음을 버리는 죄를 범할 수 있을까(히 10:29).
    e. 예수를 다시 십자가에 못 박으려는 죄란 무엇인가(히 6:6).
  3) **음부의 권세와 트로이 목마**
    a. 마귀가 교회 침투시킨 트로이 목마란 무엇인가(롬 7:7).
    b. 교회가 돈과 명예를 사랑하는 이유는 무엇인가.
    c. 하나님을 알지 못하는 교회가 우상을 숭배하는 이유는 무엇인가(롬 1:23).
    d. 우상을 용납하는 교회가 하나님께 버림을 받는 이유는 무엇인가(롬 1:24).
    e. 동성애가 하나님을 알지 못하는 것으로부터 시작하는 이유는 무엇인가(롬1:26).

3. 영적인 십자군 전쟁
(1) 그리스도를 못 박은 십자가를 멘 마귀의 군사
  1) 타락한 광야교회는 장차 오실 그리스도를 십자가에 못 박은 자들이며, 타락한 그리스도 교회는 과거에 오신 예수를 다시 십자가에 못 박는 자들이다. 그리스도 이전 타락한 광야교회는 모형으로 계시된 그리스도를 십자가에 못 박았다. 그들은 그리스도의 모형을 못 박은 십자가를 지고 있다. 그리스도 당시 율법과 세상 양심에 의하여 정죄 받은 죄인은 가야바와 빌라도에게 속하여 육신으로 임하신 그리스도를 십자가에 못 박았다. 그리스도 이전 모든 죄인은 장차 오실 그리스도를 십자가에 못 박은 죄의 흔적을 가지고 있으며, 그리스도 이후 모든 죄인은 육신으로 임하신 하나님의 아들을 십자가에 못 박은 죄의 흔적을 가지고 있다.

  2) 하나님께서 아담에게 선악과 계명을 주셨다. **"선악을 알게 하는 나무의 실과는 먹지 말라 네가 먹는 날에는 정녕 죽으리라 하시니라"**(창 2:17). "정녕 죽으리라"란 '네가 선악을 알게 하는 실과를 먹고 죽으면, 장차 그리스도께서 죽을 것이다'란 의미이다. 곧 아담이 선악과 계명을 대적한 죄는 장차 오실 그리스도를 죽이는 죄이다. 아담이 선악과 계명을 대적함으로 사망에 이르게 되었을 때, 하나님은 장차 오실 그리스도의 죽음을 말씀하셨다. **"내가 너로 여자와 원수가 되게 하고 너의 후손도 여자의 후손과 원수가 되게 하리니 여자의 후손은 네 머리를 상하게 할 것이요 너는 그의 발꿈치를 상하게 할 것이니라 하시고"**(창 3:15). "너는 그의 발

꿈치를 상하게 할 것이니라"란 아담의 후손이 장차 오실 그리스도를 십자가에 못 박을 것을 의미한다. 그리스도의 죽음은 십자가에 못 박히는 것이며 다른 죽음은 없기 때문이다. 따라서 아담의 죄는 장차 오실 그리스도를 십자가에 못 박겠다는 의사표시라고 말할 수 있다. 그 죄의 흔적이 아담의 육체와 혼과 영에 새겨졌다.

　3) 아담이 타락한 이후 이어지는 죄가 가인의 살인으로 나타났다. 장차 오실 그리스도를 십자가에 못 박으려는 죄의 흔적을 가지고 태어난 가인은 믿음으로 의롭다 함을 받은 아벨을 죽였다. 하나님은 가인에게 아벨을 죽이려는 생각을 다스리라고 명령하셨지만, 가인은 마귀에게 속하여 아벨을 죽였다. **"가인같이 하지 말라 저는 악한 자에게 속하여 그 아우를 죽였으니 어찐 연고로 죽였느뇨 자기의 행위는 악하고 그 아우의 행위는 의로움이니라"** (요일 3:12). 죄인으로서 가인이 의롭다 함을 받은 아벨을 죽인 것은 장차 죄인들이 그리스도를 십자가에 못 박을 것을 모형으로 보여준다. 가인은 아벨을 죽인 뒤에 세상에서 유리하는 자가 되었다. **"네가 밭 갈아도 땅이 다시는 그 효력을 네게 주지 아니할 것이요 너는 땅에서 피하며 유리하는 자가 되리라"** (창 4:12). "유리하는 자"란 생명의 말씀을 찾아서 헤매는 자를 의미한다고 말할 수 있다.

　4) 아담의 죄의 흔적을 가지고 태어난 인류는 장차 오실 그리스도를 십자가에 못 박는 연습을 하였다. 그 연습이 각종 범죄로 나타났다. 라멕은 그의 상처 때문에 사람을 죽였다(창 4:23). 노아 시대에 사람들의 생각과 그 계획하는 모든 것이 악하였다. 아브라함은 부름을 받기 전에 우상숭배가 만연한 하란에서 살았다. 아브라함 당시에 왕들은 서로 연합하여 약한 국가를 침범하고 사람을 죽이고 재산을 약탈하였다(창 14:5). 소돔과 고모라는 창조질서를 대적하는 동성애에 빠졌다. 이처럼 시간이 지남에 따라서 아담의 타락으로 장차 오실 그리스도를 십자가에 못 박으려는 죄는 다양한 형태의 죄로 나타났다. 그 죄는 크게 살인, 우상숭배 및 음행으로 구분할 수 있을 것이다. 장차 오실 그리스도를 죽이려는 의도가 각종 죄의 모습으로 드러났다.

　5) 이스라엘 백성은 하나님의 백성으로 택함을 받았다. 그들은 아브라함으로부터 그리스도의 언약을 받았으므로 장차 오실 그리스도를 잉태하였다(창 22:17,18). 그들은 율법으로 그들의 죄를 깨닫고 칭의 언약에 따라서 믿음으로 의롭다 함을 받음으로 잉태된 그리스도를 후손에게 물려주어야 한다. 이를 위하여 하나님은 그들을 사랑하셔서 그들에게 가나안땅을 기업으로 주시고 이방인의 손으로부터 그들을 보호하셨다. 그러나 그들은 하나님을 버리고 우상을 숭배함으로 이방인과 합동하여 장차 오실 그리스도를 십자가에 못 박았다. 그들은 이방인의 미혹에 빠져 우상을 숭배함으로 그리스도의 언약을 버렸다. 이것은 그리스도의 언약을 십자가에 못 박은 것이다. 동시에 이것은 그리스도를 유산한 것이며 장차 오실 그리스도를 십자가에 못 박는 것이다. 이것은 모형으로 계시된 생명을 십자가에 못 박는 것이다.

6) 이방인들은 이스라엘 백성을 미혹하여 범죄하게 함으로 장차 오실 그리스도를 십자가에 못 박았다. 그들은 그리스도의 언약을 받지 못하였으므로 장차 오실 그리스도를 직접 십자가에 못 박을 수 없었다. 따라서 그들은 그리스도를 잉태한 이스라엘 백성을 미혹하여 우상을 숭배하게 함으로 그들로 그리스도의 언약을 버리게 하였다. 그리고 이방인들은 이스라엘 백성을 칼로 죽이고 사로잡아 종으로 삼음으로 그들로 그리스도의 언약으로 돌아가지 못하게 하였다. 곧 이방인들은 강제로 이스라엘 백성에게 장차 오실 그리스도를 못 박은 십자가를 지게 하였다. 이방인이 이스라엘 백성을 미혹하여 음행하게 하고 우상을 숭배하게 한 뒤에 칼로 사로잡아 종으로 삼은 것은 장차 오실 그리스도를 십자가에 못 박으려는 것이다.

7) 이스라엘의 역사를 통하여 이방인들은 장차 오실 그리스도를 십자가에 못 박으려는 의도를 행동으로 보여주었다. 이방인들이 끊임없이 우상으로 이스라엘을 미혹하고 칼로 공격하였다. 이방인들은 우상숭배로 이스라엘을 두 나라로 분단함으로 약소국가로 전락하게 하였다. 이로써 북이스라엘과 남유다는 이방인의 노리개가 되었다. 이스라엘은 우상숭배로 나라를 이방인에게 넘겨주었다. 바벨론은 남유다를 점령하고 예루살렘 성전을 파괴하였다. 파괴된 성전은 십자가에서 하늘 성전인 그리스도의 몸이 쪼개질 것을 모형으로 보여준다. 바벨론은 예루살렘 성전을 파괴함으로 장차 오실 그리스도를 십자가에 못 박으려는 의도를 행동으로 보여주었다.

8) 이스라엘 백성은 하나님을 믿고 그의 말씀을 순종함으로 장차 오실 그리스도를 십자가에 못 박는 죄를 그쳐야 함에도 이방인들처럼 여전히 간음하고 우상을 숭배하였다. 이것은 장차 오실 그리스도를 십자가에 못 박아 죽이는 연습을 하는 것이다.285) 하나님은 그들을 바벨론의 손에 붙이셨다. 백성이 자신의 죄를 깨닫고 하나님께 돌아왔을 때, 하나님은 그들을 가나안땅으로 인도하셨다. 가나안땅으로 돌아온 유대인들은 율법을 철저하게 순종하고 그리스도의 오심을 고대하였다. 그들은 율법의 행위로 의롭다 함을 받은 것으로 착각하였다. 특히 바리새인들과 서기관들은 율법의 행위로 자신을 의롭다고 여김으로 육신으로 임하신 그리스도를 알지 못하였다. 예수께서 율법으로 그들을 책망하시자, 그들은 하나님의 아들을 십자가에 못 박았다. 그들은 아담 이후 그들의 조상이 하려고 하였으나 하지 못한 일을 하였다. 조상들의 일은 장차 오실 그리스도를 십자가에 못 박으려는 것이다. 예수께서 그들에게 그들의 조상이 하지 못한 일을 맡기셨다. **"너희가 너희 조상의 양을 채우라"** (마 23:32). "조상의 양"이란 장차 오실 그리스도를 죽이는 죄를 의미한다.

9) 가야바는 율법으로 하나님의 아들을 정죄하여 빌라도에게 넘겼으며, 빌라도는 유대인의 왕을 십자가에 못 박았다. 가야바는 율법 아래 있는 모든 자를, 빌라도는 세상의 양심 아래 있는 모든 자를 대표한다. 창세로부터 종말까지 율법 아래서 태

---

285) 모세로부터 그리스도까지 제사장은 성막과 성전에서 소와 염소와 양을 죽여서 제사를 드렸다. 이것은 장자 오실 그리스도를 죽이는 연습이라고 말할 수 있을 것이다.

어난 자들을 대표하여 가야바는 율법으로 하나님의 아들을 정죄하여 빌라도에 넘겼으며, 빌라도는 세상의 양심 아래 있는 자들을 대표하여 유대인의 왕을 십자가에 못 박았다. 따라서 율법 아래 있는 자들과 세상의 양심 아래 있는 자들은 모두 가야바와 빌라도에게 속하여 그리스도를 십자가에 못 박은 죄인이다. 사도 바울은 부름을 받기 전에 가야바에게 속하여 예수를 십자가에 못 박은 죄의 흔적을 가지고 있다고 고백하였다. "**우리가 항상 예수 죽인 것을 몸에 짊어짐은 예수의 생명도 우리 몸에 나타나게 하려 함이라**" (고후 4:10).

10) 그리스도 이전 사람들은 장차 오실 그리스도를 십자가에 못 박은 죄인들이다. 이후 사람들은 과거에 육신으로 임하신 하나님의 아들을 십자가에 못 박은 죄인들이다. 그리스도 이전 사람들은 장차 오실 그리스도를 십자가에 못 박겠다는 의사표시로 범죄하였다. 그러나 그들은 생전에 그들의 뜻을 관철하지 못하고 죽었다. 이에 반하여 그리스도 이후 사람들은 실제로 육신으로 임하신 하나님의 아들을 십자가에 못 박아 죽였다. 따라서 그리스도 이후 사람들의 죄는 이전 사람의 죄보다 무겁고 크다고 말할 수 있다. 그리스도 이전 사람들이 받은 형벌과 이후 사람들이 받을 벌은 다르다고 성경은 말씀한다. "**화 있을찐저 고라신아, 화 있을찐저 벳새다야, 너희에게서 행한 모든 권능을 두로와 시돈에서 행하였더면 저희가 벌써 베옷을 입고 재에 앉아 회개하였으리라 심판 때 두로와 시돈이 너희보다 견디기 쉬우리라**" (눅 10:13,14).

11) 아담 안에서 모든 죄인은 그리스도를 못 박은 십자가를 지고 있다. 그리스도 이전 사람들은 아담 안에서 그리스도의 모형을 못 박은 십자가, 곧 생명의 모형을 못 박은 십자가를 지고 있다. 이후 사람들은 육신으로 임하신 하나님 아들을 못 박은 십자가, 곧 생명을 못 박은 십자가를 지고 있다. 그 이유를 살펴보자. 그리스도 이후 사람들의 예수를 믿지 아니하는 것은 그가 하나님의 아들이며 유대인의 왕이심을 부인하는 것이다. 예수 이름을 믿지 아니하는 것은 예수는 당연히 십자가에 못 박혀 죽어야 한다고 인정하는 것이다. 이것은 예수를 십자가에 못 박는 죄다. 그리스도 이전 사람들의 죄는 장차 오실 그리스도께서 하나님의 아들이심을 인정하지 아니하는 것이다. 이것은 장차 오실 그리스도를 십자가에 못 박는 죄이다.

12) 사망에 이르는 죄를 범하는 교회는 다시 오실 하나님의 아들을 십자가에 못 박으려고 하고 있다. 특히 종교다원주의자들과 동성애자들은 다시 오실 예수를 십자가에 못 박으려고 한다. 이상의 논의를 바탕으로 인류가 범한 죄를 요약하여 보자. 첫째, 그리스도 이전 인류는 장차 오실 그리스도를 십자가에 못 박으려고 하였다. 그들의 후손은 장차 오실 그리스도를 십자가에 못 막았다. 둘째, 그리스도 이후 인류는 율법과 세상의 양심으로 육신으로 인하신 하나님의 아들을 십자가에 못 박았다. 셋째, 믿음을 버린 교회는 다시 오실 예수를 십자가에 못 박으려고 한다. 종교다원주의자와 동성애를 지지하는 교회는 하나님의 아들을 다시 십자가에 못

박으려고 광란의 칼춤을 추고 있다. 이 죄 가운데 마지막 죄가 가장 무서운 죄다.

13) 창세로부터 지금까지 아담 안에 있는 모든 죄인은 그리스도를 못 박은 십자가를 지고 있다. 그리스도 이전 인류는 장차 오실 그리스도를 못 박은 십자가를 지고 있다. 그리스도 이후 인류는 육신으로 오신 하나님의 아들을 못 박은 십자가를 지고 있다. 타락한 교회는 다시 오실 예수를 못 박은 십자가를 지고 있다. 그들은 마귀의 지배 아래서 하나님 아들의 피가 흐르는 십자가를 지고 하나님을 대적하고 있다. 그들은 음부에서 예수를 못 박은 십자가를 지고 죽음을 향하여 행진하는 과정에서 그들의 길을 막는 교회를 대적하고 있다. 교회는 그들을 향하여 짊어진 십자가를 벗으라고 권고하지만, 그들은 완악하여 죄를 알지 못한다. 그들의 영의 눈이 닫힌 소경이므로 그들의 죄를 증거하는 십자가를 보지 못하고 있기 때문이다. 그들이 짊어진 십자가를 벗는 유일한 길은 그들의 손에 의하여 죽임을 당하신 하나님의 아들 예수를 믿는 것이다.

(2) 정욕을 못 박은 십자가를 멘 그리스도의 군사

1) 모든 죄인은 음부의 권세 아래서 예수를 못 박은 십자가를 짊어지고 사망을 향하여 행진하는 자들이다. 이에 반하여 믿음으로 의롭다 함을 받은 자들은 그리스도 예수 안에서 자기의 정욕, 곧 탐심을 못 박은 십자가를 짊어진 자들이다. 믿음으로 의롭다 함을 받으려면 자기를 부인하고 십자가를 짊어져야 하기 때문이다. 자기를 부인하는 것은 육체의 탐심을 십자가에 못 박는 것이다. 육체의 정욕은 마귀의 인격이므로 믿음으로 자기의 십자가를 짊어진다는 것은 마귀를 십자가에 못 박는 것이다. 의롭다 함을 받는 믿음은 탐심을 못 박은 십자가를 지는 것을 전제로 한다. 탐심을 못 박은 십자가를 지지 아니하는 믿음은 외식이다. 교회는 탐심을 못 박은 십자가를 지고 생명을 향하여 행진하고 있다.

2) 아브라함으로부터 시작하는 광야교회는 탐심을 못 박은 십자가를 짊어진 자들의 모임이다. 의롭다 함을 받는 믿음은 십자가를 지는 것을 요구하기 때문이다. 아브라함은 탐심을 못 박은 십자가를 짐으로 믿음으로 하나님의 말씀을 순종할 수 있었다. 하나님은 아브라함에게 하란을 떠나서 지시할 땅으로 나가라고 말씀하셨다 (창 12:1). 그가 말씀을 순종하려면 하란의 비옥한 땅을 사랑하는 마음을 십자가에 못 박아야 한다. 하나님께서 그에게 독자 이삭을 번제로 드리라고 말씀하셨다(창 22:1). 그가 말씀을 순종하려면 아들을 사랑하는 마음을 십자가에 못 박아야 한다. 비옥한 땅과 아들보다 하나님의 말씀을 더 사랑하려면 정욕을 십자가에 못 박아야 하기 때문이다.

3) 탐심을 십자가에 못 박는 것은 목숨을 초월하는 것이다. 아브라함이 하란을 떠나서 가나안땅으로 나가려면 그와 가족 및 하인들의 목숨을 하나님의 손에 맡겨야 한다. 그는 목숨을 하나님의 손에 맡기고 믿음으로 하란을 떠나서 지시함을 받

은 땅으로 나아갔다. 이삭은 하나님의 말씀을 순종하기 위하여 자신의 몸을 번제물로 드렸다. 야곱은 죽음을 초월하는 믿음으로 장자의 명분을 얻었다. 야곱은 장자의 명분을 얻은 뒤에 죽음을 피하여 하란으로 내려갔다. 이 믿음이 요셉에게 이어졌다. 요셉은 하나님의 약속, 곧 장자의 명분이 이루어질 것을 믿고 애굽 사람의 종으로서, 감옥에서 죄수로서 어려움을 견뎌냈다. 그들은 탐심을 못 박은 십자가를 지고 목숨을 초월하는 믿음으로 세상으로부터 오는 환난을 극복할 수 있었다.

4) 애굽에서 나온 이스라엘 백성은 광야교회의 믿음을 무엇인가를 보여준다. 광야에서 먹을 양식과 마실 물을 구할 수 없었고 더위와 추위를 피할 수 없었으므로 고난만이 그들을 기다리고 있었다. 광야에서 그들은 모든 것을 하나님께 맡기고 육체의 한계를 극복하여야 한다. 이를 위하여 그들에게 필요한 것은 탐심을 못 박은 십자가를 지는 것이다. 주림과 갈증을 참고 더위와 추위를 견뎌내려면 육체의 욕구를 십자가에 못 박아야 한다. 그들은 탐심을 못 박은 십자가를 지고 광야를 통과하였다. 그러나 십자가에 탐심을 못 박지 못한 자들은 범죄하므로 장차 오실 그리스도를 못 박은 십자가를 지고 광야에서 죽임을 당하였다.

5) 하나님은 이스라엘 백성을 위하여 그들에게 율법을 주셨다. 율법은 하나님의 말씀을 순종하느냐 아니냐의 여부가 생각에 달려있다는 것을 보여준다. 하나님을 대적하려는 탐심이 마음과 언행을 지배한다. 따라서 탐심을 행동으로 옮기려는 마음이 만물 가운데 가장 부패한 것이라고 성경은 말씀한다. **"만물보다 거짓되고 심히 부패한 것은 마음이라 누가 능히 이를 알리요마는"**(렘 17:9). 그들이 하나님의 말씀을 순종함으로 광야를 통과하려면, 율법으로 탐심이 죄임을 알고 이것을 극복하여야 한다. 곧 탐심을 못 박은 십자가를 짊어져야 한다. 따라서 하나님께서 그들에게 요구하신 믿음은 율법으로 죄를 깨닫고 탐심을 못 박은 십자가를 지는 것이라고 말할 수 있다.

6) 하나님은 광야교회에게 할례를 명하셨다. 할례란 율법을 온전히 순종하겠다는 맹세로 받은 것이다. 사람은 육신이 연약하여 율법을 순종할 수 없음에도 하나님께서 이스라엘 백성에게 할례를 명하신 이유는 탐심을 못 박은 십자가를 지라는 것이다. 육체의 할례는 마음의 할례를 받겠다는 맹세이다. 하나님은 육체의 할례를 받은 자들에게 한 걸음 더 나아가 마음의 할례를 명하셨다. **"그러므로 너희는 마음에 할례를 행하고 다시는 목을 곧게 하지 말라"**(신 10:16). 마음의 할례란 칼로 마음속에 있는 탐심을 도려내란 것, 곧 탐심을 못 박은 십자가를 짊어지라는 것을 의미한다. 사람은 스스로 탐심을 십자가에 못 박을 수 없고 하나님의 은혜로 할 수 있다. **"네 하나님 여호와께서 네 마음과 네 자손의 마음에 할례를 베푸사 너로 마음을 다하며 성품을 다하여 네 하나님 여호와를 사랑하게 하사 너로 생명을 얻게 하실 것이며"**(신 30:6).

7) 광야교회는 율법으로 자신의 죄를 깨닫고 탐심을 못 박은 십자가를 짊어지는

믿음으로 의롭다 함을 받은 자들의 모임이다. 하나님의 아들이 육신으로 임하셔서 세례 요한에게 세례를 받으심으로 광야교회는 막을 내리고 그리스도의 교회가 탄생하였다. 예수께서 하나님의 교회가 가져야 할 믿음을 몸소 보이셨다. 예수께서 40일 동안 금식하신 뒤에 마귀에게 시험을 받으심으로 탐심을 못 박은 십자가를 짊어진 교회의 모습을 보이셨다. 예수께서 금식하신 것은 탐심을 십자가에 못 박는 것을 모형으로 보여준다. 예수께서 마귀에게 시험을 이기신 것은 탐심을 못 박은 십자가를 짊어진 자만이 마귀의 미혹을 이길 수 있다는 것을 보여준다. 예수께서 마귀에게 시험을 받으신 뒤에 세례를 받으심으로 인류의 모든 죄를 짊어지고 십자가에 못 박혀 죽으실 것을 하나님께 맹세하셨다.

8) 예수의 공생애는 인류의 모든 죄를 십자가에 못 박은 십자가를 지고 골고다 언덕을 향하여 나가는 과정이다. 따라서 그리스도의 교회는 자기의 십자가를 지고 예수의 발자취를 따르는 자들의 모임이라고 말할 수 있다. 예수께서 교회를 향하여 자기의 십자가를 지라고 명령하신다. **"이에 예수께서 제자들에게 이르시되 아무든지 나를 따라 오려거든 자기를 부인하고 자기 십자가를 지고 나를 좇을 것이니라"(마 16:24).** "자기를 부인하고 자기 십자가를 지고"란 탐심을 못 박은 십자가를 짊어진다는 것을 의미한다. 믿는 자들은 십자가를 짊어진다는 맹세로 세례를 받는다. 예수 이름으로 물속으로 들어가는 것은 탐심의 죽음을 의미한다. 탐심을 십자가에 못 박아 죽은 자가 그리스도 예수의 사람이다. **"그리스도 예수의 사람들은 육체와 함께 그 정과 욕심을 십자가에 못 박았느니라"(갈 5:24).**

9) 예수께서 교회에게 요구하는 것은 십자가를 지는 믿음이다. 탐심을 못 박은 십자가를 짊어진 자만이 마귀의 미혹을 이기고 예수를 믿음으로 영생을 얻을 수 있다. 곧 영생을 얻는 믿음은 십자가를 지는 것을 전제로 한다. 곧 그리스도의 교회는 탐심을 못 박은 십자가를 짊어지고 마음의 피를 흘리는 자들의 모임이라고 말할 수 있다. 따라서 믿는 자들은 세상에 속한 모든 것보다 하나님의 말씀을 더 사랑하여야 한다. **"또 내 이름을 위하여 집이나 형제나 자매나 부모나 자식이나 전토를 버린 자마다 여러 배를 받고 또 영생을 상속하리라"(마 19:29).** 사람들은 가족과 돈을 가장 사랑한다. 가족과 돈보다 하나님의 말씀을 더 사랑하는 것은 십자가를 지는 것이다. 영생을 얻는 믿음이 십자가를 지는 것을 전제로 하므로, 십자가를 지는 제자들의 믿음을 살펴보자.

10) 예수께서 원하는 자들을 택하여 제자로 부르셨다. 부르심을 받았을 때 그들은 가족과 직업을 버리고 예수를 따랐다. 예수가 그리스도이고 다윗처럼 왕위에 오르신다면, 그들은 정치적으로 높은 지위에 오를 수 있다고 생각하였기 때문이었다.[286] 제자들은 예수께서 로마군대를 몰아내고 왕위에 오를 것을 기대하였다. 따

---

286) 다윗이 사울을 피하여 광야로 도망하였을 때 많은 사람이 그를 따랐다(삼상 22:2). 다윗이 왕위에 오른 뒤에 그들 가운데 요압은 군대 장관이 되었다(삼하 8:16).

라서 그들은 정치적으로 높은 자리에 관심이 있었다(마 20:21). 예수께서 자기의 죽음과 부활을 말씀하셨을 때, 베드로는 그 말씀을 깨닫지 못하고 예수의 죽음을 반대하였다(마 16:21,22). 이에 예수께서 베드로를 사단이라고 말씀하시고 십자가를 지라고 명령하셨다(마 16:24). 그러나 제자들은 예수가 정치적인 그리스도임을 의심하지 아니하였다.

11) 예수께서 죄인의 모습으로 잡히셨을 때, 제자들은 살기 위하여 하나님의 아들을 버리고 도망하였다. 예수께서 죽으신 뒤에 제자들은 그들의 모든 소망이 끝난 것으로 알았다. 부활하신 예수께서 제자들에게 나타나셔서 자신의 약속대로 부활을 알리셨다. 제자들은 부활하신 예수를 직접 보았지만 높은 지위에 오를 수 있다는 소망이 끊어진 것으로 알고 생계를 위하여 고기를 잡으려고 고향으로 돌아갔다(요 21:3). 그러나 제자들은 고기를 잡지 못하였다. 그들은 예수의 말씀에 따라서 배 오른편에 그물을 던졌을 때 많은 물고기를 잡았다. 그들은 비로소 육체의 생업을 위한 그들의 사명은 끝났고 복음 전도가 그들의 사명임을 깨달았다. 그들은 과거에 가지고 있었던 높은 지위와 돈에 대한 소망은 허망한 것임을 깨달았다.

12) 제자들은 세상에 속한 것, 곧 돈과 명예와 권력을 금지하는 예수의 뜻을 알았다. 세상에 속한 것을 버리고 십자가를 지고 죽음을 향하여 나가는 것이 영생과 부활을 향하여 나가는 것임을 안 제자들에게 복음 전도의 사명이 맡겨졌다. 곧 돈과 명예와 권력보다 예수를 더 사랑하는 제자들에게 복음 전도의 사명이 부여되었다. **"세번째 가라사대 요한의 아들 시몬아 네가 나를 사랑하느냐 하시니 주께서 세번째 네가 나를 사랑하느냐 하시므로 베드로가 근심하여 가로되 주여 모든 것을 아시오매 내가 주를 사랑하는 줄을 주께서 아시나이다 예수께서 가라사대 내 양을 먹이라"**(요 21:17). 이 말씀은 복음을 증거하는 것이 예수를 사랑하는 것임을 의미한다. 예수를 사랑하는 것은 십자가를 짊어진 믿음을 요구하나, 믿는 자들은 스스로 십자가를 질 수 없고 성령의 인도하심을 받아야 한다.

13) 제자들이 세상에 속한 것들을 십자가에 못 박으려고 결심하고 간절히 기도하였다. 오순절 날에 성령께서 제자들과 믿는 자들에게 임하셨다(행 2:1~4). 성령이 임하시자 믿는 자들을 주관하기 시작하였다. 믿는 자들이 성령으로 방언을 말하기 시작하였다. 성령께서 그들의 의지와 무관하게 그들의 혀를 주관하셨다. 사람의 혀는 생각에 따라서 움직인다. 따라서 방언은 성령께서 사람의 생각을 주장하시는 증거이다. 곧 성령은 믿는 자들의 생각을 통치하심으로 그들에게 십자가를 지게 하신다. 따라서 예수께서 제자들에게 성령을 받으라고 명령하셨다. **"이 말씀을 하시고 저희를 향하사 숨을 내쉬며 가라사대 성령을 받으라"**(요 20:22).

14) 믿는 자들이 성령을 받음으로 십자가를 지는 것이 예수의 공생애를 통하여 계시되었다. 예수께서 세례를 받으심으로 인류의 죄를 짊어지셨을 때 성령을 받으셨다. 예수께서 성령을 받으신 뒤에 비로소 복음을 전파하였다. 이와 같이 자기의

십자가를 지고 성령을 받은 자들에게 거룩한 복음 전도의 사명이 부여된다. 곧 십자가를 짊어진 자만이 성령으로 복음을 순종할 수 있다. 예수께서 교회에게 거룩한 전도의 사명을 주셨으므로(마 28:19,20), 교회는 탐심을 못 박은 십자가를 멘 자들의 모임이라고 말할 수 있다. 예수께서 교회를 세상으로 보내신다. **"아버지께서 나를 세상에 보내신 것 같이 나도 저희를 세상에 보내었고"(요 17:18).** 따라서 교회는 십자가를 지고 세상으로 나아가 복음을 전하는 자들의 모임이라고 말할 수 있을 것이다.

15) 사도행전은 탐심을 못 박은 십자가를 진 자들의 삶을 보여준다. 사도들은 목숨을 걸고 복음을 순종하였다. 사도들은 복음을 증거하는 과정에서 많은 고난과 환난을 겪었다. 그들은 옥에 갇히고 채찍과 돌에 맞고 굶주리고 죽임의 공포 속에 있었지만, 항상 기쁨으로 복음을 증거하였다. 그들은 육체적으로 죽음의 공포를 통과하였지만, 그리스도 예수 안에서 항상 기쁨과 평강을 누렸다. 세상이 돌로 치면 그들은 돌에 맞고, 세상이 칼로 찌르면 그들은 칼에 찔리고, 세상이 욕하고 핍박하면 그들은 세상을 축복하였다. 그들은 세상의 모든 죄와 허물을 짊어지는 사랑으로 복음을 증거한 뒤에 순교하였다. 이것이 자기의 십자가를 짊어진 자들의 진정한 모습이다.

16) 아벨로부터 세례 요한까지 광야교회는 탐심을 못 박은 십자가를 지고 장차 오실 그리스도의 길을 준비하였다. 그들은 목숨을 걸고 하나님의 말씀을 순종하였다. 하나님은 그들 가운데 마리아를 택하여 아들을 잉태하게 하셨다. 사도들로부터 종말까지 탐심을 못 박은 십자가를 짊어진 자들은 복음을 전파함으로 다시 오실 그리스도의 길을 준비하고 있다. 탐심을 못 박은 십자가를 지는 자만이 세상을 이기며 하나님의 영광을 위하여 일하고 있다.

(3) 영적인 십자군 전쟁
가) 과거 경험으로부터 나오는 탐심과의 전쟁

1) 인류는 마귀의 지배를 받는 마귀의 자식들과 하나님의 통치를 받는 하나님의 자녀로 구분한다. 전자는 예수를 못 박은 십자가를 짊어지고 사망을 향하여 행진하는 마귀의 군사이며, 후자는 자기의 탐심을 못 박은 십자가를 짊어지고 영생을 향하여 행진하는 그리스도의 군사이다. 인류의 역사는 양자가 충돌하는 영적 전쟁을 모형으로 보여준다. 하나님은 전능하시므로 후자가 전쟁에서 승리할 것으로 보지만 현실은 그렇지 못하다. 교회가 자기의 십자가를 지지 아니하므로 영적 전쟁에서 패하고 있다. 교회가 탐심을 못 박은 십자가를 짊어졌을 때 성령과 진리의 말씀으로 무장함으로 세상을 이길 수 있기 때문이다.

2) 예수께서 두 명의 강도와 함께 십자가에 못 박히셨다. 두 강도는 온 인류를 하나님의 통치 아래 있는 자들과 마귀의 지배 아래 있는 자들을 구분하여 모형으

로 보여준다. 한 강도는 자신의 죄와 예수의 신성을 알지 못하고 하나님의 아들을 비난하였다. "**달린 행악자 중 하나는 비방하여 가로되 네가 그리스도가 아니냐 너와 우리를 구원하라 하되**"(눅 23:39). 이 강도는 십자가에 못 박혔지만, 율법과 세상 양심으로 자기의 죄를 알지 못하였다. 그는 예수를 못 박은 십자가를 짊어진 자들을 모형으로 보여준다. 다른 강도는 십자가에 못 박혔지만, 자신의 죄를 깨닫고 예수가 하늘나라의 왕이라고 고백하였다. 그는 탐심을 못 박은 십자가를 짊어진 자들을 모형으로 보여준다. "**우리는 우리의 행한 일에 상당한 보응을 받는 것이니 이에 당연하거니와 이 사람의 행한 것은 옳지 않은 것이 없느니라 하고 가로되 예수여 당신의 나라에 임하실 때 나를 생각하소서 하니**"(눅 23:41,42).

3) 예수께서 두 강도와 함께 십자가에 못 박히심으로 아담의 타락 이후 인류를 하나님의 아들을 못 박은 십자가를 짊어진 자들과 탐심을 못 박은 십자가를 짊어진 자들로 구분하셨다. 이스라엘 역사는 전자와 후자의 영적 전쟁을 모형으로 보여준다. 하나님께서 그들을 택하여 자기의 백성으로 부르시고 영적 전쟁에서 승리할 수 있는 무기를 주셨지만, 그들은 전쟁에서 패하여 하나님은 버리고 마귀의 지배 아래 들어갔다. 다만 소수만이 영적 전쟁에서 승리하였다. 이스라엘 백성의 영적 전쟁은 세 가지 유형으로 구분할 수 있다. 첫째, 애굽에서 나온 이스라엘 백성은 과거의 죄의 경험으로부터 나오는 탐심과 치열하게 싸웠다. 둘째, 가나안땅에 정착한 이스라엘 백성은 그 땅에서 함께 살아가는 이방인의 미혹과 싸웠다. 셋째, 바벨론에서 돌아온 유대인들은 자신을 높이려는 교만과 싸웠다. 이것은 그리스도 교회의 영적 전쟁을 모형으로 보여준다.

4) 광야에서 이스라엘 백성은 과거의 죄의 경험으로부터 나오는 탐심과 싸웠다. 그들의 대부분은 애굽에서 하나님을 버리고 우상을 숭배하였다. 그들의 우상숭배는 장차 오실 그리스도를 십자가에 못 박는 죄이다. 그러나 그들은 유월절 어린양의 피를 문설주와 인방에 뿌림으로 장차 오실 그리스도를 못 박은 십자가를 벗어버리고 애굽에서 광야로 나왔다. 그리고 그들은 홍해를 통과함으로 그들의 탐심을 십자가에 못 박았다. 그들은 탐심을 못 박은 십자가를 지고 광야로 나왔다. 그러나 애굽에서 범한 죄의 흔적을 가지고 있었다. 따라서 하나님은 그들에게 탐심을 알게 하는 율법을 주시고 탐심을 못 박은 십자가를 벗지 말라고 명령하셨다. 그들은 모세로부터 율법의 모든 말씀을 듣고 모든 계명을 순종하겠다고 맹세하였다. "**모세가 와서 여호와의 모든 말씀과 그 모든 율례를 백성에게 고하매 그들이 한 소리로 응답하여 가로되 여호와의 명하신 모든 말씀을 우리가 준행하리이다**"(출 24:3). 그들의 맹세는 탐심을 못 박은 십자가를 지고 하나님의 말씀을 따르겠다는 의사표시이다.

5) 광야에는 먹을 양식과 마실 물이 없으며 뱀과 전갈이 있고 견디기 힘든 더위와 추위가 위협하는 지역이다(신 8:15). 이스라엘 백성이 위험한 환경을 극복하고

광야를 통과하려면 젖과 꿀이 흐르는 가나안땅에 들어갈 수 있다는 소망이 있어야 한다(출 3:8). 그리고 그 땅의 거민을 정복할 수 있다는 믿음이 있어야 한다. 그 믿음은 율법으로 자신의 죄를 깨닫고 장차 오실 그리스도를 믿고 의롭다 함을 받는 것이다. 가나안땅은 거룩하게 구별된 땅이므로 믿음으로 의롭다 함을 받은 자만이 들어갈 수 있다. 따라서 광야는 이스라엘 백성들의 믿음을 단련하는 곳이다. 그들은 탐심을 못 박은 십자가를 메고 율법과 칭의 언약으로 무장하고 광야를 통과하여야 한다.

6) 이스라엘 백성은 탐심을 못 박은 십자가를 짊어지겠다고 고백하였지만 애굽에서 짊어졌던 십자가, 곧 장차 오실 그리스도를 못 박은 십자가의 흔적으로부터 나오는 탐심을 극복하지 못하였다. 과거의 죄로부터 나오는 탐심이 이스라엘 백성을 미혹하였다. 그들은 탐심의 미혹을 극복하지 못함으로써 출애굽시에 벗어던진 십자가를 다시 짊어졌다. 광야에서 그들은 애굽에서 먹던 음식을 사모하여 하나님을 시험하고 원망하였다. 그들은 가나안땅을 정탐한 뒤에 그 거민을 두려워하여 애굽으로 돌아가려고 하였다. 그들은 애굽에서 섬기던 우상을 만들고 그 앞에서 먹고 마시고 기뻐하였다. 그들은 바알브올에게 속하여 우상에게 드리는 제사에 참여한 뒤에 이방여자들과 음행하였다. 탐심을 못 박은 십자가를 벗어던지고 범죄하므로 장차 오실 그리스도를 못 박은 십자가를 다시 진 자들은 광야에서 한 사람도 남김없이 죽고 가나안땅에 들어가지 못하였다. 이것은 그리스도 교회의 타락을 모형으로 보여준다.

7) 예수 이름을 믿음으로 구원을 얻은 뒤에 신앙생활은 광야를 통과하는 것과 같다. 구원이란 세상에 속한 모든 것을 십자가에 못 박고 예수를 따르는 것이다. 복음을 순종하려면 탐심을 못 박은 십자가를 져야 한다. 교회가 십자가를 짊어졌을 때 비로소 성령의 인도하심으로 복음을 순종할 수 있다. 사람이 세상에 속하였을 때 돈과 명예와 권력과 육체의 쾌락을 사랑하였다. 세상에 속한 자들은 이것들이 인생의 전부인 것처럼 살고 있다. 그러나 예수를 주님이라고 고백하는 것은 이 모든 것을 버리겠다고 맹세하는 것이다. 그 맹세는 탐심을 못 박은 십자가를 지는 것이다. 맹세한 뒤에 십자가를 지지 아니하는 것은 자신을 속이는 것이며 하나님께 거짓말을 하는 것이다.

8) 사람은 누구나 태어나서 범죄하다가 복음 전도를 듣고 믿음으로 구원을 받는다.[287] 따라서 모든 성도는 과거의 범죄로 짊어졌던 십자가, 곧 그리스도를 못 박은 십자가의 흔적을 가지고 있다. 사도 바울도 그 흔적이 있다고 고백하였다(고후 4:10). 과거에 돈과 명예와 권력과 육체의 쾌락을 따라서 살던 경험으로부터 죄를 지으려는 탐심이 솟아난다. 그 탐심이 성도의 생각과 의지를 사로잡아 범죄하게 한

---

[287] 혹 모태신앙이라고 자랑하는 자들이 있지만, 그들도 역시 태어나서 범죄하다가 믿고 구원을 얻는다. 모태신앙이라고 자랑하는 것은 자신의 교만을 드러내는 것이다.

다. 마귀는 육체의 정욕을 통하여 교회에게 끊임없이 탐심을 불어넣고 있다. 그 탐심은 마귀의 인격이므로 교회를 미혹하여 타락하게 하려고 한다. 교회 안에서 하나님의 말씀과 마귀의 미혹이 충돌하고 있다.

9) 교회가 탐심을 극복하고 복음을 순종하려면 첫째 부활에 참여할 소망으로 모든 것을 절제하여야 한다. 이스라엘 백성들이 장차 오실 그리스도의 소망으로 모든 것을 절제한 것처럼, 교회는 자기의 십자가를 지고 첫째 부활을 향하여 달려가야 한다(고전 9:24). 그러나 교회는 과거의 죄의 흔적으로부터 나오는 탐심에 의하여 미혹을 받고 있다. 따라서 마귀의 미혹에 빠진 교회는 과거의 죄의 흔적으로부터 나오는 탐심에 따라서 돈과 명예를 얻고 평안하게 사는 것을 구원의 증거로 알고 있으며 이것을 행복으로 착각하고 있다. 이스라엘 백성이 애굽의 삶을 그리워하던 것처럼, 교회는 세상에 속한 것들을 그리워하고 있다. 따라서 성경은 교회를 향하여 세상에 속한 것들을 사랑하지 말라고 말씀한다(요일 2:15).

10) 예수께서 교회에게 과거의 죄로부터 나오는 탐심을 이길 수 있는 무기를 주셨다. 그 무기는 예수 이름을 믿는 믿음, 곧 그의 피와 진리의 말씀과 성령에 의하여 증거를 받는 믿음이다(요일 5:3~7). 교회가 자기의 십자가를 졌을 때 성령의 인도하심으로 예수의 피와 진리를 통하여 탐심을 극복하고 복음을 순종할 수 있다. 그러나 교회는 자기의 십자가를 지지 아니한다. 따라서 교회는 과거의 죄의 흔적으로 오는 탐심과의 전쟁에서 맥없이 무너지고 있다.

나) 불신자들의 미혹과의 전쟁

1) 교회는 과거의 죄의 흔적으로부터 나오는 탐심뿐만 아니라 눈으로 보고 귀로 듣는 것으로부터 미혹을 받고 있다. 세상은 그리스도를 못 박은 십자가를 지고 돈과 명예와 권력으로 교회를 미혹하고 있다. 교회는 정욕을 못 박은 십자가를 지고 성령과 진리로 세상의 미혹을 이기고 있다. 그러나 교회가 십자가를 벗었을 때 진리와 성령은 역사하지 아니하므로 세상의 미혹에 빠져서 타락의 길을 걷게 된다. 가나안땅에 정착한 이스라엘 백성은 이방인에게 미혹을 받아 우상을 숭배하였다. 이것은 그리스도의 교회가 세상의 미혹으로 타락할 것을 모형으로 보여준다.

2) 이스라엘 백성들은 정욕을 못 박은 십자가를 지고 율법과 칭의 언약으로 무장함으로 가나안 거민을 정복하였다.288) 그러나 율법으로 자신의 죄를 알지 못하고 장차 오실 그리스도를 믿지 아니한 자들은 광야에서 죽었다. 믿음으로 의롭다 함을 받은 자만이 하나님의 은혜로 가나안땅에 들어갈 수 있었다. 하나님은 그들에게 장차 오실 그리스도의 길을 준비하는 사명을 주셨다. 그들이 율법으로 자기의 죄를

---

288) 그들은 요단강을 통과한 뒤에 할례를 받음으로 탐심을 십자가에 못 박은 십자가를 지고 가나안 거민을 정복하였다. 십자가를 짊어진 이스라엘 백성 앞에서 여리고 성은 맥없이 무너졌다.

알고 믿음으로 의롭다 함을 받는 것은 그들의 사명을 완수하는 것이다. 이를 위하여 그들은 광야를 통과할 때 짊어졌던 십자가를 항상 져야 한다.

3) 그들은 가나안땅을 정복하는 과정에서 히위 족속과 언약을 맺고 그들을 살려주었다. 그들은 그 땅에서 이방인들과 함께 살게 되었다. 하나님은 이방인으로 이스라엘 백성의 믿음을 시험하셨다. "**여호와께서 가나안 전쟁을 알지 못한 이스라엘을 시험하려 하시며**"(삿 3:1). 여호수아는 가나안땅을 분배한 뒤에 히위 족속을 살려준 자신의 실수를 깨닫고 백성들에게 우상을 숭배하지 말라고 권고하였다(수 24:14). 이 말씀은 탐심을 못 박은 십자가를 지고 이방인의 미혹과 싸우라는 것이다. 이스라엘 백성과 함께 사는 이방인들은 장차 오실 그리스도를 못 박은 십자가를 지고 이스라엘 백성을 향하여 진격할 것이기 때문이다. 이방인들은 육체의 쾌락과 풍요의 신으로 무장하고 이스라엘 백성을 향하여 다가왔다. 이스라엘 백성이 멘 십자가와 이방인이 멘 십자가가 충돌하였다.

4) 가나안땅에 정착한 이스라엘 백성은 하나님의 은혜로 그들의 역사상 가장 물질의 풍요와 자유를 누리게 되었다. 하나님은 그들에게 젖과 꿀이 흐르는 땅을 주셨기 때문이다. "**네 하나님 여호와께서 너로 아름다운 땅에 이르게 하시나니 그곳은 골짜기에든지 산지에든지 시내와 분천과 샘이 흐르고 밀과 보리의 소산지요 포도와 무화과와 석류와 감람들의 나무와 꿀의 소산지라 너의 먹는 식물의 결핍함이 없고 네게 아무 부족함이 없는 땅이며 그 땅의 돌은 철이요 산에서는 동을 캘 것이라**"(신 8:7~9). 그들은 생활에 부족함이 없었으므로 하나님의 은혜를 망각하였다. 이로 인하여 그들은 이방인과의 영적 전쟁에서 승리할 수 없었다. 이것을 미리 아신 하나님은 제사장에게 이스라엘 백성을 지휘하여 이방인과의 전쟁을 승리로 이끌 사명을 주셨다. 그 사명은 성막에서 드리는 제사와 율법 교육이었다. 그러나 제사장은 그의 사명을 망각하고 백성에게 율법을 가르치지 아니하였으므로 백성들은 하나님과 죄를 알지 못하였다.

5) 율법을 알지 못하는 이스라엘 백성들은 장차 오실 그리스도의 언약을 버리고 탐심을 못 박은 십자가를 벗음으로 스스로 무장을 해제하였다. 믿음도 없고 소망도 없이 현실에 안주하여 살아가는 백성은 육체의 쾌락을 앞세운 이방인의 미혹에 속수무책으로 당하였다. 백성은 이방여자를 아내로 취하는 것이 죄임을 알지 못하였다. 백성이 이방여자를 아내로 취하였을 때, 그들의 몸은 이방여자의 몸과 한 몸이 되었다. 곧 그들의 육체에 우상이 새겨졌다. 따라서 그들은 우상숭배에 **빠짐**으로 이방인의 종이 되었다. 하나님께서 선지자들을 통하여 그들에게 우상을 버리고 돌아오라고 말씀하셨으나 그들은 듣지 아니하였다. 그들은 끝내 이방인에게 멸망하였고 예루살렘 성전은 파괴되었다.

6) 가나안땅에서 하나님의 백성으로 택함을 받은 이스라엘 백성과 마귀의 지배 아래 있는 이방인이 영적으로 충돌하였다. 전자는 탐심을 못 박은 십자가를 짊어졌

으며, 후자는 장차 오실 그리스도를 못 박은 십자가를 지고 있다. 이스라엘 백성이 그들의 십자가를 졌을 때 율법과 칭의 언약으로 무장함으로 이방인의 미혹을 이길 수 있었다. 그러나 그들이 십자가를 벗었을 때 율법과 칭의 언약을 잃어버렸다. 그들은 영적으로 무장을 해제하였으므로 아무런 저항 없이 이방인의 미혹에 넘어갔다. 음행과 우상숭배로 이방인의 종이 된 이스라엘 백성은 애굽에서 짊어졌던 십자가, 곧 장차 오실 그리스도를 못 박은 십자가를 다시 지고 마귀의 지배 아래 들어갔다. 이것은 그리스도의 교회가 불신자들에게 미혹을 받아 타락하는 것을 모형으로 보여준다.

7) 교회가 탐심을 못 박은 십자가를 지고 있으면 성령의 인도를 받아 진리를 순종함으로 세상으로부터 오는 미혹을 이길 수 있다. 사도들과 믿는 자들은 성령을 받은 뒤에 세상에서 오는 모든 미혹을 극복하고 복음을 전파하였다. 그들은 유대인들과 이방인으로부터 핍박과 미혹을 받았지만, 성령과 진리로 어려움을 극복하였다. 그러나 로마제국이 기독교를 국교화한 이후 교회는 세상에서 부족한 것이 없게 되었다. 곧 교회는 돈과 명예와 권력을 한 손으로 잡게 되었다. 이것이 교회 타락의 원인이 되었다. 로마 가톨릭 교황은 국가권력 위에 군림하여 전 유럽의 가톨릭 국가를 지배하였고 신도들이 드리는 모든 헌금이 교황청으로 몰렸다. 로마 가톨릭은 예수를 주님이라고 고백하고 있었지만, 그들의 마음속은 탐심으로 가득하였다. 이것이 종교개혁의 원인이 되었다.

8) 그리스도의 교회는 영적으로는 세상과 분리되었으나 육체적으로 세상 가운데서 죄인들과 함께 살아가고 있다. 교회는 구원을 받기 전에 즐기던 것들, 곧 세상에 속한 것들을 눈으로 보고 귀로 듣는다. 세상에서 보고 듣는 모든 것들이 교회를 미혹한다. 세상은 돈과 명예와 육체의 쾌락으로 교회를 미혹한다. 세상은 교회를 향하여 탐심을 못 박은 십자가를 벗고 그리스도를 못 박은 십자가를 지면 돈과 명예와 육체의 쾌락을 얻을 수 있다고 미혹한다. 세상은 호화로운 저택, 고가의 승용차, 명품 옷과 사치품, 고가의 가전제품과 가구, 최고의 문명의 혜택을 누리는 문화 등 눈에 보이는 것들로 교회의 탐심을 자극한다. 세상은 매스컴과 SNS를 통하여 성도의 명예와 육체의 쾌락을 자극한다. 눈으로 보고 귀로 듣는 것들이 탐심을 자극하여 교회로 하나님의 말씀을 대적하게 한다.

9) 교회가 돈을 사랑하면 세상으로 돌아간다. 사람은 돈으로 세상에 속한 거의 모든 것을 얻을 수 있으므로, 교회도 역시 돈을 사랑하고 있다. 돈을 벌기 위하여 열심히 일하는 것은 죄가 아니다(창 1:28). 그러나 돈을 벌기 위하여 하나님의 말씀을 대적하면 죄가 된다. 따라서 사도 바울은 교회를 향하여 있는 것으로 만족하라고 가르쳤다(딤전 6:8). 가룟 유다는 돈 때문에 하나님의 아들을 대제사장에게 넘겨주었다. 이것은 교회가 돈 때문에 하나님을 버리고 세상으로 돌아갈 것을 모형으로 보여준다. 돈을 많이 버는 것을 구원의 증거로 알고 있는 교회는 미혹을 받

아 세상으로 돌아갈 것이다.

   10) 종교개혁 이후 교회는 산업혁명으로 인한 경제의 발전과 맞물려 급속하게 성장하였다. 성도들은 하나님의 도우심으로 모든 일을 할 수 있다는 믿음으로 세상일에 도전하여 경제적으로, 사회적으로, 정치적으로 크게 성공하였다. 세상에 속한 것으로 성공한 사람들이 교회의 준거집단이 되었다. 교회는 복음을 순종함으로 세상에 속한 것들을 얻으려고 하였다. 교회의 관심은 복음을 순종함으로 하나님의 영광을 나타내는 것이 아니라 오직 세상에서 성공하는 것이었다. 그러나 자본주의 경제체제에서 자본의 축적, 기술의 혁신, 전문가 집단의 출현으로 인한 경제의 성장은 교회로 돈을 사랑하는 마음과 육체의 쾌락을 추구하게 하고 있다. 이것이 음행과 동성애를 불러드렸다.

   11) 가나안땅에 정착한 이스라엘 백성은 생활이 안정되자 그들의 관심은 육체의 쾌락으로 옮겨가므로, 그들이 이방여자를 아내로 취하고 우상을 숭배하였다. 이와 같이 경제발전으로 성도의 생활이 윤택하여 지면 교회의 관심은 육체의 쾌락으로 옮겨간다. 육체의 쾌락을 좇아가는 교회는 우상숭배, 곧 탐심에 빠져서 멸망의 길을 걷게 될 것이다. 서유럽의 교회는 이러한 과정을 밟은 것으로 판단할 수 있다. 우리나라의 교회도 종교다원주의와 동성애로 이러한 과정을 밟을 것이다.

다) 교만과의 전쟁

   1) 마귀는 교회를 교만으로 미혹하여 타락의 구덩이로 밀어 넣는다. 바리새인들과 서기관들이 율법의 행위로 의롭다 함을 받은 것으로 착각함으로 타락한 것처럼, 그리스도의 교회가 생명의 본질과 죄의 실체를 알지 못하면 믿음으로 얻은 생명이 영원히 저장되는 것으로 오해하므로 타락한다. 생명의 본질은 의로움과 거룩함이므로 생명은 저장되지 아니한다. 죄란 성도의 마음속에 있는 탐심이므로 성도들은 언제든지 범죄할 수 있다. 따라서 성도는 항상 성령으로 복음을 순종함으로 하나님께 받은 생명을 지킬 수 있다. 마귀는 교회에게 영원히 저장되는 생명을 얻었다고 미혹함으로 교회를 교만하게 한다. 교회가 교만하면 그리스도의 피를 초월하여 모든 종교에 구원이 있다는 종교다원주의를 수용하게 된다.

   2) 광야교회는 율법으로 자신의 죄를 깨닫고 장차 오실 그리스도 안에 생명이 있음을 믿음으로 의롭다 함을 받았다. 그러나 장차 오실 그리스도 안에 있는 생명을 알지 못한 자들은 타락하여 자기의 행위를 의롭다고 여겼다. 다윗과 일부 왕을 제외한 왕들은 율법으로 그들의 죄를 알지 못하였고 한 걸음 더 나아가 장차 오실 그리스도 안에 있는 생명을 인정하지 아니하였다. 따라서 그들은 자기의 생각으로 하나님의 백성을 통치함으로 나라를 우상의 소굴로 만들었다. 죄를 알지 못하는 이스라엘 백성은 이방인의 포로로 끌려갔으며 성전은 파괴되었다. 바벨론의 포로가 된 유대인이 율법으로 죄를 깨닫고 하나님께 돌아왔을 때, 하나님은 그들을 가나안

땅으로 돌아오게 하셨다.

3) 마귀는 이방인들, 장차 오실 그리스도를 못 박은 십자가를 맨 자들을 통하여 바벨론에서 가나안땅으로 돌아온 유대인들을 자존심으로 유혹하였다. 제사장들, 바리새인들, 서기관들은 율법의 행위로 그들을 의롭다고 여김으로 광야교회를 다시 타락의 구덩이로 몰아넣었다. 그 이유를 살펴보자. 이스라엘 백성은 이방여자의 미혹에 빠져서 우상을 숭배함으로 나라를 이방인의 손에 넘겨주었다. 이스라엘을 정복한 이방인들은 하나님을 무능한 신, 자기의 백성을 보호하지 못하는 신, 자기 백성의 범죄를 막지 못하는 신으로 생각하였다. 하나님에 대한 이방인들의 이러한 생각이 유대인들을 부끄럽게 하였다. 따라서 그들은 율법을 철저하게 지킴으로 자신들을 이방인과 차별화하고 그들을 구원하실 그리스도의 오심을 사모하였다. 그리스도께서 오셔서 그들을 이방인의 손에서 구원하여 하나님의 영광을 나타내시면, 그들은 이방인들 앞에서 하나님의 백성으로서 자존심을 회복할 것이다. 유대인들은 하나님의 백성으로서 자존심을 회복하기 위하여 율법을 철저하게 순종하려고 하였다. 이러한 생각이 바리새인들과 서기관들을 탄생시켰다.

4) 유대인들은 이방인들 앞에서 자신을 높이기 위하여 하나님의 백성으로서 자존심을 율법의 행위로 보이려고 하였다. 그 생각이 그들로 탐심을 못 박은 십자가를 벗게 하였다. 그들은 하나님의 은혜로 의롭다 함을 받으려고 하지 아니하고 자신의 노력, 곧 율법의 행위로 의롭다 함을 받으려고 하였다. 그들은 생명의 본질과 죄의 실체를 알지 못하였기 때문이었다. 그러나 그들은 그리스도의 오심을 소망하였다. 그들의 관심은 믿음으로 생명을 얻는 것이 아니고 로마제국으로부터 그들을 독립시키실 그리스도의 오심이다. 그리스도께서 오셔서 로마제국으로부터 이스라엘을 독립시키면, 이방인 앞에서 그들은 자존심을 회복할 것이다. 그리고 바리새인들과 서기관들은 백성들 앞에서 율법의 행위로 자신을 높이려고 하였다.

5) 하나님의 백성으로서 자존심은 율법으로 자기의 죄를 깨닫고 장차 오실 그리스도의 길을 준비함으로 하나님의 영광을 나타내는 것이다. 그러나 바리새인들과 서기관들은 이방인과 백성들 앞에서 자신을 높이는 것이 하나님의 영광을 나타내는 것이라고 믿고 있었다. 곧 그들은 세상에서 인정받는 것을 하나님의 백성으로서 하나님의 영광을 나타내는 것이라고 착각하였다. 따라서 유대인들은 이방인을 낮게 보고 그들과 식사도 같이 하지 아니하였다. 이것이 광야교회를 미혹하여 교회를 외식으로 인도하였다. 곧 교회의 지도자인 바리새인들과 서기관들은 마귀에게 속하여 율법의 행위로 광야교회를 미혹하였다. 광야교회는 율법의 행위를 강조함으로 스스로 무너졌다. 선지자들의 약속대로 그리스도께서 오셨지만, 그들은 하나님의 아들보다 자신을 높임으로 예수를 십자가에 못 박음으로 자신들의 죄를 드러냈다. 이것은 그리스도 교회의 지도자들이 타락하여 교회를 교만함으로 종교다원주의로 인도하는 것을 모형으로 보여준다.

6) 바리새인들과 서기관들이 율법의 행위로 의롭다 함을 받은 것으로 여긴 것처럼, 일부 교회의 지도자들이 믿음으로 구원을 영원히 받은 것으로 착각함으로 타락하고 있다. 그들은 예수를 주님이라고 시인하면 복음을 순종하지 아니하더라도 구원을 받은 것으로 착각하고 행동한다. 의롭다 함의 여부는 하나님의 주권에 속한 것이므로, 교회는 겸손하게 복음을 순종하고 그 결과를 하나님께 맡겨야 한다. 그러나 일부 교회의 지도자들은 생명을 영원히 얻은 것으로 착각하는 교만에 빠졌으므로, 자기의 십자가를 지고 복음을 순종하여야 한다는 절박감을 상실하였다. 따라서 그들의 신앙생활은 의식화되고 그들은 말씀을 간절히 사모하지 아니한다. 그들은 의식적인 신앙생활이 하나님을 섬기는 것으로 착각하고 있다. 이것은 교회가 자기의 십자가를 벗었다는 것을 의미한다.

7) 교회가 탐심을 못 박은 십자가를 지지 아니하면 타락의 길을 걷게 된다. 사도 바울은 항상 십자가를 지는 마음으로 세상의 미혹과 싸웠다고 고백하였다. 바울은 영생을 얻기 위하여 자신을 쳐서 자신의 의지를 말씀에 복종시켰다. **"내가 내 몸을 쳐 복종하게 함은 내가 남에게 전파한 후에 자기가 도리어 버림이 될까 두려워함이로라"** (고전 9:27). 바울은 죽음을 앞두고 자신이 죄인의 괴수라고 고백하였다. **"미쁘다 모든 사람이 받을만한 이 말이여 그리스도 예수께서 죄인을 구원하시려고 세상에 임하셨다 하였도다 죄인 중에 내가 괴수니라"** (딤전 1:15). 자신을 죄인의 괴수라고 고백한 것은 자기를 부인하는 십자가를 지고 있다는 것을 의미한다. 그러나 오늘날 일부 목회자들은 예수를 주님이라고 고백함으로 영생을 얻은 것으로 착각하고 자신의 죄를 인정하지 아니함으로 자기를 사도 바울보다 높게 여기고 있다. 성도들은 죽는 순간까지 영생을 얻었느냐 아니냐의 여부를 하나님의 주권에 맡기고 복음을 순종하여야 한다.

8) 종교다원주의는 생명의 본질을 알지 못하고 구원을 받은 것으로 착각한 선교사들로부터 시작되었다. 자신의 죄, 곧 탐심을 알지 못하고 단순히 예수를 주님이라고 시인함으로 생명을 얻은 것으로 착각한 종교 지도자들은 모든 종교에 구원이 있다는 종교다원주의에 빠지게 되었다. 하나님만이 구원을 결정하실 수 있다. 그러나 종교 지도자들은 자신이 구원을 결정하려고 한다. 자유주의 신학을 신봉하여 종교다원주의와 동성애를 지지하는 목회자들의 수가 증가하고 있지만, 교회는 이것을 알지 못하고 있다. 교회가 영적으로 소경이 되었다. 탐심이 교회의 눈을 가리고 있다. 그 이유는 교회가 탐심을 못 박은 십자가를 지지 아니하고 있기 때문이다. 따라서 종교다원주의와 동성애로 무장한 음부의 권세 앞에 교회는 속수무책으로 무너지고 있다. 서유럽의 교회는 종교다원주의와 동성애로 붕괴하여 그 자취를 감추었으며 북미의 교회도 서유럽의 전철을 밟고 있다. 우리나라의 교회도 서서히 붕괴하고 있다.

10) 탐심을 못 박은 십자가를 짊어진 교회와 그리스도를 못 박은 십자가를 짊어

진 죄인들이 생명과 사망을 앞에 놓고 전투를 하고 있다. 교회는 죄인들에게 복음을 전하여 그들을 음부의 권세에서 끌어내려고 한다. 반대로 죄인들은 탐심으로 교회를 미혹하여 세상으로 끌어드리려 한다. 이 싸움이 교회 안에서 벌어지고 있다. 교회는 과거에 범한 죄의 경험으로부터 나오는 탐심, 눈으로 보고 귀로 듣는 것들이 넣어주는 탐심과 싸우고 있다. 교회는 교회의 내부에서 발생한 종교다원주의와 싸우고 있다. 하나님은 전능하시므로, 교회가 당연히 영적 전쟁에서 승리할 것으로 보이지만 현실은 그렇지 못하다. 교회는 탐심을 못 박은 십자가를 벗음으로 영적 전쟁에 패하고 그리스도를 못 박은 십자가를 다시 짊어지고 있다.289) 따라서 성경은 이렇게 말씀한다. **"내가 너희에게 이르노니 속히 그 원한을 풀어 주시리라 그러나 인자가 올 때 세상에서 믿음을 보겠느냐 하시니라"**(눅 18:8). 이 말씀은 자기의 십자가를 진 성도의 수가 감소하고 있다는 것을 의미한다. 교회가 세상을 이기려면 탐심을 못 박은 십자가를 져야 한다.

(4) 이해를 위한 질문
1) 그리스도를 못 박은 십자가를 멘 마귀의 군사
   a. 아담이 타락함으로 장차 오실 그리스도를 십자가에 못 박은 이유는 무엇인가.
   b. 애굽에서 광야로 나온 이스라엘 백성이 장차 오실 그리스도를 못 박은 십자가를 다시 짊어진 무엇인가.
   c. 바리새인들과 서기관들이 하나님의 아들을 십자가에 못 박은 이유는 무엇인가.
   d. 창세로부터 종말까지 모든 죄인이 그리스도를 못 박은 십자가를 지고 있는 이유는 무엇인가.
2) 정욕을 못 박은 십자가를 멘 그리스도의 군사
   a. 아브라함이 탐심을 못 박은 십자가를 짊어진 이유는 무엇인가.
   b. 율법이 탐심을 정죄하는 이유는 무엇인가(출20:17).
   c. 탐심을 못 박은 십자가를 짊어진 자만이 의롭다 함을 받은 이유는 무엇인가.
   d. 예수께서 40일간 금식하심으로 교회에게 보이신 것은 무엇인가.
   e. 탐심을 십자가에 못 박은 자만이 성령을 받는 이유는 무엇인가(갈 5:16).
3) 영적인 십자군 전쟁
   a. 교회가 과거의 죄의 흔적으로부터 나오는 탐심과 싸우는 이유는 무엇인가.
   b. 세상이 교회를 미혹하는 이유는 무엇인가.

---

289) 다윗은 그의 십자가를 짊어지므로 이방인과의 전쟁에서 승리하였다. 그는 왕권을 초월하여 항상 죄인의 심정으로 국가를 통치하고 전쟁에 임하였다(시 40:12). 다윗의 겸손함을 보신 하나님은 모든 전쟁에서 그에게 승리를 안겨주셨다(삼하 8:14). 다윗의 사례는 교회가 탐심을 못 박은 십자가를 짊어짐으로 영적 전쟁에서 승리할 수 있다는 것을 모형으로 보여준다.

c. 교회가 교만하여지는 이유는 무엇인가(딤전 3:6)
   d. 교회가 십자가를 지지 아니하고 짊어진 십자가도 벗는 이유는 무엇인가.
   e. 성도의 마음속에서 예수를 못 박은 십자가와 정욕을 못 박은 십자가가 충돌하는 이유는 무엇인가.

5.5 요약 및 결론

1. 5.1에서는 교회지도자들의 타락, 5.2에서는 십자가를 지지 아니하는 교회, 5.3에서는 교회를 집어삼키는 음부의 권세, 5.4에서는 예수를 다시 십자가에 못 박으려는 교회를 논의하였다. 5부는 이 책의 결론에 해당하는 부분으로 그리스도의 교회가 타락하여 세상으로 돌아가는 원인을 분석하려고 하였다. 제사장들과 왕들과 선지자의 죄로 말미암아 광야교회가 타락함으로 장차 오실 그리스도의 길을 차단하려고 한 것처럼, 교회지도자들의 죄로 말미암아 그리스도의 교회가 타락함으로 다시 오실 예수의 길을 차단하려고 한다. 뱀이 모든 먹이를 머리부터 삼키듯이, 마귀는 교회의 지도자들부터 집어삼키고 있다.

교회지도자들은 하나님과 예수 그리스도, 생명의 본질과 죄의 실체를 알지 못하므로 교회를 세상으로 인도하고 있다. 교회는 하나님과 예수 그리스도를 알지 못함으로 자기의 생각대로 믿는다. 교회는 믿음을 버리고 신념에 빠져서 세상으로 돌아가고 있으나 그 사실을 알지 못하고 있다. 교회는 생명의 본질을 알지 못하므로 경제적으로 안정되고 명예를 얻은 것을 구원의 증거로 여기고 있다. 교회는 믿음이 무엇인지, 생명이 무엇인지, 사망이 무엇인지 모르고 있다. 따라서 음부의 권세가 종교다원주의와 동성애를 통하여 교회를 머리부터 삼키고 있지만, 교회는 타락의 구덩이에 빠진 것을 깨닫지 못하고 있다.

신학자들은 학문이란 미명으로 하나님이 뜻을 대적하는 이론을 제시하고 있다. 신학 이론은 하나님의 뜻에 따라서 제약을 받아야 하지만, 신학자들은 하나님의 뜻을 대적하는 이론을 제시하고 있다. 그들은 과학적으로 검증될 수 없다는 이유로 하나님의 창조사역, 그리스도의 동정녀 탄생, 그의 피에 의한 속죄와 구원, 그의 부활과 승천, 성경의 무오성 등을 부인하는 이론을 제시함으로 종교다원주의와 동성애를 합법화하는 길을 마련하였다. 그들에게 교육을 받은 목회자들은 스스로 적그리스도, 거짓 선지자 및 거짓 그리스도가 되어 교회를 음부의 문으로 끌어가고 있다.

신학자들과 목회자들의 타락으로 공산주의 국가와 자유민주주의 국가에 극단적인 사회주의 정당이 등장하였다. 마르크스와 엥겔스에 의하여 제기된 공산당 선언에 따라서 탄생한 공산주의 국가는 하나님의 나라를 전제로 하는 기독교를 부인하고 말살하는 정책을 취하고 있다. 이슬람을 국교로 하는 중동국가들은 복음의 증거를 원천적으로 차단하고 있다. 자유민주주의 국가는 극단적인 사회주의 정당의 주도로 종교다원주의와 동성애를 합법화함으로 그리스도의 피에 의한 속죄와 구원을 전하는 복음의 증거를 불법화하고 있다. 20세기 중반 이후 서유럽과 북미 국가들은 종교다원주의와 동성애를 합법화함으로 교회로 붕괴하게 하는 법적인 제도를 마련하였다. 이로 인하여 서유럽의 국가에서 그리스도의 교회는 그 자취를 감추고 있다.

2. 교회가 타락하는 이유는 자기의 십자가를 지지 아니하기 때문이다. 예수께서 교회를 향하여 십자가를 지라고 명령하셨지만, 교회는 십자가가 무엇인지 알지 못하고 있다. 교회는 그리스도의 지체이므로 복음을 순종함으로 예수의 뒤를 따라가야 한다. 예수께서 십자가를 짊어지심으로 아버지의 모든 뜻을 성취하신 것처럼, 교회는 자기의 십자가를 짐으로 맡은 직분을 다할 수 있다. 십자가를 지는 것은 탐심을 버리는 것이다. 마귀는 탐심으로 교회를 미혹하기 때문이다. 교회가 탐심에 따라서 돈과 명예와 권력을 사랑하면 세상으로 돌아가게 된다. 돈은 교회를 미혹하는 마귀의 가장 강력한 무기이다. 따라서 성경은 돈을 사랑하지 말라고 경고하고 있지만, 돈은 세상에서 원하는 거의 모든 것들을 얻을 수 있는 수단이므로, 교회는 돈을 사랑하는 마음을 버리지 아니한다.

교회는 탐심을 못 박은 십자가를 짐으로 복음을 순종할 수 있다. 십자가를 지는 것은 목숨을 담보로 하는 믿음을 요구한다. 돈은 목숨과 직결된다. 돈이 없으면 사람은 누구나 생활, 곧 목숨의 위협을 느낀다. 따라서 돈을 사랑하는 마음을 버리는 것은 목숨을 초월하는 것이다. 십자가를 지는 것은 믿음으로 육체의 생사를 하나님께 맡기는 것이다. 그러나 교회는 소망이 없으므로 십자가를 지지 아니하고 있다. 사도들은 첫째 부활의 소망으로 십자가를 지고 복음을 순종하였다. 십자가를 짊어진 자만이 복음을 순종함으로 하나님의 은혜를 받을 수 있다. 자기의 십자가를 지지 아니하는 교회는 타락하여 세상으로 돌아갈 것이다. 자기의 십자가를 지는 것은 예수 이름을 위하여 순교하는 것 같다고 말할 수 있을 것이다.

교회 안에서 생명과 사망이 충돌하고 있다. 성도의 마음속에는 말씀을 순종하려는 영의 생각과 대적하려는 육신의 생각이 공존하고 있다. 전자는 생명이고 후자는 사망이다. 성도가 성령의 인도하심으로 육신의 생각을 극복하고 복음을 순종하면 그 말씀이 성도의 심령 안에 들어온다. 그 말씀이 진리다. 성도는 자기의 심령 안에 들어온 진리를 통하여 계시된 하나님의 뜻을 알고 죄와 저주로부터 자유를 얻는다. 영의 생각은 심령 안에 들어온 진리로부터 나오는 생각이다. 그러나 육신의 생각은 과거의 죄의 흔적으로부터 나온다. 영의 생각으로 육신의 생각을 극복하는 것은 현재가 과거를 지배하는 것이다. 그러나 마귀의 미혹을 받은 교회는 과거의 죄의 흔적에 의하여 지배를 받고 있다.

십자가를 지지 아니하고 돈을 사랑하며 육신의 생각에 지배를 받으면 교회는 우상을 용납하게 된다. 우상이란 인격이 없는 것에 인격을 부여하고 복을 비는 것을 의미한다. 돈과 명예에는 인격이 없으나 교회는 그것에게 인격이 있는 것으로 믿고 그것들이 생명을 주는 것으로 오해를 하고 있다. 구약시대에 이스라엘 백성은 산당에 있는 이방신에게 인격을 부여하고 그것에게 풍성한 소출을 달라고 빌었다. 이처럼 교회가 하나님께 돈과 명예를 달라고 비는 것은 교회를 산당으로 만드는 것이다. 돈이 우상이 되어 교회를 지배하고 있다.

　3. 마귀 미혹에 빠져서 교회지도자들이 타락함으로 교회가 자기의 십자가를 지지 아니하고 스스로 음부의 문으로 들어가고 있다. 마귀는 교회를 머리부터 집어삼키고 있다. 교회가 악한 영들의 정체를 알지 못하므로 영적 전쟁에서 패하여 스스로 음부의 문으로 들어가고 있다. 교회를 미혹하는 악한 영들은 타락한 찬사들과 죄인의 죽은 영혼으로 구분할 수 있다. 사단(마귀), 미혹케 하는 영 및 귀신은 탐심을 통하여 끊임없이 사람을 미혹한다. 마귀와 미혹케 하는 영은 사람의 육체 밖에서, 귀신은 사람의 육체 안에서 역사한다. 악한 영들은 정욕을 통하여 역사한다. 그리고 마귀의 지배 아래 있는 죄인들은 탐심으로 교회를 미혹하고 정치와 법으로 핍박한다. 육체 안에서 역사하는 악한 영들의 인격이 탐심이라는 것을 알지 못하는 교회는 타락의 길을 걷고 있으나 그 사실을 깨닫지 못하고 있다.

　악한 영들을 알지 못하는 것은 죽은 자와 산 자를 구분하지 못하는 것이다. 죽은 자는 믿지 아니하는 자로서 육체를 벗은 자와 육체를 입은 자로 구분한다. 믿지 아니함으로 구원을 받지 못한 영혼은 살아있는 육체 안에 있든 육체 밖에 있던 죽은 자이다. 죽은 자들은 모두 음부 안에서 마귀의 지배를 받고 있다. 죽은 자들은 마귀에게 속하여 살아있는 자들을 미혹하여 그들의 영혼과 육체를 죽이고 있다. 가인이 마귀에게 속하여 믿음으로 의롭다 함을 받은 아벨을 죽인 것처럼, 죽은 자들은 마귀에게 속하여 살아있는 자들을 죽이고 있다. 교회는 죽은 자들을 알지 못함으로 죽은 자들에게 미혹을 받아 사망을 향하여 달려가고 있다.

　교회의 지도자들이 타락하므로 악한 영들의 정체를 알지 못하였을 때, 교회는 마귀에게 미혹을 받아 자신의 정체성을 망각하고 있다. 교회는 하나님의 자녀이고 그리스도의 신부이며 그리스도의 피로 생명을 얻은 형제들이다. 마귀의 미혹을 받아 교회가 타락하므로 아버지와 자녀, 남편과 아내, 형제와 자매의 관계가 무너지고 있다. 성도의 몸은 하나님의 성전이다. 성전에는 속죄의 피 뿌림과 예배와 예물 드림과 기도와 하나님과 만남이 있다. 교회의 타락으로 속죄의 피 뿌림이 없는 성전은 성령이 계신 성전이 아니다. 속죄의 피 뿌림이 없는 예루살렘 성전이 파괴된 것처럼, 교회가 마귀의 미혹에 빠지므로 하나님의 성전이 무너지고 있다. 종교다원주의와 동성애를 지지하던 서유럽의 교회는 붕괴하여 성전 터만 남아있다. 그곳에 성도들은 그들의 심령에 새겨진 성전 터를 붙들고 통곡하고 있을 것이다.

　교회가 마귀의 미혹에 빠지면 스스로 분열하여 멸망의 길을 걷게 된다. 마귀는 교회를 신념으로 인도한다. 아브라함은 신념을 따라 하갈을 취하여 이스마엘을 낳았다. 여호수아는 신념을 따라서 히위 사람과 언약을 맺었다. 여호수아의 신념이 이스라엘 백성을 우상숭배의 도가니로 몰아넣었으며 나라를 이방인의 손에 넘겨주었다. 신학자들의 신념이 만들어낸 이론. 곧 하나님의 뜻을 대적하는 가설이 교회를 음부의 문으로 몰아넣고 있다. 교회는 신학자들의 가설에 따라서 여러 개의 교단으로 분열하고 있다. 악한 영들과 대치한 전선에서 교회는 스스로 분열하여 패망의 길로 들어서고 있다.

교회는 하나님과 생명을 알지 못함으로 영적으로 사람과 짐승을 구분하지 못하고 있다. 사람이란 하나님의 형상을 나타내는 자를 의미한다. 사람이 범죄함으로 하나님의 형상을 잃어버리면 사람이 아니다. 인류는 하나님의 자녀와 마귀의 자식으로 구분할 수 있다. 마귀의 자식들은 하나님의 형상이 아닌 뱀의 형상을 나타내는 자들이다. 성경은 뱀의 형상을 나타내는 자들을 여러 가지 동물, 곧 공중에 나는 새들, 땅에서 기고 걷는 동물들로 구분한다. 하나님은 성도들에게 십자가를 짐으로 음부의 권세에서 완전히 나오라고 말씀한다. 그러나 믿는 자들 가운데 일부는 음부의 문에서 머리만을 내밀고 있는 자들이 있다. 이들은 반인반수라고 말할 수 있을 것이다.

4. 음부의 권세에게 미혹을 받아 타락한 교회는 예수를 다시 십자가에 못박으려고 한다. 그 이유는 예수의 피에 의한 속죄의 범위를 알지 못하기 때문이다. 예수의 피에 의한 속죄의 범위는 하나님의 아들을 죽인 자들의 죄, 곧 원죄와 자범죄에 국한된다. 자범죄는 율법과 양심에 의하여 정죄 받는 죄이다. 복음을 불순종한 죄는 자범죄에 포함되지 아니한다. 창세로부터 종말까지 모든 사람의 원죄와 자범죄는 예수의 피로 대속되었다. 이제 남은 죄는 복음을 믿지 아니하는 죄이다. 따라서 하나님은 율법으로 세상을 심판하시는 것이 아니라 복음으로 세상을 심판하신다. 이제 세상은 예수를 믿지 아니하는 죄로 심판을 받는다.

음부의 권세는 탐심을 통하여 교회를 미혹하고 있다. 마귀는 교회 안에 트로이 목마를 보내어 교회로 스스로 무너지게 한다. 그것은 죄의 흔적으로부터 나오는 탐심이다. 탐심은 하나님의 말씀으로 포장하고 있으므로 탐심과 하나님의 말씀을 분별하기는 쉬운 일이 아니다. 돈과 명예와 권력을 사랑하는 마음이 하나님의 말씀으로 포장하고 있다. 예수 이름으로 구원을 얻은 뒤에 세상에서 잘 되는 것이 하나님의 뜻이라고 성경을 해석하면, 교회는 탐심에 빠져서 타락의 길을 걷게 된다. 예컨대, 성도의 범사란 복음을 순종하는 것이다. 그러나 이것을 세상일로 해석하면 교회는 음부의 권세에 점령당하게 된다. 따라서 교회는 성령으로 영을 분별하는 은사를 받아야 한다.

교회는 믿음으로 예수의 피에 의하여 원죄와 모든 자범죄를 용서받았다. 따라서 교회는 율법을 범하더라도 이에 대하여 심판을 받지 아니한다. 그러나 율법을 범한 죄가 믿음을 버린 것으로 판단되면 용서받지 못한다. 우상숭배, 음행, 시험과 원망 등이 이에 속한다. 교회는 복음을 온전히 순종할 수 없다. 그러나 믿음을 버리지 아니한 것으로 판단되는 죄는 장차 부활 때 교회가 받은 상급을 차감할 것이다. 직분을 버린 죄, 성령을 훼방한 죄, 그리스도의 신부로서 세마포를 입지 아니한 죄, 율법의 행위로 돌아간 죄, 육신으로 임하신 하나님의 아들을 부인한 죄, 종교다원주의 및 동성애 등은 사함을 받지 못한다. 그 죄를 용서받으려면 하나님의 아들이 다시 십자가에 못 박히셔야 한다. 교회는 종교다원주의와 동성애를 지지함으로 예수를 다시 십자가에 못박고 있다.

창조부터 종말까지 모든 사람은 그리스도를 못 박은 십자가를 짊어진 자들과 자기의 탐심을 못 박은 십자가를 짊어진 자로 구분한다. 구약시대에 죄인들은 장차 오실 그리스도를 십자가에 못 박는 연습을 하였다. 제사장들, 바리새인들, 서기관들은 조상들이 연습한 대로 그리스도를 십자가에 못 박았다. 예수 이름을 믿지 아니하는 모든 자는 예수가 하나님의 아들이 아니므로 당연히 죽어야 한다고 생각하는 자들로서 그리스도를 못 박은 십자가를 짊어진 자들이다. 인류의 역사는 그리스도를 못 박은 십자가를 짊어진 자들, 곧 음부의 권세 아래 있는 자들과 탐심을 못 박은 십자가를 짊어진 자들, 곧 교회와의 전쟁이라고 말할 수 있다. 전자는 육체의 정욕에서 나오는 탐심으로 무장하고 후자는 하나님의 말씀과 성령으로 무장하고 있다. 이 전쟁에서 교회는 십자가를 벗음으로 스스로 무장을 해제하고 있다. 따라서 교회는 전쟁에서 패하여 붕괴의 길을 걷고 있다.

5. 이 책 전체를 요약하여 보자. 첫째, 구약시대에 광야교회의 본질과 타락의 원인을 살펴보자. 광야교회는 율법과 양심으로 자신의 죄를 깨닫고 칭의 언약에 따라서 장차 오실 그리스도를 믿는 자들의 모임이다. 광야교회의 사명은 장차 오실 그리스도의 길을 준비하는 것이며, 그 소망은 장차 오실 그리스도 안에 있는 생명을 얻는 것이다. 이것이 칭의 언약과 율법을 통하여 계시되었다. 특히 율법은 모든 사람을 정죄하여 죄를 깨닫게 하고 장차 오실 그리스도 안에 있는 생명을 모형으로 보여줌으로 죄인을 그리스도께로 인도하였다. 이것이 율법을 통하여 계시된 하나님의 뜻이다. 따라서 하나님은 제사장들에게 율법을 가르치는 막중한 사명을 주셨다. 그러나 제사장들은 성전에서 제사하는 것만을 그들의 사명으로 착각하고 율법을 가르치는 일을 소홀히 하였다.

광야교회의 타락은 율법과 칭의 언약을 통하여 계시된 하나님의 뜻을 알지 못하였기 때문이다. 율법에 따라서 정죄 받는 죄를 알지 못하면 장차 오실 그리스도 안에 있는 생명의 본질을 알지 못한다. 생명의 본질은 의로움과 거룩함이며 생명의 실체는 하나님의 말씀이다. 생명의 본질을 알지 못하는 이스라엘 백성은 육체적으로 잘되는 것을 의롭다 함을 받은 증거로 알았다. 따라서 그들은 육체의 정욕을 따라서 돈과 명예를 사랑하였다. 돈이 많고 자녀가 잘되며 건강한 것을 의롭다 함을 받은 증거로 아는 자들은 율법의 행위로 자신을 의롭다고 착각하였다. 의롭다 함을 장차 오실 그리스도 안에서 찾지 아니하고 율법의 행위에서 찾음으로 광야교회는 타락하였다. 이것은 그리스도 교회가 타락할 것을 모형으로 보여준다.

둘째, 그리스도 교회의 본질과 타락을 살펴보자. 그리스도의 교회란 예수 이름을 믿음으로 세상에서 나와서 하나님의 나라에 들어온 자들의 모임이다. 세상이란 마귀의 지배 아래서 정욕에 따라서 살아가는 자들의 모임이다. 하나님의 나라란 하나님의 말씀이 통치하는 영역으로서, 믿음으로 세상에서 나와서 복음을 순종함으로 복음에 의하여 통치를 받는 자들의 모임이다. 이러한 의미에서, 죄란 하나님의 형상, 곧 의로움과 거룩함을 상실하고 마귀의 지배 아래서 탐심에 따라서 사는 것이다. 곧 죄의 본질은 사단의 속성과 일치한다. 생명과 사망을 결정하는 하나님 아들의 주권을 부인하는 것이 죄의 본질이고, 사망의 본질은 불의와 더러움이며, 죄의 실체는 탐심이라고 말할 수 있을 것이다. 생명이란 그리스도의 피로써 속죄를 받음으로 하나님의 형상인 의로움과 거룩함을 회복하고 복음을 순종하는 것이다. 생명은 예수의 피에 있다. 그 피는 복음에 체화(embodied)되어 있으므로, 생명의 실체는 예수 그리스도라고 말할 수 있다.

교회가 자신을 부인하고 십자가를 지고 복음을 순종하려면 영적인 사명을 알고 부활을 소망하여야 한다. 그리스도 교회의 사명은 다시 오실 그리스도의 길을 준비하는 것이며, 그 소망은 첫째 부활에 참여하는 것이다. 사명과 소망을 가진 자만이 자신의 탐심을 절제하고 복음을 순종할 수 있다. 사도 바울은 육상의 트랙을 달리는 선수처럼 자신을 쳐서 복종시키고 마지막 날에 있을 첫째 부활을 향하여 달려간다고 고백하였다(고전 9:27). 바울은 전쟁에 참전한 군사처럼 자신의 모든 것을 복음 전도를 위하여 바쳤다. 따라서 교회는 부활의 소망으로 탐심을 못 박은 십자가를 지고 그리스도를 따르는 자들이라고 말할 수 있을 것이다.

마귀는 교회를 무너뜨리기 위하여 교회로 하나님을 알지 못하게 하고 있다. 하나님을 알지 못하면 생명의 본질과 실체, 죄의 본질과 실체를 알지 못하므로 교회는 스스로 무너질 것이다. 구약성경은 만물을 창조하신 하나님부터, 신약성경은 하나님의 아들 예수 그리스도로부터 시작한다. 창조주 하나님은 구약성경의 계시를 여는 문이며, 하나님의 아들 예수 그리스도는 신약성경의 계시를 여는 문이다. 따라서 창조주 하나님을 알지 못하면 구약성경의 계시를, 하나님의 아들 예수 그리스도를 알지 못하면 신약성경의 계시를 알 수 없다. 마귀는 신학자들과 목회자들을 미혹하여 창조주 하나님과 하나님의 아들 예수 그리스도를 알지 못하게 함으로 교회로 종교다원주의와 동성애를 받아드리게 하였다.

종교다원주의와 동성애로 인하여 서유럽의 교회와 북미의 교회가 무너지고 있으나, 한국의 교회가 음부의 권세 앞에서 단결한다면 희망이 있다. 한국교회는 종교다원주의와 동성애에 대하여 부정적인 견해를 가지고 있으며 그리스도의 피에 의한 속죄와 구원을 믿고 있다. 2013년 WCC 부산 총회 이후 한국교회는 분열하는 것처럼 보였으나 일부 진보교회를 제외한 교회가 종교다원주의와 동성애에 대한 부정적인 시각을 가지고 하나로 단결하고 있다. 비록 좌파정당에서 인권이란 이유로 포괄적 차별금지법(안)을 마련하고 이를 입법화하기 위하여 혈안이 되어있지만,

한국교회는 이것을 용인하지 아니할 것이다. 차별금지법의 통과를 막는다면 한국교회는 하나님의 기쁨이 될 것이며, 다윗 시대처럼 하나님은 작은 우리나라를 영적으로 강하게 하실 것이다. 그리스도께서 다시 오실 때 한국교회는 하나님의 영광이 될 것이다. 이것이 우리의 소망이다.

저자 약력

- 성균관대학교 경제학과 졸
- 동 대학원 경제학과(Ph.D)
- 안양대학교 신학연구원
- 공인회계사
- 섬기는 교회 : 소명교회

저서

- 공저, 자산. 부채관리, ALM(국제금융연수원,1993)
- 초판, 왜 우리는 예수 그리스도를 믿어야 하는가? (크리스챤 디스커버리, 2015)
- 동성애의 실상과 허상(크리스챤 디스커버리, 2017)
- 왜 우리는 예수 그리스도를 믿어야 하는가? 개정 증보판 (크리스챤 디스커버리, 2023)
- 모형으로 계시된 그리스도와 믿음(크리스챤 디스커버리, 2023)
- 교회를 집어삼키는 음부의 권세 (크리스챤 디스커버리, 2025)

교회를 집어삼키는 음부의 권세

초　판 : 2025. 5. 20 발행

저　　자 : 김도수
펴낸 곳 : 크리스챤 디스커버리
　　　　　경기도 안양시 동안구 학의로 282, 412호
　　　　　Tel: 070-4377-5301
제　　작 : (주) 앱닥
발 행 자 : 김정민
발　　행 : 크리스챤 디스커버리

* 임의로 복사하거나 제본할 수 없습니다.
* 잘못된 책은 교환해 드립니다.

정가 30,000원

ISBN 979-11-983295-9-2 93230